Dirk Notheis · Ansatzpunkte und Strategien zur Akquisition von
Unternehmensspenden

Dirk Notheis

Ansatzpunkte und Strategien zur Akquisition von Unternehmensspenden

Eine explorative Studie zum Spendenmarketing spendenakquirierender Organisationen

VERLAG FÜR WISSENSCHAFT
UND FORSCHUNG

Die Deutsche Bibliothek – CIP-Einheitsaufnahme

Notheis, Dirk:
Ansatzpunkte und Strategien zur Akquisition von Unternehmensspenden :
eine explorative Studie zum Spendenmarketing spendenakquirierender
Organisationen / Dirk Notheis. – Stuttgart : M und P, Verl. für Wiss.
und Forschung, 1995
  ISBN 3-476-46035-5

ISBN 3-476-46035-5

M & P Verlag für Wissenschaft und Forschung
       ein Verlag der J.B. Metzlerschen Verlagsbuchhandlung und
       Carl Ernst Poeschel Verlag GmbH in Stuttgart

© 1995 J.B. Metzlersche Verlagsbuchhandlung
und Carl Ernst Poeschel Verlag GmbH in Stuttgart

Druck und Bindung: Pocket Edition Printing GmbH Darmstadt
Printed in Germany

Vorwort

*Die Endlosigkeit des wissenschaftlichen Ringens sorgt unablässig dafür,
daß dem forschenden Menschengeist seine beiden edelsten Antriebe
erhalten bleiben und immer wieder von neuem angefacht werden:
Die Begeisterung und die Ehrfurcht.*

Max Planck

Ausgangspunkt für diese Studie war das Streben, den zahlreichen spendenakquirierenden Organisationen eine qualifizierte Hilfestellung für die Spendenansprache von Unternehmen zu geben.

Mein allererster Dank gilt Herrn Professor Dr. Ulli Arnold. Seine menschliche Führung vermochte jederzeit in mir die Planck'schen Tugenden zu entfachen. Er förderte den Fortgang der Arbeit sowohl in fachlicher als auch in formaler Hinsicht nachhaltig. Herrn Professor Dr. Oskar Gabriel danke ich ebenfalls für wertvolle Anregungen. Herrn Professor Dr. Görlitz danke ich für seine Flexibilität und seine Hilfsbereitschaft.

Zu weiterem Dank verpflichtet bin ich insbesondere den Herren Dipl.-Kfm. Martin Grohmann und Dipl.-Kfm. Martin Ruckes für die kritische fachliche Begleitung, Herrn M.S. Jens Mache für die Hilfe beim Auffinden US-amerikanischer Quellen, Herrn Diplom-Designer Thomas Koneczny für seine graphische Unterstützung sowie meinem Vater, Herrn Dr. A.W. Notheis, der sich der mühevollen Arbeit des Korrekturlesens unterzogen hat und dabei allerlei sprachliche Hürden entschärfte.

Meinen Eltern und insbesondere meiner Mutter danke ich, daß Sie mich durch eigenes Beispiel zu Disziplin und Ausdauer erzogen haben. Ich habe Ihnen viel zu verdanken.

Ettlingen, im Dezember 1994   Dirk Notheis

INHALTSVERZEICHNIS

3

ABBILDUNGSVERZEICHNIS

ABKÜRZUNGSVERZEICHNIS

A & S	=	Administration and Society
AAFRC	=	American Association of Fund Raising Counsel
ACEP	=	American College of Emergency Physicians
AEJ	=	Atlantic Economic Journal
AER	=	American Economic Review
AJS	=	American Journal of Sociology
AMJ	=	Academy of Management Journal
AMR	=	Academy of Management Review
ARS	=	Annual Review of Sociology
ASQ	=	Administrative Science Quarterly
ASR	=	American Sociological Review
asw	=	absatzwirtschaft
AtB	=	Across the Board
BdW	=	Blätter der Wohlfahrtspflege
BER	=	Bulletin of Economic Research
BFuP	=	Betriebswirtschaftliche Forschung und Praxis
BGB	=	Bürgerliches Gesetzbuch
BH	=	Business Horizons
BMWI	=	Bundesministerium für Wirtschaft
BNN	=	Badische Neueste Nachrichten
BuM	=	Bank und Markt
B & S	=	Business and Society
CASE	=	Council of Advancement and Support of Education
CEO	=	Chief Executive Officer
CI	=	Corporate Identity
CLR	=	Columbia Law Review
CMR	=	California Management Review
CSPRP	=	Corporate Support Program Research Project
DBW	=	Die Betriebswirtschaft
dm	=	der markt
DPWV	=	Deutscher Paritätischer Wohlfahrtsverband
DS	=	Deutsches Steuerrecht
DU	=	Die Unternehmung
DZI	=	Deutsches Zentralinstitut für Soziale Fragen

EDV	=	Elektronische Datenverarbeitung
EI	=	Economic Inquiry
EJM	=	European Journal of Marketing
EStG	=	Einkommenssteuergesetz
FA & M	=	Financial Accountability & Management
FN	=	Foundation News
FRM	=	Fund Raising Management
GCN	=	The Grantsmanship Center News
HBR	=	Harvard Business Review
HLJ	=	The Hastings Law Journal
Hm	=	Harvardmanager
IHK	=	Industrie und Handelskammer
IJOA	=	International Journal of Advertising
IJRM	=	International Journal of Research in Marketing
JAP	=	Journal of Applied Psychology
JAS	=	Journal of Applied Sociology
JAVF	=	Jahrbuch der Absatz- und Verbrauchsforschung
JB	=	Journal of Business
JCR	=	Journal of Consumer Research
JEBO	=	Journal of Economic Behaviour and Organization
JEH	=	Journal of Economic History
JEL	=	Journal of Economic Literature
JEP	=	Journal of Economic Psychology
JESP	=	Journal of Experimental Social Psychology
JF	=	Journal of Finance
JFA	=	Journal of Financial Accounting
JIE	=	Journal of Industrial Economics
JLE	=	Journal of Law and Economics
JM	=	Journal of Marketing
JMR	=	Journal of Marketing Research
JMS	=	Journal of Management Studies
JOCR	=	Journal of Conflict Resolution
JOEP	=	Journal of Experimental Psychology
JPE	=	Journal of Political Economy
JPSM	=	Journal of Professional Services Marketing

JPSP	=	Journal of Personality and Social Psychology
JSI	=	Journal of Social Issues
KStG	=	Körperschaftssteuergesetz
KZfSS	=	Kölner Zeitschrift für Soziologie und Sozialpsychologie
LRP	=	Long Range Planning
MAN	=	MAN - The Journal of the Royal Antropological Institute
MbO	=	Management by Objectives
MH	=	Markenartikel Heute
MJ	=	Marketing Journal
MR	=	Management Review
MSU	=	MSU Business Topics
MZFP	=	Marketing ZFP
NJW	=	Neue Juristische Wochenschrift
NSFRE	=	National Society of Fund Raising Executives
NTJ	=	National Tax Journal
NW	=	Nonprofit World
NYT	=	New York Times
OD	=	Organizational Dynamics
OE	=	Organisationsentwicklung
PC	=	Public Choice
PH	=	Psychologie Heute
PM	=	Philanthropy Monthly
PONPO	=	Program on Non-Profit Organizations
PP	=	Public Policy
PSPB	=	Personality and Social Psychology Bulletin
QJE	=	The Quarterly Journal of Economics
QREB	=	Quarterly Review of Economics and Business
SA	=	Soziale Arbeit
SAM	=	SAM Advanced Management Journal
SEJ	=	Southern Economic Journal
SF	=	Social Forces
SI	=	Social Images
SM	=	Social Management

S & MM	=	Sales & Marketing Management
SoMa	=	Sozialmagazin
SSR	=	Social Service Review
ST	=	Sociological Theory
TNR	=	The New Republican
TPSA	=	Thorie und Praxis der sozialen Arbeit
UK	=	Unternehmenskultur
VLR	=	Virginia Law Review
VR	=	Verwaltungsrundschau
VS	=	Vital Speeches
W & P	=	Werbeforschung und Praxis
WiSt	=	Wirtschaftswissenschaftliches Studium
WiWo	=	Wirtschaftswoche
YMCA	=	Young Men's Christian Association
YWCA	=	Young Women's Christian Association
ZfB	=	Zeitschrift für Betriebswirtschaft
zfbf	=	Schmalenbachs Zeitschrift für betriebswirtschaftliche Forschung
ZfO	=	Zeitschrift für Organisation
ZfPF	=	Zeitschrift für Post- und Fernmeldewesen
ZfRW	=	Zeitschrift für Recht und Wirtschaft
ZfW	=	Zeitschrift für Wirtschaftspolitik
ZVP	=	Zeitschrift für Verbraucherpolitik

ZUSAMMENFASSUNG

Trotz der aktuellen und historischen Bedeutung der Spende hat die Betriebswirtschaftslehre und insbesondere die Marketingwissenschaft der Spendenvergabe von Unternehmen bislang nur in geringem Maße Rechnung getragen. Im Rahmen der explorativen Studie werden deshalb die Motive und Prozesse der Spendenentscheidungen von Unternehmen analysiert und aus der Sicht spendenakquirierender Organisationen auf ihre Bedeutung für die Ableitung von Ansatzpunkten und Strategien zur Akquisition von Unternehmensspenden untersucht.

Auf Basis der Theorie des sozialen Tausches als grundlegendem theoretischem Bezugsrahmen, wird die Spende als eigennütziger Tauschakt charakterisiert. Der spendenakquirierenden Organisation wird die Rolle eines Tauschpromotors zugewiesen. Die Spende wird als triadische Tauschbeziehung zwischen dem Spender, der spendenakquirierenden Organisation und dem Spendenempfänger von der Schenkung, die ein dyadisches Tauschverhältnis zwischen dem Schenkenden und dem Beschenkten beschreibt, abgegrenzt und der Spezialfall der Unternehmensspende vom Sponsoring differenziert.

Für die Deduktion einer theoriegeleiteten Methodologie zur Akquisition von Unternehmensspenden werden zehn theoretische Ansätze erörtert. Neben bereits vorhandenen Theorien und Ansätzen, die sich speziell mit der Spendenvergabe von Unternehmen beschäftigen (*Theorie der lokalen Präferenz der Unternehmensspende, Kulturhistorischer Ansatz, Gewinnhypothesen*), werden klassische Theorien der Betriebswirtschaftslehre bzw. der Ökonomie (*Agency-Theorie, Wettbewerbstheorie, Unternehmenskulturansatz*) rezipiert und auf ihre Fruchtbarkeit für die Erklärung der Spendenvergabe von Unternehmen bzw. die Ableitung entsprechender strategischer Handlungsempfehlungen für spendenakquirierende Organisationen untersucht. Darüber hinaus werden Theorien aus dem sozialwissenschaftlichen Theorienspektrum mutatis mutandis auf den Objektbereich der Spendenvergabe von Unternehmen übertragen (*Theorie des wahrgenommenen Spendenrisikos, Assimilations-Kontrast-Theorie*) sowie neue theoretische Ansätze zur Spendenvergabe von Unternehmen bzw. zur Form und Gestaltung der Spendenbeziehung zwischen Unternehmen und spendenakquirierenden Organisationen entwickelt (Issue-Congruence Theorie, *Theorie der intertemporalen Spendenbeziehung*).

Nach einer empirischen Diskussion der Theorien werden, auf die einzelnen theoretischen Ansätze bezogen, strategische Implikationen für das Spendenmarketing spendenakquirierender Organisationen abgeleitet. Die Strategien und Handlungsempfehlungen werden abschließend in einem systematischen Überblick miteinander verknüpft. Es entsteht ein Profil an Strategien und Handlungsempfehlungen, das spendenakquirierenden Organisationen in praxi als Anregungsspeicher bzw. Kompetenzplattform für eine theoriegeleitete Spendenansprache von Unternehmen dienen kann.

1. Konzeptionelle Grundlagen der Untersuchung

1.1. Aktueller Forschungsstand

Die Spende läßt sich in unserer heutigen Gesellschaft begründetermaßen als Alltagsphänomen charakterisieren.[1] Spenden gehören zum täglichen Leben. Jeder kommt mit Spenden bzw. der Bitte um Spenden bewußt oder unbewußt in Kontakt. Sei es bei der Begegnung mit jugendlichen Spendensammlern und ihren rasselnden Sammelbüchsen in den Einkaufsstraßen der Innenstädte, beim allmorgendlichen Öffnen des Briefkastens, beim sonntäglichen Kirchgang oder bei Spendenaufrufen im Fernsehen oder in Printmedien. Einer Begegnung mit dem Phänomen des Spendens und seinen ausdifferenzierten Erscheinungsformen kann sich heute niemand entziehen. Es handelt sich bei der Spende zweifelsohne um ein empirisch relevantes und - blickt man auf die geschichtlichen Wurzeln der Spende -. kulturhistorisch gewachsenes Phänomen.

Ein Rückgriff auf die historische Entwicklung der Spende offenbart die erste begriffliche Verwendung der Spende als "spende", "spiend" oder " spent" in der Zeit des Mittelalters, im Zusammenhang mit den sog. "Stiftbriefen". Bei Stiftbriefen handelt es sich um Dokumente mit testamentarischem Charakter, in denen ein Stifter verfügt, daß einer Institution, i.d.R. einem Kloster oder einer Kirche, nach seinem Tode eine festgeschriebene Summe aus seinem Vermögen ausgezahlt werden soll. Die Kirche verpflichtet sich im Gegenzug dazu, jährlich am Sterbe- oder Begräbnistag einen Gottesdienst für den Stifter abzuhalten.[2] In den in Stiftbriefen festgelegten Regeln findet sich zumeist die Bestimmung, daß aus dem Zinsertrag des Stiftungskapitals eine festgesetzte Summe jährlich an die Armen auszuteilen ist. Speziell diese Widmung hat im Sprachgebrauch der Stiftbriefe den Namen "Spende" erhalten. Der älteste erhaltene Stiftbrief einer Privatperson datiert aus dem Jahre 1349. Die Kirche hat aber bereits im Rahmen der bayerischen Synode von 805 als "Seelmeßstiftung" verfügt, daß Priester und Bischöfe aus Anlaß des Todes eines ihrer Mitbrüder Almosen an die Armen auszuteilen haben. Diese Praxis wurde später, im Zusammenhang mit jährlich wiederkehrenden Gedächtnis-

---

[1] Lau/Voß (1988) bezeichnen die Spende als "zeitgenössisches Massenphänomen". Vgl. Lau, T., Voß, A. 1988, S. 285. Müller-Werthmann (1985) stellt fest, daß etwa 70-75% der bundesdeutschen Bevölkerung regelmäßig spenden. Die durchschnittliche Spendensumme pro Spender beträgt nach seinen Schätzungen dabei zwischen 60 und 70 DM pro Jahr. Vgl. Müller-Werthmann, G. 1985, S. 21.

[2] Vgl. Lau, T./Voß, A. 1988, S. 289 ff, ebenso Koren, H. 1954, S. 80 ff.

tagen, wie z. B. zum Gedenken an die Gefallenen großer Schlachten, auch von den Städten aufgegriffen.[1]

Trotz der historischen und aktuellen Bedeutung hat die Wissenschaft - hier vor allem die Disziplinen Psychologie, Soziologie und Wirtschaftswissenschaften - der Spende, insbesondere im deutschsprachigen Raum, nur in geringem Maße Rechnung getragen. Es existieren zwar vereinzelt qualitative und quantitative Studien zum Bereich des Spendenwesens, so z. B. zu den Motiven der Spendenvergabe. Eine umfassende und systematische Erforschung der Strukturen und Prozesse der Spendenvergabe ist bislang jedoch ebensowenig ausreichend geleistet worden, wie eine stringente definitorische Abgrenzung von verwandten Phänomenen wie etwa der Schenkung. Diese Feststellung gilt sowohl für den Fall der privaten Spende, als auch für die Spendenvergabe von Unternehmen, dem speziellen Objektbereich dieser Arbeit. Im Vergleich zu Spenden von Privatpersonen haben Unternehmensspenden im deutschen Sprachraum ein noch geringeres wissenschaftliches Interesse hervorgerufen.[2]

In den USA beschäftigen sich dagegen eine Vielzahl von Institutionen und Organisationen im universitären und außeruniversitären Bereich mit Fragestellungen des Spendenmarketing im allgemeinen und im besonderen mit der Erforschung von Umfang, Entscheidungsprozessen und Motiven der Spendenvergabe von Unternehmen. Die Ursachen dafür sind zum einen in der weitaus größeren Bedeutung zu suchen, welche die Spendenvergabe für die Sicherstellung der sozialen Infrastruktur in den USA besitzt. Im Gegensatz zur Bundesrepublik existiert in den USA bei weitem keine in Breite und Tiefe vergleichbare Versorgung mit staatlich produzierten öffentlichen Gütern. Mit Spenden von Privatpersonen, Stiftungen und Unternehmen werden in den USA vielmehr Leistungen finanziert (u. a. auf den Gebieten der Medizin, der Wohlfahrtspflege oder des Umweltschutzes), die in der Bundesrepublik in den Verantwortungsbereich des Staates fallen. Zum anderen besitzt die Spendenvergabe in den USA eine weitaus stärkere, historisch gewachsene, soziale bzw. gesellschaftliche Verankerung als in der Bundesrepublik. Bereits Alexis de Tocqueville spricht Mitte des vergangenen Jahrhunderts mit Bewunderung vom "aufgeklärten Egoismus" der Amerikaner, die eine Spendenbitte selten ausschlagen.[3] Hall (1989) bestätigt diesen Befund für Unternehmensspender in einer detaillierten Analyse der histori-

---

1   Vgl. ebenda. Zur detaillierteren Diskussion der Spendenvergabe aus kulturhistorischer Sicht vgl. auch Abschnitt 5.5.
2   Vgl. Clotfelter, C.T. 1985, S. 193.
3   Vgl. Harvey, J.W./McCrohan, K.E. 1988, S. 16, Tocqueville, C.A. de 1840.

16

schen Entwicklung der Spendenvergabe US-amerikanischer Unternehmen.[1] Die positive Grundeinstellung der Amerikaner gegenüber der Vergabe von Spenden hat sich bis heute erhalten. Die Vergabe von Spenden ist in den USA ein gesellschaftliches Obligo. Soziales Engagement von Unternehmen bzw. Unternehmerfamilien gehört zum "guten Ton", stellt eine "Selbstverständlichkeit" dar.[2] Die Spender verfahren dabei zumeist nach dem Grundsatz: "Tue Gutes und rede darüber".[3]

Auf dem Gebiet der sozialwissenschaftlichen Auseinandersetzung mit den Fragen der Spendenvergabe von Unternehmen nimmt das "Institut für Social and Policy Studies" (ISPS) der Yale University eine führende Position ein. Im Rahmen des "Program on Non-Profit Organizations" (PONPO) veröffentlicht das Institut u. a. regelmäßig Arbeitspapiere zu Problemen und Fragestellungen der Spendenvergabe von Unternehmen bzw. zu Ansatzpunkten und Möglichkeiten für deren Akquisition.[4] Zu den meist zitierten Arbeiten auf dem Gebiet der Unternehmensspendenforschung zählen darüber hinaus die Berichte der "Commission on Private Philanthropy and Public Needs", die nach ihrem Vorsitzenden, dem Chairman von Aetna Life & Casualty, John H. Filer, oft als "Filer Commission" bezeichnet wird.[5] Die Komission verfolgt das Ziel, umfangreiches Datenmaterial und wissenschaftliche Erkenntnisse zu sammeln, um über Entwicklung und Perspektiven des US-amerikanischen Unternehmensspendenmarktes Auskunft zu geben und darauf aufbauend politische Empfehlungen - z. B. zur steuerlichen Behandlung von Unternehmensspenden - zu formulieren.

Der "Conference Board", eine unabhängige, nicht-kommerzielle Forschungseinrichtung zur Erforschung der Probleme von Nonprofit-Organisationen mit Sitz in New York, finanziert und veröffentlicht Forschungsvorhaben zur tieferen Durchdringung des Phänomens der Spendenvergabe im allgemeinen und der Spendenvergabe von Unternehmen im speziellen.[6] Das "Council on

---

[1] Vgl. Hall, P.D. 1989, S. 221 ff.
[2] Vgl. ebenda.
[3] Vgl. ebenda.
[4] Vgl. Lahn, S.M. 1981, Knauft, E.B. 1986.
[5] Vgl. u.a."Corporate Giving - Giving in America toward a stronger voluntary sector", The Commission on Private Philanthropy and Public Needs (Filer Report), Washington, DC, 1975, "The Filer Commission - Research Papers", Washington, DC, 1977.
[6] Vgl. vor allem die vom Conference Board herausgegebenen Arbeiten von Brown, J.K. 1972, 1979, 1981, O'Conner, R. 1973, Watson, J.H. 1973, Harris, J.F./Klepper, A. 1976, McGrath, P. 1980, Troy, K. 1980, 1988.

Foundations" mit Sitz in Washington (DC) wird von 950 US-amerikanischen Stiftungen - die Zahl der Unternehmensstiftungen, die Mitglied im Council on Foundations sind, beläuft sich dabei auf 130 - getragen und beschäftigt sich vornehmlich mit der Spendenvergabe von Stiftungen.[1] Das "Foundation Center" mit Sitz in New York, gibt diverse Handbücher und Nachschlagewerke wie die *"Corporate Foundation Profiles"*, das *"Foundation Directory"* oder das *"National Data Book"* zur Arbeit von Unternehmensstiftungen heraus.[2]

Das "Donors Forum of Chicago" wird von 115 Stiftungen und Spenderunternehmen (Motorola Inc., United Airlines Inc., McDonald's Inc., u. a.) aus dem Raum Chicago getragen. Der Zweck der gemeinnützigen Einrichtung liegt in der Verbesserung der Kommunikation der Mitglieder untereinander sowie in der auf Fragen der Spendenvergabe bezogenen Information der Öffentlichkeit. Mit Hilfe empirischer Studien bei den Mitgliedern versucht das Donors Forum Erkenntnisse über die Entscheidungsprozesse, die zur Vergabe von Spenden führen, zu gewinnen und sie spendenakquirierenden Organisationen als Planungs- und Entscheidungshilfe zur Verfügung zu stellen. Die Bibliothek des Donors Forum of Chicago enthält eine der umfangreichsten Sammlungen von Monographien und statistischem Material zum Komplex der Spendentätigkeit von Unternehmen.

Zahlreiche wissenschaftliche Arbeiten (u. a. Nelson 1970, Likert 1970, Ackerman/Bauer 1976, Brenner/Molander 1977, Dermer/Wertheimer 1982, Bertsch 1983, Galaskiewicz 1985, Navarro 1988, Knauft 1989, Rorrie /Gallery 1990, Haley 1991, Salomon 1992, Emenhiser 1992), ein breites Spektrum an Praktikerliteratur (u. a. Brownrigg 1978, Hillman/Chamberlin 1980, Sinclair 1982, Warner 1992, Christian 1992) sowie eine Vielzahl von regelmäßig erscheinenden Fachzeitschriften (vgl. Abbildung 1.1) ergänzen die US-amerikanische Diskussion zum Spendendenmarketing. Im Bereich der praktischen Literatur zum Spendenmarketing nimmt der Taft-Verlag eine Spitzenstellung ein. Der Spezialverlag für Spendenmarketingliteratur sowie das von der Taft-Gruppe finanzierte Fund Raising Institute in Rockville (Maryland) geben eine Vielzahl in jährlicher Neuauflage erscheinende Handbücher und Nachschlagewerke zur Unternehmensspendenakquisition heraus. In der Taft-Edition *"Corporate Giving Directory"* finden sich Kontaktadressen, Spendenbudgets, Ansprechpartner, Biographien von

---

[1] Vgl. Council on Foundations, Annual Report, Washington, DC: The Council on Foundations, 1980.

[2] Vgl. Foundation Center (Hrsg.) 1980, 1981, 1982.

Spendenentscheidungsträgern, Informationen über Spendenempfänger, die Spezifität der Spendenobjekte, die geographische Präferenz oder die Spendenphilosophien von 570 Unternehmen, die jährlich zusammen über 2,75 Mrd. Dollar an spendenakquirierende Organisationen in den USA transferieren. Die *"Corporate Giving Yellow Pages"* enthalten ebenso wie der *"Foundation Reporter"*, das *"Directory of Corporate and Foundation Givers"* und das *"Directory of Corporate and Foundation Grants"* jährlich aktualisierte Informationen über 8000 Spendenprogramme und Unternehmensstiftungen. Das Jahrbuch *"Funding Decision Makers"* unterstützt spendenakquirierende Organisationen bei ihrer Beziehungspflege zu Spendenentscheidungsträgern von Unternehmen und Stiftungen. Es enthält regelmäßig aktualisierte Daten über 15.000 Entscheidungsträger sowie Informationen zu den sie jeweils umgebenden Einfluß- bzw. Machtstrukturen. Die neuesten Stiftungen werden im Rahmen des *"Americas New Foundations - The sourcebook on recently created Philanthropies"* präsentiert. Der *"Inside Japanese Support"* Report enthält umfassende Informationen über die spezielle Spendentätigkeit japanischer Unternehmen in den USA. Aus dem Report lassen sich Erkenntnisse über aktuelle Ansprechpartner, Spendenprogramme, Entscheidungsstrukturen und Spendenphilosophien der Entscheidungsträger von Niederlassungen japanischer Unternehmen gewinnen. Mit dem *"Directory of International Corporate Giving in America and Abroad"* wird der Blick auf die weltweite Spendenvergabe von Unternehmen ausgedehnt. Das Jahrbuch enthält aktuelle Informationen über die internationale Spendentätigkeit von Unternehmen und entwickelt entsprechende Handlungsempfehlungen zur Spendenansprache für internationale Zwecke.

Publikation	Erscheinungsort	Herausgeber	Frequenz
Across the Board	New York	The Conference Board	monatlich
Arts Business	New York	Business Committee for the Arts	monatlich
Business and Society Review	Boston, MA.	Warren Gorman Lamont	vierteljährlich
Corporate Giving Watch	Washington, DC.	Taft Group	monatlich
Corporate Philanthropy	Washington, DC.	Independent Sector	monatlich
Currents	Washington, DC.	Council for the Adv. and Support of Education	monatlich
Enterprise	Washington, DC.	National Association of Manufacturers	monatlich
Foundation Giving Watch	Washington, DC.	Taft Group	monatlich
Foundation News	Washington, DC.	Council on Foundations	6 Ausgaben/J.
FRI Monthly Portfolio	Rockville, Maryland	Fund Raising Institute	monatlich
Fund Raising Management	Garden City, NY.	Hoke Communications	monatlich
Funding Review	Pocatello, Idaho	National Grant Development Institute	vierteljährlich
Giving USA Bulletin	New York	American Association of Fund-Raising Counsel	monatlich
Grants Magazine	New York	Plenum Publishing Corporation	vierteljährlich
Grantsmanship Center News	Los Angeles	The Grantsmanship Center	6 Ausgaben/J.
Philanthropy Monthly	New Milford, CT.	Non-Profit Report	monatlich
Response	Washington, DC.	Center for Corporate Public Involvement	6 Ausgaben/J.
Responsive Philanthropy	Washington, DC.	National Com. for Responsive Philanthropy	vierteljährlich
Washington International Arts Letter	Washington, DC.	Washington International Arts Letter	10 Ausgaben/J.

Abbildung 1.1: Fachzeitschriften zum Spendenmarketing aus den USA

Seit 1935 besteht in den USA ein eigener Verband der Spendenmarketingberater, die "American Association of Fund Raising Counsel" (AAFRC). Neben diversen Informationsdiensten bietet der Dachverband der professionellen Spendenmarketer für Nonprofit-Organisationen mit dem "Giving USA" die jährliche Herausgabe des umfassendsten Werkes über Zahlen, Fakten und Trends zum US-amerikanischen Spendenmarkt.[1] Daneben sind mit der "National Society of Fund Raising Executives" (NSFRE) und dem "Council of Advancement and Support of Education" (CASE) in den USA weitere Verbände mit einer systematischen Erforschung der Spendentätigkeit von Unternehmen beschäftigt. Die Verbände haben dabei ethische Prinzipien für das Sammeln von Spenden entwickelt, denen sich die Verbandsmitglieder gegenüber verpflichten. Die Mitglieder der NSFRE werden u. a. zur Perzeption einer "stewardship responsibility to assure that needed resources are vigorously and ethically sought and that the intent of the donor is honestly fulfilled" aufgefordert.[2] Sie verpflichten sich zur Wahrung der Privatsphäre, der Wahlfreiheit und der Interessen all derer, die durch ihre Arbeit tangiert werden.[3] Der ethische Leitfaden gilt zugleich als Arbeitsanweisung im Umgang mit Spendern, spendenakquirierenden Organisationen und Kollegen.

---

[1] Vgl. u. a. American Association of Fund Raising Counsel 1980. Der "Giving USA" Bericht von 1980 enthält, wegen des 25-jährigen Jubiläums, zusätzlich eine Rückschau mit vergleichenden Statistiken für die Jahre von 1955-1979.

[2] Vgl. Abbildung 1.2.. Zu den Codes of Ethical Principles von AAFRC und CASE siehe Kirk, M. 1991, S. 13 ff.

[3] Vgl. ebenda. In der Bundesrepublik verpflichtet der Deutsche Spendenrat seine Mitglieder dazu: 1. Eine lautere Spendenwerbung zu betreiben, 2. Die Spendenmittel unter dem Gesichtspunkt höchster Effizienz, sparsam und zweckgerichtet zu verwenden, 3. Ordnungsgemäß Bücher zu führen und Bericht zu erstatten sowie eine Prüfung des Jahresabschlusses und des Lageberichtes nach Maßgabe der Verlautbarung des Instituts der Wirtschaftsprüfer zur Prüfung spendenakquirierender Organisationen vornehmen zu lassen. 4. Einen Bericht zu veröffentlichen, der den Jahresabschluß enthält sowie u. a. über Provisionen, zweckgebundene Spenden und die Weitergabe von Spenderadressen Auskunft gibt. Der Bericht soll nach Anforderung den interessierten Spendern gegen Kostenerstattung zur Verfügung gestellt werden. Vgl. Nawrath, C.V. 1993, S. 11.

National Society of Fund Raising Executives
– Code of Ethical Principles –

The National Society of Fund Raising Executivrs exists to foster the development and growth of fund-raising professionals and the profession, to preserve and enhance philanthropy and volunteerism. and to promote high ethical standards in the fund-raising profession.

To these ends, this code declares the ethical values which NSFRE members embrace and which they strive to uphold in their professional activities.

Members of the National Society of Fund Raising Executives are motivated by an inner drive to improve the quality of life through the causes they serve. They seek to inspire others through their own sense of dedication and high purpose. They are committed to the improvement of their professional knowledge and skills in order that their performance will better serve others. They recognize their stewardship responsibility to assure that needed resources are vigorously and ethically sought and that the intent of the donor is honestly fulfilled. Such individuals practice their profession with integrity, honesty, truthfulness and adherence to the absolute obligation to safeguard the public trust.

Furthermore, NSFRE members

• serve the ideal of philanthropy, are committed to the preservation and enhancement of volunteerism, and hold stewardship of these concepts as the overriding principle of professional life;

• foster cultural diversity and pluralistic values and treat all people with dignityand respect;

• affirm, through personal giving, a commitment to philanthropy and its role in society;

• adhere to the spirit as well as the letter of all applicable laws and regulations; bring credit to the fund-raising profession by their public demeanor;

• recognize their individual boundaries of competence and are forthcoming about their professional qualifcations and credentials

• value the privacy, freedom of choice, and interests of all those affected by their actions;

• disclose all relationships which might constitute, or appear to constitute, conflicts of interest;

• actively encourage their colleagues to embrace and practice these ethical principles.

Abbildung 1.2:   Ethische Prinzipien der "National Society of Fund Raising Executives" für das Spendenmarketing

Wenn man bedenkt, daß sich in den USA in den letzten Jahrzehnten mit dem "fundraising manager" ein eigener Berufsstand etabliert hat und die Zahl der regelmäßig erscheinenden Fachzeitschriften und Publikationen zum Spendenmarketing ganze Bibliotheken füllt, mutet die Feststellung von Cmiel/ Levy (1980), daß "corporate giving remains one of the least understood and least studied areas of private philanthropy" im Vergleich zum Forschungsstand in der Bundesrepublik Deutschland geradezu paradox an.[1] Im Gegensatz zu den USA existiert bis dato in der Bundesrepublik keine systematische wissenschaftliche Auseinandersetzung mit den Motiven und Prozessen der Spendenvergabe von Unternehmen. Ebenso fehlt entsprechendes, für Forschungszwecke verwertbares, empirisches Datenmaterial über Unternehmensspenden, das Aussagen darüber zuläßt, wieviel Spenden und warum von welchen Unternehmen vergeben werden, ob größere Unternehmen im Verhältnis zu kleineren mehr Spenden vergeben, welche Branchen verstärkt Spenden vergeben oder welche Unternehmen und Branchen verstärkt für welche Zwecke spenden. Auch das **"Deutsche Zentralinstitut für Soziale Fragen"** (DZI) - eine öffentlich geförderte, unabhängige und gemeinnützige Stiftung, die als zentrale Informations- und Dokumentationsstelle für den Bereich der theoretischen und praktischen sozialen Arbeit mit Sitz in Berlin wirkt - und der **"Deutsche Spendenrat"** - ein Zusammenschluß von spendenakquirierenden Organisationen in der Bundesrepublik, die sich auf gemeinsame Grundsätze im Umgang mit Spendenmitteln verpflichten - können darüber keine Angaben machen.[2]

An den Hochschulen der USA und zahlreicher anderer Länder hat die verstärkte Bedeutung der Spendentransferökonomie sowie das nachhaltige politische Interesse an einem wachsenden sozialen Engagement von Unternehmen[3] in den vergangenen zwei Jahrzehnten zur Etablierung des **"Fundraising Management"** bzw. der **"Corporate Philanthropy"** im Spektrum des wirtschafts- und sozialwissenschaftlichen Forschungsinteresses geführt.[4] In der Bundesrepublik ist eine solche Entwicklung hingegen bis heute nicht erkennbar. Weder in Lehrbüchern, Seminaren oder auf wissenschaftlichen Kongressen zählen Fragestellungen zum Komplex der Vergabe von Unternehmensspenden zu den mit Nachdruck behandelten Themen. Angesichts der erheblichen Bedeutung für die Finanzierung der ständig steigenden Zahl

---

[1] Cmiel, K./Levy, S. 1980, S. 1 ff.
[2] Zum DZI vgl. Borgmann-Quade, R. 1982, S. 229. Zum Deutschen Spendenrat vgl. Nawrath, C.V. 1993, S. 11.
[3] Vor allem US-Präsident Ronald Reagan verstand die Unternehmen als "the most likely candidates to ease the burden of government budget cuts."; Vgl. Bertsch, K. 1983, S. 3.
[4] Siehe u. a. die Arbeiten der "Institution for Social and Policy Studies" der Yale University.

spendenakquirierender Organisationen ist dies ein durchaus überraschender und aus der Perspektive des Forschers zugleich unbefriedigender Befund. Weder die bundesdeutschen Unternehmen scheinen bis dato die mit einer fundierten Spendenvergabe einhergehenden Chancen zu perzipieren, noch entwickeln die als Nachfrager betroffenen spendenakquirierenden Organisationen und ihre Spitzenverbände - teils aus Geldmangel, teils in Ermangelung von Management-Know-how - entsprechende Bestrebungen zur theoretischen und empirischen Exploration des Phänomens der Spendenvergabe von Unternehmen.[1]

Für die Betriebswirtschaftlehre im allgemeinen und die Marketingwissenschaft im speziellen scheint die Beschäftigung mit Fragen des Spendenmarketing, ebenso wie der gesamte Bereich der Nonprofit-Management-Forschung - vermutlich wegen der geringen Lukrativität einer marktlichen Verwertung der Forschungsergebnisse - von untergeordneter Bedeutung. Wenn überhaupt die Austauschbeziehungen zwischen Nonprofit-Organisationen und Unternehmen zur Finanzierung der Leistungserstellung der Nonprofit-Organisationen Gegenstand von Untersuchungen sind, steht vornehmlich die Rolle des Unternehmens als Sponsor im Blickfeld des Forschungsinteresses.[2] Die Betrachtungen erfolgen jedoch i. d. R. aus dem Blickwinkel des Sponsors bzw. der beteiligten Unternehmen. Eine eindeutige Trennschärfe zur Vergabe von Unternehmensspenden bzw. den zu ihrer Akquisition geeigneten Strategien und Handlungskonzepten lassen die Arbeiten zumeist vermissen. Eine wirkliche Trendwende, hin zu einer verstärkten Beschäftigung mit den Fragen des Unternehmensspendenmarketing aus der Sicht von spendenakquirierenden Organisationen, zeichnet sich damit folglich noch nicht ab. Die nachstehende Studie soll in diesem Sinne einen ersten Ansatz darstellen, dieses Defizit zu überwinden und die Lücke zwischen dem Forschungsstand in den USA und der Bundesrepublik Deutschland zu schließen

---

[1] Angesichts der finanziellen Knappheit der öffentlichen Haushalte und der zu erwartenden Einschnitte in das soziale Netz, ist aus der Sicht spendenakquirierender Organisationen in der Bundesrepublik jedoch mit einem Bedeutungszuwachs der Unternehmensspendenvergabe zu rechnen. Organisationen, die etwa im Bereich des Sozialen, der Kultur oder der Umwelt tätig sind, müssen sich - wenn sie ihr Leistungsangebot nicht einschränken wollen - zur Kompensation der geringer fließenden staatlichen Fördermittel, entsprechende Strategien zurecht legen. Die Frage einer systematischen Spendenansprache von Unternehmen rückt damit zunehmend in den Fokus des Interesses. Die Austauschbeziehung zwischen spendenakquirierenden Organisationen und Unternehmen wird zu einem zentralen Objektbereich für das Marketing von Nonprofit-Organisationen.

[2] Vgl. Mussler, D. 1989, Herrmans, A. 1989, Drees, N. 1991, Bruhn, M. 1991. Für einen guten Überblick über die Praxis des Sponsoring in der Bundesrepublik Deutschland vgl. Leif, T./Galle, U. 1993.

1.2. Zielsetzung der Arbeit und Abgrenzung des Themas

Ziel der Arbeit ist die theoriegeleitete Identifikation von Ansatzpunkten und Strategien zur Akquisition von Unternehmensspenden. Aus dem bislang rudimentären Stadium der Forschung zur Spendenvergabe von Unternehmen, ergibt sich dazu die Notwendigkeit einer theoretischen und empirischen Exploration der die Unternehmensspendenvergabe betreffenden Motive und Entscheidungsprozesse. Als Grundlage für die Diskussion über Ansatzpunkte und Strategien zur Akquisition von Unternehmensspenden sollen im Rahmen einer explorativen Studie bereits bestehende theoretische Ansätze zu Motiven und Prozessen der Spendenvergabe von Unternehmen rezipiert sowie neue Theorien entwickelt und auf ihre Fruchtbarkeit für das Problem der Akquisition von Unternehmensspenden überprüft werden. Ziel ist dabei nicht die Entwicklung einer umfassenden Theorie zur Akquisition von Unternehmensspenden - einen solchen Anspruch zu erheben, wäre vermessen -, sondern vielmehr die Generierung eines Mosaiks an Theorien und Hypothesen, das, mit der jeweils partiellen Fruchtbarkeit der einzelnen Ansätze, die Konturierung eines theoriegeleiteten Spendenmarketing zur Akquisition von Unternehmensspenden ermöglicht.

Im Blickfeld des Handlungsinteresses der Studie steht die spendenakquirierende Organisation. Unter spendenakquirierenden Organisationen werden Organisationen verstanden, die sich über Spendeneinnahmen finanzieren. Die Finanzierung der Organisation muß dabei nicht ausschließlich auf der Basis von Spenden beruhen. Zu spendenakquirierenden Organisationen zählen auch solche Organisationen, die sich nur akzidentiell - z. B. neben den Einnahmen aus Gebühren oder staatlichen Zuwendungen - über Spenden finanzieren. Ausschlaggebend für die Einstufung als spendenakquirierende Organisation ist die erfolgreiche Handlungsorientierung in Richtung auf den Spender. Mit der Begrifflichkeit der spendenakquirierenden Organisation kommt implizit die Zielrichtung der Organisation zum Ausdruck. Die spendenakquirierende Organisation ist zur Finanzierung ihrer Tätigkeit dominant oder akzidentiell auf die Akquisition von Spendentransfers ausgerichtet.[1]

Die in der Studie gewählte Betrachtungsperspektive erfolgt aus der Sicht spendenakquirierender Organisationen. Die Studie versteht sich als Beitrag

---

[1] Die Kernaufgabe spendenakquirierender Organisationen ist die Vermittlung zwischen Spendern und Empfängern von Spendenobjekten. Vgl. Klein, M. 1986, S. 5 ff.

zur Diskussion im Rahmen des Nonprofit-Managements.[1] Durch die Arbeit soll spendenakquirierenden Organisationen ein Einblick in die Motive und Entscheidungsprozesse der Vergabe von Unternehmensspenden gegeben und darauf aufbauend, ein praktischer Beitrag zur Lösung des Beschaffungsproblems von Unternehmensspenden geleistet werden. Es soll ein "praktisch-normativer" Ansatz zur Akquisition von Unternehmensspenden entwickelt werden, wobei "praktisch" bedeutet, daß nicht allein das theoretische Erkenntnisinteresse die Antriebskraft der Forschungsaktivität ausmacht, sondern daß als Quintessenz der Studie auch ein unmittelbarer Beitrag zur Bewältigung des Problems der Akquisition von Unternehmensspenden für die Praxis spendenakquirierender Organisationen geleistet werden soll. Mit dem Attribut "normativ" verbindet sich die mit einer Orientierung an den Problemen der Spendenpraxis verbundene Notwendigkeit, den in spendenakquirierenden Organisationen handelnden Menschen Handlungsempfehlungen zu geben, durch deren Übernahme bestimmte Ziele, z. B. der Aufbau und Ausbau von Spendenbeziehungen zu Unternehmen, erreicht werden können.[2] Eine Rechtfertigung der den Handlungsempfehlungen zugrunde liegenden Ziele soll im Rahmen der Arbeit nicht erfolgen. Sie nimmt insofern im Zuge der "Wertfreiheitsdiskussion" eine Position ein, die als "werturteilsfrei" charakterisiert werden kann.[3]

Auf dem Spendenmarkt stehen die spendenakquirierenden Organisationen in direkter Austauschbeziehung zu Spendern. Als Spender kommen entweder Privatpersonen, Unternehmen oder Stiftungen in Frage. Bei den theoretischen und empirischen Erörterungen steht dabei die Spendenvergabe von Unternehmen im Mittelpunkt. Private Spenden spielen nur insoweit eine Rolle, als sie im Rahmen der Aussagen zur allgemeinen Bestimmung der Spende mit einbezogen werden. Die Spendenvergabe von Stiftungen wird ebenfalls aus der näheren Betrachtung ausgeklammert. Eine Ausnahme bilden Stiftungen, die von Unternehmen gegründet bzw. als Unternehmensstiftungen betrieben werden. Die Zuweisung von Mitteln eines Unternehmens an eine unternehmenseigene Stiftung, stellt eine Externalisierung der Unternehmensspendenentscheidung dar und berührt insoweit auch das auf die Forschungsfrage bezogene Erkenntnisinteresse.

---

1   Zur neueren Diskussion um das Management von Nonprofit-Organisationen vgl. u. a. Burla, S. 1989, Schwarz, P. 1992, Arnold, U. 1993, Arnold, U., Hassemer K. 1993.
2   Vgl. Heinen, E. 1987, S. 20.
3   Zur "Wertfreiheitsdiskussion" in der Betriebswirtschaftslehre vgl. u. a. Fischer-Winkelmann, W.F. 1971, Schanz, G. 1973, S. 585 ff, Raffée, H. 1974, S. 44 ff, Steinmann, H., Braun, W. 1976, S. 463 ff, Abel, B. 1979, S. 215.

Das Erkenntnisobjekt der explorativen Studie stellt die Spendenentscheidung von Entscheidungsträgern dar, die im Namen und im Auftrag von Unternehmen handeln. Das unternehmensinterne "Fundraising", das in der Literatur von einigen Autoren auch unter dem Stichwort "payroll-giving" abgehandelt wird und das den einzelnen Mitarbeiter im Blickfeld hat, findet deshalb im Rahmen der Erörterungen keine Berücksichtigung. Im Fall des "payroll-giving" ermutigen Unternehmen ihre Mitarbeiter systematisch zur Spendenvergabe, indem sie zum einen mit gutem Beispiel vorangehen und zum anderen für die organisationsinterne Bekanntmachung der Spendentätigkeit der Mitarbeiter sorgen. Dies kann im Einzelfall bis hin zu organisierten, unternehmensinternen Spendenwettbewerben und Spenderranglisten führen.[1] Es handelt sich beim unternehmensinternen Fundraising demnach um individuelle und nicht um organisationale Spendenentscheidungen. Beim "payroll-giving" fällt der Mitarbeiter eine Entscheidung über den Transfer eigener Vermögenswerte. Bei der Vergabe organisationaler Unternehmensspenden entscheidet hingegen ein Spendenentscheidungsträger im Namen und Auftrag des Unternehmens über den Transfer von Spendenobjekten. Die Leistung der Vermögenswerte erfolgt durch das Unternehmen. Der Spendenentscheidungsträger wird materiell davon nicht berührt.[2]

Im Rahmen der Zweckbestimmung der Spende werden bei den Erörterungen keine Einschränkungen vorgenommen. Die allgemeinen Erkenntnisse zur Spendenvergabe von Unternehmen lassen sich sowohl auf den Fall von Spenden für soziale, als auch für ökologische, kulturelle, künstlerische, o. a. Zwecke anwenden. Lediglich Parteispenden werden aus der theoretischen und praktischen Diskussion ausgenommen. Ihre spezifische Motivlage sowie die eigenen situativen Umstände und Gesetzmäßigkeiten erfordern eine gesonderte Betrachtung, die den Rahmen der explorativen Untersuchung übertreten würde. Die Sonderstellung der Parteispende kommt z. B. auch darin zum Ausdruck, daß der Gesetzgeber für diese Spendenform eine eigene, gegenüber Spenden für sonstige Zwecke abgesetzte, rechtliche Grundlage geschaffen hat. Nach der neuesten Fassung des Parteienfinanzierungsgesetzes dürfen Spenden an Parteien nur mehr in einer Höhe von 6.000 DM für Alleinstehende und 12.000 DM für gemeinsam veranlagte Ehegatten von der

---

1 Vgl. Lahn, S.M. 1981, S. 29.
2 Auf einen zumindest indirekten Zusammenhang zwischen unternehmensinternem Fundraising und der organisationalen Spendenvergabe von Unternehmen weist Whitehead (1976) hin. Er stellt auf der Basis von Erfahrungen aus den USA heraus, daß Unternehmen, die ihre Mitarbeiter zu Spenden motivieren, verhältnismäßig mehr Spenden vergeben als solche, die keinen Einfluß dahingehend auf ihre Mitarbeiter ausüben. Vgl. Whitehead, P.J. 1976, S. 43.

Steuer abgesetzt werden. Parteispenden von Unternehmen bzw. juristischen Personen werden steuerlich nicht mehr begünstigt.[1]

Für den Fall von Spenden, die für den Spender mit einer Steuerbegünstigung verbunden sind, tritt auf dem Spendenmarkt der Staat als weiterer Austauschpartner hinzu. Durch die Gewährung steuerlicher Vorteile wird der Staat im Rahmen des Spendentausches zum Produzenten von Leistungsäquivalenten für den Spender, was als Akt stellvertretender Belohnung interpretiert werden kann und im Zuge der steuerrechtlichen Diskussion über die Spendenvergabe ein weites Feld für Erörterungen eröffnet.[2] Da die Steuerersparnis jedoch nicht in jedem Fall Bestandteil des Bündels von Gegenleistungen für den Spender ist - nicht jede spendenakquirierende Organisation ist zur Ausstellung von Spendenbescheinigungen berechtigt bzw. nicht jeder Spender legt Wert auf die Ausstellung einer Spendenquittung - und der Staat als Interaktionspartner für die Ableitung strategischer Handlungsempfehlungen zur Akquisition von Unternehmensspenden ansonsten keine zentrale Bedeutung besitzt, wird eine eingehende Diskussion der steuerlichen bzw. steuerrechtlichen Aspekte der Unternehmensspendenvergabe ausgeklammert. Der steuermindernde Effekt von Spenden wird in der Studie aber insoweit berücksichtigt, als er als Motiv für die Spendenvergabe wirksam wird bzw. als relevante Determinante die Spendenentscheidung von Unternehmen beeinflußt.

Zur Beantwortung der Forschungsfrage nach Ansatzpunkten und Strategien für die Akquisition von Unternehmensspenden wird insgesamt ein interdisziplinärer Ansatz gewählt, der den Erkenntnisfortschritt in einem weit geöffneten Blickfeld sucht und unter dem Blickwinkel der wissenschaftlichen Kooperation eine Integration ökonomischer und verhaltenswissenschaftlicher Theorieansätze, die in Verbindung zur Spendenvergabe von Unternehmen stehen, ansteuert. Die Ableitung theoriegeleiteter, strategischer Handlungsempfehlungen für den Spendenmarketer erfolgt nicht ausschließlich auf der Basis ökonomischer Erklärungsansätze, sondern es werden vor allem auch

---

[1] Bei natürlichen Personen werden im Rahmen ihrer Veranlagung bei Zuwendungen nach § 34g EStG bis zu 3.000 DM (zusammenveranlagte Ehegatten bis zu 6.000 DM) mit 50%, also höchstens 1.500 DM/3.000 DM per annum, von der Steuerschuld abgezogen. Außerdem können natürliche Personen darüber hinaus bis zu 3.000 DM (zusammenveranlagte Ehegatten weitere 6.000 DM) nach § 10b EStG als Sonderausgaben vom Gesamtbetrag ihrer Einkünfte absetzen. Eine steuerliche Abzugsfähigkeit für juristische Personen besteht ab 1. Januar 1994 nicht mehr.

[2] Zum Modell der stellvertretenden Belohnung vgl. Bagozzi, R.P. 1980, S. 50 ff. Zur steuerrechtlichen Diskussion der Spende vgl. u. a. Meyer-Arndt, L. 1986, S. 353 ff, Drasdo, M. 1987, S. 327 ff, Schoor, H.W. 1988, S. 1174 ff.

relevante Theorien, die den sozialwissenschaftlichen Nachbardisziplinen der Psychologie und Soziologie zuzurechnen sind, auf ihre Fruchtbarkeit für die Erklärung der Spendenvergabe von Unternehmen bzw. die Fundierung eines strategischen Spendenmarketing gegenüber Unternehmen überprüft. Als Kriterium für die Heranziehung der Theorien gilt zum einen, daß die Theorien eine Berücksichtigung der institutionellen Bedingungen des Handelns der im Rahmen der Spendenvergabe beteiligten Akteure als handlungstheoretische Grundlage ermöglichen sollen. Zum anderen wird an die Auswahl der Theorieansätze die Anforderung geknüpft, daß sie die Berücksichtigung der Interdependenzen der sozial-institutionellen Bereiche und deren Wirkung auf das Handeln der Spendenentscheidungsträger ermöglichen. Ebenso soll die Möglichkeit einer systematischen Ableitung der Inhalte des Interesses bzw. der Motive unter Rückgriff auf die institutionellen Bedingungen sowie die Voraussetzung für die Deduktion einer pluralistischen und kritischen Methodologie zur Akquisition von Unternehmensspenden gewährleistet werden. Die gewählte forschungsprogrammatische Ausrichtung entspricht somit einer Orientierung am sozialwissenschaftlichen Basiskonzept, das sich durch eine verhaltenswissenschaftliche Fundierung ökonomischer Forschung auszeichnet.[1]

1.3. Gang der Untersuchung

Will man sich gemäß der Forschungsfrage nach Ansatzpunkten und Strategien zur Akquisition von Unternehmensspenden mit den betriebswirtschaftlichen Implikationen der Spendenvergabe respektive der Spendenakquisition beschäftigen, ist eine vorangehende umfassende, systematisch-analytische Erschließung der Elemente und Handlungsprozesse des Spendentausches als forschungstechnisches Fundament unabdingbar. Ohne die Identifikation und Analyse der handlungstheoretischen Grundlagen der Spende können keine Aussagen über die Verwertbarkeit von betriebswirtschaftlichen Kalkülen bzw. die Fruchtbarkeit von theoriegeleiteten Strategien eines modernen Marketing zur Lösung von Problemen der Spendenakquisition gemacht werden. Eine Entwicklung von Strategien bzw. eine Übertragung von Erkenntnissen der Marketingwissenschaft auf die Frage der Unternehmensspendenakquisition ist nur dann sinnvoll, wenn sie an die Struktur bzw. die elementaren Bausteine der Spende anknüpft. Deshalb müs-

---

[1] Zur Position und Fruchtbarkeit des sozialwissenschaftlichen Basiskonzepts im Vergleich zum theoretischen Monismus des ökonomischen Basiskonzepts, vgl. Raffée, H. 1989, S. 25 ff.

sen in einem ersten Schritt die elementaren Bausteine der Spendenvergabe freigelegt werden.

Zur Identifikation der elementaren handlungstheoretischen Bausteine der Spende wird auf die Theorie des sozialen Tausches zurückgegriffen (*vgl. Abschn. 2*). Die Spendenvergabe wird unter Bezugnahme auf die Arbeiten von G.C. Homans (1972) und P.M. Blau (1967) als sozialer Tauschprozeß beschrieben. Spenden werden als Spezialfall des allgemeinen sozialen Tausches unter dem Gesichtspunkt des Eigennutzes vergeben. Der Spender erwartet als Äquivalent für seinen Transfer von Spendenobjekten den Fluß reziproker Gratifikationen. Das Verständnis der Spende als sozialer Tauschprozeß, dem das fundamentale Prinzip der Reziprozität innewohnt, setzt sich insofern von dem allgemeinen, umgangssprachlichen Verständnis der Spende als selbstlosem Akt bzw. einseitigem Transfer von Gütern ab. Sowohl der Spendentausch als auch der wirtschaftliche Tausch lassen sich als Sonderfälle des allgemeinen Falls des sozialen Tausches charakterisieren. Als übergeordneter theoretischer Bezugsrahmen ermöglicht daher die Theorie des sozialen Tausches eine Integration ökonomischer Erkenntnisse für die weitere Erörterung der Spendenvergabe.[1] Zur Explikation der handlungleitenden Motive der Spender werden so zwei konkurrierende Erklärungsansätze - Altruismuskonzept vs. Erwerb immaterieller, psychischer Güter - dargestellt, die auf das Prinzip der ökonomischen Rationalität rekurrieren (*vgl. Abschn. 3.1*). In Ermangelung jeweils erschöpfender Erklärungskraft der beiden Theorieansätze wird unter Bezugnahme auf Metzler (1990) ein Modell selektiver Anreize entworfen, das bei Spendern eine gemischte Motivstruktur aus altruistischen und rein egoistischen Motiven unterstellt.

In *Abschnitt 3.2* wird der prozessuale Ablauf der Vermittlung der im Rahmen des Spendentausches transferierten Güter bzw. Gratifikationen erörtert. Dabei wird festgestellt, daß sich der Spendentausch in ein Basisbeziehungssystem zur Beitragsleistung des Spenders für ein - von der spendenakquirierenden Organisation produziertes - öffentliches Gutes erster oder zweiter Ordnung und ein, je nach zugrundeliegenden Motiven, differenziertes System der Vermittlung von reziproken Gratifikationen gliedert. Bei der Übertragung der reziproken Gratifikationen an den Spender kann es sowohl zu direkten, als auch zu indirekten, über Normen vermittelten Transferprozessen kommen. Der spendenakquirierenden Organisation wird insgesamt eine

---

[1] Zur wechselseitigen Fruchtbarkeit ökonomischer Erkenntnisse für die Analyse sozialer Tauschvorgänge vgl. Thie, G.E. 1979, S. 100 ff.

fundamentale Rolle als "Tauschpromotor" für die Spendentauschbeziehung zwischen Spendern und Spendenempfängern zugewiesen.

Der konstitutiven Rolle der spendenakquirierenden Organisation für den Spendentausch wird in *Abschnitt 3.3* eingehender Rechnung getragen. Im Zusammenhang mit der Rolle als Tauschpromotor wird ein Funktionenschema zur Charakterisierung und Systematisierung der Leistungen der spendenakquirierenden Organisation für den Spendentausch entworfen. Zusammen mit den Ausführungen zur Spezifität der im Rahmen des Spendentausches transferierten Spendenobjekte (*vgl. Abschn. 3.4*) ist damit eine allgemeine, grundlegende Erklärung der Motive und Prozesse, die zur einer Vergabe von Spenden führen, geleistet. Die Spende setzt sich dabei als triadische bzw. multipersonale Tauschbeziehung von der Schenkung ab, die im Gegensatz dazu ein dyadisches, intrinsisches Tauschverhältnis zwischen einem Schenkenden und einem Beschenkten beschreibt (*vgl. Abschn. 3.5*).

Nach der Erörterung des allgemeinen Falls der Spendenvergabe wird - aufbauend auf den gewonnenen Erkenntnissen - zum speziellen Fall der Unternehmensspende übergegangen (*vgl. Abschn. 4*). Mit der Ökonomischen Theorie der Unternehmensspende wird eine Erklärungsgrundlage für die Spendenmotive von Unternehmen eingeführt, die sich von der These absetzt, daß Unternehmensspenden aus der Perzeption sozialer bzw. gesellschaftspolitischer Verantwortung heraus vergeben werden. Unternehmensspenden werden als multimotivationaler Prozeß erklärt, der sich aus zwei praxeologisch relevanten und empirisch begründeten Motivquellen speist. Die Motive zur Unternehmensspendenvergabe leiten sich zum einen aus dem institutionell geprägten Streben des Unternehmens bzw. seiner Entscheidungsträger nach Gewinnmaximierung ab, sowie zum anderen aus dem individuellen Streben der Spendenentscheidungsträger, auf der Basis organisationaler Handlungsspielräume eigenen Nutzen zu maximieren. Als derivate Triebkräfte, die sich aus der Motivquelle der Gewinnmaximierung ergeben, werden neben dem 'Werbemotiv', das 'Arbeitsmarktmotiv' und das 'Lobbyismusmotiv' herausgearbeitet. Unternehmensspendenentscheidungsträger ziehen individuellen Nutzen vor allem aus der Zuweisung von Sozialprestige durch interessierte Dritte, die eine Spendenvergabe positiv bewerten (*vgl. Abschn. 4.1*).

In *Abschnitt 4.2* werden unterschiedliche Modelle des Spendenentscheidungsprozesses in Unternehmen dargestellt und auf ihre praktische Relevanz für den Spendenmarkt in der Bundesrepublik überprüft. Der Spendenentscheidungsprozeß wird in unterschiedliche Phasen zerlegt und so einer

31

detaillierten Betrachtung zugeführt. Zusammen mit Erläuterungen zur Spezifität der Spendenobjekte, die im Rahmen eines Unternehmensspendentausches transferiert werden (*vgl. Abschn. 4.3*) und einer quantitativen und qualitativen Bestimmung der aktuellen Situation des Spendenmarktes in der Bundesrepublik Deutschland (*vgl. Abschn. 4.4*), sind damit die Grundlagen für die weitere Erörterung der Unternehmensspende unter dem Blickwinkel der Entwicklung von theoriegeleiteten Ansatzpunkten und Strategien zur Akquisition von Unternehmensspenden geschaffen. In *Abschnitt 4.5* werden diese Grundlagen durch eine Abgrenzung der Unternehmensspendenvergabe vom wissenschaftlich und in praxi häufig mit mangelnder Trennschärfe betrachteten Phänomen des Sponsoring auf der Basis der Theorie des sozialen Tausches komplettiert.

In *Abschnitt 5* wendet sich die Arbeit dann der theoretischen Deduktion von Strategien und Handlungsempfehlungen zur Akquisition von Unternehmensspenden zu. Für die Deduktion theoriegeleiteter Instrumente zur Akquisition von Unternehmensspenden werden insgesamt zehn theoretische Ansätze erörtert. Neben bereits vorhandenen Theorien und Ansätzen, die sich speziell mit der Spendenvergabe von Unternehmen beschäftigen (*Theorie der lokalen Präferenz der Unternehmensspende, Kulturhistorischer Ansatz, Gewinnhypothesen*), werden klassische Theorien der Betriebswirtschaftslehre bzw. der Ökonomie (*Agency-Theorie, Wettbewerbstheorie, Unternehmenskulturansatz*) rezipiert und auf ihre Fruchtbarkeit für die Erklärung der Spendenvergabe von Unternehmen bzw. die Ableitung entsprechender strategischer Handlungsempfehlungen für spendenakquirierende Organisationen untersucht. Darüber hinaus werden Theorien aus dem sozialwissenschaftlichen Theorienspektrum mutatis mutandis auf den Objektbereich der Spendenvergabe von Unternehmen übertragen (*Theorie des wahrgenommenen Spendenrisikos, Assimilations-Kontrast-Theorie*) sowie neue theoretische Ansätze zur Spendenvergabe von Unternehmen bzw. zur Form und Gestaltung der Spendenbeziehung zwischen Unternehmen und spendenakquirierenden Organisationen entwickelt (*Issue-Congruence Theorie, Theorie der intertemporalen Spendenbeziehung*).

Zur Validierung der im Rahmen der theoretischen Ansätze entworfenen Hypothesen werden jeweils die in der Literatur verfügbaren empirischen Befunde herangezogen. Empirisches Material US-amerikanischer Provenienz wird dabei mit der Einschränkung einer nur bedingten Übertragbarkeit auf die Verhältnisse in der Bundesrepublik versehen. Aus der empirischen Diskussion der theoretischen Hypothesen werden dann, auf den einzelnen theoretischen Ansatz bezogen, strategische Implikationen für das Spenden-marketing spendenakquirierender Organisationen abgeleitet.

Die entwickelten, theoriegeleiteten Strategien und Handlungsempfehlungen werden abschließend in einem systematischen Überblick miteinander ver-knüpft (*vgl. Abschn. 6*). Das sich aus der strukturierten Darstellung erge-bende Profil an strategischen Handlungsoptionen kann spendenakquirieren-den Organisationen in praxi als Anregungsspeicher bzw. Kompetenzplattform für eine theoriegeleitete Ansprache und Pflege von aktuellen und potentiellen Unternehmensspendern dienen.

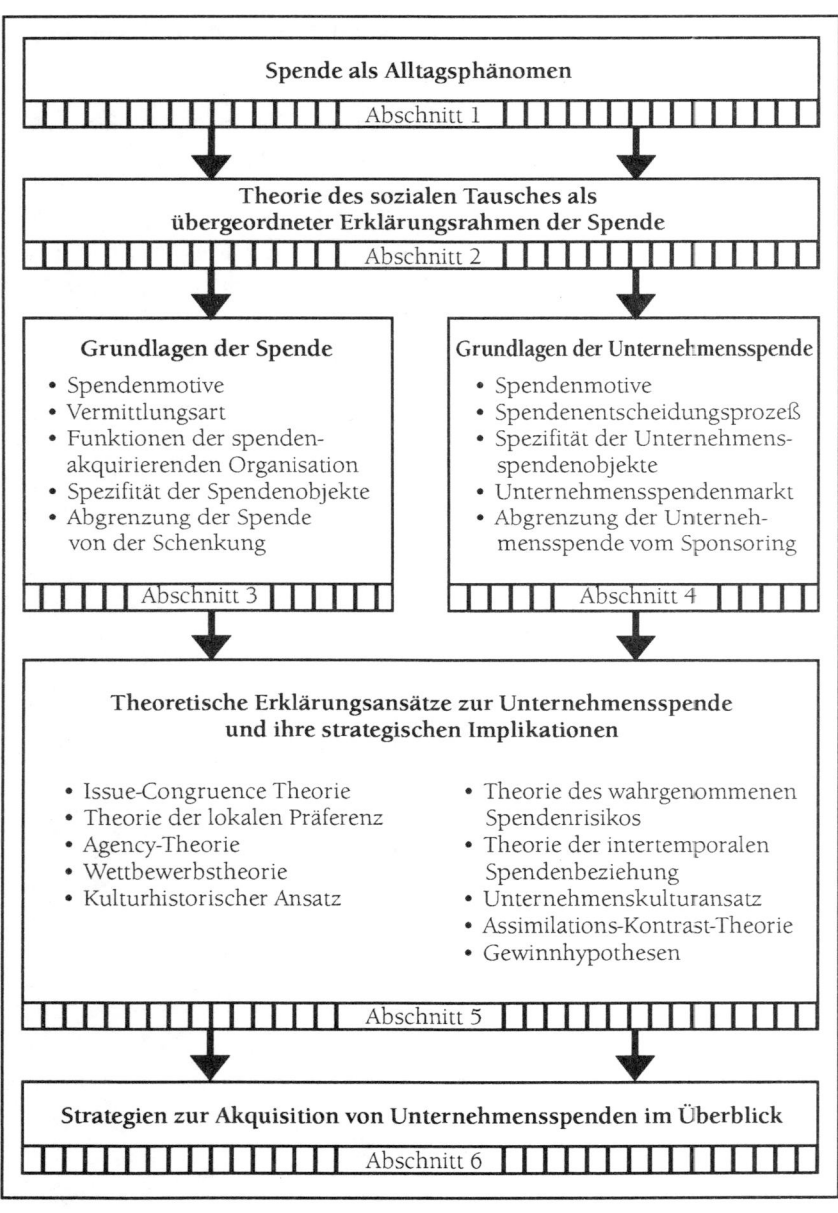

Spende als Alltagsphänomen

Abschnitt 1

Theorie des sozialen Tausches als übergeordneter Erklärungsrahmen der Spende

Abschnitt 2

Grundlagen der Spende

• Spendenmotive
• Vermittlungsart
• Funktionen der spenden-
  akquirierenden Organisation
• Spezifität der Spendenobjekte
• Abgrenzung der Spende
  von der Schenkung

Abschnitt 3

Grundlagen der Unternehmensspende

• Spendenmotive
• Spendenentscheidungsprozeß
• Spezifität der Unternehmens-
  spendenobjekte
• Unternehmensspendenmarkt
• Abgrenzung der Unterneh-
  mensspende vom Sponsoring

Abschnitt 4

Theoretische Erklärungsansätze zur Unternehmensspende und ihre strategischen Implikationen

• Issue-Congruence Theorie
• Theorie der lokalen Präferenz
• Agency-Theorie
• Wettbewerbstheorie
• Kulturhistorischer Ansatz

• Theorie des wahrgenommenen
  Spendenrisikos
• Theorie der intertemporalen
  Spendenbeziehung
• Unternehmenskulturansatz
• Assimilations-Kontrast-Theorie
• Gewinnhypothesen

Abschnitt 5

Strategien zur Akquisition von Unternehmensspenden im Überblick

Abschnitt 6

Abbildung 1.3: Ablauf und Analyseebenen der Untersuchung

2. Theorie des sozialen Tausches als theoretischer Bezugsrahmen zur Bestimmung der Spende

Die Theorie des sozialen Tausches geht davon aus, daß jede Interaktion zwischen Personen als Austausch von Leistungen materieller oder immaterieller Art aufgefaßt werden kann. Zu ihren prominentesten Vertretern zählen neben George C. Homans, John W. Thiebaut, Harold H. Kelley und Peter M. Blau. Das Theoriegebäude ihrer allgemeinen soziologischen Austauschtheorie - in der Literatur mitunter auch als "neuere soziologische Austauschtheorie" bezeichnet -[1] nimmt unmittelbar Bezug auf Erkenntnisse der klassischen Ökonomie. Die wissenschaftlichen Wurzeln der Austauschtheorie lassen sich dementsprechend bis zu Aristoteles zurückverfolgen, der den Ursprung des sozialen Tausches als eine "Institution der Teilhabe am Lebensnotwendigen" beschrieben hat.[2] Als bedeutende Grundlage der neueren soziologischen Tauschtheorie fungieren insbesondere die Überlegungen der schottischen Moralphilosophen des 18. Jahrhunderts.

Adam Smith (1723-1790), David Hume (1711-1776) und Adam Ferguson (1723-1816) arbeiten in ihrer individualistisch-evolutionistischen Sozialtheorie den Fortschritt sozialer institutioneller Arrangements als selektionistischen Lernprozeß heraus. Dieser entwickelt sich aufgrund des dauerhaften Strebens des einzelnen Menschen nach Verbesserung seiner Situation unter der Maßgabe von Reziprozitäts- bzw. Tauschmechanismen sowie der unintendierten Konsequenz individuellen Verhaltens.[3] Da die Eigeninteressiertheit einer Person derjenigen der anderen entgegensteht, ergibt sich nach Maßgabe der schottischen Moralphilosophen die Notwendigkeit, daß sich die verschiedenen Interessen aufeinander einstellen. Jede einzelne Handlung wird in der Erwartung ausgeführt, daß der andere ähnlich handelt. Nimmt man unter dem Gesichtspunkt der Hypothese des individuellen Nutzenstrebens eine einzelne Handlung für sich, so ist die Beachtung allgemein gebotener moralischer Verhaltensnormen für den Akteur eindeutig von Nachteil. Nur unter der Annahme, daß die anderen das eigene Beispiel nachahmen werden, kann sich die Anpassung an eine Verhaltensnorm als vorteilhaft erweisen. Dieses Prinzip der wechselseitigen Kontrolle beschreibt Hume mit den Worten: "Die Handlungen eines jeden haben einen Bezug auf die des anderen, und sie

---

[1] Vgl. u. a. Vanberg, V. 1975, S. 63.
[2] Vgl. Polanyi, K. 1979, S. 180.
[3] Die schottischen Moralphilosophen wurden in ihrer Auffassung stark von Bernard de Mandeville (1670-1733) beeinflußt, der in seiner "Fable of the Bees" in überspitzter Form die Ansicht vertrat, daß ein Gemeinwesen nur durch Egoismus gedeihe. Vgl. Mandeville, B. 1968 (dt).

werden ausgeführt auf die Unterstellung hin, daß der andere sich seinerseits in bestimmter Weise verhalten wird".[1] Im Rahmen dieser Interpretation des sozialen Verkehrs als "gegenseitige Darbietung und Vorenthaltung von Leistungen"[2] gewinnt der Gedanke des Austausches seine theoretische Bedeutung für das Verständnis sozialer Interaktionen. Das Austauschprinzip, resp. die Suche nach dem reziproken Vorteil, "in dessen Genuß zu kommen sie keine Aussicht hätten, außer aufgrund einer solchen Leistung",[3] ist dabei keineswegs auf den Transfer von Waren beschränkt. Sowohl durch Belohnungs- und Bestrafungsprozeduren, als auch durch den Effekt der Gewöhnung und Erziehung sowie aufgrund allgemeiner sozialer Billigung wird eine Anpassung des Einzelnen an soziale Normen resp. eine individuelle Verhaltensstabilisierung erreicht.[4] Die schottischen Moralphilosophen legen damit den explikativen Grundstein für die Erarbeitung einer allgemeinen Theorie des sozialen Austausches als fundamentales Erklärungsprinzip psychologischer und soziologischer Sachverhalte.

Die Konzeption sozialen Handelns als Tausch basiert auf der generellen Annahme, daß Interaktionen mit anderen Menschen eine wesentliche Quelle der Befriedigung menschlicher Bedürfnisse darstellen. Blau (1968) formuliert diese Erkenntnis als fundamentales Axiom der Theorie des sozialen Tausches: Menschen halten Beziehungen zu alten Partnern aufrecht oder weiten ihre Interaktionen mit ihnen aus bzw. knüpfen neue Beziehungen zu anderen Partnern, weil sie sie faktisch belohnend empfinden.[5] Als Austauschverhalten sind nach Blau (1968) alle Handlungen charakterisierbar, die abhängig von den belohnenden Aktionen anderer sind bzw. eingestellt werden, wenn die erwarteten Reaktionen ausbleiben.[6] Sozial ist ein Tausch deshalb, weil er am Verhalten anderer orientiert ist, d. h. von anderen beeinflußt wird bzw. diese beeinflußt.[7] Die Tauschveranlassung der Akteure liegt im erwarteten Nutzen der Handlung. Allgemeines soziales Handeln, das sich im Rahmen sozialer Tauschprozesse vermittelt, besitzt seine durchgängige Struktur demnach in seiner **Eigennützigkeit** und seiner **sozialen Einbindung**. Die Eigennützigkeit der sozialen Interakteure kann als individuell orientierte Intentionalität verstanden werden, d. h. sie orientiert sich an den Präferenzen des Tauschhandelnden. Der Handelnde richtet seine Aktionen auf deren erwartete

---

1 Vanberg, V. 1975, S. 18.
2 Ebenda.
3 Ebenda, S. 19.
4 Vgl. Homans, G.C. 1972 a, S. 8 ff.
5 Vgl. Blau, P.M. 1968, S. 452.
6 Vgl. ebenda, S. 453.
7 Vgl. Weber, M. 1964, S. 11.

Ergebnisse aus, die er anderen Alternativen vorzieht.[1] Die Erwartung der Akteure, im Sinne ihrer Präferenzen über Tauschrelationen positive rewards zu erhalten, stellt die Grundlage der durch Tausch vermittelten sozialen Beziehung dar.[2]

Die Annahme, daß Individuen soziale Beziehungen wegen ihrer Vorteile für sich selbst eingehen, impliziert, daß diese von anderen Austauschpartnern gewährt werden müssen. Da die Interaktionspartner sich aber mit derselben Erwartung auf soziale Beziehungen einlassen, ist eine Leistung nur für eine Gegenleistung zu erhalten. Diese funktionale Verknüpfung von Leistung und Gegenleistung ist ein konstitutives Element des sozialen Tausches. Das Prinzip der **Reziprozität** fungiert als immanentes Merkmal jeder sozialen Interaktion.[3] "Es gehört zum Wesen sozialer Interaktion, daß die Befriedigung von Egos Bedürfnispositionen von Alters Reaktion abhängt und vice versa."[4] Dabei ist darauf zu achten, daß das Prinzip der Reziprozität keine deckungsgleiche Verwendung mit dem Komplementaritätsbegriff erfährt. Komplementarität bedeutet, daß "die Rechte des einen, die Verpflichtungen des anderen sind und umgekehrt."[5] Reziprozität impliziert hingegen, daß jeder Interaktionspartner für sich Rechte und Pflichten besitzt. "Gäbe es auf der einen Seite nur Rechte und auf der anderen Seite nur Pflichten, so bräuchte überhaupt kein Austausch stattzufinden. Mit anderen Worten scheint es so, daß stabile Reziprozitätsmuster qua Austausch nur insofern möglich sind, als jede Partei sowohl Rechte als auch Pflichten besitzt."[6] Simmel (1983) geht daher sogar so weit, daß er alle Kontakte zwischen Menschen auf das "Schema des Gebens und Wiedergebens von etwas Gleichwertigem" zurückführt.[7]

---

1 Vgl. Thie, G.E. 1979, S. 82. Im Gegensatz zu Thie (1979), der stärker auf ökonomische Denkmodelle bei der Erklärung tauschtheoretischer Prozesse rekurriert, betrachtet Homans (1972) die Intentionalität des Handelnden für den sozialen Tausch nicht als fundamental. Vgl. Homans, G.C. 1972 a, S. 59 ff.
2 Vgl. Thie, G.E. 1979, S. 85.
3 Vgl. Blau, P.M. 1967, S. 6 ff, ebenso Parsons, T. 1951, S. 21 ff.
4 Parsons, T. 1951, S. 21.
5 Vgl. Gouldner, A.W. 1984, S. 93.
6 Ebenda.
7 Simmel, G. 1983, S. 3 ff, vgl. ebenso Wolff, C.H. 1950, S. 387, Dahme, H.J./Rammstedt, O. 1983, 1984. In archaischen Gesellschaften ist über den Austausch von gleichwertigen Gütern hinaus sogar der Transfer von gleichartigen Gütern zu verzeichnen. Polanyi führt hierzu in einer kulturanthropologischen Analyse das Beispiel des Austausches von Ballen an Flechtwerk unter Stammesältesten an. Vgl. Polanyi, K. 1979, S. 160. Der einzige Zweck eines solchen gleichartigen Tausches lag in der Verbesserung der Beziehung der Interakteure durch die Stärkung des Reziprozitätsverhältnisses. Also Reziprozität um der Reziprozität bzw. der Interaktionsbeziehung willen. Die dafür notwendige Investition von

Gleichwertigkeit der Tauschinhalte ist jedoch keine notwendige Bedingung für die Reziprozität bzw. den sozialen Tausch. Der reziproke soziale Tausch impliziert nicht eine absolute und aktuelle Gleichwertigkeit der ausgetauschten Leistungen. Er ist vielmehr durch ein alternierendes Ungleichgewicht gekennzeichnet. A überträgt eine Leistung X, die einen bestimmten Wert besitzt, an B. Dadurch entsteht ein Ungleichgewicht in der Beziehung, das durch den reziproken Tausch einer Leistung Y von B an A zu einem unbestimmten Zeitpunkt neutralisiert wird. "Der Wechsel zwischen Gleich- und Ungleichgewicht im Austausch, der sozialen Strukturen ihre besondere Dynamik verleiht, basiert auf der Dialektik der beiden Funktionen des sozialen Tausches, der Bedürfnisbefriedigung der Interakteure einerseits und des Ausbaus und Erhalts sozialer Beziehungen andererseits."[1] "Je größer das Vertrauen in einer sozialen Beziehung, desto länger kann ein Ungleichgewicht von den Austauschpartnern ertragen werden. Reziprozität erfordert insofern die temporale und wertmäßige Angemessenheit der Gegengabe, nicht aber eine mathematische Gleichwertigkeit."[2]

Das von Homans (1972) entwickelte Konzept der distributiven Gerechtigkeit zielt mit Rekurs auf den Wert der Tauschinhalte deshalb auf die relative, im Gegensatz zur absoluten Gewinngleichheit als Grundlage der reziprozitativen Prozesse im Rahmen des sozialen Tausches ab.[3] Das Verhältnis des Gewinns einer Person A zu den Investitionen der Person A muß gleich dem Verhältnis von Gewinn zu Investition einer Person B sein.

Zu den Investitionen zählt Homans die differentiellen Merkmale der interagierenden Personen, die sie in die soziale Beziehung einbringen und die für den Austausch von Bedeutung sind. Darunter faßt er z. B. Status, Alter, Geld und Image des Interakteurs. Eine spezifischere Aufschlüsselung der Investitionen leistet hingegen das Tauschkostenkonzept von Blau (1967),

---

Energie legt bei Polanyi (1979) den Schluß nahe, daß in der Reziproziät an sich eine übergeordnete Gratifikationsquelle liegt. Reziprozität kann als eine an sich gratifizierende Norm, die den Rahmen der materiellen Tauschebene übersteigt, verstanden werden. Für eine direkte Übertragbarkeit dieser, auf der Beobachtung von archaischen Gesellschaften beruhenden Festellung, auf die Verhältnisse moderner westlicher Gesellschaften, findet sich jedoch keine Begründung.

[1] Clausen, G. 1991, S. 182.
[2] Polanyi, K. 1979, S. 159.
[3] Vgl. Homans, G.C: 1972 a, S. 195 ff. Siehe hierzu ebenso die Arbeiten von Walster/Walster/Bergscheid (1978) zur sozialpsychologischen Equity-Theorie, vgl. Walster, E., Walster, G., Bergscheid, E. 1978.

der die individuellen Investitionen in 1. Interaktionskosten, 2. Direktkosten, 3. Alternativkosten differenziert.[1]

Unter Interaktionskosten versteht Blau den für den sozialen Tausch relevanten personen- bzw. organisationsspezifischen Einsatz von Fähigkeiten und Fertigkeiten bzw. den Aufwand zu deren Erlangung.[2] Mit Direktkosten beschreibt Blau den situationsspezifischen Einsatz eigener Aktivitäten des Akteurs, um reziproke Gratifikationen vom Tauschpartner zu erhalten. Unter Alternativkosten versteht er Opportunitätskosten, d. h. Kosten, die durch entgangene Belohnungen, die aus alternativen sozialen Beziehungen geflossen wären, entstehen. Trotz einer detaillierteren Aufschlüsselung der relationalen Argumente der distributiven Gerechtigkeitsgleichung von Homans bleibt das Konzept von Blau mit dem Problem der mangelnden Operationalisierbarkeit behaftet. Einheitliche Bewertungsmaßstäbe für die einzelnen Kostenelemente sowie Kriterien für eine vollständige Erfassung der Potentiale der Akteure fehlen dem Konzept ebenso wie die Berücksichtigung des Zeitfaktors im Rahmen der Gegenleistung. Eine intertemporale Erstreckung der Gegenleistung hat aber sowohl Einfluß auf die Bewertung der Tauschinhalte als auch auf die Höhe der Alternativkosten. In Ermangelung der zeitlichen Perspektive liegen die Verdienste des Konzeptes der distributiven Gerechtigkeit für die Theorie des sozialen Tausches deshalb eher in der Explikation der Relativität der Gleichwertigkeit in Abhängigkeit von den Interaktionspartnern bzw. ihren Potentialen.

Zusammenfassend gilt für den allgemeinen Fall des sozialen Tausches die Erfüllung von zwei grundlegenden Funktionen festhalten:

1. Die wechselseitige Gewährung von Tauschobjekten zum Zweck der Bedürfnisbefriedigung der Interakteure.
2. Der Aufbau und Erhalt sozialer Beziehungen.[3]

Welche spezifische Ausformung des allgemeinen Falls des sozialen Tausches jeweils gegeben ist, wird durch die Dominanz der einzelnen Funktionen bzw.

---

[1] Vgl. Blau, P.M. 1967, S. 101.
[2] In Anlehnung an daran anknüpfende Konzepte aus der Marketingwissenschaft kann hier auch von "Potentialfaktoren" bzw. "Potentialkosten" gesprochen werden. Vgl. z. B. Kirsch, W., Kutschker, M. 1978.
[3] Vgl. Homans, G.C. 1972 a, S. 262. Homans weist darüber hinaus auf die Funktion der Integration durch das sozialen Tauschakten immanente Prinzip des Vertrauens sowie auf die Differenzierungsfunktion, die den Tausch als Dokumentation von Statusunterschieden modelliert.

die sozial definierten Zwecke auf die der Tausch ausgerichtet ist sowie die Ausprägung relevanter Strukturparameter des sozialen Tausches bestimmt.[1]

Wird der soziale Tausch durch die Funktion des Aufbaus und der Pflege von Beziehungen dominiert, handelt es sich um einen sog. intrinsischen sozialen Tausch.[2] Der **intrinsische Tausch** ist dadurch gekennzeichnet, daß er dem Erhalt und der Pflege einer Beziehung als Endzweck dient. **Nicht was** Akteure gemeinsam ausführen, sondern **daß sie es gemeinsam** ausführen, kennzeichnet soziale Beziehungen mit intrinsischer Orientierung. Die Belohnungen des intrinsischen Tausches dienen nicht der Verfolgung von Zielen, die außerhalb der singulären Beziehung liegen innerhalb der sie gewährt werden. Eine wechselseitige Verstärkung der Freude des Akteurs resultiert vielmehr aus dem Antrieb, in der erwarteten Freude des anderen positive Effekte für die eigene Person zu sehen.[3] Insofern umfaßt der intrinsische Tausch als Unterfall des allgemeinen sozialen Tausches auch soziales Handeln aus altruistischen Motiven. Die "Selbst-Uninteressiertheit" des Altruismus ist jedoch keine notwendige Bedingung für den intrinsischen Tausch. So muß z. B. ein Austausch im Rahmen von Liebesbeziehungen letztlich nicht vollkommen uninteressiert sein.

Der **extrinsische Tausch** ist hingegen durch die Verfolgung von Zielen, die außerhalb der singulären sozialen Beziehung liegen, gekennzeichnet. Beim extrinsischen Tausch dominiert das Streben nach nicht-beziehungszentrierter Bedürfnisbefriedigung der Akteure. Die Unterscheidung in ex- und intrinsischen Tausch rekurriert somit auf den Endzweck bzw. die dominante Zielrichtung des sozialen Tausches.

Davon zu unterscheiden ist die u. a. von Blau (1967) vorgenommene Klassifizierung von Transferobjekten des sozialenTausches in Belohnungen mit extrinsischem und Belohnungen mit intrinsischem Wert. Extrinsische Gratifikationen sind prinzipiell von ihrer sozialen Quelle losgelöst betrachtbar, d. h. bei ihrer Bewertung von der sie gewährenden Person oder Gruppe abtrennbar.[4] Ihre Erscheinungsformen bewegen sich je nach Grad ihrer Externalisierbarkeit auf einem Kontinuum von allgemein fungiblen Wirtschaftsgütern bis hin zu "social support", der aus einer Liebesbeziehung heraus gewährt werden kann.[5] "The typical extrinsic benefits socially exchanged,

---

[1] Vgl. Clausen, G. 1991, S. 60.
[2] Vgl. ebenda, S. 38, oder Thie, G.E. 1979, S. 88 ff.
[3] Vgl. Clausen, G. 1991, S. 38.
[4] Vgl. Blau, P.M. 1967, S. 100.
[5] Vgl. ebenda, S. 95.

such as advice, invitations, assistance or compliance, have a distinctive significance of their own that is independent of their supplier, yet an inividuals'
preferences for them are also affected by his interpersonal relations with the
supplier." (ebenda.) Das Ausmaß der Externalität von Tauschobjekten ist keine
absolute Größe, sondern kann situativ, entsprechend den Präferenzen des
Austauschpartners, differieren. Die erlebte Externalität ist keineswegs von
jedem sozialen Zusammenhang unabhängig, sondern vielmehr selbst Produkt
sozialer Kontextinterpretationen.

Unter allen Tauschobjekten stellt Geld das Extremum für eine Gratifikation
mit extrinsischem Wert dar. Es besitzt einen Nutzen an sich, unabhängig
von seiner Quelle. Im Gegensatz dazu sind Belohnungen mit intrinsischem
Wert von den Tauschpartnern, die sie gewähren, nicht trennbar. Ihr Wert ist,
wie am Beispiel der Freundschaft ersichtlich, unmittelbar mit der sie übertragenden Person verknüpft. Beide Objektgruppen besitzen jedoch sowohl für
den extrinsischen, als auch den intrinsischen Tausch Relevanz. Der intrinsische Tausch kann sich ebenso wie die extrinsische Interaktion über den
Transfer von Gratifikationen mit ex- bzw. intrinsischem Wert vollziehen. So
ist z. B. ein unter intrinsischen Vorzeichen vermittelter sozialer Tausch von
Geld als Extrembeispiel für extrinsische Gratifikationen, in Form eines
Geldgeschenkes in primären Beziehungen denkbar. Eine einseitige Zuordnung von Objekten mit extrinsischem Wert zu extrinsischen Tauschbeziehungen bzw. vice versa Tauschgütern mit intrinsischem Wert zu
intrinsischen Tauschbeziehungen wird demnach der Komplexität der praktischen Erscheinungsformen des sozialen Tausches nicht gerecht. Im Regelfall
vollziehen sich extrinsische Tauschbeziehungen aber über Tauschobjekte mit
extrinsischem Wert bzw. intrinsische Tauschbeziehungen über Tauschobjekte
mit intrinsischem Wert, d. h. die Belohnungen bestehen in der sozialen
Beziehung selbst, resp. sind deren konstitutives Element.[1] Der **Wert der
Tauschinhalte** ist somit ein relevanter Strukturparameter und kann als solcher
für die Differenzierung einzelner Fälle des sozialen Tausches einen fruchtbaren
Erkenntnisbeitrag leisten.

Neben der Differenzierung in Tauschobjekte mit extrinsischem und intrinsischem Wert existieren in der Literatur weitere Klassifikationen von
Tauschressourcen. So hat Foa (1971) qualitative Strukturmerkmale des interpersonellen Tausches untersucht. Seine Grundannahme ist, daß je nach
der qualitativen Beschaffenheit der Tauschobjekte der soziale Tausch unter-

---

[1] Vgl. Thie, G.E. 1979, S. 88.   41

schiedliche Ausprägungen erfährt.[1] Foa klassifiziert unterschiedliche Tauschobjekte anhand der Dimensionen "konkret vs. symbolisch" und "partikularistisch vs. universalistisch". Die Dimension "konkret vs. symbolisch" beschreibt, wie offenkundig greifbar bzw. fühlbar die Objekte des sozialen Tausches sind.[2] Die Differenzierung nach "partikularistisch vs. universalistisch" fragt danach, welche Bedeutung es für den Wert eines Objektes hat, von wem es gewährt wird. Partikularistisch postuliert als Extrem entsprechend die Einheit von Person und Sache im sozialen Tausch.

In einem zweidimensionalen Raum plaziert Foa exemplarisch die Ressourcen Liebe, Status, Information, Geld, Sachgüter und Dienstleistungen. Dienstleistungen und Sachgüter stuft er als konkret ein, wohingegen sich Status und Information qua sprachlicher Übermittlung durch eher symbolischen Charakter auszeichnen. Liebe ist im Gegensatz zu Geld - das von allen Objekten die größte, weil prinzipielle Unabhängigkeit von der Person des Gebers aufweist - exemplarisch für ein partikularistisches Objekt.

Zum Modell von Foa ist kritisch anzumerken, daß die graphische Verortung der Objekte als diskrete Punkte vorgenommen wird. Diese Einschränkung wird der in praxi zu verzeichnenden Variabilität der Objektgruppen nicht gerecht. So kann z. B. Liebe auch in sehr konkreter, d. h. fühlbarer Qualität vermittelt werden. Die Werte dieser konkreten Ausdrucksformen liegen dann näher an der Klasse der Dienstleistungen als an der Objektgruppe Status.[3] Die Darstellung der Tauschobjektegruppen als diskrete Punkte sollte daher durch die Positionierung als Kontinuum bzw. Fläche mit Unschärfebereichen ersetzt werden.[4] Insgesamt gesehen leistet das Modell von Foa jedoch einen praktischen Erkenntnisbeitrag für die Differenzierung von Unterfällen des allgemeinen Falls des sozialen Tausches, indem es über die Unterscheidung nach extrinsischem und intrinsischem Wert hinaus, das Augenmerk auf die Spezifität der Tauschinhalte richtet und diese als relevante Größe für die spezifische Ausprägung der Tauschprozesse ausweist.

---

[1] Vgl. Foa, U.G. 1971, S. 345 ff.
[2] Vgl. ebenda, S. 347.
[3] Vgl. Clausen, G. 1991, S. 46.
[4] Vgl. ebenda.

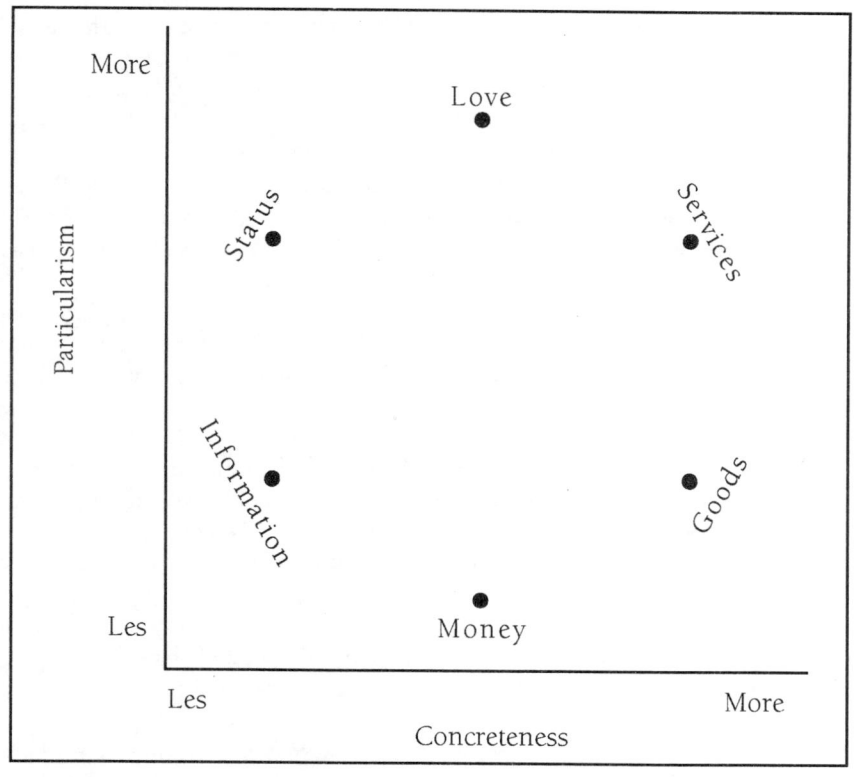

Quelle: Foa, U.G. (1971), S. 346.

Abbildung 2.1: Klassifikation von Tauschressourcen

Die Aussagen von Foa zur Beschaffenheit der Tauschobjekte beziehen sich jedoch ausschließlich auf die Kategorie des interpersonellen bzw. direkten
Tausches. Foa steht mit seiner Arbeit damit in der tauschtheoretischen
Tradition Homans', für den ein Tausch nur dann sozial ist, wenn er
1. von mindestens einer anderen Person belohnt oder bestraft wird und dies
2. eine Person ist, mit der die Interaktion direkt vollzogen wird.[1]

Homans beschränkt seine Aussagen zum sozialen Tausch resp. zum "elementaren sozialen Verhalten" auf direkte Interaktionsbeziehungen.[2] Er unterläßt
den Versuch einer Erklärung des Zustandekommens von sozial wirksamen

---

[1] Vgl. Homans, G.C. 1972 a, S. 2.
[2] Vgl. ebenda, S. 3.

Normen, läßt sie jedoch zur Erklärung "elementaren sozialen Verhaltens" nicht außer acht, sondern nimmt sie als gegeben hin. Er unterscheidet elementares soziales Verhalten, das sich im Rahmen sozialer Interaktions- bzw. Tauschprozesse vollzieht, vom Gehorsam gegenüber formalen Verhaltensregeln oder Rollenerwartungen. Mit Hilfe elementaren Tauschverhaltens erklärt er die Variation im tatsächlichen Verhalten bei einmal gegebenen Rollen.[1] Homans führt elementares soziales Tauschverhalten in Anlehnung an verhaltenstheoretische Arbeiten Skinners axiomatisch auf fünf zentrale Verhaltenshypothesen zurück:[2]

Hypothese I: Je häufiger die Aktivität einer Person belohnt wird, mit um so größerer Wahrscheinlichkeit wird diese Person die Aktivität ausführen. (sog. *Erfolgshypothese*)

Hypothese II: Wenn in der Vergangenheit ein bestimmter Reiz oder eine Menge von Reizen eine Aktivität begleitet hat und belohnt worden ist, dann wird eine Person um so eher diese oder eine ähnliche Aktivität ausführen, je ähnlicher die gegenwärtigen Reize den vergangenen sind. (sog. *Reizhypothese*)

Hypothese III: Je wertvoller die Belohnung einer Aktivität für eine Person ist, desto eher wird sie die Aktivität ausführen. (sog. *Werthypothese*)

Hypothese IV: Je öfter eine Person in der nahen Vergangenheit eine bestimmte Belohnung erhalten hat, desto weniger wertvoll wird für sie jede zusätzliche Belohnung. (sog. *Entbehrungs-Sättigungs-Hypothese*)

Hypothese V: Wenn die Aktivität einer Person nicht wie erwartet belohnt oder unerwartet bestraft wird, wird die Person ärgerlich, und im Ärger sind die Ergebnisse aggressiven Verhaltens belohnend. (sog. *Frustrations-Aggressions-Hypothese*)

Die fünf Hypothesen besitzen zur Erklärung verhaltenspsychologischer Fragestellungen bzw. sozialen Tauschverhaltens immer gleichzeitig Geltung.

---

[1] Im Gegensatz zum rollenkonformen, sog. institutionellen Verhalten bezeichnet Homans elementares soziales Verhalten deshalb in Anlehnung an Parsons (1951) als substitutionelles Verhalten. Vgl. Parsons, T. 1951, S. 552. Er schließt aber eine dynamische Entwicklung vom substitutionellen zum institutionellen Verhalten, d. h. eine Institutionalisierung substitionellen Verhaltens nicht aus, wenn es von einer ausreichenden Anzahl Akteure lange genug betrieben wird. Vgl. Homans, G.C. 1972, S. 5 ff.

[2] Vgl. Homans, G.C. 1972 b, S. 61 ff, ergänzend dazu Skinner, B.F. 1973.

Jede der Hypothesen schränkt unter besonderen Bedingungen die Verhaltensweisen ein, welche die anderen Hypothesen erwarten lassen bzw. modifiziert oder verdeckt diese. Die fünf Hypothesen werden daher von Homans jeweils alle gleichzeitig zur Erklärung von Tauschhandlungen herangezogen oder es wird gezeigt, warum unter gegebenen Umständen eine oder mehrere nicht zur Geltung kommen.[1]

Im Gegensatz zu Homans geht Blau (1967) mit der Einbeziehung **indirekter Tauschprozesse** in seiner theoretischen Konzeption des Tauschhandelns über den Fall des direkten Tausches, d. h. über die von Homans fokussierte Betrachtung direkter wechselseitiger Beeinflussung von Individuen hinaus.[2] Er bezieht sich damit auf das Problem, daß der soziale Tausch in größeren sozialen Einheiten nicht mehr direkt zwischen deren Mitgliedern vermittelt werden kann. Für die Vermittlung der Interaktion ist ein Tauschmedium erforderlich, auf das die Interakteure Bezug nehmen können. Gemeinsame Wertstandards und soziale Normen, die sich in vorangegangenen Austauschprozessen herauskristallisiert haben, bilden z. B. ein solches Medium, über welches der Tausch vermittelt werden kann.[3] Diese Beobachtung von Blau entspricht der Feststellung Webers, daß die "anderen", an denen sich das Verhalten orientiert, einzelne und Bekannte, aber auch unbestimmt viele und ganz Unbekannte sein können.[4] Wird soziales Handeln als indirekter Tauschprozeß verstanden, ist es dadurch gekennzeichnet, daß erwartete Belohnungen von Dritten, d. h. Personen, die nicht direkt von der auslösenden sozialen Transferbeziehung berührt werden, gewährt bzw. vorenthalten werden.

Wenn soziales Handeln als indirekter Tausch resp. als Funktion verinnerlichter sozialer Normen im Hinblick auf eine singuläre soziale Beziehung - die unilaterale Transfers von Tauschobjekten ermöglicht - vermittelt wird, dann richtet sich die Belohnungserwartung des Gebers nicht primär an den Nutz-

---

[1] Vgl. Homans, G.C. 1972 b, S. 68. "Laut Hypothese I wird eine Aktivität z. B. um so häufiger ausgeführt, je öfter sie belohnt worden ist. Aber nach Hypothese IV wird eine zusätzliche Belohnungseinheit um so weniger wertvoll, je häufiger eine Aktivität belohnt wird, und entsprechend Hypothese III führt eine Person eine Aktivität um so weniger aus, je weniger wertvoll die Belohnung ist. Demnach implizieren diese drei Hypothesen zusammen folgendes: Ist eine Aktivität einer Person oft genug erfolgreich, so schafft dies die Bedingung dafür, daß die Person diese bestimmte Aktivität nicht weiter ausführt. Die Hypothesen implizieren auch, daß ihr Bedürfnis nach Belohnung nur teilweise, aber nicht völlig befriedigt wird." Ebenda, S. 69.

[2] Vgl. Blau, P.M. 1967, S. 255 ff.

[3] Vgl. Clausen, G. 1991, S. 32.

[4] Vgl. Weber, M. 1964, S. 16.

nießer der Leistung, sondern an Dritte.[1] Die Existenz sozialer Normen als gemeinsames Tauschmedium impliziert, daß die Verfolgung des Selbstinteresses der Handelnden - die Eigennutzorientierung ist konstitutives Element des sozialen Tausches - hier nicht mehr direkt möglich ist, sondern über deren Einhaltung vermittelt wird. Dies ist z. B. der Fall, wenn eine Person A einem Mitglied einer sozialen Gruppe in einer bestimmten Situation Gastfreundschaft gewährt, in der Erwartung, daß ihm selbst in einer ähnlichen Situation von einem anderen Gruppenmitglied ebenso Gastfreundschaft entgegengebracht wird.[2] Die **Art der interpersonellen Vermittlung** in Form von entweder direkten oder indirekten Beziehungen ist somit ein weiterer relevanter Strukturparameter für die Differenzierung von Unterfällen des allgemeinen Falls des sozialen Tausches.

Mit der **Sicherheit der Erwartung**, daß der Interaktionspartner den geleisteten Gratifikationstransfer seinerseits erwidert, wird ein weiteres Strukturkriterium des sozialen Tausches eingeführt. Die Sicherheit der Erwartung bezieht sich beim sozialen Tausch sowohl auf die Frage, ob überhaupt eine Gegenleistung durch den Adressaten der Leistung erfolgt, als auch auf die Beschaffenheit bzw. den Wert der Gegenleistung. Für das Ausmaß der Sicherheit der Leistungserwartung im sozialen Tausch spielt das wechselseitige Vertrauen der Interaktionspartner eine zentrale Rolle. Thie (1979) erläutert die Bedeutung des Vertrauens anhand eines formalisierten Interaktionsschemas: "Wenn nun A dem B einen Dienst erweist, so tut er das ohne Kenntnis der Vertrauenswürdigkeit des B, das heißt, ohne zu wissen, ob B ihm wirklich antworten wird. A investiert Vertrauen in die Beziehung zu B, indem er sich für B attraktiv macht. Dieses Vertrauen ist insofern eine risikoreiche Investition, als weder feststeht, ob B sie überhaupt beantworten wird, noch geklärt ist, ob eine eventuelle Antwort Bs zur Zufriedenheit von A ausfallen wird."[3] Solange dem Tauschprozeß nicht ein institutionell abgesicherter Rahmen zugrunde liegt - z. B. in Form eines Vertrages - der die Einklagbarkeit sowie die exakte Beschaffenheit der Gegenleistung sicherstellt, solange bleibt die Antwort völlig in das Belieben des Partners bzw. seiner subjektiven Nutzenbewertung der Aufrechterhaltung der sozialen Beziehung gestellt.[4] Eine strukturelle "Unsicherheit" und "Unspezifität" bezüglich des Transfers einer Gegenleistung bzw. deren Beschaffenheit ist konstitutives Merkmal des allgemeinen sozialen Tausches.[5] Als auslösendes Moment für die

---

1 Vgl. Clausen, G. 1991, S. 82.
2 Vgl. ebenda, S. 75.
3 Thie, G.E. 1979, S. 91.
4 Vgl. Blau, P.M. 1967, S. 64.
5 Vgl. Clausen, G. 1991, S. 59.

Leistung von 'Ego' besteht jedoch eine unspezifische Erwartung, daß sich 'Alter' in der Zukunft als dankbar erweisen bzw. eine Gegenleistung erbringen wird. Sozialer Tausch vollzieht sich, "to do a favor.....while there is a *general expectation of future return.*"[1] Die Leistungserwartung des Gebers impliziert Vertrauen in den Reziprozitätswillen des Adressaten.[2] Der Reziprozitätswille trägt als intervenierende Schlüsselvariable im sozialen Tausch zur Herstellung sozialer Stabilität bei.[3] Erwidert Alter die anfängliche Leistung Egos, wird dessen Vertrauen in Alter bestätigt und das Interesse beider an der sozialen Beziehung manifestiert sich. In diesem Sinne ist Vertrauen sowohl Voraussetzung als auch Ergebnis sozialer Tauschbeziehungen.[4]

Für den allgemeinen Fall des sozialen Tausches ist das Vertrauensmoment konstitutiv. In ihm werden implizit unspezifische zukünftige Verpflichtungen begründet und die soziale Beziehung zwischen den Interakteuren leitet daraus ihren speziellen Charakter ab. Der wirtschaftliche Tausch wird hingegen als Fall des extrinsischen sozialen Tausches vielfach durch den Bezug auf ein generalisiertes Tauschmedium - das Geld - sowie einen formalen Vertrag, der die wechselseitigen Verpflichtungen regelt, vermittelt. "Während beim sozialen Tausch, solange die beiderseitige Vertrauenswürdigkeit noch nicht bekannt ist, der zuerst Handelnde das Vertrauen investieren muß, damit jener, auf den hin seine Handlung zielt, ihm angemessen antworten wird, ist die Grundlage eines formalen Vertrages eine geltende Rechtsordnung, welche die Möglichkeit bietet, die Gegenleistungen zu erzwingen".[5] Das Vertrauen, das im sozialen Tausch Ego auf Alter richtet, ist im wirtschaftlichen Tausch auf eine geltende Rechtsordnung bezogen, welche die Einklagbarkeit der Gegenleistung sicherstellt. Wechselseitiges, akteursbezogenes Vertrauen ist beim wirtschaftlichen Tausch im Gegensatz zum sozialen Tausch demnach nicht mehr notwendig. Das Vertrauen richtet sich vielmehr auf die Einhaltung bestimmter Normen, die für das wirtschaftliche Handeln gelten.[6] Im Zusammenwirken mit der dem wirtschaftlichen Tausch immanenten formalen

---

[1] Blau, P.M. 1967, S. 93, "general" im Original nicht explizit hervorgehoben.

[2] "Since there is no way to assure an appropriate return for a favor, social exchange requires trusting others to discourage their obligations". Ebenda, S. 94.

[3] Vgl. u. a. Hobhouse, L.T. 1951, S. 12 ff, Blau, P.M. 1967, S. 151, Homans, G.C. 1972a, S.199 ff.

[4] Vgl. Thie, G.E. 1979, S. 91 ebenso Blau, P.M. 1967, S. 58.

[5] Thie, G.E. 1979, S. 103. Dabei darf jedoch nicht übersehen werden, daß auch nicht-ökonomische Spielarten des sozialen Tausches von der gültigen Rechtsordnung abgedeckt bzw. garantiert sind. So ist z. B. die Schenkung, als Fall des intrinsischen Tausches durch Rechtsnormen des BGB § 516 ff gewährleistet. Die Interakteure können demgemäß Anspruchsgrundlagen bei Störungen oder Nichterfüllungstatbeständen geltend machen.

[6] Vgl. ebenda, S. 103.

vertraglichen Fixierung, ergibt sich im Gegensatz zum allgemeinen Fall des sozialen Tausches folglich eine Tendenz zur Aufhebung der Unspezifität der Tauschinhalte bzw. der Unsicherheit der Gegenleistung. Das Sicherheitsmoment im ökonomischen Tausch bezieht sich im Zuge der formalen Festlegung wechselseitiger Verpflichtungen bzw. deren Erzwingbarkeit mit Rekurs auf eine geltende Rechtsordnung, sowohl auf die Art der Leistungen, den Leistungsumfang und -wert, als auch auf den Zeitraum innerhalb dessen sich der Tausch vollzieht. Der Bezug auf Geld als generellem, d. h. traditionell und vor allem rechtlich abgesichertem Wertmaßstab, schließt "die Erwartung künftiger Leistungserfüllung durch andere, unbekannte Dritte" ein und konstituiert für seinen Besitzer ein soziales resp. wirtschaftliches Einflußpotential.[1] Geld repräsentiert als Sublimat sozialer Geltung alle "zu dem jeweiligen Geldbetrag denkbaren und durchführbaren Setzungen und Setzungsmöglichkeiten" und ist damit als "materielle Gestalt aller zu diesem Betrag vollziehbaren und vollzogenen Austauschmöglichkeiten" anzusehen.[2]

Aufgrund der differenzierenden Merkmale zwischen ökonomischem und sozialem Tausch - der Spezifität bzw. der Sicherheit - zieht Blau eine strikte phänomenologische Trennlinie zwischen den Tauscharten. Er bezeichnet beide jeweils aus der Sicht des anderen als "Restkategorie".[3] Der Argumentation Blaus entspricht dabei ein Kontinuum mit zwei Extremen: Auf der einen Seite die Freundschafts- und Liebesbeziehung vorwiegend intrinsischen Charakters und auf der anderen Seite der ökonomische Tausch als exakt abgrenzbare Interaktion ohne jede Art "sozialer" Verpflichtungen. Demgemäß sind wirtschaftlicher und sozialer Tausch zwei grundsätzlich differente Kategorien, während die Freundschafts- und Liebesbeziehung als Extremfall eine Unterkategorie des sozialen Tausches darstellt.[4] Wird hingegen - wie im Rahmen dieser Arbeit - mit Bezug auf die fundamentalen Gemeinsamkeiten aller Tauschvorgänge, der wirtschaftliche Tausch als Spezialfall unter den allgemeinen Fall des sozialen Tausches subsumiert, behauptet dies implizit eine mögliche Fruchtbarkeit ökonomischer Erkenntnisse für die Analyse sozialer Vorgänge und vice versa. Die in Anlehnung an die Argumentation von Thie (1979) vertretene Auffassung entspricht einem pluralistischen Wissenschaftsverständnis, das, entgegen der puristischen Verfolgung des ökonomischen Basiskonzepts, auf eine Öffnung der Wirtschaftswissenschaften zu

---

1   Heinemann, K. 1969, S. 75, zitiert nach Thie, G.E. 1979, S. 98.
2   Vgl. Heinemann, K. 1969, S. 65.
3   Vgl. Blau, P.M. 1967, S. 455.
4   Vgl. Thie, G.E. 1979, S. 100.

verhaltenswissenschaftlichen Disziplinen hinzielt.[1] Die Fruchtbarkeit ökonomischer Prinzipien muß jedoch unter der Einschränkung betrachtet werden, daß dabei vom Spezialfall auf den allgemeinen Fall geschlossen wird.

Die bisherigen Ausführungen zur Theorie des sozialen Tausches zeigen, daß sowohl das Prinzip der Reziprozität, verstanden als die sinnhafte Verknüpfung von Leistung und Gegenleistung, als auch das wechselseitige Streben der Akteure nach Verbesserung ihrer Situation bzw. das intentionale Streben nach Eigennützigkeit, übergeordnete Elemente der Gemeinsamkeit sozialen Handelns sind. Soziales Tauschhandeln erfüllt in seiner allgemeinen Form - von Homans als elementares soziales Verhalten erörtert - mit der wechselseitigen Gewährung von Tauschobjekten zum Zweck der Bedürfnisbefriedigung der Interakteure sowie dem Aufbau und der Pflege sozialer Beziehungen zwei grundlegende soziale Funktionen.[2] Je nach Dominanz dieser Funktionen und der (situativen) Ausprägung relevanter Strukturparameter läßt sich der allgemeine Fall des sozialen Tausches in verschiedene Unterformen bzw. Spezialfälle auffächern und bildet so eine Plattform für die Erklärung differenzierter sozialer Institutionen. Die folgende Tabelle verschafft eine Übersicht über relevante Differenzierungskriterien und ihre extremen Ausprägungen. Die Extrema sind dabei nicht als singuläre Kategorien zu verstehen, sondern jeweils als Endpunkte eines Kontinuums. Die konkrete Ausprägung der Strukturparameter kann entlang des Kontinuums variieren.

---

[1] Vgl. zur Öffnung der Betriebswirtschaftslehre gegenüber den Verhaltenswissenschaften u. a. Raffée, H. 1989, S. 3 ff.

[2] Die vorgestellte Konzeption sozialen Handelns kann dem von Max Weber geprägten Begriff des "sozialen Handelns" gegenübergestellt werden. Der Webersche Begriff des "sozialen Handelns" beinhaltet, daß es "seinem von dem oder den Handelnden gemeinten Sinn nach auf das Verhalten anderer bezogen wird und daran in seinem Ablauf orientiert ist." Weber, M. 1964, S. 3. Er unterstreicht ebenso, daß soziales Handeln als soziologische Kategorie nicht unabhänig von dem erwarteten Verhalten anderer Individuen denkbar ist. Jedoch fehlt in Webers Definition der Verweis auf das Handeln als Funktion erwarteter positiver oder negativer Belohnungen bzw. Sanktionen anderer Individuen.

49

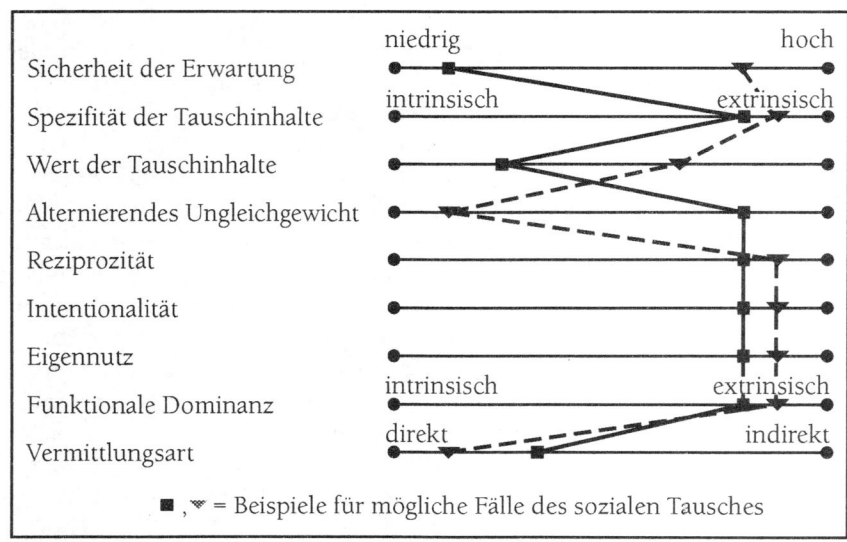

	niedrig		hoch
Sicherheit der Erwartung			
Spezifität der Tauschinhalte	intrinsisch		extrinsisch
Wert der Tauschinhalte			
Alternierendes Ungleichgewicht			
Reziprozität			
Intentionalität			
Eigennutz			
Funktionale Dominanz	intrinsisch		extrinsisch
Vermittlungsart	direkt		indirekt

■ , ▼ = Beispiele für mögliche Fälle des sozialen Tausches

Abbildung 2.2: Strukturmerkmale zur Differenzierung von Fällen des sozialen Tausches

Für das Problem der Erklärung der Spendenvergabe wird daran anknüpfend in der Folge erörtert, unter welchen spezifischen Ausprägungen von Strukturparametern des sozialen Tausches sich die Spende bzw. die Spendenbeziehung konkret vollzieht. Zunächst wird die funktionale Dominanz der Spende geklärt, d. h. es wird ermittelt, ob es sich bei Spenden um einen Fall von extrinsischem bzw. intrinsischem Tausch handelt. Dazu müssen die Motive und Triebfedern der Spende theoretisch deduziert und einer Analyse unterzogen werden. Ist die funktionale Ausrichtung der Spende bestimmt, erfolgt in einem zweiten Schritt die Beantwortung der Frage nach der Art der Vermittlung der Spende. Handelt es sich im Fall der Spende um eine direkte bzw. dyadische Tauschbeziehung oder vermittelt sich das komplexe Beziehungsmuster der Spende in Form eines indirekten Tausches? Eine theoretische Beantwortung dieser Frage soll dann, ergänzt um die Spezifizierung der Spendentransferobjekte, eine exakte Einstufung der Spende als Sonderfall des allgemeinen Falls des sozialen Tausches ermöglichen. Zum besseren praxeologischen Verständnis wird die Erörterung der Spendenbeziehung abschließend durch die Abgrenzung vom verwandten und oftmals mit mangelnder Trennschärfe betrachteten Phänomen der Schenkung komplettiert.

3. Grundlagen der Spende

3.1. Spendenmotive

Folgt man dem allgemeinen Verständnis von Spenden als "freiwillige Leistungen, die ohne Gegenleistung, aber i.d.R. mit einer gewissen Zweckbestimmung gegeben werden",[1] so scheint eine theoretische Erklärung der motivationalen Triebkräfte des Spenders auf Basis des ökonomischen Verhaltensmodells, d. h. der Annahme, daß der Akteur sein Verhalten unter gegebenen Restriktionen an der Maximierung seiner Präferenzfunktion orientiert, auf den ersten Blick paradox. Dem scheinbaren Widerspruch der Ermangelung einer Gegenleistung für die übertragenen Objekte im Rahmen der Spende begegnet die ökonomische Theorie jedoch mit zwei konkurrierenden Erklärungsansätzen zur Motivation des Spenders. Beiden Ansätzen ist dabei die Vorstellung gemeinsam, daß der Spender seinen Aufwand - die materiellen und immateriellen Kosten der Spende - mit dem Nutzen abgleicht, der ihm ausdrücklich oder implizit von der spendensuchenden Organisation versprochen wird. Nur bei insgesamt positivem Ergebnis wird es zu einer Spendenübertragung kommen, das heißt: Der erwartete Nutzen muß für den Spender größer sein als der zu erbringende Aufwand.[2]

Der erste theoretische Ansatz, der von Autoren wie Ireland (1973), Johnson (1973), Collard (1978), Warr (1982) oder Roberts (1984) gestützt wird, interpretiert den Spendernutzen als eine Erweiterung der Präferenzfunktion des Spenders um externe Effekte im Konsum bzw. andere Formen altruistischer Motive. "Wenn in der Nutzenfunktion der Spender nicht nur ihre eigene Versorgung mit Gütern, sondern auch die Ressourcenaustattung oder der Nutzen anderer Menschen als Argument erscheint, läßt sich die Einkommensverwendung für Spenden an spendenakquirierende Organisationen wieder als nutzenmaximierendes Verhalten erklären."[3] Die Bedingung für eine optimale Konsumstruktur des Spenders ist dann die Identität des Grenznutzens für egoistische und altruistische Zwecke. In der Literatur werden vornehmlich drei Formen von Altruismus rezipiert. Die am häufigsten anzutreffende Formulierung des Altruismus ist seine Charakterisierung als externer Effekt im Konsum.[4] Margolis (1982) bezeichnet dies als "**Güteraltruismus**". Bei reinem Güteraltruismus der Spender sind private Spenden

---

1 Gabler Wirtschafts-Lexikon, 1988, 12. Aufl., Bd. 5, S. 1594.
2 Vgl. Holscher, C. 1976, S. 90.
3 Metzler, W. 1990, S. 8. Zum Altruismus vgl. u. a. Cohen, R. 1978, S. 80 ff, Frohlich, N. 1974, S. 56 ff, Katz, J. 1972, S. 62 ff.
4 Vgl. u. a. Collard, D. 1978.

und öffentliche Wohlfahrtsleistungen vollkommene Substitute, da der Nutzen des Spenders nicht von der Mittelherkunft, sondern nur von der Nutzenausstattung der Empfänger selbst abhängig ist.[1] Wenn die konkrete Güterausstattung des Empfängers oder seine Konsumtätigkeit im Gegensatz zu seinem Nutzen als Argument in der Präferenzfunktion des Spenders enthalten ist, wird dagegen von **"paternalistischem Altruismus"** gesprochen.[2] Verfolgen Spender paternalistische Motive, präferieren sie gebundene Transfers gegenüber frei verwendbaren Transferleistungen für die spendenakquirierende Organisation. Sie bevorzugen entweder Sach- oder Dienstleistungsspenden oder Geldtransfers mit eindeutig festgelegtem Verwendungszweck.[3] Projektbezogene Spenden werden im Sinne eines paternalistischen Altruismus nichtzweckgebundenen Spenden zur freien Verfügung der spendenakquirierenden Organisation vorgezogen.

Neben Güteraltruismus und paternalistischem Altruismus, die beide auf Nutzeninterdependenzen zwischen Spendern und Empfängern beruhen, differenziert Margolis (1982) mit dem **"partizipatorischen Altruismus"** eine weitere Form altruistischer Motivprägung.[4] Der Nutzen des Spenders hängt hier vom Akt des Spendens selbst ab. Der Vorgang der Spende wird als in sich sinnhaftes Handeln erfahren und vom Spender als Gratifikation empfunden. Die ausgetauschten Gratifikationen vollziehen sich ohne Partnerbezug im Insystem des Individuums.[5] Das "zweckhafte" quid-pro-quo Handeln wird vom Spender durch ein "werthaftes" Handeln ersetzt. Ireland (1973) spricht deshalb auch vom "wahrhaft philanthropischen" bzw. in Anlehnung an philosophische Traditionen Immanuel Kants vom "kantianischen Motiv".[6] Aus der Sicht des ökonomischen Verhaltensmodells kann eine Reduktion des Spendenverhaltens auf rein altruistische Motive jedoch keine hinreichende Erklärungsgrundlage bieten. "Sobald das Einkommen oder der Nutzen wirtschaftlich, politisch, oder gesellschaftlich benachteiligter Bevölkerungsschichten in der Nutzenfunktion vieler anderer Individuen vorkommt, nimmt

---

[1] Vgl. Warr, P.G. 1982, S. 131 ff, Roberts, R.D. 1984, S. 136 ff.
[2] Vgl. Metzler, W. 1990, S. 8.
[3] Vgl. Pollak, R.A. 1988, S. 241.
[4] Vgl. Margolis, H. 1982.
[5] Vgl. Raffée, H./Wiedmann, K.P./Abel, B. 1983, S. 702.
[6] Vgl. Ireland, T. 1973, S. 64 ff. Altruistisches Verhalten kann sich aber auch aus rein egoistischen Motiven speisen, wie Ireland in Anlehnung an G.S. Becker nachweist. Es kann für einen Egoisten u.U. vorteilhaft sein, Altruismus vorzutäuschen, um höhere Übertragungen von einem echten Altruisten, z. B. über die Zuweisung von Sozialprestige, zu erlangen. Spenden werden unter Vorspiegelung altruistischen Antriebs sichtbar gemacht, um soziale Anerkennung durch Dritte zu provozieren bzw. sozialer Diskriminierung zu entgehen. Vgl. Ireland, T. 1973, S. 68 ff, ebenso Becker, G.S. 1982.

die Lebenslage der ökonomisch schwächeren Gruppen den Charakter eines öffentlichen Gutes an. Beide wesentlichen Kriterien für die Definition eines öffentlichen Gutes, die Nichttrivialität im Konsum und die Unmöglichkeit des Ausschlusses von Nichtzahlern vom Konsum sind erfüllt. Da die Modellierung des Altruismus als Konsumexternalität keine Preisgabe der Annahme der individuellen Rationalität im Sinne der Maximierung der eigenen Präferenzfunktion impliziert, folgt aus der Logik des Gefangenendilemmas, daß niemand freiwillige Beiträge für die Produktion des öffentlichen Gutes "Verbesserung der Lage der Armen" leistet."[1] Die Spender befinden sich aufgrund der Tatsache, daß sie sich kollektiv um die Situation der Spendenempfänger sorgen, als Altruisten untereinander in der Situation des Gefangenendilemma. Um eine Lösung des Trittbrettfahrerproblems - Teilnahme am Konsum, ermöglicht durch die Bereitstellung des Gutes aufgrund von Beiträgen anderer, ohne selbst einen Beitrag zu leisten - zwischen den Spendern herbeizuführen, müßte nicht nur Altruismus der Spender gegenüber den Empfängern, sondern auch Altruismus zwischen den Spendern untereinander angenommen werden. Die Hypothese eines solchen "multiplen Altruismus" ist bisher jedoch in keinem Fall bestätigt worden.[2] Collard (1978) bestreitet hingegen eine Aussicht auf Validierung des " multiplen Altruismus", indem er die daraus resultierende Schlußfolgerung, daß je größer der Kreis der potentiellen Spender wäre, desto größer der Grad des Altruismus zwischen den Spendern sein müßte, damit eine Spende gemäß individueller Präferenzen der Spender die dominante Strategie in der kollektiven Spielsituation wäre, als unrealistisch qualifiziert.[3]

Die zweite theoretische Denkrichtung geht zur Erklärung der Motive für individuelle Spendentransfers von der Existenz unsichtbarer Leistungen aus, die vom Spender erstrebt werden und für die Spendentransfers ein Zahlungsäquivalent darstellen. Der Spende steht der Erwerb immaterieller, psychischer Güter wie z. B. Sozialprestige, moralische Befriedigung oder implizite Versicherungsleistungen gegenüber. Diese u. a. von Autoren wie Douty (1972), Keating/Pitts/Appel (1981) oder Rippe (1981) vertretene Auffassung deckt sich mit dem Reziproziätsgedanken aus der Theorie des sozialen Tausches.

---

[1] Vgl. Metzler, W. 1990, S. 10. Zur Theorie der öffentlichen Güter, vgl. Musgrave, R.A./Musgrave, P.B./Kullmer, L. 1990, S. 53 ff.
[2] Vgl. ebenda.
[3] Vgl. Collard, D. 1978.

Ist der Spendentransfer auf die **Befriedigung eines moralischen oder religiösen Bedürfnisses** oder auf das Streben nach Befreiung von Gewissensbissen zurückzuführen, kommt die Spende dem Entgelt für den Erwerb eines privaten psychischen Gutes gleich, das durch den Spender zwar selbst produziert wird, zu dessen Produktion der Spendenempfänger als externer Faktor bzw. der monetäre Transfer an diesen aber einen grundlegenden und notwendigen Input leistet.[1] Bei der durch den Spender selbst produzierten Gratifikation muß - insofern es sich nicht um einen Fall echten Partizipationsaltruismus handelt - vom Spender eine intrapsychische Verschleierung der wahren egoistischen Motivation vorgenommen werden. Seinen moralischen oder religiösen Bedürfnisbefriedigungszielen kann der Spender nämlich nur dann nachkommen, wenn er ausschließlich deren Wertvorstellungen als Motiv seines Handelns zugrunde legt und nicht das moralische Handeln als Mittel zum Zweck der egoistischen Erlangung der Bedürfnisbefriedigung sieht. Aus dem intrapersonalen Verschleierungsprozeß ergeben sich sowohl für die Spenderansprache als auch für die Validität empirischer Spendenmotivforschung Konsequenzen. So sollten spendenakquirierende Organisationen im Rahmen ihrer Spendenkommunikationspolitik auf diese Form der Gegenleistung nicht explizit hinweisen, um den intrapersonalen Verschleierungsprozeß des Spenders nicht zu stören. Für die empirische Spendenmotivforschung ergibt sich daraus, daß direkte Befragungen von Spendern bezüglich der Motive des Erwerbs von moralischer Befriedigung keine zuverlässigen Ergebnisse erbringen, da diese für den Fall der Verfolgung eines Partizipationsaltruismus im Zuge des Verschleierungsprozesses dazu neigen werden, eine vordergründig uneigennützige Motivation als Begründung anzugeben.[2]

Können Spenden dagegen auf das Motiv des Erwerbs von Sozialprestige oder die Befreiung von negativen sozialen Sanktionen zurückgeführt werden, so wird das private psychische Gut nicht vom Spender selbst, sondern vom Vermittler, vom Spendenempfänger oder von Dritten produziert.[3]

---

1   Vgl. Metzler, W. 1990, S. 13.
2   Vgl. Metzler, W. 1990, S. 16, ebenso Bertsch, K.A. 1983, S. 20.
3   Vgl. Olson, M. 1965, S. 61. Soziale Ächtung kann als negatives Sozialprestige interpretiert werden. Insofern läßt sich das Motiv der Vermeidung von sozialen Sanktionen unter die Hypothese des Erwerbs von Sozialprestige subsumieren. Metzler (1990) weist allerdings auf den Unterschied hin, daß "die Herstellung von sozialer Geltung mittels Spenden weniger stark an das Vorhandensein einer kleinen Gruppe gebunden ist, als der Mechanismus des sozialen Drucks, weil die Tatsache des Spendens durch verschiedene Mittel einem größeren Personenkreis zur Kenntnis gebracht werden kann und der Spender bei der zur Diskussion stehenden Motivation dazu auch einen Anreiz hat." Metzler, W. 1990, S. 13. Seiner Feststellung ist jedoch nur bedingt zuzustimmen, da die

Voraussetzung für die Wirksamkeit der Zuweisung von Sozialprestige oder des sozialen Drucks ist die Sichtbarkeit des Spendenaktes für Dritte. Die Sichtbarkeit des Spendenaktes unterliegt jedoch - in Entsprechung der intrapsychischen Verschleierung des wahren Handlungsmotives bei Spenden zur Befriedigung von moralischen Bedürfnissen - einer Restriktion. Diejenigen, deren Achtung der Spender erwerben will, dürfen nicht wissen, worin das eigentliche Motiv des Spenders besteht, da die Grundvoraussetzung für den **Transfer von Sozialprestige** im Glauben des Adressaten an die Uneigennützigkeit resp. moralische Integrität des Spenders liegt. Wird dem Adressaten der spendenbegleitenden sozialen Botschaft bekannt, daß der Spender nicht aus edlen sozialen Motiven, sondern aus dem Motiv der Beeinflussung Dritter, incl. seiner Person, gehandelt hat, so verweigert er die Zuerkennung von Sozialprestige gegenüber dem Spender. Es kann sogar zu Boomerangeffekten in Form der Zuordnung von negativem Sozialprestige kommen. Spendenakquirierende Organisationen können deshalb nicht sichtbar auf diese Gegenleistung verweisen oder sie ohne gleichzeitige Produktion eines öffentlichen Gutes offerieren.[1]

In einer weiteren Variante des vom Spender erstrebten privaten psychischen Gutes als Motiv für seine Spendenzuwendung, werden Spenden von ihm als **Prämienzahlungen für Versicherungsleistungen**, für die kein marktwirtschaftliches Angebot existiert, interpretiert. Bei den am Markt nicht versicherbaren Risiken kann es sich einerseits um individuelle Risiken sowie andererseits um kollektive Risikotatbestände handeln. Das individuelle Risiko für den Spender besteht in der Gefahr, selbst in eine Situation der Not zu geraten. Mit der Spende an Hilfseinrichtungen, die in sozialen Notlagen Unterstützung leisten, verringert der Spender als potentieller Nutznießer der Leistungen die Gefahr der eigenen Hilflosigkeit. Der Spende kommt eine Art Vorsorge- oder Versicherungsfunktion zu.[2] Der individuelle Versicherungsgedanke besitzt so auch beim Thema Gesundheit Relevanz. Spenden an die Krebs- oder die Aids-Forschung können als Strategie zur Reduktion des individuellen Sterberisikos interpretiert werden.[3] Das kollektive Risiko bezieht sich auf die

---

Zuweisung von pychischen Gütern dem Grunde nach keine Frage der Quantität der sozialen Gruppe ist. Für die Wirksamkeit bzw. den Wert des psychischen Gutes Sozialprestige bzw. Vermeidung sozialer Ächtung ist vielmehr die Qualität der diesbezüglichen Austauschpartner relevant. Je nach Bedeutung der Austauschpartner für den Spender, besitzt das zugewiesene Sozialprestige in seinen Augen mehr oder weniger Wert. Zu Prestigemotiven von Spendern vgl. u. a. Owen, D. 1964, S. 165 ff, Arian, E. 1971, Zolberg, V. 1974, S. 169 ff, Galaskiewicz, J. 1985, S. 28 ff.

[1] Vgl. Metzler, W. 1990, S. 15.
[2] Vgl. Voß, A. 1993, S. 107.
[3] Vgl. Klein, M. 1986, S. 68.

Rolle des Spenders als Mitglied der Gesellschaft, die bei Eintritt von politischen Krisen wie Revolutionen und Kriegen oder der Eskalation von sozialen Phänomenen wie etwa der Kriminalität, von massiven Umverteilungsprozessen an Einkommen und Vermögen getroffen wird. Die Spende als Akt der freiwilligen Umverteilung soll hier zu einem Abbau der sozialen Unterschiede und damit zu einer Minimierung der kollektiven Risikoquellen einer erzwungenen Umverteilung führen.[1] Brennan (1973) gibt jedoch zu bedenken, daß selbst für staatliche Umverteilungsprogramme das Versicherungs- bzw. Selbstschutzmotiv keine plausible Erklärungsgrundlage bildet, da das Risiko der absoluten Verarmung kaum so hoch zu veranschlagen ist, daß die indirekte Versicherung via Garantie eines Minimaleinkommens angesichts der damit verbundenen Kosten aus individueller Perspektive lohnend wäre.[2] Zudem existiert bei Spenden kein expliziter Vertrag, der im Schadensfall individuelle Rechte bzw. einen einklagbaren Leistungsanspruch gegenüber der spendenakquirierenden Organisation verschafft. Dieser Umstand führt zu einer weiteren Verteuerung der bereits unattraktiven Spendenprämie, so daß das Versicherungsmotiv für sich alleine betrachtet keine hinreichende Erklärung für freiwillige Spendenleistungen gibt. In Verbindung mit anderen Motiven wie Altruismus oder Sozialprestige besitzt das Motiv des Erwerbs einer impliziten Versicherungsleistung aber als Element eines mehrdimensionalen Leistungsbündels, das als reziproker Vorteil vom Spender erworben wird, durchaus empirische Relevanz.[3] Insgesamt bleibt festzuhalten, daß auch die Erzielung von psychischen Gratifikationen alleine keine ausreichende Grundlage für die Erklärung der Spendenmotivation sein kann. Dies vermag die Erzielung psychischer Gratifikationen insbesondere auch deswegen nicht zu leisten, weil sie durch die Annahme, daß die Spender an der Leistung für die Begünstigten überhaupt nicht interessiert sind, die ausgeprägte Produktdifferenzierung bzw. die differenzierte Verfolgung sozialer Ziele durch die spendenakquirierenden Organisationen nicht erklären kann.[4]

In Ermangelung jeweils erschöpfender Erklärungskraft der beiden Theorieansätze, liegt es daher aus praxeologischen Gründen nahe, bei Spendern eine gemischte Motivstruktur zu unterstellen. Die motivationalen Triebfedern für die Übertragung von Spendenobjekten können sich sowohl aus altruistischen, als auch aus egoistischen Motiven - der Erlangung von psychischen, privaten Gegenleistungen - zusammensetzen. Metzler (1990)

---

1 Vgl. Brennan, G. 1973, S. 43 ff.
2 Vgl. Brennan, G. 1973, S. 54, ebenso Metzler, W. 1990, S. 14.
3 Vgl. Metzler, W. 1990, S. 14.
4 Vgl. ebenda, S. 16.

verarbeitet diese Annahme, unter Bezugnahme auf die Funktionen der spendenakquirierenden Organisation, in der Form des "Modells der selektiven Anreize".[1] Der Ansatz betrachtet im Kern, die von einer spendenakquirierenden Organisation unter dem Gesichtspunkt des reziproken Spendentausches angebotenen impliziten psychischen Gegenleistungen, als "selektive Anreize zur freiwilligen Beitragsleistung des Spenders für die Produktion eines öffentlichen Gutes", das von der spendenakquirierenden Organisation produziert bzw. für Dritte - die eigentlichen Spendenempfänger - bereitgestellt wird.[2] Die Wahl der Begrifflichkeit der "selektiven Anreize" erfolgt deshalb, weil die Gegenleistungen ihre Spezifikation bzw. ihren Anreiz aus dem Blickwinkel bzw. der auf den Tausch bezogenen Erwartungshaltung des Spenders heraus erfahren. Die potentiellen immateriellen Leistungsströme werden durch die Gratifikationserwartungen des Spenders spezifiziert und infolgedessen zum Anreiz. Die Anreize sind immer Selbstentwürfe des Anreizsuchenden. Sie definieren sich auf Basis der Motive des Spenders. Der Spendentausch ist insofern durch ein gutes Stück Fiktion bzw. Imagination, die sich aus der spezifischen Motivation des Spenders speist, bedingt.

Die spendenakquirierende Organisation bietet dem Spender als Gegenleistung für seinen Transfer die Produktion von öffentlichen Leistungen an. Die Produktion der öffentlichen Güter erfolgt auf der Grundlage der Sachziele der spendenakquirierenden Organisation. Unter Bezugnahme auf die öffentlichen Güter erwachsen dann gegenüber dem Spender die psychischen Gegenleistungen als selektive Anreize zur Vergabe von Spenden. Die psychischen Gegenleistungen resp. selektiven Anreize können, je nach Spezifität des

---

1 Metzler (1990) rezipiert in diesem Zusammenhang das Modell von Posnett/Sandler (1986). Das Modell sieht die Leistungen spendenakquirierender Organisationen als Kuppelprodukte aus privaten und öffentlichen Gütern. Aufgrund seiner restriktiven Annahme, daß sich spendenakquirierende Organisationen durch den Verkauf von privaten Gütern finanzieren, wird hierauf allerdings nicht näher eingegangen. Posnet/Sandler sehen die Angebote von karitativen Organisationen in Konkurrenz zu Gütern privatwirtschaftlicher Unternehmen. Die Spende wird als Prämie über dem Preis des privaten Gutes, den die Nachfrager resp. potentiellen Spender im Vergleich zum Konkurrenzangebot zu zahlen bereit sind, betrachtet. Die Prämie über dem Marktpreis entspricht der sozialen Wertschätzung des Konsumenten für das öffentliche Gut. Vgl. Posnett, J./Sandler, T. 1989, S. 187 ff.

2 Vgl. Metzler, W. 1990, S. 18. Metzler fokussiert bei seinen Aussagen zum "Modell der selektiven Anreize" die Betrachtung von Organisationen, die auf karitativem Gebiet tätig sind. Anstelle der oben gewählten, weitergefaßten Begriffes der "spendenakquirierenden Organisation", verwendet er deshalb den engeren, zweckbegrenzten Terminus der "caritativen Organisation". Die Eingrenzung von Metzler berührt jedoch den allgemeinen Aussagengehalt des Modells der selektiven Anreize nicht. Nachstehend bleibt es deshalb bei der zuvor gewählten Begrifflichkeit der "spendenakquirierenden Organisation".

öffentlichen Gutes, in ihrem Charakter variieren.[1] Der Spender kann zum einen von seiner Beitragsleistung für das öffentliche Gut - wie auch solche, die keinen eigenen Finanzierungsbeitrag geleistet haben - als potentieller Konsument des Gutes profitieren. Dies führt zu selektiven Anreizen wie den impliziten Versicherungsleistungen. Zum anderen kann der Spender zum Konsument einer Gegenleistung werden, die allein ihm selbst zugänglich ist, d. h. im Konsum rivalisiert.[2] Letzteres führt zu selektiven Anreizen wie dem Erwerb von Sozialprestige.

Der Spender betrachtet im "Modell der selektiven Anreize" das von der spendenakquirierenden Organisation erstellte öffentliche Gut und sieht die mit einer Beitragsleistung zur Produktion des öffentlichen Gutes für ihn verbundenen Vorteile. Diese Vorteile wirken für ihn als Anreize zur Finanzierung des öffentlichen Gutes. Die selektiven Anreize und die Produktion öffentlicher Güter sind somit beim Spendentausch unmittelbar und unabdingbar miteinander verknüpft. Ohne die Beitragsleistung des Spenders für ein öffentliches Gut bzw. die durch die spendenakquirierende Organisation vermittelte Leistung an hilfsbedürftige Personen oder Zwecke, ist der Erwerb von psychischen Gegenleistungen nicht möglich. Der Spender erwirbt also nicht das öffentliche Gut selbst, sondern die damit verbundenen selektiven Vorteile. Würde die spendenakquirierende Organisation keine öffentlichen Güter zum Nutzen Dritter produzieren, wäre die Grundlage für die Generierung von selektiven Anreizen zur Spende nicht gegeben.

Der entscheidende Unterschied zwischen öffentlichen Gütern, die vom Staat bereitgestellt und solchen, die von privaten spendenakquirierenden Organisationen produziert werden, besteht dabei nicht in der Art und Weise wie sie konsumiert werden, sondern in dem Umstand, daß bei staatlichen Gütern in einem politischen Prozeß die Präferenzen von Mehrheiten und im Fall der privaten Produktion die Präferenzen von Minderheiten - nämlich der von Spendern und spendenakquirierenden Organisationen - reflektiert werden.[3] Im Rahmen des Modells der selektiven Anreize werden somit beim Spenden-

---

1 Vgl. Metzler, W. 1990, S. 19.

2 Zur Rivalität im Konsum siehe im einzelnen Musgrave, R.A./Musgrave. P.B./Kullmer, L. (1990): "Wenn ich ein Maß Bier trinke oder ein Paar Schuhe trage, dann sind diese speziellen Güter für andere Individuen nicht mehr verfügbar. Mein Konsum und der ihre rivalisieren. Werden dagegen Maßnahmen gegen die Luftverschmutzung eingeleitet und wird dadurch eine Luftverbesserung erzielt, so kommt diese Verbesserung all denen zugute, die atmen. Mit anderen Worten, der Verbrauch solcher Güter seitens mehrerer Individuen rivalisiert nicht in dem Sinne, daß die Nutzenteilhabe eines Individuums den Nutzen eines anderen beeinträchtigt." Musgrave, R.A./Musgrave, P./Kullmer, L. 1990, S. 6.

3 Vgl. Galaskiewicz, J. 1985, S. 47, ebenso Weisbrod, B. 1975, Douglas, J. 1983.

tausch zwei unterschiedliche Güterkategorien angesprochen bzw. produziert: Öffentliche Güter in Form von Leistungen für hilfsbedürftige Zwecke und private Güter in Form von selektiven Anreizen für die Spender.

Zur Spezifizierung der im Spendentausch involvierten öffentlichen Güter können in Anlehnung an Ireland (1973) zwei Arten von öffentlichen Gütern unterschieden werden, die von spendenakquirierenden Organisationen bereitgestellt werden und zu deren Produktion die Spender ihre Beiträge leisten können. Ireland differenziert zwischen "öffentlichen Gütern erster Ordnung" ('first-order collective goods') und "öffentlichen Gütern zweiter Ordnung" ('second-order collective goods'). Öffentliche Güter erster Ordnung orientieren sich dabei an der klassischen Definition des öffentlichen Gutes. Bei öffentlichen Gütern erster Ordnung kann der Spender direkt von seiner Spende profitieren und das öffentliche Gut selbst konsumieren. Er kann ebensowenig wie andere Personen, die keinen Spendenbeitrag an die Produktion des öffentlichen Gutes leisten, vom direkten konsumtiven Zugang zum öffentlichen Gut ausgeschlossen werden (Kriterium der Unmöglichkeit des Ausschlusses vom Konsum)[1]. Rivalitäten unter den potentiellen Nutzern in bezug auf den Konsum des Gutes selbst bestehen ebenfalls nicht (Kriterium des nichttrivalisierenden Konsums). Unter öffentliche Güter erster Ordnung, die von seiten des Staates oder von spendenakquirierenden Organisationen mit Hilfe von Spenden produziert werden, lassen sich so z. B. eine intakte Umwelt, die Kunst, Musik oder wissenschaftliche Bildung subsumieren.

Zu "öffentlichen Gütern zweiter Ordnung" zählen dagegen z. B. Projekte der Armen-, Alten- und Krankenhilfe, der Jugendpflege, Gesundheitsfürsorge oder der Sportförderung. Hier ist der direkte Konsum im Gegensatz zu öffentlichen Gütern erster Ordnung reserviert für spezifische, abgrenzbare Empfängerkategorien. In der Regel können nur solche Empfänger, die spezifische, vorab definierte Kriterien erfüllen, in den direkten Genuß der öffentlichen Güter zweiter Ordnung kommen. Nicht jeder ist bei öffentlichen Gütern zweiter Ordnung dem Grunde nach teilnahmeberechtigt. Die spezifischen Anforderungen bzw. Ausschlußkriterien des öffentlichen Gutes zweiter Ordnung werden vom Produzenten des öffentlichen Gutes im Falle der Finanzierung durch Spenden von der spendenakquirierenden Organisation definiert. Der Spender akzeptiert diese durch die Auswahl des Spendenzwecks mit dem Vollzug seiner Zuwendung. Darüber hinaus existieren bei öffentlichen Gütern zweiter Ordnung, im Gegensatz zu denen erster Ordnung, Rivalitäten im Konsum dergestalt, daß infolge finanzieller Restriktionen begrenzte Bereit-

---

[1] Vgl. Musgrave, R.A./Musgrave, P.B./Kullmer, L. 1990, S. 58, Olson, M. 1965, S. 14 ff.

stellungskapazitäten hingenommen werden müssen. Die Größe bzw. das Ausmaß der direkt befriedigbaren Empfängergruppe richtet sich nach dem Umfang der finanzierbaren Ressourceninputs für die Produktion des öffentlichen Gutes. Je nach Größe des Umfangs der Spendenzuwendungen können so mehr oder weniger Empfänger in den Genuß von Leistungen kommen. Alle potentiellen Nutzer des öffentlichen Gutes können i.d.R. nicht befriedigt werden.[1]

Durch die Eigenschaft der Ausschließbarkeit und die Existenz von Rivalitäten im Konsum, handelt es sich bei den von Ireland spezifizierten öffentlichen Gütern zweiter Ordnung gemäß dem klassischen Verständnis von öffentlichen Gütern dem Grunde nach nicht um ebensolche.[2] Es liegt daher nahe, ihre Subsumption unter die Kategorie der öffentlichen Güter abzulehnen. Im Rahmen dieser Studie soll dennoch der Auffassung von Ireland (1973) gefolgt und die von ihm als öffentliche Güter zweiter Ordnung charakterisierten Leistungen unter den Terminus des öffentlichen Gutes gefaßt werden.[3] Ohne ihre Bereitstellung hätte nämlich jedes Mitglied der Gesellschaft die negativen Externalitäten von Armut und Hunger (Völkerwanderungen und politische Spannungen), Krankheit (Ausbreitungsgefahr und Gesundheitskosten), seelischer Not (Verzweiflungstaten), etc. zu tragen. Öffentliche Güter zweiter Ordnung sind in diesem Sinne als Strategien zur Lösung der Probleme von wenigen zu verstehen, bevor sie zu Problemen von vielen bzw. allen werden. Sie besitzen damit einen ausgeprägten öffentlichen Charakter, der ihre Begrifflichkeit als öffentliches Gut rechtfertigt. Zu öffentlichen Gütern zweiter Ordnung sind Güter zu rechnen, die private Probleme lösen, die, wenn sie nicht gelöst werden, zu Problemen der Öffentlichkeit resp. zu öffentlichen Problemen werden und damit zur ihrer Lösung der Bereitstellung öffentlicher Güter bedürfen. "If aid to the disadvantaged is not provided by the more fortunate members of the community, then eventually all members of the community will have to suffer the negative consequences of some community members being undersatisfied."[4] Wenn in der Folge also im Spendenkontext von öffentlichen Gütern gesprochen wird, sind im Sinne Irelands immer die Leistungen von spendenakquirierenden Organisationen angesprochen und damit sowohl öffentliche Güter erster als auch zweiter Ordnung gemeint.

---

1   Vgl. Galaskiewicz, J. 1985, S. 18.
2   Vgl. Musgrave, R.A./Musgrave, P./Kullmer, L. 1990, S. 58, Baumol, W.J. 1970, S. 12 ff.
3   Auf das Konzept der öffentlichen Güter erster und zweiter Ordnung greift u. a. auch Galaskiewicz zurück. Vgl. Galaskiewicz, J. 1985, S. 143.
4   Vgl. Galaskiewicz, J. 1985, S. 18.

Das simultane Angebot von öffentlichen Gütern und selektiven Anreizen ist im "Modell der selektiven Anreize" von zentraler Bedeutung, da aufgrund des Merkmals der Nicht-Ausschließbarkeit freiwillige Beiträge zur Finanzierung des öffentlichen Gutes von einem nach Nutzenbefriedigung strebenden Spender nicht zu erwarten sind.[1] Umgekehrt sind die selektiven Anreize, z. B. die Vermittlung von Sozialprestige, von der Bereitstellung des öffentlichen Gutes durch die spendenakquirierende Organisation nicht zu trennen.[2] Die Interdependenz zwischen öffentlichem Gut und privaten selektiven Anreizen ist technologisch bedingt. Ohne die positive soziale Wertschätzung für die produktive Arbeit der spendenakquirierenden Organisation bzw. das öffentliche Gut durch den Spender oder Dritte, wäre kein Potential vorhanden, das die selektiven Anreize mit der für ihren Transfer notwendigen Attraktivität anreichern könnte.[3] Wenn die selektiven privaten Anreize vom öffentlichen Gut getrennt werden könnten, würden die Nachfrager bzw. Spender gemäß ihrem Nutzenmaximierungsstreben nur die privaten Güter erwerben. Diese könnten ohne die Kosten für das öffentliche Gut von erwerbswirtschaftlichen Anbietern billiger angeboten werden.

Die selektiven Anreize besitzen zwar keinen expliziten Preis, ihr Nutzen ist im Falle eines Spendentransfers für den Spender aber größer als die mit der Zuwendung anfallenden Kosten. Der Nutzen aus dem mit den selektiven Anreizen verbundenen öffentlichen Gut entspringt für den Spender - neben dem Fall, daß er selbst als Konsument des Gutes partizipieren kann - aus der Möglichkeit der Produktdifferenzierung bzw. der Chance, Güteraltruismus zu realisieren. "Unterschiede in der Präferenzintensität für karitative Leistungen, d. h. Unterschiede im Grad des Güteraltruismus, lassen sich damit als differentielle Bewertung von Qualitätsmerkmalen interpretieren."[4] Das öffentliche Gut erfüllt im "Modell der selektiven Anreize" die Funktion eines Entscheidungskriteriums bei der Wahl des Spenders zwischen konkurrierenden Angeboten spendenakquirierender Organisationen. Es kommt seinen paternalistisch-altruistischen Präferenzen entgegen. Altruistische Motive treten daher implizit in den Hintergrund. Im Modell der selektiven Anreize spielt vielmehr

---

[1] Metzler rekurriert dabei auf Erkenntnisse der Theorie des kollektiven Handelns von Olson (1965), die den Nachweis führt, daß private Organisationen öffentliche Güter bereitstellen können, wenn sie sich in der Lage befinden, selektive Anreize in Form privater Güter anzubieten, die nur denjenigen zugänglich sind, die einen Beitrag zur Finanzierung des öffentlichen Gutes leisten. Vgl. Olson, M. 1965, Frey, B.S. 1981, S. 181 ff.

[2] Galaskiewicz (1985) spricht von "prestige, esteem, social status and recognition as selective incentives in gift-giving situations". Vgl. Galaskiewicz, J. 1985, S. 25.

[3] Vgl. ebenda, S. 20.

[4] Metzler, W. 1990, S. 18:

der Erwerb von privaten psychischen Leistungen wie Sozialprestige eine dominante Rolle. "Men make charitable donations, not to earn the gratitude of the recipients, whom they never see, but to earn the approval of their peers who participate in the philanthropic campaign. Donations are exchanged for social approval, though the recipients of the donations and the suppliers of the approval ar not identical."[1]

Zur Einordnung der Spende als Spezialfall des allgemeinen Falls des sozialen Tausches stellt sich nun die Frage, welche Auswirkungen die Unterstellung des Modells der selektiven Anreize resp. gemischter Motivstrukturen als Erklärungsgrundlage für die Identifikation der dominanten Funktion des Spendentausches für den Spender hat. Läßt sich aufgrund der Spendenmotive von einer Dominanz der Funktion des Aufbaus und Erhalts sozialer Beziehungen sprechen, so kann die Spende als intrinsischer Tausch beschrieben werden. Die Gratifikationen resp. die selektiven Anreize des Spendentausches dienen dann vornehmlich der Verfolgung von Zielen, die innerhalb der singulären sozialen Beziehung zwischen dem Spender, der spendenakquirierenden Organisation und dem Spendenempfänger liegen. Eine wechselseitige Verstärkung der Nutzen der Interakteure würde sich aus dem Antrieb speisen, in dem erwarteten Nutzen des anderen direkte positive Effekte für sich selbst zu sehen. Steht hingegen die Funktion der wechselseitigen Gewährung von Tauschobjekten zum Zweck der Verfolgung von Zielen, die außerhalb der sozialen Beziehung zwischen dem Spender und Empfänger liegen im Vordergrund, so läßt sich die Spende als Fall des extrinsischen Tausches charakterisieren.

Wird die praktische Tauglichkeit des Modells der selektiven Anreize als Erklärungsbasis für den Spendentausch unterstellt, so überträgt der Spender Versorgungsobjekte an die spendenakquirierende Organisation, um in den Genuß von selektiven Anreizen zu kommen, die ihrerseits Elemente in seiner Präferenzfunktion darstellen. Der Tausch ist geprägt von der Erwartung reziproker Gratifikationen mit dem Charakter eines privaten Gutes. Der Spender ist nur in geringem Maße, nämlich genau so weit an dem öffentlichen Gut und damit an der Beziehung zu den Spendenempfängern bzw. der spendenakquirierenden Organisation an sich interessiert, als sie ihm einerseits die Möglichkeit verschafft, Güteraltruismus zu realisieren oder andererseits Produktdifferenzierung bezüglich des Angebotes an selektiven Anreizen zu betreiben. Die technologisch bedingte Verknüpfung des öffentlichen und privaten Gutes nimmt er als gegeben hin, obgleich er den singulären Erwerb

---

[1] Vgl. Blau, P.M. 1967, S. 92.

der selektiven Anreize, der für ihn ohne die Kosten für das öffentliche Gut billiger wäre, präferieren würde.[1] Der Bezugspunkt der Spende liegt nicht in der persönlichen Attraktion des Empfängers, sondern vornehmlich in erwarteten Belohnungen mit extrinsichem Wert, wie der Zuweisung von Sozialprestige durch Dritte oder dem Erwerb einer impliziten Versicherungsleistung. **Nicht daß** die Akteure den Austausch von Gratifikationen gemeinsam durchführen, **sondern was** sie dabei austauschen ist für die Spendenbeziehung fundamental. Der Spender ist i.d.R. nicht primär am Aufbau einer persönlichen Beziehung zum Empfänger interessiert.[2] Das Streben nach dem Erwerb psychischer Güter mit extrinsischem Wert dominiert die intrinsischen Gratifikationen altruistischer Prägung. Insofern lassen sich Spenden aus der Sicht des Spenders als extrinsische soziale Tauschvorgänge charakterisieren.

Aus dem Blickwinkel der spendenakquirierenden Organisation kommt man zu demselben Schluß. Die spendenakquirierende Organisation ist bestrebt, durch das Angebot selektiver Anreize Spenden zu akquirieren, um ihre Bedürfnisse nach Versorgung der gemäß ihrer Präferenzfunktion fokussierten Empfängergruppe zu realisieren. Für sie ist die Beziehung zum Spender Mittel zum Zweck der Finanzierung "spendenbeziehungsexterner" Problemlösungen. Der Antrieb zur Anknüpfung der Beziehung zum Spender erfolgt also auch hier nicht unter intrinsischen Gesichtspunkten, sondern nach Maßgabe der Entwicklung einer extrinsischen Tauschbeziehung.

Über den Rahmen der theoretischen Deduktion der funktionalen Dominanz der Spende hinaus ist eine letztendliche Entscheidung über die Einstufung der Spende als Fall des extrinsischen oder intrinsischen Tausches jedoch nur über eine entsprechende empirische Validierung der Spendenmotivhypothesen - unter Berüchsichtigung situativer Faktoren - möglich. Metzler führt hierzu eine Übersicht über empirische Studien an.[3] Ein allgemeingültiger Zuschnitt des Motivbündels bei Spendern läßt sich aber aus den vornehmlich aus den USA stammenden Spenderstudien nicht ableiten. Dies resultiert zum einen aus der mangelnden Berücksichtigung situativer

---

[1] Vgl. Metzler, W. 1990, S. 18.
[2] Eine Ausnahme bilden die persönlichen Patenschaften von Spendern für Kinder in der Dritten Welt. Die spendenakquirierenden Organisationen vermitteln hier über den Transfer der Spendengelder hinaus Brief- und sogar persönliche Kontakte zwischen den Spendern und Empfängern. Jedoch auch bei der Unterstützung von Patenkindern kann die Befriedigung moralischer Bedürfnisse bzw. die Beruhigung von schlechtem Gewissen als egoistische Motivation vorliegen.
[3] Vgl. ebenda, S. 25 ff.

Faktoren, die die Wirksamkeit einzelner Spendenmotive determinieren und zum anderen aus Problemen, die bei der Erhebung von Primärdaten über Spendenmotive entstehen. So haben empirische Studien auf Basis direkter Befragungen mit einer hohen Wahrscheinlichkeit unrichtiger - weil selbstbestätigender oder sozial erwünschter - Antworten zu kämpfen.[1] Holscher (1977) unterstreicht, daß im Gegensatz zum Käufer die Definition seiner Motive und Nutzenerwartungen den Spender vor weitaus größere Probleme stellt. Er empfiehlt deshalb zur Erforschung von Nutzen- oder Motivstrukturen projektive Fragestellungen, bzw. den Rückgriff auf Methoden der Exploration. Neben Gruppendiskussionen, Fallstudien, Simulationen und Expertengesprächen, sind insbesondere Tiefeninterviews geeignet, um Informationen über die motivationalen Triebkräfte des Spendens zu gewinnen.[2] Die von Metzler angeführten Studien basieren jedoch ausschließlich auf der kostengünstigeren Erhebungstechnik der direkten Befragung, so daß sie für die empirische Bestimmung der funktionalen Ausrichtung der Spende mit entsprechenden Einschränkungen versehen werden müssen.[3]

---

[1] Raffée/Wiedmann (1983) weisen diesen Defekt sogar sämtlichen Studien im Kontext des Sozio-Marketing zu. Vgl. Raffée, H./Wiedmann, K.P. 1983b, S. 201.
[2] Vgl. Holscher, C. 1977, S. 69.
[3] Vgl. Long, S.H. 1976, Reece, W.S. 1979, Keating, B./Pitts, R./Appel, D. 1981, Keating, B. 1981, Amos, O.M. 1982, Abrams, B.A./Schmitz, M.D. 1984.

3.2. Vermittlungsart der Spende

Im letzten Abschnitt sind Spenden als ein Fall des extrinsischen sozialen Tausches charakterisiert worden. Anhand der Spendenmotive wurde die Variabilität möglicher altruistischer und egoistischer Gratifikationen (selektive Anreize) für den Spender aufgefächert. Nun stellt sich die Frage, wie bzw. über welche Beziehungsmuster die unterschiedlichen Gratifikationen im Rahmen des Spendentausches vermittelt werden. Dazu wird angenommen, daß die Beschaffenheit der vom Spender erstrebten reziproken Gegenleistungen die Art des Vermittlungsprozesses unmittelbar determiniert, d. h. daß je nach Art des realisierten Spendenmotivs unterschiedliche Transaktions-bzw. Vermittlungsmuster aktiviert werden und dementsprechend die jeweils involvierten Akteure variieren.

Um eine Bestimmung der Vermittlungsart der Spende in Abhängigkeit des jeweils realisierten selektiven Anreizes leisten zu können, muß jedoch zunächst der grundlegende Vermittlungsprozeß des Beitrages des Spenders an das mit dem selektiven Anreiz verbundene öffentliche Gut, d. h. der Unterstützung von Spendenempfängern, erläutert werden.

Bei der Beitragsleistung für die Erstellung des öffentlichen Gutes treten insgesamt drei unterschiedliche Austauschpartner in Beziehung zueinander. Mit dem Spender bedarf es als erstem Interakteur einer Person oder Organisation, die Versorgungsobjekte an einen zweiten Interakteur resp. an eine spenden-akquirierende Organisation überträgt. Diese Übertragung erfolgt mit der impliziten Erwartung, daß die Güter von der spendenakquirierenden Organisation an die eigentlichen Spendenempfänger, den dritten Interakteur, weitergeleitet bzw. zur Erstellung sozialer Leistungen durch die spendenakquirierende Organisation für die Spendenempfänger verwendet werden. Der Spender ist demnach der Käufer, die spendenakquirierende Organisation der Produzent bzw. Verkäufer und der Spendenempfänger der Konsument der öffentlichen Leistung - erster oder zweiter Ordnung.[1] Lediglich in Ausnahmefällen, z. B. bei der Unterstützung von Selbsthilfegruppen und -initiativen ist der Produzent zugleich der Konsument des öffentlichen Gutes.

---

[1] Vgl. Galaskiewicz, J. 1985, S. 120. Handelt es sich um Versorgungsobjekte, die nicht unmittelbar zur Leistungserstellung der spendenakquirierenden Organisation einsetzbar sind oder direkt an die Spendenempfänger weitergeleitet werden können, muß die spendenakquirierende Organisation diese zusätzlich über Austauschprozesse auf Güter und Dienstleistungsmärkten in problemgerechte Leistungserstellungsfaktoren transformieren. Vgl. Holscher, C. 1977, S. 32.

Bei drei Interakteuren können grundsätzlich zwei Arten von Interaktionsmustern auftreten. A kann mit B in direkte Austauschbeziehung treten und B wiederum mit C, ohne daß C ebenso mit A direkt interagieren muß. Dieses Beziehungsmuster bezeichnet Homans als eine "Reihe von Paaren" bzw. eine "Reihe von Paarbeziehungen".[1] Existieren keine direkten Kontakte zwischen dem Spender und dem eigentlichen Spendenempfänger kann die Beitragsleistung zur Erstellung des öffentlichen Gutes als eine Reihe von Paarbeziehungen charakterisiert werden. Die einzelnen Elemente der Paarreihe bzw. die einzelnen Glieder der Beziehungskette bedingen einander unmittelbar, d. h. aus der Übertragung von Versorgungsobjekten durch den Spender an die spendenakquirierende Organisation muß zwangsläufig eine Übertragungsbeziehung zwischen der spendenakquirierenden Organisation und dem Spendenempfänger erfolgen. Die Paarbeziehungen sind "wie eine Anzahl von Kräften in einem gerade in der Schwebe gehaltenen Gleichgewicht":[2] Wenn eine Interaktionsbeziehung gestört wird, muß auch die andere Beziehung in ihrer Einstellung darauf reagieren.[3] Daß sich bei Vollzug der Übertragungsbeziehung durch die für die funktionalen Leistungen der spendenakquirierenden Organisation anfallenden Kosten der Wert, der vom Spender transferierten Versorgungsobjekte vermindern kann, leistet der unmittelbaren Bedingtheit der Paarbeziehungen keinen Abbruch. Insofern kann die Reihe von Paaren auch als in sich verquicktes Gewebe von Interaktionen respektive als Beziehungssystem aufgefaßt werden. Als solches Beziehungssystem ist der Vermittlungsprozeß der Beitragsleistung für das öffentliche Gut im Rahmen der Spende offen. Das bedeutet, es kann eine systemische Verknüpfung mit anderen Austauschpartnern bzw. Transaktionsprozessen erfolgen. Die Beitragsleistung für das öffentliche Gut stellt in diesem Sinne das **Basisbeziehungssystem** der Spende dar. Es wird durch spezifische, in Abhängigkeit von den realisierten Spendenmotiven bzw. den selektiven Anreizen geprägten Austauschsystemen zum umfassenden Gesamtsystem einer Spenden-beziehung erweitert. In Anlehnung an Kotler (1978) läßt sich dieses Basisbeziehungssystem in einer einfachen Graphik schematisch darstellen.

---

1 B ist z. B. Händler. A verkauft X an B. Später verkauft B das Gut X an C. Vgl. Homans, G.C. 1972 b, S. 75.
2 Homans, G.C. 1960, S. 242.
3 So kann die Übertragungsbeziehung zwischen Spender und spendenakquirierender Organisation z. B. dadurch gestört werden oder gar zum Abbruch kommen, wenn die spendenakquirierende Organisation vom Spender offenkundig der Verfolgung einer Betrugsstrategie überführt wird.

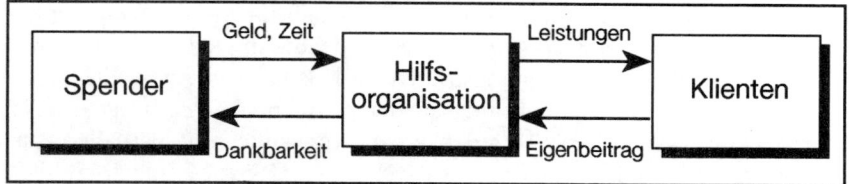

Quelle: Kotler, P. (1978), S. 31.
Abbildung 3.1: Austauschbeziehungen von spendenakquirierenden
              Organisationen

Neben dem Fall der Reihe von Paaren können sich Austauschbeziehungen
zwischen drei Interakteuren auch in Form geschlossener Dreiecksbeziehungen
vollziehen.[1] A interagiert mit B, B interagiert mit C und C interagiert wiederum mit A. Jeder steht in direkter Austauschbeziehung mit jedem und das
mit Wissen des jeweils Dritten. Ein solches Beziehungsmuster liegt vor,
wenn die Spender neben der Beziehung zur spendenakquirierenden
Organisation auch in direkte Austauschbeziehung zum Spendenempfänger
treten. Eine aktive Integration des Spendenempfängers in eine interaktive
Dreiecksbeziehung ist z. B. bei der Übernahme von Patenschaften für Kinder
in der Dritten Welt gegeben. Die Spender treten über den durch die spendenakquirierende Organisation vermittelten Kontakt in direkten Briefkontakt
mit den "Patenkindern" bzw. organisieren in der Folge wechselseitige
Besuche. Die Organisation und Überwachung der ständigen Hilfe vor Ort
übernimmt die spendenakquirierende Organisation, so daß die Beziehung zu
ihr weiterhin aufrecht erhalten werden muß. Dies führt zu komplexen
Beziehungen, die über diejenigen von Paarbeziehungen hinausgehen. Wenn
in einem gegebenen Zeitabschnitt von einer Reihe von mindestens drei
Personen jeder mit jeder anderen interagiert, handelt es sich um eine Gruppe,
in der alle involvierten Personen Mitglieder sind.[2]

Die Dreiecksbeziehung zwischen Spender, spendenakquirierender Organisation und Spendenempfänger ist dann als Gruppenbeziehung zu verstehen.
Dies impliziert einen Rekurs auf die von den Mitgliedern gemeinsam geteilten
Gruppennormen zur Erklärung von einzelnen Transaktionen und Interakt-
ionssequenzen. Für die weiteren Betrachtungen soll dieser spezielle Fall der
Interaktionsbeziehung jedoch keine Rolle spielen. Es wird in der Folge davon
ausgegangen, daß es sich bei dem aus einer Reihe von Beziehungspaaren

---

[1] Vgl. Homans, G.C. 1972 b, S. 75.
[2] Vgl. ebenda, S. 76.

bestehenden Beziehungssystem um den Regelfall für die Übertragung der Beitragsleistung zur Erstellung des öffentlichen Gutes im Rahmen der Spende handelt. Die Reihe von Beziehungspaaren wird als Basissystem für die folgenden Erörterungen zur Vermittlungsart der privaten Gegenleistungen, resp. der selektiven Anreize zur Spendenvergabe verwendet. Die partiellen Austauschsysteme zur Übertragung der psychischen Gegenleistungen knüpfen unmittelbar an das Beziehungssystem an bzw. bauen auf diesem auf.

Die Art der Vermittlung der psychischen Gegenleistung ist determiniert durch die Beschaffenheit der Gegenleistung bzw. die entsprechend zugrundeliegenden Spendenmotive. Verfolgt der Spender altruistische Motive, fließen seine erwarteten Gratifikationen aus dem Basisbeziehungssystem selbst bzw. den Interaktionen zwischen ihm, der spendenakquirierenden Organisation und dem Spendenempfänger im Rahmen seiner Beitragsleistung für das öffentliche Gut. Bei reinem Güteraltruismus zieht er seinen Nutzen aus dem Nutzen des Spendenempfängers, der ihm durch die spendenakquirierende Organisation kommunikativ vermittelt werden muß. Verfolgt der Spender paternalistischen Altruismus, wird die konkrete Güterausstattung oder die Konsumtätigkeit des Spendenempfängers für ihn unmittelbar gratifikationswirksam. In jedem Fall erhält der Spender das private Gut von der spendenakquirierenden Organisation, die ihrerseits wiederum zur Produktion des privaten Gutes auf ihre Beziehung zu den Spendenempfängern rekurrieren muß. Im Fall, daß die selektiven Anreize aus altruistischer Bedürfnisbefriedigung des Spenders bestehen, kann man daher von einem direkten Tausch zwischen Spender, spendenakquirierender Organisation und Spendenempfänger in Form einer Reihe von Paartauschbeziehungen sprechen.

Erwirbt der Spender aus egoistischen Motiven selektive Anreize in Form von impliziten privaten Versicherungsleistungen, werden die Gratifikationen ebenfalls in einem direkten Tauschprozeß transferiert. Der Spender erhält für seine Spendenzuwendung von der spendenakquirierenden Organisation durch deren Produktion von Leistungen für hilfsbedürftige Zwecke das Gefühl der Reduktion individueller oder kollektiver Risiken. Mit der Spende an Hilfseinrichtungen, die Unterstützung für in soziale Notlagen geratene Personen leisten, verringert er als potentieller Nutznießer der Leistungen die Gefahr der eigenen Hilflosigkeit bzw. verhindert graduell das Risiko von Einkommensumverteilungen durch kollektive Phänomene wie Revolutionen oder Kriminalität.

Ist der Spendentransfer auf die Befriedigung moralischer oder religiöser Bedürfnisse oder die Beruhigung von schlechtem Gewissen ausgerichtet, wird durch den Vollzug der Beitragsleistung zur Erstellung eines öffentlichen Gutes ein intrasubjektiver Tausch initiiert. Der Spender produziert die selektiven Anreize selbst.[1] Der Tausch des Spenders mit sich selbst knüpft dabei jedoch unmittelbar an das Basisbeziehungssystem an. Ohne die Beitragsleistung an die Leistungserstellung der spendenakquirierenden Organisation für die Begünstigten kommt der intrasubjektive Rückfluß von selektiven psychischen Gütern nicht zustande. Die moralische Befriedigung des Spenders erwächst nur aus der Tatsache, daß ein Akt der Hilfe vollzogen wurde. Blau (1967) führt hierzu aus, daß wenn 'Ego' Geld an 'Alter' überträgt, weil sein Gewissen ihn dazu veranlaßt den Benachteiligten zu unterstützen, ohne jedwede Form der Gegenleistung von ihm zu akzeptieren, es sich nicht um die Beziehungsstruktur eines direkten sozialen Tausches handeln kann. Diese Aktivität kann vielmehr als Tausch mit sich selbst interpretiert werden, denn Ego tauscht Geld gegen die Konformität mit internen Normen bzw. für die Gewährleistung seines inneren Gleichgewichts. "Social exchange refers to voluntary actions of individuals that are motivated by the returns they are expected to bring and typically do in fact bring from others."[2]

Die in bezug auf den Beitrag für das öffentliche Gut evolvierenden psychischen Gegenleistungen müssen jedoch nicht notwendigerweise vom Vermittler, d. h. der spendenakquirierenden Organisation selbst oder dem Empfänger der Spende erbracht werden. Sie können auch in der sozialen Wertschätzung Dritter bzw. der Vermeidung sozialer Sanktionen durch Dritte bestehen.[3] Mit diesen steht der Spender im Rahmen der Spendenbeziehung aber nicht in einem direkten reziproken Austauschverhältnis. Um das Fehlen eines direkten Kontaktes zwischen den Austauschpartnern zu kompensieren, ist daher ein Tauschmedium erforderlich, auf das sich die Interakteure (Spender und Dritte) beziehen können. Ein solches Tauschmedium stellen gemeinsame, von den Interakteuren geteilte Normen und Werte dar. Die Herstellung sozialer Geltung ist dann an das Vorhandensein einer sozialen Gruppe bzw. einer sozialen "Wertegemeinschaft" geknüpft. Spender und Personen, die soziales Prestige an die Spender zuweisen, müssen einer gemeinsamen sozialen Gruppe zugehörig sein. Im weitesten Fall ist diese Gruppe die Gesellschaft. Zu ihr gehören alle im Rahmen des Spendentausches beteiligten Interakteure. Die gesamte Spendenbeziehung ist dann als Vorgang der konkreten Umsetzung gesellschaftlicher Normen zu verstehen.

---

[1] Vgl. Metzler, W. 1990, S. 13.
[2] Blau, P.M. 1967, S. 91.
[3] Vgl. Metzler, W. 1990, S. 12.

Die Spender geben Spenden in Konformität mit den in der Gesellschaft herrschenden normativen Erwartungen. Sie hoffen mit Bezug auf gesellschaftliche Normen, als indirekte belohnende Reaktion die soziale Anerkennung anderer Gesellschaftsmitglieder zu erhalten.[1] Normenkonformes Verhalten löst Anerkennung bei den Mitgliedern der Gesellschaft aus. Auch bei solchen Gesellschaftsmitgliedern, die unmittelbare Relevanz für die Erreichung extrinsischer Ziele des Spenders besitzen. Insofern kann der Spendenvergabeprozeß dann als soziales Handeln in Form eines indirekten, **über Normen vermittelten Tauschprozesses** verstanden werden.

Zu sozialen Normen, die den Respekt vor unentgeltlichem Transfer von Geld- und Sachgütern an Bedürftige implizieren, zählen u. a.:[2]
1. die Reziprozitätsnorm[3]
2. die Solidaritätsnorm[4]

---

[1] Vgl. Clausen, G. 1991, S. 79.
[2] Vgl. Clausen, G. 1991, S. 177. Zur Bedeutung von Normen im Kontext sozialen Handelns vgl. u. a. Moore, B. 1978, Eiser, D.R. 1978, Rawls, J. 1979, S. 218 ff, Staub, E. 1978, 1979, Bierhoff, H.W. 1980, Gonzalez, A.M./Tetlock, P. 1980.
[3] Gouldner (1984) weist der Reziprozität in einem weitergefaßten Ansatz selbst Normcharakter zu. Über den Rahmen des Prinzips der Reziprozität als konstituierendem Element des sozialen Tausches hinaus, konstatiert Gouldner die Existenz einer allgemeinen Reziproziätsnorm als "moralische Norm". Sie beinhaltet in ihrer allgemeinen Form zwei miteinander verbundene Minimalforderungen: 1. Man sollte denjenigen helfen, die einem selbst geholfen haben, 2. man sollte jene nicht kränken, die einem geholfen haben. Vgl. Gouldner, A.W. 1984, S. 98.
[4] Rawls (1979) verbindet die Solidaritätsnorm in seiner "Theorie der Gerechtigkeit" mit praktischen Restriktionen. Demnach soll normalerweise jedes Individuum für sich selbst sorgen. In Situationen, in denen eine Zusammenarbeit sinnvoll ist, sollten sich die Menschen "gleichwertig" behandeln. Wenn ein Indidiuum in Not gerät, soll ihm geholfen werden. Der bloße Umstand der Not ist aber noch nicht hinreichend, denn dies würde die Möglichkeit eröffnen, faul zu sein und dennoch Hilfe von anderen zu erhalten. Das Individuum muß also unverschuldet in Not geraten sein bzw. sich selbst nicht helfen können, um Hilfe anderer in Anspruch nehmen zu können. Nur wenn die Not unverschuldet ist, wird die Solidaritätsnorm aktiviert und löst als Folge Hilfeleistung aus. Vgl. Rawls, J. 1979, Kapitel 1-3. Klein (1986) belegt die praktische Relevanz der Restriktion der unverschuldeten Not unter Bezugnahme auf Nightingale (1973) am Beispiel einer Spendenkampagne der britischen Fernsehgesellschaft ITV. Bei einem Spendenaufruf von ITV für den "National Counsel on Alcoholism" kamen ganze vier Pfund zusammen. Im Gegensatz dazu erzielte der gleiche Sender große Erfolge mit anderen Themen wie die Hilfe für Kinder oder Katastrophenopfer. "Im ersten Fall wurde um Hilfe für Menschen gebeten, die nach weitläufiger Auffassung selbst an ihrem Schicksal schuld sind oder von denen erwartet wird, daß sie sich selbst helfen können, während im zweiten Fall offensichtlich Unschuldige oder Hilflose unterstützt werden sollten." Klein, M. 1986, S. 47, ebenso Nightingale, B. 1973, S. 122.

3. die Wohltätigkeitsnorm[1]
4. die christliche Nächstenliebe.

Wer spendet, kann mit dem Goodwill der Öffentlichkeit bzw. von - unter dem Gesichtspunkt der Statusziele des Spenders - relevanten Mitgliedern der Gesellschaft rechnen. Das **Tauschmedium** "gesellschaftliche Normen" impliziert für den Spender die Möglichkeit, von verschiedenen potentiellen Tauschpartnern im Geltungsbereich des Mediums selektive Leistungen zu erwerben. Gesellschaftliche Normen fungieren als generalisierter Wertmesser, auf den die einzelnen selektiven Transferobjekte bezogen werden können.[2] Moore (1978) spricht in diesem Zusammenhang von der Existenz eines impliziten "Sozialvertrages" zwischen den Mitgliedern der Gesellschaft, dessen Paragraphen die gesellschaftlichen Normvorstellungen verkörpern. "To assert that there is an implicit rather than an explicit social contract, an unverbalized set of mutual understandings, does not quite convey the situation accurately. This way of making the point sounds as though there existed somewhere a sort of Platonic Charta to which all members of the society except the socially obtuse and politically deaf would agree; any good anthropologist or sociologist would then be able to elicit fair copies of the charta from a variety of informants. What takes place, however, is a continual probing on the part of the rulers and subjects to find out what they can get away with, to test and discover the limits of obedience and disobedience. No one knows exactly where the limits are until he finds out by experience, although both parties may have reasonably accurate anticipations beforehand. The more stable the society, the narrower the range within which this testing and discovering takes place. The less stable the society, the wider and more diffused the limits. But some limit is always there. Otherwise there would be no society."[3] Der **"Sozialvertrag"** ist als eine ständigen Bewährungsproben ausgesetzte und sich langsam verändernde Grundlage resp. Grundanschauung ei-

---

[1] Wohltätigkeit ist eine Funktion der erwarteten sozialen Anerkennung seitens dritter Personen und nicht eine Funktion der erwarteten Dankbarkeit derjenigen, die direkt von den Leistungen profitieren. Selbst innerhalb von Familien werden Unterstützungen oft nicht um des Unterstützens willen gewährt, sondern um damit die Reputation der Familie vor Schaden durch die bloße Tatsache der Armut eines Mitgliedes zu bewahren. Vgl. Clausen, G. 1991, S. 178. Im Unterschied dazu beinhalten Spendentransfers gemäß der Norm christlicher Nächstenliebe eine "übernatürlich" sanktionierte Wohltätigkeit. "Sie erfolgen nicht primär in einem direkten personalen Bezug zum Empfänger, sondern in erster Linie aus Liebe zu Gott, der die Leistung mit Wohlgefallen erwidert." Ebenda, S. 178. Der Empfänger der Leistung ist dem Geber daher nicht unmittelbar zu Dank verpflichtet.

[2] Vgl. Thie, G.E. 1979, S. 97.

[3] Vgl. Moore, B. 1978, S. 18.

ner Gesellschaft zu verstehen.[1] Die Mitglieder der Gesellschaft halten sich dann an die Maßgaben des "Sozialvertrages", wenn auch genügend andere dies tun oder wenn sie hoffen, durch ihr Verhalten zum Erhalt der Gerechtigkeitsvorstellungen einer Gesellschaft beizutragen oder sie verbessern zu können. Denn nur in diesem Fall nutzen die Normen sowohl der Gesellschaft als auch dem Individuum selbst.

Damit die in der Gesellschaft geteilten Normen im Sinne der Nutzenbefriedigung des Spenders bei einem relevanten Personenkreis aber individuell verhaltenswirksam werden können, müssen diese zunächst aktiviert werden. Die Spendenverwendungszwecke müssen dazu zum einen den herrschenden gesellschaftlichen Normen und Wertvorstellungen entsprechen. Zum anderen muß dem - aus Sicht des Spenders - relevanten Personenkreis die Tatsache des Spendens zur Kenntnis gebracht werden, um seine Zuweisung von Sozialprestige an den Spender auszulösen. D. h. die Dritten müssen über das normenkonforme Verhalten des Spenders informiert werden. Dieser Informationsprozeß kann im Sinne der Maxime "tue Gutes und rede darüber" zum einen vom Spender selbst in Gang gesetzt werden. Die Informationspolitik gegenüber Dritten fällt zum anderen aber auch in das Aufgabengebiet der spendenakquirierenden Organisation. Die spendenakquirierende Organisation wird dann zum instrumentellen Teil der vom Spender intendierten Gegenleistung. Die spendenakquirierende Organisation übernimmt im Rahmen des indirekten Tauschprozesses in bezug auf die spendenbezogenen gesellschaftlichen Normen eine katalytische Funktion. Durch die Kommunikation der Spendentätigkeit stimuliert sie die von Dritten geteilten Normen, um sie in Form der ex- oder impliziten Anerkennungsbezeugung gegenüber dem Spender verhaltenswirksam werden zu lassen. Bei Spendenbeziehungen, deren Vermittlungsprozeß indirekt über Normen erfolgt, soll deshalb die Rolle der spendenakquirierenden Organisation als **Tauschpromotor** charakterisiert werden.

Die Abbildung 3.2. beschreibt das indirekte Spendentauschmuster, bei dem der Spender mit keinem Akteur in direkte reziproke Austauschbeziehung tritt, bei dem er aber unter Bezugnahme auf die von allen Akteuren geteilten Werte und Normen seine erstrebten Gratifikationen erhält. Der Spender überträgt Spendenobjekte an die spendenakquirierende Organisation, die diese zur Produktion von Leistungen für die eigentlichen Spendenempfänger verwendet. Die Produktion der öffentlichen Leistung bzw. der Spendenverwendungszweck ist konform mit den herrschenden und von allen Akteuren

---

[1] Vgl. Klein, M. 1986, S. 51.

geteilten Werten und Normvorstellungen. Dadurch wird der Akt der Spendenzuwendung in den Augen der am indirekten Spendentausch beteiligten Akteure als normenkonform ausgezeichnet. Durch den kommunikativen Hinweis auf die Spendentätigkeit des Spenders gegenüber Dritten trägt die spendenakquirierende Organisation zu einer verhaltenswirksamen Stimulation der von diesen geteilten Werte und Normen bei. Die Dritten weisen infolge dieser Stimulation dem Spender Anerkennung und Sozialprestige zu. Der Spender erhält die Anerkennung von Dritten als Gegenleistung für sein normenkonformes Verhalten, weil diese umgekehrt, im Sinne des von Moore (1978) beschriebenen Sozialvertrages, von einer Wertegemeinschaft mit dem Spender ausgehen und die gleiche Reaktion von anderen Mitgliedern der Wertegemeinschaft - so auch dem Spender - bei eigenem normenkonformen Verhalten erwarten. So entsteht ein Austauschmuster mit **serieller Reziprozität**, bei dem keiner der Akteure in direkten Austausch zu einem anderen tritt, aber jeder der Akteure Gratifikationen aus einem Transfer an einen Dritten erzielt. Die spendenakquirierende Organisation spielt in diesem Tauschmuster die Rolle eines Tauschpromotors.[1]

---

[1] Der Begriff der seriellen Reziprozität bezieht sich dabei nicht auf die Temporalität des Austausches, sondern auf die Form des Austausches an sich, bzw. auf das jeweilige Verhältnis der einbezogenen Spendentauschpartner zueinander. Im Gegensatz zum indirekten Tausch kann beim direkten Tausch von paralleler Reziprozität gesprochen werden. Bei direkten Austauschprozessen stehen sich zwei Interakteure gegenüber, deren Handlungen sich aufeinander beziehen und die einen wechselseitigen Transfer von Werten begründen. Zur seriellen Reziprozität, vgl. Galaskiewicz, J. 1985, S. 222.

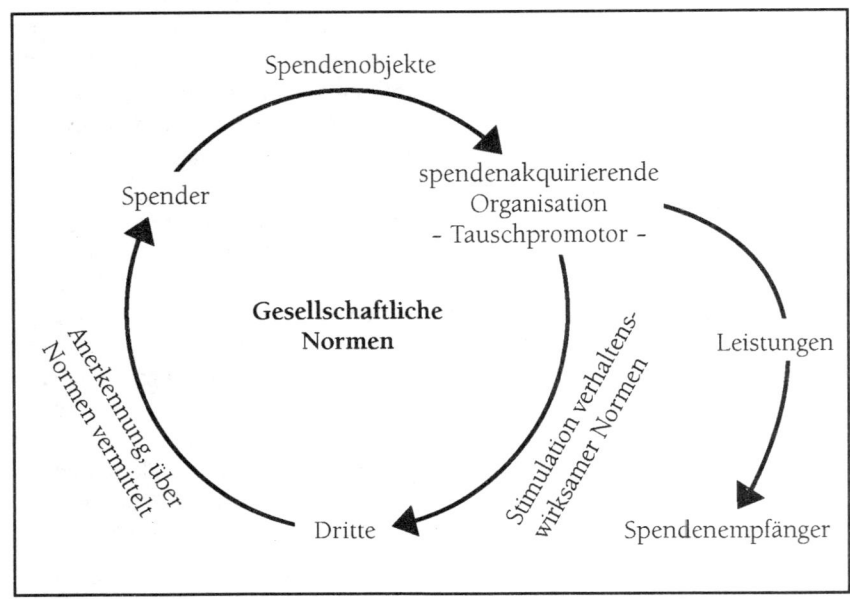

Abbildung 3.2: Indirekte Spendentauschbeziehung mit serieller Reziprozität

Die Promotorenrolle der spendenakquirierenden Organisation kann in bezug auf die in der Gesellschaft geteilten Normen noch eine weitere Akzentuierung erfahren. Nicht nur die Bekanntmachung normenkonformen Verhaltens zur Auslösung der Zuweisung von Sozialprestige an den Spender, sondern auch die Gewährleistung der Existenz und Stabilität der für den Spendentausch essentiellen gesellschaftlichen Normen wird für die spendenakquirierende Organsation zur Aufgabe. Ein offenes Eintreten für gesellschaftliche Normen, wie der Reziprozität, Solidarität oder Wohltätigkeit, dient der Sicherstellung der Chance auf Befriedigung sozialer Prestigebedürfnisse für die Spender und damit der langfristigen Sicherung des Zugangs zu den erstrebten Spendentransfers. Die spendenakquirierende Organisation muß deshalb darauf achten, daß sich die Bedeutung spendenrelevanter gesellschaftlicher Normen stabilisiert bzw. Solidaritätsnormen einen Bedeutungszuwachs innerhalb der Gesellschaft bzw. potentieller Spendergruppen erfahren. In dem Maße wie es der spendenakquirierenden Organisation gelingt, den gesellschaftlichen Stellenwert von Solidaritätsnormen zu stärken, erhöht sich die Wahrscheinlichkeit eines indirekten Transfers selektiver psychischer Güter an die Spender. Die Normen und Werte müssen dabei einen direkten Bezug zu den Spendenempfängern bzw. zu dem, von der spendenakquirierenden

Organisation mit den Spendenobjekten produzierten öffentlichen Gut aufweisen. Eine aktive wert- und normenorientierte Kommunikationspolitik kann dazu die Grundlage bilden.

So verfolgt z. B. die **Aktion Gemeinsinn e.V.**, eine 1957 nach dem amerikanischen Vorbild des National Advertising Councils gegründete Organisation, das Ziel, die Bürgerinnen und Bürger in der Bundesrepublik Deutschland gegenüber drängenden gesellschaftlichen und politischen Problemen zu sensibilisieren und sie zu aktivem persönlichen Engagement anzuregen. Die Bürgerinnen und Bürger sollen mit Hilfe öffentlicher Aufrufe angespornt werden, solidarisch Dinge selbst in die Hand zu nehmen, die der Staat nicht tun kann oder nicht tun sollte, also Gemeinsinn zu entwickeln.[1] Insgesamt wird über eine intensive Öffentlichkeitsarbeit - bewußtseinsverändernde und zu aktiver Tat aufrufende Kampagnen - die Regeneration und Stimulation von gesellschaftlichen Solidaritätsnormen angestrebt. Damit wird ein impliziter Beitrag geleistet, die normative Grundlage für Spendenvergabeprozesse zu generieren.[2] Eine Grundregel der Arbeit der Aktion Gemeinsinn bleibt dabei der Gedanke, "daß sich alle irgendwie mit Werbung beschäftigenden Institutionen, wie sie vor allem im Zentralausschuß der Werbewirtschaft zusammengeschlossen sind, ehrenamtlich in den Dienst der Sache stellen, d. h. keine eigenen Kosten für ihre unterstützende Mitwirkung berechnen: also die jeweiligen Kampagnen vorbereitenden Werbeagenturen, ebenso wie Zeitungs- und Zeitschriftenverleger, die Rundfunk- und Fernsehanstalten."[3]

Für die Klärung der Art der Vermittlung der Austauschbeziehung zeigt der Fall der Spende jedenfalls, daß mit den singulären Kategorien "direkter" vs.

---

[1] Vgl. Informationsbroschüren der Aktion Gemeinsinn.
[2] Klein weist am Beispiel der Aktion Gemeinsinn e.V. auf die Funktion von normen- und wertorientierter Kommunikationspolitik zur Bekämpfung der Schwarzfahrerproblematik (free-rider) hin. Je mehr Gruppenmitglieder Solidaritätsnormen akzeptieren, desto geringer wird das Problem des Schwarzfahrens. Vgl. Klein, M. 1986, S. 48.
[3] Ebenda, ebenso Canal, R.v. 1987, S. 367 ff. In den USA finden sich eine Vielzahl von Organisationen, die sich in ähnlicher Weise die Aktivierung von privater Spendenbereitschaft und Gemeinsinn zum Ziel gesetzt haben. Bei Galaskiewicz (1985) werden vor allem Initiativen auf kommunaler bzw. regionaler Ebene rezipiert. So wird u. a. das Beispiel des "Minnesota Council on Foundations" angeführt: "In 1982 its goals were to enhance and strengthen private philanthropy and to promote responsible and informed giving. Its 1982 activities included holding two public meetings to make the work of foundations and corporate giving programs better understood; publishing a newsletter about resources, upcoming legislation, meetings, and views of people in the grant-making field; working with government to inform and represent the concerns of the grant-making community, publishing data on grant-makers, and holding meetings and seminars where members learned about changing community needs and how to deal with special management problems." Galaskiewicz, J. 1985, S. 127.

"indirekter" Tausch die Komplexität und Variabilität sozialer Beziehungen nicht hinreichend beschrieben werden kann. Die Mittelbarkeit der sozialen Beziehung ist, wie die Spende verdeutlicht, abhängig von den zugrundeliegenden Motiven bzw. der Intentionalität der Spender und unterliegt damit einer intersubjektiven Variabilität. Werden von seiten des Spenders eher Prestige- bzw. Statusziele gegenüber Dritten verfolgt, läßt sich die Spendenbeziehung als indirekter, über gesellschaftliche Normen vermittelter Tausch klassifizieren. Verfolgt der Spender hingegen eher altruistische Motive oder strebt er nach dem psychischen Erwerb von privaten Versicherungsleistungen, so fließen seine Gratifikationen aus der Reihe von Paarbeziehungen zwischen ihm, der spendenakquirierenden Organisation und dem Spendenempfänger, die den Beitrag für das öffentliche Gut begründen bzw. sich aus der direkten Tauschbeziehung mit der spendenakquirierenden Organisation ergeben. Sucht der Spender nach der Befriedigung moralischer oder religiöser Bedürfnisse, liegt sogar der Fall eines intrasubjektiven Tausches vor, der das Basisbeziehungssystem der Reihe von Austauschpaaren als notwendige Bedingung besitzt.

3.3. Funktionen der spendenakquirierenden Organisation

Im letzten Abschnitt ist die Rolle der spendenakquirierenden Organisation für das Zustandekommen der indirekten Übertragung von Sozialprestige durch Dritte an die Spender erläutert worden. Die spendenakquirierende Organisation versorgt den Spender über eine entsprechende Kommunikation seiner Spendentätigkeit bzw. durch die Stimulation handlungsleitender gesellschaflicher Normen mit reziproken selektiven Anreizen. Sie übernimmt im Zuge indirekter Tauschprozesse die Rolle eines **"Tauschpromotors"** für die am Spendentausch beteiligten Parteien. Durch ihr normengerichtetes Einwirken auf Dritte garantiert sie den der Spende zugrunde liegenden Tauschprozeß der Übertragung von Versorgungsobjekten an die Produktion von Leistungen für die Empfänger bzw. die Verwendungszwecke der Spende. Ein solches normen- bzw. wertgerichtetes Einwirken auf Dritte soll nachfolgend unter funktionalen Gesichtspunkten als Erfüllung einer **"Stimulationsfunktion"** gekennzeichnet werden.

Werden Funktionen als "Mittel-Zweck-Beziehungen" verstanden, die charakteristisch bzw. unentbehrlich für komplexe Beziehungsaggregate sind, so lassen sich zur Beschreibung der Rolle der spendenakquirierenden Organisation als Tauschpromotor im Rahmen der Spendenbeziehung noch weitere fundamentale Funktionen identifizieren.[1] Funktion ist, was ein Teil, in diesem Fall die spendenakquirierende Organisation, für das Ganze, hier den Spendentausch, bewirken soll.[2] Die Funktionen beschreiben auf analytische Weise die intermediäre Rolle der spendenakquirierenden Organisation im Spendentausch.

Wird mit Rekurs auf das Modell selektiver Anreize zunächst das Basisbeziehungssystem der Beitragsleistung zur Erstellung eines öffentlichen Gutes betrachtet, so obliegt der spendenakquirierenden Organisation aus dem Blickwinkel des Spenders zum einen die Aufgabe der Identifikation einer Kategorie von Spendenempfängern aus dem gesamten Kollektiv von Bedürftigen und in einem zweiten Schritt die Identifikation von konkreten Spendenempfängern aus der in der Regel unorganisierten Kategorie von Adressaten. Aus Sicht der Spender stellt Klein (1986) fest: "Wenn es darum geht, uns nicht direkt bekannten Menschen zu helfen, benötigen wir Hilfe bei der Identifikation der Hilfsbedürftigen und bei der Feststellung ihrer wesentlichen Bedürfnisse."[3] Diese Identifikation ist notwendig, da der Spender Versorgungsobjekte an spezifische Verwendungszwecke resp. Empfängerkategorien zu übertragen wünscht. Die spezifizierte Übertragung bringt für den Spender sowohl einen Nutzen bei der Differenzierung der von ihm mit der Spende erstrebten reziproken Güter und ermöglicht ihm zum anderen eine rationale Auswahl unter den nach Spenden suchenden Organisationen. Die auf den Spendenempfänger gerichtete Identifikationsaktivität der spendenakquirierenden Organisation wird für die gesamte Spendenbeziehung somit zum fundamentalen Bestandteil. Sie begründet letztlich die konkrete Zusammenführung von Spender und Spendenempfänger im Rahmen des Spendentausches. Es soll daher explizit von der Wahrnehmung einer **"Identifikationsfunktion"** durch die spendenakquirierende Organsiation gesprochen werden.[4]

---

[1] Vgl. Marrée, H. 1974, Sp. 710.
[2] Vgl. ebenda.
[3] Klein, M. 1986, S. 4.
[4] Historisch läßt sich die Bedeutung der Identifikationsfunktion bis ins Mittelalter zurückverfolgen. Payton (1983) beschreibt die Rolle des "almoner", dessen Aufgabe es war, die Armen in einer Diözese zu identifizieren und ihnen Hilfe aus kirchlichen Mitteln zukommen zu lassen. Vgl. Payton, R. 1983, S. 73 ff. Zu Beginn des 18. Jahrhunderts war Thomas Firmin, der als "Almoner General" bezeichnet wurde, die zentrale Figur auf dem Spendenmarkt Londons. Firmin übte die Funktion eines "almoners" für viele Mitglieder der vermögenden Schicht Londons aus, indem er entsprechend bedürftige Empfängergruppen identifizierte und die Verbindung zu den Spendenfonds der Reichen herstellte. Vgl. Owen, D. 1964, S. 17. Weitere Beispiele für die historische Entwicklung der Identifikationsfunktion finden sich u. a. bei Bremner, R.H. 1960, S. 26 ff, Thorndike, L. 1974, S. 37 ff.

Vollzieht sich die Beitragsleistung für das öffentliche Gut, wie im Rahmen dieser Studie unterstellt, über das Beziehungskonstrukt einer Reihe von Paarbeziehungen - der Spender überträgt Versorgungsobjekte an die spendenakquirierende Organisation, die diese dann an die eigentlichen Spendenempfänger weiterleitet -, so übernimmt die spendenakquirierende Organisation vermittelnde Funktion in der eigentlichen Beziehung zwischen Spender und Spendenempfänger. Aus der Sicht des Spenders leistet die spendenakquirierende Organisation eine Überbrückung der räumlichen Distanz zum Spendenempfänger. Insbesondere bei Destinatären im Ausland erfährt diese räumliche Überbrückungsleistung besondere Bedeutung. Wäre die vermittelnde spendenakquirierende Organisation als Austauschpartner nicht vorhanden, müßte der Spender die direkte Austauschbeziehung zum Empfänger suchen, was ihm im Zuge der Überbrückung der räumlichen Distanz erhebliche Transaktionskosten verursachen würde. - Daß es sich bei der dann vorliegenden dyadischen Beziehung zwischen dem Übertrager und dem Empfänger von Transferobjekten um eine Schenkung anstatt einer Spendenbeziehung handelt, wird Gegenstand der Erörterungen des folgenden Abschnitts sein. - Die **"Überbrückungsfunktion"** der spendenakquirierenden Organisation bezieht sich jedoch nicht nur auf die physische Transaktionsbeziehung zwischen Spender und Spendenempfänger. Die spendenakquirierende Organisation leistet auch eine Überbrückung der psychisch induzierten Distanz zwischen den Akteuren.[1] So ist es denkbar, daß der Spender z. B. zur Vermeidung einer Verstärkung von Gewissensbissen, ob seiner im Verhältnis zum Destinatar überlegenen sozialen Situation, gar keinen direkten Kontakt zum Spendenempfänger wünscht. Umgekehrt leistet die spendenakquirierende Organisation aus der Sicht des Spendenempfängers eine Überbrückung der von ihm perzipierten Scham vor einer direkten Bitte um Unterstützung. Die potentiellen Schamgefühle des Spendenempfängers können als hohe psychische Kosten interpretiert werden, die aus dem subjektiven Empfinden von Unterlegenheit resultieren. Wenn 'Ego' 'Alter' um finanzielle Unterstützung bittet, gesteht Ego Alter - wie im übrigen auch jedem anderen Beobachter - ein, daß er ihm zumindest in dieser Frage unterlegen ist.[2] Da die spendenakquirierende Organisation i.d.R. für eine ganze Empfängerkategorie eintritt und in ihrer Kommunikation einen Zuschnitt auf konkrete Personen vermeidet, kann sich der Spendenempfänger hinter der von der spendenakquirierenden Organisation identifizierten pauschalen Empfängerkategorie "verstecken". Die spendenakquirierende Organisation lei-

---

[1] Zur Distanzproblematik zwischen Spender und Spendenempfänger, vgl. Voß, A. 1992, S. 140 ff.

[2] Vgl. Homans, G.C. 1972 b, S. 71.

stet insofern eine Anonymisierung des eigentlichen Spendenempfängers, so daß in diesem Sinne die Überbrückungsfunktion auch als "Anonymisierungsfunktion" bzw. "Distanzgenerierungsfunktion" verstanden werden kann.

Die **"Aggregationsfunktion"** der spendenakquirierenden Organisation besteht hingegen in der mengenmäßigen und intertemporalen Aggregation von disparaten kleinen Spendenbeträgen. Durch ihre Aktivitäten zur Spendenakquisition erhält die spendenakquirierende Organisation von einer Vielzahl von Spendern Transferobjekte zugewiesen. Diese Transferobjekte werden von ihr für die Produktion des öffentlichen Gutes zu relevanten Leistungsgrößen zusammengefaßt und zum jeweils optimalen Zeitpunkt verwertet. Der Beitrag einer einzelnen Spende bewirkt somit als Bestandteil eines optimal aggregierten Leistungsbündels für die Gewährleistung des öffentlichen Gutes mehr als wenn dieser als singuläre Aktivität transferiert worden wäre. Durch die Erfüllung der "Aggregationsfunktion" können Synergien zwischen einzelnen Spenden realisiert und infolgedessen Gratifikationspotentiale für die Spender deutlicher ausgeschöpft werden. Sowohl die Befriedigung güteraltruistischer Motive der Spender, als auch die Verstärkung selektiver Anreize, z. B. in Form von impliziten Versicherungsleistungen, wird durch den Aggregationsprozeß unterstützt.

In engem Zusammenhang mit der Überbrückungs- und der Aggregationsfunktion steht die **"Produktionsfunktion"** der spendenakquirierenden Organisation. Die "produktive" Leistung der spendenakquirierenden Organisation für die Spendenbeziehung kann zum einen darin bestehen, daß sie die vom Spender an sie übertragenen Transferobjekte unverändert an die Spendenempfänger weiterleitet. Die Produktionsfunktion entspricht dann der Überbrückung der räumlichen Distanz resp. rekurriert ausschließlich auf die Verteilungsleistung der spendenakquirierenden Organisation. Die spendenakquirierende Organisation "produziert" das für die Spendenbeziehung essentielle öffentliche Gut "Verteilung von Versorgungsobjekten an Bedürftige". Zum anderen kann sie über den einfachen Rahmen der Verteilung hinaus eine produktive Verwertung der vom Spender übertragenen Versorgungsobjekte herbeiführen. Sie produziert dann ein öffentliches Gut, z. B. in Form von Dienstleistungen, das sie bedürftigen Dritten anbietet. Die Produktion von sozialen Dienstleistungen wird durch die Verwertung der Spendenobjekte finanziert. Durch die Transformation von Spenden in soziale Dienstleistungen werden aus den Dienstleistungsempfängern die für die Spendenbeziehung resp. die selektiven Anreize relevanten Spendenempfänger. Diese zweite Variante der Produktionsfunktion wird in praxi von der Mehrheit der spendenakquirierenden Organisationen erfüllt. Spendenakquirierende Organisationen sind von ihrer Zwecksetzung aus betrachtet somit oft soziale, kulturelle oder ökologische Dienstleistungsanbieter und Sachleistungsproduzenten.

Darüber hinaus erfüllt die spendenakquirierende Organisation aus der Sicht der Spendenempfänger eine weitere fundamentale Aufgabe, die als **"Repräsentationsfunktion"** bezeichnet werden soll. In Ermangelung eines direkten Kontaktes zwischen Spender und Spendenempfäger wird die von den Spendenempfängern empfundene Dankbarkeit implizit von der spendenakquirierenden Organisation überbracht. Die spendenakquirierende Organisation steht, was ihren direkten Austausch von Gratifikationen mit dem Spender anbetrifft, repräsentativ für die Spendenempfänger. Diese Repräsentation vollzieht sich auch bei der Spenderansprache. Die spendenakquirierende Organisation fungiert hier als kommunikativer "Transmissionsriemen" zwischen Spendenempfänger und Spender. Die Repräsentation erfolgt aber nicht, wie bei wirtschaftlichen Tauschprozessen üblich, auf der Basis eines vom Repräsentierten an den Repräsentanten erteilten direkten Auftrages, sondern zumeist durch den im Rahmen organisationaler Diskussionsprozesse definierten sozialen Zweck der spendenakquirierenden Organisation. Insofern bezieht sich ihre Repräsentationsfunktion i.d.R. nicht direkt auf einzelne Empfängerpersonen, sondern auf die betreffende, von der spendenakquirierenden Organisation identifizierte Empfängerkategorie und damit indirekt auf die dazugehörenden Personen.

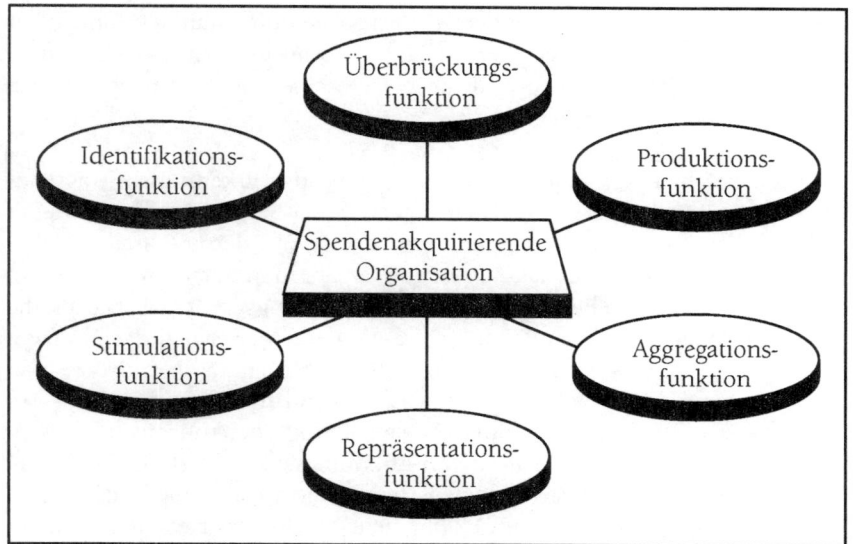

Abbildung 3.3: Funktionen der spendenakquirierenden Organisation

Insgesamt lassen sich also sechs charakteristische Funktionen herausarbeiten, die von der spendenakquirierenden Organisation im Rahmen der Spendenbeziehung erfüllt werden. Es wurden dabei nur solche Funktionen berücksichtigt, die einen unmittelbaren und unentbehrlichen Charakter für die einzelnen Bausteine der Spendenbeziehung besitzen. Die Funktionen beziehen sich ausschließlich auf die Rolle der spendenakquirierenden Organisation innerhalb des Basisbeziehungssystems, d. h. den Interaktionen zur Beitragsleistung des Spenders für die Produktion des öffentlichen Gutes sowie auf ihre Rolle in den darauf aufbauenden Beziehungssystemen zur Übertragung der reziproken Gratifikationen an den Spender.

Mit der Erarbeitung des Funktionenkonzeptes ist vornehmlich intendiert, die fundamentale Bedeutung der spendenakquirierenden Organisation für die Spendenbeziehung herauszustellen. Das Funktionenschema greift in diesem Sinne über den Rahmen einer Argumentesammlung für die kritische Erörterung der Daseinsberechtigung von spendenakquirierenden Organisationen und der damit für den Spender verbundenen Kosten hinaus. Es weist die spendenakquirierende Organisation vielmehr als essentiellen, konstitutiven Bestandteil der Spendenbeziehung aus. Ohne die intermediäre Rolle der spendenakquirierenden Organisation läßt sich der Spendentausch nicht

81

begründen. Würden vom Spender Transferobjekte direkt an den Empfänger übertragen und würde sich die Interaktion damit in Form eines direkten, dyadischen sozialen Tausches vollziehen, läge keine Spende, sondern der Fall einer Schenkungsbeziehung vor.[1]

Um die Gefahr einer möglichen Überdehnung des Erkenntnisbeitrags des Funktionenkonzeptes zu vermeiden, soll an dieser Stelle darauf hingewiesen werden, daß das vorgestellte Funktionenschema nur der Beschreibung dessen dient, was die spendenakquirierende Organsation zur Entwicklung von Spendenbeziehungen beitragen kann. Eine Erklärungsgrundlage, warum die Spendensubjekte miteinander in Interaktion treten, vermag das Konzept nicht zu geben. Für die Entwicklung von Konzepten zur Akquisition von Spenden kann das Funktionenschema aber fruchtbare Anregungen und Beiträge liefern. Eine Beschäftigung mit dem Funktionenkonzept kann zum einen eine kreative Identifikation von Anknüpfungspunkten für die Gestaltung von Programmen eines systematischen Spendenmarketing fördern. Zum anderen vermag es u.U.die Entwicklung neuer Techniken zu stimulieren, mit denen die Zusammenhänge zwischen der Wirkung von Umweltzuständen und Handlungsalternativen auf das Handlungsziel der Spender beschrieben werden können.[2] Insofern bildet das Funktionenschema ein Strukturierungsraster, das ein Zusammenwirken von Kreativ- und Kalkülkomponenten im Marketing zu fördern vermag.

---

[1] Zur Abgrenzung der Spende von der Schenkung vgl. Abschnitt 3.5.
[2] Vgl. Grümbel, R. 1971, S. 132. Grümbel (1971) weist dabei auf die generelle Kraft von Funktionenschemata für das praktische Zusammenwirken von Kreativ- und Kalkülkomponenten im Marketing hin.

3.4. Spezifität der Spendenobjekte

Die Spende als Spezialfall des sozialen Tausches ist im Vergleich zum wirtschaftlichen Tausch durch eine Unspezifität der Tauschinhalte bzw. einer Unsicherheit bezüglich deren Leistung gekennzeichnet. Im Gegensatz zu wirtschaftlichen Transaktionen, bei denen Leistung und Gegenleistung auf Basis eines Vertrages festgelegt werden, liegt dem Spendentauschprozeß kein vergleichbarer institutioneller Rahmen zugrunde, der die Einklagbarkeit sowie die exakte Beschaffenheit des Leistungsflusses sicherstellt. Sowohl auf Seiten des Spenders als auch auf der Seite des Spendenempfängers bzw. der spendenakquirierenden Organisation bestehen Unsicherheiten bezüglich der übertragenen Objekte bzw. Belohnungen.

Die vom Spender an den Spendenempfänger übertragenen Objekte lassen sich in Waren, Dienstleistungen, Chancen und Objektsysteme differenzieren.[1] Erfolgt die Spende in Form eines Transfers von **Waren**, d. h. von materiellen Gegenständen, "die räumlich scharf umrissen sind und deshalb eine in sich geschlossene und von der Umwelt sich abhebende Einheit bilden, ganz gleich, ob sie beweglich oder unbeweglich sind",[2] wird von **Sachspenden** gesprochen. Neben materiellen Gütern kann die Spende aus einer Übertragung von immateriellen Leistungen und Belohnungen bestehen. So kann der Spender seine Leistungsfähigkeit an anderen Menschen oder Objekten freiwillig und unentgeltlich einsetzen.[3] Der dann vorliegende Fall der **Dienstleistungsspende** vollzieht sich weitestgehend im Rahmen der vielfältigen ehrenamtlichen Helfertätigkeiten bei den verschiedenen spendenakquirierenden Organisationen. Mit der Übertragung von **Chancen** werden Transferobjekte charakterisiert, die nicht unter die Kategorien Waren oder Dienstleistungen fallen. Die substantielle Verhaftung der Chance hat zumindest die Form, daß eine bestimmte Beziehung zu Diensten oder Waren garantiert oder zumindest zu vermuten ist.[4] Durch Chancen entstehen Voraussetzungen bzw. Ansprüche auf Nutzung anderer Versorgungsobjekte. Sie stellen einen Rechtsanspruch oder ein ähnlich geartetes Konstrukt dar.[5] Aktien, Eintrittskarten, oder Geld sind Beispiele für Chancen. In der Spendenpraxis besitzen Chancen - mit Ausnahme von Geld - jedoch nur eine relativ geringe Bedeu-

---

1 Vgl. Meyer, P.W. 1973, S. 40, ebenso Seiler, P. 1982, S. 8.
2 Vershofen, W. 1930, S. 228.
3 Vgl. Seiler, P. 1982, S. 8.
4 Vgl. Vershofen, W. 1930, S. 228. Weber spricht in diesem Zusammenhang auch von "ökonomischen Chancen". Vgl. Weber, M. 1922, S. 34.
5 Vgl. Seiler, P. 1982, S. 8, Holscher, C. 1976, S. 39.

tung.[1] Beim Spendentausch dominiert i.d.R. die Übertragung des generalisierten Tauschmediums Geld. Dies liegt zum einen darin begründet, daß **Geldspenden** dem Empfänger eine maximale Flexibilität bei der Verwertung bzw. Mittelverwendung ermöglichen. Zum anderen verursachen sie dem Spender im Vergleich zur Übertragung von Rechten oder Sachleistungen nur relativ geringe Transaktionskosten.[2] Unter **Objektsystemen** sind dagegen Bündelungen einzelner, gleich- oder verschiedenartiger Transferobjekte zu einer Einheit zu verstehen, die durch die bloße Addition der einzelnen Systemelemente nicht erreicht werden kann. Die Elemente der Objektsysteme sind identifizierbare und auswechselbare Einzelobjekte.[3] Um die Spende eines Objektsystems handelt es sich z. B. bei einem kombinierten Transfer einer EDV-Anlage, deren Installation sowie der zusätzlichen Einweisung und Schulung des Empfängers. Es liegt dann eine systemische Kombination aus Sach- und Dienstleistungsspenden vor.

Aus der Spezifität der übertragenen Versorgungsobjekte können sich unterschiedliche Probleme für den Spendenempfänger ergeben. Die Beschaffenheit von Sachspenden kann die Geschwindigkeit bzw. den Ablauf der Verwertung der Transfers determinieren und damit die Handlungsspielräume der spendenakquirierenden Organisation bestimmen. Handelt es sich z. B. bei den Spendenobjekten um verderbliche Waren oder um Güter mit temporaler Nutzungsbegrenzung (z. B. Rechten mit zeitlicher Verfügungsbeschränkung), wird die spendenakquirierende Organisation in ihrer Flexibilität bezüglich der Objektverwertung resp. der Leistungserstellung beeinträchtigt. Die Behinderung des Prozesses des optimalen Mitteleinsatzes für die Produktion des öffentlichen Gutes kann zu Suboptimalitäten bei der Leistung für die Spendenempfänger führen. Diese Leistungseinbußen konterkarieren sowohl die sozialen Leistungsziele der spendenakquirierenden Organisation, als auch die paternalistischen bzw. güteraltruistischen Nutzen der Spender. Die Spezifität des Versorgungsobjektes determiniert damit aus der Sicht der spendenakquirierenden Organisation unmittelbar die Vorteilhaftigkeitsentscheidung von Sachspenden.

Im Vergleich zu Geldspenden sind Sach- und Dienstleistungsspenden i.d.R. mit größeren Transaktionskosten verbunden.[4] Die Spezifikation, Kommunikation, Bewertung und Entgegennahme von Waren oder Dienstleistungen ver-

---

1   Vgl. Meyer, P.W. 1973, S. 41
2   Vgl. Seiler, P. 1982, S. 8 ff.
3   Vgl. Meyer, P.W. 1973, S. 40.
4   Zu Transaktionskosten siehe Demsetz, H. 1968, S. 33 ff, Coase, R.H. 1974, S. 384 ff.

ursacht Informations- und Verhandlungskosten, die bei der Suche und Übertragung von Geld in weitaus geringerem Maße anfallen. So müssen Sachspenden gegenüber den potentiellen Spendern genau spezifiziert werden, um redundante Zuwendungen zu vermeiden. Bei Sachspenden, die nicht sofort verwertet werden können, fallen zusätzlich Lagerkosten an, die den Wert der Spende mindern. Handelt es sich um Transferobjekte, die nicht unmittelbar zur Leistungserstellung der spendenakquirierenden Organisation verwertbar sind oder direkt an die Spendenempfänger weitergeleitet werden können, d.h. einer Transformation in leistungserstellungs- bzw. spendenempfängergerechte Inputs bedürfen, muß die spendenakquirierende Organisation diese zusätzlich über Austauschprozesse auf Güter- oder Dienstleistungsmärkten umwandeln. Diese Transformation erfolgt auf dem Umweg über den Verkauf und die anschließende Beschaffung tatsächlich benötigter Objekte oder durch organisationsinterne Transformationsprozesse in problemgerechte Objekte.[1] Dadurch entstehen der spendenakquirierenden Organisation Kosten, die - ebenso wie die Informations und Verhandlungskosten - den Nutzen des Spendenempfängers und infolgedessen auch des Spenders mit altruistischer Motivation mindern.

Durch die den Dienstleistungen immanente Integration des Dienstleistungsempfängers beim Leistungserstellungsprozeß und dem daraus resultierenden Verzehr von Ressourcen entstehen der spendenakquirierenden Organisation im Vergleich zu Geldzuwendungen auch bei Dienstleistungsspenden höhere Kosten.[2] Die höheren Kosten fallen jedoch nur dann an, wenn die spendenakquirierende Organisation die Dienstleistung nicht essentiell benötigt, d. h. sie nicht auch sonst mit Hilfe von Geldspenden am Dienstleistungsmarkt erwerben würde, wenn es sich also um eine "gutgemeinte", aber für den Leistungserstellungsprozeß der spendenakquirierenden Organisation nicht unmittelbar notwendige Dienstleistung handelt. Werden hingegen essentielle Dienstleistungen auf direktem Weg übertragen, ergeben sich durch den Wegfall des Entgelttransfers Kostenvorteile. Die Annahme von Dienstleistungen, die vom Spender angeboten werden, ohne daß von der spendenakquirierenden Organisation zuvor eine gezielte Ansprache daraufhin erfolgt ist, läßt sich aufgrund des möglichen Goodwill- und Imageschadens einer Ablehnung aus Sicht der spendenakquirierenden Organisation i.d.R. nicht verweigern. Die spendenakquirierende Organisation könnte sich durch eine Ablehnungshaltung den Vorwurf der Undankbarkeit und der mangelnden Bedürf-

---

[1] Vgl. Holscher, C. 1976, S. 41.
[2] Vgl. zur 'Integration eines externen Faktors' bei der Erstellung von Dienstleistungen u. a. Berry L. 1984, S. 29 ff, Corsten H. 1986, S. 16 ff, Stauss B. 1991, S. 238.

tigkeit von seiten des Anbieters der Spende einhandeln, mit der Folge, daß die Chancen auf weitere Spendentransfers des betreffenden Spenders sinken und im Fall des Bekanntwerdens der Ablehnungshaltung zusätzlich weitere potentielle Spender von einem Spendentransfer abgehalten werden. Eine qualitative Äquivalenz solcher uninteressierter Dienstleistungsspenden zu Dienstleistungen, die durch einen systematischen und gezielten Auswahlprozeß - mit Hilfe von Geldspenden - erworben werden, ist ebenfalls nicht gewährleistet. Ein möglicher Kostennachteil ergibt sich im Fall von uninteressierten Dienstleistungsspenden daher entsprechend aus dem trade off zwischen den Kosten der Qualitätsdifferenz auf der einen und den Kosten für eine gezielte Suche und Auswahl der Dienstleistung sowie den Kosten der Ansprache von Geldspendern zur Erzielung eines Spendenaufkommens in Höhe des Wertes der betreffenden Dienstleistung auf der anderen Seite.

Der Transfer von Spenden kann sich, neben der Form einer expliziten Zuweisung von Spendenobjekten, auch in Begleitung einer kommerziellen Transaktion des Spenders vollziehen. Werden Spenden mit dem Verkauf bzw. der entgeltlichen Nutzung eines Gutes, einer Dienstleistung oder einer Chance verknüpft, d. h. wird der Spendentausch mit einem ökonomischen Tausch verbunden, kann von **"versorgungsobjekt-gekoppelten Spenden"** gesprochen werden.[1] Der Verkauf der Versorgungsobjekte erfolgt dabei i.d.R. durch die spendenakquirierende Organisation selbst. Die spendenakquirierende Organisation ist sowohl in den Vollzug des ökonomischen Tausches, als auch des sozialen Spendentausches involviert. Daraus resultierende Transaktionskosten müssen den Spendenerlösen gegenübergestellt werden. Der Einsatz von marktfähigen Versorgungsobjekten zur Spendenbeschaffung bietet jedoch den Vorteil, daß auch solche Bedürfnisse des Spenders befriedigt werden, die keinen unmittelbaren Bezug zum Spendenzweck haben.[2] Damit kann das Spektrum potentieller Spender um solche Personen oder Organisationen erweitert werden, die ohne den simultanen Erwerb einer spezifischen Gegenleistung nicht spenden würden. So vertreiben z. B. die Wohlfahrtsverbände seit 1949 - in Zusammenarbeit mit der Deutschen Bundespost - regelmäßig **Wohlfahrtsbriefmarken**, die einen Spendenzuschlag von 50% des Portowertes beinhalten. Mit dem Erwerb des Postwertzeichens verbindet sich für den Käufer die Unterstützung der sozialen Arbeit der Wohlfahrtsverbände, womit er über seine Rolle als Käufer der postalischen Transportleistung hinaus zusätzlich zum Spender wird. Spendenbegleitende Dienstleistungen liegen z. B. bei Wohltätigkeitskonzerten, Benefiz-

---

[1] Vgl. Holscher, C. 1977, S. 99.
[2] Vgl. Seiler, P. 1982, S. 30.

Fußballspielen oder Benefiz-Galas vor. Künstler oder Prominente spenden hierbei ihre Gage bzw. die Erlöse aus den Eintrittsentgelten für karitative Zwecke. Veranstalter sind auch hier zumeist die spendenakquirierenden Organisationen selbst. In diese Kategorie fallen auch Aktionen von Jugendorganisationen, die privaten Haushalten Dienste wie Einkaufen, Fahrzeugwäsche etc. anbieten und die hierfür geforderten Entgelte als Leistungserstellungsfaktoren im Rahmen von sozialen Problemlösungen einsetzen.[1] Eine Sonderform der spendenbegleitenden Dienstleistung stellen **Benefizschallplatten** dar. Benefiztonträger setzen sich aus der Kombination einer immateriellen musikalischen Dienstleistung und eines materiellen Trägers zusammen. Es handelt sich dabei zumeist um Zusammenschnitte einzelner Titel, die kommerziell bereits weitgehend verwertet sind. Der Verkaufspreis enthält jeweils einen fixen Spendenanteil, der auf der Plattenhülle ausgewiesen wird.[2] Unter **spendenbegleitenden Chancen** sind Lotterien oder Gewinnspiele, wie der "Große Preis" der Aktion Sorgenkind zu subsumieren. Insbesondere mit der Einführung der Fernsehlotterien haben ökonomische Chancen im Rahmen der Beschaffung von versorgungsobjekt-gekoppelten Spenden sowohl, was die Präsenz im Bewußtsein der Bevölkerung, als auch das Spendenaufkommen anbetrifft, erheblich an Bedeutung gewonnen.[3] Allen Formen versorgungsobjekt-gekoppelter Spenden ist gemein, daß der Spendenzufluß in Form des generalisierten Tauschmediums Geld erfolgt.

Foa (1971) spezifiziert mit seiner Klassifikation von Transferobjekten anhand der Dimensionen "konkret vs. symbolisch" und "partikularistisch vs. universalistisch" die Spendenobjekte auf einer tieferen Deskriptionsebene. Sachspenden können gemäß seiner Definition als konkrete, offenkundig greifbare, weitgehend universalistische Tauschobjekte eingestuft werden.[4] Die Frage, von wem die Sachspende gewährt wird, hat für den Wert des Tauschobjektes keine Bedeutung. Dienstleistungsspenden können ebenfalls - aufgrund ihrer Immaterialität jedoch weniger als Sachspenden - als konkrete, aber weitgehend partikularistische Ressourcen charakterisiert werden. Bei Dienstleistungsspenden liegt eine Einheit zwischen der Person des Spenders und dem Spendenobjekt vor. Die Tatsache, wer die Spende leistet, spielt eine unmittelbare Rolle für die Bewertung des Transfers. Ihre Konkretisierungsstufe ist abhängig vom Grad der physischen Involvierung des Spenders. Findet keine physische Involvierung des Spenders statt, sondern gewährt

---

1 Vgl. ebenda, S. 30, unter Bezugnahme auf Holscher, C. 1977, S. 101.
2 Vgl. ebenda.
3 Vgl. Holscher, C. 1977, S. 102.
4 Vgl. Foa, U.G. 1971, S. 346.

dieser Rechte an der Nutzung seiner Person bzw. seines Namens wie z. B. bei der Bereitschaft einer bekannten Persönlichkeit einer spendenakquirierenden Organisation zu genehmigen, sie als Schirmherr einer Spendenaktion zu benennen, ist dies als Spende einer Chance und damit als symbolische Ressource einzustufen.[1] Ehrenamtliche Tätigkeiten in Form persönlicher Beiträge des Spenders zum Leistungserstellungsprozeß der spendenakquirierenden Organisation können hingegen als partikularistisch-konkrete Spenden verstanden werden. Eine solche Dienstleistungsspende wäre beispielsweise das unentgeltliche Auftreten eines Künstlers im Rahmen eines Wohltätigkeitskonzertes.[2] Geldspenden sind dagegen exemplarisch für universalistische und konkrete Transferobjekte. Das generalisierte Tauschmedium Geld eröffnet dem Empfänger ein Maximum an Flexibilität bezüglich seiner Verwertung.

Menschen spenden, um etwas zu erhalten.[3] Der Spender beabsichtigt seine Ressourcen nicht zu verschenken, sondern verfolgt vielmehr das Ziel, sie zu investieren.[4] Die spendenakquirierende Organisation muß dem Spender durch eine entsprechende Gestaltung und Übertragung von Gratifikationen verdeutlichen, daß sie in der Lage ist, den Wert seiner Investition zu vervielfachen und somit der Reziprozitätserwartung des Spenders nachzukommen.[5] Die Belohnungen, die der Spender als Gegenleistung für seine Zuwendung erhält, lassen sich ebenso wie die vom Spender übertragenen Versorgungsobjekte mit den Kategorien "konkret vs. symbolisch" und "partikularistisch vs. universalistisch" beschreiben. Als konkrete, materielle Gegenleistung kann die Ausstellung von Spendenbescheinigungen oder die Verleihung von Orden bzw. anderer materieller Dankesauszeichnungen durch die spendenakquirierende Organisation eingestuft werden.[6] Der Partikularitätsgrad von Spendenbescheinigungen ist gering. Die Herkunft der Bescheinigung ist für

---

1 Vgl. Holscher, C. 1976, S. 48.
2 Vgl ebenda, S. 43.
3 Den fundamentalen Charakter der Reziprozitätserwartung für soziale Tauschvorgänge im allgemeinen und für das Spenden im speziellen, beschreiben Kotler/Levy (1969): "People give because they are getting something", Vgl. Kotler, P., Levy, S.J. 1969, S. 14.
4 Vgl. Zerwas, H.J., Damm, D. 1992, S. 48.
5 Vgl. Lant, J. 1989, S. 13.
6 Neben Urkunden, Plaketten, Stickern, Förderausweisen, etc. besitzen auch von den Spendenempfängern selbst gefertigte Gegenstände als Dankesauszeichnungen in praxi Relevanz. Diese können auch einen materiellen Wert bzw. einen Sammlerwert an sich besitzen. Holscher (1970) weist darauf hin, daß bereits die Nationalsozialisten über die Erkenntnis verfügten, daß das Angebot materieller Tauschobjekte die Beschaffung von Spenden erleichtert: "Die Spenderabzeichen der Winterhilfe waren nicht - wie heute üblich - praktisch wertlose Ansteckblumen, Plastikabzeichen oder ähnliches, sondern zum Beispiel kleine Holzschnitzereien aus dem Erzgebirge, die sicherlich nicht selten wegen ihres Sammlerwertes bewußt gekauft wurden." Holscher, C. 1976, S. 99

den Spender nur insoweit relevant, als daß die ausstellende spenden-akquirierende Organisation über eine entsprechende Berechtigung (Gemeinnützigkeit) verfügen muß. Für die reziproke Übertragung von **Dankesauszeichnungen** spielt die Tatsache, von wem diese gewährt werden, hingegen eine bedeutende Rolle. Der subjektiv vom Spender empfundene Wert der Verleihung von Orden oder Urkunden korrespondiert unmittelbar mit dem Image bzw. der sozialen Stellung derjenigen Organisation, die sie verleiht. Konkrete materielle Auszeichnungen sind demnach als partikularistische Gegenleistungen einzustufen. Die mit ihnen unmittelbar verknüpfte psychische Belohnung durch den Erwerb von Sozialprestige läßt sich ebenso wie die im Zuge des "Modells der selektiven Anreize" aufgezeigten immateriellen Gratifikationen in Form von moralischer Befriedigung oder impliziten Versicherungsleistungen als partikularistisch und symbolisch (d. h. nicht offenkundig greifbar) charakterisieren. Die Zuweisung von Sozialprestige ist eine partikularistische Ressource, da sie nicht getrennt von der Person des Zuweisenden betrachtet werden kann.

Je nach Art des zugrundeliegenden Risikos können die Gegenleistungen bei Spendenzuwendungen, die vom Spender als implizite Prämienzahlungen für Versicherungsleistungen interpretiert werden, als partikularistisch oder universalistisch eingestuft werden.[1] Erwirbt der Spender mit seiner Zuwendung - z. B. mit einer Spende bzw. Mitgliedschaft bei einer Rettungsdienst-organisation - eine Reduktion des individuellen Risikos, in Notsituationen ohne Hilfe dazustehen, erhält er eine partikularistische und symbolische bzw. immaterielle Ressource. Die Tatsache, an welche spezifische spenden-akquirierende Organisation bzw. für welches spezielle öffentliche Gut er einen Beitrag leistet, ist von entscheidender Bedeutung. Erhält der Spender dagegen als Gratifikation die psychische Versicherung gegen das kollektive Risiko von Krisen wie etwa soziale Unruhen oder Phänomene wie dem Anstieg der Kriminalität, so ist die Gegenleistung eher als universalistische Ressource einzustufen. Es kommt nicht primär darauf an, welcher spezifischen spendenakquirierenden Organisation er seine Zuwendung überträgt bzw. von welcher Organisation im Gegenzug der Beitrag zur Reduktion des kollektiven Risikos geleistet wird. Entscheidend ist, daß die spendenakquirierende Organisation mit ihrer Produktion eines öffentlichen Gutes die Wurzeln des kollektiven Risikos berührt.

---

[1] Brennan (1973) unterscheidet zwischen individuellem und kollektivem Risiko. Das individuelle Risiko betrifft die Versehrtheit der Person des Spenders direkt, d. h. die Gefahr in individuelle Notsituationen zu kommen. Kollektive Risiken betreffen dagegen zunächst die gesamte Gesellschaft und erst indirekt - als Teil der Gesellschaft - auch den Spender selbst. Vgl. Brennan, G. 1973, S. 53.

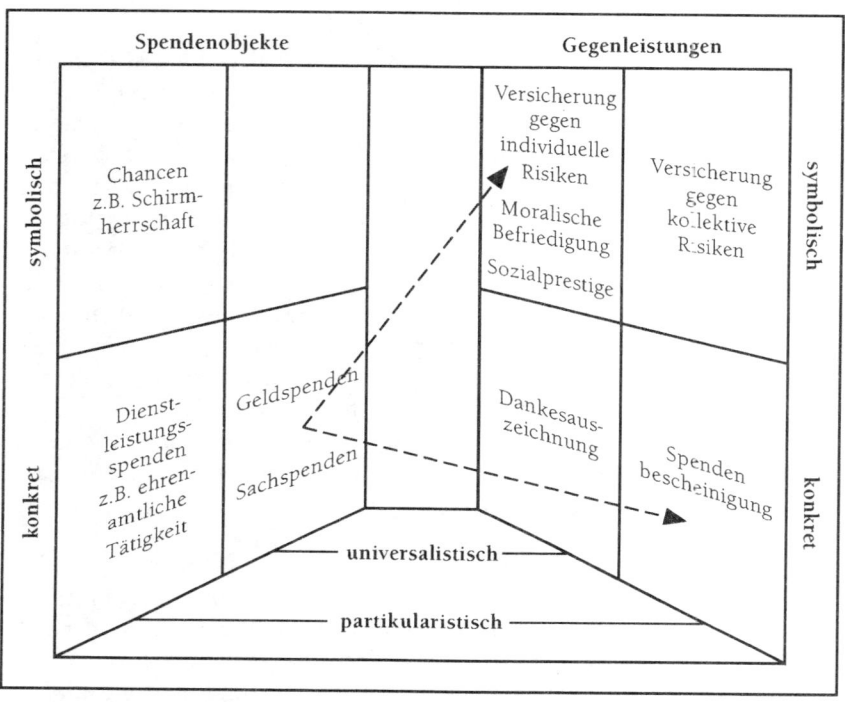

Abbildung 3.4:   Spektrum möglicher Transfers von Gratifikationen im
Rahmen des Spendentausches

Mit der Differenzierung anhand der Foaschen Dimensionen "symbolisch vs.
konkret" und partikularistisch vs. universalistisch" wird das Spektrum möglicher Transferressourcen in einen systematisch-strukturierenden Rahmen gebracht. Im Zuge der Auffächerung der Spezifität der Spendenobjekte entsteht
ein Raum möglicher Austauschrelationen von Leistungen und Gegenleistungen, der die Vielschichtigkeit des Spendentausches dokumentiert. Der Austausch von Leistungen zwischen den Akteuren muß dabei nicht im Verhältnis eins zu eins erfolgen, sondern die Gratifikationen können auch in
Kombinationen bzw. Bündeln auftreten.

Wird dagegen im Rahmen der Spezifikation der Spendentauschobjekte ausschließlich der Grad ihrer Konkretion bzw. Materialität fokussiert, lassen sich

aus der Kombination von materiellen und immateriellen Leistungen bzw. Gegenleistungen insgesamt vier elementare Austauschmuster ableiten:[1]

1.) Materielle Gratifikationen gegen immaterielle Gratifikationen,
z. B. die Zuwendung einer Sachspende gegen die öffentliche Danksagung, die zur Steigerung des Sozialprestiges und zur persönlichen Befriedigung des Spenders führt.

2.) Materielle Gratifikationen gegen materielle Gratifikationen,
z. B. die Zuwendung einer Geldspende gegen die Ausstellung einer Spendenbescheinigung.

3.) Immaterielle Gratifikationen gegen immaterielle Gratifikationen.
z. B. die Übernahme einer Schirmherrschaft für einen Spendenaufruf gegen den Imagegewinn für den Schirmherren.

4.) Immaterielle Gratifikationen gegen materielle Gratifikationen,
z. B. die ehrenamtliche Tätigkeit für eine spendenakquirierende Organisation gegen die Verleihung einer Urkunde, die ehrenamtliche Leistungen ausweist.

In praxi treten die elementaren Austauschmuster im Rahmen des Spendentausches jedoch nicht notwendigerweise singulär auf. Die elementaren Austauschmuster können vielmehr ihrerseits zu Gratifikationsbündeln kombiniert werden. Ein Gratifikationsbündel, das sich aus immateriellen und materiellen Komponenten zusammensetzt, kann so beispielsweise in der kombinierten Gegenleistung eines Dankesschreibens und einer namentlichen Erwähnung des Spenders in der Vereinszeitung der spendenakquirierenden Organisation zuzüglich einer Spendenbescheinigung bestehen. Die Spezifikation des Gratifikationsbündels, das im Rahmen der Spende ausgetauscht wird, erfolgt dabei in Abhängigkeit von den Motiven und der Beschaffenheit des Spenders. Entsprechend der unterschiedlichen Präferenzen für selektive Anreize differieren die Gratifikationsbündel deshalb akteurgebunden. Sie unterliegen einer intersubjektiven Variabilität, was den Charakter der Spende als einer komplexen sozialen Austauschbeziehung unterstreicht.

---

[1] Vgl. Notheis, D. 1992, S. 7.

3.5. Abgrenzung der Spende von der Schenkung

Im Zuge der bisherigen Erörterungen ist die Spende, mit Rekurs auf den erkenntnisleitenden Bezugsrahmen der Theorie des sozialen Tausches, als ein Unterfall des allgemeinen Falls des sozialen Tausches identifiziert worden. Die Charakterisierung der Spende, als eine dem Prinzip der Reziprozität und des Eigennutzes verpflichtete Beziehung, erfolgte dabei im Widerspruch zur allgemeinen Auffassung, welche die Spende als einen Transfer einstuft, der auf freiwilliger Basis, d. h. ohne Erhalt einer Gegenleistung erfolgt.

Die Spendenbeziehung setzt sich aus zwei unterschiedlichen, miteinander verknüpften Interaktionsmustern zusammen. Auf der einen Seite steht eine direkte Beziehungskette zwischen dem Spender, der spendenakquirierenden Organisation und dem Spendenempfänger zur Abwicklung der Beitragsleistung des Spenders für ein öffentliches Gut resp. an den Spendenverwendungszweck. Diese Austauschbeziehungen wurden wegen ihres grundlegenden Charakters für die gesamte Spendenbeziehung als "Basisbeziehungssystem" gekennzeichnet. Zum anderen wird die Spendenbeziehung durch eine Transaktionsbeziehung zur Übertragung von reziproken Belohnungen an den Spender ergänzt. Die Übertragung von Gratifikationen kann mit direktem Bezug auf das Basisbeziehungssystem sowohl durch die spendenakquirierende Organisation selbst als auch durch Dritte in Form eines über (gesellschaftliche) Normen vermittelten, indirekten Tausches erfolgen. In jedem Fall besitzt die spendenakquirierende Organisation als Tauschpromotor für die Begründung und Abwicklung der Spendenbeziehung fundamentale Bedeutung. Bei der Spende handelt es sich also immer um eine soziale Tauschbeziehung mit mindestens drei Interakteuren, dem Spender, der spendenakquirierenden Organisation und dem Spendenempfänger. Die Handlungen der Interakteure sind dabei weniger auf den Zweck des Aufbaus und der Pflege der Beziehung zum Austauschpartner gerichtet, als vielmehr auf die Befriedigung ihrer extrinsischen Bedürfnisse konzentriert.

Die Austauschprozesse im Rahmen der Schenkung vollziehen sich dagegen **nur** zwischen **zwei Austauschpartnern**, die in direkter Beziehung miteinander stehen.[1] Der Schenkende überträgt Leistungen resp. Geschenke an den Beschenkten. Eine Vermittlung der Beziehung zwischen Schenkendem und

---

[1] Die Charakterisierung der Schenkung folgt dem Definitionsansatz von Simmel (1983), der den Transfer eines Geschenkes als direkten Tauschprozeß einstuft. Vgl. Simmel, G. 1983.

Beschenktem über einen Tauschpromotor bzw. eine spendenakquirierende Organisation findet nicht statt. Auch der Fall, daß das Geschenk nicht direkt vom Schenkenden übergeben wird, sondern daß ein Überbringer eingeschaltet wird - z. B. bei der Zustellung eines Blumengeschenkes durch den Floristen - ändert daran nichts. Die Rolle des Überbringers bei der Schenkung ist im Gegensatz zur Rolle der spendenakquirierenden Organisation bei der Spende nicht multifunktional und auch nicht unmittelbar konstitutiv für die Beziehung zwischen Schenkendem und Beschenktem. Der Überbringer berührt den eigentlichen Kern der Transaktionsbeziehung, die Initiierung bzw. Produktion von Gratifikationsflüssen nicht. Er wirkt auf das Geschenk auch nicht in einem transformatorischen Sinne ein, d. h. er beläßt es unverändert bzw. leistet keinen eigenen Gestaltungsbeitrag für die über das Geschenk vermittelte Schenkungsbeziehung. Seine Rolle beschränkt sich auf die Erfüllung einer Transmissionsfunktion. Die Schenkungsbeziehung ist insofern ohne ihn denkbar. Die Schenkung bleibt auch nach einer Einschaltung von Dritten zur Überbringung des Geschenkes eine dyadische Beziehung.

Der Leistungsfluß von seiten des Schenkenden erfolgt analog zur Spendentransaktion und entgegen dem allgemeinen begrifflichen Verständnis der Schenkung in modernen westlichen Gesellschaften, das einen Transfer unterstellt, der ohne Erhalt oder Vereinbarung einer Gegenleistung erfolgt, mit der impliziten Erwartung daraus resultierender Gratifikationen.[1] Diese liegen im Gegensatz zur Spende jedoch primär im Aufbau und Erhalt der sozialen Beziehung zwischen Schenkendem und Beschenktem selbst, mit anderen Worten, die Gratifikationen der Schenkung besitzen vornehmlich intrinsischen Charakter. Die Intention der Einheit von Person und Sache ist Kennzeichen des Geschenks. Die Personalisierung der übertragenen Objekte

---

[1] Vgl. Clausen, G. 1991, S. 36. Im BGB § 516 ist zur rechtlichen Rahmensetzung der Schenkung folgende Aussage zu finden: "Eine Zuwendung, durch die jemand aus seinem Vermögen einen anderen bereichert, ist Schenkung, wenn beide Teile darüber einig sind, daß die Zuwendung unentgeltlich erfolgt". Nach juristischem Verständnis bedeutet in diesem Zusammenhang "unentgeltlich", daß der einseitige Gütertransfer außerhalb gesetzlicher oder vertraglicher Verpflichtungen erfolgt. Keinen unentbehrlichen Transfer stellt somit die Erfüllung gesetzlicher oder vertraglicher (Unterhalts-)Verpflichtungen dar, auch wenn es sich um einen einseitigen Vermögenstransfer ohne materielle Gegenleistung handelt. Dal auch im Zusammenhang mit Schenkungen und Schenkungsversprechen unter beteiligten Personen Konflikte entstehen können, sind weitere Regelungen im BGB vorhanden, die insbesondere die Erfüllung von Schenkungsversprechen, Haftungsfragen, wenn ein schadhaftes Geschenk den Beschenkten geschädigt hat, und die Frage des "Behalten-dürfens" des Geschenks, wenn es den Schendenden reuen sollte, betreffen. Vgl. ebenda, S. 60.

zu einem Geschenk findet durch die Gedanken und die Zeit statt, die der Schenkende in die Suche und Auswahl des Geschenks investiert hat.[1] So spiegeln sich Züge des Geschmacks und Charakters des Schenkenden in Sach- und sogar in Geldgeschenken wider, d. h. in Transferobjekten mit extrinsischem Wert, obgleich diese nicht die partikularistische Qualität von Geschenken in der Gestalt von Ausdrucksformen wie Liebe oder Sympathie aufweisen können.

Die Personalisierung der Geschenke führt dazu, daß sich Schenkungen i.d.R. in Primärbeziehungen vollziehen. Der auf Cooley (1909) zurückgehende, und von Whyte (1956) und Homans (1960) weiterentwickelte Begriff der Primärbeziehung kennzeichnet Beziehungen innerhalb von Primärgruppen, deren Mitglieder relativ intime, vorwiegend emotional bestimmte, direkte und persönliche Kontakte zueinander pflegen.[2] Zu den wichtigsten Primärgruppen zählen die Familie, die Nachbarschaft oder der Freundeskreis. Dem Schenkenden ist der Beschenkte persönlich bekannt, seine Bekanntheit ist sogar konstitutives Element für den Transfer von Geschenken. Die persönliche Bekanntheit steht im Gegensatz zur Spendenbeziehung, die aus Sicht des Spenders i.d.R. durch eine Unspezifität des eigentlichen Spendenempfängers gekennzeichnet ist. Der Spender weiß nicht, oder will zum Teil auch gar nicht konkret wissen, wer durch seinen Beitrag zur Produktion des öffentlichen Gutes ad personam begünstigt wird. Seine Gratifikationen fließen nicht aus der direkten persönlichen Beziehung zum Spendenempfänger, sondern aus dem sozialen Zweck bzw. dessen Konformität mit gesellschaftlichen Normen und Wertvorstellungen. Die Erfüllung der Aggregations- und Produktionsfunktion durch die spendenakquirierende Organisation leistet dem Umstand der Unspezifität des Spendenempfängers entsprechend Vorschub. Eine direkte Zurechenbarkeit der Spende bzw. direkte Kopplung von individuellem Spendentransfer und individueller Hilfeleistung an Spendenempfänger wird dadurch i.d.R. unmöglich.

Clausen unterscheidet insgesamt vier Funktionen, die mit Hilfe von Schenkungsbeziehungen für den Schenkenden erfüllt werden können:[3]

---

[1] Vgl. ebenda, S. 49.
[2] Vgl. Cooley, C.H. 1909, Whyte, W.F. 1956, Homans, G.C. 1960. Während Primärgruppen mehr oder weniger organisch gewachsen sind, stellen Sekundärgruppen bewußt geplante, rational organisierte Gruppen mit bestimmter Aufgabenstellung dar. Darunter werden z. B. Arbeitsgruppen subsumiert, die mit klaren Regeln und formaler Struktur arbeiten.

[3] Vgl. Clausen, G. 1991, S. 174.

1. Die Erlangung von Tauschinhalten mit intrinsischem Wert wie Liebe oder Sympathie.
2. Die Erlangung von Leistungen mit extrinsischem Wert, die der Realisierung von Zielen außerhalb der singulären Beziehung, in der sie gewährt wurden, dienen.
3. Die Erlangung persönlicher und sozialer Überlegenheit.
4. Die Vermeidung des Verlustes der belohnenden Reaktionen anderer.

Daran anknüpfend identifiziert sie je nach Ausprägung bzw. Dominanz der Funktionen vier unterschiedliche Formen bzw. Strukturmuster der Schenkung. Mit Rekurs auf die Definition des Schenkens von Simmel (1983), der den Transfer eines Geschenkes als einen direkten Tauschprozeß charakterisiert, bildet das **Liebes- und Sympathiegeschenk** die erste und in praxi weitverbreitetste Ausprägungsart der Schenkung. Der Zweck des Liebesgeschenkes ist die Erhaltung der interpersonellen Beziehung als Selbstzweck. Die dabei erwartete reziproke Gratifikation ist diffus und nicht von der singulären Beziehung zum Beschenkten zu trennen. Die Übertragung von Liebes- oder Sympathiegeschenken ist insofern als Fall des intrinsischen sozialen Tausches einzustufen.[1]

Neben dem Liebes- und Sympathiegeschenk bezeichnet Clausen die **Belohnung** als zweite Form der Schenkungsbeziehung. Im Unterschied zum vorangehenden Typ beinhalten Belohnungen die wechselseitige Verstärkung der Gewährung von Gratifikationen mit extrinsischem Wert. Die Geschenke erfolgen in der Form von unentgeltlichen Transfers von Geld und Sachgütern. Belohnungen werden an diejenigen Austauschpartner im Umfeld des Schenkenden vergeben, die etwas für ihn getan bzw. ihm geholfen haben. "Who does more for me gets more, who does less gets less".[2] Die Belohnung durch ein Geschenk stellt für den Beschenkten eine mittelbare Form der Entlohnung für Leistungen dar, die er dem Schenkenden vormals unentgeltlich gewährt hat. Belohnungen vollziehen sich demnach vornehmlich in Beziehungen, in denen eine ungleiche Verteilung von Ressourcen unter den Austauschpartnern besteht. "Das Geschenk fungiert als Ersatz für einen extrinsischen Tausch, wenn gewährte Hilfeleistungen nicht durch Dienste mit ebenfalls instrumentellem Wert erwidert werden können."[3] Cheal (1988) führt als Beispiel für die Schenkungsbeziehung in Form der Belohnung den Fall eines siebzig jährigen kanadischen Rentners an, der von

---

[1] Vgl. ebenda, S. 40.
[2] Cheal, D.J. 1988, S. 49.
[3] Clausen, G. 1991, S. 57.

einer kleinen Rente lebt und zahlreiche Gefallen und Hilfeleistungen mit dem Sohn seiner Schwester und mit Nachbarn austauscht. Die Hilfeleistungen sind für ihn von großer Bedeutung, da er dafür in den meisten Fällen kein Geld bezahlen muß. "It saves a lot of money because (otherwise) - for instance, the vacuum cleaner, the stove, or I don't care what it is like that - you have to phone for somebody. As soon as he says he's coming, it could be anywhere from $10 to $30 right there."[1]

In den bisher beschriebenen Formen der Schenkungsbeziehung ist die Erwiderung des Beschenkten eine Funktion dessen, wie er die Beziehung zum Schenkenden bewertet, d. h. die reziproken Gratifikationen werden von ihm freiwillig gewährt. Davon unterscheidet Clausen Schenkungsbeziehungen, bei denen der Generosität des Schenkenden ein Aspekt der Rivalität innewohnt. Die **Generosität** des Schenkenden wird hier **als** eine überragende Mehrleistung mit der **Funktion der Erlangung persönlicher Überlegenheit** beschrieben. Der Schenkende versucht mit seinem Geschenk selbst direkten Einfluß zu nehmen auf die Art und den Zeitpunkt der Gegenleistung. Die Schenkungsbeziehung wird zur Status- bzw. Machtbeziehung, das Geschenk Mittel zum Zweck der Machtgewinnung. Individuen können "über den gezielten Mehreinsatz belohnender Aktivitäten oder hochbewerteter Güter einen Zustand der Unausgewogenheit in sozialen Beziehungen stabilisieren, um dadurch andere Individuen von sich abhängig zu machen bzw. Macht über deren Verhalten zu gewinnen."[2] Die Funktion der Schenkung besteht dann darin, die Verfügungsgewalt über die Erwiderung des Beschenkten bzw. persönliche und soziale Überlegenheit zu erlangen. Unter Gleichgestellten wird diese Schenkungsform jedoch als unfreundlicher Akt empfunden und führt eher zum Abbruch der sozialen Austauschbeziehung.[3] Clausen (1991) führt hierzu das Beispiel eines reihum gehenden "Kaffeekränzchens" an, das den Mechanismus des "gegenseitigen Revanchierens" in modernen Gesellschaften plastifiziert. Demnach kommt es häufig vor, daß eine Einladung nicht nur erwidert wird, sondern die Erwiderung außerdem jedesmal etwas umfangreicher ausfällt. Die Teilnehmerinnen, deren Vorstellungsvermögen und gastronomische Fähigkeiten schließlich an einen Punkt angelangt sind, an dem sie die bisherigen Gastgeberinnen (Schenkenden) nicht mehr mit weiteren "kontinentalen Pasteten und exotischen Kaffeesorten" überbieten können und deren Portemonnaie zugleich leer ist, ziehen sich häufig aus dem Kaffee-

---

[1] Cheal, D.J. 1988, S. 43.
[2] Clausen, G. 1991, S. 70.
[3] Vgl. ebenda, S. 175.

kränzchen zurück.[1] Daraus folgt dann zumeist die Zerstörung des auf Gegenseitigkeit beruhenden Kaffeekränzchens (Schenkungsbeziehung) oder eine einvernehmliche Regelung über eine Grenze dessen, was serviert werden darf.[2]

Als vierten Typ der Schenkungsbeziehung charakterisiert Clausen den **Tribut**. Aus Sicht des Schenkenden besitzt das Geschenk hier die Funktion der Vermeidung eines Tausches negativer Werte bzw. der Vermeidung von Schuld(en).[3] Der Tribut ist kein Ausdruck des unmittelbaren Interesses des Schenkenden am Wohlergehen des Beschenkten, sondern seine Motivation ist vielmehr auf die Vermeidung eines Verlustes an persönlicher Anerkennung und die Bewahrung der eigenen Autonomie in der singulären Beziehung ausgerichtet. Der Schenkende überträgt Objekte, um ein erhaltenes Geschenk zu erwidern bzw. um sich dadurch niemandem gegenüber verpflichtet zu fühlen.[4] Diese Motivation kann auch dazu führen, daß jeglicher Austausch von Geschenken abgebrochen wird, weil sich die Interaktionspartner nicht ständig verpflichtet fühlen wollen, ein Gegengeschenk machen zu müssen. Eine solche Reaktion ist insbesondere im Zuge der zunehmenden Individualisierungserscheinungen in modernen Konsumgesellschaften zu verzeichnen.[5] Unter dem Gesichtspunkt des direkten Tausches können jedoch auch solche Schenkungen eine intrinsische Funktion haben, nämlich für die Aufrechterhaltung einer gleichgewichtigen sozialen Beziehung zwischen Schenkendem und Beschenktem. Die Tatsache, daß sich das Geschenk hier aber nicht primär aus einem Gefühl der Freude, sondern aus dem der Furcht speist, läßt eine Einstufung der Tribute als eher eigene Kategorie, denn als Form der Schenkungsbeziehung begründet erscheinen.[6] Insgesamt betrachtet lassen sich auf der Basis der Theorie des sozialen Tausches die in der folgenden Übersichtstabelle aufgeführten Strukturmerkmale als relevante Differenzierungskriterien zwischen Spende und Schenkung herausarbeiten:

---

[1] Vgl. ebenda, S. 69.
[2] Vgl. ebenda.
[3] Vgl. ebenda, S. 175.
[4] Vgl. ebenda, S. 71.
[5] Vgl. zum Wertewandel in Richtung einer Individualisierung vor allem Inglehart, R. 1977.
[6] Vgl. Clausen, G. 1991, S. 72.

	Spende	Schenkung
Am Austausch Beteiligte	mind. drei Interakteure	zwei Interakteure
Zweck/Ziel	vornehmlich extrinsisch	vornehmlich intrinsisch
Spezifität des Adressaten	niedrig	hoch, i.d.R. Primär-beziehungen
Vermittlungsart	direkt/indirekt	direkt/dyadisch

Abbildung 3.5: Ausgewählte Strukturmerkmale zur Abgrenzung der Spende von der Schenkung

4. Grundlagen der Unternehmensspende

Bei den bisherigen Erörterungen zum allgemeinen Fall der privaten Spende auf der Basis der Theorie des sozialen Tausches wurde implizit davon ausgegangen, daß es sich bei dem Spender um ein einzelnes Individuum handelt. Die im Rahmen des Spendentausches relevanten Motive und Interaktionen wurden unter individualistisch-reduktionistischer Perspektive betrachtet. Die intrapersonalen Entscheidungsprozesse des singulären Spenders waren als relevante Determinanten für die spezifische Ausprägung und die Vermittlungsart des Spendentausches verantwortlich. Der Spender traf seine Vergabeentscheidung ausschließlich auf der Basis seiner Präferenzfunktion. Ein entscheidungsrelevanter organisationaler Kontext wurde nicht explizit berücksichtigt.

Das Austauschverhalten von Menschen, die im Auftrag von bzw. stellvertretend für Unternehmen handeln, wird jedoch nicht nur durch psychologische Faktoren, sondern auch von organisationalen Strukturvariablen determiniert. In Unternehmen existieren institutionalisierte Regeln, Ziele und Strukturen formeller und informeller Natur, die unabhängig von den jeweils handelnden Individuen und deren Prädispositionen entscheidungsprägend sind.[1] Für eine Identifikation von Ansatzpunkten und Strategien zur Akquisition von Unternehmensspenden muß deshalb die individualistische Betrachtungsweise um eine organisationale Perspektive - durch einen organisationalen Approach - erweitert bzw. ergänzt werden.[2]

---

[1] Vgl. Arnold, U. 1982, S. 71.

[2] Der mit der Erörterung der Unternehmensspende zu vollziehende Wechsel der Betrachtungsebene von der individualistisch-reduktionistischen Perspektive der Austauschtheorie zur organisational-systemischen Analyse berührt einen grundlegenden epistemologischen Streit, der in den Sozialwissenschaften nicht zuletzt seit der fundamentalen Kritik von George Caspar Homans an den strukturorientierten makrotheoretischen Programmen von Durkheim oder Parsons ausgefochten wird. Vgl. Homans, G.C. 1972, S. 44 ff, Durkheim, E. 1976, Parsons, T. 1962, Giddens, A. 1976. Unter dem Stichwort "Methodendualismus" bzw. "Reduktionismusstreit" - vgl. für einen Überblick u. a. Esser, H. 1990, S. 744 ff, Vanberg, V. 1975, S. 12 ff - stehen sich bei der Beantwortung der Frage, ob soziale Sachverhalte grundsätzlich mit Hilfe von Theorien über individuelles Verhalten erklärt werden können und damit soziale Prozesse auf die Ebene individuellen Verhaltens projizierbar bzw. reduzierbar (Reduktionismus) sind, zwei konkurrierende Denkschulen gegenüber. Die reduktionistisch-verhaltenstheoretische Konzeption in der Tradition G.C. Homans postuliert einen "methodologischen Individualismus", im Gegensatz zum "methodischen Kollektivismus", der soziale Sachverhalte und damit auch organisationales Verhalten ausschließlich durch soziale Theorien zu erklären sucht. Zum kollektivistischen Theorienspektrum zählen u. a. funktionalistische und systemtheoretische Erklärungsansätze. Für die analytische

Mit dem Unternehmen tritt eine Organisation als Interaktionspartner an die Stelle des privaten Spenders, die als ein multipersonales, zielorientiertes, soziales Gebilde mit identifizierbarem Mitgliederkreis und institutionalisierten Regeln beschrieben werden kann.[1] Mit Rekurs auf den Systemansatz (Ulrich 1970, 1971, Thompson 1967, Luhmann 1984, Malik 1986 u. a.), der die Struktur, die Beziehungen und das Verhalten von Systemen erörtert, lassen sich Unternehmen allgemein als offene soziale Systeme mit formalisierten organisationalen Strukturen charakterisieren, in denen zielgerichtete Dispositionen über knappe Mittel erfolgen. Soziale Systeme werden dabei als Menge von Menschen, zwischen denen Beziehungen bestehen, definiert.[2] Sie besitzen das konstitutive Merkmal der Offenheit, d. h. sie treten in input- oder outputgerichtete Austauschbeziehungen zu ihrer Umwelt. Zur Stabilisierung bzw. zur Steuerung und Regelung ihrer Austauschprozesse entwickeln sich formale Strukturen, die jedoch insoweit flexibel sein müssen, daß sie sich im Rahmen von Interaktionsbeziehungen der Komplexität und Dynamik der Umwelt anpassen können. Kirsch et.al. (1973) heben bezüglich der Formalisierung der Organisation eines sozialen Systems fundamentale Merkmale hervor, die auch für die Erörterung der Unternehmensspende Bedeutung besitzen:[3]

(1) Das System ist bewußt gegründet und geplant, um explizit formulierte Aufgaben, Ziele oder Zwecke in arbeitsteiliger Weise zu erfüllen.
(2) Das System besitzt eine Verfassung, d. h. eine Menge offizieller Regelungen grundlegender Art, die nur unter besonderen Umständen als veränderbar angesehen werden.
(3) Die Verfassung beinhaltet unter anderem die Angabe der Domäne einer Organisation. Die Domäne ist eine generelle Formulierung der Aufgaben und der grundlegenden Ziele der Organisation, um deretwillen die Organisation gegründet bzw. fortgeführt wird.

Erschließung der Forschungsfrage werden die konkurrierenden Theorieansätze jedoch nicht als sich gegenseitig ausschließende, widersprechende Forschungsprogramme, sondern vielmehr als wechselseitig fruchtbare Ergänzung zur Erklärung des gesamten Variantenspektrums von der privaten bis zur organisationalen Spende betrachtet. Bei der Identifikation von theoriegeleiteten Ansatzpunkten und Strategien zur Akquisition von Unternehmensspenden soll eine organisationale Perspektive Vorrang finden, ohne den Erkenntnisbeitrag individualistischer Theorien zu vernachlässigen.

[1] Vgl. Mayntz, R. 1963.
[2] Vgl. Raffée, H. 1974, S. 90, Kirsch, W./Bamberger, I./Gabele, E./Klein, K.H. 1973, S. 52 ff. Zur Definition von sozialen Systemen vgl. ebenso Kuhn, A. 1963, Lundberg, C.C. 1965, Merton, R.K. 1968.
[3] Vgl. Kirsch, W./Bamberger, I./Gabele, E./Klein, K.H. 1973, S. 56.

(4) Die Verfassung enthält ferner Angaben darüber, welche Personen oder Gruppen Autorisierungsrechte für die Organisation besitzen, d. h. für die Mitglieder der Organisation verbindliche Entscheidungen treffen dürfen. Diese Personen oder Gruppen sind Kernorgane des Systems. Verfassungsgemäß autorisierte Entscheidungen schaffen offizielle Regelungen für das Verhalten der Organisationsmitglieder.

(5) Die Verfassung bestimmt schließlich auch, wer Träger der Organisation sein soll und somit die Kernorgane des Systems besetzen darf.

(6) Die für eine Position innerhalb der Organisation relevanten Regelungen konstituieren die offiziell an diese Position gerichteten Verhaltenserwartungen, also die formale Rolle des jeweiligen Positionsinhabers.

(7) Die Existenz formaler Rollen bewirkt, daß es einer bewußten Eintrittsentscheidung der Organisationsmitglieder und einer bewußten Aufnahmeentscheidung durch die Kernorgane bedarf, damit eine Mitgliedschaft an der Organisation begründet werden kann.

(8) Diese Merkmale implizieren schließlich, daß eine Organisation über Regelungen verfügt, welche die Abgrenzung des Systems offiziell definieren. Mitglied einer Organisation ist, wer dem Autorisierungsrecht der Kernorgane unterliegt.

Die Tatsache, daß die "Person" des Spenders bei Unternehmensspenden eine Organisation resp. gemäß der Systemtheorie ein offenes, formales, zielorientiertes soziales System ist, bringt eine Vielzahl von Implikationen für die Spendenbeziehung bzw. ein zu ihrer Anbahnung und Pflege zu konzipierendes Marketingkonzept mit sich. Sowohl die Motive und Kalküle als auch die Interaktionen und Entscheidungsprozesse, die den Spendentransfers bei Unternehmensspenden zugrunde liegen, unterscheiden sich von jenen, die sich im Rahmen privater Spenden vollziehen. Die Entscheidungsträger in Unternehmen handeln nicht als autarke Individuen, sondern innerhalb eines Rahmens an organisationalen Regeln bzw. internen und externen Restriktionen, die sich daraus ableiten. In der Folge werden deshalb zunächst - mit Rekurs auf die "Ökonomische Theorie der Unternehmensspende" - die motivationalen Triebkräfte der organisationalen Spendenentscheidung von Unternehmen identifiziert und entsprechende Ablaufformen und Träger des Entscheidungsprozesses beschrieben. Mit der Analyse der Spezifität der von Unternehmen übertragenen Spendenobjekte wird dann ein weiterer Aspekt zur Exploration des Entscheidungsprozesses zur Vergabe von Unternehmensspenden herangezogen. Abschließend wird eine Differenzierung der Unternehmensspende vom verwandten und in der Literatur oft nur unscharf abgegrenzten Phänomen des Sponsorings vorgenommen. Hierzu spielen insbesondere die Beschaffenheit der Gegenleistung sowie die Motive und der prozessuale Ablauf des sozialen Tausches eine herausragende Rolle.

4.1. Spendenmotive von Unternehmen

4.1.1. Ökonomische Theorie der Unternehmensspende vs. Konzept der sozialen Verantwortung

Die Identifikation von Motiven vermag in einem organisationalen Zusammenhang auf den ersten Blick den Anschein eines grundlegenden Widerspruchs zu vermitteln. Handelt es sich doch bei der "Motivation" um ein hypothetisches Konstrukt zur Erklärung der Antriebe individuellen resp. personalen und nicht organisationalen Verhaltens. Motivation treibt als prozessuales Phänomen das Handeln einer Person an ('aktivierende Komponente') und richtet das Handeln auf ein Ziel aus ('kognitive Komponente')[1]. Die handlungsleitenden Motive des einzelnen Interakteurs erwachsen aus der Interaktion zwischen aktivierenden emotionalen und triebhaften Vorgängen und kognitiven Prozessen, die zu Zielbestimmungen und Handlungsprogrammen führen.[2] Von Motiven eines Unternehmens zu sprechen ist deshalb dem Grunde nach unkorrekt. "The firm is without emotion, it cannot possess the motives that result in altruistic behaviour."[3]

Die Frage der Motivation ist jedoch weniger mit der überpersonalen Gesamtheit der Organisation selbst, als vielmehr unmittelbar mit der Spendenentscheidung und den dafür verantwortlichen Entscheidungsträgern in der Organisation 'Unternehmen' verknüpft. So sind unter einem individualistisch-reduktionistischen Blickwinkel die - jedoch durch den organisationalen Kontext geprägten - kognitiven Kalküle und emotionalen Triebkräfte der beteiligten Manager für die Entscheidung über die Vergabe einer Unternehmensspende ausschlaggebend.[4] Es wäre daher präziser, von den Motiven der für die Spendenentscheidung verantwortlichen Manager oder von den die Unternehmensspendenentscheidung bestimmenden Kalkülen zu

---

[1] Zur Motivation vgl. u. a. Lindzey, G./Hall, C.S./Thompson, R.F. 1978, Hilgard, E.R./Atkinson, R.L./Atkinson, R.C. 1983, Kroeber-Riel, W. 1990.
[2] Vgl. Kroeber-Riel, W. 1990, S. 137.
[3] Whitehead, P. 1976, S. 22, ebenso Prunty, B.S. 1960, S. 467 ff.
[4] "Be that as it may, only individuals, not corporations, have interests. Once we recognize that a corporation's interest, so-called, is only reflective of decisions made by those in control of the corporation, we begin to understand some of the fundamental problems posed by the idea of corporate social responsibility." Manne, H.G. 1973, S 710.

sprechen. Demgegenüber vermag die überragende Bedeutung der Prägung der Entscheidung durch den organisationalen Kontext wie z. B. die allen erwerbswirtschaftlichen Unternehmen gemeinsame funktionale Verpflichtung gegenüber dem Ziel der Gewinnmaximierung und die daraus resultierenden institutionellen, verhaltenssteuernden Regeln eine Rechtfertigung für die Verwendung der globalen Begrifflichkeit der "Unternehmensmotive" zu liefern.[1]

In letzterem Sinne argumentieren die Arbeiten zur "Ökonomischen Theorie der Unternehmensspende", die im allgemeinen eine Verwendung der Begrifflichkeit der Unternehmensspendenmotive präferieren. Die "Ökonomische Theorie der Unternehmensspende" orientiert sich bei der Analyse der Ursachen der Spendenvergabe vornehmlich an den mikroökonomisch erklärbaren Kalkülen des Unternehmens, ohne aber - und darin besteht ihr praxeologischer Wert - die Berücksichtigung personaler Determinanten der Entscheidungsträger zu vernachlässigen. Manne (1973) führt hierzu aus: "Behaviour frequently characterized as "corporate" can be correctly understood only in terms of the interests and constraints of human agents acting out their individual roles."[2]

Zu den wesentlichen Beiträgen zur "Ökonomischen Theorie der Unternehmensspende" gehören die Arbeiten von Johnson (1966), Schwartz (1968), Nelson (1976), Levy/Shatto (1978), Maddox (1981), Mc Elroy/ Siegfried (1984), (1985), Clotfelter (1985), Galaskiewicz (1985), Useem (1987) und Navarro (1988). Den Grundstein für eine Vielzahl der Studien zur ökonomischen Analyse der Unternehmensspende und ihrer Motive legte Manne

---

[1] Vgl. Nelson, R.L. 1976, S. 4 ff.
[2] Manne, H.G. 1973, S. 709. Bei der "Ökonomischen Theorie der Unternehmensspende" handelt es sich um eine eigene Begriffsprägung, die den Zweck verfolgt, die zahlreichen - zumeist aus den USA stammenden - Arbeiten zu Motiven und Determinanten von Unternehmensspenden, die vor allem auf mikroökonomischen Theorievorstellungen basieren, in einen Gesamtzusammenhang zu stellen. Die Verwendung der Begrifflichkeit der "Ökonomischen Theorie der Unternehmensspende" ist damit begründbar, daß alle in der Folge zitierten Arbeiten zur Erklärung der Spendenmotivation von Unternehmen auf den ökonomischen Rationalitätsbegriff rekurrieren. Das formale ökonomische Rationalitätskonzept, das Maximierungsprinzip, bildet für beide, der im Rahmen der zitierten Arbeiten identifizierten Motivquellen, die entsprechende Erklärungsgrundlage. - Zum ökonomischen Rationalitätsbegriff vgl. Badelt, C. 1987. - Sowohl die Erklärung der Einflußnahme des Spendenentscheidungsträgers vollzieht sich auf der Basis des individuellen Nutzenmaximierungsprinzips, als auch die Begründung des Einflusses des organisationalen Kontextes wird unter Bezugnahme auf das Gewinnmaximierungsprinzip geleistet. Die Einführung des Begriffes der "Ökonomischen Theorie der Unternehmensspende" erscheint deshalb sowohl sachlogisch begründet, als auch zweckorientiert angebracht.

(1962), der als einer der ersten Autoren der bis dahin - vor allem auf Eells (1956) zurückgehenden - herrschenden These widersprach, daß Unternehmensspenden in erster Linie auf die Perzeption sozialer Verantwortung der Unternehmen zurückzuführen sind ("concept of corporate social responsibility"), widersprach.[1] Manne stellt heraus, daß viele Unternehmensentscheidungen - so auch die Spendenvergabe -, die auf den ersten Blick als Akt der sozialen Verantwortung interpretiert werden können, dem Grunde nach aber gewinnmaximierendes Verhalten darstellen. Unternehmensspenden erfüllen nach Manne in erster Linie die Funktion eines Public-Relations Instrumentes.[2]

Dennoch wird bis heute von einer Anzahl Autoren die These vertreten, daß sich die Motivation von Unternehmen zur Spendenvergabe vornehmlich aus der Perzeption gesellschaftlicher Verantwortung heraus speist. In diesem Sinne sieht Davies (1973) Unternehmen als "moralische Agenten" in einem gesellschaftlichen Netzwerk.[3] Gesellschaftliche Werte prägen die organisationale Spendenvergabe. Die in einer Gesellschaft vorgehaltenen Werte und die gesellschaftsorientierten Werte von Unternehmen beeinflussen sich wechselseitig. Donaldson (1983) interpretiert Unternehmensspenden als "soziale Kontrakte", die ein Netz an reziproken Rechten und Pflichten begründen.[4] Als Äquivalent für soziale Kontrakte sollten Unternehmensspenden gesellschaftsorientierten Motiven entspringen. Die Beschaffenheit bzw. Zielrichtung des Kontrakts ändert sich entsprechend den gesellschaftlichen Strukturveränderungen bzw. Wandlungsprozessen. Steiner (1975) weicht von dieser Linie zumindest teilweise ab und geht entsprechend den Motivkategorien von Individuen von einer gemischten Motivation aus, bestehend aus altruistischen und egoistischen Motiven.[5] Die für die Spendenentscheidung verantwortlichen Manager vergeben Spenden als

---

[1] Zum Konzept der "corporate social responsibility" bzw. zur Perzeption sozialer Verantwortung als Motiv für das Verhalten von Managern im allgemeinen und für die Vergabe von Spenden im speziellen vgl. u. a. Berle, A.A./Means, G. 1932, Eells, R. 1956, 1977, 1979, Heald, M. 1970, S. 46 ff, Prakash Sethi, S. 1971, Blumberg, P.I. 1972, Farmer, R.N./Jogue, D.W. 1973, Jacoby, N.H. 1973, S. 53 ff, Ackerman, R.W. 1975, Ackerman, R.W./Bauer, R.A. 1976, Brenner, S.N./Molander, E.A. 1977, Lovdal, M.L./Bauer, R.A./Treverton, N.H. 1977, Hessen, R. 1979, S. 1327 ff, Epstein, E.M. 1979, Cary, W.L./Goldschmid, H.J. 1979, S. 1247 ff, Boch, R.H. 1980, S. 5 ff

[2] Vgl. Manne, H.G. 1962 a, S. 411 ff. "Restricted grants to universities for research in areas of importance to the business bear an obvious benefit to the donor". "Corporate gifts to local community projects benefit the firm by alleviating the problem of getting along with local political powers". Manne, H.G. 1962 b, S. 60.

[3] Vgl. Davies, K. 1973, S. 313 ff.

[4] Vgl. Donaldson, T. 1983, S. 153 ff.

[5] Vgl. Steiner, G. 1975, S. 12 ff.

Reaktion auf die Perzeption ihrer gesellschaftlichen Verantwortung, obgleich diese die Kosten erhöhen und ihre langfristige Wirkung auf den Unternehmenserfolg fraglich erscheint. Kristol (1977) unterscheidet zwischen "Mandated Philanthropy", die auf sozialen Druck von Interessengruppen oder der Gesellschaft insgesamt erfolgt, "Useful Philanthropy", die sich aus dem Motiv, einen direkten Nutzen für das Unternehmen zu erhalten, speist und "Purposeful Philanthropy", die aus einer entschlossenen Haltung gegen die Dominanz des Staates bei der Bereitstellung der sozialen und Bildungsinfrastruktur resultiert bzw. ideologischen Motiven folgt.[1]

Die dem "Konzept der sozialen Verantwortung" zuzurechnenden Autoren vermuten eine positive Verknüpfung zwischen dem Motiv der gesellschaftlichen Verantwortung und dem Unternehmenserfolg. Die empirischen Ergebnisse zur Validierung der These sind jedoch nicht eindeutig. So finden Cochran/Wood (1984), Parket/Eilbirt (1975) und Wokutch/Spencer (1987) positive Korrelationen zwischen gesellschaftsorientierten Spendenmotiven und den Unternehmensgewinnen, wohingegen Kredia/Kuntz (1981) und Vance (1975) einen negativen Zusammenhang dokumentieren. Fogler/Nutt (1975) identifizieren ebenso wie Bowman/Haire (1975), Sturdivant/Ginter (1977), Alexander/Buchholz (1978), Abbott/Monsen (1979), Arlow/Gannon (1982), Auperle/Caroll/Hatfield (1985) u. a. eine uneinheitliche bzw. keine Beziehung zwischen dem Unternehmenserfolg und einer aus dem Motiv der gesellschaftlichen Verantwortung resultierenden Spendenvergabe.

---

[1] Vgl. Kristol, I. 1978a, S. 9. Obgleich in diesem Zusammenhang zitiert, zählt Kristol nicht zu den Autoren, die das "concept of corporate social responsibility" vertreten. Irving Kristol ist im Gegensatz dazu ein Exponent des radikal-liberalistischen Ansatzes, der Unternehmensspenden ausschließlich auf gewinnmaximierendes Verhalten zurückführt und sie im Werturteilszusammenhang auch nur dann akzeptiert, wenn die Transfers entweder an (Bildungs-) Einrichtungen fließen, die den Unternehmen direkten Nutzen bringen bzw. für die Ausbildung zukünftiger Mitarbeiter sorgen, oder wenn die Transfers dazu dienen "to support free enterprise". Spenden müssen nach Auffassung Kristols stärker unter dem Gesichtspunkt einer "purposeful philanthropy" bzw. "to help this nation to cure itself of the sickness of an overgoverned society" gesehen werden. Er plädiert für ein "ideological giving" von Unternehmen, das die Spende als ein Aktionsinstrument im politischen Raum versteht. "Business (...) must direct its dollars in a way that will carry its message into the hostile university world". Vgl. Lahn, S.M. 1981, S. 11. Im Zuge der "ideological giving"-Diskussion geht die Politisierung der Spende in den USA mitunter so weit, daß Aktionärsgruppen, wie z. B. die "Stockholders of World Freedom", Entschließungsanträge auf Hauptversammlungen stellen, die eine Vergabe von Spenden an links-gerichtete Organisationen verbieten. Vgl. ebenda, S. 12.

Im Gegensatz zum "Konzept der sozialen Verantwortung" arbeitet die "Ökonomische Theorie der Unternehmensspende" insgesamt zwei übergreifende Motivquellen für die Spendenvergabe heraus. Neben dem funktional bedingten Streben von Unternehmen nach Gewinnmaximierung (**'profit maximization'**) sieht die Ökonomische Theorie der Unternehmensspende das nutzenmaximierende Verhalten von Managern, die sich ihrer organisationalen Handlungsspielräume zur Vergabe von Spenden nach egoistischen Präferenzen und Interessen bedienen (**'managerial discretion'**), als grundlegende Erklärungsvariable an.[1] Die Ökonomische Theorie der Unternehmensspende betrachtet die beiden Paradigmata der 'Gewinnmaximierung' und des 'Managernutzens' dabei nicht als sich ausschließende, sondern vielmehr als sich wechselseitig ergänzende Ansätze. Eine tatsächliche Spendenentscheidung wird als komplexes Gewebe aus unterschiedlichen Motiven verstanden, die sich sowohl aus der übergeordneten Motivquelle der Gewinnmaximierung als auch aus dem individuellen Nutzenstreben des oder der an der Entscheidung beteiligten Manager speisen.[2]

Die aus der Verfolgung des Ziels der Gewinnmaximierung abgeleiteten Spendenmotive werden von Navarro (1988), mit Rekurs auf die Argumente der Gewinnmaximierungsgleichung, nach drei Betrachtungsebenen klassifiziert:[3]

1. Die Ebene der Erlössteigerung bzw. der Absatzförderung ('revenue enhancement').
2. Die Ebene der Kosteneinsparung ('cost reduction').
3. Die Ebene der steuerlichen Vorteile ('tax considerations').

Zur Verfolgung des Ziels der **Absatzförderung** werden Spenden von gewinnmaximierenden Managern als kommunikationspolitische Aktionsvariable eingesetzt. "Revenues may be increased if contributions perform a public relations function."[4] Mit Hilfe von Spendentransfers und deren kommunikativer Verwertung soll der Verkauf von Produkten entweder direkt - z. B. über

---

[1] Vgl. Clotfelter, C.T. 1985, S. 188 ff. Lediglich Whitehead (1976) identifiziert unter Bezugnahme auf Eells (1956), mit der (1) "through-the-firm consumption", (2) "corporate social responsibility" sowie der (3) "profit maximization" drei zentrale Motive für die Vergabe von Unternehmensspenden. Vgl. Whitehead, P. 1976, S. 23.

[2] Vgl. Navarro, P. 1988, S. 67.

[3] Vgl. ebenda.

[4] Clotfelter, C.T. 1985, S. 188. Clotfelter verweist auf die Steigerung der öffentlichen Akzeptanz von Produkten durch einen spendeninduzierten Goodwillaufbau von Unternehmen. Vgl. ebenso McGuire, J.B./Sundgren, A./Schneeweis, T. 1988, 854 ff, Fry, L.W./Keim, G./Meiners, R.E. 1982, S. 105 ff.

'cause-related-marketing' - oder indirekt - z. B. in Form eines 'gesellschaftsorientierten Marketing' -, über den Aufbau von Image- oder Goodwillpotentialen für das gesamte Unternehmen gefördert werden, die dann auf die einzelnen Produkte ausstrahlen.[1] 'Cause-related-marketing' koppelt Unternehmensspenden für einen sozialen Zweck direkt an den Verkauf von Produkten oder Dienstleistungen. Für jedes verkaufte Produkt spendet das Unternehmen einen bestimmten Betrag für einen karitativen Zweck.[2] Grundlage ist ein beiderseitig verpflichtender Vertrag zwischen einer spendenakquirierenden Organisation und einem Unternehmen, welcher der spendenakquirierenden Organisation für eine vereinbarte Dauer, als Äquivalent für die werbliche Nutzung ihres Namens, einen fixen Prozentsatz vom Verkaufspreis des betreffenden Produktes sichert.[3] So entschloß sich z. B. eine amerikanische Fastfood-Kette nach der schweren Erdbebenkatastrophe in Kalifornien 1989, von den Erlösen jedes verkauften Sandwiches einen bestimmten Betrag, in Begleitung massiver werblicher Hinweise, direkt als Spende an das Rote Kreuz, das mit der Versorgung der Opfer betraut war, weiterzuleiten.[4]

Als Aktionsvariable eines 'gesellschaftsorientierten Marketing' dienen Spenden allgemein als Ausweis für die Perzeption und Handlungswirksamkeit der gesellschaftlichen Verantwortung eines Unternehmens.[5] "Contributions serve to

---

[1] Fischer/Bauske (1988) verweisen am Beispiel der Kulturförderung darauf, daß der unternehmensbezogene Aspekt der "Imagepflege" einer der wichtigsten Antriebe für das gesellschaftliche Engagement von Unternehmen ist, Vgl. Fischer, H.H./Bauske, F. 1988, S. 68, ebenso Bertsch, K.A. 1983, S. 23. Bertsch spricht bei Spenden für Kunstprojekte von "high visibility grants" als unternehmenspolitischer Aktionsvariable. "If your image is bad, you buy Shakespeare." Ebenda, S. 29.

[2] Unter 'cause' faßt Nichols (1990) in einer weiten Perspektive alle Aktivitäten, die einen sozialen resp. gesellschaftlichen Nutzen stiften, zusammen. Vgl. Nichols, D. 1990, S. 28.

[3] Vgl. Kelley, B. 1991, S. 60.

[4] Vgl. Nichols, D. 1990, S. 28. Wegen der vertraglichen Fixierung von Leistung und Gegenleistung beim 'cause-related-marketing' sowie aufgrund der Dominanz des Werbemotives, sind 'cause-related-marketing'-Projekte, obgleich an dieser Stelle erwähnt, eher dem Sponsoring zuzurechnen. Zur Abgrenzung zwischen Unternehmensspende und Sponsoring vgl. im einzelnen die Ausführungen in Abschnitt 4.5.

[5] Vgl. zum "gesellschaftsorientierten Marketing" u. a. Dawson, L.M. 1969, Fässler, E. 1989, Wiedmann, K.P. 1989, Stauss, B. 1991. Kotler (1986) integriert in sein Konzept des "Megamarketing" die planmäßige Gestaltung der Austauschbeziehungen zu Nicht-Marktpartnern. "I define megamarketing as the strategically coordinated application of economic, psychological, political, and public relations skills to gain the cooperation of a number of parties in order to enter and/or operate in a given market". Vgl. Kotler, P. 1986, S. 117 ff. Mit dem "Public Marketing" entwirft Raffée (1979) ein Konzept zur systematisch-strategischen Gestaltung der Beziehungen zu gesellschaftlichen Gruppen. Als Fortentwicklung der Public Relations und Public Affairs läßt sich in den Handlungsrahmen des Public Marketing auch die Vergabe von Spenden integrieren. Vgl. Raffée, H. 1979, S. 50 ff.

create a favorable public image of the corporation, and to encourage a social and political environment conductive to its survival and prosperity. As such they are properly regarded as one of the profit-enhancing inputs to the corporation, and their use might be determined by the same principles that determine the use of other such inputs."[1] Unternehmensspenden werden von den für die Spendenentscheidung verantwortlichen Entscheidungsträgern als **"gesellschaftsorientierte Strategie"** verstanden. An ihre Vergabe ist die Erwartung geknüpft, daß die praktizierte Verantwortung jetzt oder zukünftig von den Konsumenten honoriert wird.

Das Motiv für die Vergabe von Unternehmensspenden liegt hier also in jedem Fall in der, mit Hilfe des kommunikativen Verweises auf die Spenden intendierten Verschiebung der Nachfragekurve nach den vom Unternehmen angebotenen Leistungen, bzw. in der Senkung der Preiselastizität der betreffenden Güter begründet. Der dem Ziel der Gewinnmaximierung verpflichtete Manager unterstellt dabei implizit eine Wertschätzung der Kunden für die vom Anbieter geleisteten Spenden. Das Unternehmen wird solange Spenden vergeben, bis der Grenzertrag der Spenden in bezug auf die Nachfragesteigerung gleich den Grenzkosten des Spendens ist. In Anlehnung an eine von Dorfman und Steiner (1954) für Werbeaktivitäten aufgestellte Elastizitäten-Bedingung läßt sich mit der Unterstellung des **Werbemotives** für Spenden daher nomologisch formulieren: Die unternehmensspezifische Spenden-Umsatz-Rate ('giving-to-sales ratio') steigt, wenn die Spendenelastizität der Nachfrage nach den vom Unternehmen angebotenen Gütern steigt, bzw. wenn die Preiselastizität der Nachfrage sinkt.[2]

Auf der Kostenseite zielen die Spendenmotive gewinnmaximierender Unternehmen auf die Möglichkeit ab, mit Hilfe von Spenden an soziale Zwecke die Arbeits-, Versicherungs- oder Verwaltungskosten zu senken. Der Kostensenkungseffekt beruht dabei auf der Annahme, daß die einzelnen Kostenbestandteile auch von Umwelt- und infrastrukturellen Variablen ('set of community and environmental attributes') determiniert werden, auf deren Ausprägung wiederum eine gezielte Spendenvergabe Einfluß haben kann.[3]

So sind z. B. die Arbeitnehmer u.U. bereit, auf dem Arbeitsmarkt Lohnnachteile für eine gute soziale und ökologische Infrastruktur hinzunehmen. Sichere Kindergartenplätze, ausreichende sportliche und kulturelle

---

1 Nelson, R.L. 1970, S. 9.
2 Zur "Dorfman-Steiner Bedingung" vgl. Dorfman, R./Steiner, P.O. 1954, S. 828 ff.
3 Vgl. Navarro, P. 1988, S. 68, ebenso Nelson, R.L. 1970, S. 10.

Angebote, eine engmaschige Versorgung mit sozialen Dienstleistungen für ältere Familienmitglieder oder eine intakte Umwelt sind für Arbeitnehmer diskretionäre Äquivalente zu monetärer Entlohnung. Mit einer gezielten Spendenvergabe versuchen Unternehmen deshalb die jeweilige Ausprägung der Umweltvariablen in dem für sie relevanten Arbeitsmarkt positiv zu beeinflussen. Über Spenden an Kindergärten im lokalen Umfeld stärken Unternehmen z. B. ihre Attraktivität und Verhandlungsposition gegenüber Arbeitnehmern mit Kindern. Wenn die Kosten der Spendenfinanzierung solcher Einrichtungen von den dadurch induzierten Lohnspielräumen überkompensiert werden, wird ein Beitrag an das übergeordnete Unternehmensziel der Gewinnmaximierung geleistet.[1] Whitehead (1976) weist in diesem Zusammenhang auch auf produktionskostensenkende Effekte von Spenden hin: "Profit-motivated giving may reduce production costs by improving labor-productivity or labor-management relations."[2] Darüber hinaus können Unternehmen mit einer Stärkung ihrer lokalen sozialen Infrastruktur ihre Chancen im Werben um Fach- und Führungskräfte verbessern. Mehr denn je geben heute soziale Umfeldkriterien (z. B. Kindergartenplätze, ökologische Situation, etc.) den Ausschlag bei Arbeitsplatzentscheidungen von umworbenen Fachkräften.[3]

Das von Navarro bei amerikanischen Unternehmen identifizierte **Arbeitsmarktmotiv** ('labor cost reduction motive') muß jedoch, was seine Übertragbarkeit auf deutsche Verhältnisse anbetrifft, unter Einschränkungen gesehen werden. Die weitgehend tarifliche Sicherstellung des Lohnniveaus in der Bundesrepublik sowie die im Gegensatz zu den USA im wesentlichen auf staatlichen Garantien basierende soziale und ökologische Infrastruktur relativieren mögliche Effekte von Spenden deutscher Unternehmen auf die Bereitschaft von Arbeitnehmern, auf Lohnverhandlungsspielräume zu verzichten. Dennoch gewinnen Umwelt- und soziale Infrastrukturvariable im Zuge eines sich verschärfenden Standortwettbewerbes auch in der Bundesrepublik Deutschland zunehmend an Bedeutung, so daß eine diesbezügliche motivationale Prägung

---

[1] Vgl. ebenda.
[2] Whitehead, P. 1976, S. 33, ebenso Freeman, H.L. 1992, S. 248.
[3] Vgl. Nelson, R.L. 1970, S. 41. Als Beispiel für arbeitsmarktbezogene Motive führen Morris/Biederman (1986) aus dem Bereich der Spenden an Bildungseinrichtungen die Vergabe von Unterstützungsleistungen des Exxon-Konzerns an Technische Hochschulen in den USA an. Die "Exxon-Education-Foundation" geht den landesweiten Mangel an Professoren in den Ingenieurwissenschaften mit einer Zuwendungssumme in Höhe von 16,8 Millionen Dollar innerhalb von fünf Jahren an. Mit den Spenden werden die Gehälter des Lehrkörpers an 72 Technischen Hochschulen verbessert. Ziel ist die Verbesserung der Ausbildung und die Sicherung des Bedarfs an jungen Ingenieuren. Vgl. Morris, R.I./Biederman, D. 1986, S. 23.

der Spendenvergabe auch hier Relevanz besitzen dürfte. Eine entsprechende empirische Überprüfung des Lohnsenkungsmotives steht in der Bundesrepublik bislang aber noch aus.

Unternehmen, deren Sitz sich in Regionen mit niedriger Kriminalitätsrate befindet, haben geringere Aufwendungen für Werksschutzmaßnahmen oder Versicherungen zu leisten. In der Bundesrepublik sind z. B. im Fall der Geschäftsversicherungen die Prämien nach Versicherungstarifzonen aufgegliedert, die entsprechend der Schadenshäufigkeit (u. a. von Diebstahl, Einbruch oder Zerstörung) in gegebenen zeitlichen Abständen vom Bundesverband der Sachversicherer neu bemessen werden. An der Tarifzoneneinteilung orientieren sich alle Anbieter von Versicherungsleistungen, so daß sich der Effekt der regionalen Kriminalitätsrate voll auf die Versicherungskosten für die Unternehmen auswirkt und nicht bzw. nur teilweise durch die Konkurrenz unter den Anbietern kompensiert werden kann. Gezielte Spenden zugunsten einer Stärkung der sozialen Infrastruktur können z. B. zu einer Reduzierung der Jugendkriminalitätsrate beitragen und langfristig zu einer Senkung der daraus resultierenden Versicherungskosten führen.[1] Die Spendentransfers werden daher von Unternehmen auch als Prämienzahlung für eine implizite Versicherungsleistung gegen die kollektiven Risiken von Kriminalität und Vandalismus angesehen. Das **Versicherungsmotiv** ist insofern konform mit den Kostensenkungskalkülen des Unternehmens und dient der Verfolgung des übergeordneten Gewinnmaximierungsziels.[2]

Spendentransfers an soziale Infrastruktureinrichtungen können ebenfalls auf das politische Umfeld der Unternehmen einen positiven Effekt ausüben. Sie sind in der Lage, Goodwill bei politischen Entscheidungsträgern zu produzieren, die die Wahrnehmung einer gesellschaftspolitischen Verantwortung durch Unternehmen ästimieren.[3] Dieser Goodwill kann sich gemäß dem Reziprozitätsprinzip in einer Unterstützung durch die politischen Entscheidungsträger bei unternehmenspolitischen Vorhaben bzw. der Abkürzung von Verwaltungswegen auszahlen.[4] Die Ästimation von politischen Entscheidungsträgern für Spenden an soziale Einrichtungen wird häufig durch die Tatsache bedingt resp. verstärkt, daß diese selbst Mitglieder in Verwaltungsräten, Vorständen bzw. Kuratorien von betreffenden sozialen Einrichtungen sind. Der Identifikationsgrad der politischen Entscheidungs-

---

1 Vgl. Navarro, P. 1988, S. 69.
2 Vgl. ebenda.
3 Vgl. ebenda, S. 68.
4 Vgl. Morris, R.I./Biederman, D.A. 1986, S. 23.

träger mit der Spende bzw. dem Spender steigt durch die Mitgliedschaft in Gremien von spendenakquirierenden Organisationen und die Wahrscheinlichkeit für ihre Bereitschaft eine Gegenleistung an den Spender zu erbringen erhöht sich dadurch. Mit der durch die Spendenvergabe stimulierten image- bzw. goodwillinduzierten politischen Unterstützung für das Unternehmen können sowohl kostenrelevante Sanktionen vermieden als auch bei der Durchsetzung politischer Interessen anfallende Verwaltungskosten eingespart werden. "Within this context, the cultivation of a good public image can help insulate the firm from unfavorable tax or regulatory policies, or it can help the firm gain access to favorable laws or regulations, such as relaxation of zoning restrictions or a tax abatement"[1] Das **Lobbyismusmotiv** ist daher als Kostensenkungsmotiv zu interpretieren und geht insofern konform mit der übergreifenden Motivquelle der Gewinnmaximierung.[2]

Neben der Steigerung der Einnahmen und der Reduktion der Kosten stellen unter dem Blickwinkel der Gewinnmaximierung die **steuerlichen Aspekte** der Unternehmensspende eine dritte Größe mit potentieller Relevanz für die Vergabeentscheidung dar. Unter der Annahme einer vollständigen Absetzbarkeit von Spenden zeigt Navarro in seinem Modell der Unternehmensspendenmotive, daß eine proportionale Besteuerung (t) des Einkommens jedoch keinen Einfluß auf die Vergabe von Unternehmensspenden (G) hat.[3] Den Umsatz (R) des Unternehmens sieht Navarro dabei, anknüpfend an die Erläuterungen zum Absatzförderungsmotiv, ebenso wie die Kosten (C), in Abhängigkeit von Preisen und vergebenen Spenden.

$$\text{Gewinn} = (1\text{-}t)\ (R - C - G)$$

Wie aus Bedingungen erster Ordnung deutlich wird, ist $dG/dt = 0$. Das Motiv der steuerlichen Absetzbarkeit kann daher nicht aus der übergeordneten Motivquelle der Gewinnmaximierung heraus erklärt werden. Dieser Befund von Navarro zur Bedeutung steuerlicher Aspekte für die auf Gewinnmaximierung ausgerichteten Unternehmensspenden wird von einer Reihe anderer Autoren gestützt. So belegt Clotfelter (1985) in einer zeit-

---

1   Navarro, P. 1988, S. 68.
2   Bertsch (1983) führt als Beispiel für die erfolgreiche Verfolgung des Lobbyismusmotives das Spendenengagement der Arco AG an. "Arco's sponsorship of Wolf Trap concerts resulted in an tremendous response from people in government. You walk into the departments, or the Congress, and you're identified as Arco, and there's a feeling of warmth. There's no question but that it's helpful, to our lobbying effort." Bertsch, K.A. 1983, S. 24.
3   Vgl. Navarro, P. 1988, S. 70.

raumbezogenen Analyse, daß Veränderungen der Steuersätze - unter der Maßgabe des Gewinnmaximierungsmotivs - nur den zeitlichen Aspekt der Vergabe, d. h. das **"Timing des Spendens"**, nicht aber die absolute Höhe der Spendentransfers beeinflußen.[1] "One can modify the profit-maximation model by relaxing the assumption that contributions have a contemporaneous effect on output. Suppose, instead, that contributions build a kind of goodwill that lasts over a period of years. For simplicity, consider a two-period model in which revenue is a function of total contributions in the two years. Where 'h' is a discount factor that expresses years-two amounts in terms of year-one dollars and where total contributions for the two years are fixed amount $G_0 = G_1 + G_2$, the present value of net profits for both years is:

$$V_N = (r \cdot Q(X_1, G_0) - sX_1 - G_1)(1 - t_1) + h(r \cdot Q(X_2, G_0) - s \cdot X_2 - (G_0 - G_1))(1 - t_2)$$

$Q(X, G)$ = production function
G = contributions
t = tax rate
x = other inputs
s = price of the composit input x
r = output price
h = discount factor

The profit-maximizing solution is simply to take the deduction in the year in which the present value of the deduction is greater. The net cost of the contribution will be $(1 - t_1)G_0$ in the first year and $h(1 - t_2)G_0$ in the second. Where the net price of giving is $P = 1 - t$, this implies taking the deduction in year two if $hP_2 < P_1$. Thus profit maximization is consistent with the timing of contributions according to variations over time in marginal tax rates if contributions have more than a contemporaneous effect on revenues."[2] Gewinnmaximierende Unternehmen bestimmen das "Timing" ihrer Spendenvergabe in Abhängigkeit von der Erwartung der zukünftigen Entwicklung der Steuersätze. In Zeiten hoher Einkommensbesteuerung werden deshalb tendentiell relativ hohe Spendenvolumina von Unternehmen vergeben.

Die Inkompatibilität von Steuermotiv und Gewinnmaximierungsstreben läßt jedoch keine generelle Aussage über die Wirksamkeit von steuerlichen Anreizen für die Spendenentscheidung von Unternehmen zu. Levy/Shatto (1978) belegen z. B. auf Basis aggregierter Zeitreihendaten aus der

---

[1] Vgl. Clotfelter, C.T. 1985, S. 189.
[2] Ebenda, S. 189.

Einkommensteuerstatistik amerikanischer Unternehmen von 1946-1972, daß die Höhe der Spendentransfers von Unternehmen sehr wohl auch vom **"Steuerpreis der Spende"** (Spende x (1-t)), d. h. dem tatsächlichen Spendenbetrag abzüglich der wirksam gewordenen Anrechnung auf die zu zahlende Einkommen- bzw. Körperschaftsteuer abhängt. "The level of aggregate corporate giving primarily depends upon the costs of giving, i.e., tax rates. (.....) As tax rise, so does corporate giving."[1] Steigen die Steuern bzw. die steuerliche Bezugsgrundlage, d. h. das zu versteuernde Einkommen, sinkt der Steuerpreis der Spende und der Anreiz zur Spendenvergabe steigt. Infolge dessen steigen auch die Unternehmensspenden.

Der empirische Befund, daß der Steuerpreis der Spende für die Spendenvergabeentscheidung von Unternehmen Relevanz besitzt, läßt den Schluß zu, daß neben den reinen Gewinnmaximierungskalkülen auch andere Spendenmotive existieren. Schwartz (1968) trägt diesem Umstand mit der Differenzierung in zwei Arten von Spendenmotiven Rechnung. Er unterscheidet bei den Spendenmotiven entsprechend deren Grundausrichtung zwischen Ausgabenorientierung und philanthropischer Orientierung.[2] "The donations of corporations can represent both an ordinary business expenditure and through-the-firm consumption".[3] Bei der Ausgabenorientierung ist die Vergabe von Unternehmensspenden an die Erwartung geknüpft, daß die Ausgabe sich als einnahmensteigernd auswirkt.[4] Die Unternehmensentscheidungsträger erwarten von Spenden, daß sie das Unternehmensimage verbessern und infolgedessen die Nachfragekurven nach den Produkten oder Dienstleistungen des Unternehmens in positive Richtung verschieben. Auf der Kostenseite sollen Spenden eine Stärkung der sozialen Infrastruktur des Unternehmens bewirken und damit positive Effekte für den internen und externen Arbeitsmarkt induzieren. Das Motiv der Ausgabenorientierung ist in diesem Sinne konform mit der Forderung nach der Maximierung des Unternehmensgewinns. Für Schwartz sind Spenden dann als "Quasi-Input-" bzw. "Produktionsfaktoren" aufzufassen. Das Komplement des Grenzsteuersatzes (1-t) berührt das Entscheidungskalkül ihrer Vergabe nicht.[5] Eine mögliche Steuerersparnis wird im Rahmen einer Ausgabenorientierung der

---

[1] Vgl. Levy, F.K./Shatto, G.M. 1978, S. 23. Ebenso argumentieren Bennett, J.T./Johnson, M.H. 1980, S. 136 und Nelson, R.L. 1970, S. 9.
[2] Vgl. Schwartz, R.A. 1968, S. 481.
[3] Ebenda, S. 480.
[4] "Giving is motivated by an increased monetary return." Ebenda.
[5] Vgl. ebenda.

Entscheidungsträger nicht als additives Motiv zu gewinnmaximierungs-orientierten Motiven entscheidungswirksam.[1]

Als zweite Motivquelle beschreibt Schwartz mit der **philanthropischen Orientierung** das Streben der Unternehmensentscheidungsträger nach persönlichem, direktem Nutzen, der nicht einer ökonomischen Rationalität entspringt. Der Eigentümer oder Manager des Unternehmens befriedigt seine persönlichen philanthropischen Bedürfnisse mit Hilfe der Vergabe von Unternehmensspenden. Er nützt seine Handlungsspielräume und verfolgt über den Verbrauch von Unternehmensressourcen eigene resp. private Ziele. Schwartz bezeichnet diesen Vorgang deshalb als **"through-the-firm-consumption"**.[2] Bei Spenden liegt dann dem Grunde nach ein "non-business use of funds" vor. "Through-the-firm consumptions" ergeben sich vor allem in eigentümergesteuerten Unternehmen. Die Eigentümer können hier entscheiden, ob sie die Spende entweder über das Unternehmen vergeben ('through-the-firm') oder als private Spende aus den Gewinnausschüttungen ihres Unternehmens leisten. Die Entscheidung des Unternehmers über die Art der Vergabe orientiert sich dabei an der jeweiligen Höhe des individuellen Steuersatzes und des Unternehmenssteuersatzes. Wenn der Steuersatz des Unternehmens höher ist als der persönliche Steuersatz des Eigentümerunternehmers, ist der Steuerpreis der Spende im Fall der Unternehmensspende geringer. Für den Eigentümerunternehmer ist dann eine Abwicklung des Spendentransfers über das Unternehmen vorteilhafter. "It is that corporate managers or owners substitute corporate giving for personal giving because of relative cost savings. Assuming a greater marginal tax rate for the firm than for the individual, the after-tax cost of a corporate gift is less than that of a personal gift of equal amount."[3]

Die philanthropische Orientierung von Managern ist oft auf eine Orientierung am Wohlergehen Dritter gerichtet und entspricht damit altruistischer Motivation bei privaten Spenden. Spenden werden vom Entscheidungsträger

---

[1] Die Frage der tatsächlichen steuerrechtlichen Behandlung von Unternehmensspenden ist hier für die Klärung der Entscheidungskalküle bzw. Spendenmotive bei Schwartz nicht entscheidend. Obwohl Spenden im Gegensatz zum Sponsoring nicht als Produktionsfaktoren resp. betrieblicher Aufwand (Werbeaufwand) verrechnet werden können, sondern vom Fiskus ausschließlich als eine Verwendungsart des Gewinns vor Steuern eingestuft werden, kann das Unternehmen sie als solche auffassen. Die Spendenmotive können damit unter den Bereich der Gewinnmaximierung subsumiert werden, mit der Folge, daß der Genuß der steuerlichen Förderung als Motiv für die Spendenvergabe keine Bedeutung besitzt. Vgl. dazu Clotfelter, C.T. 1985, S. 193.
[2] Vgl. Schwartz, R.A. 1968, S. 480.
[3] Whitehead, P.J. 1976, S. 23.

- in Übereinstimmung mit ihrer steuerrechtlichen Behandlung - als ein Substitut zu alternativen Strategien der Gewinnverwendung, z. B. der Dividendenausschüttung, gesehen. Nutzenmaximierende Manager schöpfen hierzu ihre Handlungsspielräume bei der Strategiedefinition aus. Da die Gewinnverwendung immer direkt an die Besteuerung gekoppelt ist, spielen dann steuerliche Motive für die Spendenvergabe eine bedeutende Rolle. Schwartz argumentiert, daß Unternehmensspenden als "through-the-firm consumption" aufzufassen sind, wenn eine signifikante Beziehung zwischen dem Steuerpreis der Spende und der Spendentätigkeit besteht. Immer wenn mit der Vergabe von Unternehmensspenden individuelle Ziele des Managers verfolgt werden, sind auch steuerliche Kalküle für die Spendenentscheidung relevant.[1] Die steuerlichen Anreize sind jedoch keine motivationale Triebfeder an sich, sondern vielmehr als Determinante der Spendenentscheidung aufzufassen.[2] Die steuerlichen Vorteile können nie alleine Ursache der Spendenvergabe von Unternehmen sein, da bei Spenden immer eine Nettozahlung verbleibt. In Verbindung mit anderen Motiven werden sie jedoch verstärkend wirksam. Nelson (1972) schreibt den steuerlichen Anreizen deshalb eine dominante Rolle zu, da die anderen immateriellen Gratifikationen unsicherer sind bzw. oft erst mit erheblicher Zeitverzögerung realisiert werden können. "As a result, the immediate and certain tax savings that accompany contributions may weigh more heavily in a corporation's contributions decision."[3]

---

[1] Vgl. Schwartz, R.A. 1968, S. 483, ebenso Whitehead, P.J. 1976, S. 16.

[2] "Contributions are made because of the corporation's desire to participate in solving problems. The fact that there is a tax advantage in giving is of secondary importance. It costs more dollars to give than not to give - after tax or by any other criterion." Harris, J.F./Klepper, A. 1976, S. 43.

[3] Nelson, R.L. 1970, S. 9. Der personenbezogene resp. philanthropische Hintergrund für die Erklärung der Wirksamkeit von steuerlichen Anreizen für die Vergabe von Spenden ist jedoch nur eine mögliche Kausalitätsquelle. Es ist ebenso denkbar, daß aus der Steuerersparnis an sich eine Gratifikation für den Spender erwächst. Durch die steuerliche Anrechnung der Spende verringert sich die Abführung des Unternehmens an den Staat. Unterstellt man eine generelle Distanz zwischen Unternehmen und dem Fiskus resp. aus Sicht des Unternehmens die Perzeption einer Antagonistenrolle des Fiskus, so können Spenden auch als **"Instrument im Rahmen der Interaktion mit den Finanzbehörden"** interpretiert werden. Dem Spender erwächst eine Gratifikation aus der bloßen Tatsache des Vorenthaltens von Steuerabführungen nach dem Motto: "Hauptsache, das Finanzamt bekommt mein Geld nicht." Darüber hinaus eröffnet die Spende dem Spender die Möglichkeit, direkt und aktiv auf die Produktion öffentlicher Güter einzuwirken, wenn der Staat vom spendenden Unternehmen primär als Produzent öffentlicher Güter angesehen wird. Eine Fehlallokation der Ressourcen durch die auf politischem - und damit aus Sicht eines Unternehmens nicht unbedingt effizientem - Wege zustandegekommene Allokationsentscheidung des Staates kann aus Sicht der individuellen paternalistischen Präferenzen des Spenders in Höhe der Steuerersparnis verhindert werden.

Mit der Differenzierung der Unternehmensspenden in konsum- und ausgabenorientierte Transfers greift Schwartz über den von einer konsequenten Verfolgung des Gewinnmaximierungsprinzips gesteckten Erklärungsrahmen hinaus. "The significant response of corporate giving to a tax determined price is meaningful evidence that corporate donations are not simply profit motivated, (...), however a profit incentive does appear to be a significant force which motivates corporate giving."[1] Die Spendenentscheidung von Unternehmen wird nicht alleine auf der Basis von Gewinnmaximierungskalkülen erklärt. Gewinnstreben ist eine notwendige, aber keine hinreichende Bedingung für das Zustandekommen von Spendentransfers. Der Spendenfluß wird von Schwartz jedoch nicht stringent einer der beiden Kategorien der Orientierung zugewiesen, sondern sein Modell dient lediglich dem generellen Nachweis der Relevanz von Motiven, die über die Verfolgung der Gewinnmaximierung hinausgehen. Die tatsächliche Spendenentscheidung ist vielmehr eine Entscheidung unter gemischter Orientierung. Sie setzt sich aus einem Bündel simultan wirksamer Motive zusammen, die sich sowohl aus der übergeordneten Quelle der Ausgabenorientierung als auch aus einer philanthropischen Konsumorientierung der Entscheidungsträger speisen.[2]

Die "Ökonomische Theorie der Unternehmensspende" führt mit dem Streben der an der Spendenvergabeentscheidung beteiligten Manager nach individueller Bedürfnisbefriedigung ('managerial discretion') eine alternative bzw. ergänzende Erklärungsgrundlage für die Motive zur Vergabe von Unternehmensspenden an, die nicht der übergeordneten Motivquelle der Gewinnmaximierung zuzurechnen sind. Sie rekurriert dabei auf den Transaktionskostenansatz von Oliver Williamson (1963).[3] Das traditionelle "Managerial Discretion"-Modell von Williamson basiert auf der Annahme der Trennung von Eigentums- und Verfügungsgewalt in Unternehmen. Das mangelnde Kontrollpotential bzw. die mangelnde Kontrollpräferenz der Kapitaleigner eines Unternehmens eröffnet nutzenmaximierenden Managern Handlungsspielräume, unternehmenspolitische Entscheidungen nicht ausschließlich im Sinne der Nutzenmaximierung der Kapitaleigner. d. h. entsprechend dem Prinzip der Gewinnmaximierung, sondern zur Befriedigung eigener Ziele und Präferenzen zu fällen. Die mangelnde Kontrollfähigkeit der Eigentümer wird dabei mit der insbesondere bei Kapitalgesellschaften zu verzeichnenden Trennung von Eigentums- und Verfügungsrechten erklärt. Die Manager sind im Besitz der Verfügungsrechte über die Ressourcen des

1   Schwartz, R.A. 1968, S. 496.
2   Vgl. ebenda.
3   Vgl. Williamson, O.E. 1963, S. 1032 ff., 1964, 1985.

Unternehmens, d. h. sie treffen die laufenden Entscheidungen im Unternehmen - so auch die Entscheidungen über die Vergabe von Spenden -, wohingegen die Eigentümer nur über das Eigentumsrecht verfügen, d. h. die Verfügungsrechte an die Manager delegiert haben. Eine Kontrolle der Manager bei der Ausübung von Verfügungsrechten verursacht den Kapitaleignern Kosten, die als Transaktionskosten bezeichnet und erfaßt werden können.[1] Transaktionskosten umfassen all jene Kosten, die bei der Bestimmung, dem Austausch, der Überwachung und der Durchsetzung von Verfügungsrechten enstehen.[2] Sie werden vom Eigentümer nur aufgewendet, wenn höhere Interaktionsvorteile realisierbar sind. Das heißt, je höher die Transaktions- bzw. Kontrollkosten, desto größer sind die Handlungsspielräume der Manager vom Gewinnmaximierungsziel abzuweichen, mit der Folge, daß aus der Sicht des Eigentümers wachsende positive und negative Externalitäten auftreten. Gäbe es bei der Kontrolle der Manager durch die Eigentümer des Unternehmens keine Transaktionskosten, könnte kein Manager, der nicht selbst zugleich einen beherrschenden Kapitalanteil besitzt, Ressourcen des Unternehmens für Zwecke verwenden, die nicht Gewinnmaximierungs-, sondern eigenen Nutzenmaximierungszielen entsprechen.[3]

Solche negativen Externalitäten können in speziellen, von Managern präferierten Ausgaben ('**preferred expenditures**'), wie z. B. "unnecessary luxurious office suites, excess staff, lavish expense accounts, salaries above those of necessary to retain managers" bestehen.[4] In den Rahmen der 'preferred expenditures' fügt sich auch die Vergabe von Spenden ein, die in erster Linie aus dem Motiv des Strebens der Manager nach Status, Prestige, sozialer Anerkennung und gesellschaftlichem Einfluß resultieren.[5] Manager vergeben Spenden an soziale Zwecke, um sich selbst Respekt und Anerkennung bei einer sozial interessierten Zielgruppe zu verschaffen. Nicht das Interesse des Unternehmens, sondern der eigene Drang zur Bedürfnisbefriedigung dominiert die Spendenentscheidung. Manne (1973) vertritt die Ansicht, daß aus Sicht der Manager auch Machtmotive für die Spendenvergabe eine Rolle spielen. "Individuals do receive pleasure from exercising the power to distribute

---

1 Eine eindeutige Operationalisierung und Quantifizierung von Transaktionskosten ist bis heute aber nicht möglich.

2 Vgl. Alchian, A.A./Demsetz, H. 1973, S. 18. Zur Theorie der Verfügungsrechte und zur Bestimmung der Transaktionskosten siehe ebenso Demsetz, H. 1968, S. 33 ff, Coase, R.H. 1974, S. 384 ff, Alchian, A.A. 1974, Furubotn, E.G. 1972, S. 1137 ff, Tietzel, M. 1981, S. 207 ff, Steinmann, H./Schreyögg, G. 1984, S. 273 ff.

3 Vgl. Manne, H.G. 1973, S. 718.

4 Navarro, P. 1988, S. 70.

5 Vgl. Jensen, M.C./Meckling, W.H. 1976, S. 348, Siegfried, J.J./McElroy, K.M./Biernot-Fawkes, D. 1983, S. 88 ff.

wealth to others."[1] Als Auslöser für Unternehmensspenden sind aber ebenso altruistische bzw. philanthropische Motive von Managern denkbar.[2]

Die Nutzenmaximierung der Manager stößt dort an ihre Grenzen, wo die Kosten der Kontrolle für die Eigentümer geringer sind als die durch ihre Verhinderung realisierten Einsparungen resp. Steigerungen des ausschüttbaren Gewinns. Spenden können von Managern nur dann als Nutzenmaximierungsstrategie eingesetzt werden, wenn ein minimaler Gewinn erreicht wird, der die Eigentümer davon Abstand nehmen läßt, die Manager auszutauschen oder ihre Kapitalanteile an Dritte zu veräußern.[3] Folglich läßt sich der Teil der Spenden, welcher über das zur Gewinnmaximierung erforderliche Maß hinaus geht, als eine präferierte Ausgabe interpretieren, die den individuellen Nutzenmaximierungszielen der Manager dient. "In this characterization, then, the profit motive may be regarded as being nested within the utility motive. That is, some level of giving may be consistent with profit maximization, but we can allow for the possibility that managers may choose to contribute at a level above the profit optimum to enhance their utility."[4] Die Manager maximieren den diskretionären Profit, der sich aus der Differenz zwischen dem Gewinn nach Steuern und dem minimalen Gewinn, der verhindert, daß die Unternehmenseigner die Manager austauschen oder das Unternehmen von Fremden gekauft wird, ergibt.[5]

Diskretionärer Gewinn = Gewinn nach Steuern - Minimaler Gewinn

---

[1] Manne, H.G. 1973, S. 719.
[2] "Corporate giving is easily channeled into the pet projects of decision makers, particularly those that impart prestige and political power to corporate officers." Bertsch, K.A. 1983, S. 32.
[3] Vgl. Navarro, P. 1988, S. 71.
[4] Ebenda.
[5] Navarros Modell weicht hier vom klassischen "Managerial Discretion Model" Williamsons ab, der den diskretionären Gewinn als endogene Variable der Nutzenfunktion des Managers versteht. Navarro sieht den diskretionären Gewinn dagegen als Mittel, um die präferierten Nutzenargumente zu befriedigen bzw. zu finanzieren und nicht als eine nutzenspendende Variable an sich. Vgl. Williamson, O.E. 1964, S. 31. Die Unterschiede in der Behandlung des diskretionären Gewinns haben Auswirkungen auf die Beurteilung der Wirksamkeit von Steuermotiven. Bei Williamson wird der negative Einkommenseffekt durch den positiven Substitutionseffekt überkompensiert. Höhere direkte Steuersätze erhöhen die diskretionären Ausgaben wie z.B. die Spendenvergabe ($dG/dt > 0$). Wenn der diskretionäre Gewinn exogen ist, bleibt nur der negative Einkommenseffekt, was bei Steuererhöhungen geringere Spendentransfers durch die Unternehmen zur Folge hat ($dG/dt < 0$.

Damit ist eine Relationsbeziehung für die Vergabe von Unternehmens-spenden geschaffen, die sowohl gewinn- als auch nutzenmaximierende Motive berücksichtigt. Spenden können im Sinne der Gewinnmaximierung einen instrumentellen Einfluß auf den Unternehmensgewinn ausüben sowie in bezug auf die Gewinnverwendung unmittelbar den individuellen Nutzen-kalkülen der Entscheidungsträger dienen.

4.1.2. Empirische Studien zu Spendenmotiven von Unternehmen

Die Hypothesen der "Ökonomischen Theorie der Unternehmensspende" können in einer Reihe von empirischen Untersuchungen bestätigt werden (z. B. Levy/Shatto 1978, Bennett/Johnson 1980, Maddox 1981, McElroy/ Siegfried 1985, Clotfelter 1985). Besondere Aufmerksamkeit gebührt dabei der Arbeit von Navarro (1988), der auf Basis von Umfragedaten von 249 der größten amerikanischen Unternehmen (Fortune Double 500 Directory) das gesamte Motivset der "Ökonomischen Theorie der Unternehmensspende" getestet hat. Navarro kommt zu dem Ergebnis, daß sowohl nachfrage- als auch kostenorientierte Motive die Spendenentscheidung von Unternehmen beeinflussen. Die Spendenvergabe von Unternehmen steigt im Verhältnis zum Umsatz, wenn die Preiselastizität der Nachfrage nach Leistungen des Unternehmens sinkt und wenn die Ausgaben für Werbeaktivitäten steigen. Unternehmensspezifische Faktoren, die für eine hohe Präferenz für Werbe- und Marketingaktivitäten verantwortlich sind, veranlassen die Unternehmen ebenso zu einer verstärkten Spendenvergabe.[1] Werbeausgaben sind jedoch mehr eine symptomatische als eine kausale Variable für die Spendenvergabe.[2] Sie können die Spendenentscheidung nicht erklären, aber spendensuchenden Organisationen als Indikator für die Spendenbereitschaft von Unternehmen dienen.

Eine signifikante Abhängigkeit des Anstiegs der Spendenbereitschaft für so-ziale Einrichtungen in der direkten Umgebung des Unternehmens vom Grad der Arbeitsintensität der Leistungserstellung kann Navarro ebenfalls bestäti-gen.[3] Je stärker der Einsatz des Produktionsfaktors Arbeit ist, desto größer sind die möglichen Kostensenkungs- bzw. Arbeitsmarkteffekte von Spenden und infolgedessen die Anreize zu ihrer Vergabe. Mit einem Anstieg des "Tritt-

---

1 Vgl. Navarro, P. 1988, S. 78, ebenso Frey, L.W./Keim, G./Meiners, R.E. 1982, S. 98.
2 Vgl. ebenda, ebenso Schwartz, R.A. 1968, S. 492.
3 Vgl. Navarro, P. 1988, S. 86, ebenso Nelson, R.L. 1970, S. 41, 67.

brettfahrerproblems" ('free rider problem'), resp. der Tatsache, daß Mitarbeiter anderer Unternehmen, die sich im Wirkungsbereich der Spendentransfers befinden, von den sozialen Effekten der Spenden profitieren, ohne selbst Zuwendungen zu leisten, sinkt dagegen die Vergabebereitschaft. Die Bedeutung der Nutzenmaximierungsmotive von Managern kann Navarro insgesamt nur schwach bestätigen. Die aus dem Ziel der Gewinnmaximierung abgeleiteten Motive dominieren i.d.R. die Spendenentscheidungen von Unternehmen. Das Motiv der Steuerersparnis wirkt sich lediglich auf die zeitliche Verteilung, nicht aber auf die absolute Höhe der Spenden aus.

In einer Befragung von 92 Geschäftsführern und Vorständen von Unternehmen aus dem Landkreis Karlsruhe kann Notheis (1992) den Befund eines rationalen Zugangs vieler Unternehmen zur Spendenvergabe bestätigen. Die Orientierung an der Maxime der Gewinnmaximierung bestimmt in erheblichem Umfang die Spendenentscheidung der Unternehmensmanager. So spielt für 30% der befragten Manager die Publizität ihrer Spendentätigkeit resp. das Motiv der Öffentlichkeitsarbeit eine entscheidende Rolle. Für ein Viertel der Unternehmen ist der Public Relations-Effekt zumindest teilweise von Bedeutung. Darüber hinaus besitzt die steuerliche Absetzbarkeit aus Sicht der Unternehmensmanager eine dominante Stellung. Ohne die Realisierung steuerlicher Vorteile ist die Motivation zur Spendenvergabe geringer.[1] Persönliche Motive der Entscheidungsträger wie die Kompensation eines schlechten Gewissens, religiöse Motive, die Leistung eines Beitrages zum "sozialen Frieden" oder die individuelle Befriedigung durch die Tatsache, ein "gutes Werk" zu tun, sind dagegen von geringerer Bedeutung. Sie können jedoch im Einzelfall als Elemente des Motivbündels durchaus signifikante Relevanz gewinnen.[2]

Die simultane Relevanz von Gewinn- und Nutzenmaximierungsmotiven für die Vergabe von Unternehmensspenden findet auch bei Galaskiewicz (1985) im Rahmen der "Minneapolis-St.Paul-Studien" Bestätigung. Auf der Basis systematischer Analysen der Spenderstrukturen in den beiden Städten können Galaskiewicz und Mitarbeiter sowohl die Tatsache, daß Manager mit der Vergabe von Spenden ihr eigenes Sozialprestige in ihrem gesellschaftlichen Umfeld zu verbessern suchen - d. h. Spenden als zusätzliches "immaterielles Gehalt" bzw. "soziale Währung" verstehen (**contributions-as-**

---

[1] Vgl. Notheis, D. 1992, S. LII.
[2] Vgl. ebenda.

social-currency"-These)[1] - als auch die Existenz von langfristigen Reziprozitätserwartungen, die sich am Unternehmensziel der Gewinnmaximierung orientieren (**"contributions-as-enlightened-self-interest"**- und **"contributions-as-public-relations"-These**), herausarbeiten.[2] Unternehmen sind bereit, auf kurze Sicht "Opfer" in Form von Spenden hinzunehmen, um ihre langfristigen Interessen, die z. B. in einer intakten sozialen Umwelt bestehen, zu sichern. Mit der Maxime "Was gut ist für die Gesellschaft, ist auch gut für das Unternehmen" engagieren sich Unternehmen in ausgewählten sozialen Feldern.[3] Zum gleichen Ergebnis kommen in empirischen Studien auch Harris/Klepper (1976), Arlow/Gannon (1982) und White/Bartolomeo (1982).[4] Unternehmen vergeben ihre Zuwendungen demnach auf der Basis eines "aufgeklärten Selbstinteresses" und "scheuen sich dabei nicht, ihre Suche nach förderungswürdigen Empfängern damit zu beginnen, daß sie die indirekten Vorteile diskutieren, die aus gezielt gegebenen Spenden fließen."[5]

Fischer/Bauske (1988) belegen in einer Studie zu Motiven und Prozessen der Förderung kultureller Zwecke die Relevanz des Einflusses persönlichen Nutzenstrebens der Unternehmensentscheidungsträger. Die Befragung aller Mitgliedsfirmen der IHK-Vollversammlungen in der Bundesrepublik Deutschland ergibt, daß in 44,8% der Unternehmen das "persönliche Interesse der Unternehmensleitung an Kunst" neben anderen Motiven, die dem Gewinnmaximierungsstreben zuzurechnen sind wie etwa der Image- und Kundenpflege oder der Mitarbeitermotivation, als eine zentrale Triebfeder für die Vergabe von Zuwendungen an kulturelle Einrichtungen wirksam

---

[1] "Corporate contributions become a way to fulfill the CEO's own status aspirations.", Galaskiewicz 1985, S. 57.

[2] "Companies gave because they were pressured to give by philanthropic leaders, and they anticipated that these business leaders would recognize them not only as socially responsible companies but as successfull business ventures in return. In other words, the recognition and acceptance they expected to receive was the selective incentive that motivated them to give and, just as Olson (1965) would have it, we found that this recognition was indeed bestowed upon those who decided to give." Galaskiewicz, J. 1985, S. 71. Baumol (1970) charakterisiert das aufgeklärte Selbstinteresse als Euphemismus, "which refers to a combination of factors: the public pressures for a "socially responsible" stance on the part of the firm, the social conscience of management, and its hope that its own contributions will serve as an example to others." Baumol, W.J. 1970, S. 16.

[3] Vgl. Galaskiewicz, J. 1985, S. 84 ff.

[4] Vgl. Harris, J.F./Klepper, A. 1976, S. 17 ff, Arlow, P./Gannon, M. 1982, S. 235 ff, White, A.H./Bartolomeo, J. 1982, S. 62 ff.

[5] Morris R.I./Biederman D.A. 1986, S. 19. Zorn (1990) spricht von "sublimiertem Eigeninteresse". Vgl Zorn, W. 1990, S. 38.

wird.[1] Dieser Befund kann als weitere empirische Bestätigung der Nutzen-maximierungsthese gewertet werden.

Reasons Cited by Corporate Representatives for Corporate Contributions to Charitable Organizations*	
Questions: "Why do you believe that your company gives money to charitable organizations?" "How important are contributions/foundation activities for realizing corporate objectives?" "Explain."	Percentage of companies that give this reason among other reasons (*N* = 104)
1. Corporate business strategy .	45.2
Improve public relations/image in the community.	22.1
Improve employee relations/help employees.	13.5
Improve customer relations/use as a marketing strategy.	13.5
Appease business peers.	15.5
Get business through charity contacts.	1.9
Stimulate sale of products.	1.0
Improve shareholder relations.	1.0
Tax benefits.	1.9
2. Enlightened self-interest	29.8
A better community helps to attract and retain employees.	7.7
A better community means better business for us and others.	9.6
Investing in NPOs could have payoffs that benefit all of business.	14.4
Corporate citizenship could be threatened.	2.9
3. Moral obligation/social responsibility	67.3
Civic duty/social responsibility to the community.	34.6
Improves community environment for everyone.	10.6
NPOs do good things and are a value to the community.	12.5
It's the morally right thing to do.	4.8
Giving is good for people.	1.9
An obligation to pay back community where we got profits.	10.6
Altruism.	4.8
4. Noblesse oblige	9.6
The wealthy have an obligation to help the less fortunate.	1.9
It's a tradition.	7.7
The upper class has an obligation to participate in community affairs.	1.0
5. Miscellaneous	35.6
It's better for the private sector to support NPOs than public sector.	6.7
It's more efficient for the private sector to support NPOs than public sector.	2.9
Executives use company contributions to support their favorite charities.	13.5
Religious commitment of CEO.	5.8
To get solicitors off our backs.	6.76
6. No real rationale for giving.	7.7

Abbildung 4.1:   Spendenmotive von Unternehmen. Ergebnisse einer Befra-gung US-amerikanischer Unternehmen von J. Galaskiewicz

Die "Ökonomische Theorie der Unternehmensspende" identifiziert somit ins-gesamt **zwei** praxeologisch relevante und empirisch begründete **Motivquellen** für die Vergabe von Unternehmensspenden:

1. Das Streben des Unternehmens bzw. seiner Entscheidungsträger nach Gewinnmaximierung.
2. Das Streben der Entscheidungsträger mit Hilfe individueller Handlungsspielräume eigenen Nutzen zu maximieren.

---

  [1] Vgl. Fischer, H.H./Bauske, F. 1988, S. 64 ff.

Als derivate Triebkräfte, die sich aus der Motivquelle der Gewinnmaximierung ableiten, werden neben dem "Werbemotiv", das "Arbeitsmarktmotiv", das "Versicherungsmotiv" und das "Lobbyismusmotiv" angeführt. Seitens der nutzenmaximierenden Manager stellt die Ökonomische Theorie der Unternehmensspende vor allem das Streben nach Stärkung des eigenen Sozialprestiges und die Erlangung von gesellschaftlichem Einfluß als Motivation für Spendentransfers heraus. Insgesamt läßt sich die Vergabe von Unternehmensspenden nicht eindeutig einer der beiden Motivquellen zuweisen. Die tatsächliche Spendenentscheidung ist vielmehr ein komplexer, **multimotivationaler Prozeß**, dessen Handlungsleitung sich aus Elementen beider Motivquellen speist. Nelson (1970) spricht deshalb metaphorisch, in Anlehnung an die Idee des Warenkorbes bei der Berechnung von Preisindizes, vom "market basket of philanthropy".[1] Im "Motivkorb der Unternehmensspende" sind Elemente beider Motivquellen vorhanden. Mit der Vergabe von Unternehmensspenden versucht der Manager sowohl der Gewinnmaximierung resp. den Zielen der Kapitaleigner als auch - entsprechend der vorhandenen Handlungsspielräume - seinen eigenen Präferenzen Rechnung zu tragen. Die Konzeption eines Marketingansatzes zur Akquisition von Unternehmensspenden muß daher beide Motivquellen entsprechend berücksichtigen.

---

[1] Nelson, R.L. 1970, S. 40.

4.2. Spendenentscheidungsprozeß von Unternehmen

Mit der Erörterung der Spendenmotive ist eine erste Identifikation von Entscheidungsparametern bzw. der den Unternehmensspenden zugrundeliegenden motivationalen Triebfedern geleistet worden. Damit ist aus der Sicht der spendenakquirierenden Organisation der grundlegende inhaltliche Bezugspunkt für die Ansprache von Spenderunternehmen definiert. Wie und auf welchem Wege die fundamentalen Bezugspunkte und Orientierungen im Rahmen der Spendenvergabe zum tragen kommen, wird dagegen durch den prozessualen Ablauf der Spendenentscheidung bestimmt. Dabei sind unter dem Gesichtspunkt der Entwicklung von Ansatzpunkten und Strategien zur Akquisition von Unternehmensspenden vor allem die unmittelbar und mittelbar am Spendenentscheidungsprozeß beteiligten Organisationsmitglieder und externen Einflußträger sowie die einzelnen Elemente bzw. Phasen der Spendenentscheidung relevant.

4.2.1. Phasen der Spendenentscheidung

Die Spendenentscheidung läßt sich in unterschiedliche inhaltliche Komponenten aufgliedern, die entsprechend ihrer sachlogischen und prozessualen Verknüpfung als Phasen beschrieben werden können.[1] Die Abfolge der einzelnen Entscheidungsphasen bzw. der strukturelle Aufbau der Entscheidungskomponenten muß dabei in praxi nicht zwingend der hier fortan gewählten Vorgehensweise entsprechen. Die Phasen sind in der Spendenentscheidungswirklichkeit weniger als temporale Schrittfolge, denn als sich wechselseitig bedingende und miteinander verknüpfte Systemelemente zu verstehen. Keine der Phasen ist ohne die andere denkbar. Jede der Phasen trägt zur Erstellung der Gesamtheit der Spendenentscheidung bei. Jede der Phasen orientiert sich dabei an der Ausprägung der anderen Entscheidungsphasen. Die Entscheidung über die Spendenhöhe kann so z. B. nicht losgelöst von der Entscheidung über den Spendenempfänger und vice versa gesehen werden.

---

[1] Vgl. Knauft, E.B. 1989, S. 265. Knauft hat im Rahmen seiner Studie 48 US-amerikanische Unternehmen in Form von gestützen Interviews - die durchschnittliche Interviewdauer betrug 90 Minuten - befragt, die über ein hohes Spendenbudget und mindestens über einen Mitarbeiter verfügen, der sich hauptamtlich mit der Vergabe von Spenden beschäftigt,

Die Spendenentscheidungsphasen bzw. Teilentscheidungen werden von phasenspezifischen Entscheidungsinputs und phasenbezogenen Entscheidungsdeterminanten beeinflußt. Diese selektiven Informationsinputs speisen sich zum einen aus den Entscheidungsoutputs anderer Spendenentscheidungsphasen, den phasenbezogenen internen Erfahrungswerten und zum dritten aus phasenexternen Informationsquellen. Als phasenbezogener Entscheidungsoutput läßt sich z. B. die Auswahlentscheidung über einen Spendenempfänger charakterisieren, die entsprechend der Bedürfnislage des gewählten Spendenempfängers einen bestimmten Entscheidungsrahmen für die Wahl der Spendenhöhe oder die Bestimmung der Materialität der Spendenobjekte vorgibt. Zu den phasenexternen Informationsquellen zählen neben den spendergerichteten Informationsströmen von seiten spendenakquirierender Organisationen auch strukturelle Spendenentscheidungsdeterminanten wie die individuelle Leistungsfähigkeit des Spenderunternehmens und die spendenrelevante Umweltsituation. Im Rahmen der phasenbezogenen Erfahrungswerte weisen die Entscheidungsphasen einen deterministischen Selbstbezug auf. Die Unternehmen treffen ihre Entscheidung über die Spendenempfänger oder die Spendenhöhen u. a. auf der Basis bisheriger Gewohnheiten und Erfahrungswerte.[1]

Der Spendenentscheidungsprozeß läßt sich insgesamt in drei Phasen differenzieren. Neben der grundsätzlichen Entscheidung über die Spendenvergabe bedarf es der Bestimmung des Spendenempfängers sowie der Entscheidung bezüglich der Spezifität der zu übertragenden Spendenobjekte. Letztere Phase kann weiter in die Teilkomponenten der Bestimmung der Materialität und des Wertes der Spendenobjekte untergliedert werden.

Zu Beginn bzw. als Voraussetzung für den Prozeß der Spendenvergabe muß zunächst im Unternehmen die grundsätzliche Entscheidung über die Vergabe von Spenden getroffen werden. Die Grundsatzentscheidung orientiert sich dabei an den Zielen des Unternehmens bzw. den expliziten oder impliziten spendenbezogenen Verhaltensregeln der Spendenentscheidungsträger. Ohne eine positive Einstellung des Unternehmens zur Spendenvergabe ist die Aktivierung der nachfolgenden Spendenentscheidungsphasen nicht möglich. Ein Einstieg in den weiteren Spendenentscheidungsprozeß unterbleibt. Als Determinanten der grundsätzlichen Vergabeentscheidung sind neben den strukturellen Parametern der. Unternehmens- und Umweltsituation, wie z. B. der Ertragslage des Unternehmens oder der allgemeinen konjunkturellen Situation, vor allem die Spendenmotive und

---

1 Vgl. Notheis, D. 1992, S. XLVII.

Philosophien der Unternehmensentscheidungsträger resp. ihre Ausprägung und handlungsleitende Stärke relevant.

Die grundsätzliche Entscheidung über die Vergabe einer Spende wird in den weiteren Phasen des Spendenentscheidungsprozesses konkretisiert. Der Spendenentscheidungsträger muß einen Spendenempfänger auswählen.

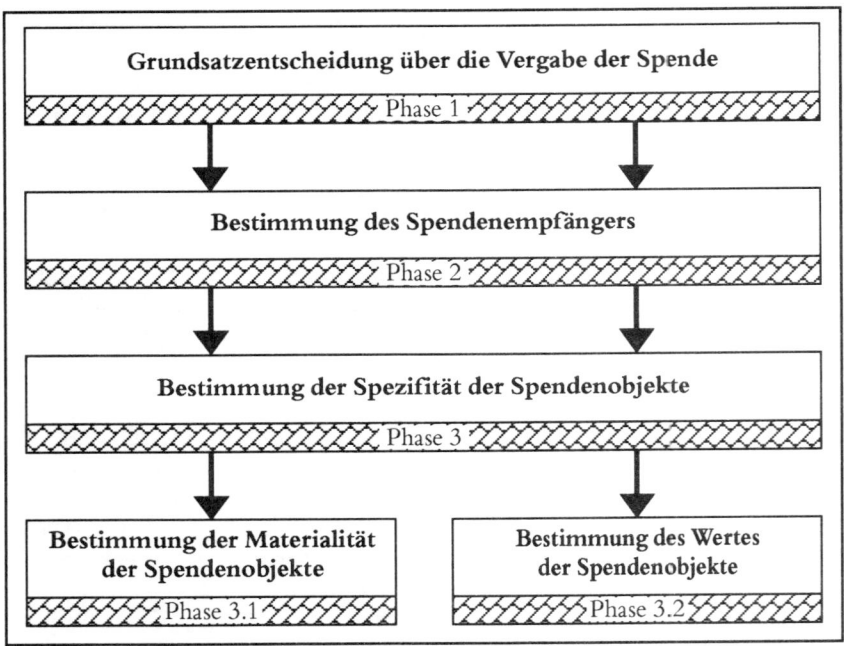

Abbildung 4.2: Der Spendenentscheidungsprozeß

Dieser Auswahlprozeß erfolgt entweder **reaktiv** in Form eines Bewertungsvorgangs als Antwort auf ein an das Unternehmen gerichtetes Spendengesuch einer spendenakquirierenden Organisation, oder **aktiv**, als selbstinduzierte Suche nach relevanten Spendenempfängeralternativen und ihrer entscheidungsorientierten Beurteilung. In praxi ist eine aktive zielorientierte Suche nach Spendenempfängern nur in Ausnahmefällen anzutreffen.[1] Die Spendenentscheidungen von Unternehmen vollziehen sich in der Regel in Form von ungeplanten Einzelfallentscheidungen. Nur wenige Unternehmen

---

126   [1] Vgl. Knauft, E.B. 1989, S. 265.

besitzen eine explizite Spendenstrategie, an der sich die konkrete Auswahlentscheidung über den Spendenempfänger ausrichtet.[1]

Zu den Determinanten für die Auswahl der Spendenempfänger zählt neben dem Thema bzw. dem Inhalt des Spendenprojektes, der Lokalität und dem Image des Spendenempfängers auch die subjektive Wertschätzung des Spendenentscheidungsträgers für die Person des Sammlers, die in direkten Kontakt zum Unternehmen tritt.[2] Die Persönlichkeit und Fähigkeit des Spendensammlers bzw. des Mitarbeiters der spendenakquirierenden Organisation kann zu einem zentralen Einflußfaktor für die Entscheidung über den Spendenempfänger werden.[3] Für viele Unternehmen, vor allem Unternehmen kleinerer und mittlerer Größe, spielen vorhandene Geschäftsbeziehungen zu spendenakquirierenden Organisationen eine Rolle. Aus ökonomischen Tauschbeziehungen zu spendenakquirierenden Organisationen entstehen implizite Verpflichtungshaltungen, die in praxi dazu führen können, daß beispielsweise ein Automobilhändler bevorzugt Spenden an Organisationen vergibt, die entsprechende Fahrzeuge bei ihm erwerben bzw. erworben haben.[4]

An die Wahl des Spendenempfängers schließt sich die Phase der Entscheidung über die Spezifität der zu transferierenden Spendenobjekte an. Der Spendenentscheidungsträger muß die Materialität und den Wert der Spendenobjekte festlegen. Als Entscheidungsalternativen stehen ihm im Fall der Materialität neben dem Transfer von Geld, auch Sachgüter oder Dienstleistungen zur Verfügung. Je nach spezifischer Situation des Unternehmens bzw. individueller Ausprägung der Bedürfnislage des Spendenempfängers können die unterschiedlichen Materialitäten der Spendenobjekte in ihrer Vorteilhaftigkeit variieren. Als Kriterien für die Vorteilhaftigkeitsentscheidung werden aus Sicht des spendenden Unternehmens neben Kostengesichtspunkten auch Wirkungsaspekte in bezug auf die involvierten Spendenmotive und die Problemlösungskapazität gegenüber den Spendenempfängern herangezogen. Der Wert der Spendenobjekte richtet sich vor allem an der bisherigen Vergabepraxis, der spezifischen situativen finanziellen Leistungsfähigkeit des Unternehmens und den spendenzweckbezogenen Erforder-

---

[1] Ebenda.
[2] Vgl. Notheis, D. 1992, S. XLIV ff.
[3] Vgl. ebenda, S. XLV. Die Person des Sammlers ist nach Angaben von 74% der von Notheis (1992) befragten Unternehmen für die positive Beantwortung einer Spendenanfrage von Bedeutung. Es kann somit im Rahmen der persönlichen Spendenansprache von Unternehmen von einem "Sammler-Bias" gesprochen werden.
[4] Vgl. ebenda.

nissen aus. Unterschiedliche Spendenzwecke erfordern unterschiedliche Einsätze von Spendern. Bei kleinen Projekten mit finanziell eng abgesteckten Rahmen wird zum Beispiel bereits ein kleiner Betrag als angemessen bzw. sozial erwünscht angesehen. Ein fixes jährliches Spendenbudget ist nur in wenigen Fällen als Orientierungsrahmen für die Determination des Wertes der einzelnen Spendenzuwendungen vorhanden.[1]

Wie die Ermangelung eines definierten Spendenbudgets symptomatisch verdeutlicht, erfolgt der tatsächliche Spendenentscheidungsprozeß in der Mehrheit der Unternehmen nicht im Rahmen eines strategischen Planungkonzeptes. Ein systematischer Zugang zur Spendenvergabe ist i.d.R. bei den Spendenentscheidungsträgern nicht festzustellen.[2] Spezifische spendenbezogene Zielhierarchien und strategische Spendenstoßrichtungen finden als Orientierungsrahmen für die Spendenentscheidung in praxi bislang kaum Verwendung. Der Spendenentscheidungsprozeß kann daher insgesamt gesehen eher als "strategisch unfundiert" und "reaktiv" charakterisiert werden. Die Aktivierung des Spendenentscheidungsprozesses geht nicht selbsttätig und geplant vom Unternehmen bzw. seinen Spendenentscheidungsträgern aus, sondern muß durch die Spendenanfrage bzw. das Spendenmarketing der spendenakquirierenden Organisation stimuliert werden. Dieses Einflußpotential gilt es aus Sicht der spendenakquirierenden Organisation mit Bezug auf die differenzierten idealtypischen Entscheidungsphasen, entsprechend phasenspezifisch geltend zu machen.

4.2.2. Spendenentscheidungsträger

Anknüpfend an die Darstellung der Phasen der Spendenentscheidung kommt der Frage, welche Organisationsmitglieder eine aktive Rolle in der jeweiligen Phase bzw. in bezug auf die jeweiligen Elemente der Spendenentscheidung spielen, zentrale Bedeutung zu. Der spendenakquirierenden Organisation obliegt die Aufgabe, bei potentiellen Spenderunternehmen die

---

[1] Vgl. Notheis, D. 1992, S. XLVII ff. Für die Schweiz ermitteln Grüsser/Pfister (1990) auf der Basis einer Befragung von 620 schweizer Klein- und Mittelbetrieben, daß 21,3% der Unternehmen über ein festes Budget für gemeinnützige Aktivitäten verfügen. Bei 18,7% besteht dabei ein Budget für die Förderung von Sportaktivitäten, bei 12% für Kulturförder-Maßnahmen und bei 7,6% für die Unterstützung der Kunst. Mit 67,6% geben aber die Mehrheit der Unternehmen an, in keinem dieser Bereiche über ein festes Budget zu verfügen. Dies trifft besonders auf Unternehmen mit bis zu 100 Mitarbeitern zu (71,8%). Hingegen besteht nur bei 50,9% der Unternehmen mit über 100 Mitarbeitern kein festes Budget für die angeprochenen Betätigungsfelder. Vgl. Grüsser, B./Pfister, D. 1990, S. 15.

[2] Vgl. Knauft, E.B. 1989, S. 265.

betreffende Spendenentscheidungsträgerstruktur auszumachen, um darauf aufbauend eine gezielte Ansprache der für die Spendenentscheidung des Unternehmens relevanten Personen mit möglichst geringem Ressourceneinsatz leisten zu können. Nur wenn der spendenakquirierenden Organisation bewußt ist, wer im Unternehmen angesprochen bzw. informiert werden muß, kann der Informationsfluß im Rahmen der Spenderansprache zielgerecht und kosteneffizient gesteuert werden. Nur wenn die Informations- und Kompetenzströme im Unternehmen bekannt sind, kann die spendenakquirierende Organisation verhindern, daß ihre ausgesandten Spendeninformationen den Spendenentscheidungsträger als eigentlichem Adressaten nicht erreichen und damit finanzielle Mittel im Rahmen der Spenderansprache erfolglos eingesetzt werden. In der Folge werden daher unterschiedliche Entscheidungsträgerstrukturen und -modelle der Praxis diskutiert und prospektiv für eine, über den Rahmen dieser explorativen Untersuchung hinausgehende weiterführende empirische und theoretische Analyse erschlossen.

Der Prozeß der Spendenentscheidung kann dabei innerhalb oder außerhalb des Unternehmens vollzogen werden. Wird die Entscheidungskompetenz von Mitgliedern des Unternehmens im Rahmen des betrieblichen Ablaufes ausgeübt, kann von einer organisationsinternen Spendenentscheidung gesprochen werden. Überträgt das Unternehmen dagegen die konkrete Spendenentscheidung auf Strukturen oder Personen, die außerhalb der Organisation des Unternehmens stehen, liegt der Fall einer Externalisation der Spendenvergabe vor. Im Rahmen des organisationsinternen Spendenentscheidungsprozesses sind in praxi je nach Entscheidungsmodus bzw. Anzahl der beteiligten Spendenentscheidungsträger unterschiedliche Entscheidungsmodelle differenzierbar. Neben dem bei deutschen Unternehmen weit verbreiteten Modell der autoritären Entscheidung des Unternehmers oder Geschäftsführers besitzt das vor allem in den USA praktizierte Modell der Spendenentscheidung mittels Spendenkomitees praktische Relevanz. Eine Externalisation der Spendenentscheidung kann sich entweder über die Gründung von Stiftungen oder die Zuführung von Mitteln an Unternehmensspendenpools vollziehen.

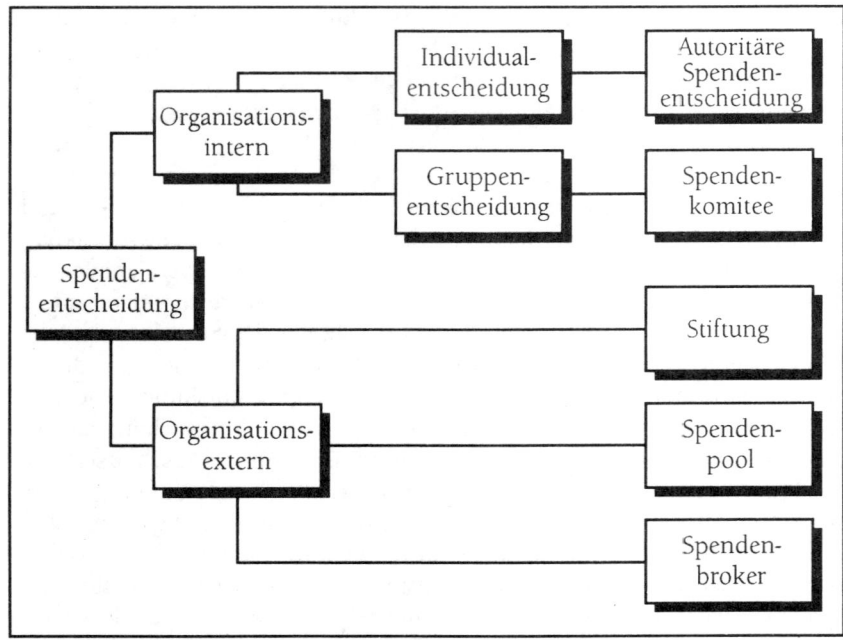

Abbildung 4.3:   Entscheidungsmodelle für die Vergabe von
                  Unternehmensspenden

4.2.2.1. Modell der Spendenkomitees

In einer empirischen Studie zur Exploration von unternehmensinternen
Spendenentscheidungsprozessen konstatiert Knauft (1986), daß tendentiell
mehrere Managementebenen und Personen an der Spendenvergabeentscheidung beteiligt sein können.[1] Für die USA arbeitet er ein typisches
akteurbezogenes Strukturmodell des Spendenentscheidungsprozesses in
Unternehmen heraus. Als zentralen strukturellen Baustein des Modells
identifiziert Knauft die Multipersonalität des Spendenentscheidungsprozesses
in Form der "Spendenkomitees". Unter Spendenkomitees versteht er
unternehmensinterne, multipersonale Gremien, die sich mit den Zielen und
Elementen der Spendenentscheidung beschäftigen und die Vergabeparameter
für Spenden nach gemeinsamer Diskussion festlegen. Spendenkomitees
kommen vor allem in solchen Unternehmen zum Einsatz, die einen

---

[1] Vgl. Knauft, E.B. 1986, ebenso Knauft, E.B. 1989, Murphy, D.J. 1982, S. 20.

professionellen Zugang zur Spendenvergabe haben, d. h. in denen sich spezielle Mitarbeiter oder ganze Abteilungen qua Delegation der Unternehmensspitze explizit um die Spendenentscheidungen kümmern. Gibson (1982) zeigt, daß mit zunehmender Größe der Unternehmen die Wahrscheinlichkeit der Gründung von Spendenkomitees zunimmt. Je größer das Unternehmen, desto stärker wird der Formalisierungsgrad und die Komplexität des Spendenentscheidungsprozesses. In kleineren Unternehmen ist der Strukturierungsgrad dagegen geringer. Informelle Strukturen bestimmen die Spendenentscheidung. Die Entscheidung beruht zumeist auf der schnellen Beurteilung und Beantwortung der Spendenbitte durch den Geschäftsführer oder Vorstand.[1]

Der in Spendenkomitees involvierte Personenkreis variiert interorganisational. Die Komitees setzen sich je nach organisationsspezifischem Stellenwert der Spende entweder aus Mitarbeitern ('**contributions committee**') oder aus Mitgliedern des Vorstandes ('**board committee**') zusammen. In größeren Unternehmen ist auch ein mehrstufiger Entscheidungsprozeß unter Hinzuziehung von Vorstands- und Mitarbeiterkommitees anzutreffen. Knauft identifiziert hierzu die in Abbildung 5.3. dargestellte Entscheidungshierarchie. Die Elemente mit durchgezogenen Linien markieren die Hierarchieebenen, die in allen Unternehmen an der Spendenentscheidung beteiligt sind. Mit gebrochenen Linien markierte Elemente sind dagegen nur in wenigen Unternehmen vorhanden. Die Höhe des jährlichen Spendenbudgets wird in der Regel auf Vorschlag des für Spenden zuständigen Mitarbeiters ('**contributions manager**') und nach Rücksprache mit dessen Linienvorgesetzten, vom Vorstandsvorsitzenden ('CEO') bzw. Geschäftsführer des Unternehmens festgelegt.[2] Der Vorstand oder ein Vorstandskomitee entscheidet dann abschließend über den budgetierten Spendenbetrag. Die Spendenziele und die für eine Förderung priorisierten Spendenzwecke und Empfängerkreise werden von den für Spenden zuständigen Mitarbeitern entwickelt und i.d.R. von einem Spendenkomitee diskutiert und überarbeitet. Die Vorschläge werden dann dem Vorstandskomitee oder zumindest dem Vorstandsvorsitzenden zur Entscheidung vorgelegt. Der Einfluß des Vorstandsvorsitzenden oder Geschäftsführers ist somit von zentraler Bedeutung. Entscheidungen über die Höhe und die Spezifität einzelner Zuwendungen obliegen dem für Spenden zuständigen Spendenkomitee. Häufig ist aber ein

---

[1] Vgl. Gibson, B.E. 1982, S. 52.
[2] Vgl. Knauft, E.B. 1989, S. 267.

bestimmter Spendenbetrag festgesetzt, bei dessen Überschreiten die Zustimmung des Vorstandes oder dessen Vorsitzenden eingeholt werden muß.[1]

Interne Spendenkomitees sind Schlüsselentscheidungsträger. Sie variieren mitunter erheblich in bezug auf ihre Zusammensetzung, ihre Kompetenz und ihren Aktionsradius.[2] Je nach organisationsspezifischer Ausprägung der Faktoren können Spendenkomitees aktive und kreative Impulse für die Spendenentscheidungen eines Unternehmens geben und die grundlegende Spendenpolitik bestimmen. Die Mitgliedschaft in Spendenkomitees ist daher für gewöhnlich dem höheren und mittleren Linienmanagement sowie Leitern von Stäben vorbehalten. Einige Unternehmen integrieren Mitarbeiter und Angestellte ohne Leitungskompetenz in die Spendenkomitees. Eine gemischte Gremienzusammensetzung ist vor allem in Unternehmen mit allgemein starker Partizipationsorientierung bei allen betrieblichen Entscheidungen anzutreffen. Mit Knauft lassen sich somit vier grundlegende Charakteristika von Spendenkomitees herausarbeiten:

1. They are vested with considerable authority, take their work seriously, and genuinely assist the contributions manager.

2. They spread the work of thinly staffed contributions units and capitalize on the technical expertise and interests of the company staff.

3. They are sometimes used to expose "fast track" operating managers to external experiences and issues in preparation for senior management positions.

4. Some companies rotate their committee members regularly. It takes time to orient new members but rotation changes enlarges the number of employees who are knowledgeable about contributions, and many of them come to enjoy this activity.[3]

---

[1] Vgl. ebenda, S. 268.
[2] Vgl. ebenda, ebenso Galaskiewicz, J./Burt, R.S. 1991, S. 91, Troy, K. 1982, S. 3.
[3] Knauft, E.B. 1989, S. 268.

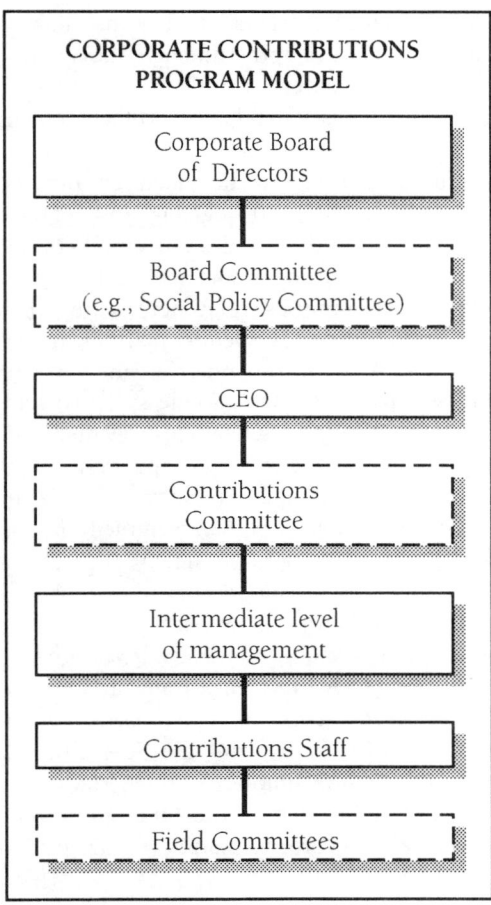

CORPORATE CONTRIBUTIONS
PROGRAM MODEL

Corporate Board
of Directors

Board Committee
(e.g., Social Policy Committee)

CEO

Contributions
Committee

Intermediate level
of management

Contributions Staff

Field Committees

Quelle: Knauft, E.B. (1989), S. 266.

Abbildung 4.4:   Spendenentscheidungshierarchie in US-amerikanischen
Unternehmen

Bei den Untersuchungsergebnissen von Knauft gilt es allerdings zu beachten,
daß das amerikanische Board-System nicht deckungsgleich mit dem deutschen System der Trennung in Vorstand und Aufsichtsrat gesehen werden
kann. Im Gegensatz zur Aufgabenabgrenzung von Vorstand und Aufsichtsrat
vereinigt das Board-System Geschäftsführung und Kontrolle in einem
Gremium (Vereinigungssystem), dem Board. In US-amerikanischen
Unternehmen vertritt ein 'Board of Directors' die Gesellschaft rechtlich nach
außen, wählt und beruft die leitenden Manager, verwaltet das Vermögen im

133

Interesse der Aktionäre und entscheidet über die Gewinnverwendung. In praxi setzt sich der Board aus hauptberuflichen Managern ('inside directors') und ehrenamtlichen Mitgliedern ('outside directors') zusammen. Die Geschäftsführung obliegt faktisch den hauptberuflichen Managern.

Knauft untersucht in seiner Studie darüber hinaus ausschließlich Unternehmen, die über eine strategisch angelegte und elaborierte Spendenpolitik verfügen und die mindestens eine Person hauptamtlich für das Management der Spendenprogramme abgestellt haben. Diese strukturellen Besonderheiten des Samples relativieren die Übertragbarkeit der Ergebnisse auf die Verhältnisse des Spendenmarktes in der Bundesrepublik. Im Gegensatz zu den USA, wo die Spendenvergabe von Unternehmen einen weitaus größeren Stellenwert besitzt, ist eine systematische Spendenpolitik mit eigenen Ressorts und Mitarbeiterstäben in Deutschland nicht anzutreffen.[1] Auch in großen Unternehmen wird die Spendenkompetenz in der Regel von Vorständen oder Linienmanagern ausgeübt.[2] Explizite Spendenabteilungen sind nicht vorhanden. Lokale Zweigniederlassungen bzw. deren Niederlassungsleiter verfügen nur in geringem Umfang über Spendenkompetenz. Das Public Relations Ressort besitzt in seltenen Fällen ein eigenes Spendenbudget. Dennoch kann das aufgezeigte Modell der Spendenkommitees für zukünftige Entwicklungen auch in der Bundesrepublik an Bedeutung gewinnen. Ein stetig steigender Druck auf die Unternehmen zur Übernahme gesellschaftlicher Verantwortung seitens der Konsumenten, der Drang nach Partizipation der Mitarbeiter und die Suche nach neuen Differenzierungspotentialen auf eng umkämpften Märkten können der Perzeption der Notwendigkeit eines systematischen und strategisch geplanten multipersonalen Vergabeentscheidungsprozesses in Form der Involvierung von Spendenkomitees Vorschub leisten.[3]

---

[1] Zum Stellenwert der Unternehmensspendenvergabe in den USA, vgl. Harvey, J.W./McCrohan, K.F. 1988, S. 16 ff. Als Gründe für die unterschiedliche Ausprägung der Spendenvergabe von Unternehmen können neben einem höheren gesellschaftlichen Druck auf die Unternehmen, infolge fehlender staatlicher sozialer Sicherungssysteme und Dienstleistungen, auch die umfangreiche steuerliche Förderung und das allgemein höhere Sozialprestige von Spendern in den USA angeführt werden. Vgl. Notheis, D. 1992, S. 86.

[2] Vgl. Notheis, D. 1992, S. XLVIII. In Unternehmen mit mehr als 100 Beschäftigten wird die Entscheidung über eine Spendenvergabe teilweise im Team der Geschäftsleitung getroffen. Vgl. ebenda.

[3] Zur gesellschaftlichen Verantwortung von Unternehmen Vgl. u. a. Raffée, H./Wiedmann, K.P. 1983a, 1984.

4.2.2.2. Modell der autoritären Spendenentscheidung

Im Gegensatz zum amerikanischen Modell des mehrstufigen, multipersonalen Spendenentscheidungsprozesses unter Einbeziehung von Spendenkomitees, ist auf dem deutschen Spendenmarkt bei Unternehmen eine signifikante Tendenz zu unipersonalen Spendenentscheidungen vorhanden. In fast allen Unternehmen wird die Entscheidung über die Vergabe einer Spende von der Person des Geschäftsführers, Eigentümerunternehmers oder Vorstandsmitgliedes selbst getroffen. Nur in wenigen Fällen, zumeist Unternehmen mit über 100 Beschäftigten, entscheidet die Geschäftsleitung im Team über die Spendenvergabe.[1] Explizite, ausschließlich zu Zwecken der Spendenvergabe zusammentretende Gremien wie etwa die Spendenkomitees nach amerikanischem Vorbild, existieren in deutschen Unternehmen i.d.R. nicht. Spendenentscheidungen sind "Chefsache". Der Geschäftsführer behält sich eine Entscheidung über die besondere Art der Gewinnverwendung vor. Er hat im Falle einer Kapitalgesellschaft die Entscheidungen auch persönlich gegenüber den Kapitalgebern zu verantworten.

Das Modell der autoritären Spendenentscheidung besitzt sowohl in kleinen als auch bei großen Unternehmen praktische Relevanz.[2] Vor allem bei Personengesellschaften bzw. eigentümergesteuerten Unternehmen herrscht der Grundgedanke vor: "Der Gewinn gehört mir, also entscheide ich auch selbst darüber". Die Unternehmensspende wird hier sehr stark personifiziert. In großen Unternehmen mit regional gestreuten Zweigniederlassungen oder Zweigwerken verfügen in Ausnahmefällen die Niederlassungsleiter in geringem Umfang über Kompetenzen zur Spendenvergabe. Eine entscheidungsbezogene Rückkoppelung mit der Zentrale ist jedoch auch hier die Regel.

Die Spendenentscheidungsträger orientieren sich bei ihrer Entscheidung zum einen am primären Unternehmensziel der langfristigen Gewinnmaximierung (aufgeklärtes Selbstinteresse) und zum anderen an den individuellen Bewertungsmaßstäben gemäß persönlicher Nutzenkategorien.[3] Das Ausmaß, in dem persönliche oder familiäre Interessen für die Spendenvergabe-

---

1   Vgl. Notheis, D. 1992, S. XLVIII. Zur rechtlichen Diskussion der Spendenkompetenz der Geschäftsführung vgl. Vorderwülbecke, M. 1989, S. 505 ff.
2   Vgl. Notheis, D. 1992, XLIX. Grüsser/Pfister (1990) belegen für die Kulturförderung in der Schweiz, daß bei 91.9% der Klein- und Mittelbetriebe die Organisation, Planung, Entscheidung und Kontrolle der Fördermaßnahmen ausschließlich durch die Firmenleitung bzw. den Besitzer vorgenommen wird. Vgl. Grüsser, B./Pfister, D. 1990, S. 37.
3   Vgl. hierzu Abschnitt 4.1 über Spendenmotive von Unternehmen.

entscheidung eine Rolle spielen, ist u. a. von Typ und Größe des Unternehmens abhängig. In kleinen, eigentümer- oder familiengesteuerten Unternehmen geben vor allem private Aspekte den Ausschlag für die Vergabeentscheidung. "The objectives of the owners and the business are more thoroughly intermingled, and the giving decisions are more likely to reflect the personal preference of the owner-manager."[1] Der Unternehmer schleust die private Spende über das Unternehmen an die spendenakquirierende Organisation, um im Fall eines höheren Steuersatzes des Unternehmens steuerliche Vorteile zu realisieren. Im Sinne von Schwartz (1968) liegt dann eine Spende als "through-the-firm-consumption" vor. In großen Unternehmen mit gestreutem Aktienbesitz orientieren sich die für die Spendenentscheidung verantwortlichen Manager dagegen stärker an organisationalen Zielen. Ohne die Bedeutung der Handlungsspielräume von Managern zur Verwirklichung eigenen Nutzenstrebens zu vernachlässigen, ist die Spendenentscheidung hier "more likely to be made in terms of broad, nonpersonal objectives, the corporation is viewed as an institution having an existence independent of the individuals associated with it."[2]

4.2.2.3. Modell der Externalisation der Spendenentscheidung

In den bisher dargestellten Modellen der Spendenentscheidung vollzieht sich der Prozeß der Spendenvergabe ausschließlich innerhalb des Unternehmens. Sowohl beim Modell der Spendenkomitees als auch im Fall der für deutsche Unternehmen typischen autoritären Spendenentscheidung sind es Mitglieder des Unternehmens, die im Rahmen ihrer betrieblichen Funktion und Kompetenz über den Transfer von Spenden entscheiden. Die Kosten des Entscheidungsprozesses entstehen dabei unmittelbar im Unternehmen. Sowohl die direkten Kosten der Spende in Höhe des Transferbetrages, als auch die Transaktionskosten des Entscheidungsprozesses fallen direkt im Unternehmen an.

Um die Transaktionskosten der Spendenentscheidung zu verringern bzw. aus dem Unternehmen auszulagern, verfügen Unternehmen als Alternative zur organisationsinternen Abwicklung des Spendenentscheidungsprozesses über die Option der Externalisierung ihrer Spendenentscheidung. Spendenwillige Unternehmen können die eigentliche Spendenentscheidung aus dem Unternehmen auslagern und ihre philantropischen Aktivitäten z. B. in eine

---

[1] Nelson, R.L. 1970, S. 32, vgl. ebenso Orlowski, P./Wimmer, G. 1992, S. 29.
[2] Nelson, R.L. 1970, S. 32.

Stiftung einbringen. Die Zuwendung an entsprechende Spendenzwecke erfolgt dann durch die Stiftung im Rahmen der vom betreffenden Stifterunternehmen bei der Gründung der Stiftung festgelegten Bandbreite der Verwendungszwecke. Die Entscheidungsträger des Unternehmens werden mit Hilfe der Externalisation der Spendenentscheidung vor weiteren, direkt an sie gerichteten Spendenanfragen abgeschirmt.[1] Die Spendenentscheidung kann durch die Bündelung von Kapital - damit wird die Unterstützung größerer und langfristiger Spendprojekte möglich - bzw. eine Hinzuziehung von Fachleuten qualifiziert werden. Über den Rahmen von Stiftungen hinaus, stehen Unternehmen mit der Gründung von "Unternehmensspendenpools" oder der Beauftragung von "Spendenbrokern" weitere Externalisierungsvarianten zur Reduktion von Entscheidungs- bzw. Transaktionskosten zur Verfügung.

4.2.2.3.1. Unternehmensstiftungen

Bei Stiftungen handelt es sich um Güteraussetzungen und Güterverselbständigungen unter eigenständiger Organisation.[2] Unternehmen lagern im Zuge der Gründung einer Stiftung Vermögensteile aus dem Unternehmen aus und bringen diese als Stiftungskapital in den rechtlichen Mantel der Stiftung ein. Die Stiftungen tragen dabei, wie am Beispiel der "Robert Bosch Stiftung" ersichtlich, zumeist den Namen des finanzierenden Unternehmens.

Das handelnde Organ der Stiftung ist der Stiftungsvorstand. Sowohl die grundsätzliche Entscheidung über die Vergabe einer Spende als auch die Auswahl des konkreten Leistungsempfängers bzw. des Wertes und der Spezifität der Transferobjekte obliegt dem Vorstand. Er besteht i. d. R. aus mehreren Personen. Im Vorstand der Stiftung sind gewöhnlich neben ehrenamtlich tätigen Experten oder Honoratioren, die über Kompetenzen und Verbindungen in den Betätigungsfeldern der Stiftung verfügen, auch Mitglieder des für die Gründung verantwortlichen Unternehmens vertreten. So kann von einem signifikanten Einfluß des Stifterunternehmens auf die unmittelbare Vergabepraxis der Stiftung ausgegangen werden. Die im Stiftungsvorstand vertretenen Unternehmensvertreter besitzen zumeist Geschäftsführungsrang. Es sind gewöhnlich Mitglieder des Vorstandes oder des Aufsichtsrates des Stifterunternehmens. Durch die unmittelbare

---

[1] Vgl. Cmiel, K./Levy, S. 1980, S. 3.
[2] Vgl. Berkel, U./Neuhoff, K./Schindler, A./Steinsdörfer, E. 1989, S. 18, Bertsch, K.A. 1983,
     S. 5.

Involvierung von Unternehmensvertretern in die Spendenvergabeentscheidungspraxis der Stiftung bleibt auf der einen Seite die Verzahnung der Interessen von Stiftung und Unternehmen gewahrt. Auf der anderen Seite verringert sich dadurch das realisierbare Transaktionskostenreduktionspotential.

Name	Rechtsform [1]	Mill. DM
Volkswagen-Stiftung	St.pr.R.	2.180,5
Robert Bosch Stiftung GmbH	GmbH	741,7
Bayerische Landesstiftung	St.ö.R.	607,0
Alfried Krupp von Bohlen und Halbach-Stiftung	St.pr.R.	524,9
Oberfrankenstiftung	St.ö.R.	375,0
Wilhelm Sander-Stiftung	St.pr.R.	346,1
Gemeinnützige Hertie-Stiftung zur Förderung von Wissenschaft, Erziehung, Volks- und Berufsbildung	St.pr.R.	319,1
Hilfswerk für behinderte Kinder	St.ö.R.	224,3
Stiftung F.V.S.	St.pr.R.	190,0
Körber-Stiftung	St.pr.R.	155,0
Dr. Mildred Scheel-Stiftung für Krebsforschung	nr.St.pr.T.	154,5
Fritz Thyssen-Stiftung	St.pr.R.	134,4
Zeppelin-Stiftung	nr.St.ö.T.	128,6
Stiftung Stahlanwendungsforschung	St.pr.R.	113,0
Deutsche Bank Stiftung »Hilfe zur Selbsthilfe«	St.pr.R.	109,0
Kölner Gymnasial- und Stiftungsfonds	St.ö.R.	100,0
Stiftung des Landes Niedersachsen für berufliche Rehabilitation Behinderter	St.ö.R.	82,0
Gemeinnützige Hermann-Niermann-Stiftung	St.pr.R.	76,0
Stiftung van Meeteren	St.pr.R.	74,3
Possehl-Stiftung	St.pr.R.	70,1
Hermann und Lilly Schilling-Stiftung für medizinische Forschung	nr.St.pr.T.	55,7
Dr. Wilhelm Heinrich Heraeus und Else Heraeus-Stiftung	St.pr.R.	54,4
Nordrhein-Westfalen-Stiftung Naturschutz, Heimat- und Kulturpflege	St.ö.R.	53,0
insgesamt		6.868,6

GmbH	= Gesellschaft mit beschränkter Haftung
nr.St.ö.T.	= nichtrechtsfähige Stiftung in öffentlicher Trägerschaft
nr.St.pr.T.	= nichtrechtsfähige Stiftung in privater Trägerschaft
St.ö.R.	= Stiftung des öffentlichen Rechts
St.pr.R.	= Stiftung des privaten Rechts

Quelle: Berkel, U.,Neuhoff, K.,Schindler, A.,Steinsdörfer, E. (1989), S. 25.
Abbildung 4.5: Die größten Stiftungen nach Vermögen

In Deutschland sind ca. 5500 Stiftungen aktiv. Ihre Zahl nimmt jährlich in geringem Umfang zu.[1] Nach einer vom Stiftungszentrum im Stifterverband

---

[1] Vgl. ebenda, S. 16.

für die Deutsche Wissenschaft herausgegebenen Studie, werden 18% der bestehenden Stiftungen von Unternehmen gegründet. Sie verfügen im Durchschnitt über ein Vermögen von 6,1 Millionen DM.[1] Nach Privatpersonen, die 59% der Stiftungen leisten, bilden Unternehmen die zahlenmäßig zweitstärkste Gruppe der Stifter.[2] Zu den größten Unternehmensstiftungen nach Vermögen zählen die "Robert Bosch Stiftung GmbH" und die "Gemeinnützige Hertie-Stiftung zur Förderung von Wissenschaft, Erziehung, Volks- und Berufsbildung". Insgesamt werden von den deutschen Stiftungen jährlich über 1,5 Milliarden DM an Zuwendungen vergeben. Die bevorzugten Verwendungszwecke sind neben wissenschaftlichen Zwecken im Bereich der Medizin und Biologie, Natur und Technik, Geisteswissenschaften, Wirtschafts-, Sozial- und Gesellschaftswissenschaften, vor allem Projekte auf dem Gebiet der Erziehung und Bildung, Kunst und Kultur und des Sozialen.

Gesamtausgaben	Mill. DM 1.537,4	%
davon spezifizierbar	1.238,0	100,0
Medizin und Biologie	72,5	5,9
Natur und Technik	95,5	7,7
Geisteswissenschaften	13,0	1,0
Wirtschafts Sozial Gesellschaftswissen.	84,1	6,8
Nicht zuordenbare wissenschaftliche Zwecke	120,6	9,8
Erziehung und Bildung	295,0	23,8
Kunst und Kultur	80,3	6,5
Mildtätig/Sozial	68,2	5,5
sonstiges	408,8	33,0
davon Stipendien	178,0	14,4

Quelle: Berkel, U.,Neuhoff, K.,Schindler, A.,Steinsdörfer, E. (1989), S. 25.
Abbildung 4.6: Ausgaben deutscher Stiftungen nach Stiftungszwecken

Je nach Größe unterhalten die Stiftungen einen Mitarbeiterstab, der sich im Fall kleinerer Stiftungen zumeist aus ehrenamtlich tätigen Personen zusammensetzt. Die Mitarbeiter der Stiftungen wählen entsprechende Spenden-

---

[1] Vgl. ebenda, S. 28.
[2] Vgl. ebenda, S. 28. Die Studie "Stiftungshandbuch"des Stifterverbandes für die Deutsche Wissenschaft orientiert sich stark am Vorbild des US-amerikanischen "Foundation Directory" bzw. des englischen "Directory of Grant-Making Trust". Vgl. ebenda, S. 21.

projekte aus und legen diese dem Vorstand zum Beschluß vor. "They review grant applications, investigate applicants credentials and previous work, summarize proposals, and may develop funding recommendations for the CEO or for the board."[1] Die Handlungsspielräume der Mitarbeiter variieren dabei im Einzelfall zwischen einer nahezu eigenständigen Entscheidungskompetenz bis hin zu einem Status reiner Zuarbeit für den alleine entscheidenden Stiftungsvorstand. Boris (1989) unterscheidet daher zwischen vier Entscheidungsmodellen in Stiftungen: Spender-, Verwalter-, Direktoren- und Präsidentenmodell.[2]

Im **Spender-Modell** werden die Stiftungsgeschäfte und die Spendenentscheidungen von den Stiftern resp. den Managern des Stifterunternehmens selbst geführt bzw. getroffen. Sie leisten ihre Arbeit für die Stiftung ehrenamtlich. Das Spender-Modell besitzt so vor allem für kleine oder neu gegründete Stiftungen Relevanz. In größeren Stiftungen ist dagegen das **Verwalter-Modell** weiter verbreitet. Hier dominieren primär die Vorstandsmitglieder den Spendenentscheidungsprozeß. Der Vorstand diskutiert über alle Spendenanfragen und trifft alle Spendenentscheidungen ohne Partizipation der Mitarbeiter. Die Vorstandsmitglieder sind mitunter bis ins operative Tagesgeschäft involviert. Für die Mitarbeiter bleibt die Zuarbeit im Rahmen von Verwaltungstätigkeiten. Im **Direktoren-Modell** besitzt der Geschäftsführer der Stiftung eine stärkere Stellung im Zuwendungsentscheidungsprozeß. Zwischen dem Geschäftsführer und den Vorstandsmitgliedern herrscht ein kollegialer Umgang. Der Geschäftsführer informiert die Vorstandsmitglieder regelmäßig und sukzessive über aktuelle und potentielle Projekte. Die Entscheidungen des Vorstandes fallen im konsultativen Dialog mit dem Geschäftsführer der Stiftung. Das Direktoren-Modell ist hauptsächlich bei Stiftungen mittlerer Größe und großen Stiftungen anzutreffen, die sich mitunter durch ein nach wie vor aktives Engagement von Mitgliedern der Unternehmerfamilie oder der Geschäftsleitung des Stifterunternehmens auszeichnen. In großen Stiftungen ohne bedeutendes Engagement des Spenderunternehmens herrscht hingegen das **Präsidenten-Modell** vor. Der Vorstand delegiert in weitem Ausmaß die Entscheidungskompetenz an den Geschäftsführer bzw. die leitenden Angestellten der Stiftung. Der Geschäftsführer, der hier in den USA zumeist den Titel eines Präsidenten trägt, ist zugleich stimmberechtigtes Mitglied des Vorstandes. Er besitzt die

---

[1] Boris, E.T. 1989, S. 204.
[2] Vgl. im folgenden Boris, E.T. 1989, S. 205 ff, ebenso Boris, E.T./Hooper, C. 1986, Boris, E.T./Hooper, C. 1984, Nason, J.W. 1977, Odendahl, T./Boris, E.T. 1983, Odendahl, T./Boris, E.T. 1985, Magat, R. 1979.

140

Schlüsselstellung im Spendenentscheidungsprozeß. Der Vorstand der Stiftung entscheidet nur noch im Fall außergewöhnlich großer Spendenprojekte über die finanzielle Beteiligung und die inhaltliche Programmatik.

4.2.2.3.2. Unternehmensspendenpools

Mit der Bildung von "Unternehmensspendenpools" können Unternehmen eine weitere Externalisierungsvariante für ihre Spendenentscheidungen realisieren. Hierbei wird der eigentlich intern im Unternehmen verlaufende Spendenentscheidungsprozeß partiell auf ein Kooperationsmodell mit anderen spendeninteressierten Unternehmen ausgelagert. Im Rahmen von "Unternehmensspendenpools" gründen mehrere Unternehmen eine gemeinschaftliche Gesellschaft und wickeln über diese ihre Spendenaktivitäten ab. Jedes Mitglied im Spendenpool weist pro Rechnungsperiode einen bestimmten Verfügungsbetrag der gemeinsamen Gesellschaft zu. Die Entscheidung über die Höhe des zu vergebenden Spendenbudgets fällt also noch innerhalb des Unternehmens. Über die Verwendungszwecke und den Wert bzw. die Spezifität der Spendenobjekte entscheidet dann aber im folgenden die Spendenpoolgesellschaft. Alle Spendenanfragen, die von spendenakquirierenden Organisationen an die Mitgliedsunternehmen direkt gerichtet werden, werden an die Spendenpoolgesellschaft weitergeleitet und dort, entsprechend der von den Mitgliedsunternehmen beschlossenen Struktur, einer Entscheidung zugeführt. Diese Vorgehensweise reduziert die Verwaltungs- und Informationskosten der beteiligten Unternehmen, indem die Manager mit der Gründung des Unternehmensspendenpools von der Bearbeitung sämtlicher Spendenanfragen befreit werden.[1] Durch den Unternehmensspendenpool werden für die beteiligten Unternehmen Synergien realisiert, da Spendenanfragen derselben spendenakquirierenden Organisationen oft an mehrere Unternehmen gleichzeitig gerichtet werden. Im Fall der Beteiligung an einem Spendenpool fällt für alle Unternehmen nur eine Antwort resp. ein Entscheidungsprozeß mit den daraus resultierenden Informations- und Transaktionskosten an. Umgekehrt spart die Externalisation der Spendenentscheidung über Unternehmensspendenpools auch den spendenakquirierenden Organisationen Transaktionskosten. Mit Hilfe einer Spendenanfrage können gleichzeitig mehrere Zielunternehmen simultan angesprochen

---

[1] Vgl. Morris, R.I./Biederman, D.A. 1986, S. 25. Weitere Kooperations- bzw. Externalisierungsvarianten aus der Spendenpraxis der USA finden sich bei Galaskiewicz (1982). Er differenziert "coordinating agencies", "community decision organizations", "cartels", joint ventures", "coordinating commitees" und "federations" als Netzwerke zur Ressourcenallokation für Unternehmensspender. Vgl. Galaskiewicz, J. 1982.

werden. Durch eine aus dem Spendenpool resultierende Addition der Spendenbeträge können sich die Mitgliedsunternehmen darüber hinaus an Projekten beteiligen, die sich ein einzelnes Unternehmen i.d.R nicht leisten kann.[1] Hierunter fallen vor allem Spendenprojekte, die einen hohen Einstiegsbetrag voraussetzen, wie z. B. Grundsteinlegungen für bauliche Maßnahmen spendenakquirierender Organisationen.

In den USA sind Unternehmensspendenpools häufig anzutreffen. In New York werden z. B. im Rahmen des "Corporate Special Projects Fund" von acht Unternehmen jährlich 35.000 Dollar zusammengeführt, mit denen dann fünf oder sechs größere Projekte gefördert werden.[2] In Deutschland haben Spendenpools als Externalisationsvariante bisher keine Verbreitung gefunden. Eine Kooperation von Unternehmen in Fragen der Spendenvergabe besitzt aber für die Zukunft auch auf dem deutschen Spendenmarkt durchaus realistische Perspektiven. Dabei muß insgesamt gesehen der Prozeß der Externalisation der Spendenentscheidung kein entweder oder bedeuten. Unternehmen, die eine eigene Stiftung gründen oder sich an Spendenpools beteiligen, können weiterhin Unternehmensspenden auf klassischem Wege, in direkter Beantwortung von unmittelbar an sie gerichteten Spendenanfragen, vergeben. In praxi sind Parallelstrukturen von Stiftungs- und Unternehmensspendenvergabe sogar eher die Regel.[3] Gezielte, langfristig angelegte Projekte werden so oft aus dem allgemeinen Unternehmensprozeß in Stiftungen ausgelagert und spontane Adhoc-Transfers werden parallel dazu aus dem laufenden Budget bestritten.

4.2.2.3.3. Spendenbroker

In den USA hat der Vollzug von Spendentransfers unter Hinzuziehung von sog. "Spendenbrokern" weite Verbreitung gefunden.[4] Bei Spendenbrokern handelt es sich um Institutionen, die aus Sicht des Spenders zur Reduktion der im Rahmen einer Spendenentscheidung anfallenden Transaktionskosten beitragen, indem sie an einer Spendenvergabe interessierten Unternehmen - Privatpersonen können sich ebenso wie Unternehmen Spendenbrokern bedienen - die Entscheidung über den Verwendungszweck bzw. den

---

1 Vgl. ebenda.
2 Vgl. Morris, R.I./Biederman, D.A. 1986, S. 25.
3 Vgl. Knauft, E.B. 1989, S. 266.
4 Vgl. u. a. Aldrich, H. 1976, Rabinowitz, H.S./Simmeth, B.R./Spero, J.R. 1979, Rose-Ackerman, S. 1980, Newton, M. 1980, Lahn, S.M. 1981, Galaskiewicz J. 1982, 1985, Gordon, T.P./Seiler, R.E. 1988.

Empfänger der Spende abnehmen. Spender leisten ihre Transfers an den Spendenbroker, der diese dann auf Basis definierter Kriterien und Kontrollmaßnahmen an spendenakquirierende Organisationen alloziert. Im Unterschied zu Spendenpools fungieren als Träger der Spendenbroker aber nicht die Spenderunternehmen selbst, sondern Spendenbroker sind i.d.R. mitgliedschaftlich, in Form des Zusammenschlusses mehrerer spendenakquirierender Organisationen, organisiert. Spendenbroker sind daher auch als Kooperationsmodelle zwischen spendenakquirierenden Organisationen zu verstehen.[1]

Mit der Einschaltung eines Spendenbrokers resp. der Zuführung einer Spende an denselben tritt das Spenderunternehmen seine Kompetenz über die Auswahl des Verwendungszweckes an diesen ab bzw. externalisiert damit einen wesentlichen Teil seiner Spendenentscheidung. Nur die grundsätzliche Entscheidung über die Vergabe von Spenden und die Bestimmung der Höhe des Spendenbudgets, das an den Broker transferiert wird, verbleibt beim Unternehmen. Die Spendenallokationsentscheidung obliegt dagegen nach dem Vollzug der Mittelzuweisung ausschließlich dem Spendenbroker. Der Spendenbroker entscheidet auf Basis selbst definierter und durch den Mitteltransfer vom Spender akzeptierter Richtlinien sowohl über die Empfänger der Spende als auch über die Höhe des Wertes der Transferobjekte, die an die einzelnen ausgewählten Verwendungszwecke alloziert werden. Die vom Spenderunternehmen an einen Spendenbroker überwiesenen Spendenobjekte können folglich von diesem aufgesplittet und mehreren unterschiedlichen Verwendungszwecken zugeleitet werden.

Die größte und bekannteste Organisation, die als Spendenbroker fungiert, ist der **"United Way"**. Er ist in 2200 Städten und Gemeinden der USA vertreten und setzt jährlich ca. 2 Mrd. Dollar an Spendengeldern um, resp. akquiriert und alloziert diese.[2] Der United Way - oft auch als "United Fund" bezeichnet - versteht sich als mitgliedschaftlich organisierte Institution, dessen Mitgliederschaft sich aus spendenakquirierenden Organisationen zusammensetzt. Insgesamt 37.000 spendenakquirierende Organisationen sind Mitglied im United Way, darunter so bekannte Organisationen wie die Pfadfinder ('Boy Scouts'), die Heilsarmee ('Salvation Army') oder das YMCA/YWCA. Jedes Mitglied des United Way bleibt eine rechtlich selbstständige Organisation, die freiwillig und auf Widerruf der United Way Konföderation

---

[1] Zur Strategie der Kooperation im Spendenmarketing vgl. Notheis, D. 1992, S. 62 ff.
[2] Vgl. Gordon, T.P./Seiler, R.E. 1988, S. 69.

beigetreten ist.[1] Mit dem Beitritt zum United Way verpflichten sich die spendenakquirierenden Organisationen, ihre eigenen Aktivitäten zur Spendenakquisition zu beschränken. Die Aufgaben der Spendenakquisition werden gemeinschaftlich auf die Organisation des United Way übertragen. Selbstständige Spendenaktionen der Mitglieder bedürfen der Genehmigung durch einen Ausschuß des United Way und finden i.d.R. nur noch in seltenen Fällen statt. Mittel aus dem Spendentopf von United Way können nur Organisationen erhalten, die Mitglied des United Way sind.

Die Entscheidung über die Allokation der vom United Way im eigenen Namen aber im Auftrag der Mitgliedsorganisationen akquirierten Spenden, orientiert sich in praxi an zwei Kriterien: Zum einen an der Gewichtung bzw. dem Stellenwert der Ziele und Leistungen, die eine Mitgliedsorganisation erbringt bzw. verfolgt (**'program effectiveness'**) und zum anderen an der Effizienz, mit der die zugeteilten Spendenmittel im Sinne der Ziele genutzt werden (**'fiscal responsibility'**). Die Messung der "Programmeffektivität" - des Stellenwertes der sozialen Arbeit der Mitgliedsorganisation - basiert dabei auf dem Wert, den die Leistungen der Mitgliedsorganisation für die Gesellschaft in ihrem geographischen Wirkungsfeld besitzen. Die Messung der "Wirtschaftlichkeit" orientiert sich an der Effizienz des Mitteleinsatzes der spendenakquirierenden Organisation. United Way hat hierzu ein differenziertes System von Entscheidungsstrukturen und Determinanten entwickelt.[2] Eine stringente Trennung der Messung und Bewertung der beiden Kriterien ist in praxi jedoch nicht immer möglich.

Der United Way besitzt eine föderale bzw. regionale Organisationsstruktur. Allokationsentscheidungen werden bei United Way jeweils für einen abgegrenzten regionalen Raum vom Vorstand (**'Board of directors'**) der für die Region zuständigen Organisation des United Way getroffen. Der Vorstand setzt sich vollständig aus ehrenamtlichen Helfern zusammen, zumeist Honoratioren der Region aus Wirtschaft und Gesellschaft. Im zur Seite stehen eine Reihe ständiger Ausschüsse, die entsprechend der funktionalen Erfordernisse gebildet werden. So kommt neben dem Planungsausschuß für das Spendenmarketing (**'Campaign Committee'**) vor allem dem Planungs- und Allokationsausschuß (**'Planning & Allocation Committee'**) zentrale Bedeutung zu. Der Allokationsausschuß besteht aus den Vorsitzenden der Allokationspanels und ihren Stellvertretern. Jedes der Panels besteht aus ca. 20 ehrenamtlichen Personen und ist verantwortlich für die Evaluation der

---

[1] Vgl. ebenda.
[2] Vgl. ebenda, S. 74.

Zuschußanfragen von fünf bis neun Mitgliedsorganisationen bzw. für die Beurteilung von Anträgen der Mitgliedsorganisationen auf Genehmigung eigenständiger Spendenkampagnen.[1] Die Anzahl der Panels variiert entsprechend der Größe und Zahl der Mitgliedsorganisationen im Zuständigkeitsbereich der regionalen Niederlassung von United Way. Jedem der Panels ist eine hauptamtliche Kraft zugeteilt, die den Bewertungs- bzw. Allokationsprozeß qualifizieren und unterstützen soll, aber selbst nicht über ein Stimmrecht bei Allokationsentscheidungen verfügt.[2]

Die Panels treten monatlich zusammen. Als Diskussionsgrundlage dienen umfangreiche Antragsunterlagen, die von den Mitgliedsorganisationen eingereicht werden und eine detaillierte Beschreibung der Projekte und des dafür benötigten Mittelbedarfs enthalten.[3] Darüber hinaus ist jedes ehrenamtliche Mitglied eines Panels dazu angehalten, jede der in seinem Verantwortungsbereich liegenden Organisationen persönlich zu besuchen, um sich vor Ort einen praktischen Überblick über den Wert und die Effizienz der Projekte zu verschaffen. Nach Abschluß der Diskussionen auf Panelebene werden die Ergebnisse als Vorschlag an den Allokationsausschuß weitergeleitet. Die Panelvertreter im Allokationskomitee werden im dortigen Entscheidungsprozeß zu Anwälten der von ihnen betreuten bzw. evaluierten Organisationen. In der Regel wird den von den Panels ausgearbeiteten Empfehlungen im Allokationsausschuß Folge geleistet. Der Vorstand von United Way trifft dann die endgültige Entscheidung über den Vollzug der diskutierten Mittelzuweisungen.

---

[1] "The panels are a diverse and representative cross-section of citizens and this mix undoubtedly strengthens the allocation decisions." Ebenda, S. 75.

[2] Vgl. Gordon, T.P./Seiler, R.E. 1988, S. 70

[3] "These packages include audited revenue and expense details for the preceding year, estimates for the remainder of the current year and proposed budgets for each program activity the agency provides. Extensive explanations of variances between proposed and actual revenues and expenses, detailed salary schedules, and program descriptions are also presented as part of these proposal packages." Ebenda, S. 71.

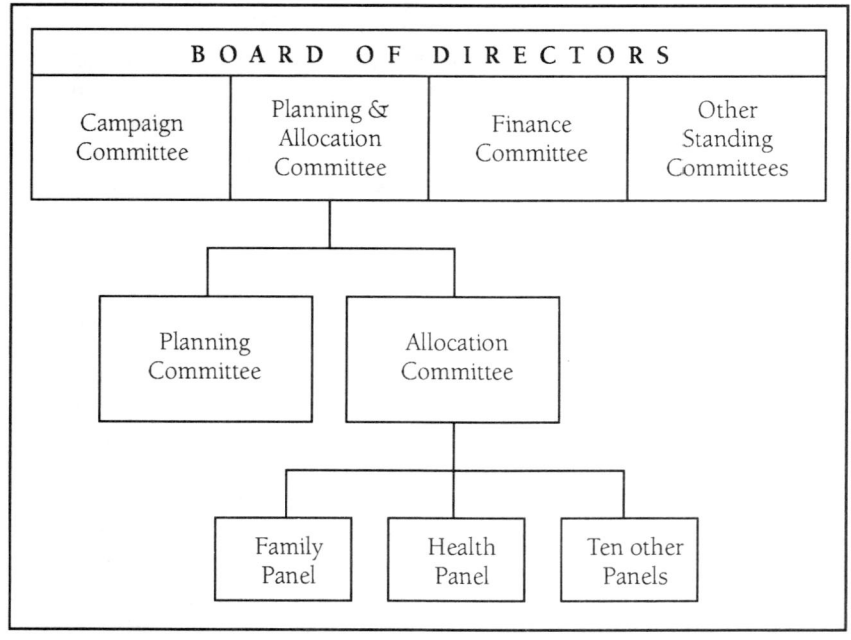

BOARD OF DIRECTORS			
Campaign Committee	Planning & Allocation Committee	Finance Committee	Other Standing Committees

Planning Committee

Allocation Committee

Family Panel

Health Panel

Ten other Panels

Quelle: Gordon, T.P., Seiler, R.E. (1988), S. 71.
Abbildung 4.7: Organisationsstruktur von United Way

Aus der Sicht von Unternehmen ergeben sich durch die Externalisation der Spendenentscheidung unter Bezugnahme auf Spendenbroker unterschiedliche Vor- und Nachteile. Rose-Ackerman (1980) stellt fest, daß der Spender durch den Transfer von Spenden an einen Spendenbroker Zeit und Informationskosten bei der Auswahl der Spendenempfänger und der Partitionierung der Zuwendungen spart. "In the absence of United Fund, (donors) must either spend time finding out about charities, rely on charities to provide information as part of their fundraising efforts, or simply remain uninformed."[1] Gibson (1982) verweist auf den Vorteil der Verringerung der Zahl der Spendenansprachen. Je mehr spendenakquirierende Organisationen sich zu Brokerorganisationen zusammenschließen, desto weniger Spendenbitten werden an die Unternehmen herangetragen und desto geringer sind die Kosten der Beantwortung der Spendenbitten für die Unternehmen. Mit der Beantwortung der Spendenbitte eines Spendenbrokers erledigen sich für das

---

[1] Rose-Ackerman, S. 1980, S. 3, zitiert nach Galaskiewicz, J. 1985, S. 25.

Unternehmen simultan eine Vielzahl potentieller Spendenentscheidungs-prozesse.[1]

Spendenbroker übernehmen zudem Controlling- und Auditingfunktionen, die für den Spender sicherstellen, daß die gewünschten Leistungen von der spendenakquirierenden Organisation tatsächlich und effizient erbracht werden.[2] Eine Reduktion des vom Spender perzipierten Spendenrisikos ist die Folge. Mit der Externalisation der Spendenentscheidung unter Bezugnahme auf Spendenbroker sinkt in den Augen des Spenders die Gefahr, einer Betrugsstrategie von seiten spendenakquirierender Organisationen zu erliegen.[3] Diese Aspekte führen, wie am Beispiel des United Way verdeutlicht werden kann, insgesamt zu einer hohen Akzeptanz bei Unternehmens-entscheidungsträgern. Insbesondere die hohe Professionalität und das Know-how bei der Kontrolle der Mittelverwendung sowie - wegen des großen Anteils ehrenamtlicher Helfer - die geringen Verwaltungskosten des United Way werden von Managern geschätzt.[4]

Wenn bei Unternehmen im Rahmen der Spendenvergabe Imagemotive bzw. Public Relations Ziele dominieren, ist die Einschaltung von Spendenbrokern weniger vorteilhaft. Transfers, die an Broker wie z. B. den "United Way" vergeben werden, sind i.d.R. für ein externes Publikum kaum sichtbar. Die Unternehmen vergeben zwar Zuwendungen an United Way, aber es ist

---

[1] "The purpose of such a Fund, of course, is to eliminate the multiplicity of annual appeals from local institutions." Gibson, B.E. 1982, S. 53.

[2] Rose-Ackerman (1980) weist jedoch auf die Probleme einer an Kosten-Nutzen Kriterien orientierten Kontrolle durch Spendenbroker hin. "Cost-benefit techniques are difficult to apply to social services designed to increase people's sense of well-being, especially since even professionals do not always agree about service goals or output measures." Rose-Ackerman, S. 1980, S. 330, ebenso Coleman, J. (1973). Coleman sieht das Kontrollproblem im Verhältnis zur Größe des Spendenbrokers. Er stellt fest, daß je größer die Organisation des Brokers, resp. je größer die Anzahl seiner Mitglieder, desto ineffizienter gestaltet sich die Wahrnehmung seiner Kontrollfunktion. Vgl. ebenda, S. 2 ff. Spendenbroker besitzen darüber hinaus eine Tendenz, sich zu "Wohlfahrtskartellen" zu entwickeln. So nutzt der United Way z. B. seine Macht, um einen Ausschluß von Organisationen mit inkompatiblen bzw. unbequemen Zielen zu erreichen bzw. einen Beitritt von ebensolchen zu verhindern. Vgl. Smith, D. H. 1978, S. 30 ff, Bothwell, R./Saasta, T. 1980, S. 88 ff, Wertheimer, S. 1982, S. 12.

[3] Vgl. hierzu die Ausführungen zur "Theorie des wahrgenommenen Spendenrisikos" in Abschnitt 5.6.

[4] Vgl. Lahn, S.M. 1981, S. 28. Die hohe Wertschätzung von seiten der Unternehmens-entscheidungsträger für die Leistungen des United Way kann jedoch u.U. auch darauf zurückgeführt werden, daß, wie Harris/Klepper (1976) zeigen, ca. 50 % der "Chairmen" und "Presidents" amerikanischer Unternehmen in Vorständen und Komitees des United Way engagiert sind. Vgl. Harris, J.F./Klepper, A. 1976, S. 33.

United Way selbst und nicht das Spenderunternehmen, das die Schecks an die ausgewählten spendenakquirierenden Organisationen überreicht.[1] Dem Spenderunternehmen kann so von der Umwelt kein eigenes, spezifisches, spendenzweckorientiertes Verhalten attestiert und infolgedessen auch kein spezifisches Sozialprestige bzw. Image zugewiesen werden.[2] Darüber hinaus halten Spendenbroker i.d.R. Informationen über die Höhe der an sie geleisteten Spendenzuwendungen zurück. Dies führt zu Nachteilen für das nach Imagezuweisungen suchende Unternehmen dergestalt, daß "if audience cannot even see the amount given to a broker, it is difficult for a firm's significant others to know about all the good deeds the company is doing for the community. A firm could be extraordinarily generous to a broker or very cheap; still no one would know."[3]

In Deutschland spielen Spendenbroker wie der United Way bislang keine Rolle. Auf eine mit den USA vergleichbare Tradition dieser Externalisationsvariante kann im deutschsprachigen Raum nicht zurückgegriffen werden. Insgesamt betrachtet strebt die funktionale Rolle der Spendenbroker dem in den letzten Jahren am deutschen Spendenmarkt zu verzeichnenden Trend zu gezielten, projektbezogenen Spenden entgegen.[4] Die Spender sind i.d.R. nicht bereit, ihre Beiträge pauschal, d. h. ohne Zweckbestimmung an eine spendenakquirierende Organisation zu leisten und infolgedessen auf ihren direkten Einfluß auf den Verwendungszweck zu verzichten. In praxi wünscht der Spender im Gegensatz dazu als Grundlage seiner Spendenentscheidung genaue Informationen darüber, für welches Projekt resp. für welchen Empfängerkreis seine Zuwendung später Verwendung findet. Er ist dafür auch bereit, unmittelbare Nachteile in Form des Anfalls von Informations- bzw. Transaktionskosten in Kauf zu nehmen. Insgesamt kann daher die Wahrscheinlichkeit einer zukünftigen Gründung und Durchsetzung von Spendenbrokern am deutschen Spendenmarkt als eher gering eingestuft werden.

---

1 Vgl. Cook, J. 1979, S. 51.
2 Vgl. Galaskiewicz, J. 1985, S. 119.
3 Ebenda.
4 Zur Differenzierung von "offenen Spenden", die der spendenakquirierenden Organisation innerhalb ihrer Aufgaben einen freien Verwendungsspielraum belassen, und "gezielten Spenden", die nur für vom Spender bestimmte Zwecke bzw. Projekte verwendet werden dürfen, vgl. Bundesarbeitsgemeinschaft der Freien Wohlfahrtspflege 1985, S. 24.

4.2.3. Spendeneinflußträger

Obgleich die finale Spendenentscheidung gewöhnlich durch eine Singulärinstanz - den Geschäftsführer, Eigentümerunternehmer oder Vorstand des Unternehmens - getroffen wird, sind in der Regel im entscheidungsrelevanten Umfeld des Spendenentscheidungsträgers weitere Personen indirekt oder mittelbar an der Spendenentscheidungsfindung beteiligt. Personen oder Organisationen, die einen relevanten Einfluß auf die Entscheidung des Spendenentscheidungsträgers ausüben, lassen sich als "Spendeneinflußträger" charakterisieren. Je nach Standort, in bezug auf die Organisation des Unternehmens, können Spendeneinflußträger in organisationsinterne und organisationsexterne Einflußträger differenziert werden (Typisierung anhand der rechtlichen Zugehörigkeit zur Organisation des Spenders). Steht der Spendeneinflußträger innerhalb der Organisation, d. h. ist er Mitglied der Organisation resp. Mitarbeiter des Unternehmens, soll von einem organisationsinternen Einflußträger gesprochen werden. Organisationsexterne Spendeneinflußträger sind dagegen nicht Mitglieder der Organisation. Es handelt sich im Fall organisationsexterner Spendeneinflußträger um Personen oder Organisationen, die außerhalb des Unternehmens stehen und ihren Einfluß auf den Spendenentscheidungsträger von außen ausüben.

4.2.3.1. Organisationsinterne Einflußträger

Die Differenzierung organisationsinterner Einflußträger kann in Anlehnung an das Rollenkonzept zum industriellen Beschaffungsverhalten von Webster/Wind (1972) erfolgen. Mit Bezug auf Webster/Wind lassen sich die organisationsinternen Akteure, die in irgendeiner Weise am Spendenentscheidungsvorgang beteiligt sind bzw. diesen aktiv beeinflussen, in Form unterschiedlicher Rollen charakterisieren und in einer geschlossenen Darstellung gedanklich zu einem "contributing center" bzw. "Spenden Center" zusammenfassen.[1] Das "contributing center" umfaßt dabei alle für die Spendenentscheidung eines Unternehmens relevanten organisationsinternen Rollen. Über den Rahmen der organisationsinternen Einflußträger hinaus schließt das "contribution center"-Konzept daher auch die Rolle des Spendenentscheidungsträgers selbst mit ein. Durch die geschlossene Darstellung der organisationsinternen Einflußträger als "contributing center"

---

[1] Vgl. Webster, F.E./Wind, J. 1972, S. 77 ff, ebenso Witte, E. 1973, S. 14 ff, Strothmann, K.H. 1979, S. 103 ff. Für eine Übersicht zum Rollenkonzept, vgl. Arnold, U. S. 132.

lassen sich wechselseitige Verflechtungs- und Bedingungsstrukturen zwischen den einzelnen Rollen aufzeigen und in einen sinnvollen terminologischen Zusammenhang bringen.

Als Elemente des **"contributing centers"** können insgesamt drei spendenentscheidungs-relevante Rollen mit organisationsinternem Wirkungsfeld differenziert werden: "Decider", "Gatekeeper" und "Influencer". Die Rolle des **"Deciders"** ist dabei dem eigentlichen Spendenentscheidungsträger zuzuweisen. Der "Decider" besitzt die formale Entscheidungskompetenz und trägt die unmittelbare Verantwortung für die Spendenentscheidung. Er trifft die grundsätzliche Entscheidung über die Spendenvergabe. Der "Decider" legt den Verwendungszweck und die Spezifität der Spendenobjekte fest. Bei Unternehmen mit autoritärer Spendenentscheidung tritt als "Decider" der Vorstand, Geschäftsführer oder Manager des Unternehmens auf.

"Gatekeeper" besitzen dagegen keine formale Spendenentscheidungsbefugnis. Sie partizipieren auch nicht bei konsultativen Spendenentscheidungen. "Gatekeeper" steuern vielmehr den spendenrelevanten Informationsfluß in das "contributing center". "Gatekeeper" sind aufgrund ihres funktionalen Wirkungskreises in der Lage, bestimmte Informationen bevorzugt passieren zu lassen oder Informationen zu unterdrücken. Sie nehmen eine Schlüsselstellung für die Verteilung von Spendeninformationen im Unternehmen ein. Als "Gatekeeper" können in praxi die Sekretärinnen oder die Assistenten der Geschäftsleitung fungieren.[1] Die Sekretariatsmitarbeiter sind aufgrund ihrer Kompetenz zur Postvorlage und zur Weiterleitung von Telefongesprächen in der Lage, die Auswahl derjenigen Spendengesuche zu steuern, welche aus der zumeist großen Anzahl der Spendenanfragen tatsächlich an den "Decider" dringen. Der Weg zum direkten telefonischen Kontakt mit dem "Decider" führt in der Regel über einen "Gatekeeper". Für spendenakquirierende Organisationen, die Kontakt zu "Decidern" suchen, ist daher eine Identifikation und Kontaktaufnahme zu "Gatekeepern" unerläßlich. Die "Gatekeeper" müssen für das Anliegen der spendenakquirierenden Organisation gewonnen werden.

"Influencer" stehen ebenfalls in direktem Kontakt zu "Decidern". Sie verfügen wie "Gatekeeper" über keine formalen Entscheidungsbefugnisse im Prozeß der Spendenvergabe. "Influencer" greifen jedoch im Gegensatz zu "Gatekeepern" aktiv bzw. konsultativ in die Bestimmung von Auswahlkriterien und Bewertungsmaßstäben in den einzelnen Phasen der Spendenentscheidung ein. Sie sind nicht nur Steuerungselemente des unternehmensinternen Informations-

---

[1]   Vgl. Notheis, D. 1992, S. 83.

flusses, sondern produzieren selbst spendenrelevante Informationen, die einen Einfluß auf den Entscheidungsprozeß des Spendenentscheidungsträgers ausüben. Durch positive Auszeichnung des allgemeinen Spendenaktes können "Influencer" die grundsätzliche Entscheidung über die Vergabe von Spenden in Unternehmen beeinflussen. Die Kommunikation entsprechend positiver spendenbezogener Signale kann zur Entwicklung eines spendenfreundlichen Klimas im Unternehmen beitragen und so die spendentscheidungsrelevante Erlebniswelt des "Deciders" prägen. Bei der Auswahlentscheidung über den Spendenempfänger sind "Influencer" in der Lage, Auswahl- bzw. Beurteilungskriterien für die Entscheidung zu definieren und Informationen über alternative Verwendungszwecke zu vermitteln. "Influencer" handeln dabei ebenso wie "Decider" nach gemischten Präferenzen.[1] Sie beziehen sowohl die Perspektive der organisationalen Zielverfolgung im Sinne der Gewinnmaximierung als auch ihre mit dem Streben nach individuellem Nutzen einhergehenden privaten Spendenpräferenzen in ihre Verhaltensäußerungen gegenüber "Decidern" ein. Für die Entscheidung über die Spezifität der zu übertragenden Spendenobjekte können "Influencer" ebenfalls relevante Informationen beisteuern. Aufgrund ihrer hierarchischen Stellung bzw. ihrer Funktion innerhalb des Unternehmens sind "Influencer" im Vergleich zu "Decidern" i.d.R. näher an Informationen über Lager- und Produktionsdaten. "Influencer" können so z. B. aktuelle Informationsinputs über Objekte und Objektmengen geben, die sich als Sachspenden eignen.

Das Beeinflussungspotential von "Influencern" hängt von der Intensität und Qualität ihrer allgemeinen, d. h. nicht nur auf den Spendenfall bezogenen Beziehung zum "Decider" ab. Eine enge persönliche Verbundenheit zwischen "Decider" und "Influencer" erhöht das Beeinflussungspontential des "Influencers". Mit zunehmendem Statusunterschied zwischen "Influencer" und "Decider" ist dagegen eine Verringerung des Beeinflussungspotentials zu vermuten. Die relative Bedeutung und Wirkung der Statusunterschiede ist dabei nicht nur von der formal-hierarchischen Stellung abhängig, sondern unterliegt auch Einflüssen im unternehmenskulturellen Kontext. Das konkrete Beeinflussungspotential von "Influencern" variiert somit interorganisational.

Als potentielle "Influencer" können in praxi der Leiter der Marketing und Finanzabteilung, Mitglieder der Geschäftsleitung oder andere Organisationsmitglieder mit direktem Kontakt zum "Decider" fungieren. In einer empirischen Untersuchung stellt Notheis (1992) fest, daß in 14% der Unterneh-

---

[1] Vgl. hierzu Abschnitt 4.1 über die Spendenmotive von Unternehmen.

men Abteilungsleiter konkrete Spendenvorschläge an die Geschäftsleitung herantragen. In 11% der Unternehmen, vornehmlich Betriebe mit bis zu 100 Beschäftigten, nehmen die Mitarbeiter aktiv an der Spendenentscheidung als "Influencer" teil, indem sie von einem Vorschlagsrecht für Spendenzwecke Gebrauch machen. Sekretärinnen der Geschäftsleitung übernehmen in 6% der befragten Unternehmen die Rolle eines "Influencers".[1] Allgemein gültige Aussagen über die Spezifität konkreter Rollenträger lassen sich aber aufgrund der mangelnden Repräsentativität der Studie nicht treffen. Je nach Größe, Struktur und Kultur des Unternehmens können unterschiedliche Personen in die Rolle des "Influencers" schlüpfen. Eine intertemporale Stabilität der Rollenbesetzung ist a priori ebenfalls nicht gegeben. So wie Rollen von einzelnen Akteuren jederzeit übernommen werden können, lassen sie sich in gleicher Weise von den Rollenträgeren auch wieder ablegen. Der Assistent der Geschäftsleitung kann in einem Fall als "Influencer" fungieren und in einem anderen Fall keine Einflußnahme auf die Spendenentscheidung des "Deciders" ausüben.

Im Rahmen des Spendenentscheidungsprozesses kann dieselbe Rolle mehrfach besetzt sein, d. h. mehrere Akteure können gleichzeitig die gleiche Rolle innehaben. Die einzelnen Rollen sind dabei unter- bzw. miteinander vernetzt. Es können sowohl intrasubjektive als auch intersubjektive Rollenverknüpfungen auftreten. So sind einzelne Akteure in der Lage, mehrere Rollen gleichzeitig zu übernehmen. Die Sekretärin der Geschäftsleitung kann z. B., wenn sie ein schriftliches Spendengesuch an den "Decider" unter Hinzufügung einer persönlichen Stellungnahme weiterleitet, sowohl als "Gatekeeper" als auch zugleich als "Influencer" auftreten. Eine intersubjektive Verknüpfung der Rollen in bezug auf den "Decider" ergibt sich aus der Definition der Rollen selbst. "Gatekeeper" und "Influencer" verdanken ihre Charakterisierung ihrer spezifischen Beziehung zum bzw. ihrem spezifischen Einfluß auf den "Decider". Sie können jedoch auch untereinander in wechselseitige Beziehung treten. So besitzen "Gatekeeper" nicht nur Regelungsmacht in bezug auf den Informationsfluß zum "Decider", sondern können ihre informationssteuernde Wirkung auch gegenüber "Influencern" entfalten. "Gatekeeper" sind oft an Informationsknotenpunkten anzutreffen, an denen der innerorganisationale Informationsfluß gegenüber unterschiedlichen Personen, z. B. im Fall des Vorstandssekretariats gegenüber dem Vorstand und den Vorstandsassistenten, gesteuert wird. Umgekehrt ist eine Beeinflussung des spendenbezogenen Informationssteuerungsverhaltens der "Gatekeeper" durch die "Influencer" denkbar. Der Assistent der

---

[1] Vgl. Notheis, D. 1992, S. XLIX.

Geschäftsleitung, der mit der Sekretärin über die mangelnde Seriösität von Hilfsorganisationen einer bestimmten Zweckklasse spricht, kann bei seiner Gesprächspartnerin einen Impuls auslösen, der dazu führt, daß diese in Zukunft Spendengesuche mit betreffendem Verwendungszweck nicht mehr an den Geschäftsführer, resp. den Spendenentscheidungsträger weiterleitet.

Aus den wechselseitigen Rollenverflechtungen und Einflußstrukturen wird der Sinn des Konstrukts des "contributing centers" deutlich. Die einzelnen, für den Prozeß der Spendenentscheidung relevanten organisationsinternen Rollen können nicht für sich betrachtet werden, sondern müssen als überpersonale Gesamtheit, als organisationsinternes Entscheidungssystem, einer systematischen Analyse zugeführt werden. Es reicht für ein systematisches Spendenmarketing spendenakquirierender Organisationen nicht aus, einzelne organisationsinterne Einflußträger zu identifizieren bzw. herauszugreifen. Es bedarf eines grundlegenden und umfassenden Verständnisses der wechselseitigen Verknüpfungen der spendenentscheidungsrelevanten Rollen und ihrer Träger, um einen fruchtbaren Beitrag zur Qualifizierung der Aktivitäten zur Akquisition von Unternehmensspenden zu leisten. Die "contributing center" Perspektive verschafft der spendenakquirierenden Organisation dazu die notwendige Orientierung.

4.2.3.2. Organisationsexterne Einflußträger

In die Rolle organisationsexterner Spendeneinflußträger können unternehmensfremde Personen oder Organisationen schlüpfen, die sich in Reichweite der entscheidungsbezogenen Wahrnehmung des Spendenentscheidungsträgers befinden. Organisationsexterne Einflußträger besitzen keine formale Entscheidungsmacht. Durch implizit oder explizit auf den Spendenentscheidungsträger gerichtete Informationen können sie jedoch die Wahrnehmung des relevanten Spendenentscheidungsraumes beeinflussen. In ihrem subjektiven Einfluß auf den Spendenentscheidungsträger prägen sie sowohl dessen grundsätzliche Haltung gegenüber der Vergabe von Unternehmensspenden als auch die Entscheidung über die Auswahl der Spendenempfänger und die Spezifität der Spendenobjekte.

Organisationsexterne Spendeneinflußträger können nach ihrer sozialen Funktion in Spendeneinflußträger im privaten, betrieblichen und öffentlichen Umfeld des Spendenentscheidungsträgers unterschieden werden. Im privaten Umfeld des Spendenentscheidungsträgers besitzen Einflußträger des primärkommunikativen und quasiprimärkommunikativen Bereiches für die spendenbezogene Handlungsbereitschaft Bedeutung.[1] Zu den **Spendeneinflußträgern im primärkommunikativen Bereich** zählen die Mitglieder der Familie des Entscheidungsträgers. So kann z. B. der Ehepartner des Entscheidungsträgers erheblichen Einfluß auf die Spendenentscheidung ausüben. Bei Unternehmern ist es oft die Ehefrau, die soziales und gesellschaftliches Engagement entwickelt und entsprechenden Einfluß gegenüber ihrem Mann geltend macht.[2] Zum quasiprimärkommunikativen Umfeld werden die Freunde und Nachbarn des Entscheidungsträgers gerechnet. Auch hier können die informationalen Austauschbeziehungen zu einer spendenbezogenen Beeinflussung führen. Setzt sich z. B. ein Freund des Spendenentscheidungsträgers für ein soziales Projekt ein, kann die wechselseitige persönliche Verpflichtungshaltung dazu führen, daß es zur Vergabe einer Unternehmensspende kommt.

Als **Spendeneinflußträger im betrieblichen Umfeld** des Spendenentscheidungsträgers identifizieren Galaskiewicz/Burt (1991) Spendenentscheidungsträger anderer Unternehmen, die in Kontakt zum betreffenden Manager stehen. Der Einfluß vollzieht sich dabei zum einen über den persönlichen Kontakt bzw. die wechselseitige Wertschätzung für einander ('contagion by cohesion') und zum anderen über die Perzeption der strukturellen Identität bzw. Statusäquivalenz ('contagion by structural equivalence') zwischen den Spendenentscheidungsträgern.[3] Mit Bezug auf netzwerktheoretische Ansätze von DiMaggio/Powell (1983), Moch/Seashore (1981), Zucker (1987), Mizruchi (1990) u. a. reklamieren Galaskiewicz/Burt, daß je häufiger und empathischer die Kommunikation zwischen Spendenenscheidungsträgern gepflegt wird, die Wahrscheinlichkeit wächst, daß diese die Beurteilung in bezug auf eine spendenakquirierende Organisation bzw. einen Spendenzweck teilen.[4] "Discussing the activities of a nonprofit organization with other contribution officers, ego comes to a normative understanding of the organization - an understanding that includes recognition of the nonprofit and an evaluation of its contribution to the community, an understanding charged with the interests of the people with whom the nonprofit has been discussed."[5] Den aus der Statusäquivalenz resultierenden Einfluß führen

---

1 Zum Konzept der Meinungsbildner im primär- und quasiprimärkommunikativen Bereich, vgl. Reimann, H. 1968, S. 718 ff.
2 Als markante Beispiele für sozial engagierte Unternehmerehefrauen stehen in der Bundesrepublik u.a. Gabriele Henkel oder Ute Ohoven.
3 Vgl. Galaskiewicz, J./Burt, R.S. 1991, S. 88.
4 Vgl. ebenda, S. 89, ebenso Galaskiewicz, J. 1985, S. 71 ff.
5 Ebenda.

Galaskiewicz/Burt auf die symbolische Kommunikationsbeziehung zwischen identischen Rollen zurück. "Contagion arises from role playing among people who perform similar occupational roles, as indicated by their similar positions in the network of contributions officers."[1] Je ähnlicher die Arbeitsbeziehungen der Spendenentscheidungsträger zum betrieblichen Umfeld sind, d. h. je ausgeprägter die Substituierbarkeit der Akteure in bezug auf das Netzwerk der Unternehmensumwelt ist, desto höher ist die Wahrscheinlichkeit, daß sie sich wechselseitig als Einflußträger akzeptieren. Um die Gruppenzugehörigkeit zu einer Status- bzw. Rollenklasse zu unterstreichen und die Distanz zu anderen Gruppen zu betonen, entwickeln Spendenentscheidungsträger in ähnlichen hierarchischen Positionen in bezug auf die Spendenvergabe ähnliche Perzeptionen und Einstellungen. Innerhalb der Schicht von Spendenentscheidungsträgern bilden sich so spendenbezogene Normen und Standards, die einen deterministischen Einfluß auf die konkreten Spendenentscheidungen von Unternehmen ausüben.[2]

Zu **Spendeneinflußträgern des öffentlichen Umfeldes** zählen Meinungsführer und prominente Persönlichkeiten aus Politik, Wirtschaft und Gesellschaft. Ihre Einflußnahme kann sowohl im direkten Kontakt mit dem Unternehmensentscheidungsträger als auch indirekt über einen medialen Transport von spenden- bzw. spendenzweckbezogenen Informationen erfolgen.[3] Wenn prominente Persönlichkeiten des öffentlichen Lebens sich für spendenakquirierende Organisationen in der Öffentlichkeit einsetzen, kann dies einen nachhaltigen Effekt auf die Spendenvergabe von Unternehmen ausüben. Geachtete Persönlichkeiten als Schirmherren oder Botschafter von spendenakquirierenden Organisationen besitzen aus Sicht der Spendenentscheidungsträger von Unternehmen ein positives Einflußpotential in bezug auf die Beurteilung der Glaubwürdigkeit der betreffenden Organisationen.[4] Darüber hinaus zählen die spendenakquirierenden Organisationen selbst zum Kreis der Spendeneinflußträger im öffentlichen Unternehmensumfeld. "If the CEO is active in the social networks of those organizing philanthropic activities, he should be under considerable peer pressure to have his company contribute more. To maintain social standing in the networks of local philanthropic leaders, executives must live up to the expectations of those leaders. (...) There may even be a veiled threat that nongivers will lose status in the network if they do not give. One gives if one wants to stay in good

---

[1] Ebenda.
[2] Vgl. ebenda, S. 90.
[3] Vgl. u. a. Gibson, B.E. 1982, S. 50, Schreyer, B.R. 1982, S. 40 ff.
[4] Vgl. Notheis, D. 1992, S. XLII, Klein, M. 1986, S. 68, Nightingale, B. 1973, S. 113 ff.

standing. Giving is the norm in the subculture of the philanthropic elite, and those proximate to this subculture will be under considerable social pressure to give more."[1] Als unternehmensexterne Akteure können die Mitarbeiter spendenakquirierender Organisationen über eine entsprechende Gestaltung ihrer Kontakte zu Unternehmensentscheidungsträgern Einfluß auf den Verlauf des Spendenentscheidungsprozesses in Unternehmen nehmen. Persönlichen bzw. privaten Kontakten zwischen Mitarbeitern der spendenakquirierenden Organisation und Spendenentscheidungsträgern von Unternehmen kommt dabei oft erhebliche Bedeutung zu.[2]

Über welche Kontaktstellen sich der Entscheidungseinfluß bzw. der gesamte Entscheidungsprozeß in praxi vollzieht, entscheidet letztendlich die konkrete Ausprägung der Entscheidungssituation. Spendenentscheidungsprozesse sind nicht statisch, sondern der prozessuale Ablauf wird jeweils durch die variablen situativen Faktoren determiniert.[3] Dabei kann der Spendenentscheidungsprozeß von der spendenakquirierenden Organisation als vitalem Bestandteil der Entscheidungssituation zu einem erheblichen Teil selbst aktiv beeinflußt werden. Die Initiative für die Spendenvergabe geht i.d.R. nicht vom Unternehmen selbst, sondern von der spendenakquirierenden Organisation aus. Unternehmen gehen nur in Ausnahmefällen aktiv mit einem Spendenangebot auf spendenakquirierende Organisationen zu. Der Spendenentscheidungsprozeß erfährt zumeist erst mit der Spendenanfrage durch die spendenakquirierende Organisation seine Aktivierung.[4] Die Entwicklung des Spendenentscheidungsprozesses hängt deshalb u. a. davon ab, wie und an welcher Stelle im Unternehmen die Spendenanfrage eintrifft, resp. welcher Personenkreis im Rahmen des organisationsinternen und -externen Netzwerkes angesprochen bzw. aktiviert wird. Je nach dem ob die spendenakquirierende Organisation mit ihrer Spenderansprache direkt und ungefiltert an den Spendenentscheidungsträger gelangt, oder ob die Information auf indirektem Wege ihren prozessualen Lauf nimmt, variieren die Aussichten auf

---

[1] Galaskiewicz, J. 1985, S. 57. Vgl. ebenso die Ausführungen von Galaskiewicz zur "philanthropic elite" im Rahmen der "Minneapolis-St.Paul-Studien", ebenda S. 60 ff. Als Mitglieder der "philanthropic elite" fungieren in den USA vor allem pensionierte Topmanager, die sich ehrenamtlich in Vorständen von spendenakquirierenden Organisationen engagieren und bei Spendenkampagnen ihre Kontakte zu aktiven Unternehmensentscheidungsträgern zur Verfügung stellen. Vgl. ebenso Gibson, B.E. 1982, S. 50 ff.

[2] Zur Bedeutung der sozialen Kontakte zwischen Spender und Spendensammler vgl. auch Notheis, D. 1992, S. XLV. Für 74% der befragten Unternehmensentscheidungsträger besitzt die Person des Spendensammlers für die Entscheidung über die Zusage einer Spende erhebliche Bedeutung.

[3] Vgl. Wertheimer, S. 1982, S. 11.

[4] Vgl. Whitehead, P. 1976, S. 44.

eine Spendenzusage. Mit der Festlegung der Zielrichtung und Gestaltung der Spendenansprache hat es die spendenakquirierende Organisation somit in der Hand, den Ablauf des Entscheidungsprozesses tendentiell mitzubestimmen.

4.2.4. Empirische Studien zum Spendenentscheidungsprozeß

Zum Komplex der Spendenentscheidungsfindung ist in der Literatur bisher nur wenig empirisches Material vorhanden. Dies liegt zum einen an der mangelnden Zugänglichkeit der Informationen infolge des Fehlens von explizit definierten Entscheidungskriterien und Entscheidungsroutinen bei den meisten Unternehmen. Zum anderen geben Unternehmen für den Fall, daß explizite Strukturen für den Entscheidungsprozeß zur Spendenvergabe existieren, oft nur ungern Einblick in die internen Abläufe.[1] Insgesamt finden die Fragen, wie und an wen Unternehmen ihre Spenden vergeben, nur ein vergleichsweise geringes empirisches Forschungsinteresse, was angesichts der Tatsache, daß sowohl von seiten der Spendenentscheidungsträger als auch der Öffentlichkeit und der spendenakquirierenden Organisationen an Informationen darüber ein erhebliches Interesse besteht, verwundert.[2]

Neben der Studie des "Donors Forum of Chicago" (Cmiel/Levy 1980) sowie der Studie der "Prudential Foundation" (Plinio/Brooks/Sax/Louie 1981) sorgt in den USA vor allem die vom United Way in Auftrag gegebene "CSPRP"-Studie (Murphy 1982) für tiefere Einblicke in die Determinanten und Strukturen des Prozesses der Spendenentscheidung von Unternehmen.[3] Für den Spendenmarkt in der Bundesrepublik liegt mit der empirischen "Studie zum Spendenverhalten von Unternehmen" (Notheis 1992) bislang lediglich eine systematische und umfassende Datenauswertung zum Komplex des Spendenentscheidungsprozesses in Unternehmen vor.

---

1 Vgl. Cmiel, K./Levy, S. 1980, S. 1.
2 "The corporate philanthropy executives themselves wish to increase their knowledge of the field through general studies and through comparison with others. With research and knowledge they can continue to professionalize themselves and their organizations. The grant recipients want to understand the corporate philanthropy system so they can deal with it more effectively. The general public, too, needs to understand corporate philanthropy since it influences the intire Third Sector", Ebenda.
3 Auf die Ergebnisse einer Studie von Knauft (1986) wurde bereits im Rahmen der Ausführungen zum Modell der Spendenkomitees ausführlich eingegangen. Eine Darstellung der Studie von Knauft unterbleibt deshalb an dieser Stelle.

In der Studie des "Donors Forum of Chicago" - einer gemeinnützigen Gesellschaft mit Sitz in Chicago, die von unabhängigen Stiftungen und Unternehmensstiftungen getragen wird und sich mit der Erforschung des Spendenmarktes in den USA beschäftigt - gewinnen Cmiel/Levy (1980) auf der Basis einer Befragung von 51 in Chicago ansässigen großen, multinationalen Unternehmen und Unternehmen mittlerer Größe, eine Reihe von Erkenntnissen zum Spendenentscheidungsprozeß in Unternehmen:

- Demnach wickeln 27% der Unternehmen ihre Spendentätigkeit ausschließlich über eine Unternehmensstiftung ab. In 35 % der Unternehmen werden Spenden ausschließlich vom Unternehmen selbst vergeben. Bei 37% der Unternehmen herrschen dagegen parallele Entscheidungsstrukturen in der Form eines "dualen Systems" von Unternehmensspendenvergabe und Unternehmensstiftungen vor.[1] Für die Vergabe der Spendenmittel im "Dualen System" ergeben sich in praxi zwei unterschiedliche Verteilungsmuster. Zum einen werden Spenden, die einen direkten Public Relations-Effekt haben, über das Unternehmen vergeben. An Spendenzwecke, die in den Augen der Öffentlichkeit von geringerem Interesse sind, erfolgen Zuweisungen von seiten der Unternehmensstiftung. Zum anderen vergeben Unternehmen kleine Spenden unter eigener Regie, wohingegen große Spenden für ausgesuchte Zwecke über Stiftungen transferiert werden. In den meisten Fällen wird bei interner Spendenentscheidung in den Unternehmen ein eigener Stab - "Corporate Contribution Program" - gebildet, der sich mit der Spendenvergabe beschäftigt. Die Stabsmitarbeiter - "Corporate Contribution Officer" - betreiben ihre Tätigkeit nebenbei. Sie wirken hauptamtlich in anderen Funktionen im Unternehmen, z. B. als Assistent der Geschäftsleitung. Der "Corporate Contribution Program"-Stab wird i.d.R. der Public Relations-Abteilung zugeordnet.[2]

- Die überwiegende Mehrheit der Unternehmen ist Mitglied in Spendergesellschaften bzw. Spenderkuratorien, sog. "Corporate Philanthropic Support Organizations". Spendergesellschaften - wie z. B. das "Donors Forum" oder das "Council on Foundations" - dienen zum Austausch von Informationen über Probleme und Ziele der Spendenvergabe von Unternehmen. Sie halten Informationen über das Spendenverhalten anderer Unternehmen vor und betreiben systematische Forschungen auf

---

[1] Vgl. Cmiel, K./Levy, S. 1980, S. 3.
[2] Vgl. ebenda, S. 5.

dem Gebiet des Spendentausches.[1] Spendergesellschaften bzw. ihre Mitarbeiter wirken als Spendeneinflußträger im Prozeß der Spendenentscheidung.

- Die Mehrheit der Unternehmen (61%) präferiert bei der Ansprache durch spendenakquirierende Organisationen eine direkte Vorlage bzw. Eingabe vollständiger Unterlagen über das Spendenprojekt und den benötigten Spendenbetrag. Großspender und Stiftungen wünschen dagegen i.d.R. eine telephonische oder schriftliche Voranfrage durch die spendenakquirierende Organisation.[2] Der Informationsbedarf von spendenwilligen Unternehmen variiert interorganisational. Als vordringlichste Informationen werden Prüfbescheinigungen durch den Wirtschaftsprüfer, der Nachweis der Berechtigung zur Ausstellung von Spendenbescheinigungen, Angaben zu den Mitgliedern des Vorstandes oder Kuratoriums der spendenakquirierenden Organisation oder eine Liste anderer Spenderunternehmen angesehen.

- Als aussichtsreichste Argumente für eine erfolgreiche Beeinflussung ihrer Spendenentscheidung erachten die Unternehmen: (1) Die Dokumentation der Bedürftigkeit und der Kompetenz der spendenakquirierenden Organisation, (2) die Fähigkeit der spendenakquirierenden Organisation, adäquate Informationen zu liefern, (3) die Kürze der Information bzw. der Spenderansprache, (4) die Verbindung zwischen dem Spendenprojekt und dem Nutzen für das Unternehmen und (5) die Erfolgsaussichten des Projektes.[3]

- 82% der Unternehmen vergeben ihre Spenden nahezu ausschließlich an spendenakquirierende Einrichtungen und Organisationen, die geographisch in ihrem wirtschaftlichen Betätigungsfeld liegen.[4] Nur wenige verfolgen internationale Hilfsprogramme. Der Imageaufbau bei Kunden und der Nutzen für die Mitarbeiter und die Position des Unternehmens am Arbeitsmarkt sind die Gründe für eine lokale Präferenz bei der Spendenvergabe.[5]

---

[1] Vgl. ebenda, S. 8.
[2] Vgl. ebenda, S. 10.
[3] Vgl. ebenda, S. 12.
[4] "Most of the corporations make their grants in the geographical areas of the corporate operations". Vgl. ebenda, S. 25.
[5] Vgl. ebenda.

- Fast alle Unternehmen (97%) vergeben Spenden an Einrichtungen und Organisationen im Gesundheitswesen. Durchschnittlich fließen 11,3% des Spendenbudgets an Projekte der Gesundheitsfürsorge.[1] Krankenhäuser und medizinische Forschungseinrichtungen sind dabei die dominanten Empfänger. 95% der Unternehmen vergeben zugleich Spenden für den Ausbau des Bildungssystems. Durchschnittlich 24,4% des Spendenbudgets eines Unternehmens geht an Einrichtungen der Aus- und Weiterbildung, wie z. B. Universitäten oder Volkshochschulen.[2] Zu weiteren bevorzugten Spendenfeldern von Unternehmen zählen Kunst und Kultur, kommunale Infrastrukturprojekte, die Wohlfahrtspflege und der United Way. 85% aller Unternehmen vergeben Spenden an den United Way. Der durchschnittliche Anteil, der von einem Spendenbudget an United Way fließt, beträgt 21,6 %.

- Insgesamt streben die Unternehmen weg vom "old boys-network" hin zu einer rationalen und effizienten Gestaltung des Spendenentscheidungsprozesses. Spendenvergaben sollen nicht mehr aufgrund persönlicher Kontakte der Unternehmensentscheidungsträger erfolgen ("old boys network"), sondern mit Blick auf die Erreichung der Unternehmensziele systematisch geplant und eingesetzt werden.[3]

Die Studie der "Prudential Foundation" untersucht das eigene Spendenverhalten der Stiftung im Vergleich zu anderen Unternehmen. 1982 wurden dazu 36 große US-amerikanische Unternehmen nach den Strukturen und Determinanten ihrer Spendenentscheidungen befragt:

- Nur wenige Unternehmen verfügen über explizit formulierte Spendenziele. Ein fixes Spendenbudget, das den jährlichen Spielraum zur Spendenvergabe beschreibt, ist i.d.R. ebenso wenig vorhanden. Wenn Spendenbudgets existieren, orientieren sie sich zumeist an festen Prozentsätzen vom Gewinn vor Steuern.[4]

- Der Unternehmensgewinn spielt eine zentrale Rolle für die Entwicklung der Spendenvergabe. Bei hohen Vorjahresgewinnen und positiven Gewinnerwartungen für das laufende Geschäftsjahr steigt die Spendenbereitschaft von Unternehmen.[5]

---

1 Vgl. ebenda, S. 22.
2 Vgl. ebenda, S. 23.
3 Vgl. ebenda, S. 12.
4 Vgl. Plinio, A./Brooks, W.E./Sax, E./ Louie, M. 1981, S. 8.
5 Vgl. ebenda.

- Die bevorzugten Felder der Spendenvergabe von Unternehmen sind Gesundheitsfürsorge, Wohlfahrtspflege, Erziehung und Bildung. "Social action programs, community affairs, minority and urban development programs" stellen sekundäre Vergabefelder dar.[1] Spenden an religiöse Institutionen werden von allen Unternehmen ausgeschlossen.[2] Prioritäten legen die Unternehmen auf Projekte, die ihren Wirkungskreis am Sitz des Unternehmens bzw. am Ort von Zweigniederlassungen haben.[3]

- Die Spendenentscheidung wird i.d.R. von Spendenkomitees getroffen. Die mit der Spendenvergabe betrauten Mitarbeiter geben Empfehlungen und stimmen sich, was die Verwendungszwecke und die Spendenhöhen anbetrifft, mit dem Vorstand ab.[4] Die letzte Entscheidungsbefugnis differiert aber mit der Höhe der Spende. Bei geringen Spendenhöhen entscheiden die für die Spendenvergabe zuständigen Mitarbeiter. Mit zunehmendem Volumen der Spendentransaktion zieht der Vorstand die Vergabeentscheidung an sich. Bei großen Spenden hat der Vorstand das letzte Wort..

Approval Authority \ Donation Amount	$ 1,000 or less	$ 1,001 - $ 5,000	$ 5,001 - $ 10,000	$ 10,001 - $ 25,000	Over $ 25,000
Staff	45 %	19 %	16 %	15 %	0 %
Officer (incl. CEO)	32 %	45 %	26 %	21 %	24 %
Foundation President	7 %	19 %	16 %	21 %	7 %
Board	6 %	7 %	32 %	36 %	66 %
Other (contributions committee)	10 %	10 %	10%	7 %	3 %

Quelle: Plinio, A., Brooks, W.E., Sax, E., Louie, M. (1981), S. 9.

Abbildung 4.8: Spendenentscheidungskompetenz in Abhängigkeit vom Wert der Spende

---

[1] Vgl. ebenda, S. 9.
[2] Vgl. ebenda.
[3] Vgl. ebenda.
[4] Vgl. ebenda.

- An der Spendenentscheidung sind bei 84% der Unternehmen die für die Spendenvergabe zuständigen Mitarbeiter sowie der Vorstand beteiligt. Als Spendeneinflußträger kommen bei 66% der Unternehmen Spenden-manager anderer Unternehmen oder Stiftungen in Betracht. Bei der Hälfte der Befragten geben Mitarbeiter Anstöße für die Vergabe von Spenden. 19% der Unternehmen holen sich Rat bei externen Beratern.[1]

- Die Vorstände von Unternehmensstiftungen sind im Durchschnitt mit 9 Personen besetzt. Sie setzen sich zu 52% aus Mitarbeitern des Unter-nehmens und zu 48% aus unternehmensexternen Experten und Honora-tioren bzw. ehemaligen Managern des Unternehmens zusammen.[2]

- 67% der Unternehmen überprüfen den Erfolg ihrer Spendenprojekte. Ein systematisches Spendencontrolling ist jedoch i.d.R. nicht vorhanden. Die Kontrolle des Rückflusses an Gratifikationen und der Arbeit der spenden-akquirierenden Organisation erfolgt zumeist unstrukturiert. Nur 33% der Unternehmen haben Richtlinien und Kriterien für die Evaluation ihrer Spendenprojekte aufgestellt.[3] Die meisten Richtlinien sind speziell auf die einzelnen Spendenprojekte bezogen. Einige Unternehmen bewerten dage-gen ihr gesamtes Spendenengagement global, ohne auf die einzelnen Projekte gesondert einzugehen. Ein Drittel der Unternehmen beauftragt externe Berater zur Kontrolle der Wirkungen ihrer Spendenprojekte.[4]

- Die Unternehmen setzen zunehmend auf eine Regionalisierung bzw. Dezentralisierung der Spendenentscheidung. Bei 75% der Befragten ha-ben regionale Niederlassungen oder Zweigwerke die Kompetenz zur Spendenvergabe. Die Höhe des Spendenbudgets wird aber i.d.R. von der Zentrale aus festgelegt.[5]

- Ein Drittel der Unternehmen sind in Spendenpools involviert. Bei den übrigen herrscht großes Interesse an einer Kooperation mit anderen Unternehmen.[6]

---

[1] Vgl. ebenda, S. 10.
[2] Vgl. ebenda.
[3] Vgl. ebenda.
[4] Vgl. ebenda.
[5] Vgl. ebenda.
[6] Vgl. ebenda, S. 11.

- Die durchschnittliche Anzahl von Spendenanfragen, die innerhalb eines Kalenderjahres bei Unternehmen eintrifft beträgt ca. 2000. Davon beantworten die Unternehmen durchschnittlich 672 mit einem Transfer von Spendenobjekten, was ein Anfragen-Vergaben-Verhältnis von 3:1 zur Folge hat. Bei den vier Unternehmen, die die meisten Spendenanfragen zu verzeichnen haben, beträgt die durchschnittliche Anfragenzahl 8500, wovon 2374 für die anfragende spendenakquirierende Organisation positiv beantwortet werden. Das Anfragen-Vergaben-Verhältnis beträgt hier 4:1. Bei den vier Unternehmen mit der geringsten Zahl an Spendenanfragen ergibt sich ein Verhältnis von 3:1 (450:153).[1]

- Die durchschnittliche Reaktionszeit der Unternehmen auf eine Spendenanfrage liegt zwischen drei und acht Wochen.[2] Über die Gründe dafür gibt die Studie der Prudential Foundation allerdings keine Auskunft.

Murphy (1982) befragt im Rahmen des "Corporate Support Program Research Project" (CSPRP), einem Forschungsprojekt der Universität Miami in Kooperation mit dem United Way of America, ein repräsentatives Sample (n=278) aus den 1000 größten US-amerikanischen Unternehmen - nach dem Index des Fortune Magazins - zum Prozeß der Spendenvergabeentscheidung. Die empirischen Ergebnisse sollen Licht in das Dunkel der Unternehmensspendenvergabe bringen und spendenakquirierenden Organisationen Anregungen zur Motivierung von Spendenentscheidungsträgern geben:[3]
- Als Determinanten für die Auswahl der Spendenempfänger ermittelt Murphy insgesamt 12 "characteristics they (corporations, Anm. d. V.) believe are very important in their contributions decision-making process."[4] Für nahezu alle Unternehmen (96%) spielt die Effizienz der Mittelverwendung bei der spendenakquirierenden Organisation eine entscheidende Rolle. Die Effizienz der Mittelverwendung wird in Relation zum Verwaltungsaufwand einer spendenakquirierenden Organisation gesehen. Zu den ebenso oft genannten Einflußfaktoren zählen der lokale Bezug der Mittelverwendung, das Ausmaß, in dem die spendenakquirierende Organisation denen hilft, die sonst keine Hilfe erhalten und die Informationen über andere Spenderunternehmen. 86% der Unternehmen betrachten es für ihre eigene Spendenentscheidung als wichtig zu erfah-

---

[1] Vgl. ebenda, S.12.
[2] Vgl. ebenda.
[3] Vgl. Murphy D.J. 1982, S. 1.
[4] Ebenda, S. 13.

ren, welchen Betrag andere Unternehmen geben und welcher Betrag von den eigenen Mitarbeitern an die spendenakquirierende Organisation gespendet wird.[1] Für über 80% der Unternehmen sind Informationen über die Beteiligung von Mitarbeitern und Managern des eigenen Unternehmens als ehrenamtliche Helfer oder Vorstandsmitglieder der anfragenden spendenakquirierenden Organisation von Bedeutung.[2] 79% der Unternehmen glauben, daß es für einen Erfolg der spendenakquirierenden Organisation wichtig ist, daß die vom Unternehmen erwartete - und in der Spendenanfrage zum Ausdruck gebrachte - Spendenhöhe in Relation zum Gesamtbedarf an Spenden steht.[3] Die Unternehmen sehen ihre eigene Spende im Verhältnis zum Spendenaufkommen der anderen Spender bzw. zum gesamten Volumen des Spendenprojektes. Für 75% der Unternehmen ist der Nutzen der Spende für ihre Mitarbeiter von Bedeutung.[4] Sie präferieren spendenakquirierende Organisationen, deren Projekte einen direkten oder indirekten Nutzen für die Mitarbeiter bzw. ihre Familien erbringen. Drei Viertel der Unternehmen legen Wert auf die Beteiligung von ehrenamtlichen Helfern an der Arbeit der spendenakquirierenden Organisation.[5] Das Ausmaß, in dem die Leistungen der spendenakquirierenden Organisation den Mitgliedern des Mittelstandes[6] nützt (56%) und die spendenakquirierende Organisation in der Gesundheitsforschung involviert ist (56%), werden von knapp der Hälfte der Unternehmen als relevant erachtet. Nur knapp 35% halten dagegen die öffentliche Aufmerksamkeit, die die Spende erzielen kann, für wichtig.

---

[1] Vgl. ebenda, S. 16.
[2] Vgl. ebenda, S. 27.
[3] Vgl. ebenda, S. 15.
[4] Vgl. ebenda.
[5] Vgl. ebenda, S. 16.
[6] Hier wird unter "Mittelstand" die gesellschaftliche Schicht des Mittelstandes und nicht der Mittelstand im ökonomischen Sinne verstanden.

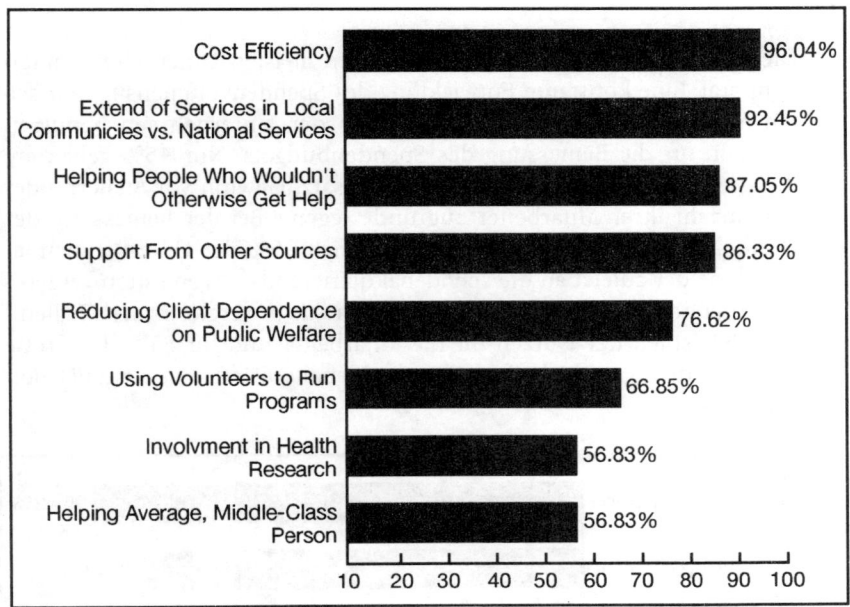

Cost Efficiency		96.04%
Extend of Services in Local Communicies vs. National Services		92.45%
Helping People Who Wouldn't Otherwise Get Help		87.05%
Support From Other Sources		86.33%
Reducing Client Dependence on Public Welfare		76.62%
Using Volunteers to Run Programs		66.85%
Involvment in Health Research		56.83%
Helping Average, Middle-Class Person		56.83%

10   20   30   40   50   60   70   80   90   100

Quelle: Murphy, D.J. (1982), S. 26.
Abbildung 4.9: Determinanten für die Auswahl der Spendenempfänger

- Die Unternehmen tendieren zur Unterstützung von spendenakquirieren-den Organisationen, zu denen bereits Kontakte bestehen bzw. an die sie bereits zuvor eine Spende vergeben haben. Über 90% der Befragten geben an, daß mehr als die Hälfte der von ihnen unterstützten Organisationen bereits mindestens einmal in den letzten drei Jahren mit einer Spende bedacht worden sind.[1] Bestehende Spendenbeziehungen zu Unternehmen wirken sich demnach aus der Sicht von spendenakqui-rierenden Organisationen positiv auf die Wahrscheinlichkeit weiterer Spendenzusagen aus.

- Das Timing der Spendenanfragen wird von über 80% der Unternehmen als "at least somewhat important" eingestuft.[2] Weniger als 20% sagen, daß das zeitliche Eintreffen der Spendenanfragen keine Bedeutung besitzt. Über den Zeitpunkt, wann eine Spendenanfrage als optimal angesehen wird, machen die Unternehmen jedoch keine Angaben.

---

[1]   Vgl. ebenda, S. 17.
[2]   Vgl. ebenda, S. 17.

- Die jährliche Spendenhöhe variiert bei den meisten Unternehmen inter-temporal. Eine konstante Entwicklung des Spendenvolumens ist nur selten anzutreffen. Weniger als die Hälfte der Unternehmen benutzen Formeln für die Bemessung des Spendenbudgets. Nur 45% geben an, daß sie einen fixen Prozentsatz vom Umsatz, Gewinn vor Steuern oder der Anzahl ihrer Mitarbeiter zugrunde legen.[1] Bei der Bemessung der Höhe der einzelnen Spende orientieren sich 96% der Unternehmen an der Höhe der zuletzt an die spendenakquirierende Organisation vergebenen Spende bzw. an der bisher geübten Praxis in vergleichbaren Fällen.[2] Für 88% spielt der Nutzen für die Mitarbeiter und für 81% die Größe des gesamten Spendenbedarfs der spendenakquirierenden Organisation eine Rolle.

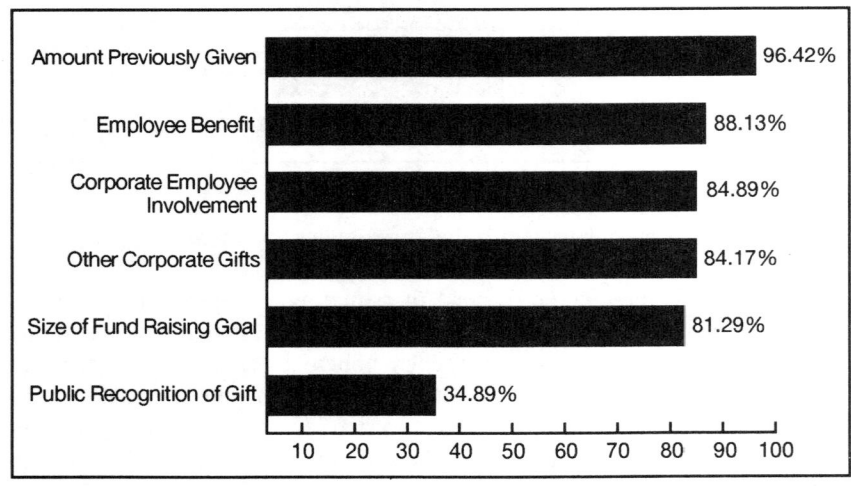

Quelle: Murphy D.J. 1982, S. 27.
Abbildung 4.10: Determinanten für die Entscheidung über die Spendenhöhe

- Bei 64% der Unternehmen wird die Entscheidung über den Spenden-empfänger und die Höhe der Spende von Komitees getroffen, in 46% unter Beteiligung bzw. in Abstimmung mit dem Vorstandsvorsitzenden.

---

[1] Vgl. ebenda, S. 18.
[2] Vgl. ebenda, S. 26.

Nur in 19% der Unternehmen entscheidet der Geschäftsführer oder der Vorstandsvorsitzende alleine über die Vergabe von Spenden.[1]

- Eine Dezentralisation der Spendenentscheidungsbefugnis wird von der Mehrheit der Unternehmen praktiziert. Über 60% der Unternehmen, die über Zweigwerke oder Niederlassungen verfügen, delegieren die Kompetenz zur Spendenvergabe an die lokalen Manager bzw. lokale Spendenkomitees. Die Höhe des Budgets wird jedoch von der Unternehmensleitung zentral festgelegt.[2]

- Die Unternehmen vergeben bevorzugt Spenden an Projekte der Jugendförderung (88%), zur Unterstützung von Minderheiten (78%), für bauliche (70%) und medizinische (62%) Maßnahmen von Krankenhäusern, zur Förderung der Kunst und Kultur (67%) und für Einrichtungen der Gesundheitsforschung (62%).[3]

Aus den empirischen Ergebnissen der CSPRP-Studie leitet Murphy eine Reihe von Handlungsempfehlungen für das Spendenmarketing spendenakquirierender Organisationen ab:[4]

- Das **Timing** der Spenderansprache ist entscheidend. Spendenakquirierende Organisationen sollten deshalb systematisch Informationen darüber gewinnen, welcher Zeitpunkt bei welchem Spender für die Zusage einer Spende vorteilhaft ist.
- Spendenakquirierende Organisationen sollten Spender identifizieren, die ihre Zuwendungen über eine Unternehmensstiftung vergeben, da **Informationen über die Spendenvergabe von Stiftungen leichter zugänglich** sind als Informationen über die individuellen Entscheidungsprozesse in Unternehmen. Stiftungen verfügen i.d.R. über definierte Regeln für die Vergabe von Fördermitteln, die jederzeit für die Öffentlichkeit zugänglich sind.
- Spendenakquirierende Organisationen sollten Unternehmen dazu bewegen, ihr Spendenengagement auszuweiten und langfristig - z. B. über einen **festen Anteil am Unternehmensgewinn** als Spendenbudget - festzuschreiben.

---

1 Vgl. ebenda, S. 21.
2 Vgl. ebenda, S. 19.
3 Vgl. ebenda, S. 24.
4 Vgl. hier und im folgenden ebenda, S. 32 ff.

- Der Spendenentscheidungsprozeß von Unternehmen muß individuell untersucht und verstanden werden. Spendenakquirierende Organisationen benötigen einen **"personal approach"** zu jedem einzelnen Spenderunternehmen.
- Mit einer persönlichen Einbeziehung von **Spendenentscheidungs- und Einflußträgern** als ehrenamtliche Mitglieder **in Vorständen von spendenakquirierenden Organisationen** kann die Identifikation mit der spendenakquirierenden Organisation und ihrem Aufgabenfeld gestärkt und infolge dessen die Neigung der Unternehmen zur Vergabe von Spenden erhöht werden. Spendenakquirierende Organisationen sollten sich um ein persönliches ehrenamtliches Engagement der betreffenden Personen bemühen.
- Broschüren über die Arbeit von spendenakquirierenden Organisationen sollten Informationen über die **spezifischen Gratifikationen** enthalten, die für Unternehmen und ihre Mitarbeiter durch die Tätigkeit der Organisation entstehen. Sie sollten auf die Informationsbedürfnisse von Unternehmen zugeschnitten sein.
- In die **Präsentation der Spendenprojekte** sollten die Informationen eingearbeitet werden, die von Unternehmen als besonders wichtig erachtet werden. Dazu zählen u. a. Informationen über die Effizienz der spendenakquirierenden Organisation bzw. die Höhe ihres Verwaltungsaufwandes.

Für die bislang einzige empirische Studie, die sich explizit mit dem Spendenentscheidungsprozeß in deutschen Unternehmen beschäftigt, wurden im Zeitraum Juli/August 1992 insgesamt 250 Unternehmen aus dem Landkreis Karlsruhe schriftlich befragt.[1] Der verwertbare Rücklauf betrug nach einmaligem telefonischen Nachfassen 37%. Die Auswahl der Unternehmen erfolgte anhand des Verfahrens der geschichteten Auswahl mit den Schichtungskriterien 'Branche' und 'Unternehmensgröße', gemessen an der Anzahl der Beschäftigten.[2] Als Ergebnisse der "Studie zum Spendenverhalten von Unternehmen" lassen sich zusammenfassend festhalten:

---

[1] Vgl. Notheis, D. 1992, S. II ff. Im Gegensatz zum Entscheidungsprozeß bei der Vergabe von Unternehmensspenden sind zum Prozeß des Sponsorings in den letzten Jahren eine Reihe empirischer Studien in der deutschsprachigen Literatur erschienen. Vgl. u. a. Sample-Institut 1988, 1989, Bruhn, M./Wieland, Th. 1988, Bruhn, M. 1990 a, 1990 b, Drees, N. 1991. In den empirischen Untersuchungen zum Sponsoring finden sich vereinzelt auch Informationen, die Rückschlüsse auf den Prozeß der Spendenvergabe erlauben. So stellt z. B. Bruhn (1988) fest, daß bei vielen der vor ihm befragten Unternehmen keine exakte inhaltliche Trennung zwischen Spenden- und Sponsoringengagements vorgenommen wird. Vgl. Bruhn, M. 1988.

[2] Vgl. ebenda, S. XXXVIII.

- Die Mehrheit der Unternehmen beurteilt ihre Erfahrungen mit Spenden positiv. Die Unternehmen sind der Meinung, daß eine Publizität ihrer Spendentätigkeit positiv zum Erreichen der Unternehmensziele beiträgt. Nur 5% berichten über negative Erfahrungen mit Spenden. Sie nehmen zum einen Anstoß an der mangelhaften Kontrolle der Mittelverwendung und an der mangelnden Dankbarkeit bzw. Maßlosigkeit von spendenakquirierenden Organisationen.[1]

- Geachtete und prominente Persönlichkeiten als Schirmherren oder "Botschafter" von spendenakquirierenden Organisationen stärken in den Augen der Unternehmensentscheidungsträger die Glaubwürdigkeit der Spendenwerbung. Die Verleihung von "Spenden-TÜV-Plaketten", die einen Nachweis für die Effizienz der Mittelverwendung leisten sollen, trägt in den Augen von 83% der Unternehmen ebenso zum Aufbau von Glaubwürdigkeitspotentialen bei.[2]

- Vorhandene Geschäftsbeziehungen zu spendenakquirierenden Organisationen spielen für 80% der Unternehmen eine entscheidende Rolle bei der Vergabe von Spenden. Unternehmen vergeben bevorzugt Spenden an Organisationen, die bereits zuvor bei ihnen gekauft haben oder zum Kreis potentieller Kunden zählen.[3]

- Die Person des Sammlers ist sowohl für die Auswahl des Spendenempfängers, als auch für die tatsächliche Höhe der Zuwendung von Bedeutung. Der überwiegende Teil der Unternehmen richtet die Spendenhöhe jedoch an der bisherigen Praxis bzw. der momentanen Geschäftsentwicklung aus. Wenn die Ertragslage des Unternehmens schlecht ist, fallen die Spendenhöhen geringer aus, bei guter Geschäftslage werden großzügigere Beträge gespendet.[4]

- Das Spendenverhalten von Konkurrenzunternehmen spielt insgesamt für die Spendenvergabe keine Rolle. Nur 7% der Unternehmen spenden an spendenakquirierende Organisationen, weil auch Konkurrenzunternehmen Transfers an diese leisten. Spenden werden dann als Strategie verstanden, um in den Augen der spendenakquirierenden Organisationen sowie der interessierten Öffentlichkeit nicht schlechter als die Konkurrenz dazuste-

---

1 Vgl. ebenda, S. XLI.
2 Vgl. ebenda, S. XLII.
3 Vgl. ebenda, S. XLIV.
4 Vgl. ebenda, S. XLVII.

hen. 5% schließen eine Spendenzusage dann aus, wenn ein Konkurrenz-unternehmen bereits Spender ist.[1]

- Die Mehrheit der Unternehmen bevorzugt Geldspenden. Ein Drittel der Unternehmen präferiert Sachspenden. Dienstleistungsspenden werden nur von wenigen Unternehmen -vornehmlich Unternehmen des Tertiärsektors - vergeben.[2]

- Wegen der Relevanz eines lokalen Images für den Erfolg am Arbeits- und Absatzmarkt, der regionalen Verwurzelung des Entscheidungsträgers bzw. der besseren Kontrollmöglichkeiten der Mittelverwendung, spenden 70 % der Unternehmen bevorzugt für Projekte und Einrichtungen im direkten lokalen Umfeld ihres Firmensitzes.[3]

- Die Vorgabe von Mindestspenden bzw. die Äußerung des Wunsches nach konkreten Spendenhöhen im Rahmen der Spenderansprache wird von der überwiegenden Mehrheit der Unternehmen strikt abgelehnt. Nur 16% zeigen für ein solches - vor allem in den USA übliches - Verhalten von spendenakquirierenden Organisationen Verständnis.[4]

- In 86% der Unternehmen wird die Entscheidung über die Vergabe einer Spende alleine vom Geschäftsführer getroffen. Spendenentscheidungen sind "Chefsache". Nur bei 14% der befragten Unternehmen entscheidet ein Team der Geschäftsleitung.

---

[1] Vgl. ebenda, S. XLV. Das Verhalten von Unternehmen in der Bundesrepublik steht in bezug auf die Konkurrenzorientierung im Gegensatz zum Spendenverhalten US-amerika-nischer Unternehmen. In den USA betreiben viele Unternehmen eine systematische Informationsgewinnung über die Spendenaktivitäten ihrer Konkurrenten. Unter dem Blickwinkel komparativer Image- bzw. Wettbewerbsvorteile richten US-amerikanische Unternehmen ihre Spendentätigkeit u. a. auch an der Vergabepraxis der relevanten Kon-kurrenten aus. Niederlassungen ausländischer Unternehmen, insbesondere japanischer Unternehmen, orientieren sich besonders stark am Spendenverhalten ihrer einheimischen Wettbewerber, um im direkten Vergleich nicht schlechter dazustehen und um ihre Verbundenheit mit den Problemen des Gastlandes zu dokumentieren. Vgl. Haley, U.C. 1991, S. 497 ff, ebenso Lahn, S.M. 1981, S. 24, Knauft, E.B. 1986, S. 17. Siegfried et.al. (1983) stellen fest, daß US-amerikanische Manager mehr Gewicht auf das Spenden-verhalten der Konkurrenz legen, als auf die Einstellung ihrer Mitarbeiter oder der Kapital-geber zur Spendenvergabe. Vgl. Siegfried, J.J./McElroy, K.M./Biernot-Fawkes, D. 1983, S. S. 88 ff.

[2] Vgl. ebenda, S. L.

[3] Vgl. ebenda, S. LI.

[4] Vgl. ebenda.

- Zu Spendeneinflußträgern zählen bei 14% der Unternehmen die Abteilungsleiter und die Sekretärinnen der Geschäftsleitung. Sie leiten den Entscheidungsträgern konkrete Vorschläge für Spendenprojekte zu.[1]

- Eine persönliche oder familiäre Betroffenheit des Geschäftsführers bezüglich des Themas des Spendenprojektes erhöht die Bereitschaft des Unternehmens zur Spendenvergabe an das betreffende Projekt.[2]

- Für die überwiegende Mehrheit der Unternehmen sind Spenden keine feste Planungsgröße. Jährlich festgelegte Spendenbudgets existieren nur in wenigen Großunternehmen mit mehr als 1000 Beschäftigten.[3]

- 66% der Unternehmen wünschen bei der Spenderansprache eine detaillierte schriftliche Beschreibung des Spendenprojektes bzw. des Verwendungszweckes der Spenden. 50% der Unternehmen erwarten nach erfolgter Spendenzuwendung regelmäßige schriftliche Erfolgsberichte von der spendenakquirierenden Organisation. 12% präferieren einen persönlichen Besuch bei der unterstützten Einrichtung, um sich über den Stand des Projektes zu informieren. 27% der Unternehmen reicht ein einmaliger persönlicher Kontakt zur Projektleitung aus. Bei 6% ist Interesse an einem regelmäßigen Kontakt zur Leitung des Spendenprojektes vorhanden, um zukünftige Spendenentscheidungen mit neuen Informationen zu speisen.[4]

Mit Ausnahme der CSPRP-Studie kann keine der zitierten empirischen Untersuchungen Anspruch auf Repräsentativität erheben. Die Verteilung der interessierenden Merkmale in der Stichprobe ist nicht deckungsgleich mit jener in der Grundgesamtheit - hier den Unternehmen in den USA bzw. der Bundesrepublik Deutschland. Die Ergebnisse der Studien lassen deshalb keine allgemeingültigen Aussagen zum Spendenentscheidungsprozeß in Unternehmen zu. Auf Basis der Studien können jedoch sowohl für den US-amerikanischen als auch für den bundesdeutschen Spendenmarkt Tendenzaussagen gemacht werden.

Eine direkte Übertragbarkeit der Ergebnisse der US-amerikanischen Studien auf die Situation der Spendenvergabe in deutschen Unternehmen ist auf-

---

[1] Vgl. ebenda, S. XLIX.
[2] Vgl. ebenda, S. XLVI.
[3] Vgl. ebenda, S. XLVIII.
[4] Vgl. ebenda, S. LI.

grund der unterschiedlichen kulturellen Kontexte nicht möglich.[1] Dennoch können die aus US-amerikanischen Studien gewonnenen Erkenntnisse, Einsichten und Anregungen für aktuelle und zukünftige Entwicklungen auf dem deutschen Spendenmarkt vermitteln. Wenn - wie z. B. für den Medienmarkt konstatierbar - eine Diffusion von Entwicklungen aus den USA nach Europa unterstellt wird, so könnte in Zukunft beispielsweise auch in der Bundesrepublik mit einer stärkeren Multipersonalität der Spendenentscheidung - z. B. mit der Einführung von Spendenkomitees - gerechnet werden. Darüber hinaus erweist sich bei einem Vergleich der Ergebnisse der Studien ein erhebliches Maß an Gemeinsamkeiten. Die in allen US-amerikanischen Studien identifizierte Präferenz der Unternehmen für Spenden an Einrichtungen und Organisationen in ihrem lokalen Umfeld deckt sich mit den Ergebnissen der Studie zum Spendenverhalten von Unternehmen in der Bundesrepublik. Die Unternehmen vergeben verstärkt Spenden an lokale Zwecke, weil sie sich davon - für ihre Mitarbeiter und das eigene Image - einen höheren Nutzen versprechen und dabei eine höhere Sicherheit in bezug auf die zweckgerichtete Verwendung ihrer Spendenmittel empfinden.

Sowohl bei US-amerikanischen als auch bei bundesdeutschen Unternehmen verläuft der Prozeß der Spendenvergabe i.d.R. ungeplant. Explizite Richtlinien für die Vergabe von Spenden oder Spendenbudgets sind nur in seltenen Fällen vorhanden. Der Geschäftsführer oder Vorstand behält sich, insbesondere bei höheren Spendenbeträgen, die letzte Entscheidung über die Vergabe der Spenden vor. Als Spendeneinflußträger bzw. "Gatekeeper" fungieren sowohl in US-amerikanischen als auch in bundesdeutschen Unternehmen Mitarbeiterinnen und Mitarbeiter des Sekretariats der Geschäftsleitung. Insgesamt erwarten die Unternehmen von den spendenakquirierenden Organisationen eine erfolgsorientierte Berichterstattung über den aktuellen Stand der Mittelverwendung sowie die langfristige Entwicklung der Spendenprojekte. Spenden werden als soziale Investitionen verstanden. Die Dokumentation der Effizienz der Mittelverwendung und der Nutzenpotentiale, die sich aus der Spendenvergabe für die Spenderunternehmen ergeben, spielt auf beiden Kontinenten für den Erfolg von Spendenanfragen eine zentrale Rolle.

---

[1] Zur Kulturgebundenheit von organisationalen Entscheidungsprozessen. vgl. Hofstede, G. 1979, S. 97 ff, Hofstede, G. 1980, d'Iribarne, P. 1989.

4.3. Spezifität der Unternehmensspendenobjekte

Die Spezifität von Unternehmensspendenobjekten, die im Rahmen einer Spendentransaktion an die spendenakquirierende Organisation vom Spender transferiert werden, unterscheidet sich nur in wenigen Punkten, vornehmlich in der von den Unternehmen bevorzugten Materialität und dem Wert der Spendenobjekte von Spendenobjekten, die von Privatpersonen vergeben werden.

Wie im allgemeinen Fall der Spende lassen sich auch die Unternehmensspendenobjekte in Sach-, Geld-, Chancen- und Dienstleistungsspenden unterscheiden. Unternehmen präferieren dabei Spendenzuwendungen in Form von Geldtransfers.[1] Sie erlauben eine schnelle und kostengünstige Abwicklung der Mittelübertragung. Die steuerliche Bezugsgröße für die Absetzbarkeit steht bei Geldspenden eindeutig fest. Geldspenden eröffnen dem Spendenempfänger darüber hinaus die größten Handlungsspielräume bezüglich der Mittelverwertung. Bei Sachspenden taucht in bezug auf die steuerliche Absetzbarkeit dagegen das Problem der Bewertung der Spendenobjekte auf.[2] Zudem müssen Sachspenden, für den Fall, daß sie nicht direkt in den Leistungserstellungsprozeß der spendenakquirierenden Organisation integriert werden können, über Markttransaktionen erst in leistungserstellungsgerechte Objekte bzw. Geld zum anschließenden Erwerb von leistungserstellungsgerechten Objekten transformiert werden.

---

[1] Vgl. das Ergebnis der empirischen Studie von Notheis D. 1992, S. L. Für die USA ermitteln Siegfried/McElroy (1981), daß 88% der Unternehmensspenden als Geldspenden vergeben werden. Der Anteil von Sach- oder Dienstleistungsspenden beträgt 12% am gesamten Spendenaufkommen von Unternehmen. Vgl. Siegfried, J.J./McElroy, K. 1981, S. 7 ff.

[2] Die steuerrechtlichen Bewertungsmaßstäbe stellen - wie das Beispiel aus den USA zeigt - unter ökonomischen Gesichtspunkten eine relevante Determinante für die Beurteilung der Vorteilhaftigkeit von Sachspenden dar. So konnte in den USA bis 1969 bei Sachspenden der Marktpreis des Spendenobjektes steuerlich geltend gemacht werden. Dies führte dazu, daß Sachspenden aus eigenem Inventar für Unternehmen mit relativ geringen Produktionskosten aber hohen Distributionskosten attraktiv wurden. Wenn der Marktpreis deutlich über den eigenen Produktionskosten lag, konnten Sachspenden qua Steuerersparnis aus Sicht dieser Unternehmen kostengünstig vergeben werden. Bis 1969 war infolgedessen bei US-amerikanischen Unternehmen ein hoher Anteil an Sachspenden zu verzeichnen, der nach der Änderung der Steuerrichtlinien auf den Ansatz der Herstellungskosten deutlich sank. Vgl. Clotfelter, C.T. 1985, S. 184, ebenso Johson, O. 1966, S. 496. Für die Relevanz der steuerlichen Bewertung für die Spezifikation der Spendenobjekte liegen in bezug auf das Verhalten von Unternehmen in der Bundesrepublik bislang jedoch keine empirischen Erkenntnisse vor.

Bei Sachspenden handelt es sich in der Regel um eigene Produkte oder Handelswaren des Spenderunternehmens. Wenn die Produkte, infolge einer zeitlich bedingten oder generellen Unverkäuflichkeit, Lagerkapazität binden, kann sich mit ihrer Übertragung als Sachspende ein willkommener Entsorgungseffekt für das Spenderunternehmen einstellen. Wie bei der Sammlung von Altmaterialien bei Privathaushalten erleben die Spender den Spendentransfer dann als Lösung eines Entsorgungsproblems.[1] Durch die Spenden von Sachleistungen steigt die freie Lagerkapazität und die Lagerkosten sinken. Demgegenüber entstehen den Unternehmen bei Sachspenden u.U. zusätzliche Transportkosten, da sich nicht alle spendenakquirierenden Organisationen in der Lage befinden, die Abholung der Sachspenden selbst zu organisieren. Darüber hinaus verfügen nur wenige Unternehmen über direkt zur Leistungserstellung der spendenakquirierenden Organisation einsetzbare Sachspendenobjekte in ihrem Produktangebot. Die Voraussetzung für einen sinnvollen Transfer von Sachobjekten ist aber eine direkte oder indirekte Verwertbarkeit der Objekte für die spendenakquirierende Organisation zur Produktion des öffentlichen Gutes. Der Aspekt der Verwertbarkeit setzt in der Regel thematische Affinitäten zwischen den Produkten des Spenderunternehmens und der Arbeit der spendenakquirierenden Organisation als Grundlage für den Transfer von Sachspenden voraus, die nur in seltenen Fällen vorhanden sind.[2]

Dienstleistungsspenden werden nur von wenigen Unternehmen vergeben.[3] Der Spendentransfer von Dienstleistungen kann sich zum einen über die Unterlassung einer Rechnungsstellung - mit der simultanen Bitte um die Ausstellung einer Spendenbescheinigung über den Transfer der Dienstleistung - für eine gegenüber der spendenakquirierenden Organisation erbrachten Dienstleistung, oder zum anderen über sog. "Secondments" vollziehen. Unter einem "Secondment" ist die kostenlose Zurverfügungstellung von Mitarbeitern eines Unternehmens an soziale Einrichtungen zu verstehen.[4] Die von Unternehmen freigestellten Mitarbeiter verlagern dabei ihren Arbeits-platz zu sozialen Einrichtungen bzw. spendenakquirierenden Organisationen,

---

[1] Vgl. Holscher, C. 1977, S. 75. Von Unternehmen wird der Entsorgunseffekt bei Sachspenden allerdings im Rahmen einer Unternehmensbefragung von Notheis (1992) auf einer Skala von "unwichtig" bis "sehr wichtig" bzw. 0 bis 4 mit dem Wert 0,6 als "unwichtig" eingestuft. Vgl. Notheis, D. 1992, S. LII.

[2] Vgl. zu Affinitäten zwischen den Produkt- bzw. Arbeitsgebieten der Spendentauschpartner die Ausführungen zur Issue Congruence Theorie in Abschnitt 5.1.

[3] Vgl. Notheis, D. 1992, S. L ff. Der Transfer von Chancen spielt bei Unternehmensspenden keine Rolle.

[4] Zum Secondment vgl. Jung, P. 1991, S. 14, Gesterkamp, Th. 1992, S. 16, Zorn, W. 1990, S. 46 ff.

behalten aber ihren Status als Mitarbeiter der Spenderunternehmen bei. Sowohl das Einkommen als auch die Reisekosten werden in voller Höhe vom Unternehmen getragen. So organisieren im Rahmen von Secondment-Programmen in der Bundesrepublik z. B. Mitarbeiter der IBM den Vertrieb von Produkten einer Behindertenwerkstätte oder schulen die Mitarbeiter eines Rehabilitationszentrums in Unternehmensführung und Arbeitstechniken.[1] Für die Unternehmen ergeben sich daraus Chancen zum Aufbau eines ganzheitlichen Images. Mit Secondmentprogrammen soll eine Integration in die Gesellschaft dokumentiert und gesellschaftliche Legitimation bei der Öffentlichkeit erzielt werden.[2] Der Erwerb von "Sozialkompetenz" soll die Unternehmenskultur bereichern und die Mitarbeiter in ihrer persönlichen Entwicklung voranbringen. Aus der Einbahn- wird eine Zweibahnstraße. "Die in der "Non-Profit-Welt" gesammelten Erfahrungen sollen die ausgeliehenen Fachkräfte nach ihrer Rückkehr zum Wohle der Firmenbilanz in das eigene Unternehmen einbringen."[3]

Jung (1991) unterscheidet im Rahmen der Dienstleistungsspende drei Typen von "Secondees":[4]

1. Mitarbeiter, die kurz vor dem Ruhestand stehen und die durch ihr Wissen und ihre Erfahrung für ein Secondment geeignet sind.
2. "Know-how-Spezialisten", bei denen allein die fachliche Qualifikation, unabhängig vom Alter, im Vordergrund steht.
3. "Karriere-Rotierer", die ein Secondment als Station auf ihrem betrieblichen Karriereweg absolvieren. Bevor der Mitarbeiter einen Manager-Status erlangt, soll er beweisen, daß er in einem fremden Umfeld ohne Unterstützung durch das Unternehmen erfolgreich sein kann.

Bei den wenigen Unternehmen, die sich bislang in der Bundesrepublik mit Secondmentprogrammen engagieren, überwiegt die Entsendung von Mitarbeitern, die an der Ruhestandsgrenze stehen. Ein Einsatz von Dienstleistungsspenden als personalwirtschaftliches Instrument zur Weiterbildung und

---

[1] Vgl. ebenda.
[2] Vgl. Jung, P. 1991, S. 18, Gesterkamp, Th. 1992, S. 17.
[3] Gesterkamp, T. 1992, S. 16, ebenso Jung, P. 1991, S. 16 ff. Der Anspruch der "Zweibahnstraße" wird in der Secondmentpraxis jedoch nur selten eingelöst. Weit über die Hälfte der IBM "Secondees" sind über fünfzig Jahre alt bzw. stehen vor ihrem altersgemäßen Ausscheiden aus dem Unternehmen. Secondmentprogramme erfüllen insofern oft eher die Funktion einer Vorruhestandsregelung.
[4] Vgl. Jung, P. 1991, S. 18.

Karriereplanung findet in der Regel in bundesdeutschen Unternehmen nicht statt.

Insgesamt ziehen die Unternehmen eine positive Bilanz ihres Secondment-Engagements. Die Kooperationspartner führen die begonnenen Projekte eigenständig weiter und der Aufmerksamkeitswert bei der internen und externen Öffentlichkeit wird als hoch eingestuft.[1] Operative Probleme ergeben sich bei Secondments vor allem dadurch, daß mit der Kooperation von Profit- und Nonprofit-Organisationen zwei normative Welten aufeinanderprallen. "Gerade in der Anfangsphase laufen die meisten betriebswirtschaftlich geprägten "Leiharbeiter" Gefahr, ihre neuen Arbeitgeber mit allzu effizienten Marketingmethoden vor den Kopf zu stoßen", was zu Reibungsverlusten und infolgedessen zu einer Wertminderung der Dienstleistungsspende führen kann.[2]

Neben ihrer bevorzugten Materialität lassen sich Unternehmensspendenobjekte auch aufgrund des Wertes der Spendenobjekte, von solchen, die von Privatpersonen vergeben werden, differenzieren. Bei Unternehmensspenden handelt es sich im Vergleich zu Zuwendungen von privater Seite gewöhnlich um größere Spendenbeträge bzw. um Spendenobjekte mit höherem Wert. Whitehead (1976) führt dies auf die angestrebte Realisation von "economies of scale"-Effekten zurück. Unter dem Gesichtspunkt der Gewinnmaximierung haben große Spendenbeträge einen verhältnismäßig größeren Effekt auf den Unternehmensgewinn als kleine Spenden.[3] Große Spendenbeträge erzeugen mehr Aufmerksamkeit als kleine Spenden bzw. können größere indirekte Wirkungen für die Mitarbeiter erzielen als eine entsprechende Addition kleiner Zuwendungen. Die Wahrscheinlichkeit eines Aufbaus von Goodwillpotentialen bei den Spendenempfängern und Rezipienten von Informationen über die Spende erhöht sich mit der Größe der Spende.[4] Für Unternehmen ergeben sich im Vergleich zu Privatpersonen, die in der Bundesrepublik durchschnittlich zwischen 60 und 70 DM pro Jahr spenden,[5] somit unter dem Gesichtspunkt der Gewinnmaximierung aus der Vergabe von höheren Spendenbeträgen größere Gratifikationspotentiale. Darüber hinaus ist die Erwartungshaltung von spendenakquirierenden Organisationen gegenüber Unternehmen größer. Von Unternehmen wird i.d.R. in bezug auf den Spendentransfer eine größere Leistungsfähigkeit angenommen.

---

[1] Vgl. ebenda.
[2] Vgl. Gesterkamp, T. 1992, S. 17, ebenso Cremer, S. 1991, S. 19.
[3] Vgl. Whitehead, P. 1976, S. 33.
[4] Vgl. ebenda, S. 33.
[5] Vgl. Müller-Werthmann, G. 1985, S. 21.

Der soziale Druck zur Vergabe hoher Spendenbeträge ist gegenüber Unternehmen stärker ausgeprägt als in bezug auf den durchschnittlichen privaten Spender.

4.4. Unternehmensspendenmarkt in der Bundesrepublik Deutschland

Informationen über die Spendentätigkeit von Unternehmen sind in der Bundesrepublik, wenn überhaupt, nur unvollständig erhältlich. Weder gibt es Verbände oder Zentralorgane, die alle Spendentransfers systematisch ermitteln, noch unterliegen die einzelnen spendenakquirierenden Organisationen und die Unternehmen einer strikten Berichtspflicht. Die Finanzämter, die relevante Daten besitzen, erstellen ebenfalls keine bundesweite Statistik und erfassen nicht alle relevanten Organisationen.[1] Im Gegensatz zu den USA, wo die "American Association of Fund-Raising Counsel" das Spendenjahrbuch "Giving USA" herausgibt, das eine umfassende Zusammenstellung quantitativer und qualitativer Daten über die Spendentätigkeit von Privatpersonen und Unternehmen im betreffenden Jahr enthält, lassen sich demnach keine

---

[1] Auch was das Spendenvolumen insgesamt anbetrifft, liegen für die Bundesrepublik keine verläßlichen Zahlen vor. Das Deutsche Zentralinstitut für Soziale Fragen (DZI) schätzt das Spendenaufkommen für 1992 auf ca. 4 Milliarden DM. Vgl. Notheis, D. 1992, S. 16. Bisherige Versuche, das Gesamtspendenvolumen in der Bundesrepublik exakt zu ermitteln, sind gescheitert. Zum Teil liegen Daten nur unvollständig vor, zum Teil waren bisher Umfragen bei den gemeinnützigen Organisationen erfolglos. Klein (1986) rezipiert drei Erhebungsversuche, die nur partielle Erfolge brachten. Vgl. Klein, M. 1986, Anhang S. III ff. Einer wurde von seiten der Evangelischen Kirche initiiert und bezog sich auf Mitgliedsorganisationen. Der Rücklauf betrug 25%. Die Arbeit liegt als unveröffentlichtes Papier des Fachbereiches "Werbung und PR" im Gemeinschaftswerk Evangelischer Publizistik/Frankfurt vor. Vgl. Hederich, M. 1981. Ein weiterer Versuch wurde vom Statistischen Landesamt Baden-Württemberg unterstützt und im Rahmen einer Dissertation durchgeführt. Der Rücklauf betrug nach dreimaligem Anschreiben ca. 33% und war nicht repräsentativ. Zu der Dissertation liegen nur vorläufige Arbeitspapiere vor. Der dritte Versuch, gefördert von der Deutschen Forschungsgemeinschaft, scheiterte Anfang der 60er Jahre. Vgl. Bauer, R. 1978, S. 101, Danckwerts, D./Prestien, R. 1974. Darin wird deutlich, daß die "Abneigung der lokal-regionalen Mitarbeiter der karitativen Verbände, Einblick in die verbandlichen Haushaltspläne und -rechnungen zu geben", ausgeprägt war. Von 145 befragten Einrichtungen machten nur 45 detaillierte Angaben über die Herkunft der jährlichen Einnahmen. Vgl. Danckwerts, D./Prestien, R. 1974, S. 40. Das Institut für Demoskopie Allensbach hat im Rahmen repräsentativer Bevölkerungsumfragen zwischen 1962 und 1985 die Spendenbereitschaft der Bevölkerung ermittelt, wonach 77% regelmäßig spenden und 23% der Bevölkerung keine Spenden vergeben. Der durchschnittliche Wert der letzten Geldspende liegt bei 33 DM und der letzten Sachspende bei 116,70 DM. Auf die Spendentransfers von Unternehmen geht die Studie allerdings nicht ein. Vgl. Institut für Demoskopie Allensbach 1985, S. 47 ff.

exakten Angaben über das Spendenvolumen und die Anzahl der Marktteilnehmer am bundesdeutschen Unternehmensspendenmarkt machen.[1]

Bei der Bestimmung der Nachfrageseite gehen Mann/Bokatt (1985) in einer Schätzung von ca. 80.000 Vereinen bzw. spendenakquirierenden Organisationen aus, die in der Bundesrepublik als gemeinnützig und besonders förderungswürdig im Sinne des § 10b EStG anerkannt sind. Eine genaue Taxierung der Größenordnung der am Spendenmarkt agierenden spendenakquirierenden Organisationen ist jedoch nicht möglich, da für diesen Bereich keine zentralen Registrier- und Meldepflichten bestehen. "Nicht jede (dieser Organisationen, Anm. d. Verf.) betreibt gezielte Spendenwerbung. Oft handelt es sich um nur örtlich tätige Gruppierungen, die für ihre Aktivitäten keine übermäßig hohen Summen benötigen und nur gelegentlich von Gönnern unterstützt werden."[2] Das Deutsche Zentralinstitut für Soziale Fragen (DZI) in Berlin schätzt deshalb, daß im Jahr 1990 in der Bundesrepublik ca. 20.000 spendenakquirierende Organisationen existieren, die aktiv um Spenden werben. Von diesen 20.000 Organisationen treten aber nur etwa 10% in größerem Umfang, d. h. in der Form von überregionalen Spendenaufrufen am Spendenmarkt in Erscheinung. Voß (1993) hebt von diesen überregional tätigen Organisationen noch einmal ca. 250-300 spendenakquirierende Organisationen heraus, die sich, was den Umfang der Spendenwerbung und die Produktion öffentlicher Güter angeht, bundesweit profilieren. Von diesen spendenakquirierenden Organisationen sammeln über 200 zugunsten von Armen und bedürftigen Menschen. Der kleinere Teil wirbt um Spenden für die Renovierung historischer Gebäude, für den Schutz der Umwelt oder z. B. für den Erhalt bestimmter Tierarten.[3]

Auf der Anbieterseite stehen den spendenakquirierenden Organisationen in der Bundesrepublik ca. 2,1 Millionen Unternehmen gegenüber.[4] Wieviele Unternehmen davon in praxi Spenden vergeben läßt sich allerdings nicht exakt bestimmen. Legt man das Ergebnis einer Unternehmensbefragung von

---

[1] In den USA teilt sich das Spendenvolumen von insgesamt 47,7 Mrd. Dollar nach Angaben der American Association of Fund-Raising Counsel 1980 in 39,93 Mrd $ bzw. 83,% auf Privatpersonen, 2,4 Mrd $ bzw. 5% auf Stiftungen, 2,7 Mrd $ bzw. 5,6% auf Unternehmen und 2,86 Mrd $ bzw. 6% auf Erbschaften auf. Vgl. Bertsch, K.A. 1983, S. 4.
[2] Vgl. Mann, R./Bokatt, W. 1985, S. 16.
[3] Vgl. Voß, A. 1993, S. 3. In den USA werben dagegen ca. 900.000 Nonprofits um Spenden von Unternehmen, Stiftungen und Privatpersonen. Jedes Jahr kommen ca. 60.000 neue spendenakquirierende Organisationen hinzu. Vgl. McLeish, B.J. 1991, S. 2.
[4] Vgl. Bundesministerium für Wirtschaft 1993, S. 23.

Notheis (1992) zugrunde, wonach 91% der befragten Unternehmen mindestens einmal in den letzten fünf Jahren Spenden an spendenakquirierende Organisationen vergeben haben, so kann vermutet werden, daß die Zahl der aktuellen Anbieter von Unternehmensspenden in der Bundesrepublik weit über einer Million liegt.

Aus der im dreijährigen Turnus erscheinenden Körperschaftsteuerstatistik läßt sich das -gemäß § 9, 3 KStG - von den Körperschaftsteuerpflichtigen Unternehmen ausgewiesene Spendenaufkommen ermitteln. Danach vergaben die in der Bundesrepublik besteuerten Kapitalgesellschaften 1986 ca. 486 Millionen DM an Spenden für steuerrechtlich förderungswürdige Zwecke.[1] Die Entwicklung des Unternehmensspendenaufkommens ist dabei durch einen stetigen Anstieg gekennzeichnet. Im Zeitraum von 1974 bis 1986 stiegen die Spendentransfers von Körperschaftsteuerpflichtigen Unternehmen an spendenakquirierende Organisationen um 141% von 201,4 auf 485,9 Millionen DM. Allein im Zeitraum zwischen 1983 und 1986 vergrößerte sich das Spendenvolumen absolut um über 100 Millionen DM von 382 auf 485,9 Millionen DM.[2] Im Zuge des wirtschaftlichen Aufschwungs entwickelten sich auch die Unternehmensspenden positiv. Dem absoluten Anstieg des Spendenaufkommens von Kapitalgesellschaften zwischen 1983 und 1986 steht jedoch ein relativer Rückgang der Spendentätigkeit gegenüber. In Relation zu der Entwicklung der Jahresüberschüsse in den jeweiligen Jahren, sank die Spendenrate deutscher Kapitalgesellschaften von 3,1% (1983) auf 2,3% (1986). Insgesamt bewegt sich die durchschnittliche Spendenquote (Spenden im Verhältnis zum Jahresüberschuß) von Kapitalgesellschaften aber

---

[1] Hierunter fallen jedoch nur die gegenüber dem Finanzamt geltend gemachten Spendenbeträge der Körperschaftsteuerpflichtigen Unternehmen. Spendentransfers, die ohne die Ausstellung einer gültigen Spendenbescheinigung geleistet werden, sind darin nicht enthalten. Die von Nelson (1970) zu den Spenden gerechneten Aufwendungen für den Entscheidungsprozeß und die Abwicklung des Transfers sind damit ebenso wenig berücksichtigt. "The dollar amounts of contributions reported on tax returns understate the size of corporate philanthropic involvement, possibly by a considerable amount. One important element in corporate philanthropy not reflected in the tax return data is the value of the services of corporate officers in fund-raising and other charitable activities. Much of this is done on "company time" and is regarded as a normal and, indeed, an expected part of manager's corporate duties. These activities, therefore, are as much a part of the corporation's explicit commitment to philanthropy as is its budget for cash contributions.", Nelson, R.L. 1970, S. 3.

[2] Klein (1986) beziffert den jährlichen Anstieg der Unternehmensspenden zwischen 1957 und 1977 auf 5,3 %/Jahr. Im Vergleich zum Wachstum der privaten Spenden, die zwischen 1968 und 1977 einen jährlichen Anstieg von 13,9% verzeichnen, fällt das Wachstum der Spendentransfers von Unternehmen geringer aus. Vgl. Klein, M. 1986, Anhang S. V.

realtiv konstant in einem Band zwischen 2,3% und 3,2% vom Jahresüberschuß. Auch in Relation zur Entwicklung des Bruttosozialprodukts pendelt
sich die Unternehmensspendenvergabe in der Bundesrepublik auf einem
relativ stabilen Niveau zwischen 2,0 und 2,5 Promille vom Bruttosozialprodukt ein. Mit der Zunahme des Bruttosozialprodukts steigt auch die
Vergabe von Unternehmensspenden. Die Spendenaufkommen von Personengesellschaften bzw. aller nicht-Körperschaftsteuerpflichtigen Unternehmen
sind in den statistischen Zahlen jedoch ebensowenig enthalten wie die
Zuwendungen von Sach-, Geld- oder Hilfsleistungen von Unternehmen an
Organisationen und Vereine, die nicht steuerlich geltend gemacht werden.
Über die Größenordnung dieser Zuwendungen liegen bislang keine Angaben
vor.

Das vorhandene Datenmaterial gibt nur einen partiellen Einblick in die
Potentiale des deutschen Unternehmensspendenmarktes. Für eine detaillierte
Bestimmung der Angebots- und Nachfragestrukturen auf dem Unternehmensspendenmarkt bleiben noch eine Vielzahl von Fragen offen. So besteht
z. B. die Notwendigkeit, im Rahmen der quantitativen Unternehmensspen-
denmarktforschung Antworten auf folgende Fragen zu gewinnen:

1. Wieviel Unternehmensspenden fließen in welche Bereiche bzw.
   Nonprofit-Sektoren?
2. Welche Branchen vergeben bevorzugt Spenden bzw. welche Rangfolge
   der Branchen ergibt sich in bezug auf die Spendenvergabe?
3. Vergeben große Unternehmen im Vergleich zu kleinen Unternehmen
   relativ mehr Spenden?
4. Wie hoch ist der durchschnittliche Anteil der Spenden am Unternehmensgewinn bei allen Unternehmen sowie in den einzelnen Branchen
   der Wirtschaft?
5. Welche Zuwendungsvolumina fließen an Unternehmensstiftungen und
   welche Volumina fließen wiederum von den Stiftungen an spendenakquirierende Organisationen?

Auch eine im Zuge dieser Arbeit durchgeführte Anfrage beim Bundesministerium für Finanzen ergab darauf keine Antworten. Entsprechende
steuerstatistische Daten liegen bis heute nicht vor. Eine adäquate Aussage
über die weitere quantitative Entwicklung der Unternehmensspendenvergabe
in der Bundesrepublik kann daher auf der Basis der vorliegenden Erkent-
nisse nicht gemacht werden.

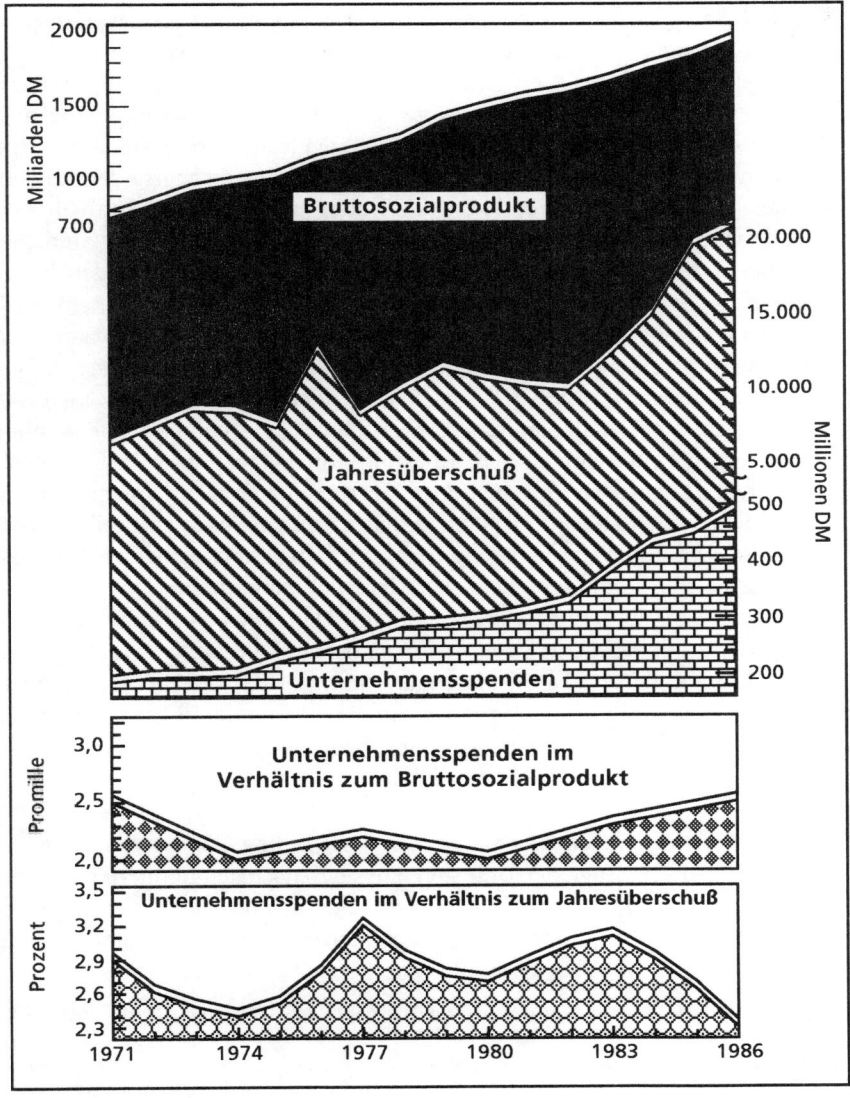

Quelle: Eigene Darstellung auf der Basis von Daten des Bundesministeriums der Finanzen und des Statistischen Bundesamtes.

Abbildung 4.11: Volumen der Unternehmensspenden von Kapitalgesellschaften im Verhältnis zu den Jahresüberschüssen und
dem Bruttosozialprodukt

Für die Beurteilung der zukünftigen Entwicklung des Unternehmensspendenmarktes kann allerdings davon ausgegangen werden, daß die Potentiale des Marktes für Unternehmensspenden in der Bundesrepublik bislang noch nicht voll ausgeschöpft sind. Von der Nachfrageseite aus betrachtet liegt dies zum einen in der mangelnden Professionalität des Spendenmarketing spendenakquirierender Organisationen begründet. Bei den meisten spendenakquirierenden Organisationen agieren im Rahmen der Spendenakquisition unzureichend ausgebildete haupt- und ehrenamtliche Mitarbeiter. Fundierte Marketingkenntnisse sind unter den Spendenakquisiteuren in der Regel nicht vorhanden. Die Akquisition von Unternehmensspenden wird unsystematisch und auf der Basis von lückenhaften Daten und Informationsgrundlagen über die aktuellen und potentiellen Spender betrieben.[1] Zum anderen bestehen bei vielen spendenakquirierenden Organisationen nach wie vor ideologische Hemmschwellen gegenüber Spendenbeziehungen zu Unternehmen.[2] Die Angst, in Abhängigkeit von Unternehmen zu geraten, ist bei vielen Entscheidungsträgern von Nonprofit-Organisationen - vor allem bei Organisationen mit sozialem Aufgabenschwerpunkt - weit verbreitet. Die durch die Perzeption eines Abhängigkeitsrisikos induzierten Hemmschwellen kommen jedoch bei Unternehmensspenden im Vergleich zum Sponsoring in geringerem Maße zum tragen. Die enge öffentliche Verknüpfung mit dem Partner bzw. das gemeinsame kommunikative Auftreten von Unternehmen und Nonprofit-Organisation fördert die Perzeption einer Imageabhängigkeit. Wird ein Sponsor mit einem Skandal in Verbindung gebracht, können sich negative Imagewirkungen auch auf den Partner übertragen.[3] .

Auf der Anbieterseite kann sich zukünftig - wie in den USA bereits in Ansätzen erkennbar - im Zuge der Diffusion eines gesellschaftsorientierten Marketing auch in der Bundesrepublik eine Entwicklung vom klassischen Mäzenatentum zum "Strategic Giving Approach" abzeichnen.[4] Die Unternehmen

---

[1] Dieser Befund ergibt sich aus Expertengesprächen mit Verantwortlichen von spendenakquirierenden Organisationen.

[2] Die Hemmschwellen für die Bildung von Spendenbeziehungen zu Unternehmen sind in erheblichem Maße auch ideologischer Natur. Unternehmen werden von den Mitarbeitern spendenakquirierender Organisationen - insbesondere im Bereich der Umwelt- und Wohlfahrtspflege - oft für die Ursachen sozialer oder ökologischer Probleme verantwortlich gemacht. Die Ziele von Nonprofit-Organisationen und Unternehmen werden unter antagonistischem Blickwinkel betrachtet, was eine unvoreingenommene Spendenansprache von Unternehmen verhindert.

[3] Vgl. Ausführungen in Abschnitt 5.6.

[4] Zum "strategic giving approach" vgl. u. a. Zetlin M. 1990, S. 10 ff, Nichols D. 1990, S. 29 ff.

unterziehen dabei ihre Spendenvergabe, unter dem Blickwinkel des Ziels einer systematischen Integration in die gesellschaftliche Unternehmensumwelt, einer zunehmend sorgfältigeren Kontrolle und Analyse. Spendentransaktionen werden wie kommerzielle Operationen unter Effizienzgesichtspunkten durchgeführt. Der "Strategic Giving Approach" hat bei Unternehmensentscheidungsträgern einen Einstellungswandel zur Folge, der dazu führt, daß "charity requires and deserves the same level of toughminded thinking, and the same kinds of accounting and performance review as any other business function."[1] Spendenzwecke werden in bezug auf ihre Relevanz für den langfristigen Erfolg des Unternehmens ausgewählt.[2] Die Spendenvergabe wird zur strategischen Aufgabe im Kontext der Unternehmungspolitik, was ihren Stellenwert insgesamt stärkt und - wie das Beispiel der USA zeigt - infolgedessen auch das quantitative Potential des Unternehmensspendenangebotes wachsen läßt.[3] Von der quantitativen Wachstumsentwicklung des Unternehmensspendenmarktes im Zuge des "strategic giving" profitieren jedoch vor allem diejenigen spendenakquirierenden Organisationen, welche öffentlichkeitswirksame bzw. imageträchtige Ziele verfolgen resp. öffentliche Güter mit direktem oder indirektem Nutzenbezug für die Unternehmen produzieren. Dies kann eine selektive Dispersion des Spendenaufkommens zur Folge haben. Spendenakquirierende Organisationen, deren Leistungen keinen Bezug zu den gesellschaftsbezogenen Zielen von Unternehmen aufweisen, haben es schwer, Unternehmensspendentransfers zu erhalten. Die Unternehmen werden ihre Spendenvergabe auf Spendenzwecke konzentrieren, die unter strategischer Perspektive langfristig maximalen Nutzen erbringen. Bislang gibt es in praxi für eine Relevanz des "strategic giving" auf dem bundesdeutschen Markt für Unternehmensspenden allerdings keine signifikanten Anzeichen. Ein strategisches Management der Spendenvergabe im Sinne des "strategic giving approaches" wird von wenigen deutschen Unternehmen - und dann zumeist nur rudimentär - praktiziert.

---

[1] Vgl. Zetlin, M. 1990, S. 10.
[2] Vgl. ebenda.
[3] Vgl. ebenda.

4.5. Abgrenzung der Unternehmensspende vom Sponsoring

Mit Beginn der achziger Jahren hat das Sponsoring im deutschsprachigen und angelsächsischen Raum eine intensive Rezeption erfahren. Die begriffliche Abgrenzung des Sponsoring - insbesondere vom Phänomen der Unternehmensspende - ist dabei nicht immer eindeutig und stiftet mitunter mehr Verwirrung als klare Orientierung.[1] So charakterisiert Simkins (1980) in einem Definitionsansatz das Sponsoring als einen Prozeß in dem:

1. A sponsor makes a contribution in cash or kind - which may or may not include services and expertise - to an activity which is in some measure a leisure pursuite, either sport or within the broad definition of the arts.
2. The sponsored activity does not form part of the main commercial function of the sponsoring body (otherwise it becomes straightforward promotion, rather sponsorship).
3. The sponsor expects a return in terms of publicity.

Zum einen verengt Simkins die Perspektive des Sponsoring auf die Unterstützung von Sport-, Kunst- oder Freizeitaktivitäten und läßt damit den Bereich des Social- und Umweltsponsoring außer acht. Zum anderen wird das für das Sponsoring fundamentale Prinzip von Leistung und Gegenleistung bei seiner Abgrenzung nicht ausreichend deutlich.[2] Autoren wie von Specht (1985), Drees (1988) oder Hermanns (1989) heben deswegen insbesondere auf die Gegenleistung und ihre Sicherstellung ab. Von Specht (1985) nennt als wesentliche Elemente des Sponsorships die Zurverfügungstellung von Geld- oder Sachmitteln, den Erhalt einer definierten Gegenleistung, die direkt oder indirekt den Marketingzielen des Sponsors dient sowie die Eigenständigkeit des Sponsoring als absatzpolitisches Instrument bzw. die Verknüpfung mit anderen absatzpolitischen Instrumenten.[3] Bei Drees (1988) beinhaltet Sponsoring "die Bereitstellung von Geld, Sachzuwendungen oder Dienstleistungen durch den Sponsor für einen von ihm ausgewählten Gesponserten, verbunden mit der Absicht des Sponsors, dieses Engagement mit Hilfe festgelegter Gegenleistungen des Gesponserten für bestimmte, meistens kommunikative Ziele zu nutzen."[4] Sponsoring wird als kommunikationspolitisches Instrument verstanden, das die kommunikativen Ziele im Vordergrund sieht, wohingegen die Leistung

---

[1] Vgl. u. a. die Kritik bei Wirz, J. 1984, S. 390 ff.
[2] Zur Kritik der Definition bei Simkins vgl. Drees, N. 1988, S. 23, Simkins, J. 1980, S. 3 ff.
[3] Vgl. von Specht, A.D. 1985, S. 3 ff.
[4] Drees, N. 1988, S. 24.

gegenüber dem Gesponserten - obgleich sie konstitutiv zum Sponsoring gehört - weitgehend in den Hintergrund tritt. Meenaghan (1991) sieht das Sponsoring in Anknüpfung an frühere Arbeiten (Vgl. Meenaghan 1984) vor allem als Investition, die einen - kommunikativen - Return-on-Investment erzielen will. "Commercial sponsorship is an investment, in cash or in kind, in an activity, in return for access to the exploitable commercial potential associated with that activity."[1] Der Sponsor "investiert in den Gesponserten", um einen nutzenorientierten Zugang zu den kommerziellen Potentialen des Gesponserten zu erlangen. Mit Hilfe von Sponsoring-Maßnahmen versucht das Unternehmen das Aufmerksamkeits- ('exposure potential') und Imagepotential ('image potential') des Gesponserten bzw. der gesponserten Aktivität für seine eigenen kommunikativen Ziele zu nutzen.[2] Die Erhöhung des Bekanntheitsgrades, die Demonstration gesellschaftlicher Verantwortung, die Verbesserung des Images bei relevanten Zielgruppen und die Mitarbeitermotivation stehen dabei als Ziele im Vordergrund.

In der bislang weitestgehenden Definition des Sponsoring - die im wesentlichen eine Integration der bisherigen Definitionsansätze bedeutet - wird von Bruhn (1991) zur Abgrenzung des Sponsoring eine prozessuale Perspektive eingenommen. Sponsoring bedeutet demnach aus der Sicht von sponsernden Unternehmen, die:

* Planung, Organisation, Durchführung und Kontrolle sämtlicher Aktivitäten,
* die mit der Bereitstellung von Geld, Sachmitteln oder Dienstleistungen durch Unternehmen
* zur Förderung von Personen und/oder Organisationen im sportlichen, kulturellen und/oder sozialen Bereich verbunden sind,
* um damit gleichzeitig Ziele der Unternehmenskommunikation zu erreichen.[3]

Neben den vielfältigen Einsatzmöglichkeiten in den Bereichen Sport, Kultur, Umwelt und Soziales hebt Bruhn damit vor allem auf den Instrumentalcharakter des Sponsoring für die Unternehmenskommunikation sowie das fundamentale Prinzip von Leistung und Gegenleistung ab. Er sieht das reziprozitative Verhältnis der Sponsoringpartner als Baustein einer integrierten Unternehmenskommunikation, der einer systematischen Planung und

---

[1] Meenaghan, T. 1991, S. 10.
[2] Vgl. ebenda, S. 36.
[3] Vgl. Bruhn, M. 1991, S. 21.

Entscheidung bedarf.[1] Trotz der primär kommunikativen Zielsetzung bleibt der Fördergedanke dabei nicht außer Betracht. Dessen relative Bedeutung variiert jedoch mit den einzelnen Feldern des Sponsoring - Sport, Kultur, Soziales und Umwelt. Während im Sportsponsoring das Werbemotiv als Antriebskraft dominant ist, besitzt beim Kultur-, Sozio- und Umweltsponsoring vornehmlich der altruistische Fördergedanke Priorität. Insgesamt gesehen bleibt jedoch auch beim Sozio-, Umwelt- oder Kunstsponsoring der kommunikationspolitische Instrumentalcharakter erhalten.

Bruhn (1991) differenziert zwischen altruistischer Spendenvergabe, mäzenatischem Sponsoring und klassischem Sponsoring. Bei der altruistischen Spendenvergabe unterstellt er, daß die Unternehmen nicht unbedingt als Spender genannt werden wollen, wenngleich sie an verschiedenen Stellen über ihre Spendenvergabe kommunizieren.[2] Diese Variante unternehmerischen Engagements ist im Sport seltener, im kulturellen und sozialen Bereich dagegen um so häufiger anzutreffen. Mäzenatische Sponsoren wünschen sich eine Nennung durch den Gesponserten bei den Sponsorships, machen dies aber nicht zur conditio sine qua non. Mäzenatische Sponsoren sprechen dagegen sehr intensiv selbst über ihre Engagements, z. B. im Rahmen der Öffentlichkeitsarbeit. In ihrem Selbstverständnis verstehen sie sich eher als Mäzene, obgleich sie faktisch Sponsoren sind. Beim klassischen Sponsoring, das vor allem im Sport und seit Beginn der neunziger Jahre auch verstärkt in Kunst, Kultur, Umwelt und im sozialen Bereich Verbreitung findet, machen es die Sponsoren dagegen zur Bedingung, bei den Sponsorships genannt zu werden. Der werbliche Auftritt bzw. das Werbemotiv ist die dominierende

---

[1] Vgl. ebenda, S. 22. "Das Prinzip von Leistung und Gegenleistung beruht auf der Annahme, daß der Partner etwas zu geben hat, an dem der Sponsor interessiert ist. Er braucht also nicht mehr um eine Spende zu bitten, sondern kann eine Leistung anbieten.", Vgl. Zorn, W. 1990, S. 42.

[2] Vgl. hier und im folgenden Bruhn, M. 1991, S. 24. Die Sinnhaftigkeit der von Bruhn (1991) eingeführten Begrifflichkeit der altruistischen Spendenvergabe muß im Zusammenhang mit sozialen Engagements von Unternehmen allerdings in Frage gestellt werden. Wie die Ökonomische Theorie der Unternehmensspende zeigt, speisen sich Unternehmensspenden nämlich gerade nicht aus altruistischen Motiven - etwa aus der Perzeption einer übergeordneten "corporate social responsibility" -, sondern folgen entweder dem Leitprinzip der Gewinnmaximierung, oder egoistischen Motiven der Spendenentscheidungsträger, wie z. B. der Erlangung von persönlichem Sozialprestige. Das unter den egoistischen Antriebskräften der Spendenentscheidungsträger auch solche altruistischer Natur sein können, läßt sich zwar in praxi nicht ausschließen, doch weisen die empirischen Befunde zur Ökonomischen Theorie der Unternehmensspende eher auf eine geringe Relevanz altruistischer Motive bei Unternehmensentscheidungsträgern hin. Vgl u. a. Levy, F.K./Shatto, G.M. 1978, S. 19 ff, McElroy, K./Siegfried, J.J. 1985, S. 18 ff, Navarro, P. 1988, S. 65 ff.

Antriebskraft.[1] Es herrscht eine starke Professionalisierung, die sich u. a. in umfangreichen schriftlichen Vertragswerken zeigt.[2]

Berndt (1992) hebt deshalb bei seiner begrifflichen Abgrenzung des Sponsoring vor allem auf die vertragliche Fixierung bei Sponsorships ab. Im Gegensatz zum Spendenwesen regelt beim Sponsoring ein Vertrag das Verhältnis von Leistung und Gegenleistung.[3] Die vertragliche Vereinbarung zwischen den Sponsoringpartnern sichert den wechselseitigen Leistungsfluß auf Basis einer geltenden Rechtsordnung. Der Sponsoringvertrag ist dabei keiner der im BGB gesetzlich geregelten Vertragstypen, sondern er hat sich im Rechtsverkehr entwickelt. Bei seiner rechtstypologischen Erfassung wird mangels gesetzlicher Regelungen deshalb auf die gebräuchlichen Vertragsmuster abgestellt.[4] In allen Sponsoringverträgen finden sich, trotz der Vielfalt und Dynamik des Sponsoring und der sich daraus ergebenden Ermangelung eines typischen Vertragsaufbaus, als essentialia negotii genaue Vereinbarungen über die Leistungen des Sponsors und die Gegenleistungen des Gesponserten. Fehlt eine dieser Vereinbarungen, so liegt kein Sponsoringvertrag vor. "Im einzelnen verpflichtet sich der Sponsor, dem Gesponserten zur Förderung von dessen Aktivitäten auf sportlichem, kulturellem, sozialem oder ökologischem Gebiet Geld, Sachmittel oder Dienstleistungen zur Verfügung zu stellen.[5]

---

[1] In den Vereinigten Staaten hat sich deshalb für die Praxis des Sponsorings ein sehr pragmatischer Ansatz zur Abgrenzung vom Mäzenatentum entwickelt. Der sogenannte "acid-Test" besagt, daß für den Fall, daß ein Unternehmen auf der Nennung seines Unternehmensnamens bei der Förderung besteht, es als Sponsor bezeichnet werden kann. Wenn das Unternehmen nicht darauf besteht und die finanziellen Mittel trotzdem vergeben werden, dann handelt es sich um einen Mäzen. Vgl. Bruhn, M. /Dahlhoff, D. 1989, S. 40. Der acid-Test ist aber angesichts einer Vielzahl weiterer Kriterien, die zu einer Differenzierung von Sponsoring und Mäzenatentum herangezogen werden können, zu holzschnittartig und insoweit im Rahmen der Abgrenzungsproblematik lediglich für eine erste Orientierung geeignet.

[2] Vgl. Bruhn, M. 1991, S. 24 ff.

[3] "Während der Sponsor dem Gesponserten Geld, Sachzuwendungen oder Dienstleistungen überläßt, gewährt der Gesponserte dem Sponsor eine vertraglich vereinbarte Gegenleistung. Der Unterschied zwischen einem Sponsoring und dem Mäzenatentum besteht in der - im Falle des Sponsoring - vereinbarten Gegenleistung." Berndt, R. 1992, S. 297. Hermanns (1989) führt aus, daß es sich bei den Gegenleistungen des Gesponserten vornehmlich um wirtschaftliche Rechte handelt. Die Gegenleistungen des Gesponserten können von Rechten zur kommunikativen Nutzung des Sponsoringships über Nutzungsrechte von Titeln, Prädikaten oder Zeichen sowie Rechte zur kommunikativen Präsenz bei Aktivitäten des Gesponserten wie etwa Pressekonferenzen oder Messestände reichen. Vgl. Hermanns, A. 1989, S. 5, Hermanns, A./Püttmann, M. 1992, S. 1083.

[4] Vgl. Weiand, G. 1994, S. 230.

[5] Ebenda.

Phasen	Entstehung	Wachstum	Reife	Sättigung

		Entstehung	Wachstum	Reife	Sättigung
	Beginn ca.	60er/70er Jahre	ca. ab 1985	Ende 90er Jahre	nach 2000
Bedeutung	Sportsponsoring	Erste Anfänge bei wenigen Sportarten	Starke Professionalisierung bei ausgewählten Sportarten	Erschließung sämtlicher Sportarten und Leistungsklassen	Weitgehende Abhängigkeit des Sports von Sponsoren
	Kultursponsoring	Geringe Bedeutung; allenfalls Mäzenatentum	Erste Anfänge in wenigen Kunstbereichen	Tendenz zur Professionalisierung in ausgewählten Bereichen	Hohe Bedeutung in attraktiven Kunst- und Kulturbereichen
	Sozio- und Umweltsponsoring	Geringe Bedeutung; allenfalls Förderung durch Mäzene oder Spenden	Erste Anfänge in wenigen Sozio- und Umweltbereichen	Kreierung eigener Sponsorships durch Unternehmen	Tendenz zur Professionalisierung in Sozio- und Umweltbereichen
Verhalten der Beteiligten	Unternehmen	Erste Versuche, isolierter und sporadischer Einsatz	Tendenz zur Professionalisierung bei positiven Erfahrungen	Vielseitiger Einsatz in verschiedenen Bereichen	Starker integrativer Einsatz in der Unternehmenskommunikation
	Gesponserte	Erste Versuche, sporadisches Interesse	Hohes Interesse, nur geringe Professionalisierung (mit Ausnahmen)	Tendenz zur Professionalisierung	Bedeutsame Finanzierungsquelle im Beschaffungsmarketing
	Medien	Ablehnende Haltung der öffentlich-rechtlichen Medien	Hohes Interesse der privaten Medienanbieter	Starke Nutzung durch private und öffentlich-rechtliche Medienanbieter	Bedeutsame Finanzierungsquelle für alle Medien
	Staat	Indifferente Haltung	Ambivalente Haltung verschiedener staatlicher Stellen	Förderung in ausgewählten Bereichen; Rahmenbedingungen	Schaffung neuer Regeln und Schutzmaßnahmen
	Bevölkerung	Indifferente Haltung	Weitgehende Akzeptanz bei ersten Reaktanzen	Stärkere Reaktanzen in bestimmten Bereichen	Meinungspolarisierung in der Akzeptanz/ Ablehnung

Quelle: Bruhn, M. (1991), S. 26.

Abbildung 4.12: Marktlebenszyklus und Diffusion des Sponsoring in der Bundesrepublik Deutschland

Der Gesponserte verpflichtet sich im Gegenzug dazu, dem Sponsor über die Entfaltung der gesponserten Aktivitäten bei der Erreichung von dessen kommunikativen Zielen behilflich zu sein. Er gestattet dem Sponsor üblicherweise die Nutzung von Prädikaten, Logos oder Warenzeichen, räumt ihm veranstaltungsbezogene Werbemöglichkeiten ein oder gestattet ihm beim personenbezogenen Sponsoring die Nutzung seines Bildes, bildlicher Darstellungen, von Faksimile-Bildern, seines Namens, seiner Initialen, seiner Stimme oder seiner Unterschrift."[1] Darüber hinaus läßt sich der Sponsor im Fall der Nutzung von Medien häufig noch klassische Werbezeiten und -vorrechte einräumen oder verpflichtet beim Personensponsoring den Gesponserten zur Teilnahme an klassischer Werbung, Verkaufsförderungs-aktionen, oder Maßnahmen der Öffentlichkeitsarbeit. "Die geförderten Aktivitäten werden i.d.R. nach Art, Ort, Zeit und Umfang exakt festgelegt, da sie ein notwendiges Vehikel für die kommunikativen Maßnahmen des Sponsors sind. Werden sie nicht durchgeführt, so ist das Sponsoringkonzept insgesamt gescheitert. Der Gesponserte wird daher ausdrücklich oder inzident zur Entfaltung der gesponserten Aktivitäten verpflichtet, während dem Sponsor schon um der Erreichung seiner kommunikativen Ziele willen stets an der Förderung des Gesponserten gelegen ist."[2] Als ergänzende Vereinbarungen zu den essentialia negotii gehören zumeist Präambeln, Vereinbarungen über Gefahrtragung, Leistungsstörungen, Haupt- und Co-Sponsorships, Nebenpflichten und Optionsrechte des Sponsors sowie die Vertragsbeendigung und die Zahlungsmodalitäten.[3] Zusammenfassend läßt sich mit Weiand (1994) der Sponsoringvertrag rechtstypologisch wie folgt umschreiben: "Der Vertragstyp Sponsoring liegt vor, wenn sich einem privatrechtlichen Vertrag eine Partei, der Sponsor, dazu verpflichtet, einer anderen Partei, dem Gesponserten, zur Förderung ihrer Aktivitäten auf sportlichem, kulturellem, sozialem oder ökologischem Gebiet Geld, Sachmittel oder Dienstleistungen zur Verfügung zu stellen, und der Gesponserte sich als Gegenleistung dazu verpflichtet, in vertraglich festgelegter Weise über die Entfaltung der geförderten Aktivitäten die kommunikativen Ziele des Sponsors zu unterstützen."[4]

---

[1]   Ebenda.
[2]   Ebenda.
[3]   Vgl. ebenda.
[4]   Ebenda. Vorderwülbecke (1989) charkterisiert das Sponsoring aus dem juristischen Blickwinkel als Werbung. Werbung stellt im Gegensatz zur Spende keine Gewinnver-wendung dar, sondern die Aufwendungen für Werbung sind als Betriebsausgaben zu verrechnen. "Sponsoring als Unterfall der Werbung ist deshalb keine Gewinnverwen-dung." Vgl. Vorderwülbecke, M. 1989, S. 508.

Unter dem Blickwinkel der Theorie des sozialen Tausches unterscheidet sich die Spendenvergabe von Unternehmen vom klassischen Sponsoring im wesentlichen durch die Tatsache, daß es sich beim Sponsoring, im Vergleich zur Unternehmensspendenvergabe, um einen wirtschaftlichen Tausch handelt. Sponsoring ist ein wirtschaftliches Geschäft auf Gegenseitigkeit. Sponsorships beruhen auf dem Prinzip von Leistung und Gegenleistung, was an und für sich noch keinen Widerspruch zum sozialen Tausch bzw. der Spendenvergabe bedeuten würde, da auch der Spender seinen Transfer in Erwartung von reziproken Gratifikationen leistet. Das Verhältnis von Leistung und Gegenleistung ist beim Sponsoring aber im Gegensatz zum Unternehmensspendentausch vertraglich geregelt. Der Tausch erfolgt beim Sponsoring unter Bezugnahme auf eine vertragliche Grundlage, bzw. durch den Abschluß eines wirtschaftlichen Vertrages und der damit einhergehenden Existenz von Anspruchsgrundlagen, welche die Durchsetzung der vom Sponsor intendierten Gegenleistung sicherstellen.

Mit der vertraglichen Fixierung - die in praxi sowohl schriftlich als auch mündlich erfolgen kann - sind sowohl die Unsicherheit als auch die Unspezifität der Gegenleistung als konstitutive Elemente des sozialen Tausches aufgehoben und es liegt kein sozialer Tausch im engeren Sinne vor, sondern vielmehr der Spezialfall eines wirtschaflichen Tausches. Die Gegenleistung ist nicht wie etwa beim Spendentausch ungewiß. Sie basiert nicht mehr alleine auf dem Vertrauen, das der Leistungserbringer (Spender) dem Leistungsempfänger (spendenakquirierende Organisation) bzw. dem Akt der Spendenvergabe an sich entgegenbringt. Sie ist durch einen Rechtsanspruch, der sich aus dem Bezug des Sponsoringvertrages auf eine gültige Rechtordnung ableitet, erzwingbar.[1] Das Vertrauen, das im sozialen Spendentausch Ego auf Alter richtet, ist im ökonomischen Sponsoringtausch auf die geltende Rechtsordnung bezogen, welche die Einklagbarkeit der Gegenleistung sicherstellt.[2] Die Tauschpartner werden zu Vertragspartnern. Der Sponsoringvertrag trifft eine exakte Beschreibung von Art und Umfang des wechselseitigen Leistungstransfers, was eine Unspezifität der reziproken Tauschobjekte

---

[1] Zur Differenzierung des wirtschaftlichen vom sozialen Tausch vgl. Abschnitt 2.

[2] Rippe (1981) charakterisiert Spenden in diesem Zusammenhang als "freiwillige Transfers", wobei er vor allem Geldspenden fokussiert. Er definiert freiwillige Transfers als "alle Handlungen, die nicht zur Befriedigung eines juristischen Anspruchs unternommen und vollendet werden, ohne einen solchen zu erlangen." Aus einem Sponsorship leiten sich dagegen juristische Ansprüche ab. Vgl. Rippe, W. 1981, S. 63 ff.

bzw. eine diesbezügliche Unsicherheit im Vergleich zur Spendenvergabe beim Sponsoring ausschließt.[1]

Neben der vertraglichen Fixierung des Verhältnisses von Leistung und Gegenleistung steht beim Sponsoring im Unterschied zur Spendenvergabe von Unternehmen das Werbemotiv im Vordergrund.[2] Der Sponsor investiert in ein Sponsoringprojekt, um einen medialen bzw. kommunikativen Erfolg bei den Rezipienten des Sponsorships - im Optimalfall den von ihm anvisierten Zielgruppen - zu erzielen. Bruhn (1991) bezieht deshalb die Medien als zentrale Größe in das "magische Dreieck" des Sponsoring ein.[3] Bruhn hebt hier vornehmlich auf private bzw. öffentlich-rechtliche elektronische und Printmedien ab. Der Begriff der Medien sollte hierbei aber nicht zu eng gefaßt werden, sondern alle verfügbaren Mittel zum Transport der Kommunikation, auch organisationsinterne Medien des Gesponserten einschließen.[4] Bei der Unternehmensspendenvergabe ist dagegen die Realisierung einer gezielten Medienwirkung nicht primäres Ziel.[5] Neben dem Werbemotiv sind für die Spendenvergabe von Unternehmen vor allem andere Motive, wie z. B. das Arbeitsmarkt-, Versicherungs- oder Lobbyismusmotiv sowie das Streben des Spendenentscheidungsträgers nach eigenem Sozialprestige von Bedeutung. Das Werbemotiv kann jedoch auch bei der Vergabe von Unternehmensspenden als Teil des dem Spendentausch zugrundeliegenden Motivbündels eine Rolle spielen, wie die Arbeiten zur Ökonomischen Theorie der Unternehmensspende zeigen. Bei der Spendenvergabe tritt das Werbemotiv aber nie alleine, sondern immer in Kombination mit anderen Motiven auf und besitzt im Rahmen der Spendenmotive keine dominante Stellung.[6]

---

1 Vgl. Hermanns, A. 1989, S. 5. Weiand (1994) hebt auf die Konkretion der Gegenleistung als Differenzierungskriterium des Sponsoring von der Unternehmens-spende ab, Vgl. Weiand, G. 1994, S. 229. Ein exklusives Sponsoring, d. h. die Zusicherung, daß der betreffende Sponsor der einzige ist und für einen festgelegten Zeitabschnitt bleibt, kann es bei der Spendenvergabe nicht geben. Die Exklusivität muß vertraglich vereinbart werden. Vgl. Bruhn, M./Dahlhoff, H.D. 1990, S. 16.
2 Vgl. Oertel K.H. 1990, S. 73 ff, Bruhn M. 1990, S. 4, Drees N. 1991, S. 17.
3 Vgl. Bruhn M. 1991, S. 29.
4 In diesem Zusammenhang sind auch interne Publikationen der gesponserten Organisation oder Mitgliederinformationen als relevante Medien zu verstehen.
5 Vgl. ebenda, S. 4.
6 Anhand des Differenzierungskriteriums der Dominanz des Werbemotives läßt sich so z. B. für den Fall des Secondment im Einzelfall eine Charakterisierung als Sponsoring oder Dienstleistungsspende vornehmen. Wenn die kommunikationspolitischen Motive beim Secondment dominant sind, kann man von Sponsoring sprechen. Steht dagegen der wechselseitige Transfer von Know-how durch die Vernetzung von Nonprofit- und Profitwelten oder die Motivation der eigenen Mitarbeiter im Vordergrund - d. h. es existiert kein

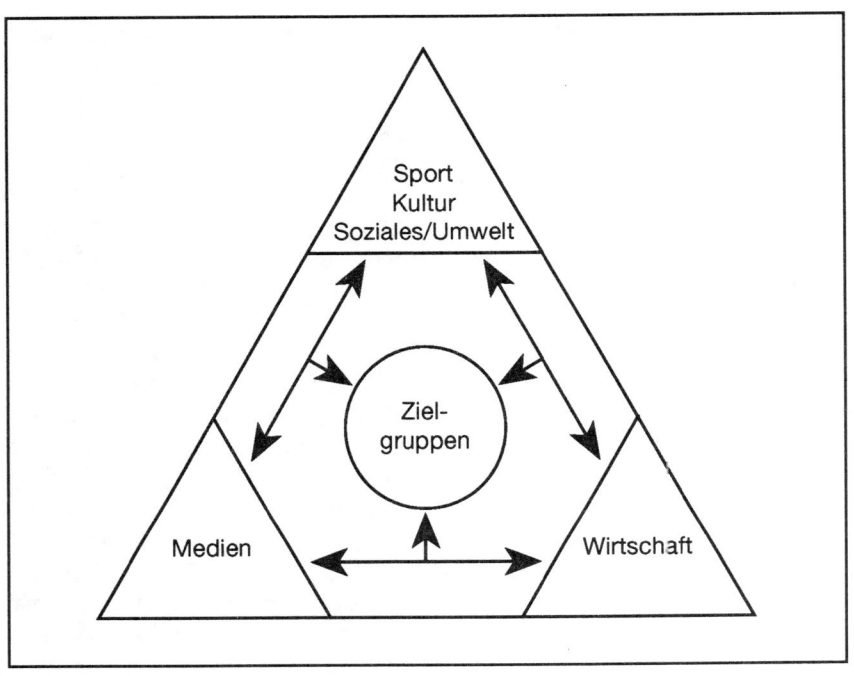

Quelle: Bruhn, M. (1991), S. 29.
Abbildung 4.13: Das "magische Dreieck" des Sponsoring

Das praktische Verständnis von Sponsoring als ein Instrument der Kommunikationspolitik wird u. a. durch eine empirische Studie von Bruhn/Wieland
(1988) belegt, die auf Basis einer schriftlichen Befragung von 203 Unternehmen in der Bundesrepublik zum Schluß kommt, daß nur ein verschwin-
dend geringer Anteil von 2% der Unternehmen den Begriff 'Sponsoring" als
Mäzenatentum definiert.[1] Etwa ein Drittel verstehen Sponsoring als der
Public Relations- bzw. Öffentlichkeitsarbeit verwandtes Phänomen, etwa ein
Viertel ordnen das Sponsoring eindeutig der Werbung zu. Weitere 23%
sehen Sponsoring als ein - vor allem von wissenschaftlicher Seite postuliertes
(vgl. u. a. Drees 1989, Hermanns 1989, Bruhn 1991) - eigenständiges, inte-
grativ-übergreifendes kommunikationspolitisches Instrument neben den klas-

---

Vertrag der kommunikative Gegenleistungen regelt - läßt sich das Secondment als Dienstleistungsspende charakterisieren.
[1] Vgl. Bruhn, M./Wieland, T. 1988, S. 7 ff, ebenso Drees, N. 1991, S. 17. Zum Verständnis des Sponsoring im internationalen Vergleich siehe Perrin, A.D. 1990, S. 39 ff,
Southern, H. 1990, S. 45 ff, Tweedy, C. 1990, S. 51 ff, Bruhn, M. 1991, S. 28.

sischen Instrumenten der Kommunikationspolitik. Eine gezielte Medienwirkung und Ansprache von Zielgruppen steht im allgemeinen im Vordergrund der Sponsoring-Engagements. Bruhn (1990) hebt darüber hinaus die intensive Zusammenarbeit mit dem Geförderten als ein Wesensmerkmal des Sponsoring heraus, wohingegen beim Spendenwesen eine Zusammenarbeit i.d.R. nicht stattfindet.[1]

Bei den Tauschprozessen, dem Sponsoring wie der Unternehmensspendenvergabe, liegt bei der Analyse der Vermittlungsart der Transferobjekte i.d.R. eine Reihe von Paarbeziehungen zwischen dem Sponsor (Spender), dem Gesponserten (spendenakquirierende Organisation) und dem Begünstigten der Aktivität des Sponsors (Spendenempfänger) zugrunde. Bei der Unternehmensspende leistet das Unternehmen einen Transfer von Spendenobjekten an die spendenakquirierende Organisation, die damit Leistungen (öffentliche Güter) für die eigentlichen Spendenempfänger produziert bzw. die Spendenobjekte an dieselben weiterleitet. Nur in Ausnahmefällen, wie z. B. bei der Unterstützung von Selbsthilfegruppen, verkürzt sich die Reihe auf eine einzelne Paarbeziehung zwischen der spendenakquirierenden Organisation und dem Spender. Beim Sponsoring tritt in praxi bei der Vermittlung der Transferobjekte eine entsprechende Verkürzung der Reihe von Paarbeziehungen etwa im Fall der Förderung von Einzelpersonen, z. B. Sportlern oder Künstlern, auf. Eine den spendenakquirierenden Organisationen vergleichbare, intermediäre Instanz wird dann für den Tausch nicht benötigt.[2]

Die Art der Vermittlung der Gegenleistung wird bei einem Tauschprozeß durch die Beschaffenheit der Gegenleistung bzw. die dem Tausch entsprechend zugrundeliegenden Motive determiniert. Beim Sponsoring handelt es sich aufgrund der Dominanz des Werbemotives bzw. der Priorität kommunikativer Ziele um einen indirekt vermittelten Tausch. Unternehmensspenden können dagegen, je nach dem welche selektiven Anreize zu ihrer Vergabe führen, sowohl direkte als auch indirekte Tauschprozesse bei der Gegenleistung nach sich ziehen. Im Fall des Arbeitsmarktmotives profitiert das Unternehmen z. B. durch seine Spende direkt von einer Stärkung der sozialen Infrastruktur am Standort.

---

[1] Vgl. Bruhn, M. 1990, S. 4.

[2] Die Manager bzw. Agenturen der gesponserten Sportler können in diesem Zusammenhang nicht als äquivalente Instanzen zu den spendenakquirierenden Organisationen angesehen werden. Die Manager von Sportlern erfüllen weder die funktionalen Kriterien einer spendenakquirierenden Organisation - siehe Abschnitt 3.3 über Funktionen der spendenakquirierenden Organisation -, noch richten sie ihr Handeln auf der Basis sozialer Zielsetzungen aus.

Die Vermittlung der Gegenleistung erfolgt beim Sponsoring indirekt unter Bezugnahme auf Normen, die mit der anvisierten Zielgruppe geteilt werden. Der Gesponserte erbringt zwar gegenüber dem Sponsor eine direkte Gegenleistung, indem er z. B. das Sponsoren-Logo im Rahmen seiner Aktivitäten präsentiert. Der eigentliche Fluß von Gratifikationen, nämlich die Steigerung des Bekanntheitsgrades bzw. die Stärkung des Images bei Dritten, erfolgt jedoch über indirekte Tauschmuster. Die durch die Aktivitäten des Gesponserten angesprochene und vom Sponsor anvisierte Zielperson bzw. Zielgruppe nimmt eine Konformität des Sponsors mit den von ihr geteilten Normen wahr (z. B. der Solidarität mit Schwächeren im Fall von Sozio-Engagements). Sie zeichnet den Sponsor infolgedessen mit positiven Imagezuweisungen aus. Die direkte Gegenleistung des Gesponserten hat also beim Sponsoring einen indirekten Gratifikationstransfer für den Sponsor zur Folge.

Der von Zorn (1990) und Meenaghan (1991) hervorgehobene Investivcharakter von Sponsoring-Projekten ist dagegen kein hinreichendes Differenzierungskriterium des Sponsoring von der Vergabe von Unternehmensspenden.[1] Zwar werden Sponsoringaufwendungen betriebswirtschaftlich als Investitionen behandelt, wohingegen Spenden in diesem Sinne eine Form der Gewinnverwendung darstellen. Die zahlreichen Arbeiten zur ökonomischen Theorie der Unternehmensspende verdeutlichen jedoch, daß aus der Sicht des Spenderunternehmens auch Spendentransfers den Charakter von Investitionen annehmen können, wenn dem Investitionsbegriff eine strategische Managementperspektive zugrunde gelegt wird. Unternehmensspenden an Einrichtungen und Organisationen, deren Leistungen darauf gerichtet sind, die soziale und ökologische Infrastruktur der unmittelbaren Unternehmensumwelt resp. der Lebensumwelt der Mitarbeiter zu stärken (z. B. Kindertagesstätten, Kultur- und Bildungseinrichtungen etc.), können dann sehr wohl als Investition in die langfristige Entwicklung des relevanten Arbeits- oder Absatzmarktes bzw. als Investition in die Verbesserung der Position des Unternehmens auf eben diesen Märkten interpretiert werden.[2]

In bezug auf die Entscheidungsträger beim Sponsoring stellt Drees (1991) mit Rekurs auf die bislang umfassendste empirische Langzeitstudie zum Sponsoring in der Bundesrepublik Deutschland, dem Sponsoring-Barometer (n=985), fest, daß in 35% der Unternehmen die Entscheidung über ein

---

[1] Vgl. Zorn, W. 1990, S. 39, Meenaghan, T. 1991, S. 10 ff.
[2] Zur Spendenvergabe von Unternehmen im Hinblick auf den Absatz- und Arbeitsmarkt vgl. u. a. Whitehead, P. 1976, McElroy, K./Siegfried, J. 1984, Navarro, P. 1988, Freeman, H.L 1992.

Sponsoringengagement auf der Ebene der Geschäftsleitung getroffen wird. Die Entscheidung wird dabei häufig über die Marketing-Abteilung hinweg gefällt. Nur 31% ordnen das Sponsoring dem Marketing zu und schaffen damit die Bedingungen für eine optimale Verzahnung mit dem übrigen Marketing-Mix.[1] 18% der Unternehmen verweisen die Sponsoringentscheidungen an die PR-Abteilung. Nur ein Prozent der Befragten verfügt über eine eigene Sponsoring-Abteilung.[2] Die bei ca. 50% der Unternehmen vorhandene funktionale Zuordnung zum Marketing bzw. zur Öffentlichkeitsarbeit stellt einen weiteren Unterschied dar, der sich aus dem instrumentellen Verständnis des Sponsoring für die Kommunikationspolitik heraus ableiten läßt. Bei der Entscheidung über die Vergabe einer Spende dominiert dagegen in nahezu allen Fällen die Geschäftsleitung bzw. der Geschäftsführer. Lediglich an den Vorschlägen für die unterstützten Spendenprojekte sind in praxi Mitarbeiter beteiligt.[3]

Insgesamt lassen sich somit unter tauschtheoretischen Gesichtspunkten vier Differenzierungsmerkmale des Sponsoring von der Unternehmensspendenvergabe herausstellen. Zum einen handelt es sich aufgrund der - schriftlichen oder mündlichen - vertraglichen Fixierung und der damit einhergehenden Aufhebung der Unsicherheit und Unspezifität der Gegenleistung beim Sponsoring im Gegensatz zur Spendenvergabe um einen wirtschaftlichen Tausch. Sponsorships beruhen auf dem Prinzip von Leistung und Gegen-

---

[1] Vgl. Drees, N. 1991, S. 17. Die Grundgesamtheit bei der von der Universität der Bundeswehr München und der Unternehmensberatungsgruppe Gruber, Titze & Partner realisierten Studie stellen sämtliche in der alten Bundesrepublik Deutschland ansässigen Unternehmen mit mehr als 250 Beschäftigten dar. Insgesamt über 7500 Unternehmen erhielten einen Fragebogen.

[2] Vgl. ebenda. Zur funktionalen Verortung der Sponsoringentscheidung siehe ebenso Bruhn, M. 1991, S. 61 ff, der die Entscheidungsträger bzw. die an der Entscheidung beteiligten Abteilungen nach den Sponsoringbereichen Sport-, Kultur-, Sozio-, und Umwelt-Sponsoring differenziert.

[3] Wie die bereits zitierte Studie zum Spendenverhalten von Unternehmen feststellt, tragen in 14% der Unternehmen Abteilungsleiter (z. B. der Marketing- oder PR-Abteilung) konkrete Spendenvorschläge an die Geschäftsleitung heran. In 11% der befragten Unternehmen, vornehmlich Betriebe mit bis zu 100 Beschäftigten, haben auch Mitarbeiter die Möglichkeit Vorschläge für Spendenverwendungszwecke zu unterbreiten. Die Angestellten des Vorstandssekretariats nutzen in 6% der Fälle ihre Position zur Anregung von Spenden. Die letztendliche Vergabeentscheidung liegt aber alleine beim Geschäftsführer oder Vorstand. Vgl. Notheis, D. 1992, S. XLIX. Eine von Bruhn (1991) vermutete Verortung der Spendenentscheidung im Finanzwesen kann damit empirisch nicht bestätigt werden. Bruhn weist für den Fall des Mäzenatentums den Unternehmer, im Fall des Spendenwesens das Finanzwesen und im Fall des Sponsoring den Vorstand, die PR-, Marketing oder Werbeabteilung als Entscheidungsinstanz aus. Vgl. Bruhn, M. 1991, S. 20.

leistung. Die Tauschpartner werden zu Geschäftspartner. Zum zweiten stellen Sponsorships aus der Sicht des Sponsors eine Investition mit instrumentellem Charakter für die Unternehmenskommunikation dar. Das Werbemotiv bzw. die kommunikative Erreichung von Zielgruppen mit Hilfe eines werblichen Auftritts in Verbindung mit dem Gesponserten, zum Aufbau von Image-, Goodwill- oder Bekanntheitspotentialen, dominiert die Antriebskräfte zum Sponsoring und läßt etwa altruistische Fördermotive in den Hintergrund treten. Bei der Unternehmensspendenvergabe liegt dagegen eine gemischte Motivation vor, bei der das Werbemotiv zwar eine, aber nicht die dominante Rolle spielt.[1] Entsprechend der Dominanz des Werbemotives beim Sponsoring, ergibt sich zum dritten eine Differenzierung aufgrund der Vermittlung der reziproken Gratifikationen für das Unternehmen. Bei Sponsorships erfolgt der vom Sponsor intendierte Gratifikationsfluß indirekt über Dritte, die das normenkonforme Verhalten des Sponsors wahrnehmen bzw. positiv beurteilen und infolgedessen mit Zuwächsen beim Bekanntheitsgrad bzw. einer Imageaufwertung auszeichnen. Bei Unternehmensspenden können dagegen je nach Motivlage Gratifikationen auch auf direktem Wege fließen.[2] Zuletzt läßt sich das Sponsoring von der Unternehmensspendenvergabe auch in bezug auf die involvierten Entscheidungsträger unterscheiden, was in funktionalem Zusammenhang mit der Dominanz des Werbemotives beim Sponsoring steht. Spendenentscheidungen werden im Gegensatz zum Sponsoring vom Geschäftsführer getroffen, wohingegen über Sponsoringmaßnahmen oft in den Marketing- oder PR-Abteilungen entschieden wird.

---

[1] Vgl. Abschnitt 4.1 zu Spendenmotiven von Unternehmen.
[2] Ein direkter Gratifikationsfluß - wenngleich auch mit einer langen zeitlichen Erstreckung verbunden - ergibt sich z. B. bei Spenden an Universitäts- oder Bildungseinrichtungen, die für eine bessere Ausbildung der zukünftigen Arbeitskräfte und damit eine langfristige Verbesserung der Produktivität im Unternehmen sorgen können.

5. Theoretische Erklärungsansätze zur Unternehmensspende und ihre Implikationen für das strategische Spendenmarketing

Mit der Ökonomischen Theorie der Unternehmensspende ist im Abschnitt über die Abgrenzung der Unternehmensspende von der privaten Spende bereits eine erste, zentrale theoretische Erkenntnisquelle für die Bestimmung des Spendenverhaltens von Unternehmen erörtert worden. Neben dem individuellen, privaten Nutzenstreben der Unternehmensspendenentscheidungsträger sind demnach vor allem Motive, die sich am übergeordneten Organisationsziel der Gewinnmaximierung orientieren, für die Spendenvergabeentscheidung ausschlaggebend. Je nach Beschaffenheit der Handlungsspielräume der Spendenentscheidungsträger kommen bei der Spendenvergabe stärker Nutzen- oder Gewinnmaximierungsmotive zum Tragen. Besitzen die Entscheidungsträger weite Handlungsspielräume, werden sie vor allem unter egoistischer Perspektive Spenden vergeben. Sind die auf die Verfolgung des Gewinnmaximierungsziels ausgerichteten organisationsinternen und -externen Kontrollmechanismen ausgeprägt, wird die Unternehmensspendenentscheidung vornehmlich unter Gewinnmaximierungsgesichtspunkten getroffen und die Unternehmensspende als Handlungsoption zur Sicherung des langfristigen Unternehmensgewinns betrachtet. Die Unternehmensspendenvergabe wird insgesamt als multimotivationaler Prozeß charakterisiert, der sich aus beiden Motivquellen, dem Streben des Unternehmens bzw. seiner Entscheidungsträger nach Gewinnmaximierung einerseits sowie dem Streben der Entscheidungsträger, auf der Basis individueller Handlungsspielräume eigenen Nutzen zu maximieren andererseits, speist.

Zur Identifikation von Ansatzpunkten und Strategien für die Akquisition von Unternehmensspenden können jedoch neben der Ökonomischen Theorie der Unternehmensspende noch weitere Theorien herangezogen werden. Über den bislang in der Literatur entworfenen Theorienrahmen hinaus, können neue theoretische Ansätze entwickelt und für ein theoriegeleitetes Spendenmarketing spendenakquirierender Organisationen fruchtbar gemacht werden. In der Folge wird dazu eine **"Theorienplattform"** ('platform of theories') konzipiert, die unterschiedliche theoretische Ansätze zur Unternehmensspendenvergabe nebeneinander stellt und in einen zielorientierten Gesamtzusammenhang bringt, nach dem Ziel der Ableitung von Ansatzpunkten und Strategien zur Akquisition von Unternehmensspenden. Neben bereits vorhandenen Theorien und Ansätzen, die sich speziell mit der Spendenvergabe von Unternehmen beschäftigen (*Theorie der lokalen Präferenz der Unternehmensspende, Kulturhistorischer Ansatz, Gewinnhypothesen*), werden klassische

Theorien der Betriebswirtschaftslehre bzw. der Ökonomie (*Agency-Theorie, Wettbewerbstheorie, Unternehmenskulturansatz*) rezipiert und auf ihre Fruchtbarkeit für die Erklärung der Spendenvergabe von Unternehmen bzw. die Ableitung entsprechender strategischer Handlungsempfehlungen für spendenakquirierende Organisationen untersucht. Darüber hinaus werden Theorien aus dem sozialwissenschaftlichen Theorienspektrum mutatis mutandis auf den Objektbereich der Spendenvergabe von Unternehmen übertragen (*Theorie des wahrgenommenen Spendenrisikos, Assimilations-Kontrast-Theorie*) sowie neue theoretische Ansätze zur Spendenvergabe von Unternehmen bzw. zur Form und Gestaltung der Spendenbeziehung zwischen Unternehmen und spendenakquirierenden Organisationen entwickelt (*Issue-Congruence Theorie, Theorie der intertemporalen Spendenbeziehung*).

Die unterschiedlichen Theorien, die im Rahmen der "Theorienplattform" herangezogen werden, entstammen dabei nicht zwingend identischen forschungsprogrammatischen Konzepthintergründen. So ist etwa die Agency-Theorie eher dem ökonomischen Basiskonzept zuzurechnen. Dieses verfolgt eine eigenständige, autonome Wirtschaftswissenschaft, die sich menschlichem Handeln ausschließlich unter dem Aspekt der Einkommenserzielung und -verwendung zuwendet.[1] Im Gegensatz dazu steht die Theorie des wahrgenommenen Spendenrisikos in der Tradition einer verhaltenswissenschaftlichen Orientierung der Betriebswirtschaftslehre - Raffée (1989) spricht vom Sozialwissenschaftlichen Basiskonzept. Die Unterschiedlichkeit der integrierten konzeptionellen Ansätze beeinträchtigt jedoch ihre jeweils partielle Fruchtbarkeit für die Erklärung der Unternehmensspendenvergabe nicht. Das im Rahmen dieser Studie gewählte Vorgehen bei der Identifikation und Zusammenstellung der Theorienplattform entspricht einem pluralistischen, inter-

---

[1] Vgl. Raffée, H. 1989, S. 25 ff. Zur Auseinandersetzung zwischen dem ökonomischen und sozialwisschenschaftlichen Basiskonzepts in der Betriebswirtschaftslehre vgl. u. a. Blohm, H. 1971, S. 893 ff, Kirsch, W. 1979, S. 105 ff, Schanz, G. 1979, S. 121 ff, Ulrich, P./Hill, W. 1979, S. 161 ff, Schneider, D. 1981, S. 24 ff, Schneider, D. 1983, S. 197 ff, Raffée, H. 1989, S. 3 ff. Ein betriebswirtschaftlicher Entwurf, der sich dem sozialwissenschaftlichen Basiskonzept verpflichtet, geht interdisziplinär vor, d. h. er greift zur Erklärung von Problemen auch auf Erkenntnisse der verhaltenswissenschaftlichen Nachbardisziplinen zurück. Seine zentrale Leitidee besteht in der Idee der Bedürfnisbefriedigung. Wirtschaftliche Vorgänge werden als Ergebnis des Strebens nach Bedürfnisbefriedigung mittels wirtschaftlicher Güter begriffen. Die inhaltliche Leitidee des ökonomischen Basiskonzepts besteht dagegen in der Idee der Einkommensorientierung. "Wirtschaften" bezeichnet nur einen Aspekt des menschlichen Handelns, den der Einkommenserzielung und -verwendung. Untersuchungsgegenstand sind nur wirtschaftliche Tatbestände und Auswirkungen des Verhaltens, nicht aber das Verhalten selbst. Die sozialen Dimensionen von Tauschtransaktionen werden vernachlässigt. Vgl. Raffée, H. 1989, S. 27, ebenso Schneider, D. 1981.

disziplinären Denken, das den Erkenntnisfortschritt in einem weit geöffneten Blickfeld sucht. Unter dem Blickwinkel der wissenschaftlichen Kooperation, wird die Integration ökonomischer und verhaltenswissenschaftlicher Erkenntnisse angesteuert, ohne dabei den grundlegenden Bezugsrahmen der Erklärung der Spende als sozialer Tauschprozeß aus den Augen zu verlieren.

Die einzelnen Theorien verfügen jeweils für sich betrachtet über ein spezifisches Profil von Stärken und Schwächen. Dennoch - oder gerade deshalb - verbinden sie sich in der Gesamtschau zu einem umfassenden Bild, das einen ersten Schritt zur theoretischen Durchdringung der Motive und Entscheidungsprozesse der Unternehmensspendenvergabe ermöglicht. Die herangezogenen Theorien wurden jeweils unter vier Gesichtspunkten ausgewählt. Als Kriterien für die Auswahl der Theorien dienen:
(1) Die Berücksichtigung der institutionellen Bedingungen des sozialen Handelns als handlungstheoretische Elemente,
(2) Die Berücksichtigung der Interdependenzen der sozial-institutionellen Bereiche und deren Wirkung auf das Handeln der Entscheidungsträger,
(3) Die Möglichkeit einer systematischen Ableitung der Inhalte des Interesses bzw. der Motive unter Rückgriff auf die institutionellen Bedingungen sowie
(4) Die Möglichkeit der Deduktion einer pluralistischen und kritischen Methodologie zur Akquisition von Unternehmensspenden.[1]

Für die Deduktion einer theoriegeleiteten, pluralistischen Methodologie zur Akquisition von Unternehmensspenden werden zu jedem der theoretischen Ansätze die verfügbaren empirischen Befunde zur Validierung der im Rahmen der Theorien aufgeworfenen Hypothesen herangezogen. Aus der empirischen Diskussion der theoretischen Hypothesen werden dann, zunächts auf den einzelnen theoretischen Ansatz bezogen, strategische Implikationen für das Spendenmarketing spendenakquirierender Organisationen abgeleitet, die abschließend in einem sytematischen Überblick miteinander verknüpft und in einen strukturierten Gesamtrahmen gebracht werden. Das sich somit ergebende Feld an Strategien und Handlungsempfehlungen kann spendenakquirierenden Organisationen als Anregungsspeicher und Kompetenzplattform zur theoriegeleiteten Ansprache und Pflege von potentiellen und aktuellen Unternehmensspendern dienen.

---

[1] Zu Anforderungen an theoretische Ansätze vgl. u. a. Thie, G.E. 1979, S. 60 ff.   199

5.1. Issue-Congruence Theorie

5.1.1. Issue-Congruence als Motiv der Spendenvergabe

Die Issue-Congruence Theorie besagt, daß Spenden von Unternehmen bevorzugt an spendenakquirierende Organisationen bzw. Spendenprojekte vergeben werden, die thematische Verbindungen zu ihrem eigenen Leistungsspektrum aufweisen. Aus einer thematischen Verwandschaft zur spendenakquirierenden Organisation erhoffen sich Unternehmen einen Fluß von reziproken Gratifikationen, die bei Spendenprojekten, die keine Berührungspunkte mit dem Leistungsbereich des Unternehmens besitzen, nicht fließen würden. Gratifikationen auf der Basis von thematischen Überlappungsbereichen ergeben sich vor allem im Hinblick auf den Absatzmarkt, da mit einer thematischen Kongruenz i.d.R. auch eine Identität der Zielgruppen - für die spendenakquirierende Organisation die Klienten und deren soziales Umfeld, für das Spenderunternehmen die aktuellen und potentiellen Kunden - einhergeht.[1] Thematische Verbindungen mit den Leistungsbereichen und Zielgruppen des Spendentauschpartners können Spenderunternehmen einen Zugang zu potentiellen Kundengruppen und deren Umfeld verschaffen. Dies ist vor allem dann der Fall, wenn die spendenakquirierende Organisation oder die Gruppe der eigentlichen Spendenempfänger sowie der ihr nahestehende Personenkreis über ein relevantes Nachfragepotential verfügt.

Der potentielle Kunde - entweder die spendenakquirierende Organisation selbst oder die eigentlichen Spendenempfänger bzw. das in die Thematik involvierte Umfeld der Spendenempfänger (z. B. die Verwandten eines kranken Hilfeempfängers) - sieht, daß sich das Unternehmen über den Rahmen ökonomischer Tauschbeziehungen hinaus für seine Belange interessiert und zeichnet dieses Verhalten positiv durch die Zuweisung von Sympathie bzw. Goodwill an das Spenderunternehmen aus. Der Aufbau von Goodwillpotentialen kann sich bei einer späteren Kaufentscheidung positiv zugunsten eines Produktes oder einer Leistung des Spenderunternehmens auswirken. Voraussetzung für die Realisierung der reziproken Gratifikationen ist jedoch,

---

[1] Spenderunternehmen orientieren sich folglich bei der Auswahl der Spendenempfänger bzw. der begünstigten spendenakquirierenden Organisationen an der Beschaffenheit und den Interessenlagen ihrer relevanten Ziel- bzw. Interessengruppen. Als zentrale, für den ökonomischen Erfolg des Unternehmens unmittelbar verantwortliche Interessengruppe, kommt dabei den aktuellen und potentiellen Kunden sowie deren persönlichem Entscheidungsumfeld besondere Bedeutung zu.

daß das Mitglied der Zielgruppe von dem Spendentransfer des Unternehmens erfährt. Die Mitglieder der Zielgruppe müssen entweder in die spendenbezogenen Kommunikationsaktivitäten des Spenderunternehmens integriert werden oder die spendenakquirierende Organisation übernimmt die Aufgabe, ihren Interessentenkreis über das Spendenengagement des Unternehmens zu informieren. Dies kann im Rahmen von Hinweisen in Informationsbroschüren oder Mitgliederpublikationen erfolgen.

Galaskiewicz (1985) nimmt deshalb für den Fall, daß ein Spenderunternehmen mit Hilfe eines Spendentransfers absatzmarktwirksame Imagepotentiale bei seinen relevanten Interessengruppen aufzubauen sucht, an, daß das Spenderunternehmen vor allem jene spendenakquirierenden Organisationen unterstützen wird, an welchen die Ziel- bzw. Interessengruppen ein spezifisches Interesse haben.[1] Dieses Interesse kann sich zum einen auf eine persönliche Involvierung der Mitglieder der Interessengruppe in die Aktivitäten der betreffenden spendenakquirierenden Organisation gründen - z. B. durch die Mitgliedschaft in der spendenakquirierenden Organisation - oder zum anderen aus thematischen Affinitäten der Zielgruppen zum Aktionsfeld der spendenakquirierenden Organisation resultieren - z. B. im Fall einer persönlichen bzw. familiären Betroffenheit. Ein Spendentransfer an Organisationen, die einen direkten thematischen Bezug zur Interessen bzw. Zielgruppe des Spenderunternehmens aufweisen, verschafft dem Unternehmen bei eben diesen Interessengruppen eine größere Chance auf die Realisierung von Imagegewinnen. "If the donor company is trying to enhance its public relations among its various stakeholders, then it should support nonprofits that these stakeholders have an interest in. If it gives contributions to these nonprofits, the stakeholders should record their approval in exchange."[2] Mit dem Argument, daß sich das Unternehmen über rein kommerzielle Aspekte hinaus um die betreffende Interessengruppe bemüht resp. für ihre Belange umfassend Sorge trägt, begründet sich die positive Imagezuweisung der betreffenden Interessengruppen an das Spenderunternehmen. Die Wertschätzung für die auf die eigene Interessengruppe hin konkretisierte Konformität mit Solidaritätsnormen veranlaßt die Mitglieder der Interessengruppe, das Spenderunternehmen mit positiven Imageurteilen zu versehen.

Thematische Verbindungen mit den Arbeitsbereichen des Spendentauschpartners können im Fall von Spendenzuwendungen an Organisationen der Forschung und Wissenschaft auch zu absatzmarktbezogenen Erkenntnissen

---

[1] Vgl. Galaskiewicz, J. 1985, S. 176.
[2] Ebenda, S. 198.

und Innovationen führen, die vom Spenderunternehmen genutzt werden können. Aus der Unterstützung von Forschungseinrichtungen, die auf Gebieten tätig sind, die sich mit den Arbeitsfeldern des Unternehmens decken, ergeben sich für den Spender u.U. Erkenntnisfortschritte in für ihn relevanten Bereichen, die durch interne Forschungsanstrengungen nicht oder nur mit höheren Kosten realisiert werden können. Im Vergleich zu Investitionen in interne Forschungsabteilungen besteht bei Spenden für Forschungszwecke durch die Aggregationsfunktion der spendenakquirierenden Organisation - die spendenakquirierende Organisation bündelt die einzelnen Beträge der Spender zur zweckorientierten Verwendung - die Chance auf Realisierung von Synergien und "economies of scale".[1] Die daraus resultierenden Vorteile kann der Spender jedoch nicht exklusiv konsumieren, da auch Dritte, z. B. die anderen Spender, von den spendenfinanzierten Forschungsergebnissen profitieren können. Dennoch vergeben viele Unternehmen unter diesem Gesichtspunkt Spenden an spenderakquirierende Organisationen, die Forschung und Entwicklung in kongruenten Themengebieten ('Issue-Congruence') betreiben. Die Zigarettenindustrie spendet z. B. große Summen für Projekte zur Erforschung von Raucherkrankheiten und entsprechenden Maßnahmen zur Gesundheitsvorsorge. Als Gratifikation erhält sie die neuesten Informationen zum Thema "Rauchen und Gesundheit". Die Informationen werden in den strategischen Managementprozeß der Branchenunternehmen eingespeist. Auf Entwicklungstrends bei den Erkenntnissen über die Folgen von Tabakgenuß können die Spenderunternehmen dann schnell reagieren und notwendige Strategien zur Beantwortung der sich daraus ergebenden Herausforderungen konzipieren.[2]

Aus einer Verwandschaft der Themengebiete können sich zum anderen aus Sicht des Spenderunternehmens Vorteile mit Blick auf den Arbeitsmarkt ergeben. Insbesondere bei Spenden an Bildungseinrichtungen wie Schulen oder Universitäten, die Wissen auf Gebieten mit Nutzenpotential für das Unternehmen vermitteln, kann dieses von seiner Spendenvergabe profitieren. Mit Hilfe einer Zuwendung kann die Verbesserung der Ausbildung des wissenschaftlichen Nachwuchses sowie eine spendeninduzierte langfristige Steigerung der Qualität des Ausbildungsniveaus von zukünftigen Arbeitskräften erreicht werden. Der Gratifikationsfluß resp. die Realisation der selektiven Anreize setzt allerdings erst mit u.U. erheblichem zeitlichen Abstand zur Beitragsleistung für die Erstellung des öffentlichen Gutes ein. Rorrie/Gallery (1990) verweisen dennoch auf eine diesbezügliche Relevanz der Issue-

---

[1] Vgl. zu "economies of scale" u. a. Staehle W. 1990, S. 600.
[2] Vgl. Haley, U. 1991, S. 500.

Congruence für die Spendenpraxis. Als Beispiel führen sie das "American College of Emergency Physicians" (ACEP) an, das vor allem Spenden von Herstellern medizinisch-technischer Geräte erhält und diese auch gezielt mit dem Verweis auf arbeitsmarktbezogene Gratifikationen auf ein Spendenengagement anspricht.[1]

Die Issue-Congruence Theorie erweitert damit das Modell des über Normen vermittelten indirekten Spendentausches damit um den Gesichtspunkt gemeinsam geteilter Anliegen bzw. Aufgabenfelder ('Issue-Congruence'). Im Rahmen der Ausführungen zur Theorie des sozialen Tausches als grundlegendem Erklärungsansatz für die Struktur und Motive von Spendentransaktionen ist bereits auf die Möglichkeit der indirekten Vermittlung des Spendentausches hingewiesen worden. Liegt der Spende z. B. das Motiv der Erzielung von Imagegewinnen bzw. der Zuweisung von Sozialprestige durch außerhalb der eigentlichen Spendenbeziehung stehende Interessengruppen zugrunde, so kann sich das Feld der Austauschpartner um die betreffenden Interessengruppen erweitern. Der Transferprozeß von Gratifikationen zwischen dem Spender und der Interessengruppe vollzieht sich indirekt unter Bezugnahme auf gemeinsam geteilte Normen und Werte. Der Spender verhält sich mit seiner Spende konform zu gemeinsamen Normen und Werten wie z. B. der Solidaritätsnorm und erhält als Gratifikation die Anerkennung bzw. ein positives Image von seiten der Interessengruppe zugewiesen, deren Mitglieder ebenfalls Wertschätzung gegenüber der Solidaritätsnorm empfinden. Die geteilten Normen und Werte sind die Motoren des Gratifikationstransfers. Bei einem Auftreten von Issue Congruence veranlassen jedoch nicht alleine die geteilten Normen und Werte eine indirekte Zuweisung von Gratifikationen an den Spender, sondern der indirekte Transfer von Gratifikationen an das Spenderunternehmen resultiert zusätzlich aus den Affinitäten, die das Spendenprojekt oder dessen Nutznießer und deren interessiertes Umfeld mit dem Leistungsspektrum des Unternehmens aufweist. Mit der Existenz von thematischen Affinitäten verändert sich die Qualität der potentiellen reziproken Gratifikationen. Die indirekte Zuweisung von Gratifikationen kann, wie gezeigt wurde, für das Spenderunternehmen spezifische erstrebenswerte Vorteile auf dem Absatz- sowie dem Arbeitsmarkt erbringen.

Der Kerngedanke der "Issue-Congruence" besteht demnach in der Annahme, daß sich aus Sicht eines Unternehmens das Gratifikationspotential einer Spende erhöht und infolgedessen die Wahrscheinlichkeit einer Spendenzusage des Unternehmens steigt, je stärker die Verwandtschaft ('**Congruence**')

---

[1] Vgl. Rorrie, C.C., Gallery, M.E. 1990, S. 92 ff.

mit dem Themenfeld ('Issue') bzw. je größer die Überlappungsbereiche mit den Zielgruppen eines Spendenprojektes resp. einer spendenakquirierenden Organisation sind. Mit zunehmender Verwandtschaft der Aufgabengebiete von Unternehmen und spendenakquirierenden Organisationen steigt das Potential an Gratifikationen, die als Rückfluß auf die Zuwendung einer Spende transferiert werden können.[1] Das Feld an Gemeinsamkeiten zwischen den potentiellen Spendentauschpartnern schafft eine Quelle von Anknüpfungspunkten für einen wechselseitigen Transfer von Gratifikationen. Die Qualität der Gratifikationen ergibt sich dabei aus Sicht des spendenden Unternehmens vornehmlich mit Blick auf die Sicherung aktueller und Gewinnung potentieller Kunden (Werbemotiv) sowie die Qualifizierung aktueller und Rekrutierung zukünftiger Mitarbeiter (Arbeitsmarktmotiv).

Durch die Berührungspunkte der Themenfelder entstehen darüber hinaus Kommunikationsaffinitäten, die den Austausch zwischen den Spendenpartnern auf kommunikativer Ebene erleichtern. Das Anliegen einer spendenakquirierenden Organisation ist für Unternehmen, die sich in ähnlichen Themenfeldern betätigen oder parallele Zielgruppen ansteuern, leichter verständlich. Sprachliche Verständigungsbarrieren - z. B. in bezug auf Fachtermini des betreffenden Betätigungsfeldes - werden bei der Spendenansprache und Information der Spender in geringerem Maße wirksam. Die potentiellen Spendenentscheidungsträger begreifen im Fall von Issue-Congruence schneller, welches die Ziele und Anliegen der spendenakquirierenden Organisation sind und warum diese von der spendenakquirierenden Organisation verfolgt werden. Das Identifikationspotential mit der spendenakquirierenden Organisation und ihren Bitten um materielle Zuwendung steigt. Die Spendentauschpartner werden zu "Issue-Partnern" und die Spendenbeziehung kann als "Issue-Partnership" charakterisiert werden.[2] Notheis (1992) verweist darüber hinaus auf Kooperationspotentiale, die im Zuge des Austausches von Spenden und reziproken Gratifikationen durch thematische Affinitäten zwischen den Zielen von Unternehmen und spendenakquirierenden Organisationen ausgeschöpft werden können. Mit der Zuwendung von Spenden lassen sich aus Sicht eines Spenderunternehmens u.U. Türen für eine Zusammenarbeit mit spendenakquirierenden Organisationen auf dem Gebiet der Marktforschung oder bei Innovationsprozessen im Bereich von Produkttests öffnen. Spenderunternehmen können durch den

---

[1] Knauft (1986) sieht die Kongruenz von Kompetenzfeldern von Unternehmen und spendenakquirierenden Organisationen, wegen der sich daraus ableitenden Gratifikationspotentiale, als bedeutendes Kriterium der Qualität der Spendenvergabe von Unternehmen an. Vgl. Knauft, E.B. 1986, S. 45, ebenso Zetlin, M. 1990, S. 10 ff.

[2] Vgl. Notheis, D. 1992, S. 38 ff.

Spendenkontakt Zugang zu relevanten Zielgruppen erhalten, die z. B. bezüglich der funktionalen Qualität der Produkte des Unternehmens befragt oder als Testgruppe eingesetzt werden können. Ein Hersteller von Rehabilitationsgeräten kann so etwa eine spendenakquirierende Organisation, die Behindertenbetreuung betreibt, für einen Pretest neuer Produkte gewinnen. Aus der Identität von Zielgruppen können folglich Know-how Transfers resultieren, die das Kompetenzpotential des Unternehmens auf dem von der spendenakquirierenden Organisation bearbeiteten Feld stärken.[1]

---

[1] Vgl. ebenda.

5.1.2. Empirische Befunde

Im Rahmen einer empirischen Untersuchung findet Notheis (1992) für die zentrale Hypothese der Theorie der Issue-Congruence, wonach eine Änlichkeit der Aufgabenfelder die Vergabeentscheidung bzw. die Auswahl des Spendenempfängers beeinflußt, Bestätigung. Die Befragung von Unternehmensentscheidungsträgern zu Motiven und Determinanten der Spendenvergabe ergab, daß über 50 % der Unternehmen bevorzugt für Projekte spenden, die thematische Verbindungen zu ihrem Leistungsspektrum aufweisen. So spendet z. B. ein Hersteller von geriatrischen Pharmaka vornehmlich an Projekte der Altenpflege, ein Produzent von Umstandskleidern bevorzugt für Projekte der Schwangerenbetreuung und §218-Beratung.[1]

Aus der Literatur sind weitere Beispiele für Spenden bekannt, die aufgrund thematischer Verbindungen vergeben werden. Der amerikanische Hersteller von Großrechneranlagen "Cray Research Inc." wendet z. B. jährlich drei Millionen Dollar für die gezielte Unterstützung von Bildungseinrichtungen auf dem Gebiet der Mathematik, Informatik und anderer Naturwissenschaften auf.[2] Das Unternehmen verspricht sich von einer Förderung des Ingenieurnachwuchses indirekte Rückflüsse von neuen Ideen und eine langfristige Sicherung des Potentials an qualifiziertem Forschungs- und Entwicklungspersonal. Kristol (1977) stellt mit einer identischen Argumentation empirisch fest, daß Unternehmen aus dem Bereich des Bergbaus bevorzugt Spenden an Ingenieur- oder Business-Schulen vergeben. "Mining concerns give money to engeneering schools because they recruite from engeneering schools or they give money to business schools because they recruite from business schools."[3] Bertsch (1983) weist der Fokussierung auf Sektoren, die enge thematische Verbindung zu den Sachzielen des Unternehmens aufweisen, bei der Auswahl der Spendenzwecke ebenfalls zentrale Bedeutung zu. Als Beispiel für ein "specialized giving" führt er Zuwendungen an Hochschulen und Bildungseinrichtungen an, bei denen eine Vielzahl von Unternehmen Programme unterstützen, die eng mit ihren eigenen Forschungszielen verbunden sind. Unternehmen der High-Tech-Branche vergeben demnach bevorzugt Spenden an ingenieurwissenschaftliche Fakultäten, wohingegen Bera-tungsgesellschaften eine Präferenz für

---

[1] Vgl. Notheis, D. 1992, S. 38.
[2] Vgl. Nichols, D. 1990, S. 29.
206   [3] Vgl. Nichols, D. 1990, S. 29.

wirtschaftswissenschaftliche Disziplinen und Unternehmen der Pharmazeutischen Industrie für die Chemie oder die Medizin haben.[1] Wertheimer (1982) verweist im Rahmen von Studien bei Unternehmen der Gesundheitsbranche bezüglich der Spendenvergabe auf eine starke Orientierung an thematischen Gesichtspunkten. "Many companies in the health industry give only to causes related to health programs, (...) and many companies give exclusively in territories where they sell or operate."[2] Bei Unternehmen der Gesundheitsbranche prägt vor allem der Blick auf die Berührungspunkte mit aktuellen und potentiellen Kunden die Spendenentscheidung. Spenden werden als Investitionen in die Entwicklung der Zielgruppe verstanden. Die Praxis der Förderung des wissenschaftlichen Ausbaus der Kneipp-Heilweise durch die Kneipp-Werke in Würzburg, läßt sich als Beispiel aus der Bundesrepublik ebenfalls in diesem Rahmen sehen. Von einer wissenschaftlichen Fundierung der Gedanken der Nicht-Schulmedizin profitiert vor allem das Unternehmen selbst, das auf den Märkten für Prokukte der Naturheilmedizin zu den Marktführern gehört.[3]

Morris/Biederman (1986) führen im Issue-Congruence Kontext das Spendenengagement der Buchhandelskette B. Dalton an, die jährlich eine Million Dollar an Organisationen spendet, die sich mit der Bekämpfung des Analphabetismus in den USA beschäftigen. Von einer Senkung der Analphabetenrate verspricht sich B. Dalton einen langfristigen Zuwachs des eigenen Umsatzes.[4] McDonalds legt bei seiner Spendenvergabe u. a. einen Schwerpunkt auf Projekte der Jugendarbeit. Das Engagement für Jugendfragen reflektiert dabei die Affinität zur relevanten Zielgruppe der Jugendlichen auf dem Absatzmarkt des Unternehmens. Mit der Unterstützung von Jugendprojekten zielt McDonalds auf eine Realisierung von Imagegewinnen unter Jugendlichen ab, die als Käufergruppe einen signifikanten Anteil am Umsatz des Unternehmens ausmachen.[5]

---

1 Vgl. Bertsch, K.A. 1983, S. 31.
2 Wertheimer, S. 1982, S. 15, vgl. ebenso Podesta, A.C. 1982, S. 30.
3 Ein Expertengespräch mit der Geschäftsleitung der Kneipp-Werke ergab, daß die Kneipp-Werke ihre Spendentätigkeit jedoch nicht nur an die eigene Leistungspalette binden, sondern auch mit ihren Förderaktivitäten über das Gebiet der Arzneimittel hinaus gehen. Die Kneipp-Werke unterstützen entsprechend dem umfassenden Werk von Sebastian Kneipp Projekte, die in das große Gebiet der Harmonie von Leib und Seele hineinreichen. Hier werden insbesondere künstlerische Vorhaben auf dem Gebiet der Musik oder der Malerei sowie der Leibesertüchtigung bzw. des Sports gefördert.
4 Vgl. Morris, R.I., Biederman, D. 1986, S. 19, ebenso Freeman, H.L. 1992, S. 247.
5 Vgl. Buchman, R.P. 1982, S. 106.

5.1.3. Strategische Implikationen

Der Gedanke der "Issue-Congruence" bzw. der "Issue-Partnership" kann als elementarer Bestandteil in den Prozeß der Identifikation von geeigneten Ansprechpartnern integriert werden. Auf der Basis einer Suche nach thematischen Anknüpfungspunkten lassen sich aus Sicht der spendenakquirierenden Organisationen zum eigenen Leistungsbereich passende und somit als potentiell spendenfreundlich einzustufende Branchen herausarbeiten, an deren Mitglieder dann in der Folge Spendenbitten herangetragen werden können.[1]

Zur Systematisierung des Prozesses der Identifikation von Issue-Partnern hat Notheis (1992) ein Analysemodell - die Issue-Congruence-Analyse - entwickelt, das ein schrittweises Vorgehen vorsieht.[2] Zu Beginn des fünfstufigen Analyseprozesses steht die Identifikation eines konkreten Projektes, für das Unternehmensspenden bzw. Issue-Partner gefunden werden sollen. Als exemplarisches Beispiel soll hierzu, zur praktischen Veranschaulichung der Issue-Congruence-Analyse, ein fiktives soziales Projekt zur Betreuung von alleinerziehenden Müttern herangezogen werden.

An die Idenfikation des Spendenprojektes - Betreuung alleinerziehender Mütter - schließt sich eine systematische Spezifikation des Spendenzwecks an. Die spendenakquirierende Organisation muß sich über den instrumentellen und thematischen Rahmen ihres ausgewählten Projektes bewußt werden. Jeder Aspekt kann dabei für die spätere Suche nach Issue Partnern grundsätzlich von Bedeutung sein. Notheis schlägt im einzelnen eine Orientierung der Spezifikation an den Dimensionen: Zielgruppe, Art der Leistung und Instrumente vor. Anhand der Konkretisierung der drei Dimensionen kann ein Projektprofil erstellt werden, das einen Raum möglicher Anknüpfungspunkte für die Identifikation von Berührungspunkten mit der Arbeit von Unternehmen aufspannt. Die Dimension Zielgruppe besitzt dabei die engste Beziehung zu absatzmarktgerichteten Motiven von Unternehmensspendern, wohingegen die Dimension der - im Rahmen der Projektarbeit Verwendung findenden - Instrumente die stärkste Beziehung zum Potential von Sach- bzw. Dienstleistungsspenden aufweist.

---

[1] "Development Officers must identify those corporations whose guidelines and self interest most closely parallel the program and purposes of their cause or agency." Wertheimer, S. 1982, S. 16.

[2] Vgl. hier und im folgenden Notheis, D. 1992, S. 39 ff.

In dem gewählten Beispiel ergeben sich als Spezifität der Dimension 'Zielgruppe' z.B. alleinstehende Mütter und schwangere Frauen im Alter von 17 bis 40 Jahren. Im Rahmen des Betreuungsprojektes erfahren die Frauen neben problemspezifischer Wissensvermittlung in Gesprächskreisen und Seminaren eine gruppen- und einzeltherapeuthische psychologische Betreuung sowie einen Transfer von materiellen Zuwendungen. Neben geschulten Fachkräften zur Betreuung und Wissensvermittlung kommen im Zuge des Projektes Instrumente der Wissensvermittlung wie Moderationsmaterialien, Fachliteratur und selbsterstellte Druckerzeugnisse zum Einsatz, für diese wiederum entsprechende Instrumente wie Papier, Kopiergeräte oder Druckleistungen benötigt werden. Materielle Zuwendungen erhalten die Alleinerziehenden in Form von Geld, Kleidung oder Gegenständen des Baby- oder Kinderbedarfs.

Nach einer umfassenden und sorgfältigen Erstellung des Projektprofils - dabei ist darauf zu achten, daß auch auf den ersten Blick unwesentliche Details berücksichtigt werden - beginnt mit Hilfe des dadurch aufgespannten Bezugsrahmens, die aktive Suche nach Leistungen von Unternehmen, die thematische und konkrete Berührungspunkte bzw. Überlappungsbereiche mit einzelnen Elementen des Projektprofils aufweisen. Von jedem Element des Projektprofils kann unter Heranziehung von kreativen Techniken, wie etwa Methoden der intuitiven Assoziation (z. B. Brainstorming, Brainwriting), Verfahren der intuitiven Konfrontation (z. B. Synektik, Reizwortanalyse) oder Techniken der systematischen Abwandlung (z. B. morphologisches Tableau, sequentielle Morphologie), auf Produkte oder Dienstleistungen, die bei der projektbezogenen Leistungserstellung der spendenakquirierenden Organisation Verwendung finden können oder auf thematische Verbindungen zu Unternehmen bzw. Unternehmensbranchen geschlossen werden.[1] Als Ergebnis des kreativen Suchprozesses folgt dann die Erstellung einer Liste mit Unternehmensfeldern ('Branchenliste'), die Leistungen erstellen oder Produkte vertreiben, die sich durch Kongruenzen mit dem Profil des Projektes auszeichnen.

---

[1] Vgl. zu Kreativitätstechniken u. a. Zwicky, F. 1966, Geschka, H./Wiggert, H. 1969, Michael, M. 1973, Strebel, H. 1974, Schlicksupp, H. 1977, Amabile, T. 1983, Geschka, H./Hammer, R. 1986.

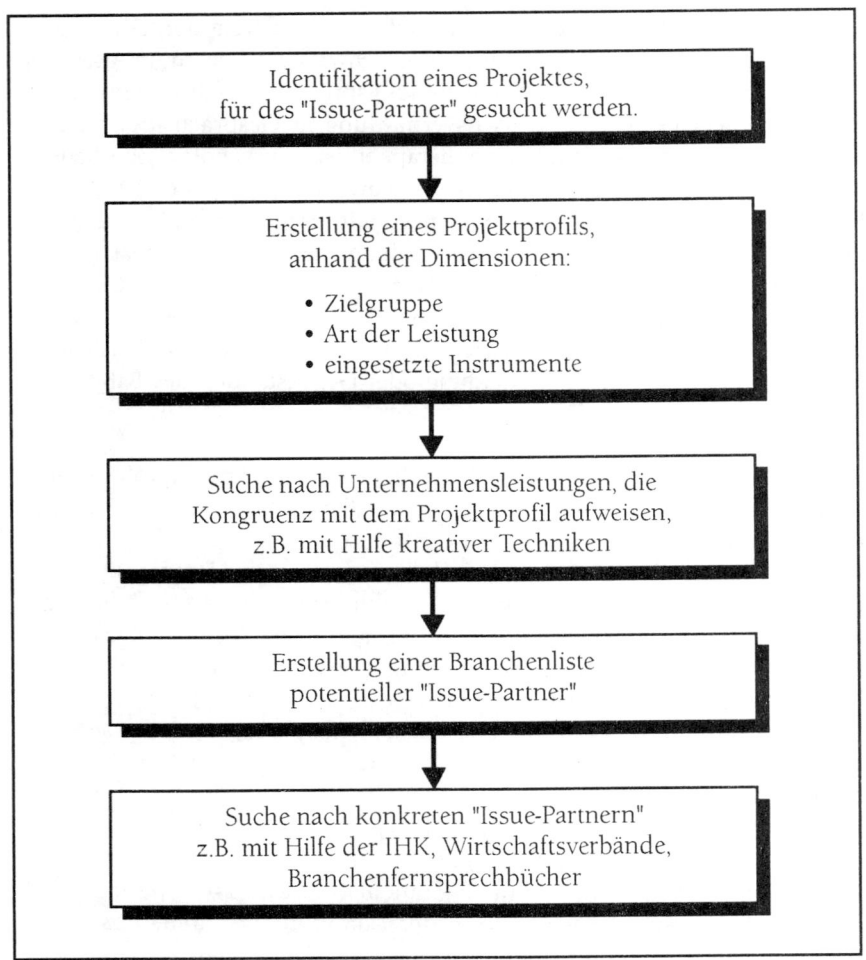

Identifikation eines Projektes,
für des "Issue-Partner" gesucht werden.

Erstellung eines Projektprofils,
anhand der Dimensionen:

- Zielgruppe
- Art der Leistung
- eingesetzte Instrumente

Suche nach Unternehmensleistungen, die
Kongruenz mit dem Projektprofil aufweisen,
z.B. mit Hilfe kreativer Techniken

Erstellung einer Branchenliste
potentieller "Issue-Partner"

Suche nach konkreten "Issue-Partnern"
z.B. mit Hilfe der IHK, Wirtschaftsverbände,
Branchenfernsprechbücher

Quelle: Notheis, D. (1992), S. 39.
Abbildung 5.1: Issue-Congruence Analyse

Im Fall des Projektes für alleinerziehende Mütter kann z. B. vom Element der Zuwendung von Gütern des Babybedarfs auf potentielle Issue-Partner in den Branchen Babynahrung, Produktion von Kinderwagen, Kinderkleidung oder Spielwaren geschlossen werden. Darüber hinaus ergeben sich jeweils Anknüpfungspunkte zu Handelsunternehmen, die sich auf den Verkauf von Artikeln des Baby- und Kinderbedarfs spezialisiert haben oder betreffende

Waren in ihrem Sortiment führen. Hierzu können Facheinzelhändler, Spielwarenketten, Kaufhäuser, Reformhäuser oder Boutiquen zählen.

Im letzten Schritt der Issue-Congruence Analyse, der Suche nach konkreten Issue-Partnern für das Spendenprojekt, werden mit Hilfe der Branchenliste konkrete Ansprechpartner gesucht. Den identifizierten Unternehmensfeldern werden entsprechende Unternehmen zugeordnet. Die spendenakquirierende Organisation hat die Aufgabe, Unternehmen zu identifizieren, die sich im Rahmen der ermittelten Branchen bewegen. Als Informationsquelle für die konkrete Suche nach Ansprechpartnern bzw. deren Adressen empfiehlt sich die Heranziehung von Branchenfernsprechbüchern oder Adressendateien von Industrie- und Handelskammern und Wirtschaftsverbänden. Adressen von potentiellen Issue-Partnern sind über diese Quellen leicht und kostengünstig zugänglich. Eine Identifikation des konkreten Ansprechpartners resp. Spendenentscheidungsträgers im Unternehmen läßt sich jedoch aus den genannten Informationsquellen nicht ableiten. Dazu bedarf es weitergehender Analysen der Entscheidungs- und Einflußstrukturen der potentiellen Issue-Partner. Zur Schaffung einer informationalen Grundlage für die Spendenansprache von Unternehmen muß der Blick über die Affinitäten zwischen Produkt- und Leistungsspektren hinaus gerichtet werden. Eine systematische Suche nach Kompatibilitäten des Projektes mit der Philosophie und dem Image potentieller Issue-Partner oder den Präferenzen der Unternehmensentscheidungsträger sollte die Issue-Congruence Analyse ergänzen.[1]

Der Gedanke der Issue-Congruence bzw. die Integration der Issue-Congruence Analyse in eine systematische Suche und Auswahl von Ansprechpartnern besitzt jedoch nicht für alle spendenakquirierenden Organisationen gleichen praktischen Wert. Je nach Spezifität des Spendenprojektes einer spendenakquirierenden Organisation ergeben sich höhere oder geringere Chancen auf Kongruenzen mit den Leistungsfeldern von Unternehmen. So werden z. B. Projekte für obdachlose Menschen in bezug auf Zielgruppenaffinitäten oder in thematischer Hinsicht nur geringe Überlappungsbereiche mit den Arbeitsfeldern von Unternehmen aufweisen. Eine Aussicht auf Issue-Partnership im Rahmen von Spendenbeziehungen zu Unternehmen ist für solche Projekte sehr gering. Die Issue-Congruence-Analyse kann in diesem Sinne nicht für alle Spendenprojekte als universelles Analyseinstrument zur Fundierung des strategischen Spendenmarketing gegenüber Unternehmen Nutzen bringen. Insgesamt betrachtet besitzt der

---

[1] Vgl. ergänzend dazu u. a. die Ausführungen zur Relevanz des Unternehmenskulturansatzes für die Spendenvergabe von Unternehmen in Abschnitt 5.8.

Gedanke der Issue-Congruence aber ein - wenn gleich auch nur partielles - dennoch relevantes Erkenntnispotential für die Erklärung der Spendenallokationsentscheidung von Unternehmen und infolgedessen ein fruchtbares Anregungspotential für die praktische Gestaltung der Austauschmuster zwischen Unternehmen und spendenakquirierenden Organisationen.

5.2. Theorie der lokalen Präferenz der Unternehmensspende

Wolpert/Reiner (1984) kommen in einer empirischen Arbeit zu strukturellen Bedingungen des Spendenmarktes zum Schluß, daß die physische Nähe zum Verwendungsort die Motivation des Spenders positiv beeinflußt. "Proximity relations influence the level of donations."[1] Insbesondere bei Unternehmen führt die geographische Nähe zu spendenakquirierenden Organisationen bzw. deren auf das lokale Umfeld des Unternehmens bezogene Leistungen zu selektiven Anreizen, die im Zuge eines Spendentransfers an solche Organisationen realisiert werden können. Durch eine Spendenvergabe an Organisationen oder Einrichtungen im lokalen Umfeld des Unternehmens wird es Unternehmen möglich, spezifische direkte oder indirekte Gratifikationsrückflüsse auszulösen, die über Spendentransfers an nicht-lokale Spendenzwecke nicht erzielt werden können. Gratifikationen, die sich aus einer Stärkung der sozialen Infrastruktur des Unternehmensstandortes für die Unternehmen ergeben, stehen dabei im Vordergrund.

Mit der Theorie der lokalen Präferenz der Unternehmensspende wird diese u. a. von Wolpert/Reiner vertretene These aufgegriffen und daraus gefolgert, daß Unternehmen verstärkt an solche Projekte Spenden vergeben, die sich am eigenen Standort bzw. im lokalen Umfeld des Unternehmens befinden.[2] Unternehmen besitzen eine Präferenz für Spendenzwecke mit lokalem Bezug. Die Theorie der lokalen Präferenz der Unternehmensspende behauptet dabei aber nicht, daß Unternehmen ausschließlich Spenden an spendenakquirierende Organisationen im lokalen Umfeld ihres Standortes resp. in ihrer Standortgemeinde leisten. Sie geht vielmehr davon aus, daß Unternehmen bei der Entscheidung über eine Spendenvergabe unter gegebenen Alternativen aufgrund spezifischer Gratifikationsanreize tendenziell Spendenzwecke mit lokalem Bezug zu ihrem Standort vorziehen. Unternehmen präferieren grundsätzlich eine Spendenvergabe an Organisationen, die Wirkungen im direkten, lokalen Unternehmensumfeld entfalten bzw. dort öffentliche Güter produzieren.

Die handlungsleitende Motivation der Unternehmensentscheidungsträger für die lokale Präferenz speist sich dabei zum einen aus dem Streben nach indirekten - über Mitarbeiter oder Entscheidungsträger vermittelte - Gratifikationen, die Spendenzwecke mit lokalem Wirkungskreis im Gegensatz zu

---

[1]   Wolpert, J./Reiner, T. 1984, S. 200.
[2]   Vgl. zur "geographic proximity" u. a. Podesta, A.C. 1982, S. 31 ff, Blumberg, P.I. 1972.

solchen mit überregionalem Bezug oder Spendenzwecke im Ausland, verschaffen können. Der direkte Gratifikationsbezug der Spenden zu den Mitarbeitern - oder den Spendenentscheidungsträgern ad personam - läßt Spenden an Organisationen und Einrichtungen, die sich im lokalen Umfeld des Unternehmens befinden, im Vergleich zu Projekten, zu denen keine direkten - konsumptiven - Berührungspunkte bestehen, vorteilhaft erscheinen. Zum anderen sind Unternehmen und ihre Entscheidungsträger am Standort in vielfältige gesellschaftliche Bezüge eingebettet. Als Teil bzw. "Bürger" ("Good Citizen") der lokalen Gesellschaft der Standortgemeinde sehen sich die Repräsentanten von Unternehmen im Zuge der von den Mitgliedern der lokalen Gesellschaft geteilten Solidaritätsnormen einem Druck zur Übernahme gesellschaftlicher Verantwortung gegenüber. Durch die Vergabe von Unternehmensspenden und damit durch aktive Beitragsleistung zur Lösung lokaler gesellschaftlicher Probleme kann diesem Druck ein Ventil verschafft werden.

Für die lokale Präferenz von Unternehmensspenden wird zudem das Streben von Spendenentscheidungsträgern nach einer Auswahl von Spendenempfängern wirksam, die eine Reduktion des perzipierten Risikos, einer ineffizienten oder zweckfremden Verwertung der Spendenobjekte zu erliegen, ermöglichen. Spenden an lokale Spendenzwecke erhöhen das Kontrollpotential des Spenders. Durch Spenden in ihrem lokalen Umfeld können Unternehmen eine ordnungsgemäße Verwendung der Transfers direkter verifizieren - d. h. zumindest das subjektive Gefühl eines erhöhten Kontrollpotentials empfinden - und die Früchte ihres Spendenerfolges unmittelbar beobachten.[1] Podesta (1982) weist deshalb die "geographic proximity" zwischen Spender und Spendenempfänger als einen zentralen Erfolgsfaktor für das Spendenmarketing aus. "Generally, the closer the company is to your case of operations and services, the better the opportunity for a favorable response."[2] Durch eine gezielte Spendenansprache von Unternehmen im direkten lokalen Umfeld von spendenakquirierenden Organisationen können spezifische Gratifikationsbündel mit lokalem Bezug offeriert und infolge der

---

[1] Die Theorie der lokalen Präferenz der Unternehmensspende korrespondiert hier mit den tauschtheoretischen Aussagen von Homans, der unter Kostengesichtspunkten die physische Nähe zwischen Interakteuren als fördernden Faktor für die Wahrscheinlichkeit des Zustandekommens menschlicher Interaktion charakterisiert. Die Transaktionskosten der Interaktion - im Fall des Spendentausches die Such- und Kontrollkosten - sind umso geringer, je näher sich die Austauschpartner sind. Es bedarf mit zunehmender Nähe weniger Zeit und Energie sich zu finden und die Einhaltung der wechselseitigen Vereinbarungen zu überwachen. Vgl. Homans, G.C. 1972, S. 70 ff.

[2] Podesta, A.C. 1982, S. 31.

Präferenz von Unternehmen für diese Gratifikationen eine Reduktion der Ablehnungsrate von Spendengesuchen erzielt werden.

5.2.1. Motive der lokalen Präferenz

Der "Good Citizen" Approach[1] betrachtet das Unternehmen als einen integralen Bestandteil der Standortgemeinde, der als Teil des Ganzen seine Existenz aus ihr ableitet bzw. seine Ressourcen - z. B. die Produktionsfaktoren Boden und Arbeit - aus ihr bezieht. Daraus erwächst dem Unternehmen, gemäß seiner Rolle als "guter Bürger", in einem reziproken Sinn eine "moralische" Verpflichtung gegenüber der Kommune, sich mit ihren Problemen aktiv auseinanderzusetzen und zu ihrer Bewältigung entsprechende Lösungsbeiträge zu leisten. Als Teil der kommunalen Gesellschaftsstruktur ist das Unternehmen als soziales System Teilhaber der Probleme des übergeordneten sozialen Systems Standortgemeinde. Innerhalb des sozialen Systems der Standortgemeinde entwickelt sich deshalb von seiten anderer Systemelemente (Bürger, Parteien, Vereine, Initiativen, Organisationen etc.) gesellschaftlicher Druck gegenüber dem Unternehmen, sich bei der Lösung der lokalen gesellschaftlichen Probleme zu engagieren. Die Mitglieder der Gesellschaft im lokalen Umfeld des Unternehmens erwarten von den Entscheidungsträgern des Unternehmens ein solidarisches resp. normenkonformes Verhalten. Entsprechend der Solidaritätsnorm wird vom Unternehmen erwartet, daß es einen Beitrag zur Lösung der von allen Mitgliedern der lokalen Gesellschaft gemeinschaftlich geteilten Probleme leistet. Der individuelle Druck zur Beitragsleistung steigt dabei mit zunehmender Zurechenbarkeit der Problemursachen auf das Unternehmen. In praxi wird dies z. B. bei lokalen Umweltproblemen deutlich. Von Unternehmen, die selbst zu den großen Emissionären von Schadstoffen der lokalen Gesellschaft zählen, erwartet die Öffentlichkeit im lokalen Umfeld i.d.R. ein verstärktes kompensatorisches Engagement im Umweltschutz.

Als Problemlösungsstrategien zur Bekämpfung gesellschaftlicher Defizite im kommunalen Umfeld können den Unternehmen Spenden an lokale Einrichtungen bzw. an Zwecke, die unmittelbar die Qualität des Lebens in der Kommune betreffen, dienen. Mit der Finanzierung von Problemlösungsansätzen bzw. von Beiträgen zur Produktion öffentlicher Güter im lokalen Unterneh-

---

[1] Vgl. Blumberg, P.J. 1972, S. 7 ff, Bertsch, K.A. 1983, S. 20, Gibson, B.E. 1982, S. 46, Galaskiewicz, J. 1985, S. 54 ff.

mensumfeld, erbringen Unternehmen freiwillige Leistungen an das sie unmittelbar umgebende gesellschaftliche Netzwerk. Sie schaffen damit Potentiale zur Kompensation des sozialen Drucks zur Übernahme gesellschaftlicher Verantwortung, der sich auf Basis der Normen und Werte innerhalb der lokalen Gesellschaftsstruktur gegenüber ihnen entwickelt. Eine mit Hilfe der Spendenvergabe mögliche Akzentuierung ihrer Rolle als "verantwortliche Bürger" der Standortgemeinde verschafft den Unternehmen Chancen auf die Realisierung von Zuweisungen von Sozialprestige. Die Betonung der Rolle des Unternehmens als "verantwortlicher Bürger" bzw. als solidarischer Teil des gesellschaftlichen Ganzen ist insofern eng verbunden mit dem Konzept einer auf die Übernahme sozialer Verantwortung ausgerichteten Unternehmenspolitik, die durch die aktive Beeinflussung der relevanten Unternehmensumwelt - hier die Standortgemeinde bzw. Region - die Rahmenbedingungen für die Sicherung zukünftiger Unternehmensgewinne zu schaffen sucht.[1]

Über den Rahmen des "Good Citizen" Approaches hinaus, der unmittelbar auf die Übernahme sozialer Verantwortung als Reaktion auf gesellschaftlichen Druck entsteht, lassen sich weitere Verbindungen zwischen Motiven der Spendenvergabe - die aus der Ökonomischen Theorie der Unternehmensspende abgeleitet werden können - und der Präferenz für Spendenzwecke, die sich in der lokalen Umgebung des Unternehmensstandortes befinden, identifizieren. Unternehmen präferieren Spenden an spendenakquirierende Organisationen in ihrem lokalen Umfeld, um damit indirekte, gratifizierende Effekte auf dem Arbeitsmarkt zu erzielen, ihren politischen Einfluß am Standort zu stärken, Verpflichtungen, die aus geschäftlichen Kontakten zu lokalen spendenakquirierenden Organisationen resultieren, nachzukommen oder die gesellschaftliche Reputation des Unternehmensentscheidungsträgers am Standort zu stärken. Mit Hilfe einer Spendenvergabe an Einrichtungen und Organisationen im direkten lokalen Umfeld des Unternehmens läßt sich daneben eine Reduktion des wahrgenommenen Risikos herbeiführen, daß die Spendenzuwendungen auch tatsächlich und effizient zur Produktion von öffentlichen Gütern eingesetzt werden. Aus Sicht des Spenderunternehmens sind die Chancen auf eine Kontrolle bzw. visuelle Validierung der Leistungsversprechen von spendenakquirierenden Organisationen auf lokaler Ebene größer als z. B. bei Spenden an Projekte im Ausland.

Einen Zusammenhang zwischen der lokalen Präferenz der Unternehmensspende und den Unternehmensspenden zugrundeliegenden Arbeitsmarktmotiven stellt Nelson (1970) her. Mit Hilfe von Spenden an lokale Zwecke

---

216   [1] Vgl. Raffée, H./Wiedmann, K.P. 1989a, S. 552 ff.

läßt sich, so seine These, die Lebensqualität auf dem regionalen Arbeitsmarkt verbessern. Die von der spendenakquirierenden Organisation produzierten öffentlichen Güter kommen den unmittelbar in der Umgebung des Unternehmenssitzes lebenden Arbeitnehmern zugute. Mit zunehmender Qualität der - über gezielte Spenden gestärkten - sozialen Infrastruktur steigt die Attraktivität des lokalen Arbeitsmarktes und vergrößern sich infolgedessen die Potentiale des Unternehmens in bezug auf die Akquisition von Fachkräften.[1] Darüber hinaus trägt eine Verbesserung der sozialen Unternehmensumwelt mit Hilfe von Beiträgen an die Produktion von öffentlichen Gütern am Unternehmenssitz in guten Zeiten zu einer Stärkung der Bindung der bereits vorhandenen Mitarbeiter an den Standort bzw. das Unternehmen bei. Spenden, die an Zwecke zugeführt werden, die außerhalb der lokalen Umgebung des Unternehmens ihre Wirkung entfalten, können im Gegensatz dazu diese reziproken arbeitsmarktbezogenen Gratifikationen nicht gewährleisten. Sie entfalten i.d.R. nur geringe direkt arbeitsmarktbezogene Wirkungen. Speist sich die Handlungsintention der Unternehmensentscheidungsträger für die Vergabe von Spenden also aus der Verfolgung von Arbeitsmarktmotiven, so ist das simultane Auftreten von Präferenzen für lokale Spendenzwecke demnach sehr wahrscheinlich.[2]

Siegfried/McElroy (1981) und Clotfelter (1985) reklamieren unter Bezugnahme auf die Arbeitsmarktmotive darüber hinaus eine Beziehung zwischen der Zahl der Arbeitnehmer bzw. der Größe des Unternehmens, gemessen an der Beschäftigtenzahl, und der lokalen Präferenz der Unternehmensspende. "Contributions made to a corporation's headquarters city vary directly with the share of the firm's employees there."[3] Je mehr Arbeitnehmer des Unternehmens in der Umgebung des Unternehmens leben, desto größer ist die Anzahl derer, die von einer Stärkung der sozialen Infrastruktur profitieren und desto stärker profitiert folgerichtig indirekt das Unternehmen - über eine höhere Lebensqualität und Motivation der Mitarbeiter. Die Beziehung zwischen Beschäftigtenzahl und lokaler Präferenz ist dabei sowohl unter relativer als auch unter absoluter Betrachtung von Bedeutung. Absolut betrachtet, wächst das indirekte Gratifikationspotential des Unternehmens aus der Vergabe von Spenden an Organisationen und Einrichtungen, die sich mit der Lösung von lokalen Problemen beschäftigen, mit jedem Mitarbeiter, der von einer Stärkung der sozialen Infrastruktur profitieren kann. Relativ gesehen, profitiert das Unternehmen umso mehr, je größer sein Anteil an der

---

[1] Vgl. Nelson, R. 1979, S. 10, ebenso Levy, F.K./Shatto, G.M. 1978, S. 25.
[2] Vgl. ebenda.
[3] Clotfelter, C.T. 1985, S. 181, ebenso Siegfried, J.J./McElroy, K.M. 1981, S. 16.

Gesamtheit der Beschäftigten im lokalen Umfeld ist, da der Anteil möglicher "Trittbrettfahrer" infolgedessen sinkt. Wäre das Unternehmen der einzige Arbeitgeber im lokalen Arbeitsmarkt, gäbe es überhaupt kein Trittbrettfahrerproblem. Von der Finanzierung der öffentlichen Güter würden ausschließlich Mitarbeiter des Spenderunternehmens profitieren.

Galaskiewicz (1989) sieht die Präferenz von Unternehmen für eine Spendenvergabe an spendenakquirierende Organisationen mit Sitz und Wirkungsfeld in der lokalen Umgebung des Unternehmensstandortes in Verbindung mit der Verfolgung politischer Einflußmotive. Mit Hilfe von Spenden versucht das Unternehmen - wie er empirisch bestätigt - Goodwill bei politischen Entscheidungsträgern der Kommune zu gewinnen, der sich später in unternehmensfreundlichen Entscheidungen, wie z. B. der Beschleunigung von Genehmigungsverfahren auszahlen soll. Die Unternehmensspende "is a political strategy to win the good will of local influentals, who sooner or later will deliberate over zoning ordinances, property taxes, environmental regulations, disclosure, affirmative action and other matters affecting business in the community."[1] Politische Entscheidungsträger in Kommunen oder Landkreisen stehen oft in funktionaler Beziehung zu spendenakquirierenden Organisationen. Sie sind als Schirmherren von Spendenkampagnen oder als Vorstands- bzw. Kuratoriumsmitglieder direkt oder indirekt in die Aktivitäten zur Spendenakquisition involviert. Eine Spendenzuwendung, als Antwort auf die Anfrage eines politischen Entscheidungsträgers im Auftrag einer spendenakquirierenden Organisation, oder eine Spende an eine, mit einem politischen Entscheidungsträger verbundene Organisation, kann eine indirekte Verpflichtungshaltung des politischen Entscheidungsträgers gegenüber dem Unternehmen begründen. Die indirekte Verpflichtungshaltung läßt sich dann, zumeist mit zeitlichem Abstand, in eine reziproke Gratifikation zugunsten des Unternehmens transformieren. Es entsteht ein indirekter sozialer Spendentausch. Das Unternehmen leistet einen Beitrag für die Produktion eines lokalen öffentlichen Gutes und erhält - als Realisation des selektiven Anreizes - eine Gratifikation von einem politischen Entscheidungsträger, der in funktionaler oder wert- bzw. normativer Verbindung mit der spenderakquirierenden Organisation bzw. dem Spendenzweck steht.

Die funktionale Verknüpfung des Lobbyismusmotivs mit der lokalen Präferenz der Unternehmensspende kann jedoch nicht allgemeingültig formuliert werden. Der Erwerb von politischem Goodwill mit Hilfe von Spenden kapriziert sich nicht ausschließlich auf lokale bzw. kommunalpolitische

---

218   [1]   Galaskiewicz 1989, S. 248.

Beziehungsmuster. Spenden können ebenso auf überregionaler Ebene als Aktionsinstrument eines politischen Lobbyismus Einsatz finden. Die Spendenvergabe an spendenakquirierende Organisationen, deren Schirmherren oder Vorstände über bundespolitischen Einfluß verfügen oder die von Ehepartnern politischer Einflußträger geleitet werden ist ebenfalls in diesem Zusammenhang zu sehen. Die Wahrscheinlichkeit des Rückflusses von Gratifikationen im politischen Kontext kann jedoch - infolge der kürzeren politischen Entscheidungswege - bei lokal allozierten Spenden als höher eingeschätzt werden, so daß tendentiell von einer Verknüpfungsbeziehung zwischen dem Lobbyismusmotiv und der lokalen Präferenz der Unternehmensspende ausgegangen werden kann. Die Verknüpfungsbeziehung gilt jedoch nur in eine Richtung, vom Lobbyismusmotiv auf die lokale Präferenz. Von der lokalen Präferenz kann dagegen nicht unmittelbar oder eindeutig auf das Wirksamwerden von Lobbyismusmotiven geschlossen werden.

Besitzt das lokale Umfeld eines Unternehmens vor allem als Absatzmarkt Bedeutung, wird sich die lokale Präferenz der Unternehmensspende auch auf die Existenz ökonomischer Tauschbeziehungen zu spendenakquirierenden Organisationen in der lokalen Umgebung des Unternehmenssitzes gründen. Bereits existierende wirschaftliche Beziehungen zwischen spendenakquirierenden Organisationen und Unternehmen senken aus der Sicht des Unternehmens die Transaktionskosten des gegenseitigen Kennenlernens bzw. der Evaluation des potentiellen Spendenempfängers und fördern, je nach Umfang und Intensität der ökonomischen Tauschbeziehung, eine wechselseitige Verpflichtungshaltung. Die Partner kennen sich und haben bereits auf anderem Gebiet erfolgreich zusammengearbeitet. Ein Zusammenwirken auf der Ebene des Spendentausches liegt, im Vergleich zu spendenakquirierenden Organisationen, zu denen keine Kontakte bestehen, näher. So unterstützen lokale Einzelhändler z. B. bevorzugt Organisationen oder Vereine, deren Mitglieder zu ihrem Kundenkreis zählen bzw. deren Spendensammler selbst oder im Auftrag der spendenakquirierenden Organisation in ökonomischer Tauschbeziehung zu ihnen stehen.[1] Mit der Spendenvergabe an lokale Spendenzwecke ist aus der Sicht eines Unternehmens mit lokal begrenztem Absatzmarkt der Aufbau von Goodwillpotentialen bei aktuellen und potentiellen Kunden intendiert, die sich im Aufbau bzw. der Stärkung von Kaufloyalität gegenüber dem Spenderunternehmen auswirken sollen.

Die intentionale Verknüpfung von ökonomischen und sozialen Spendentauschhandlungen auf lokaler Ebene tangiert jedoch nicht nur die grund-

---

[1] Vgl. Notheis, D. 1992, XLIV.

sätzliche Entscheidung über die Vergabe einer Spende bzw. die Auswahl des Spendenempfängers, sondern erfaßt darüber hinaus auch die Entscheidung des Spenders über die Spezifikation der Spendenobjekte. Durch die bestehende ökonomische Tauschbeziehung mit einer spendenakquirierenden Organisation wird für das Spenderunternehmen die Grundlage für einen Transfer von Sach- oder Dienstleistungsspenden geschaffen. Das Spenderunternehmen identifiziert, aufgrund der ökonomischen Tauschbeziehung zur spendenakquirierenden Organisation, einen Bedarf an Sach- oder Dienstleistungen, der aus dem eigenen Angebot gedeckt werden kann. Aus der Sicht des Unternehmens ergeben sich daraus Chancen für eine Substitution von Geldspenden durch Sach- oder Dienstleistungstransfers. Diese weisen für die Unternehmen, unter bestimmten Bedingungen wie z. B. für den Fall von Lagerüberschüssen bei Sachspenden oder der mangelnden Kapazitätsauslastung bei Dienstleistungsspenden Kostenvorteile gegenüber Geldspenden auf.[1] So kann z. B. dem ökonomischen Transfer einer EDV-Anlage an eine spendenakquirierende Organisation anstelle einer Geldspende eine Dienstleistungsspende folgen, wenn die anfallenden Transport-, Installationsleistungen und Wartungsdienste der spendenakquirierenden Organisation vom Händler kostenlos zur Verfügung gestellt werden und diese nicht bereits zuvor in den Preis der EDV-Anlage eingerechnet wurden.

Lokale Spendenpräferenzen von Unternehmen können darüber hinaus aus privat begründeten lokalen Präferenzen des Spendenentscheidungsträgers resultieren. Besitzt der Spendenentscheidungsträger eines Unternehmens enge Verbindungen zum sozialen Leben des lokalen Unternehmensumfeldes und verfügt er über entsprechende organisationale Handlungsspielräume, um privaten Nutzen durch die Vergabe von Unternehmensspenden zu realisieren ('managerial discretion'), ist von einer direkten Verbindung zwischen dem Nutzenmaximierungsstreben des Entscheidungsträgers und der Präferenz für lokale Spendenzwecke auszugehen. Die lokale Verwurzelung des Spendenentscheidungsträgers und seiner Familie ist dabei ursächlich für eine implizite psychische Verpflichtungshaltung gegenüber der lokalen Gesell-schaft und ihren Problemen. Galaskiewicz (1985) vermutet, daß das soziale Engagement von Unternehmensentscheidungsträgern für Organisationen mit Tätigkeitsfeldern im lokalen Umfeld des Unternehmens besonders ausgeprägt ist, wenn die Entscheidungsträger dort geboren oder aufgewachsen sind.[2]

---

[1] Vgl. die Ausführungen zur Spezifität von Spenden- bzw. Unternehmensspendenobjekten in den Abschnitten 3.4 und 4.3.

[2] Vgl. Galaskiewicz, J. 1985, S. 57. Galaskiewicz kann diese Hypothese aber später, im Rahmen der "Minneapolis-St. Paul-Studien", nicht eindeutig empirisch validieren. Vgl. ebenda, S. 71.

Spendenengagements gründen sich u.U. auch auf emotionale Beziehungen der Unternehmensentscheidungsträger, die auf ihrer lokalen Herkunft bzw. den emotionalen Beziehungen zum Ort ihrer Geburt beruhen. Ihre Spendenpräferenz für lokale Zwecke basiert auf einer persönlichen Verbindung zur Region und ihren Menschen. Insbesondere wenn die Familien von Spendenentscheidungsträgern seit Generationen in der betreffenden Region leben und die Wahrscheinlichkeit, daß dies auch für nachfolgende Generationen gelten wird, groß ist, ergibt sich eine intensive Verbundenheit und Sensibilität für die lokalen bzw. regionalen gesellschaftlichen Probleme.[1]

Ist der Spendenentscheidungsträger in das soziale und gesellschaftliche Leben am Standort integriert, hat er entsprechend seiner gesellschaftlichen Stellung "einen Ruf zu verlieren". Der gesellschaftliche Druck, sich großzügig und solidarisch zur kommunalen Gesellschaft und ihren Erwartungen zu verhalten, ist größer als bei Spendenentscheidungsträgern, die sich nicht am kommunalen gesellschaftlichen Leben beteiligen bzw. die anonym bleiben und privat zurückgezogen leben. Je höher die Bekanntheit eines Spendenentscheidungsträgers in der Gemeinde am Unternehmensstandort, desto mehr Spendenanfragen werden an ihn herangetragen und desto größer ist der soziale Druck, der auf ihm lastet, den Spendenbitten nachzukommen. Mit zunehmender gesellschaftlicher Verankerung des Unternehmensentscheidungsträgers auf kommunaler Ebene wächst aber auch das Chancenpotential, durch die Vergabe von Unternehmensspenden für sich persönlich Zuweisungen von Sozialprestige realisieren zu können und desto größer ist infolgedessen seine Präferenz für die Spendenvergabe an lokale Einrichtungen und Organisationen.[2] Am Beispiel von Managern und Eigentümern lokaler Unternehmen, die sich aktiv am politischen Leben auf lokaler Ebene, z. B. als Mitglied eines Gemeinde- oder Stadtrates beteiligen, wird dies in praxi besonders deutlich. Unternehmensentscheidungsträger, die als Stadt- oder Gemeinderäte am Standort wirken und die auf eine Wiederwahl im Amt hinstreben, sind auf ein positives Image in der Gemeinde angewiesen. Der Druck auf eine positive Beantwortung von Spendenanfragen spendenakquirierender Organisationen mit Sitz und Wirkungsfeld in der Standortgemeinde ist mit Blick auf ihr persönliches politisches Ziel hoch. Ablehnende Bescheide an spendensuchende lokale Einrichtungen und Organisationen können zur Zuweisung von negativem Sozialprestige und infolgedessen zu Verlusten von Wählerstimmen führen. Zeitabschnitte im Vorlauf von Kommunalwahlen sind des-

---

1 Vgl. ebenda, S. 76.
2 "If the CEO has local roots he should have a greater interest in having his firm well regarded by the local business community."; Vgl. Galaskiewicz, J. 1985, S. 57.

221

halb in bezug auf Manager oder Eigentümerunternehmer, die politische Ambitionen innerhalb der Kommune verfolgen, für spendenakquirierende Organisationen im lokalen Umfeld - dem Wahlkreis - erfolgversprechende Phasen, um mit einer Spendenanfrage zu reüssieren.

Mit Hilfe einer Spendenvergabe an Einrichtungen und Organisationen in ihrem direkten lokalen Umfeld verfolgen Unternehmen darüber hinaus die Intention, eine verbesserte Kontrolle über die Verwendung ihrer Spendenobjekte zu erzielen. Je geringer die räumliche bzw. geographische Distanz der finanzierten Spendenprojekte zum Spender ist, desto intensiver und persönlicher kann eine Kontrolle der Arbeit der spendenakquirierenden Organisation durch den Spender erfolgen. Projektbezogene Erfolge oder Mißerfolge werden für den Spender auf lokaler Ebene stärker offenbar oder zumindest subjektiv stärker verifizierbar, ebenso wie der von der spendenakquirierenden Organisation betriebene Verwaltungsaufwand. Unter die - durch eine geographische Nähe zur spendenakquirierenden Organisation erleichterte - verifizierbaren Elemente des organisationalen Eigenverbrauchs an Spendenmittel fallen z. B. die Größe der Dienstwagen von Mitarbeitern oder des Geschäftsführers sowie die Beschaffenheit der Verwaltungsgebäude der spendenakquirierenden Organisation. Für das Unternehmen bzw. seine Entscheidungsträger verringert sich mit dem subjektiven Eindruck, durch eine Spendenvergabe an lokale Einrichtungen und Projekte eine bessere Kontrolle über die Mittelverwendung zu besitzen, das beim Spendentausch inhärente perzipierte Risiko der Veruntreuung bzw. der Ineffizienz der Verwendung der Spendenmittel.[1] Wie Labetzsch (1992) feststellt, ist vor allem bei mittelständischen Unternehmen deshalb die Bereitschaft zur Unterstützung von lokalen Projekten ausgeprägt, weil sie vor Ort die Entwicklung der Projekte besser kontrollieren und unmittelbar "die Früchte ihres Engagements wachsen sehen können".[2] Die lokale Präferenz der Unternehmensspende ist insoweit auch als Strategie der Spendenentscheidungsträger zur Reduktion des wahrgenommenen Spendenrisikos zu verstehen.

---

[1] Vgl. Abschnitt 5.6 zur "Theorie des wahrgenommenen Spendenrisikos".

[2] Labetzsch, B. 1992, S. 20.

5.2.2. Empirische Befunde

Empirische Befunde von Harris/Klepper (1976) belegen die praktische
Relevanz des "Good Citizen" Approaches für die USA. Eine Befragung des
Managements der 1000 größten US-amerikanischen Unternehmen nach den
Gründen und Motiven für die Vergabe von Unternehmensspenden in drei
Feldern - Kunst, Bildung und Spendenbroker - ergibt, daß 74% der
Unternehmen ihre Leistungen an Spendenbroker und damit ihre
Unterstützung für ein breites Spektrum von Organisationen mit sozialem
Aufgabenschwerpunkt im lokalen Umfeld des Unternehmens, am Motiv der
"Good Citizenship" ausrichten. Bei Spenden an spendenakquirierende
Organisationen, die sich mit Fragen der Wissenschaft und Bildung beschäfti-
gen und Institutionen aus dem Kunstsektor, beträgt die relative Bedeutung
des "Good Citizen" Approaches immerhin 49 % bzw. 48 %. Darüber hinaus
geben 68 % (46 % und 43 %) bzw. 47 % (31% und 31%) der Befragten
an, daß die Zielrichtung der Verbesserung der Situation der unmittelbaren
Unternehmensumwelt sowie das Ziel, mit Hilfe von Unternehmensspenden
Vorteile für die Mitarbeiter des Unternehmens zu erzielen, für die
Spendenvergabeentscheidung ebenfalls Relevanz besitzt.[1]

Wie eine Untersuchung von Fischer/Bauske/Conzen/Scheuch (1987) bei
1059 Unternehmen in der Bundesrepublik und West-Berlin zur Exploration
von Motiven und Stand der Kulturförderung der deutschen Wirtschaft belegt
ist ein Spendenengagement im lokalen Umfeld des Unternehmensstandortes
für viele Unternehmen in Deutschland von zentraler Bedeutung. 81,5 % der
befragten Unternehmen, die Spenden an kulturelle Zwecke vergeben,
engagieren sich demnach für örtliche spendenakquirierende Organisationen,
Vereine und Initiativen. Bei der Förderung des kulturellen Sektors sticht vor
allem der hohe Stellenwert der Zuwendungen für Zwecke der Heimat- und
Brauchtumspflege heraus. 56,7 % der Befragten geben an, für Zwecke der
Heimat- und Brauchtumspflege Spenden zu leisten. Mit der Unterstützung
von Volkstanzgruppen oder Geschichtsvereinen wollen Unternehmen die
Wahrnehmung ihrer Verpflichtung gegenüber den Belangen des Unternehmensstandortes zum Ausdruck bringen. Insbesondere kleinere Betriebe dokumentieren damit ihre Verbundenheit mit der Region und ihren kulturellen
Wurzeln bzw. unterstreichen ihre Rolle als verantwortlicher Teil des lokalen
gesellschaftlichen Kontextes.[2]

---

[1] Vgl. Harris, J.F./Klepper, A. 1976.
[2] Vgl. Fischer, H.H./Bauske, F./Conzen, B./Scheuch, E.K. 1987, S. 64 ff.

Possible Reasons for Undertaking Contribution Activities	Specific Activities		
	United Funds	Higher Education	The Arts
Corporate Citizenship: Practice good corporate citizenship	74%	49%	48%
Business Environment: Protect and improve environment in which to live, work and do business...	68	46	43
Employee Benefits: Realize benefits for company employees (normally in areas where company operates)...............	47	31	31
Public Relations: Realize good public relations value.	34	20	32
Pluralism: Preserve a pluralistic society by maintaining choices between government and private-sector alternatives.	28	40	10
Commitment: Of directors or senior officers to particular causes, involvement.	23	31	28
Pressure: From business peers, or customers and/or suppliers.	12	8	17
Altruism: Practice altruism with little or no direct or indirect company self-interest............................	10	8	15
Manpower Supply: Increase the pool of trained manpower or untrained manpower or access to minority recruiting..	5	63	2
No contributions or activities in this area	2	2	7

Quelle: Harris, J.F., Klepper, A. (1976), S. 16.

Abbildung 5.2: Spendenmotive von Unternehmen. Ergebnisse einer Befragung US-amerikanischer Unternehmen von J.F. Harris und A. Klepper

Murphy (1982) stellt ebenso wie Cmiel/Levy (1980) und Plinio/Brooks/ Sax/Louie (1981) fest, daß der lokale Bezug der Spende nach dem Kriterium der Effizienz der Mittelverwendung die bedeutendste Entscheidungsvariable für die Auswahl des Spendenempfängers ist.[1] 92 % der von Murphy befragten US-amerikanischen Unternehmen (n=278) geben an, daß dem Ausmaß, in dem die Spendenobjekte sichtbare Effekte im lokalen Umfeld des Unternehmens erzeugen, die sich mit Bezug auf die Mitarbeiter bzw. das Spenderunternehmen als reziproke Gratifikation erweisen, eine bedeutende Rolle bei der Spendenentscheidung zukommt.[2] Clotfelter (1985) und

---

[1] Vgl. Murphy, D.J. 1982, S. 25, Cmiel, K./Levy, S. 1980, S. 25. "The majority of companies tend to focus their giving on comminities where major company offices are located, including theri headquarters city.",Plinio, A./Brooks, W.E./Sax, E./ Louie, M. 1981, S. 9.

[2] Vgl. Murphy, D.J. 1982, S. 25, ebenso Knauft, E.B. 1986, S. 13.

Siegfried/McElroy (1981) bestätigen auf der Basis von Zeitreihenstudien die Koppelung von arbeitsmarktbezogenen Spendenmotiven und der Präferenz für lokale Spendenempfänger. Die Anzahl der Beschäftigten eines Unternehmens ist demnach positiv mit der Präferenz für spendenakquirierende Organisationen, die in der unmittelbaren Umgebung des Unternehmensstandortes wirken, korreliert. Bertsch (1983) führt als praktisches Beispiel für den Zusammenhang von Arbeitsmarktmotiven und lokaler Spendenpräferenz die Strategie des New Yorker "Bankers Trust" an. "Bankers Trust" unterstützt ein breites Feld von Kunsteinrichtungen und Organisationen, mit dem Ziel, die Lebensqualität in New York zu verbessern. "We plan to stay in New York, and probably 85 percent of the bank's employees live in New York City or the close suburbs. If this place is a bad place to live and work, we are going to lose quality employees and we are going to lose customers."[1] Die Präferenz für lokale Spendenzwecke leitet sich hier folglich unmittelbar aus dem Nutzen für die Mitarbeiter und Kunden des Unternehmens ab.

Einen Zusammenhang zwischen Lobbyismusmotiven und der lokalen Präferenz von Unternehmensspenden belegen White/Bartolomeo (1982) und Galaskiewicz (1989). Die befragten Unternehmen geben an, daß sie einen hohen Teil ihres Budgets an Einrichtungen und Verwendungszwecke im direkten Umfeld des Unternehmensstandortes vergeben, um sich die Loyalität der Gemeinde zu sichern ('loyalty to locale') und das politische und gesellschaftliche Klima im direkten Umfeld zugunsten des Unternehmens zu beeinflussen.[2] Galaskiewicz sieht die Spendenvergabe von Unternehmen deshalb u. a. als "political strategy to win the goodwill of local influentials."[3] Eine Verbindung zu persönlichen Statuszielen der Spendenentscheidungsträger von Unternehmen wird von ihm in diesem Zusammenhang ebenfalls bestätigt.[4] Die Vergabe von Unternehmensspenden an lokale Spendenzwecke, mit dem Ziel der Stärkung der privaten gesellschaftlichen Reputation des Managers ist bei vielen US-amerikanischen Unternehmensspendern anzutreffen.

Einen bestätigenden empirischen Befund für die intentionale Verknüpfung zwischen Spendentauschbeziehungen und ökonomischen Tauschbeziehungen zu spendenakquirierenden Organisationen im lokalen Umfeld des Unternehmens liefert Notheis (1992) im Rahmen einer Befragung von Unter-

---

[1]   Bertsch, K.A. 1983, S. 22.
[2]   Vgl. White, A.H./Bartolomeo, J. 1982, S. 41 ff, Galaskiewicz, J. 1989, S. 248.
[3]   Galaskiewicz, J. 1985, S. 54 ff.
[4]   Vgl. ebenda.

nehmensentscheidungsträgern. 80 % der befragten Manager geben an, daß ihre Spendenbereitschaft u. a. davon abhängt, daß bereits Geschäfts- bzw. Kundenbeziehungen zum Spendenempfänger bestehen. Insgesamt 70 % der Befragten bevorzugen generell Spenden an Einrichtungen im direkten lokalen Umfeld des Unternehmens.[1] Bestehende Geschäftsbeziehungen verringern die Distanz zwischen den Spendenpartnern und erhöhen die Verpflichtungshaltung des Unternehmens im Falle einer an sie gerichteten Spendenanfrage des Kunden. Potentielle Geschäftsbeziehungen erhöhen den Anreiz zur Spendenvergabe, da sich durch die soziale Tauschbeziehung Chancen auf eine Reduzierung der Distanz zwischen den Austauschpartnern ergeben, was auf eine unilaterale, funktionale Verknüpfung von Absatzmarktmotiven und lokaler Präferenz der Unternehmensspende hindeutet. Als Beispiel wird das Spendenverhalten eines lokalen Automobilhändlers angeführt, der in erster Linie Spenden an Organisationen vergibt, die entsprechende Fahrzeuge bei ihm erwerben bzw. in der Vergangenheit erworben haben.[2]

Für Knauft (1986) und Freeman (1992) stellt die Tendenz in regional gestreuten Großunternehmen zu einer Dezentralisierung der Spendenentscheidungskompetenz auf die lokalen Niederlassungen einen Beweis für die zunehmende lokale Orientierung von Unternehmen bei der Spendenvergabe dar. Freeman führt das Beispiel der US-amerikanischen Warenhauskette "J.C. Penny" an, bei der die lokalen Niederlassungsleiter im Rahmen vorgegebener Spendenbudgets und strategischer Ziele über die Anzahl, Größe und Spezifität der Spendenobjekte sowie über die Auswahl der Spendenempfänger selbständig entscheiden können.[3] Knauft belegt auf Basis einer Befragung von Unternehmensentscheidungsträgern, daß ein erheblicher Teil der Spenden "goes away from our headquarters city to other places where we have concentrations of employees."[4] Bei der Vergabeentscheidung von Unternehmensspenden wird damit einer lokalen Präferenz Vorschub geleistet.

Insgesamt betrachtet läßt sich mit Hilfe der bislang vorliegenden empirischen Befunde nicht eindeutig klären, ob die Spendenpräferenz von Unternehmen für Einrichtungen und Organisationen in ihrem lokalen Umfeld eher auf die Perzeption und Herausstellung gesellschaftlicher Verantwortung für die Standortgemeinde ('Good Citizen'-Approach), das Streben nach Reduktion des wahrgenommenen Spendenrisikos bzw. die Verbesserung der Kontroll-

---

[1] Vgl. Notheis, D. 1992, S. XLIV, LI.
[2] Vgl. ebenda.
[3] Vgl. Freeman, H.L. 1992, S. 248.
[4] Knauft, E.B. 1986, S. 13.

möglichkeiten in bezug auf die Verwendung der Spendenmittel, die Nutzen-maximierung des Spendenentscheidungsträgers ('managerial discretion') oder auf die Verfolgung von Motiven, die unmittelbar dem organisationalen Streben nach Gewinnmaximierung zuzurechnen sind (Arbeitsmarktmotive, lokaler Lobbyismus, Verknüpfung mit ökonomischem Tausch), zurück-geführt werden kann. Keine der zitierten empirischen Studien kann Anspruch auf Repräsentativität erheben. Eine Übertragbarkeit der Ergebnisse US-amerikanischer Studien zur Spendenmarktforschung auf die Verhältnisse des deutschen Spendenmarktes ist darüber hinaus nur mit Einschränkungen möglich. Eine umfassende empirische Überprüfung der Theorie der lokalen Präferenz der Unternehmensspende steht deshalb für den bundesdeutschen Spendenmarkt noch aus. In jedem Fall schafft die Perspektive der lokalen Präferenz aber auch im bisherigen Stadium der Forschung eine theoretisch gehaltvolle Grundlage für die Deduktion von Ansätzen und Strategien zur Entwicklung strategischer Modelle und Konzeptionen für ein Spendenmarke-ting zur Akquisition von Unternehmensspenden.

5.2.3. Strategische Implikationen

Für ein Spendenmarketing zur Akquisition von Unternehmensspenden las-sen sich aus der Theorie der lokalen Präferenz der Unternehmensspende un-terschiedliche Ansatzpunkte und Strategien ableiten. Die strategischen Implikationen beziehen sich dabei auf spendenakquirierende Organisationen, die sich in geographischer Nähe zu potentiellen Spenderunternehmen befin-den bzw. deren Leistungen auf die lokale Umgebung der Standorte von Unternehmen Bezug nehmen. Die aufgeführten Handlungsempfehlungen re-kurrieren im einzelnen auf die Auswahl der Zielunternehmen zur Spenderansprache, die Spenderansprache selbst sowie den strukturellen Aufbau von spendenakquirierenden Organisationen:

- Aus einer praktischen Relevanz der lokalen Präferenz für die Spenden-vergabeentscheidung von Unternehmen ergibt sich, daß spendenakqui-rierende Organisationen bevorzugt Unternehmen ansprechen sollten, deren Sitz oder Niederlassung sich in ihrem lokalen Umfeld befindet. Die Komponente der geographischen Proximität sollte als integraler Bestand-teil in ein Set von Kriterien für die Auswahl von Zielunternehmen zur Spenderansprache eingehen.

- Die Ansprache von großen Arbeitgebern im lokalen Umfeld der spenden-akquirierenden Organisation verspricht wegen des größeren Gratifika-tionspotentials von lokalen Spenden für arbeitsintensive Unternehmen eine höhere Aussicht auf Erfolg. Die Anzahl der Mitarbeiter sollte daher als ergänzendes Kriterium in ein Kriterienset zur Auswahl von Zielunter-nehmen einfließen.

- Für die Auswahl von Zielunternehmen zur Spenderansprache empfiehlt sich, unter dem Gesichtspunkt der lokalen Präferenz der Unternehmens-spende, eine Identifikation von Managern vorzunehmen, die über inten-sive Verbindungen zum lokalen gesellschaftlichen Leben verfügen. Unter-nehmen, deren Entscheidungsträger in die kommunale Gesellschaft am Standort der spendenakquirierenden Organisation integriert sind und sich mit den gesellschaftlichen Problemen der Standortgemeinde verbunden fühlen, sollten bevorzugt angesprochen werden.

- Unternehmen, deren Spendenentscheidungsträger sich in der Standort-gemeinde politisch engagieren, sollten - insbesondere vor Wahlen - bevorzugt angesprochen werden.

- Der lokale Bezug der Leistungen der spendenakquirierenden Organisation und damit verbunden der Verweis auf die indirekt gratifizierenden Wirkungen einer Finanzierung der Leistungen durch das Unternehmen sollte sowohl in die kommunikationspolitischen Programme der Spender-ansprache als auch in die regelmäßigen Spenderinformationen für Unter-nehmensentscheidungsträger integriert werden.[1]

- Unternehmensspenden sollten von der spendenakquirierenden Organisa-tion im Umfeld des Spenders - so denn dieser nicht ausdrücklich anonym bleiben will - öffentlich bekannt gemacht werden. Mit einem Verweis, daß das Spenderunternehmen die lokale Umgebung nicht nur als Absatz-bzw. Beschaffungsmarkt sieht, sondern insbesondere auch eine soziale Verantwortung gegenüber dem Standort empfindet, sollte auf den Grundgedanken des "Good Citizen" Approaches hingewiesen werden.

Spendenakquirierenden Organisationen kann darüber hinaus auf Basis der Theorie der lokalen Präferenz der Unternehmensspende die Gründung von

---

[1] "The Non-For-Profit must maintain "proximity" to the distant indirect beneficiaries and the non-beneficiaries through an outreach message in its solicitation." Wolpert, J./Reiner, T. 1984, S. 200.

lokalen Niederlassungen als Handlungsempfehlung gegeben werden. Lokale Niederlassungen im Umfeld von Unternehmen erhöhen die "Berührungspotentiale" mit Unternehmen und ihren Entscheidungsträgern. Mit Hilfe von Niederlassungen im lokalen Umfeld von Zielunternehmen können spendenakquirierende Organisationen den Kontroll- und Gratifikationsbefürfnissen der Unternehmen entgegenkommen. So begegnen spendenakquirierende Organisationen wie z. B. die Krebshilfe in den USA dem Distanzproblem mit dem Ausbau eines weitverzweigten Netzes an lokalen Niederlassungen sowie einem auf regionale Faktoren abgestimmten Spendenmarketing.[1] In Deutschland ist etwa der große Spendenerfolg des Roten Kreuzes u. a. auch auf sein weitverzweigtes Netz an kommunalen Niederlassungen und mobilen Einrichtungen zurückzuführen. Das Rote Kreuz verfügt damit über ein großes Potential physischer und visueller Kontakte zu potentiellen Spendern auf lokaler Ebene, was zu einer Reduktion der physischen und psychischen Distanz zu Spendenentscheidungsträgern von Unternehmen beiträgt.

---

[1] Vgl. Wolpert, J./Reiner, T. 1984, S. 200 ff.

5.3. Agency-Theorie

5.3.1. Handlungsspielräume von Agenten und Prinzipalen

Das Verhalten von Unternehmensentscheidungsträgern, die entweder Unternehmer sind, oder echte Unternehmerfunktionen im Auftrag des Eigentümers wahrnehmen (Vorstandsmitglieder bzw. Geschäftsführer), wird von unterschiedlichen Rahmenbedingungen determiniert, die ihrerseits die entscheidungsrelevanten Handlungsspielräume der Entscheidungsträger bestimmen. So beeinflußt z. B. die Zusammensetzung des Eigentümerkreises resp. die Verteilung der Eigentumsverhältnisse in einem Unternehmen die Handlungsspielräume der Entscheidungsträger. Sind die Eigentümer nicht zugleich Manager des Unternehmens, gestaltet sich die Kontrollintensität der Eigentümer gegenüber den Managern, je nachdem ob sich ein oder mehrere natürliche oder juristische Personen das Eigentum resp. den Gewinn des Unternehmens teilen, unterschiedlich. Die Kontrollintensität eines einzelnen Eigentümers richtet sich jeweils nach seinen individuellen Kosten-Nutzen-Kalkülen. Je höher der Kapitalanteil eines Eigentümers ist, desto größer ist sein Verlustrisiko infolge von Fehlentscheidungen der Manager, die vom Ziel der Gewinnmaximierung abweichen. Mit zunehmendem Risiko steigt für den Eigentümer der Nutzen von Kontrollmaßnahmen. Die realisierten Kontrollmaßnahmen schränken die Handlungsspielräume der Manager ein, ihr eigenes, vom monistischen Ziel der Gewinnmaximierung abweichendes Nutzenstreben mit Hilfe von Entscheidungen für das Unternehmen zu befriedigen.

Eines der zentralen theoretischen Konzepte, das sich mit der Wechselbeziehung zwischen Handlungsspielräumen von Unternehmensentscheidungsträgern und Kontrollmaßnahmen der Unternehmenseigner beschäftigt, ist die "Agency-" bzw. "Principal-Agent-Theorie" (Jensen/Meckling 1976, Fama 1980, Fama/Jensen 1983, Jensen 1986, Arrow 1985, Rees 1985, Bamberg/Spremann 1987, Levinthal 1988, Hartmann-Wendels 1989, Kiener 1989, Neus 1989, Elschen 1991, Karmann 1992 u. a.).[1] Gegenstand der

---

[1] Innerhalb der Agency-Theorie haben sich zwei unterschiedliche Forschungsrichtungen entwickelt: 1. Die **positivistische Agency-Theorie** richtet ihr Interesse auf die Beschreibung und Erklärung der institutionellen Gestaltung von Auftragsbeziehungen. Insbesondere wird erklärt, warum bestimmte Vertragsgestaltungen in der Realität zu beobachten sind. Es wird davon ausgegangen, daß die zu beobachtenden Vertragsgestaltungen bezüglich des Informations-, Kontroll- und Anreizsystems geeignet sind, den als Folge unterschiedlicher Zielsetzungen und Informationsstände möglichen Betrug des Auftraggebers durch den Auftragnehmer zu erschweren. 2. Die **normative oder entscheidungslogische Agency-Theorie** (auch Principal-Agent-Theorie) ist eine formale Theorie, die aus Annahmen

Agency-Theorie ist die Analyse der Beziehungen zwischen den Eigentümern und den Managern eines Unternehmens oder allgemeiner gesprochen, zwischen einem Auftraggeber (Prinzipal) und einem - mit der Geschäftsführung beauftragten - Auftragnehmer (Agenten). Die Agency-Theorie geht dabei von folgenden Annahmen aus:

1. Agent und Prinzipal unterschiedliche Interessen haben und konsequent eigennützig handeln;
2. Eigentümer (Prinzipale) ausschließlich Gewinnmaximierungsziele resp. die Maximierung ihres Residualeinkommens verfolgen;
3. Manager (Agenten) nur in dem Maße gewinnorientiert sind, wie es zur Sicherung ihrer eigenen Position beiträgt und im Rahmen der an sie delegierten Entscheidungskompetenz eigenes Nutzenstreben zu befriedigen suchen;[1]
4. Manager Handlungen wählen, durch deren Folgen die Wohlfahrt beider Parteien, Prinzipalen und Agenten, beeinflußt wird;
5. Die Prinzipal-Agenten-Beziehung durch Informationsasymmetrie und Unsicherheit gekennzeichnet ist.

Der Manager ist über die von ihm im Auftrag und im Interesse des Prinzipalen durchzuführenden Geschäftstätigkeiten besser informiert als sein Auftraggeber.[2] Aus der Perspektive des Prinzipalen sollen die Agenten gerade diesen Informationsvorsprung zum Vorteil ihrer Auftraggeber bzw. zur effizienten Verfolgung ihrer Ziele nutzen. Explizite Verhaltensnormen sind deshalb aus Sicht der Agency-Theorie verfehlt, da sie dem Auftragnehmer eindeutig und vollständig vorschreiben, welche Entscheidung er in welcher Form zu treffen hat. Der für explizite Verhaltensnormen notwendige Informations-, Planungs- und Qualifizierungsaufwand stellt für den Prinzipalen vielmehr den gesamten Wert der Entscheidungsdelegation und damit der Agency-Beziehung an sich in Frage. Der Auftraggeber könnte die Aufgabe dann viel-

---

durch logische Deduktionen, gestützt durch mathematische Beweisführung, Empfehlungen über die Gestaltung von Vertragsbedingungen ableitet. Optimale Vertragsbedingungen sind aus ihrer Sicht dann erreicht, wenn eine Änderung der Bedingungen nicht mehr möglich ist, ohne einem der Vertragspartner zu schaden (Pareto-Optimalität). Vgl. Elschen, R. 1991, S. 1006.

[1] Vgl. Kaysen, C. 1957, S. 313.
[2] Zum Problem der Informationsasymmetrie vgl. Picot, A. 1991, S. 150 ff. "Wäre für alle Beteiligten eine vollständige und kostenlose Informationsbeschaffung möglich, gäbe es keine Principal-Agent-Probleme." Picot unterscheidet in Anlehnung an Jensen/Meckling zwischen hidden action, hidden information und hidden characteristics. Vgl. ebenda, S. 151.

mehr selbst erledigen.[1] Es ist deshalb nur ein Mindestumfang an impliziten Verhaltensnormen in Agency-Beziehungen zu erwarten.

Aus dem Informationsvorsprung des Agenten erwächst für den Prinzipal das Risiko, daß dieser sein Wissen nutzt, um persönliche Ziele auch zum Nachteil des Prinzipalen zu verfolgen. Die in Realsituationen anfallenden Informationskosten und die Unvollständigkeit und Asymmetrie des Wissens induzieren diskretionäre Handlungsspielräume, die der Agent zum eigenen Vorteil ausnützen kann.[2] Ein solcher Vorteil liegt in den Augen von Agency-Theoretiker z. B. in der Vergabe von Unternehmensspenden.[3] Unternehmensspenden dienen aus der Sicht der Agency-Theorie nicht der Maximierung des Residualeinkommens der Eigentümer - sie werden aus dem Gewinn vor Steuern bestritten und mindern somit das Residualeinkommen -, sondern dem Aufbau von Prestigepotentialen des über die Spendenvergabe entscheidenden Managers. Mit der "contributions-as-social-currency"-These untermauert Galaskiewicz (1985) diesen Befund und weist der Unternehmensspende die Eigenschaft einer individuellen Nutzenstrategie des Managers zur Gewinnung von Zustimmung und Respekt seitens seines gesellschaftlichen Umfeldes zu.[4]

Die Agency Theorie besagt, daß die Handlungsspielräume der Agenten zur Vergabe von Unternehmensspenden eine Funktion der Eigentumsverteilung bzw. in ihrer Folge der Kontrollintensität der Prinzipale sind. Je größer der Kapitalanteil eines Prinzipal, desto größer ist sein potentieller Residualanteil resp. sein materielles Risiko, einer opportunistischen Nutzenstrategie des Agenten zu erliegen. Deshalb steigt mit der Konzentration des Eigentums die Kontrollintensität und der Druck des Prinzipalen auf den Agenten.[5] Je bedeutender der Kapitaleigner, desto höher ist seine Bereitschaft - unter Kosten-Nutzen-Kalkülen - Kontrollkosten in Kauf zu nehmen, um Spendenentscheidungen des Managers, die seine Gewinnausschüttung konterkarieren, zu unterbinden. "As ownership is more concentrated, the options of managers are more limited, and contributions will be smaller. Being retained by a single, large principal-investor, agent-managers will curtail there company's contributions to charity."[6] Ist der Kapitalanteil eines Prinzipalen dagegen gering, ist auch seine Kontrollneigung gegenüber den Agenten ge-

---

[1] Vgl. Elschen, R. 1991, S. 1004.
[2] Vgl. Picot, A. 1991, S. 150.
[3] Vgl. Ullmann, A. 1985, S. 540 ff.
[4] Vgl. Galaskiewicz, J. 1985, S. 57.
[5] Vgl. Atkinson, L./Galaskiewicz, J. 1988, S.86.
[6] Ebenda, S. 98.

ringer ausgeprägt und entsprechend größer sind deren Handlungsspielräume zur Verfolgung eigener Ziele. Viele kleine Kapitaleigner üben gegenüber den Agenten somit geringeren Kontrolldruck aus, als wenige große oder ein dominierender Prinzipal. Bei Unternehmen mit breiter Kapitalstreuung vermutet die Agency-Theorie deshalb eine größere Bereitschaft zur Spendenvergabe, im Gegensatz zu Unternehmen mit beherrschender Stellung eines Eigentümers. Besitzt der Agent selbst einen signifikanten Kapitalanteil, d. h. ist er z. B. als Besitzer von Belegschafts- oder Vorstandsaktien selbst Prinzipal, schwächt dies entsprechend seiner individuellen Nutzenpriorität (Residualeinkommen vs. Sozialprestige) seine Bereitschaft zur Spendenvergabe. Im Extremfall der Eigentümerunternehmung ist daher von einer geringen Spendenbereitschaft auszugehen.

5.3.2. Agententheoretische Spendertypen

Aus der von der Agency-Theorie unterstellten Wechselbeziehung zwischen der Eigentumsverteilung und der Entscheidung über die Vergabe von Unternehmensspenden lassen sich in Anlehnung an Atkinson/Galaskiewicz (1988) vier Unternehmenstypen differenzieren, denen in bezug auf das Spendenverhalten unterschiedliche Verhaltensmuster zugeordnet werden können.[1]

Atkinson/Galaskiewicz unterscheiden zwischen:

"Managerial Firms"		Der Geschäftsführer besitzt nur einen geringen Anteil am Unternehmen. Kein anderer Eigentümer besitzt einen nennenswerten Anteil. Das Kapital ist breit gestreut.
	=>	Relativ hohe Wahrscheinlichkeit einer Spendenzusage, da der Geschäftsführer von einer hohen Gewinnausweisung nicht selbst profitiert und das Kontrollinteresse des einzelnen Kleinaktionärs unter Kosten/Nutzen- Gesichtspunkten gering ist
"Agency Firms"	-	Der Geschäftsführer besitzt nur einen geringen

---

[1] Vgl. ebenda, S. 87.

Anteil am Kapital des Unternehmens. Die Aktienmehrheit ist im Besitz eines anderen Unternehmens. Das Unternehmen wird als Tochterunternehmen vom beherrschenden Mutterunternehmen gesteuert.

=> Die Wahrscheinlichkeit der Spendenzusage ist abhängig von der Struktur des beherrschenden Unternehmens. Ist das Mutterunternehmen z. B. eine "Managerial Firm", so ist die Wahrscheinlichkeit der Spendenvergabe auch beim Tochterunternehmen entsprechend hoch

"Entrepreneurial Firms" - Der Geschäftsführer ist zugleich Eigentümer des Unternehmens

=> Relativ geringe Wahrscheinlichkeit einer Spendenzusage, da Eigentümerunternehmer Gewinnmaximierungsinteresse verfolgt. Jedoch sind u.U. auch andere (altruistische) Elemente in der individuellen Nutzenfunktion des Eigentümers denkbar.[1]

"Partnership Firms" - Neben dem Geschäftsführer besitzt ein weiterer Kapitaleigner einen signifikanten Anteil am Unternehmen.

=> Sehr geringe Wahrscheinlichkeit einer Spendenzusage, da der Geschäftsführer sowohl unter eigenem Gewinninteresse als auch unter dem Kontrolldruck des Eigentümers handelt.

---

[1] Atkinson/Galaskiewicz (1988) vernachlässigen jedoch, daß viele Eigentümerunternehmer ihre Spendenaktivitäten in Stiftungen externalisieren. Die Zuwendungsvolumina von Stiftungen sind in ihrer Studie nicht erfaßt. Unter sachlogischer Hinzurechnung der Ausschüttungen von unternehmensnahen Stiftungen ergeben sich für "Entrepreneurial Firms" entsprechend höhere Spendenzusagewahrscheinlichkeiten.

234

| | NONMANAGERIAL OWNERSHIP | |
	Insignificant	Significant
CEO OWNERSHIP Insignificant	Managerial Firm	Agency Firm
CEO OWNERSHIP Significant	Entrepreneurial Firm	Partnership Firm

Quelle: Atkinson, L., Galaskiewicz, J. 1988, S. 87.

Abbildung 5.3: Unternehmensklassifikation anhand der Eigentumsverhältnisse

Atkinson/Galaskiewicz (1988) haben diesen Zusammenhang empirisch untersucht und können die Annahmen der Agency-Theorie in praxi bestätigen.
Danach suchen Manager im Rahmen ihrer Handlungsspielräume mit Hilfe
von Spenden ihr individuelles Sozialprestige zu verbessern.[1] Durch positive
Beantwortung von Spendenanfragen sind die Agenten bestrebt, opportunisti-
sche Goodwillpotentiale bei der "philanthropischen Elite" resp. ihrem lokalen
gesellschaftlichen Umfeld aufzubauen.[2] Eine Schlüsselstellung nimmt dabei
das Netzwerk an Kontakten zur "local philanthropic elite" ein. Unter der
"philanthropischen Elite" verstehen Atkinson/Galaskiewicz ein informelles
System von Personen des wirtschaftlichen und gesellschaftlichen Lebens im
Umfeld des Unternehmens, die in persönlichem Kontakt zu Unternehmensentscheidungsträgern stehen und die - qua eigener Wertschätzung für
soziales Engagement - einen signifikanten positiven Einfluß auf die Vergabe-
entscheidungen der Manager ausüben.[3] So zählen z. B. pensionierte Top-

---

[1] Vgl. Atkinson, L./Galaskiewicz, J. 1988, S.88.
[2] Vgl. ebenda.
[3] Vgl. ebenda, ebenso Galaskiewicz, J. 1985, S. 75 ff. Emenhiser (1992) beschäftigt sich
   mit der Identifikation von Machtstrukturen in Städten und entwickelt Strategien zur

manager und Geschäftsführer, die sich in Vorständen von spenden-akquirierenden Organisationen engagieren, zur "philanthropischen Elite" im lokalen Umfeld des Unternehmens.[1]

Je intensiver die Kontakte zu Mitgliedern der philanthropischen Elite sind, desto stärker ausgeprägt ist die persönliche Verpflichtungshaltung der Manager, eine Spendenanfrage nicht ablehnend zu bescheiden bzw. desto stärker ist der Anreiz für sie, sich konform zu den Erwartungen und Wertvorstellungen der Mitglieder der "philanthropischen Elite" zu verhalten. Entsprechend ihrer durch die Eigentumsstruktur des Unternehmens beding-ten Handlungsspielräume werden sich die Agenten dann verstärkt für die Vergabe von Unternehmensspenden entscheiden. Eigentumskonzentration und Kontakt zur philanthropischen Elite sind gemäß den Hypothesen der Agency-Theorie demnach gegenläufige Spendenentscheidungsdeterminanten. Eine Konzentration des Eigentums im Unternehmen hemmt die Spendenvergabe, wohingegen die persönlichen Verbindungen der Unter-nehmensentscheidungsträger zur philanthropischen Elite die Spendenvergabe fördert.

Zur Ermittlung der Intensität der persönlichen Kontakte der Manager zur philanthropischen Elite ("social proximity of the CEO to the philanthropic elite") im lokalen Umfeld des Unternehmens resp. zur Bewertung ihrer Bedeutung als Entscheidungsdeterminante für die Spendenvergabe, schlagen Atkinson/Galaskiewicz ein stufenweises Vorgehen vor:[2]

Nutzung der Machtstrukturen für das Spendenmarketing spendenakquirierender Organisationen. Vgl. Emenhiser, D. 1992, S. 121 ff.

[1] Vgl. die Übersicht über die Zusammensetzung der philanthropischen Elite in Minneapolis-St.Paul bei Galaskiewicz, J. 1985, S. 78 ff. In den USA ist ein Engagement von pensionierten Managern in Vorständen karitativer Organisationen sehr weit verbreitet. Es gehört zum gesellschaftlich "guten Ton", daß Manager während ihrer Dienstzeit und vor allem danach, gesellschaftlichen Aufgaben nachkommen und sich für soziale Belange aktiv und öffentlich einsetzen. In Deutschland ist dieses Engagement weit weniger ausgeprägt. Persönliches Engegement von Führungskräften zugunsten von spendenak-quirierenden Organisationen ist im Vergleich zu den USA in geringerem Maße anzutreffen. Die Zusammensetzung der "philanthropischen Elite" differiert daher zwischen den USA und Deutschland. Im Gegensatz zu den USA zählen in der Bundesrepublik weniger Manager und Unternehmer zu Mitgliedern des informellen Systems der "philanthro-pischen Elite".

236   [2] Vgl. Atkinson, L./Galaskiewicz, J. 1988, S. 88 ff.

1. Identifikation der Mitglieder der philanthropischen Elite

Befragung von Meinungsführern bzw. Honoratioren nach Personen aus dem lokalen Umfeld des Unternehmens, die einen instrumentellen Einfluß auf Entscheidungen des Unternehmen bezüglich der Vergabe von Spenden besitzen.
Personen, die von mehr als drei Meinungsführern genannt werden, werden zu Mitgliedern der philanthropischen Elite gerechnet. Darunter können auch Mitglieder aus der Gruppe der Befragten sein.

2. Identifikation des qualitativen Kontaktes der Manager zur philanthropischen Elite

Befragung der Mitglieder der philanthropischen Elite nach Kontakten zu örtlichen Unternehmen. Punktbewertung der Kontakte entsprechend ihrer Intensität, von"Duzfreund" bis "optisch bekannt".

Aus der Summe der bewerteten Erwähnungen durch die philanthropische Elite kann ein Gesamtpunktwert der qualitativen Intensität des Kontaktes ermittelt werden
(*"Indicator of executive-elite social linkage"*)

Je größer der Punktwert, desto enger ist die Verwurzelung in das Neztwerk der philanthropischen Elite.

3. Identifikation des quantitativen Kontaktes der Manager zur philanthropischen Elite

Erstellung einer Kontaktmatrix. Die Kontaktmatrix besteht in der Vertikalen aus den einzelnen Geschäftsführern der lokalen Unternehmen und in der Horizontalen aus den Mitgliedern der philanthropischen Elite.

Die Mitgliederlisten von prestigeträchtigen Clubs, Vereinen oder Kuratorien werden systematisch nach den Geschäftsführern und Mitgliedern der philanthropischen Elite sowie deren Frauen untersucht. In die Zellen der Matrix wird jeweils die Anzahl der Club- oder Kuratoriumsmitgliedschaften eingetragen, die sowohl der betreffende Geschäftsführer als auch das Mitglied der philanthropischen Elite (bzw. deren Frauen) gemeinsam haben. Für jeden Geschäftsführer bzw. jedes Unternehmen ergibt sich aus der Addition der Spaltenwerte ein Kontakt-punktwert. (*"Indicator of executive-elite quantitive linkage"*)

4. Faktorenanalyse zur Fusion des qualitativen und quantitativen Indikators

Daraus ergibt sich ein Punktwert, der die soziale Proximität eines Unternehmens bzw. des Spendenentscheidungsträgers im Unternehmen zur philanthropischen Elite beschreibt.
(*"Indicator of social proximity of the CEO to the philanthropic elite"*)

Trotz der Handlungsspielräume, die aus der asymmetrischen Informations-verteilung resultieren und dem egoistischen Streben der Manager nach Nutzenbefriedigung sind die Manager gemäß ihrer treuhänderischen Funktion gegenüber den Eigentümern verpflichtet ihre Spendenentscheidungen zu legitimieren. Als Motiv für die Vergabe von Unternehmensspenden führen die Manager deshalb gegenüber den Prinzipalen oft langfristige Reziprozitäts-erwartungen an. Spenden sollen zu einer positiven Veränderung des sozialen Umfeldes des Unternehmens beitragen, von denen das in multidimensionale Umweltbezüge eingebettete Unternehmen langfristig profitieren wird.[1] Galaskiewicz bezeichnet dieses Motiv als "aufgeklärtes Selbstinteresse" ("contributions-as-enlightened-self-interest").[2] Die "contributions-as-enlighte-ned-self-interest"-Begründung ist in praxi negativ korreliert mit der Höhe des Kapitalanteils von Managern bzw. eines einzelnen Eigentümers. Je stärker die Eigentumskonzentration im Unternehmen und damit der Kontrolldruck von seiten der Prinzipalen ist, desto weniger werden "enlightened-self-interest" Motive bei der Spendenentscheidung wirksam, desto stärker bestimmen kurzfristige Gewinn- bzw. Residualmaximierungsüberlegungen die (ablehnen-de) Spendenentscheidung.[3] Je höher der Kapitalanteil der Manager ist, desto stärker verhalten sich diese wie Eigentümer und desto weniger Unter-nehmensspenden werden vergeben.[4] Für sich betrachtet besitzt der Gedanke der "contributions-as-enlightened-self-interest" aber eine positive Wirkung auf die Spendenvergabe. Von Unternehmen, die Spenden als multitemporale soziale Tauschprozesse verstehen und Zuwendungen unter langfristigen Reziprozitätserwartungen vergeben ist i.d.R. eine größere Spendenbereitschaft zu erwarten.[5]

---

[1] Vgl. die Ausführungen in Abschnitt 4.1.1.
[2] Vgl. Galaskiewicz, J. 1985, S. 69, ebenso Morris, R.I./Biederman, D.A. 1986, S. 19.
[3] Vgl. Galaskiewicz, J. 1988, S. 93.
[4] Vgl. Wang, J./Coffey, B.S. 1992, S. 776.

5.3.3. Strategische Implikationen

Für das Spendenmarketing spendenakquirierender Organisationen lassen sich aus den Hypothesen der Agency-Theorie somit insgesamt drei zentrale Implikationen deduzieren. Zunächst sollte eine systematische Analyse der Eigentumsverhältnisse integraler Bestandteil der Informationsbeschaffungsaktivitäten für die Auswahl von Zielunternehmen werden. Für die anschließende Spenderansprache ist eine bevorzugte Berücksichtigung von Unternehmen mit breit gestreuter Eigentumsstruktur zu empfehlen. "Managerial Firms" sollten aus der Sicht der Agency-Theorie vor "Agency-Firms", "Entrepreneurial Firms" oder "Partnership Firms" angesprochen werden. Die Spendenzusagewahrscheinlichkeit ist bei "Agency Firms" nach den "Managerial Firms" am höchsten.

Zum zweiten sollte sich die Spenderansprache auf Manager konzentrieren, die sowohl über intensive Kontakte zur philanthropischen Elite verfügen als auch der Philosophie des langfristigen Nutzens von Unternehmensspenden ('enlightened-self-interest') aufgeschlossen gegenüberstehen. Insbesondere die persönlichen resp. gesellschaftlichen Kontakte zu Mitgliedern der philanthropischen Elite können hierzu als Anknüpfungspunkte dienen. Die spendenakquirierende Organisation sollte deshalb - nach der Identifikation der Mitglieder der philanthropischen Elite - als strategisches Ziel eine systematische Gewinnung von Meinungsführern unter den Mitgliedern der philanthropischen Elite für ihre Ideen verfolgen. Die Mitglieder der philanthropischen Elite sollten im Rahmen der Spendenakquisition als Machtpromotoren für die spendenakquirierende Organisation gewonnen werden.[1] Ein gezielter Auf- und Ausbau der gesellschaftlichen Kontakte zur philanthropischen Elite durch die Mitarbeiter bzw. von Managern der spendenakquirierenden Organisation kann dazu die Grundlage bilden. Die Manager von spendenakquirierenden Organisationen sollten sich verstärkt um persönliche gesellschaftliche Kontakte bemühen. Ein Teil ihrer Energie und Arbeitszeit sollte auf ein systematisches **Beziehungsmarketing** verwendet werden.[2] Darüber hinaus ist der Kontakt zu den Entscheidungsträgern von Unternehmen nicht nur indirekt über die philanthropische Elite gestaltbar, sondern ebenso über direkte persönliche resp. gesellschaftliche Kontakte der Manager der spenden-

---

5   Vgl. ebenda, S. 93.
1   Zur Unterscheidung von Macht- und Fachpromotoren am Beispiel der Einleitung und Durchsetzung von Innovationen vgl. Witte, E. 1973, ebenso Gaulhofer, M. 1989, S. 141.
2   Vgl. zum Beziehungsmarketing u. a. Berry, L.L. 1983, Diller, H./Kuster, M. 1988, Peters, M.R. 1988.

akquirierenden Organisation zu Unternehmensentscheidungsträgern. Zur Anbahnung und Pflege von Kontakten zur Managementelite sind z. B. Mitgliedschaften in prestigeträchtigen Clubs oder Kuratorien vorteilhaft. Die hierbei anfallenden Mitgliedsbeiträge und Kosten können als langfristige Investition in den Aufbau von wertvollen Beziehungen betrachtet werden.

Zum dritten sollte eine Spendenmarketingkonzeption darauf abzielen, die Handlungsspielräume der Manager zur Spendenvergabe zu erweitern. Eine Erweiterung der Handlungsspielräume ergibt sich aus der Logik der Agency-Theorie dann, wenn der Kontrolldruck der Prinzipalen verringert wird. Eine Reduktion der Kontrollaktivitäten kann entweder durch eine Aufsplittung bzw. Verdünnung der Eigentumsverhältnisse und damit einer Reduktion des individuellen Kontrollnutzens der Eigentümer oder durch eine Erweiterung der Zielfunktion der Prinzipalen erreicht werden. Auf die Konzentration der Eigentumsverhältnisse können spendenakquirierende Organisationen keinen Einfluß nehmen. Eine Erweiterung der Zielfunktion der Prinzipalen kann dagegen mit Hilfe einer gezielten, systematischen Informationsansprache erreicht werden. Die Prinzipalen müssen von der langfristigen Vorteilhaftigkeit einer Spendenvergabe ("contributions-as-enlightened-self-interest") resp. von der Nützlichkeit einer Abkehr von der Verfolgung monistischer und kurzfristiger Gewinnmaximierung überzeugt werden. Als Plattform für die zielgerichtete Ansprache kann im Fall einer Aktiengesellschaft z. B. die Hauptversammlung dienen, auf der die Kapitaleigner bzw. ihre Interessenvertreter versammelt sind. Um Zugangs- und Rederecht auf der Hauptversammlung zu erhalten müssen die spendenakquirierenden Organisationen resp. ihre Manager oder Vertreter zunächst selbst Aktionäre werden. Der hierfür notwendige materielle Aufwand hält sich i.d.R. in Grenzen, da bereits eine stimmberechtigte Aktie das Besuchs- und Rederecht auf Hauptversammlungen verbrieft. Auf der Hauptversammlung können Vertreter spendenakquirierender Organisationen die Aufstellung einer Sozialbilanz bzw. die explizite Ausweisung der Spendenzuwendungen des vergangenen Geschäftsjahres einfordern und für ein verstärktes soziales Engagement bzw. dessen Vorteilhaftigkeit für die langfristige Entwicklung des Unternehmens plädieren. Eine regelmäßige Wiederholung dieser Praxis kann der spendenakquirierenden Organisation, eingebettet in ein langfristig angelegtes, systematisches, spenderorientiertes Marketingkonzept, Chancenpotentiale darauf eröffnen, daß sich eine Aufgeschlossenheit auf Seiten der Kapitaleigner entwickelt und infolge dessen die

Handlungsspielräume der Agenten zur Vergabe von Unternehmensspenden erweitert werden.[1]

Neben dem Erwerb von Unternehmensanteilen kann die spendenakquirierende Organisation aber auch Promotoren unter den Aktionären suchen, die ihren Einfluß zugunsten einer Erhöhung des Spendenengagements geltend machen. Bertsch (1983) führt als Beispiel für die Erzeugung von Spendendruck durch Kapitaleigner die Aktivitäten des New Yorker Anwaltes Lawrence A. Wien an. Wien mobilisiert seit 1979 Aktionäre und Aktionärsgruppen, um mit schriftlichen Entschließungsanträgen auf Hauptversammlungen eine Erhöhung des Spendenbudgets von Aktiengesellschaften zu erreichen. Zwischen 1979 und 1983 war er damit bei über 50 US-amerikanischen Unternehmen erfolgreich.[2]

Einen innovativen Weg der Integration von Aktionären in die Spendenentscheidung von Unternehmen geht die Berkshire Hathaway Inc. Seit 1983 nehmen die Aktionäre der Holdinggesellschaft mit Sitz in Omaha das Recht wahr, für einen Spendenbetrag in Höhe von zwei Millionen Dollar die Empfänger bzw. die Verwendungszwecke zu bestimmen.[3] Jedem Aktionär steht je Anteilschein das Dispositionsrecht über eine Spende in Höhe von zwei Dollar zu, für die er den Spendenzweck selbst bestimmen kann. Aus der Summe seiner Anteile errechnet sich das Gesamtbudget, über dessen Verwendungszweck der Aktionär entscheiden kann. Jeder Aktionär kann dabei maximal bis zu drei verschiedene Verwendungszwecke bedienen. Die Anzahl der Verwendungsvorschläge ist begrenzt, um den Verwaltungsaufwand für Berkshire Hathaway gering zu halten.

---

[1] Harris/Klepper (1976) stellen fest, daß in 12 % der US-amerikanischen Aktiengesellschaften die Aktionäre Einfluß auf die Höhe des Spendenbudgets besitzen. Der Einfluß wirkt sich aber nur in wenigen Fällen positiv aus. In der Mehrzahl führt der Einfluß von Aktionären zu einer Senkung des Spendenbudgets. Vgl. Harris, J.F./Klepper, A. 1976, S. 6.

[2] Zu den Aktivitäten des New Yorker Aktionärs und Immobilienunternehmers (u. a. Empire State Building) Lawrence A. Wien, vgl. Bertsch, K.A. 1983, S. 47 ff, Lahn, S.M. 1981, S. 24.

[3] Warren E. Buffet, Chairman von Berkshire Hathaway führt als Begründung für das Integrationsmodell an, daß "I wouldn't want shareholders to write checks on my bank account for charities of their choice. So I feel it inappropriate to write checks on their corporate bank account for charities of my choice." Unternehmensspenden sind eine Form der Gewinnverwendung. Die Gewinnverwendung muß den Eigentümern des Unternehmensgewinns, den Aktionären, obliegen. Vgl. Bertsch, K.A. 1983, S. 17.

241

Die Hypothesen der Agency-Theorie werden durch empirische Ergebnisse von Atkinson/Galaskiewicz (1988) insgesamt bestätigt. Im Gegensatz zu Klassentheoretikern wie Useem (1984, 1987), die Managern und Eigentümern identische Ziele und Wertvorstellungen zuweisen, "rather than the firm serving as an instrument for the accumulation of family wealth, the manager has come to be the instrument for the accumulation of company wealth",[1] verhalten sich Manager in praxi nur dann wie Eigentümer, wenn sie selbst einen signifikanten Anteil am Unternehmenskapital besitzen. "Not all managers are the same, but the more that managers are owners, the more they will behave like owners".[2] Damit wird die von einigen Autoren vertretene These widerlegt, daß sich das Spendenaufkommen langsam im Zuge eines Strukturwandels von familiengeführten Unternehmen zu Publikumsgesellschaften verringert. Langfristig ist gemäß der Agency-Theorie eher davon auszugehen, daß ein Strukturwandel von familiengesteuerten zu managerkontrollierten Unternehmen zu größeren Spendenvolumina führen wird, vorausgesetzt, daß die Manager nicht als Eigentümer an die Stelle der Familienmitglieder treten.[3]

Einschränkungen bezüglich der Aussagekraft der Agency-Theorie im Kontext der Unternehmensspendenvergabe ergeben sich dagegen aus der Tatsache, daß in praxi nicht der von der Agency Theorie berücksichtigte relative Anteil des Eigentümers am Unternehmen, sondern der relative Wert des Kapitalanteils des Prinzipals in bezug auf sein eigenes Gesamtvermögen für seine Neigung zur Kontrolle entscheidend ist. Ein Eigentümer kann z. B. 60% eines Unternehmens besitzen. Wenn dieser Anteil jedoch wertmäßig nur einen geringen Anteil an seinem gesamten Beteiligungsportefeuille bzw. seinem Gesamtvermögen ausmacht, ist er infolge subjektiver Kosten-Nutzen-Abwägungen u.U. an einer Kontrolle der Spendenpraxis der Manager gar nicht interessiert. Diese subjektive Eigentumskomponente haben Atkinson/Galaskiewicz bei ihrer empirischen Überprüfung nicht berücksichtigt. Die Aussagekraft ihrer Ergebnisse muß daher mit Einschränkung gesehen werden. Ebenso erscheint die agency-theoretische Unterstellung einer monistischen Gewinnorientierung der Kapitaleigner unrealistisch. Gerade bei Unternehmen in Familienbesitz, die u.U. sogar den Namen der Familie in der Firma tragen, kann das soziale Engagement einzelner Familienmitglieder oder der Wunsch nach einer positiven Darstellung des Familiennamens in der Öffentlichkeit für die Spendenvergabe fördernd wirken. Die Reputation des eigenen Namens steht dann primär im motivationalen Fokus der Spenden-

---

1 Useem, M. 1984, S. 177, zitiert nach Atkinson, L./Galaskiewicz, J. S. 97.
2 Atkinson, L./Galaskiewicz, J. 1988, S. 97.
3 Vgl. ebenda, S. 98.

bereitschaft und stellt andere, unmittelbar dem Unternehmensziel der Gewinnmaximierung verpflichtete Entscheidungskriterien in den Hintergrund. In der Bundesrepublik Deutschland können hierfür beispielhaft die Spenden- und Sponsoringengagements der Familien Hipp, Stauder, Sprengel, Bahlsen, Würth oder Henkel angeführt werden.

5.4. Wettbewerbstheorie

5.4.1. Wettbewerbsstrukturen als Determinante der Spendenvergabe

Orace Johnson (1966) hat in einer Studie die Auswirkungen der Wettbewerbsverhältnisse auf die Spendenbereitschaft von Unternehmen untersucht. Er kommt darin zum Schluß, daß oligopolistische Unternehmen relativ mehr Spenden vergeben als monopolistische Unternehmen oder Unternehmen, die sich in atomistischen Konkurrenzsituationen befinden. Mit dem Befund, daß oligopolistische Marktstrukturen die Bereitschaft von Unternehmen zur Vergabe von Spenden fördern, greift er unmittelbar auf den Grundgedanken des in der wettbewerbstheoretischen Tradition der Harvard School (Mason 1939, Sosnick 1958, Clark 1961, Bain 1968 u. a.) stehenden "Marktstruktur-Marktverhaltens-Marktergebnis-Paradigmas" ("structure-conduct-behaviour-performance paradigma")[1] zurück, das einen kausalen Zusammenhang zwischen den Strukturen resp. den Wettbewerbsverhältnissen von Märkten und den Verhaltensweisen der darin interagierenden Marktteilnehmer sowie den daraus resultierenden Marktergebnissen unterstellt.[2] Die Verhaltensweisen eines Unternehmens werden in unmittelbarer Abhängigkeit zu der für das Unternehmen relevanten Marktstruktur gesehen. Die Marktstruktur bezieht sich dabei auf jene Merkmale der Marktorganisation, die einen strategischen Einfluß auf die Art des Wettbewerbes und die Preisgestaltung auf dem Markt ausüben.[3] Als bedeutendste Merkmale der Marktstruktur hebt Bain (1968) den Grad der Anbieterkonzentration, den Grad der Nachfragerkonzentration, das Ausmaß der Produktdifferenzierung und die Marktzutrittsbedingungen heraus. Er verfolgt damit im Gegensatz zu weitergefaßten Definitionen, die in der Marktstruktur die "ökonomisch bedeutsame Gestalt eines Marktes, welches das Verhalten der diesen Markt versorgenden Unternehmen eines Industriezweiges beeinflußt" sehen, einen operationaleren Zuschnitt der wettbewerbsrelevanten Strukturvariablen.[4] Unter Marktverhalten versteht Bain

---

[1] Vgl. Aberle, G. 1992, S. 31 ff, für einen Überblick siehe Schmidt, I. 1987, S. 29 ff.

[2] In der deutschsprachigen Literatur hat sich als Übersetzung des angelsächsischen Begriffes "performance" der nicht besonders glücklich gewählte Terminus "Marktergebnisse" eingebürgert. Er soll zwar auch hier Verwendung finden, doch trifft er vor allem dann nicht den Sachverhalt, wenn von der "performance" einzelner Unternehmen oder Wirtschaftszweige die Rede ist. In diesen Fällen besitzt "performance" die Bedeutung von Leistung bzw. Leistungsfähigkeit. Vgl. Bain, J.S. 1975, S. 183.

[3] Vgl. ebenda, S. 179.

[4] Ebenda, S. 181. In der neueren Industrial Organization-Forschung (Scherer 1985, Scherer/Ross 1990) wird als weitere Marktdimension die Größe "Basisbedingungen" des

die Handlungsschemata, denen die Unternehmen im Rahmen ihrer Anpassung an die Bedingungen der Märkte folgen. Zu Erscheinungsmerkmalen des Marktverhaltens zählt er neben der Preissetzung und der Produktmenge die Produktpolitik im engeren und die Absatzpolitik im weiteren Sinne.[1] Letztere beinhaltet die unter Werbe- und Marketinggesichtspunkten entstehenden Aufwendungen von Unternehmen.

An diesem Punkt setzt die Betrachtung von Johnson ein, der die Vergabe von Unternehmensspenden als strategisches Marktverhalten in Reaktion auf die das Unternehmen umgebende Wettbewerbssituation interpretiert. Spenden sind nach Johnson im weitesten Sinne Marketingausgaben und finden in der Unternehmenspraxis in erster Linie als ein Instrument des "nonprice competition" Verwendung.[2] Je nach Struktur des Wettbewerbs steigt die Relevanz der Unternehmensspende bzw. eröffnen sich Handlungsspielräume zu ihrer Vergabe.

Sieht sich das Unternehmen einem starken atomistischen Wettbewerb ausgesetzt, sind keine Handlungsspielräume für die Vergabe von Spenden vorhanden. Jeder zusätzliche Kostenfaktor würde die Wettbewerbsposition des Unternehmens gegenüber den Konkurrenten verschlechtern und somit dessen Überleben gefährden. "Businessmen are free to practice the prerogatives of business statesmanship only to the extent that they are free from the compulsion of competition."[3] Auf diese Bedingungsstruktur zwischen den Wettbewerbsverhältnissen und der Spendenvergabe weist auch Manne (1962) hin. "If the corporation were in an perfectly competitive industry, in the sense suggested by a static equilibrum model, no amount of charitable giving could be tolerated. Any increase in costs over those of competitors would result in the inability of the firm to survive."[4] Philanthropische Größzugigkeit müssen sich die Entscheidungsträger eines Unternehmens leisten können. Die Handlungsspielräume dazu werden von der Marktstruktur resp. der Wettbewerbsstruktur bestimmt.

Marktes berücksichtigt, die sich allerdings ebenso in die Dimension Marktstruktur integrieren läßt.

[1] Vgl. ebenda.

[2] Vgl. Johnson, O. 1966, S. 497, ebenso Schwartz, R.A. 1986, Whitehead, P. 1976, Levy, F.K./Shatto, G.M. 1978, Maddox, K.E. 1981, die signifikante Korrelationen zwischen der Spendentätigkeit und den Werbe- bzw. Marketingausgaben identifizieren.

[3] Lewis, B.W. 1961, S. 78, ebenso Johnson, O. 1966, S. 496.

[4] Manne, H.G. 1962 b, S. 60.

Unternehmen mit monopolistischer Marktstellung verfügen hingegen über weite Handlungsspielräume zur Spendenvergabe. Der die Spendenzuwendungen begrenzende Wettbewerbsdruck fehlt. Monopolistische Unternehmen vergeben deshalb tendentiell mehr Spenden als Unternehmen in Märkten mit hoher Wettbewerbsintensität. Andererseits ist aber bei monopolischen Wettbewerbsverhältnissen keine stimulierende Wirkung des Wettbewerbs auf die Einstellung zur Spendenvergabe vorhanden. Unternehmensspenden besitzen im Fall der Abwesenheit von Wettbewerb als Instrument eines "nonprice competition" keine Relevanz.[1] Wettbewerbsmotive spielen bei Monopolunternehmen keine Rolle. Monopolisten verfolgen mit der Vergabe von Spenden dagegen i.d.R. spezielle Imageziele. Mit Hilfe einer kommunikativen Verwertung von Unternehmensspenden soll dem Image des "garstigen", ausschließlich am Ziel der Gewinnmaximierung interessierten Monopolisten entgegengewirkt und damit die Akzeptanz der Monopolstellung bzw. der Monopolprodukte gefördert werden.[2] Sachspenden sind aus Sicht des Monopolunternehmens weniger vorteilhaft, da sie im Gegensatz zu Leistungen von im Wettbewerb stehenden Unternehmen mit höherer Wahrscheinlichkeit einen negativen resp. absorbierenden Effekt auf die Nachfrage nach den eigenen Produkten ausüben.[3] Jede Spende einer Monopolleistung führt zu einer direkten Reduktion der potentiellen Nachfrage nach Unternehmensprodukten - vorausgesetzt es handelt sich nicht um Produkte die mit einer intensiven Ersatz- bzw. Zusatzbeschaffung verbunden sind. Reduzierende und damit aus wettbewerbsstrategischer Sicht positive Wirkungen auf die Nachfrage nach Konkurrenzprodukten sind in Ermangelung von Wettbewerbern nicht vorhanden. Unternehmen mit monopolistischer Marktstellung besitzen deshalb tendentiell eine Präferenz für Geldspenden.[4]

Eine stimulierende Wirkung auf die Spendenvergabe übt die Wettbewerbsstruktur im Falle von angebotsoligopolistischen Märkten aus. Johnson bezeichnet Wettbewerbsverhältnisse, die oligopolistisch, imperfekt oder "monopolistically competitive" sind, in Abgrenzung zu kompetitiven und zu monopolistischen Wettbewerbsstrukturen als rivalistisch bzw."rival" oder

---

[1] Vgl. Johnson, O. 1966, S. 497.
[2] Dieser Befund deckt sich mit der These von Alchian und Kessel (1962), daß Monopolisten ihren Nutzen durch Erzielung von nicht-pekuniären Gewinnen maximieren. Das ist der Fall, wenn der pekuniäre Gewinn wegen der Gefahr staatlicher Regulierungen vom Monopolisten nicht maximiert werden kann. Unternehmensspenden dienen dann als Strategie zur Nutzenmaximierung. Vgl. Alchian, A.A./Kessel, R.A. 1962, S. 157 ff.
[3] Vgl. Johnson, O. 1966, S. 497.
[4] Vgl. ebenda.

"rivalry".[1] In rivalistischen Wettbewerbsstrukturen ist die Wahrscheinlichkeit des Einsatzes von Maßnahmen zur Erzielung eines komparativen Konkurrenzvorteils größer, die sich in atomistischer Konkurrenz stehende Unternehmen nicht leisten können und Monopolisten nicht leisten müssen. Zu diesen Maßnahmen zählt neben Werbeaktivitäten, Produkt- und Marketinginnovationen auch die Vergabe von Unternehmensspenden.[2] Im Gegensatz zu Unternehmen, die sich einem starken Wettbewerb ausgesetzt sehen, ist die Wahrscheinlichkeit der Spendenvergabe bei "rival firms" höher. Oligopolisten vergeben durchschnittlich mehr Spenden als Unternehmen in anderen Wettbewerbssituationen.

Johnson belegt seine Hypothesen auf Basis von Zeitreihendaten aus der amerikanischen Einkommensteuerstatistik ("Source Book of Statistics of Income, Corporate Income Tax Returns") der Jahre 1936-1961. Er unterscheidet acht Unternehmenssektoren, die er in aggregierter Form jeweils einer der drei Wettbewerbsstrukturen ('rivalry', 'competition', 'monopoly') zuschreibt. Danach nähert sich die Versorgungswirtschaft ebenso wie der Finanzsektor und die Rohstoffindustrie dem monopolistischen Extrem. Das produzierende Gewerbe, die Dienstleistungsbranche, der Handel und die Bauindustrie werden als rivalistisch eingestuft. Die Wettbewerbsstruktur der Landwirtschaft wird mit hochkompetitiv beschrieben.[3] Ein intersektoraler Vergleich der relativen Spendentätigkeit der Unternehmen in bezug auf den Gewinn vor Steuern ("contribution ratio") bestätigt, daß Unternehmen in rivalistischen Wettbewerbsverhältnissen relativ mehr Spenden vergeben als Unternehmen mit Monopolstellung oder in Situationen mit hoher Wettbewerbsintensität. "There are almost no instances in which a rivalry sector contributes at a lower rate than a monopoly or competition sector."[4] In der Graphik wird dieser Zusammenhang für die Zeitspanne von 1936-1961 deutlich. Die durchschnittliche Spendentätigkeit von "rival firms" liegt immer über der von Unternehmen in anderen Wettbewerbsstrukturen. Der unverhältnismäßig starke Anstieg der Spendentätigkeit der Unternehmen in kompetitiven Wettbewerbssituationen von 1960 und 1961 ist auf die Änderung im Spendenverhalten der drei größten Unternehmen der Landwirtschaft zurückzuführen. Diese erhöhten ihre Spendenzuwendungen in den betreffenden Jahren von 0,2 % auf 3,96 % in bezug auf den Gewinn vor Steuern.

---

[1] Vgl. ebenda.
[2] Vgl. ebenda, S. 498.
[3] Johnson verweist bei der Einstufung der Wettbewerbsverhältnisse auf Caves, R. 1964, S. 7 ff.
[4] Johnson, O. 1966, S. 498.

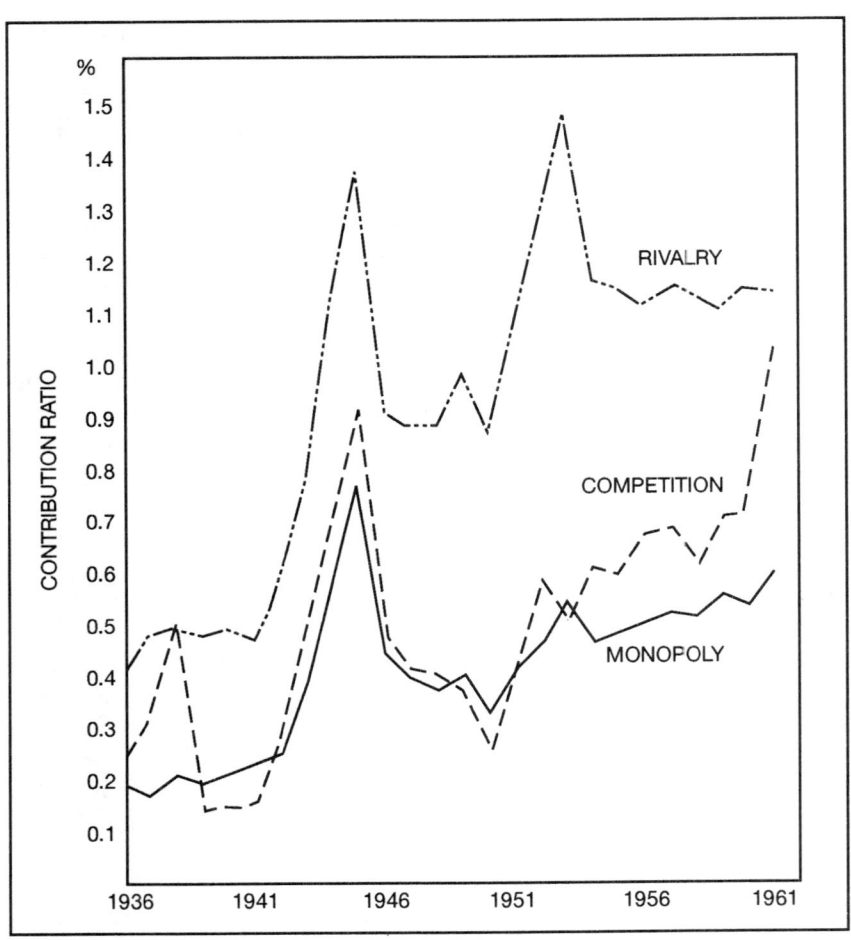

Quelle: Johnson, O. (1966), S. 499.

Abbildung 5.4: Spendenvergabe von Unternehmen in Beziehung zur Wettbewerbsstruktur - Historische Analyse der relevanten Spendentätigkeit US-amerikanischer Unternehmen in bezug auf den Gewinn vor Steuern, 1936-1961.

Der von Johnson attestierte Zusammenhang zwischen der Wettbewerbs-struktur und der Spendenvergabe von Unternehmen wird in einer Studie von Whitehead (1976) bestätigt. Das Verhältnis zwischen Unternehmens-spenden und der Marktstruktur, gemessen an der Anzahl der Wettbewerber in einer Branche, ist negativ. Eine Verringerung der Zahl der Wettbewerber führt ceteris paribus zu einer Verringerung des Wettbewerbs und infolgedessen zu einer Erhöhung der Gewinne der verbleibenden Marktteilnehmer. "Assuming that giving motives are equally distributed among firms, the more profitable firms will give more."[1] Unternehmen, die in einer rivalistischen Wettbewerbsumwelt stehen, vergeben mehr Spenden als Monopolisten oder Unternehmen mit atomistischer Wettbewerbsumwelt. Der Einsatz von Strategien, die nicht mit dem Produktpreis als zentraler Wettbewerbsvariablen operieren ("nonprice competition"), ist in rivalistischen Umwelten intensiver. Die Verbindung von Spendenvergabe und "nonprice competition" bestätigt die These, daß Unternehmensspenden durch das Streben nach Maximierung des Unternehmensgewinns motiviert werden.[2] Mit geringerer Wettbewerbsintensität wird die Spendenvergabe für Unternehmen aus ökonomischer Sicht erst möglich. Die Handlungsspielräume von Managern stehen in inversem Verhältnis zur Zahl bzw. Bedeutung der relevanten Wettbewerber. Die Abwesenheit atomistischer Konkurrenz ist somit eine notwendige, aber - wie die Korrelationskoeffizienten in der Studie von Whitehead verdeutlichen - keine hinreichende Bedingung für die Vergabe von Unternehmensspenden.

5.4.2. Strategische Implikationen

Auf der Basis US-amerikanischer Erkenntnisse können aus den wettbewerbstheoretischen Bezügen relevante Handlungsempfehlungen für die Gestaltung eines Konzeptes zur Akquisition von Unternehmensspenden abgeleitet werden:

---

[1] Whitehead, P. 1976, S. 60.
[2] Whitehead weist in seiner Studie auch auf die Probleme bei der Identifikation der Marktstruktur hin. Sowohl in seiner Studie, als auch in der Analyse von Johnson (1966) dient die Anzahl der Wettbewerber als Bestimmungsgröße für die Klassifikation der Wettbewerbssituation. Andere Bestimmungsfaktoren werden in Ermangelung ihrer Operationalisierbarkeit nicht berücksichtigt. Die Anzahl der Wettbewerber ist alleine jedoch keine hinreichende Beschreibungsgrundlage für die Identifikation der Marktstruktur. "By itself, the number of firms in an industry does not provide a clear indication of market structure. Several other factors determine the extent of competition in an industry." Whitehead, P. 1976, S. 25. Nicht desto trotz ist sie die einzig verfügbare Variable und "at least a reasonable indication of market structure." Ebenda, S. 26. Die singuläre Verwendung des Maßes der Anzahl der Unternehmen schränkt die Verbindlichkeit der Ergebnisse aber ein.

1. Für spendenakquirierende Organisationen empfiehlt sich die Integration einer systematischen Analyse der Wettbewerbssituation in die Informationsbeschaffungaktivitäten zur Auswahl von Zielunternehmen. Zur Analyse der Wettbewerbssituation kann u. a. auf die Arbeiten von Bain (1968), Böbel (1984), Scherer/Ross (1990) oder aus Sicht des strategischen Marketing u. a. auf Porter (1983), Becker (1988), Kreikebaum (1989) zurückgegriffen werden.

2. Unternehmen, die in einer oligopolistischen Marktstruktur agieren, sollten tendentiell bevorzugt angesprochen werden. Je nachdem, ob das potentielle Spenderunternehmen als Monopolist, Oligopolist oder in kompetitiven Wettbewerbssituationen agiert, variiert die Wahrscheinlichkeit der Spendenzusage. Bei Oligopolisten ist die Wahrscheinlichkeit der positiven Beantwortung einer Spendenanfrage tendentiell am höchsten. Bei Unternehmen, die einem starkem Wettbewerbsdruck ausgesetzt sind, ist sie tendentiell am niedrigsten.

3. Monopolisten sollten vor Unternehmen, die in hoch kompetitiven Wettbewerbssituationen stehen, zur Vergabe von Spenden angesprochen werden. Monopolisten ziehen aus Spenden unter Wettbewerbsgesichtspunkten zwar keinen direkten Nutzen, die Wahrscheinlichkeit einer Spendenzusage durch Monopolunternehmen ist dennoch wegen der grundsätzlichen Imageprobleme von Monopolen tendentiell höher als die von Unternehmen in hoch kompetitiven Umwelten. Monopolisten betrachten Spenden als strategische Handlungsoption gegen ihre Imageprobleme. Spenden dienen in den Augen von relevanten Interessengruppen nicht vornehmlich dem Zweck der Gewinnmaximierung. Sie wirken daher den Kritikpotentialen gegenüber Monopolstellungen kompensatorisch entgegen. Durch den Einsatz von Strategien wie der Spendenvergabe, die nicht dem Ziel der Gewinnmaximierung dienen, können so langfristig negative Folgen - z. B. Deregulierungen durch die Politik, als Antwort auf öffentlichen Druck -, die zu einem Verlust der Monopolstellung führen können, vermieden werden.[1]

Insgesamt gesehen können mit Hilfe wettbewerbstheoretischer Erkenntnisse spendenfreundliche Wettbewerbsfelder identifiziert und die Aufmerksamkeit auf Unternehmenssektoren bzw. Branchen gelenkt werden, die eine höhere Wahrscheinlichkeit der Spendenzusage versprechen. Durch eine daraus resultierende Senkung der Ablehnungsrate werden die Kosten der Spenderansprache reduziert und die Effizienz des Spendenmarketing spendenakquirierender Organisationen insgesamt erhöht.

---

[1] Vgl. Alchian, A.A./Kessel, R.A. 1962, S. 164.

5.5. Kulturhistorischer Ansatz

5.5.1. Kulturhistorische Entwicklungslinien der Spendenvergabe

Der kulturhistorische Ansatz der Spende, der sich vor allem auf Arbeiten von Koren (1954), Lau/Voß (1988) und Voß (1993) stützt, verfolgt das Ziel, die kulturhistorischen Wurzeln von - in erster Linie für karitative Zwecke vergebenen - Spenden freizulegen und somit auf Basis der historisch gewachsenen Entwicklungslinien zentrale Strukturelemente des Spendentausches zu deduzieren. Für das Spenden wird dabei ein einheitliches Muster unterstellt, das zwar im geschichtlichen Ablauf unterschiedliche historische Ausgestaltungen und Akzentuierungen erfährt, dem Grunde nach aber einen stabilen, historisch tradierten und damit konstitutiven Kern im Bezug auf das Beziehungsnetz zwischen dem Spender und dem Spendenempfänger aufweist. Die kulturhistorisch herausgearbeiteten Strukturelemente können daher als Anknüpfungspunkte bzw. Leitprinzipien für die Spendenakquisition bzw. das Spendenmarketing spendenakquirierender Organisationen fruchtbar gemacht werden.[1]

Mit einem Rückgriff auf die sog. "Jahrtagsspenden" des Mittelalters wird die Funktion der Spende als Opfer beschrieben. Im Fall der "Jahrtagsspende" werden Geld- oder Nahrungsspenden am Grab eines verstorbenen Spenders zu dessen Gedenken an Bedürftige ausgeteilt. Bei dem Nahrungstransfer, der sich im Rahmen der Jahrtagsspende vollzieht, handelt es sich um eine Opferhandlung bzw. einem Opfer ähnliche Handlung. Aber nicht nur die Nahrungsspende, sondern auch die Geld- oder Sachspende kann als ein Akt der Darbietung und des Verzichts, also als Opfer, interpretiert werden. Dabei ist das Opfer unabhängig von den unterschiedlichen Zelebrationsformen, die den Akt des Spendens begleiten. Das Opferprinzip ist immer konstitutives Element des Spendentausches, ungeachtet seiner praktischen situativen Ausgestaltung.[2]

Ein weiteres Element kulturhistorischer Spendenformen besteht darin, daß der Spender von den Armen eine Gegenleistung verlangt. Sowohl in Stiftbriefen als auch bei Jahrtagsspenden ist mit der Gabe des Spenders die Begründung einer sozialen Tauschbeziehung intendiert. Der Reziprozitäts-

---

[1] Hier und im folgenden wird auf Hans Koren (1954) und Thomas Lau/Andreas Voß (1988) Bezug genommen. Vgl. Lau, T./Voß, A. 1988, S. 289 ff, ebenso Koren, H. 1954, S. 80 ff.

[2] Vgl. Voß, A. 1992, S. 135 ff.

gedanke ist der Spende also bereits in ihren frühen Formen und Varianten inhärent. Die Gegenleistungen der Spendenempfänger können z. B. im Besuch der Seelenmesse für den toten Stifter bestehen oder die Spendenempfänger müssen ihrerseits von dem an sie gespendeten Geld selbst opfern resp. spenden, was wiederum anderen Bedürftigen zugute kommt.[1]

Zu den Vorläufern der Jahrtagsspende zählen u. a. die Agape und das altchristliche Totenmahl. Die Agape ist das ursprünglich unmittelbar mit der Feier des heiligen Abendmahls verbundene Liebesmahl der christlichen Gemeinde. Sie trägt selbst gottesdienstähnliches Gepräge. Bei dem Mahl obliegt es den Vermögenden die Speisen mitzubringen, wodurch das Mahl für die Armen, die daran teilnehmen dürfen, zu einer Wohltat wird. Im Laufe der geschichtlichen Entwicklung trennt sich dann das Liebesmahl - die Agape - vom eigentlichen Gottesdienst und wird, zu besonderen Anlässen wie Hochzeiten oder Beerdigungen, zu einer gelegentlichen Veranstaltung einzelner Reicher für einen Kreis von Bedürftigen. Mit ihren Ursprüngen in der apostolischen Zeit markiert die Agape aber den historischen Beginn der christlichen Armenbeschenkungen.

Im Rahmen des altchristlichen Totenmahls, welches am Grab abgehalten wird, ist dagegen auch der Tote selbst eingeladen. Ein Platz wird extra für ihn freigehalten und er wird, indem Wein auf die Grabplatte gegossen und Speisen auf dieselbe gelegt werden, mit Nahrung versorgt. Auch hierzu sind wiederum die Armen eingeladen. Diese Verbindung von Armengabe und Totengedächtnis, wie sie bei der Agape oder dem Totenmahl zu finden ist, wird jedoch bisweilen noch älter eingeschätzt. Nach Mauss (1984) entstammt sie vermutlich bereits "muselmanischen Ursprungs oder muselmanischen, negritischen, europäischen und berberischen Ursprungs zugleich."[2] Fest steht in jedem Fall, daß kulturhistorisch zwischen Armen und Toten bei der Vergabe von Spenden eine enge Beziehung besteht. Die Armen treten als Vertreter der Toten auf. Spenden an die Armen stellen eine Wohlgefälligkeit an eben diese Toten dar.[3] Koren führt hierzu als genealogische Begründung an, daß die Toten nach heidnischem Glauben als Verwalter der Fruchtbarkeit gelten. Dieser Glaube wird in erster Linie über heidnische Geheimbündler sichtbar, die bei ihren Ackerläufen als Vertreter der Toten auftreten und dafür von den Bauern Opfergaben, zumeist in Form von Speiseopfern, erhalten. Durch soziale Umwälzungen kommt es dazu, daß die Gruppe der

---

[1] Vgl. Lau, T./Voß, A. 1988, S. 289.
[2] Mauss, M. 1984, S. 46.
[3] Vgl. Lau, T./Voß, A. 1988, S. 291.

Geheimbündler langsam von verarmten Bevölkerungsschichten aufgefüllt bzw. ersetzt wird, die sich so unter anderem mit den Opfergaben der Bauern am Leben erhalten. Im Laufe der Zeit verlieren sich dann die Attribute der Heischegänger, wie z. B. das Tragen von heidnischen Masken. Was sich dagegen erhält ist das Wissen oder die Ahnung, daß die Bedürftigen als Nachfolger der Heischegänger, die ihrerseits wiederum die Toten vertreten, in einer engen Beziehung zu diesen stehen müssen.[1] Diese enge Beziehung zwischen Bedürftigen und Toten kommt sowohl in der heidnischen Tradition als auch im christlichen Glauben zum Ausdruck. So ist z. B. der traditionelle Platz der Bettler und Bedürftigen der Raum an den Kirchentüren, sowohl innerhalb als auch außerhalb des Kirchengebäudes. "Genau in diesem Eingangsbereich befindet sich nach dem Volksglauben auch der Platz, an dem die "armen Seelen" verharren, bis man ihnen Weihwasser schenkt."[2]

Lau/Voß (1988) identifizieren auf Basis ihrer historischen Analyse insgesamt fünf kulturhistorisch fundierte Wesensmerkmale bzw. Bestandteile der Spende:[3]

1. Die Spende ist immer institutionell vermittelt. Die Existenz eines institutionalisierten Sammel- und Verteilungsorgans (z. B. die Kirche) ist konstitutives Element der Spende.[4]
2. Die Spende ist eine Gabe, die an Arme und Bedürftige (Personen oder Zwecke) ausgeteilt wird.
3. Die Spende ist an das persönliche oder generelle Gedächtnis der Toten geknüpft.
4. Von den Spendenempfängern werden ganz bestimmte Gegenleistungen gefordert. Der Reziprozitätsgedanke ist der Spende inhärent.
5. Die Spende ist ein Opfer. Sie kann als Nachfolgerin des Totenopfers eingestuft werden.

---

[1] Vgl. Koren, H. 1954, S. 87, ebenso Lau, T./Voß, A. 1988, S. 291.
[2] Ebenda.
[3] Vgl. ebenda, S. 292.
[4] In einer späteren Arbeit relativiert Voß diese Aussage und spricht bei dyadischen Spenden- bzw. Bettelbeziehungen von direkten Spenden bzw. vom Vorgang des direkten Spendens/Bettelns. Spendentransfers unter Hinzuziehung von spendenakquirierenden Organisationen charakterisiert er dagegen als "vermittelte Spenden". Vgl. Voß 1993, S. 38.

Lau/Voß (1988) fassen die Rolle des Spendensammlers über die einer spendenakquirierenden Organisation hinaus sogar noch weiter. Anhand des Beispieles von privat initiierten Veranstaltungen zugunsten der Aktion Sorgenkind - z. B. die Bereitstellung einer 30 m langen Teewurstkette, die eine Metzgerei anläßlich ihres 25-jährigen Geschäftsjubiläums zugunsten der Aktion Sorgenkind verkauft - zeigen sie, daß zu Spendensammlern auch Privatpersonen gezählt werden können, die eine Spende vom Spender erhalten, um diese dann an eine Institution weiterzugeben, die die Spendenobjekte wiederum an die Bedürftigen transferiert bzw. Leistungen für die eigentlichen Spendenempfänger produziert. Auch hier ist jedoch, wie in jedem Fall des Spendentausches, eine spendenakquirierende Organisation essentieller Bestandteil der Spendenbeziehungskette.[1]

5.5.2. Strategische Implikationen

Aus den kulturhistorisch deduzierten Wesensmerkmalen läßt sich ableiten, daß der Spendensammler mit seinen Aktivitäten selbst eine Spende bzw. ein Opfer erbringt. Sein Opfer muß dabei nicht materieller Art sein. In jedem Fall müssen aber Zeit und Energie vom Spendensammler bzw. der spendenakquirierenden Organisation aufgeboten resp. geopfert werden, um entsprechende Gaben für Bedürftige zu akquirieren. Bei Spendenaktionen privater Spendensammler zugunsten von spendenakquirierenden Organisationen, wie z. B. der Aktion Sorgenkind wird zwar erst der entsprechende Verkaufserlös als Spende bezeichnet, doch stellen bereits die vom Spendensammler zum Verkauf dargebotenen Leistungen - z. B. die Teewurstkette - selbst ein Opfer bzw. eine Spende dar.[2] Das Gesamtvolumen an Zeit und Energie, das vom Spendensammler resp. von der spendenakquirierenden Organisation zur Akquisition der Spenden eingesetzt wird, wird i.d.R. nicht in vollem Umfang

---

[1] Vgl. Lau, T./Voß, A. 1988, S. 286. Eine Ausnahme zu der beschriebenen Beziehungskette bildet die Spendensammlung von Sachobjekten (Kleider, Medikamente, etc) durch Privatpersonen, wenn die sammelnden Personen die Sachobjekte direkt, d. h. ohne Zwischenschaltung einer spendenakquirierenden Organisation, an die Bedürftigen weiterleiten. Dies ist z. B. der Fall, wenn eine Privatperson unter Hinweis auf die karitative Verwendung gebrauchte Brillen und Medikamente sammelt und diese selbst an die Bestimmungspersonen - z. B. ein Altersheim in Rumänien - übergibt. Der private Spendensammler erfüllt dann die Funktionen einer spendenakquirierenden Organisation. Auf die explizite Hinzuziehung einer spendenakquirierenden Organisation kann demnach in Ausnahmefällen verzichtet werden. Die Funktionen der spendenakquirierenden Organisation müssen dann aber von anderer Seite - hier dem privaten Spendensammler - erfüllt werden.

[2] Vgl. ebenda, S. 294.

durch Entnahmen aus dem Spendenaufkommen abgegolten. Das ehrenamtliche Element bzw. die idealistischen Elemente spielen hier vielmehr eine entscheidende Rolle. Die Löhne und Gehälter im sozialen Sektor liegen im Vergleich zum kommerziellen Sektor erheblich unter dem Durchschnitt. Die institutionellen Vorleistungen zur Akquisition der Spenden sind, ob des oft erheblichen ehrenamtlichen Engagements der Mitglieder von spendenakquirierenden Organisationen als Eigenspenden des Spendensammlers zu interpretieren. Das **Prinzip des Opfers** besitzt folglich sowohl auf seiten des Spenders, als auch auf Seiten des Spendenakquisiteurs für den Spendentausch prägende Bedeutung. Die Spendensammler statten ihre Aktionen sowohl mit den Attributen der Empfänger, wie auch mit denen der Spender aus.[1] Gerade letztere Attribute, die den Eigenspendenanteil der spendenakqui-rierenden Organisation betreffen, besitzen zur Weckung der Spendenbereit-schaft bei Zielpersonen im Rahmen der Spendenkommunikationspolitik erhebliches Einflußpotential. Das Prinzip des Opfers, d. h. des eigenen Opferbeitrags, kann als Beispiel für den Spender wirken. Die Herausstellung von ehrenamtlichem Engagement bzw. des Idealismus der Mitarbeiter von spendenakquirierenden Organisationen, die für ihr soziales Engagement keinen bzw. eine geringere materielle Entlohnung in Kauf nehmen, kann als integraler Bestandteil der Spenderansprache animative Kraft gegenüber potentiellen Spendern entwickeln.[2]

---

[1] Vgl. ebenda.

[2] Parallelen zwischen Spende und Opfer zeigen sich noch auf einer anderen Ebene. So führt Voß (1993), der seine Analyse allerdings ausschließlich auf Spenden an karitative Zwecke bzw. an materielle Not leidende Gruppen beschränkt, die Identität der betroffenen sozialen Sphären an. Bei der Übergabe einer Spende konstituieren und begegnen sich Alltägliches und Außeralltägliches. "Der aus der alltäglichen Sphäre kommende Spender trifft auf den mit Außeralltäglichkeit geladenen Bettler - eine Außeralltäglichkeit, die ihrerseits Resultat der von der Umgebung zum Bettler eingehaltenen Distanz ist. Es begegnen sich beim Akt der Spende also zwei unterschiedliche Wirklichkeitsbereiche bzw. deren Vertreter. Und genau an dieser Stelle ergibt sich eine erste Legitimation, in bezug auf die heute beobachtbaren Bettel- und Spendenvarianten von Übereinstimmung mit der Funktion des Opfers zu sprechen: Auch beim Opfer geht es darum, die Sphäre des Alltäglichen, hier des Profanen, von der Sphäre des Außeralltäglichen, hier des Heiligen, zu scheiden, um dann einen Kontakt zwischen diesen beiden Sphären herzustellen. Das Opfer beruht auf der Etablierung einer Kommunikation zwischen der außeralltäglichen, heiligen und der alltäglichen, profanen Welt durch die Vermittlung einer Opfergabe. (...) Dank des Opfers können sich die beiden Welten des Profanen und des Heiligen begegnen und dabei gleichzeitig getrennt bleiben. (...) Das Opfer ist damit - wie die Spende - eine Art kommunikativer Grundtechnik, die gleichzeitig in zwei Richtungen wirkt: Einmal in Richtung auf die Grenzziehung zwischen der Sphäre des Profanen und der Sphäre des Heiligen und zum anderen in Richtung auf die rituelle Absicherung der gefahrvollen Überschreitung dieser durch das Opfer selbst geschaffenen Grenze". Voß, A. 1993, S. 135.

Das Bitten um Spenden resp. die Attitüde des Bettelnden, die sich die spendenakquirierende Organisation aneignen muß, um zu reüssieren, ist begleitet von Erscheinungsformen der Askese. Die Sammler operieren wie die Bettler mit Attributen der Armut bzw. der Askese, um den Eindruck von Bedürftigkeit zu vermitteln. Die Spendensammler müssen jedoch - im Gegensatz zum Bettler - peinlich genau darauf achten, "daß sie trotz der Präsentation asketisch anmutender Fähigkeiten in Zusammenhang mit der Sammlung von Geld nicht in den Verdacht der Bettelei, d. h. des Sammelns zur Abhilfe der eigenen Bedürftigkeit, geraten."[1] Neben den asketischen Elementen sollten deshalb auch andere, "nicht bedürftig wirkende Lebenszusammenhänge" präsentiert werden. "Der erfolgreiche Spendensammler muß im Gegensatz zum Bettler, wie er heute in den Fußgängerzonen der Städte zu finden ist, bei der Präsentation asketischer Fähigkeiten, den Beweis erbringen, daß er nicht auf Grund eigener Bedürftigkeit zur Sicherung des eigenen Lebensunterhalts sammelt, sondern daß er für andere, für Bedürftige, tätig ist."[2] Das hat zur Folge, daß die asketischen Elemente nicht im Vordergrund stehen dürfen. Die asketischen Elemente "haben eine Position zu halten, die etwa gleichberechtigt neben der Darstellung allgemeiner Integrität und Prosperität liegt."[3] Die spenderakquirierende Organisation darf auf der einen Seite nicht den Eindruck erwecken, daß ein Großteil der Spende für die Aufrechterhaltung der eigenen Organisation benötigt wird und nur ein Teil unmittelbar dem eigentlich Bedürftigen zugute kommt. Auf der anderen Seite läuft sie mit einer Überbetonung asketischer Elemente bei der Spenderansprache Gefahr, die ihr attestierte Kompetenz und Professionalität bei der Produktion von Leistungen für Hilfsbedürftige aufs Spiel zu setzen. Gerade aber die Professionalität des Auftretens ist als Faktor der Glaubwürdigkeit[4] für die Spendenvergabeentscheidung von Unternehmen von zentraler Bedeutung. Das **Prinzip der Askese** birgt somit ein Spannungsfeld, das als Herausforderung für die Spendenkommunikation aufgefaßt und entsprechend sensibel verarbeitet werden muß. Das asketische Element sollte "hoch kontrolliert und zeitlich eng begrenzt" eingesetzt werden. Es darf nicht den "Charakter eines Bestimmungsaktes der Gesamtsituation" erhalten, sondern sein Einsatz sollte ausschließlich als Element zur Weckung der Spendenbereitschaft dienen.[5]

---

1 Ebenda, S. 287.
2 Voß, A. 1993, S. 288.
3 Ebenda.
4 Vgl. die Ausführungen zur Effizienz der spendenakquirierenden Organisation im Rahmen der Theorie des wahrgenommenen Spendenrisikos in Abschnitt 5.6.
5 Ebenda.

Zu Zeiten der Jahrtagsspende sind Armut und Bedürftigkeit ein Lebens-entwurf, der in der Öffentlichkeit akzeptabel präsentiert werden kann. Die Armen werden bei Spenden zu Gegenleistungen verpflichtet, die ihnen, wie im Fall der Auflage, einen Teil des gespendeten Geldes selbst wieder zu opfern resp. an andere Bedürftige weiterzugeben, den Zugang zur Öffentlichkeit ermöglicht. Indem man die Armen verpflichtet, von dem ihnen gespendeten Geld selbst zu opfern, schafft man ihnen die Möglichkeit, Buße zu tun und garantiert ihnen infolgedessen einen Platz in Öffentlichkeit und Gesellschaft. Das Opfer der Armen wird als Erwiderung der Spende gedeutet. Wenn die Gabe zwar auch nicht direkt an den Spender zurückgeht, so versi-cherte sich dieser doch durch die opfernden und damit bußetuenden Armen der Anwesenheit von "gereinigten Christenmenschen" an seinem Grab.[1]

Eine vergleichbare Möglichkeit der öffentlichen Erwiderung der Gabe besteht heute für viele Bedürftigengruppen nur noch in eingeschränkter Form. Die Gruppe der Armen und Spendenbedürftigen tritt heute nicht mehr in dem früher gekannten Maße in der Öffentlichkeit auf, sondern hat vielmehr einen Ort am Rande der Gesellschaft bezogen. In einer Zeit, in der die Spende in der Regel bargeldlos über institutionelle Zwischenstufen zum Empfänger ge-langt, fehlt diesen jede Möglichkeit, die ehemals verpflichtenden Gegenleistungen - wie im Fall der Jahrtagsspende - auszuführen. Die Bedürftigen erhalten Spenden, die sie in keiner Form erwidern können.[2] Sie verlieren in Ermangelung der Erwiderung der Gabe damit an Gesicht und Ansehen. "Eine Gabe nicht zu erwidern", ist in diesem Sinne "gleichbedeu-tend mit dem Verlust des Status und des Ranges eines freien Mannes",[3] was wiederum zur Folge hat, daß die spendenempfangenden Gruppen noch wei-ter gesellschaftlich an den Rand gedrängt werden und sich die Chance ihrer aktiven Teilnahme an der Generierung des reziproken Flußes an Leistungen für den Spender verringert.[4]

Aus der fehlenden Präsenz der Spendenempfänger in der Öffentlichkeit erge-ben sich für das Spendenmarketing einschneidende Konsequenzen. Der spendenakquirierenden Organisation kommt im Rahmen ihrer Aktivitäten die Aufgabe zu, den Bedürftigen die fehlende Öffentlichkeit zu ersetzen. Sie muß, wenn sie deren weitere Verdrängung in soziale Randlagen verhindern will, den Spendenempfängern die Möglichkeit verschaffen, eine direkte oder indi-

---

[1] Vgl. Lau, T./Voß, A. 1988, S. 293.
[2] Vgl. ebenda, S. 292.
[3] Ebenda, bzw. vgl. Mauss, M. 1975, S. 101.
[4] Vgl. Voß, A. 1993, S. 144.

rekte Erwiderung der Gabe an den Spender zu leisten und darauf abzielen, daß im Rahmen ihrer kommunikativen Handlungen, eine Verbindung zwischen Spendern und Spendenempfängern hergestellt wird. Dabei ist aus Sicht des Spendenmarketing sowohl eine passive, als auch eine aktive Integration der Spendenempfänger in die Spendenkommunikation denkbar. Die spendenakquirierende Organisation kann entweder stellvertretend im Namen der Spendenempfänger eine Erwiderung der Spende vornehmen, oder die Spendenempfänger aktiv in die Spendenakquisition bzw. die Aktivitäten zur Pflege der Spendenbeziehungen einbinden. So setzen z. B. Universitäten in den USA mit großem Erfolg bei telefonischen Spendenaufrufen oder Danksagungen ihre betroffenen Studenten, d. h. Spendenempfänger, ein.[1] Darüber hinaus ist in bestimmten Fällen an eine aktive Einbeziehung des Spendenempfängers in Gestaltungsentscheidungen zu denken, die die Spenderansprache betreffen. So kann z. B. eine Auswahl von Vorschlägen für eine Anzeigenkampagne zugunsten eines Behindertenprojektes unter Einbeziehung der betroffenen Körperbehinderten erfolgen, was die Evaluierung unter dem Gesichtspunkt der Wahrung der Würde der Betroffenen qualifizieren würde.[2] Genauso existieren aber auch Spendenzwecke resp. Empfängergruppen, bei denen eine aktive Integration nur schwer vorstellbar bzw. von den Spendern nicht erwünscht ist. Hierbei ist an Organisationen wie etwa die AIDS-Hilfe oder Projekte in der Dritten Welt zu denken, mit deren Betroffenen die Spender gar nicht in direkten Kontakt zu treten wollen.[3] In jedem Fall, ob aktive Integration oder passive Involvierung, besitzt das aus der kulturhistorischen Analyse deduzierte **Prinzip der Integration** für die strategische Fundierung des Spendenmarketing handlungsleitenden Charakter. Zusammen mit den Prinzipien des Opfers und der Askese bildet das Prinzip der Integration somit ein Anregungspotential, das auch für die Gestaltung der Spenderansprache von Unternehmen Berücksichtigung finden sollte.

---

[1] Vgl. Notheis, D. 1992, S. 13.
[2] Vgl. ebenda.
[3] Zur prinzipiellen Indirektheit des Kontakts im Rahmen der Spende vgl. Voß, A. 1992, S. 135, 140 ff.

5.6. Theorie des wahrgenommenen Spendenrisikos

Mit der Feststellung, daß Entscheidungsverhalten als eine Art Risikoübernahme ("risk taking") interpretiert werden kann, ruft Raymond A. Bauer (1960) ein neues Forschungsprogramm ins Leben und fügt damit zur Vielfalt bereits bestehender Ansätze zur Erklärung des Entscheidungsverhaltens einen weiteren hinzu: Das Modell des wahrgenommenen Risikos.[1]

Der Ansatz, der im speziellen die Kaufentscheidung von Konsumenten abzubilden sucht, knüpft dabei unmittelbar an das individuelle Verhalten von Entscheidungsträgern an und besitzt angesichts der Erkenntnis, daß es sich bei Unternehmensspenden um Entscheidungen des Geschäftsführers oder Managers handelt, auch für die Erklärung der Entscheidungsprozesse zur Vergabe von Unternehmensspenden explikative Fruchtbarkeit. Der Spendenentscheidungsträger beurteilt wie der Konsument die vorhandenen Entscheidungsalternativen - in seinem Fall die an ihn gerichteten Spendengesuche - aufgrund von urteilsrelevanten Merkmalsausprägungen, situativen Faktoren und persönlichen Prädispositionen. Posnet/ Sandler (1989) stellen fest, daß "donors, in allocating gifts between competing fund-raising organisations, respond to perceived differences in price, advertising, and quality in much the same way as other consumers in competitive markets."[2] Aus dem Modell des wahrgenommenen Entscheidungsrisikos bzw. Kaufrisikos läßt sich so mutatis mutandis die "Theorie des wahrgenommenen Spendenrisikos" entwickeln.

Wahrgenommenes Risiko entsteht dadurch, daß ein Entscheidungsträger aufgrund situativer Faktoren, der Beschaffenheit der Entscheidungsobjekte sowie individueller Dispositionen, Abweichungen zwischen seinen Erfolgs-

---

[1] Vgl. Bauer, R.A. 1976. "Der Gedanke, daß eine Wahlhandlung etwas mit Risiko zu tun hat, weil häufig die Konsequenzen der gewählten Alternative nicht vorhersehbar sind, ist freilich nicht neu. Auch die Ökonomie hat sich dieses Phänomens - bereits vor dem verhaltenswissenschaftlichen Vorstoß Bauers - angenommen, namentlich im Zusammenhang mit Unternehmerverhalten bei Investitionsentscheidungen." Rosenstiel, L.v. 1979, S. 92, ebenso Kuhlmann, E. 1980, S. 522. Hier herrschen aus der Entscheidungstheorie übernommene Modelle und statistische Verfahren vor. - Eine gute Übersicht über die risikobezogene Entscheidungslogik findet sich u. a. bei Kupsch, P.W. 1973. Im Rahmen der verhaltenstheoretischen Konzeption Bauers wird hingegen versucht, dem Risiko unter dem Gesichtspunkt der Hypothese vom erwarteten Nutzen bzw. der Nutzen-Risiko Messung zu begegnen. "Damit wird ein Kompromiß gesucht zwischen den Ansprüchen rationalen Verhaltens, für das die ökonomische Theorie eine besondere Schwäche hat, und den realen Beschränkungen, denen das Entscheidungssubjekt unterliegt." Rosenstiel, L.v. 1979, S. 92.

[2] Posnet, J./Sandler, T. 1989, S. 189.

erwartungen und den wahrscheinlichen Folgen seiner Entscheidung wahr-
nimmt. Die Risikoperzeption konkretisiert sich also immer in bezug auf die
jeweiligen Ziele der Entscheidung. Sie läßt sich als kognitiver Konflikt charakterisieren, der entweder durch die Perzeption von Informationen, die eine
Soll-Ist Abweichung der vom Entscheidungsträger intendierten Handlungsfolgen suggerieren, oder das Fehlen von die Erfolgserwartung bestätigenden
Informationen ausgelöst wird.[1] Insofern rekurriert der Ansatz des wahrgenommenen Risikos als Modell zur Erklärung kognitiver Gleichgewichts-
störungen auf das Forschungsprogramm der "Theorie der kognitiven Dissonanzen" Leon Festingers.[2] Festinger, der sich mit den Wirkungsweisen
dissonanter Kognitionen beschäftigt hat, fokussiert in seinem Modell jedoch
kognitive Konflikte, die erst nach dem Vollzug der Entscheidung entstehen,
wohingegen die Theorie des wahrgenommenen Risikos das Verhalten von
Entscheidungsträgern in der Entschluß- bzw. Vorentscheidungsphase beschreibt.[3] Sie versucht die Reaktionsweise eines Entscheidungsträgers auf die
Wahrnehmung von Risiken zu erklären, die infolge einer durch die Entscheidung ausgelösten Handlung auftreten können.

Die zentrale Hypothese der Theorie des wahrgenommenen Risikos lautet:
"Wenn das von einem Entscheidungsträger (Konsumenten) wahrgenommene
Risiko eine individuelle Toleranzschwelle übersteigt, versucht der Entscheidungsträger (Konsument) das Risiko zu reduzieren. Er benutzt dazu
Reduktionstechniken, die den Ablauf des Entscheidungsprozesses wesentlich
beeinflussen."[4] Aus dem unterstellten Handlungszusammenhang wird deutlich, daß das Konzept des wahrgenommenen Risikos für die Erörterung des
Spendenentscheidungsprozesses nach zwei Seiten hin fruchtbar gemacht
werden kann,[5] resp. Beiträge zur Beantwortung von zwei zentralen Fragen
ermöglicht:
1. Wodurch ist die Wahrnehmung von Risiko bei Spenden bedingt, d. h.
   welche Variablen sind für die Risikoperzeption kausal ?
   (Identifikation von Risikoquellen)
2. Zu welchen Reaktionsweisen führt die Risikoperzeption der Spendenentscheidungsträger bzw. wie kann darauf von seiten der
   spendensuchenden Organisation reagiert werden ?
   (Identifikation von Strategien zur Risikoreduktion)

---

[1] Vgl. Kroeber-Riel, W. 1990, S. 260.
[2] Vgl. Bauer, R.A. 1976, S. 216.
[3] Vgl. Kuhlmann, E. 1980, S. 523, ebenso Festinger, L. 1978, Raffée, H. 1971.
[4] Vgl. Kroeber-Riel, W. 1990, S. 418.
[5] Vgl. Rosenstiel, L.v. 1979, S. 93.

5.6.1. Quellen des wahrgenommenen Spendenrisikos

Unter Bezugnahme auf Taylor (1974) identifiziert Rosenstiel (1979) drei übergeordnete Determinanten der Risikoperzeption in Entscheidungssituationen. Neben den **Persönlichkeitsmerkmalen** des Entscheidungsträgers bestimmen **situative Faktoren** des Entscheidungsumfeldes sowie der **Wert und** die **Beschaffenheit des Entscheidungsobjektes** das Ausmaß des wahrgenommenen Risikos.[1]

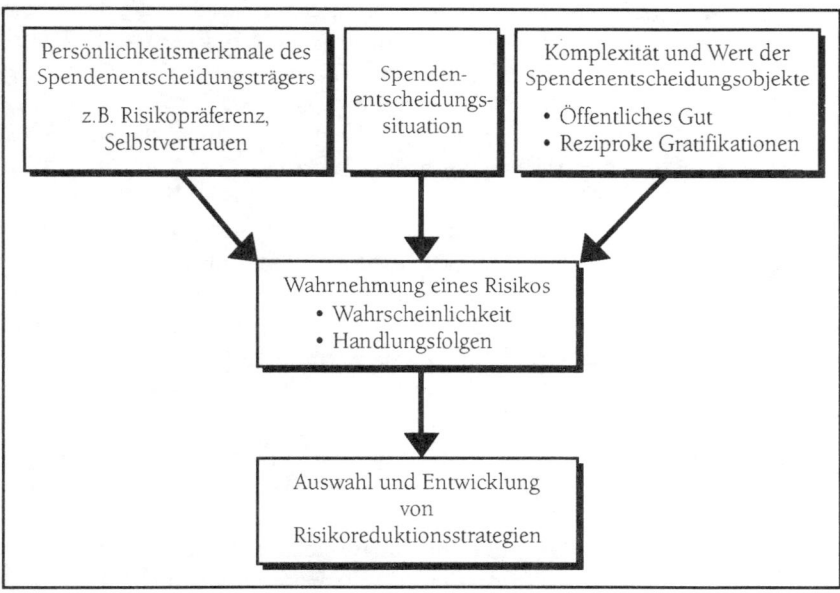

Quelle: In Anlehnung an Rosenstiel, L.v. (1979), S. 99; Eigene Darstellung.

Abbildung 5.5:   Determinanten der Risikowahrnehmung in Spendenentscheidungsprozessen

In den Bereich risikorelevanter Persönlichkeitsmerkmale fallen vor allem das 'Selbstvertrauen' resp. die subjektive 'Entscheidungssicherheit' und die erfahrungsbedingte 'individuelle Risikopräferenz' des Entscheidungsträgers, die ihrerseits wiederum als hypothetisches Konstrukt u. a. von kulturellen Prägefaktoren abhängig ist.[2] Die relative Bedeutung der Persönlichkeitsmerkmale

---

[1] Vgl. Rosenstiel, L.v. 1979, S. 99 ff, Taylor, J.W. 1974, S. 55 ff.
[2] Vgl. Rosenstiel, L.v. 1979, S. 100.

261

für die Risikoperzeption ist jeweils durch die spezifische Entscheidungssituation bedingt. Sie variiert in Abhängigkeit von der Ausprägung situativer Faktoren. Allgemeingültige Aussagen über die Wirksamkeit individueller Merkmale des Entscheidungsträgers für die Risikoperzeption lassen sich deshalb nicht treffen.

Auch für den speziellen Fall der Spendenentscheidung liegen hierzu bislang keine empirischen Erkenntnisse vor. Für ein unter dem Gesichtspunkt der Theorie des wahrgenommenen Spendenrisikos konzipiertes strategisches Konzept zur Akquisition von Unternehmensspenden besitzen die Persönlichkeitsmerkmale des Spendenentscheidungsträgers aber in jedem Fall Anregungspotential. Die spendenakquirierende Organisation sollte sich mit den risikobezogenen Einstellungen und Prädispositionen des Entscheidungsträgers beschäftigen und entsprechend ihrer Ausprägung risikobezogene Informationen in die Spenderansprache integrieren.

Als relevante Situationsvariable für die Risikowahrnehmung bei Kaufentscheidungen führt Kuhlmann (1980) eine Reihe von Einflußfaktoren an.[1] Bei den von Kuhlmann in Hypothesen formulierten Situationsmerkmalen handelt es sich um eine Übersicht über die in der Literatur rezipierten Situationsfaktoren, die für die entscheidungsbezogene Risikoperzeption Relevanz besitzen.[2] Das wahrgenommene Risiko ist demnach umso höher:

1. Je schwieriger das erreichbare Ausmaß der Zielrealisierung durch äußere, "sichtbare" Merkmale des Entscheidungsobjektes bzw. des potentiellen Austauschpartners zu beurteilen ist.
2. Je neuartiger das konkrete Entscheidungsobjekt ist. Bei Routineentscheidungen ist das wahrgenommene Risiko i.d.R. am geringsten.
3. Je größer die subjektiv wahrgenommenen Qualitätsunterschiede zwischen den Alternativen sind.[3]

---

[1] Vgl. Kuhlmann, E. 1980, S. 528.
[2] Der Aufzählung von Situationsmerkmalen haftet allerdings der Mangel an, daß die zusammengetragenen Bedingungen untereinander keine Unabhängigkeit aufweisen.
[3] Die Theorie rekurriert hier auf das Konstrukt des "cognitive overlap" aus der Theorie der kognitiven Dissonanzen. Mit dem "cognitive overlap" beschreibt Festinger die Zahl der Einzelaktivitäten, die bei den zur Wahl stehenden Alternativen vom Entscheidungsträger als identisch angesehen werden. Im Sinne der Theorie sind die kognitiven Dissonanzen umso geringer, je höher der Grad des "cognitive overlap" ist. Festinger übersieht dabei jedoch die Möglichkeit, daß bei hohem "cognitive overlap" etwa nur die unwichtigen Attribute identisch sein können, wohingegen die wichtigen Attribute differieren. Dies hätte zur Folge, daß auch bei hohem "cognitive overlap" die Dissonanzen höher sein

4. Je größer der materielle Wert des Entscheidungsobjektes bzw. die dafür erforderliche Ausgabe ist.
5. Je geringer die Reversibilität der Entscheidung ist.
6. Je weniger die Möglichkeit zum Test des Entscheidungsobjektes gegeben ist.
7. Je mehr die Entscheidung zu individueller und sozialer Verpflichtung führt.
8. Je stärker die sozialen Folgen einer Fehlentscheidung vom einzelnen Entscheidungsträger zu verantworten sind.

Die von Kuhlmann aufgeführten Hypothesen beziehen sich in erster Linie auf den Fall von Kaufentscheidungen. Für Entscheidungen über die Vergabe von Spenden besitzen sie jedoch ebenso nützlichen Erkenntniswert. So rekurrieren die Je-desto-Bedingungen vor allem auf die Beziehung zwischen der Beschaffenheit des Entscheidungsobjektes und dem wahrgenommenen Risiko. Sie weisen damit explizit auf die zentrale Bedeutung objektspezifischer Faktoren für die Risikoperzeption hin. Je nach Beschaffenheit und Wert des entsprechenden Entscheidungsobjektes bzw. der durch die Entscheidung ausgelösten Spendentauschbeziehung ist die Risikowahrnehmung des Entscheidungsträgers stärker oder schwächer. Sachspenden, die z. B. aus Lagerbeständen des Spenderunternehmens bestritten werden, haben gewöhnlich in den Augen eines Spendenentscheidungsträgers einen geringeren Stellenwert als eine Geldspende in entsprechender Höhe. Geldspenden bedeuten für Unternehmen einen direkten Abfluß liquider Mittel, wohingegen Sachspenden im Einzelfall sogar einen willkommenen "Entsorgungseffekt" nach sich ziehen und zur Reduktion von Lagerkosten beitragen können.[1] Bei einer buchwertmäßigen Identität von Sach- und Geldspenden ist deshalb davon auszugehen, daß die Risikoperzeption beim Transfer einer Geldspende höher ist.

Sowohl bei Sachspenden, als auch bei Dienstleistungs- und Geldspenden spielt der **materielle Wert des Transferobjektes** bzw. die Spendenhöhe eine entscheidende Rolle für das Ausmaß der Risikoperzeption. So wird bei "Kleinspenden" i.d.R. nur ein geringes Risiko wahrgenommen. "Großspenden", wie sie vor allem auch von Unternehmen vergeben werden, implizieren hingegen eine höhere Risikoperzeption. Die Einstufung der Spende als Groß- oder

---

können als bei geringem "overlap", der aber die wichtigen Attribute umfaßt. Vgl. Raffeé, H. 1971, S. 25. Die Je-desto-Aussage müßte deshalb lauten: Das wahrgenommene Risiko ist umso höher, je größer die subjektiv wahrgenommenen Qualitätsunterschiede bezogen auf die wichtigsten Qualitätsmerkmale zwischen den Alternativen sind.

[1] Vgl. Holscher, C. 1977, S. 75.

Kleinspende erfolgt dabei mit Blick auf den Spender nicht anhand des objektiven materiellen Wertes der Spende, also des absoluten Spendenbetrages, sondern muß sich vielmehr auf den subjektiven materiellen Wert der Spende für den Spender beziehen. Der subjektive materielle Wert bringt somit das Kriterium der Leistungsfähigkeit des Spenders in die Betrachtung ein. Der subjektive materielle Wert der Spende setzt den Spendenbetrag in Relation zur individuellen Leistungsfähigkeit des Spenders. Für ein kleines Unternehmen mit geringen Jahresüberschüssen können Spendenbeträge von 10.000 DM so einer Großspende gleichkommen und damit eine hohe Risikoperzeption begünstigen, wohingegen Spenden in der Höhe von 10.000 DM für Großunternehmen einen Routinevorgang bedeuten können und damit eine geringere Risikoperzeption nach sich ziehen.

Neben dem subjektiven materiellen Wert der Spende determiniert der **Zielerreichungswert** der Spende als Bestandteil der Wahrnehmung des immateriellen Spendenwertes die Höhe des perzipierten Entscheidungsrisikos. Die Wahrscheinlichkeit einer hohen Risikoperzeption ist dabei umso höher, je größer der subjektive Wert der mit der Spende verfolgten Ziele für den Spender ist. Die Höhe der Risikoperzeption hängt aber auch von der Möglichkeit und den Kosten der Informationsbeschaffung über die Qualität und Beschaffenheit der involvierten öffentlichen Güter und reziproken Gratifikationen ab.

Daß es sich im Fall von Spenden allgemein um Entscheidungen mit geringer Transparenz bzw. hohen risikobezogenen Informationskosten handelt, läßt sich durch eine unter risikotheoretischen Gesichtspunkten geführte Analyse der im Rahmen des Spendentausches involvierten Güter zeigen. Dazu wird auf Ansätze von Darby/Karni (1973) und Nelson (1970, 1974) zurückgegriffen.

Darby/Karni und Nelson differenzieren im Rahmen der Charakterisierung von Gütern bzw. deren kompositionellen Eigenschaften zwischen "search qualities", "experience qualities" (Nelson) und "credence qualities" (Darby/Karni). Unter **"search qualities"** versteht Nelson die das Entscheidungsobjekt betreffenden Aspekte, die vom Entscheidungsträger bereits in der Such- und Vorentscheidungsphase beurteilt werden können. Es handelt sich dabei in der Regel um sichtbare oder tangible Elemente des Entscheidungsobjektes. Unter **"experience qualities"** werden hingegen Beurteilungselemente zusammengefaßt, die erst nach dem Vollzug einer Entscheidung, also nach realisierter Erfahrung mit dem Entscheidungsobjekt vom Entscheidungssubjekt eingeschätzt werden können. Die Evaluation der (Erfahrungs-)

Qualität erfolgt dann im allgemeinen ohne zusätzliche Kosten.[1] Objekt-komponenten, denen der Charakter von **"credence qualities"** zugewiesen wird, entziehen sich generell, auch nach dem Vollzug der Entscheidung bzw. nach realisierter Erfahrung mit dem Entscheidungsobjekt einer sicheren Beur-teilung. "Credence qualities are those which, although worthwhile, cannot be evaluated in normal use."[2] Ihre Einschätzung erfolgt aufgrund von Vertrauen in die Angaben des Austauschpartners. Es herrscht asymmetrische Infor-mation zwschen Anbieter und Nachfrager. Eine partielle Verifikation der Glaubens- bzw. Qualitätssignale ist für den Entscheidungsträger nur unter sehr hohen Kosten möglich.

Bei Unternehmensspenden herrscht in bezug auf die Beitragsleistung zur Erstellung des öffentlichen Gutes eine strukturelle Dominanz der "credence qualities" vor. Das spendende Unternehmen muß auf die Qualitätsaussagen der spendenakquirierenden Organisation vertrauen. Eine aktive, auf eigenen Erfahrungskomponenten beruhende Qualitätsbeurteilung der Produktion des öffentlichen Gutes ist dem spendenden Unternehmen nicht möglich, da es nur als Käufer, nicht aber als Empfänger der Leistung auftritt.[3] Erfahrungs-komponenten können bei der Qualitätsbeurteilung des öffentlichen Gutes nur dann wirksam werden, wenn der Spendenentscheidungsträger selbst in den Genuß der karitativen Leistung kommt. Denkbar ist dies in Ausnahme-fällen z. B. bei Spenden an Rettungsdienstorganisationen, deren Dienste der Unternehmensentscheidungsträger etwa im Falle seiner Involvierung in einen Verkehrsunfall u.U. selbst in Anspruch nehmen muß.

"Search qualities" spielen aufgrund der Tatsache, daß es sich bei den von spendenakquirierenden Organisationen bereitgestellten öffentlichen Gütern i.d.R. um Dienstleistungen handelt, ebenso eine untergeordnete Rolle. Dienstleistungen weisen als konstitutives Merkmal neben ihrer Immaterialität und der Integration eines externen Faktors die temporale Kongruenz von Produktion und Konsumption ('Uno-Actu Prinzip') auf.[4] Diese schränkt das Auftreten von "search qualities", also von Objektkomponenten, die bereits vor der eigentlichen Leistungserstellung beurteilt werden können, ein. Bei karita-tiven Leistungen sind i.d.R. lediglich die für die Dienstleistungsverrichtung ständig vorgehaltenen materiellen Instrumente als Suchkomponenten denk-

---

[1] Vgl. Darby, M.R./Karni, E. 1973, S. 68.
[2] Vgl. ebenda.
[3] "Since donors do not directly receive the outputs that they help finance, they must rely on the institution for information". Posnet, J./Sandler, T. 1989, S. 189.
[4] Vgl. zu Merkmalen der Dienstleistung u. a. Scheuch, F. 1981, Berry, L.L. 1984, Albrecht, K./Zemke, R. 1987, Staffelbach, B. 1988, Buttle, F. 1989.

bar. Im Falle der Spende an eine Rettungsorganisation kann als Suchkomponente z. B. der auf dem Gelände des Rettungsdienstleisters zu besichtigende moderne Rettungshubschrauber fungieren.

Bei den selektiven Anreizen resp. den privaten Gütern, die als Gegenleistungen an die Spender zurückfließen, handelt es sich um schlecht beobachtbare, an den individuellen Spendenzielen der Unternehmen orientierte Spendenwirkungen. Die Gegenleistungen stellen sich, wie im Fall des Aufbaus von Goodwill- und Imagepotentialen oder der Arbeitsmarktwirkungen[1] erst mit erheblicher Zeitverzögerung ein. Eine eindeutige statistische Zurechenbarkeit auf die kausale Wirkung der Spende ist nicht möglich. Bei der privaten Gutskomponente der Spende sind keine "search qualities" vorhanden. Die "search qualities" immanente Eigenschaft der Sichtbarkeit und Tangibilität ist bei den selektiven Spendenanreizen nicht gegeben.[2] Die zielbezogene Wirksamkeit (Gewinnmaximierungsziele und individuelle Nutzenziele des Managers) der Unternehmensspende läßt sich folglich nicht mit Hilfe von apriori vorhandene Suchkomponenten bestimmen.

Auch "experience qualities" sind bei den immateriellen Gegenleistungen nur in seltenen Fällen zu verzeichnen. Verfügt das Unternehmen über eine längere Spendenbeziehung zu der spendenakquirierenden Organisation und konnten in der Vergangenheit positive Feedbackschleifen infolge der Spendentransfers realisiert werden, - z. B. in Form von imagefördernden Zeitungsberichten über die Spendenübergabe - können Erfahrungskomponenten für die Qualitätsbeurteilung wirksam werden. Die Erfahrungskomponenten sind ihrerseits jedoch aufgrund der Messproblematik bzw. der mangelnden Operationalisierbarkeit der Spendenziele in erheblichem Maße eine Funktion der Glaubenskomponente bzw. der "credence quality". Die Unternehmen besitzen weder die notwendige Transparenz, noch ein unter Kosten-Nutzen-Gesichtspunkten wirksames Kontrollinstrumentarium, um eine objektive Erfassung und Verarbeitung von Erfahrungskomponenten durchführen zu können. Sie sind bei der Qualitätsevaluation auf das Vertrauen angewiesen, das sie der spendenakquirierenden Organisation entgegenbringen bzw. das die spendenakquirierende Organisation bei ihnen und gegenüber der Öffentlichkeit erweckt. Damit lassen sich auch die selektiven privaten Gegenleistungen, wie schon zuvor das öffentliche Gut, als von Glaubenskomponenten dominierte Güter kennzeichnen. Bei Spenden herrscht wie bei Vertrauensgütern ('credence goods') asymmetrische

---

[1] Vgl. die Ausführungen in Abschnitt 4.1.1.

[2] Vgl. Darby, M.R./Karni, E. 1973, S. 69.

Information über die Produktqualität bzw. die Qualität der Leistungsäquivalente.[1] Aufgrund der Dominanz des Anteils von "credence qualities" bei
den im Spendentausch involvierten Gütern ist deshalb zu erwarten, daß die
Spender ein vergleichsweise hohes Entscheidungsrisiko empfinden.

Mit den Persönlichkeitsmerkmalen, der Situation sowie dem Wert und der
Beschaffenheit der die Spendenbeziehung begründenden öffentlichen und
privaten Güter sind die **primären Quellen** des wahrgenommenen Spendenrisikos indentifiziert. An die erwartete Fähigkeit der spendenakquirierenden
Organisation zur Produktion des öffentlichen Gutes sowie die von ihr
erwartete Fähigkeit zur Gewährleistung eines reziproken Transfers privater
Güter knüpfen die **sekundären Quellen** des wahrgenommenen Risikos an.
Teilrisiken, die auf die strukturell bedingten primären Risikoquellen
rekurrieren, werden als sekundäre Risikoquellen bezeichnet. Als Sekundärquellen des wahrgenommenen Risikos können u. a. die Perzeption des
Veruntreuungs-, des Zweckentfremdungs- und des Dringlichkeitsrisikos
wirksam werden. Durch eine entsprechende Wahrnehmung von spendenrelevanten - etwa über die Massenmedien transportierten - Informationen über
Fälle der Veruntreuung von Spendengeldern oder überhöhten Verwaltungskosten spendenakquirierender Organisationen wird die strukturelle
Risikokoperzeption des Spenders verstärkt.

Mit der Zunahme der Medienberichterstattung über Spendenskandale erhöht
sich das vom Spender wahrgenommene Risiko der Gefahr der Veruntreuung
seiner Spende (**Veruntreuungsrisiko**).[2] Nachrichten über Betrugsaffären verunsichern die Spendenentscheidungsträger. Wie u. a. am Beispiel des Deutschen Paritätischen Wohlfahrtsverbandes e.V. (DPWV) in Karlsruhe deutlich
wird, führt dies bei potentiellen und aktuellen Spendern i.d.R. zu unmittelbar handlungswirksamen Konsequenzen. Als Reaktion auf die öffentliche

---

[1] Vgl. Metzler, W. 1990, S. 48.
[2] Der Befund des Veruntreuungsrisikos trifft auf das Grundproblem der asymmetrischen
     Informationsverteilung in Spendenbeziehungen. Klein (1986) führt dazu aus der Sicht
     des Spenders aus: "Und wenn wir ihnen dann Geld oder Sachleistungen zukommen
     lassen, möchten wir eine gewisse Sicherheit haben, daß das Geld den richtigen Empfänger
     erreicht und von ihm sinnvoll verwandt wird. Zu diesem Zwecke könnten wir eine
     "Detektei" oder eine ähnliche Organisation anstellen. Wir wüßten aber nicht, ob die
     "Detektei" tatsächlich in unserem Sinne den Hilfsbedürftigen aussucht, versorgt und die
     Verwendung der Spende überprüft, denn wir stehen mit dem Empfänger nicht in direkter
     Verbindung oder können oft nur schwer beurteilen, welche Art von Hilfeleistung benötigt
     wird und ob sinnvoller Gebrauch von ihr gemacht wird. Wir könnten daher leicht von
     der "Detektei" betrogen werden, die unsere Spende für eigennützige Zwecke verwendet
     und uns irreführende Erfolgsmeldungen liefert." Klein, M. 1986, S. 4.   267

Begleitung des Prozesses gegen zwei ehemalige Manager einer Mitgliedsorganisation des DPWV in Karlsruhe, die wegen der Veruntreuung von Spendengeldern angeklagt wurden, ergab sich eine starke Verunsicherung der Spender. Diese Verunsicherung führte zu einer Halbierung des Spendenaufkommens der betreffenden Behinderteneinrichtung in den Monaten während und nach dem Prozeß.[1]

Der Verkauf eines Grundstückes in bester Wohnlage in München durch die Caritas an den bayerischen Ministerpräsidenten Streibel zu einem weit unter dem Verkehrswert liegenden Preis, führte bei der Caritas in der Erzdiözese München und Freising zu einem Rückgang des Spendenaufkommens um 20%, in München selbst um 30%.[2] Das Grundstück war der Caritas von einer Privatperson vererbt worden. Mit dem Ministerpräsidenten hatte es dann eine mündliche Absprache über den Erwerb und den Kaufpreis gegeben. Der formelle Vertragsabschluß und die Entrichtung der Kaufsumme erfolgte jedoch erst elf Monate später, als bereits die Bauarbeiten begonnen hatten. Zusätzlich aus dem Verlust der Veräußerung selbst war der Caritas durch die Zahlungsverzögerung ein Zinsausfall von mehr als 100.000 DM entstanen.[3]

Weitere praktische Beispiele und ihre Konsequenzen für die Risikoperzeption bzw. das Verhalten potentieller Spender finden sich bei Klein (1986). So wird der Betrugsfall des "Deutschen Blindenhilfswerks -Blinde helfen Blinden" rezipiert. Nach richterlicher Feststellung hatte der Geschäftsführer und Gründer Georg Kaintoch innerhalb von fünf Jahren rund 3,8 Mio. DM an Spenden eingenommen und davon keine zehn Prozent für die Blindenbetreuung ausgegeben. In 42 Fällen kam es zur Verurteilung von Kaintoch wegen Betruges und Unterschlagung. Noch nach seiner Amtsenthebung nutzte er seine Kenntnisse, um in Wiesbaden mit Verwandten eine neue Blindenorganisation zu gründen. Seine Spendenwerbung, von keiner Genehmigungspflicht gehindert, erstreckte sich mit Ausnahme von Bayern auf die gesamte Bundesrepublik.[4] Viele seriöse Blindenhilfswerke in Deutschland hatten jahrelang unter den Folgen der Verunsicherung und des erhöhten Mißtrauens der Spender gegenüber Spendenanfragen aus dem Blindensektor zu leiden. Die große Medienöffentlichkeit des Falles Kaintoch war ursächlich

---

1 Vgl. Haendle, R. 1989a, 1989b, 1989c, Bruder-Pasewald, R. 1989, ebenso Köhler, R.E. 1990.
2 Vgl. Süddeutsche Zeitung vom 16.11.1990.
3 Vgl. ebenda, zitiert nach Seibel, W. 1992a, S. 11.
4 Vgl. Klein, M. 1986, S. 73, ebenso Strathmann, W./Quast, S. 1970, "Der Spiegel", Nr. 14/4.4.1988, Nr. 25/20.6.1988.

für die starke Perzeption des Veruntreuungsrisikos der Spender in bezug auf Blindenhilfsorganisationen verantwortlich. Eine erhöhte Risikoperzeption kann sich folglich nicht nur auf die betrügerische spendenakquirierende Organisation selbst richten, sondern auch negativ auf andere Organisationen ausstrahlen, die der selben Spendenzweckklasse zuzurechnen sind.

Die Gefahr, daß Teile des Spendenbetrages nicht unmittelbar für die Produktion von Leistungen für die Spendenempfänger verwendet, sondern als Verwaltungsaufwand von der spendenakquirierenden Organisation verbraucht werden, kann als **Zweckentfremdungsrisiko** bezeichnet werden. Die Spender wünschen i.d.R. eine direkte, produktive Verwendung ihrer Transferobjekte für die Spendenempfänger. Eine Finanzierung der Verwaltungskosten der spendenakquirierenden Organisation wird von den Spendern nicht beabsichtigt.[1] Hohe Verwaltungskosten werden als Anzeichen für Verschwendung gewertet. Als Indikatoren für die Mittelverschwendung dienen den Spendern u. a. aufwendige Werbebroschüren oder die Größe des Dienstwagens des Geschäftsführers der spendenakquirierenden Organisation.[2]

Dieser Umstand trifft auf den strukturell bedingten Hang von Wohlfahrtsorganisationen zur Produktion hoher Verwaltungskosten. Für die dafür ursächliche und in vielen wissenschaftlichen Arbeiten vertretene These der Ineffizienz karitativer Organisationen (vgl. u. a. Bodenbender (1989), Metzler (1990)) bzw. der starken Präferenz der Manager von karitativen Organisationen für Konsum am Arbeitsplatz spricht das Argument, daß aufgrund der fehlenden Handelbarkeit der Residualrechte keine Einschätzung der Effizienz der karitativen Organisation durch den Kapitalmarkt erfolgen kann. Infolge der daraus resultierenden hohen Kosten einer adäquaten Leistungsevaluation für den Spender ist im karitativen Sektor mit entsprechenden Spielräumen für

---

[1] Vgl. Klein, M. 1986, S. 68.
[2] Vgl. ebenda. Klein (1986) macht jedoch deutlich, daß Verwaltungskosten und ihre Indikatoren eine irrationale Orientierungsgröße für die Risikoperzeption von Spendern sind. "Erstens hat eine Organisation, die nur sammelt und das Geld an eine andere Einrichtung weiterleitet, eine andere Kostenstruktur als die einer Organisation, die selbst Leistungen erstellt. Zweitens, wenn der Hilfsbedürftige, für den eine Spende bestimmt ist, eine Leistung oder eine Ware erhält, dann wird natürlich die ganze Spende irgendwo und irgendwie für Personal- und Kapitalkosten ausgegeben. Nur bei annähernd gleichen Organisationen lassen sich Kostenstrukturen sinnvoll miteinander vergleichen." Ebenda, S. 89. Auch die Höhe der Finanzbeschaffungskosten ist als alternative Orientierungsgröße für das Zweckentfremdungsrisiko irrational. "Bei einer Reihe von Werbemethoden muß erst investiert werden, um spätere Erfolge zu erzielen. Bei der Briefwerbung dient der erste Versand von Spendenbriefen der Identifizierung von Leuten, die zu hohen Spenden bereit sind. Diese werden dann wieder angeschrieben und dann erst beginnt das "Geschäft". Bei der ersten Runde decken oft die Einnahmen gerade die Ausgaben." Ebenda.

ein - im Vergleich zu erwerbswirtschaftlichen Organisationen - höheres Niveau des Konsums am Arbeitsplatz zu rechnen. "Die Konkurrenz auf dem Markt für Manager führt dazu, daß im karitativen Sektor ceteris paribus tiefere Löhne bezahlt werden, während die nichtmonetären Einkommenskomponenten entsprechend höher ausfallen. Als Konsequenz beschäftigen spendenakquirierende Organisationen vor allem Manager mit einer starken relativen Wertschätzung für Konsum am Arbeitsplatz im Vergleich zu monetären Einkommen."[1]

Als Beleg für die empirische Relevanz der Perzeption des Veruntreuungs- und des Zweckentfremdungsrisikos durch die Spender, sind die u. a. bei Voß (1993) angeführten Anfragen von Spendenbriefempfängern beim Deutschen Zentralinstitut für soziale Fragen (DZI) in Berlin zu werten. Pro Jahr fragen dort über 12.000 Bürger und Unternehmen, die Spenden vergeben wollen oder gespendet haben, um eine Auskunft darüber nach, ob eine bestimmte spendenakquirierende Organisation eine zweckgerichtete Mittelverwendung betreibt. Die Anfragen beziehen sich unmittelbar auf die Glaubwürdigkeit und Seriosität der spendenakquirierenden Organisationen und bringen die Unsicherheit der Spender über ihre Einschätzung darüber zum Ausdruck. Der risikobezogene Informationsbedarf der Spender konkretisiert sich in praktischer Form: "Es interessiert mich besonders, inwieweit von mir gezahlte Gelder tatsächlich zu dem angegebenen Zweck, der Hilfe in Entwicklungsgebieten, verwendet werden.", oder "Können Sie mir Auskünfte darüber geben, ob diese Institution seriös ist und ob die Beiträge auch sinnvoll verwendet werden?", sind die am häufigsten anzutreffenden Fragestellungen.[2]

---

[1] Metzler, W. 1990, S. 43. Loges (1989) widerspricht dem Befund extensiven Verwaltungsaufwandes bei spendenakquirierenden Organisationen und stellt im Hinblick auf die Spitzenverbände der Freien Wohlfahrtspflege in der Bundesrepublik fest, daß "alle Spenden weitgehend ohne Abzug von Werbungs- und Verwaltungskosten dem Spendenzweck zu gute kommen. Nur die Zinsen noch nicht abgeflossener Treuhandmittel werden teilweise für die Finanzierung der Verwaltungskosten herangezogen. Durch eine von einem unabhängigen Wirtschaftsprüfer bestätigte sparsame Wirtschaftsführung wird die Höhe der Kosten für die Spendenwerbung und Mittelverwaltung so gering gehalten - durchschnittlich weniger als 4% der Spendenzugänge -, daß ein großer Teil der Zinserträge ebenfalls dem Spendenzweck unmittelbar zugeführt werden kann." Loges, F. 1988, S. 21.

[2] Vgl. Voß, A. 1993, S. 112.

Primärquellen des wahrgenommenen Spendenrisikos

- Erwartete Fähigkeit der spendenakquirierenden Organisation zur Produktion des öffentlichen Gutes
- Erwartete Fähigkeit der spendenakquirierenden Organisation zur Gewährleistung der reziproken Gratifikationen

Sekundärquellen des wahrgenommenen Spendenrisikos

| Dringlichkeits-risiko | Zweckentfremdungs-risiko | Veruntreuungs-risiko |

Abbildung 5.6: Quellen des wahrgenommenen Spendenrisikos

Neben der Qualität der von der spendenakquirierenden Organisation produzierten Leistungen für die Begünstigten, der Gefahr der Veruntreuung und der Effizienz der Mittelverwendung kann die Unsicherheit bezüglich der Bedeutung und Dringlichkeit des Spendenzweckes resp. der Bereitstellung des öffentlichen Gutes eine weitere Sekundärquelle des wahrgenommenen Spendenrisikos bilden. Die wahrgenommene Dringlichkeit ist vor allem eine Funktion der medialen Öffentlichkeit, den ein Spendenzweck genießt. Sie ist abhängig von den die Spendenzwecke betreffenden öffentlichen Thematisierungszyklen. Durch die öffentlichen Diskussions- bzw. Thematisierungszyklen innewohnende Dynamik bzw. das Aufkommen neuer, andere Spendenzwecke betreffende Thematisierungszyklen, die in Konkurrenz zum Spendenzweck stehen, emergiert ein Moment der Unsicherheit für den Spender. Der potentielle Spender stellt sich die Frage, wo seine Transferobjekte am vordringlichsten benötigt werden. Die den Spendenzweck betreffende, wahrgenommene Dringlichkeit wird zur Risikoquelle (**Dringlichkeitsrisiko**).

Die wahrgenommene Dringlichkeit beeinflußt dabei nicht nur die Wahrnehmung der Qualität der Leistungen für die Begünstigten, sondern determiniert auch - infolge der für den Spendentausch charakteristischen Interdependenz zwischen der Leistung für die Spendenempfänger und den reziproken Gratifikationen - die subjektive Wahrnehmung der Qualität der selektiven Anreize zur Spende. Spendenzwecke die ob ihrer individuellen Dringlichkeit in der Arena der Öffentlichkeit stehen, sind in der Lage, dem

271

Spender höhere Gratifikationen (z.B. Zuweisung von Sozialprestige) zu verschaffen als Spendenzwecke, die öffentlich wenig thematisiert werden oder die, wie etwa die Obdachlosenhilfe, zu öffentlichen Tabus zählen.

Spendenthemen, die öffentliche Popularität besitzen, versprechen größeren Erfolg bei potentiellen Spendern. Der Bekanntheitsgrad des Themas fördert die Spendenfreudigkeit und eröffnet den Spendern stärkere Feedbackpotentiale.[1] So erzielte z. B. der Bertelsmann Konzern 1993 nach dem Attentat auf eine türkische Familie in Mölln mit der Spende an ein deutsch-türkisches Jugendwerk ein breites und positives Echo in den Medien.[2] Unter dem Gesichtspunkt der Imagepflege war die Spendenvergabe für Bertelsmann ein voller Erfolg.

5.6.2. Messung des wahrgenommenen Spendenrisikos

Zur Messung des wahrgenommenen Entscheidungsrisikos werden in der Literatur eine Vielzahl von Modellen diskutiert. So finden sich u. a. bei Kogan/Wallach (1964), Cunningham (1967), Arndt (1967), Hansen (1972), Bettmann (1975), Schweiger (1976), Schweiger/Mazanec/Wiegele (1977) differenzierte Operationalisierungsansätze zur Meßproblematik. Die Mehrzahl der Modelle verfolgt dabei eine Zurückführung des wahrgenommenen Risikos auf zwei Komponenten, "deren Verknüpfung das Ausmaß des erlebten Risikos als skalare Größe ergibt."[3]

In einem Zwei-Komponenten-Ansatz bestimmt Cunningham (1967) das wahrgenommene Entscheidungsrisiko durch die multiplikative Verknüpfung der vom Entscheidungsträger wahrgenommenen Handlungsfolgen resp. subjektiver Prognosen über die Folgen, die sich ergeben, wenn die Handlungsziele nicht im angestrebten Ausmaß realisiert werden ('subjective consequences'), mit der wahrgenommenen Unsicherheit ('perceived certainty'), d. h. subjektiven Wahrscheinlichkeitsannahmen über das Eintreten der Folgen.[4] Die Ermittlung der Komponentenwerte erfolgt durch Ratingskalen über direkte Fragen an Entscheidungsträger im Rahmen von Interviews. Auf den

---

[1] Vgl. Klein, M. 1986, S. 68.
[2] Vgl. Tödtmann, C. 1993.
[3] Schweiger, G./Mazanek, J./Wiegele, O.J. 1976, S. 94, zitiert nach Rosenstiel, L.v. 1979, S. 94.
[4] Vgl. Cunningham, S.M. 1967, S. 85, Kuhlmann, E. 1980, S. 523, ebenso Kogan, N./Wallach, M.A. 1964.

Sachverhalt der Spendenentscheidung angewandt, werden die Komponenten "Unsicherheit" und "Handlungsfolgen" in Anlehnung an das Modell von Cunningham durch folgende Fragen operationalisiert:

"Sind Sie immer sicher, im allgemeinen sicher, selten sicher oder nie sicher, daß ein anderer Spendenempfänger nicht besser gewesen wäre?" - "Bekanntlich sind nicht alle spendenakquirierende Organisationen gleich seriös. Was würden Sie sagen, wenn Sie an einen Vergleich mit anderen spendenakquirierenden Organisationen denken? Ist viel Gefahr, mittlere, wenig oder gar keine Gefahr damit verbunden, wenn Sie an die Organisation X spenden, an die Sie vorher noch keine Spende vergeben haben?"[1]

Im Gegensatz zu Cunningham verwendet Bettmann (1975) als Modellkomponente nicht die vom Entscheidungsträger perzipierten Handlungsfolgen, sondern die globale Bedeutung, die der Entscheidungsträger einer zufriedenstellenden Markenwahl innerhalb einer Klasse von Entscheidungsobjekten zumißt. Die Wichtigkeit der zufriedenen Markenwahl ist durch das Anspruchsniveau, das an die Qualität und Verläßlichkeit des bzw. der Entschscheidungsobjekte gestellt wird, operationalisiert. Die Messung der Variablen erfolgt im Rahmen von Paarvergleichstests.[2] Die Unsicherheitskomponente wird für den Fall der Spendenentscheidung beim Modell von Bettmann durch den Anteil jener spendenakquirierenden Organisationen innerhalb einer Klasse von Organisationen, die die Produktion des selben öffentlichen Gutes verfolgen, operationalisiert, die der Spender als qualitativ akzeptabel bzw. nicht akzeptabel erachtet.[3] Bezüglich der Verknüpfungsvorschrift kommt Bettmann jedoch zu keinem eindeutigen Ergebnis. Testergebnisse zum Fall des wahrgenommenen Risikos bei Kaufentscheidungen lassen keine eindeutige Aussage über die Vorteilhaftigkeit einer multiplikativen bzw. additiven Verknüpfung der Modellkomponenten zu.[4]

Insgesamt gesehen weisen die Zwei-Komponenten-Modelle des wahrgenommenen Risikos eine Reihe unterschiedlich gelagerter Probleme auf: Steigt beispielsweise die Ausprägung der Unsicherheitskomponente stets mit zunehmender Ausprägung der zweiten Komponente, so ist die Unabhängigkeit der

---

[1] Vgl. Kuhlmann, E. 1980, S. 523. Die hier für den Spendenfall gewählte Formulierung der Fragestellung erfolgt in Anlehnung an die Übersetzung der Fragestellungen von Cunningham durch Kuhlmann.
[2] Vgl. Bettmann, J.R. 1975. S. 383.
[3] Vgl. Hansen, F. 1972, Arndt, J. 1967.
[4] Vgl. Kuhlmann, E. 1980, S. 524.

beiden Modellkomponenten nicht gegeben.[1] Ebenso spricht manches dafür, daß die Annahme der Gleichgewichtigkeit der Komponenten kein realistisches Bild des Entscheidungsprozesses widerspiegelt. So ist in praxi davon auszugehen, daß der Komponente "Wichtigkeit" bzw. "Handlungsfolgen" ein größeres Gewicht als der Komponente "Unsicherheit" zukommt. Drastische Folgen, die vom Spender antizipiert werden, verdrängen möglicherweise die Überlegung mit welcher Sicherheit ein solches Ergebnis ausgeschlossen werden kann.[2] Kuhlmann bezweifelt darüber hinaus die Validität der in Zwei-Komponenten Modellen verwendeten Ratingskalen. Diese implizieren eine Intervallskalierung, wohingegen Entscheidungsträger u.U. in der Lage sind, lediglich ordinale Unterschiede hinsichtlich beider Komponenten wahrzunehmen.[3]

Im Rahmen der "Ökonomischen Theorie der Unternehmensspende" wurde die Spendenentscheidung als komplexer, multimotivationaler Prozeß charakterisiert. Mit der Vergabe von Spenden sollen aus Sicht des Unternehmens i.d.R. mehrere Ziele realisiert werden. Für die Spendenentscheidung werden sowohl aus dem übergeordneten Motiv der Gewinnmaximierung abgeleitete Submotive als auch individuelle Nutzenmaximierungsziele der für die Entscheidung verantwortlichen Manager wirksam. Eine globale Ermittlung der Inhaltskomponente mit den Variablen "Handlungsfolgen" oder "Wichtigkeit einer zufriedenstellenden Markenwahl" kann deshalb der Komplexität der Spendenentscheidung nicht gerecht werden. Die Inhaltskomponente muß vielmehr in einzelne Zieldimensionen aufgesplittet werden, um eine differenzierte Messung des wahrgenommenen Spendenrisikos bzw. der auf die Zieldimensionen bezogenen Teilrisikoperzeptionen zu ermöglichen.

Die relative Bedeutung, die das spendende Unternehmen einer Zieldimension zumißt bzw. die Tatsache, wie wichtig ihm z. B. die Zuweisung von Sozialprestige oder die Realisierung von Arbeitsmarktzielen mit der Spende ist, kann im Rahmen eines mehrdimensionalen Modellansatzes berücksichtigt werden. Die Erhebung der Komponente "Unsicherheit" wird bei mehrdimensionalen Modellen des wahrgenommenen Risikos auf die einzelnen, gewichteten Zieldimensionen bzw. "Spendeninhalte" bezogen. Der Entscheidungsträger wird darüber befragt, ob er der Spendenbeziehung eine Realisierung des jeweiligen Spendenziels zutraut, oder wie unsicher er sich bei der Beurteilung der Fähigkeit der spendenakquirierenden Organisation zur

---

1 Vgl. ebenda.
2 Vgl. Rosenstiel, L.v. 1979, S. 96, ebenso Schwaiger, G./Mazanec, J./Wiegele, O.J. 1976.
3 Vgl. Kuhlmann, E. 1980, S. 525.

Gewährleistung der intendierten Gegenleistung (selektiver Anreiz) bzw. der Qualität der sozialen Dienstleistung (öffentliches Gut) fühlt. Für die subjektive Unsicherheitseinschätzung spielen dann die bereits erwähnten Risikoquellen eine signifikante Rolle. Die auf Ratingskalen erfaßten Werte des Bedeutungs- und des Unsicherheitsurteils werden zur Ermittlung des wahrgenommenen Spendenrisikos in Anlehnung an die Praxis der Zwei-Komponenten Modelle multiplikativ verknüpft. Das "subjektiv perzipierte Spendenrisiko" (SPSR), das ein potentieller Spender **j** bezogen auf eine Spendenbitte einer spendenakquirierenden Organisation **k** empfindet, ergibt sich dann als Summe der auf die gewichteten Spendenzieldimensionen **i** bezogenen Unsicherheiten bzw. Teilrisikoperzeptionen:

$$SPSR_{jk} = \sum i = 1 \text{ bis } I \quad U_{ijk} \cdot G_{ijk}$$

U_{ijk} = Die vom Spendenentscheidungsträger j an der Spendenbeziehung mit der spendenakquirierenden Organisation k in bezug auf die Zieldimension i wahrgenommene Unsicherheit

G_{ijk} = Das vom Spendenentscheidungsträger j für die Zieldimension i bei der Spendenbeziehung zur spendenakquirierenden Organisation k gesetzte Bedeutungsgewicht

Das mehrdimensionale Modell zur Messung des wahrgenommenen Spendenrisikos trägt der Möglichkeit Rechnung, daß eine Zieldimension bzw. intendierte Handlungsfolge vom Entscheidungsträger als besonders bedeutend empfunden werden kann und die Ausprägung der anderen Teilrisikoperzeptionen überlagert bzw. das gesamte wahrgenommene Spendenrisiko dominiert.

Dieser Fortschritt gegenüber den Zwei-Komponenten Modellen zur Identifikation des wahrgenommenen Risikos ändert jedoch nichts an der Tatsache, daß es sich bei dem mehrdimensionalen Meßansatz ebenfalls nur um ein **Partialmodell** (Mikromodell) handelt, welches das Verhalten einzelner Entscheidungsträger in unterschiedlichen Situationen analysiert. Das wahrgenommene Spendenrisiko ist nur ein Element neben anderen, die die Entscheidungsfindung des spendenden Unternehmens determinieren. Die Modelle des wahrgenommenen Spendenrisikos können insgesamt nur Einflußrichtungen (Je-desto-Aussagen), jedoch keine metrischen Zusammenhänge ermitteln.[1] Sie beschränken sich auf die Erklärung der Verhaltens-

---

[1] Vgl. Kuhlmann, E. 1980, S. 529.

reaktion auf die Spendenbitte einer spendenakquirierender. Organisation (Entscheidung über die Vergabe oder Nichtvergabe einer speziellen Spende) oder mehrer spendenakquirierender Organisationen gleichzeitig (Auswahlentscheidung zwischen Alternativen einer Ähnlichkeitsklasse von Spendenzwecken).[1] Eine Überprüfung der Relevanz des wahrgenommenen Spendenrisikos für die generelle Einstellung von Unternehmen zur Vergabe von Spenden läßt sich mit den bislang vorliegenden Risikomodellen nicht ermitteln.

5.6.3. Strategien zur Reduktion des wahrgenommenen Spendenrisikos

Übersteigt das wahrgenommene Spendenrisiko eine individuelle Toleranzschwelle, sieht sich der Spendenentscheidungsträger veranlaßt, das Ausmaß des perzipierten Risikos zu reduzieren. Das Niveau der Toleranzschwelle ist dabei abhängig von der individuellen Risikoneigung des Entscheidungsträgers, organisationskulturellen Prägungen sowie der jeweiligen Beschaffenheit des Entscheidungsobjektes.[2] Zur Risikoreduktion bieten sich dem Entscheidungsträger eine Reihe von Strategien an, die sich entsprechend ihrer Ausrichtung auf die Komponenten des wahrgenommenen Spendenrisikos differenzieren lassen. Die Risikoreduktionsstrategien können sich entweder auf den Abbau der "Unsicherheitskomponente" beziehen, oder dazu dienen, die nachteiligen Konsequenzen der Entscheidung zu verringern.[3] Kann das perzipierte Spendenrisiko mit Hilfe der Strategien nicht unter die Toleranzschwelle gesenkt werden, wird der Spendenentscheidungsträger von einer Spendzuwendung absehen.

Auf kommerziellen Märkten haben sich als Strategien gegen Qualitätsunsicherheit eine Reihe von Institutionen entwickelt, die den Zusammenbruch einer Austauschbeziehung verhindern bzw. das Zustandekommen einer Interaktion ermöglichen können. Zur Reduktion der Unsicherheit stehen den Interakteuren eben der Strategie der vertikalen Integration, Garantien, staatliche Vorschriften, Qualitätssignale und Goodwill als Optionen zur Verfügung.[4] Aus der Zielfunktion gewinnmaximierender Unternehmen ist in

---

[1] Vgl. ebenda, S. 526.
[2] Vgl. Kroeber-Riel, W. 1990, S. 416.
[3] Vgl. Kuhlmann, E. 1980, S. 529.
[4] Vgl. Metzler, W. 1990, S. 48, ebenso Perrow, C. 1961, Akerlof, G.A. 1970, Pfeffer, J./Salancik, G. 1978, S. 197 ff, Krashinsky, M. 1986. Bei asymmetrischer Informationsverteilung besteht für den Anbieter einer Leistung ein Anreiz, Garantien zu geben und sich eine Reputation für Zuverlässigkeit zu erwerben. "Wenn Käufer die

Ermangelung sozialwirtschaftlicher Sachziele ersichtlich, daß die **vertikale Integration,** d. h. die vermögenswirksame Übernahme der spendenakquirierenden Organisation durch das spendende Unternehmen als Strategiealternative im Falle der Spendenentscheidung keine Relevanz besitzt.[1] Ebenso scheiden **Garantien** als Lösungsstrategie für das Problem der Qualitätsunsicherheit bezüglich der Produktion von Leistungen für die Spendenempfänger und der selektiven reziproken Gratifikationen aus, da i.d.R. eine eindeutige Definition und Eingrenzung der immateriellen Leistungen nicht gegeben werden kann. Die exakte Definition der Leistung wäre aber unabdingbare Voraussetzung für die Formulierung einer Garantie. Dort wo der Erfolg fürsorglicher Bemühungen nicht nur vom Input des Hilfswerkes, sondern auch von der notwendigen Integration eines externen Faktors abhängt - wie z. B. bei Pflegeleistungen - stellen Garantien ebenfalls keine optimale Lösung dar, weil damit, wie Metzler näher erläutert, eine einseitige Zuteilung des Risikos verbunden ist.[2]

Im Rahmen **staatlicher Vorschriften** sind für den Spendenmarkt in erster Linie die Stiftungsaufsicht und die gewerbepolizeilichen Vorschriften zum Sammlungswesen relevant, wobei letztere für interorganisationale Austauschbeziehungen zwischen Unternehmen und spendenakquirierenden Organisationen keine Rolle spielen, sondern sich auf Haus- und Straßensammlungen mit privaten Spendern beschränken. Um die Zuerkennung der Gemeinnützigkeit und damit das Recht auf Steuerabzugsfähigkeit von Spenden zu erhalten, müssen spendenakquirierende Organisationen aus Sicht der Finanzbehörden minimalen Kriterien der Effizienz genügen. Aufgrund der auch für die Steuerbehörden sehr hohen Kosten einer präzisen Messung der Effizienz der spendenakquirierenden Organisation ist sie jedoch insgesamt nicht ausreichend.[3] Eine umfassende Absicherung gegen das Zweckentfremdungs- oder Veruntreuungsrisiko ist nicht gegeben. Ein Ausweis über die Steuerfreiheit der spendenakquirierenden Organisation bzw. die Steuerabzugsfähigkeit der Spende enthält für den Spender lediglich einen geringen

---

Leistung einer Organisation weniger gut beurteilen können als die Verkäufer und unter Verkäufern zumindest einige sind, die diese Situation ausnutzen, dann muß der Käufer erwarten, daß die angebotenen Leistungen im Schnitt schlechter sind als die Verkäufer behaupten. Die Käufer werden daher weniger kaufen als in einer Situation vollständiger Information. Märkte können sich so verkleinern oder gar ganz zusammenbrechen." Klein, M. 1986, S. 97.

[1] Vgl. zu Zielen und Zielfunktionen bzw. zur Differenzierung von Sach- und Formalzielen u. a. Raffée, H. 1974, S. 121 ff, Heinen, E. 1968, S. 90 ff.
[2] Vgl. Metzler, W. 1990, S. 49, ebenso Holstrom, B. 1985, S. 183 ff.
[3] Vgl. Metzler, W. 1990, S. 49.

Informationsgehalt, der aber dennoch nicht irrelevant für die Auswahl des Treuhänders seines Spendentransfers sein kann.[1]

Als Handlungsoptionen zur Reduktion der wahrgenommenen Unsicherheit steht dem Spender deshalb neben einer gezielten risikospezifischen Informationssuche vornehmlich die Verfolgung der **Strategie der Markenwahl** zur Verfügung.[2] Bei der vor allem für Kaufentscheidungen empirisch gestützten "pick-up-a-brand-and-buy-strategy" (Lutz/Reilly (1974), Locander/ Hermann (1979), Derbaix (1983), Gemünden (1985)) orientiert sich der Spender zur Reduktion seiner risikobezogenen Unsicherheit am "Markenimage" der spendenakquirierenden Organisation. Der "Markenname" der Organisation dient dem Spender als Orientierung und Ausweis für die Seriösität der spendenakquirierenden Organisation. Eingeführte, traditionsreiche Organisationen - wie etwa die sechs Wohlfahrtsverbände in Deutschland - verfügen hier, wie eine repräsentative Studie des Institutes für Demoskopie Allensbach belegt, im Vergleich zu jüngeren und kleineren Organisationen aufgrund des hohen Penetrationsgrades ihres Markennamens über Wettbewerbsvorteile am Spendenmarkt. Demnach ist das Rote Kreuz 97%, die Arbeiterwohlfahrt 93%, der Caritasverband 92%, das Diakonische Werk der Evangelischen Kirche in Deutschland 79%, der Deutsche Paritätische Wohlfahrtsverband 44% und die Zentralwohlfahrtsstelle der Juden in Deutschland immerhin 23% der Bundesbürger bekannt.[3]

Die Markenstrategie spart dem Spender Zeit und Informationskosten.[4] Sie wird vor allem bei Routineentscheidungen, z. B. bei der Spendenvergabe zu bestimmten üblichen Spendenzeiten wie Weihnachten, angewendet. Der Spender greift auf das zurück, was er kennt resp. auf Organisationen mit

---

[1] Angesichts der großen realwirtschaftlichen Bedeutung von Spendentransfers sowie den mit karitativen Leistungen verbundenen Risiken wären eigentlich mehr staatliche Vorschriften über die Pflichten von spendenakquirierenden Organisationen zu erwarten. Metzler, W. 1990, S. 92. Erstaunlich ist, daß abgesehen von rechtlichen Regelungen zur Schenkung, spezifische gesetzliche Bestimmungen über die Rechtsverhältnisse zwischen Spender, spendenakquirierender Organisation und Empfänger weitgehend fehlen. Zwar gelten auch für spendenakquirierende Organisationen die im Gesellschafts-, Bürgerlichen- und Strafrecht kodifizierten Rahmenbedingungen, doch existiert bis heute lediglich im Steuerrecht eine am Verwendungszweck orientierte, enumerative Definition dessen, was als Spende behandelt wird. Eine gesonderte rechtliche Anspruchsgrundlage für den Spendentausch ist bislang nicht vorhanden.

[2] Vgl. Darby, M.R./Karni, E. 1973, S. 86. "When goods bearing credence qualities are sold in the market, **branding,** and the client relationship are tools used in monitoring the qualities provided"; "branding" im Original nicht hervorgehoben.

[3] Vgl. Institut für Demoskopie Allensbach, 1985, S. 8 ff.

[4] Vgl. Gemünden, H.G. 1985, S. 88.

denen er positive Erfahrung gemacht hat. Für die spendenakquirierende Organisation leitet sich daraus die Relevanz der Entwicklung eines systematischen Markenprofils ab. Der Aufbau eines konsistenten und positiven Markenimages kann zum wirksamen Mittel für die Reduktion des wahrgenommenen Spendenrisikos werden und damit aus Sicht des Spenders zur Sicherung des perzipierten Handlungserfolges der Spendenvergabe beitragen. Die spendenakquirierende Organisation kann über ihre Profilierung als "soziale Marke" dem Spender Sicherheit und Vertrauen suggerieren und somit seine Vergabeentscheidung zu ihren Gunsten positiv beeinflussen.[1]

Die Beziehung zwischen Risikowahrnehmung und Informationssuche ("risk-information-search" Hypothese) ist bislang Gegenstand zahlreicher empirischer Studien gewesen. Besondere Aufmerksamkeit gebührt der Arbeit von Gemünden (1985), die im Rahmen einer Meta-Analyse 100 einschlägige Forschungsberichte auswertet und die aussagekräftigen Prädikatoren herausarbeitet.[2] Gemünden kommt für den Fall der Kaufentscheidung zum Ergebnis, daß es zwar eine signifikante Beziehung zwischen dem wahrgenommenen Risiko und der Informationssuche gibt, diese jedoch unter bestimmten Einschränkungen zu sehen ist. So hängt die empirische Relevanz der Informationssuchstrategie vor allem von der Komplexität des Entscheidungsproblems ab. "The lower the complexity of a decision, the higher the falsification rate of the risk-information-search hypothesis."[3] Mit zunehmender Komplexität und Unsicherheit, die sich bei Spendenentscheidungen aus der Intransparenz der Leistungen der spendenakquirierenden Organisation und dem relativen Wert der Spende ergibt, steigen für den Entscheidungsträger jedoch auch die Probleme, seine Informationsbedürfnisse exakt zu bestimmen resp. zu artikulieren. Infolgedessen steigen die Kosten der Informationssuche, was oft zur Einstellung der Suchbemühungen bzw. zum Ausweichen auf andere Strategien (z. B. Markenstrategien) führt.[4]

In Verbindung mit der empirisch gestützten Erkenntnis, daß eine geringe Komplexität des Entscheidungsproblems ebenfalls nur in geringem Maße Informationssuchaktivitäten induziert, ist von einem umgekehrt u-förmigen Verlauf der Beziehungskurve zwischen dem wahrgenommenen Risiko und

---

[1] Zur Markenpolitik im kommerziellen Marketing vgl. u. a. Hartmann, V. 1966, Hansen, P. 1970, Angehrn, O. 1974, Dichtl, E. 1978, Meffert, H./Bruhn, M. 1984.
[2] Vgl. Gemünden, H.G. 1985, S. 79 ff.
[3] Vgl. ebenda, S. 93.
[4] Vgl. ebenda, S. 89.

der Informationssuche auszugehen.[1] Inwieweit tatsächlich Informationen vom Entscheidungsträger zur Reduktion der Unsicherheit gesucht werden, hängt aber letztlich von der Auswahl der zur Verfügung stehenden alternativen Risiko-Reduzierungs-Strategien ab. "Es handelt sich also genau genommen um einen indirekten Zusammenhang zwischen wahrgenommenem Risiko und Informationssuche: Das wahrgenommene Risiko führt zur Wahl der Reduzierungsstrategie und diese wiederum zur Informationssuche."[2]

Bei der risikoinduzierten Informationssuche ist der Spender bestrebt, möglichst geringe Kosten in Kauf zu nehmen. Kostengünstig sind dabei aus Sicht des Spenders vor allem jene Informationen, die für ihn leicht erreichbar und leicht zu verarbeiten sind.[3] Es kommt deshalb für die Kommunikationspolitik von spendenakquirierenden Organisationen darauf an, vor der eigentlichen Spenderansprache eine **risikobezogene Informationsangebotsanalyse** durchzuführen. Die risikobezogene Informationsangebotsanalyse muß zum einen die risikorelevanten Informationsquellen ermitteln, die auf Akzeptanz beim Spender stoßen, d. h. die Informationsquellen, die leicht und kostengünstig erreichbar sind. Zum anderen muß sie risikobezogene Informationsinhalte identifizieren, die geringe Informationsverarbeitungskosten beim Spender verursachen.[4] Die risikobezogenen Informationsinhalte müssen dabei unmittelbar auf die Ziele bzw. Motive des spendenden Unternehmens Bezug nehmen. Je leichter erreichbar und zielbezogen verarbeitbar Informationen eingeschätzt werden, desto intensiver wird auch nach ihnen gesucht.[5]

Mit der Verarbeitungsfreundlichkeit von Informationen ist auch das **Konzept der Risikoreduzierungskapazität von Informationen** von Scherhorn und Mitarbeitern verbunden.[6] Danach ist die Risikoreduzierungskapazität eines Informationsangebotes eine Funktion des Informationsgehaltes und der Informationsverständlichkeit. Mit dem Informationsgehalt wird die risikoreduzierende Leistung einer Information resp. die quantitative und qualitative Kapazität der Verarbeitung risikoinduzierender Aspekte gemessen. Die Informationsverständlichkeit wird, jeweils bezogen auf die spezifische Zielgruppe der

---

1 Vgl. Gemünden, S. 86. Die hohe Zahl der von Gemünden untersuchten Studien, die die "risk-information-search" Hypothese verwerfen, ist daher, infolge deren Fokussierung auf die Untersuchung ausschließlich linearer Beziehungen zwischen dem wahrgenommenen Risiko und Informationssuchaktivitäten, nur mit Einschränkungen aussagekräftig.
2 Kroeber-Riel, W. 1990, S. 262. Im Original ist die Beziehungskette durch Pfeile gekennzeichnet.
3 Vgl. ebenda, S. 263.
4 Vgl. Diller, H. 1978, S. 29.
5 Vgl. Raffeé, H./Schöler, M./Grabicke, K. 1975, S. 15.
6 Vgl. Grunert, K.G./Saile, H. 1977, S. 436 ff.

Information, operationalisiert. Für eine risikobezogene Spendenkommunikationspolitik läßt sich als Konsequenz daraus ableiten, daß beide Komponenten - sowohl der Gehalt von Spendeninformationen als auch die Informationsverständlichkeit - zielgruppenspezifisch optimiert werden müssen. Konkrete Ergebnisse über Umsetzungsmöglichkeiten des Konzeptes im Rahmen der Kommunikationspolitik von spendenakquirierenden Organisationen liegen bislang jedoch nicht vor.

Unter dem Gesichtspunkt der Risikoreduzierungskapazität von Informationen ist zu vermuten, daß sich die risikoinduzierte Informationssuche des Spenders auf die Strategie der **persönlichen Kommunikation** und die Identifikation von **Qualitätssignalen** konzentriert.[1] Im Rahmen der persönlichen Kommunikation kann dabei aus der Sicht des Spenders ein Höchstmaß an Informationsverständlichkeit und Informationsgehalt realisiert werden. Die Flexibilität und Dynamik der persönlichen Interaktion ermöglicht es dem Spender gezielte Informationsinhalte in kurzer Zeit zu gewinnen. Persönliche Spendenkommunikation schafft eine Vertrauensbasis, die die Wahrnehmung der Vertrauensqualitäten - credence qualities - des Spendentausches positiv beeinflußt. Die persönliche Spendenkommunikation kann dabei aus der Sicht des Spenders sowohl in Form der Interaktion mit Spendenakquisiteuren bzw. Mitarbeitern der spendenakquirierenden Organisation erfolgen als auch über persönliche Kontakte zu Meinungsführern oder sachkompetenten Vertrauenspersonen, die für die Qualität und Seriösität der spendenakquirierenden Organisation bürgen. Bei Unternehmensspenden sollte aus Statusgründen auf einen persönlichen Kontakt zwischen dem Geschäftsführer der spendenakquirierenden Organisation und des potentiellen Spenderunternehmens geachtet werden.

Das **personenbezogene Reputationskapital** von Meinungsführern, Vertrauenspersonen oder Geschäftsführern von spendenakquirierenden Organisationen läßt sich ebenso als Qualitätssignal in die unpersönlichen spendenkommunikationspolitischen Aktivitäten integrieren, z. B. durch die Integration entsprechender Bilder prominenter Persönlichkeiten in Spendenbriefen.[2] Die persönliche Integrität der betreffenden Personen kann in den Augen des

---

1 Vgl. Kroeber-Riel, W. 1990, S. 263. Kroeber-Riel kommt zu dem Schluß, daß die persönliche Kommunikation bei der risikoreduzierenden Informationsbeschaffung die größte Rolle spielt.
2 Vgl. den Spendenbrief der Johanniter-Unfall-Hilfe e.V. mit Sabine Christiansen in Abbildung 7.10.

Spenders als "impliziter Garantiemechanismus" erlebt werden [1] Dabei strahlt die öffentlich geschätzte Persönlichkeit des Managers einer spenden-akquirierenden Organisation wegen ihrer vornehmlich lokalen Medienpräsenz i.d.R. nur im regionalen Umfeld des Arbeitsortes aus. Überregional bekannte Persönlichkeiten besitzen hingegen ein geographisch breiter gestreutes Vertrauenskapital. Ihnen wird von seiten des Spenders Kompetenz zugebilligt, die Glaubwürdigkeit einer spendenakquirierenden Organisation zu bemessen. Die Kompetenzzuweisung erfolgt gewöhnlich implizit, nach der Maxime: "Wenn Herr/Frau Y sich für diese Organisation einsetzt, wird er/sie wissen warum sie das tut und dann muß dies eine gute Sache sein." Die Entscheidungsträger in Unternehmen nehmen das Risiko wahr, das bekannte Persönlichkeiten mit der öffentlichen Stellungnahme bzw. der Übernahme einer Schirmherrschaft für eine spendenakquirierende Organisation eingehen. Diesen Befund untermauert auch eine Umfrage unter 92 Managern süddeutscher Unternehmen, bei der 87% der Befragten der Auffassung waren, daß geachtete Persönlichkeiten als Schirmherren oder Botschafter von spendenakquirierenden Organisationen die Glaubwürdigkeit der Organisationen positiv beeinflussen.[2]

Mit dem öffentlichen Eintreten für eine spendenakquirierende Organisation wird die Reputation des bzw. der Prominenten unmittelbar mit dem Ruf der spendenakquirierenden Organisation verknüpft. Reputationsschädigende Handlungen der spendenakquirierenden Organisation strahlen ebenso auf das personenspezifische Image des prominenten Schirmherren aus und fallen auf die öffentliche Beurteilung seiner Glaubwürdigkeit zurück. Täuschungs-versuche der spendenakquirierenden Organisation können gegenüber dem Schirmherren in der Öffentlichkeit als implizite Beihilfe zur Täuschung interpretiert werden. Je größer die Reputation bzw. die Prominenz des Schirmherren, desto größer ist folglich sein individuelles Risiko und je größer sein individuelles Reputationsrisiko, desto größer ist seine Wirkung als Qualitätssignal für die spendenakquirierende Organisation bzw. für die Risikoreduktionsperzeption der Unternehmensspendenentscheidungsträger.

Diese Bedingung gilt aufgrund des Aspekts, daß der ideelle Nutzen des kari-tativen Engagements zugunsten der spendenakquirierenden Organisation für

---

[1] Vgl. Metzler, W. 1990, S. 52, ebenso Perrow, C. 1961, S. 335 ff. "An alternative strategy to ensure legitimacy is to introduce some outside authority to validate the worthiness of the organisation. (...) This is especially important in organizations in which it is difficult for outsiders to evaluate the merits of the organization's output." Galaskiewicz, J. 1985, S. 148.

[2] Vgl. Notheis, D. 1992, S. XLII.

den Prominenten größer sein muß als die u. a. durch das Reputationsrisiko verursachten Kosten, wenn er sich für ein Engagement entscheidet. Da der Spender unterstellen kann, daß die Kosten des Prominenten - wegen des beschriebenen Reputationsrisikos - sehr hoch sind, schließt er auf eine sehr hohe Einschätzung der karitativen Leistung der spendenakquirierenden Organisation durch den prominenten Schirmherren. Das spendende Unternehmen geht davon aus, daß die prominenten Schirmherren aufgrund ihres eigenen Reputationsrisikos hierzu entsprechend umfangreiche Kontroll- bzw. Prüfungsmaßnahmen ergreifen oder veranlassen. Prominente Persönlichkeiten als Paten oder Schirmherren einer spendenakquirierenden Organisation können daher aus der Sicht des Spenders als kostenlose Surrogate einer Kontrolle der Spendenqualität resp. als Qualitätssignal fungieren. Kostenlos ist das Qualitätssignal für den Spender deshalb, weil die Transaktionskosten der Ansprache, Verhandlung und Gewinnung des Prominenten alleine von der spendenakquirierenden Organisation getragen werden, wobei der Spender durch einen Teil seiner Spende, der zur Abdeckung der Verwaltungskosten der spendenakquirierenden Organisation verwendet wird, indirekt auch daran beteiligt ist.[1]

Eine Kombination aus persönlicher Kommunikation und der Nutzung personenspezifischen Reputationskapitals läßt sich aus Sicht von spendenakquirierenden Organisationen mit Hilfe der **"Kooptationsstrategie"** realisieren. Im Rahmen der u. a. bei Zald (1969), Pfeffer (1973), Allen (1974), Burt (1982), Galaskiewicz (1985) rezipierten Kooptationsstrategie verfolgt die spendenakquirierende Organisation das Ziel, prominente Manager - zumeist aus dem regionalen Umfeld des Organisationssitzes - in ihre Strukturen zu integrieren. Durch eine Kooptation von einflußreichen Unternehmensentscheidungsträgern in ihren Vorstand kann die spendenakquirierende Organisation ihr spendenzweckbezogenes Anliegen zur Sache der Manager machen, woraus eine Involvierung der betreffenden Personen in die Aktivitäten zur Spendenakquisition entwickelt werden kann.

---

[1] Warner (1992) entwirft mit Blick auf lokal begrenzte Kampagnen von spendenakquirierenden Organisationen einen Kriterienkatalog zur Auswahl des geeigneten Schirmherren bzw. der geeigneten "chairperson". Der "Chairman of the campaign" sollte reich sein, über enge persönliche Kontakte zu relevanten Unternehmen verfügen, dafür bekannt sein, daß er viele karitative Zwecke unterstützt, von der Arbeit der spendenakquirierenden Organisation restlos überzeugt sein, über Organisationstalent verfügen, eine gute Rhetorik besitzen sowie keine Hemmungen haben andere um Spenden zu bitten. Vgl. Warner, I.R. 1992, S. 32 ff. Zu Strategien für die Gewinnung von Schirmherren, vgl. ebenda, S. 38 ff.

Als Mitglieder des Vorstandes der spendenakquirierenden Organisation fühlen sich die Manager i.d.R. zu einer aktiven Rolle bei der Generierung finanzieller Mittel verpflichtet.[1] Sie treten ihrerseits persönlich als Spendensammler auf und nützen ihre Kontakte zu anderen Unternehmensvertretern, um Transfers zugunsten der spendenakquirierenden Organisation zu erzielen. "Instead of employing professional fundraisers or public-relations staff, the nonprofit can use those laymen to monitor the environment and to represent its interests to donors in the community."[2] Das personenbezogene Reputationskapital der Manager strahlt auf die spendenakquirierende Organisation aus und öffnet somit Türen zu Spenderkreisen, die auf anderem Wege - z. B. mit Spendenbrief, Spendenwerbung etc. - verschlossen blieben.

---

[1] Vgl. Zald, M. 1969, S. 69.
[2] Galaskiewicz, J. 1985, S. 150.

JOHANNITER-UNFALL-HILFE E.V.

Herrn
August Notheis
Karl-Springer-Str.6
7505 Ettlingen

Afrika ist gleich nebenan...

Sehr geehrter Herr Notheis,

Mitgefühl und Verständnis - gibt es bessere Gründe, Menschen in
Not zu helfen?

Täglich neue, aktuelle Schlagzeilen dürfen uns nicht vergessen
lassen, daß in Angola etwa 10 Millionen Menschen unter den Folgen
von Dürre und Bürgerkrieg leiden. Tausende von ihnen, vor allem
Kinder, sterben jeden Tag durch Hunger - und Minen! Viele
überleben schwerverletzt:
<u>Mehr als hunderttausend Menschen in Angola sind behindert und
verkrüppelt.</u>

Es ist unsere menschliche Pflicht, jetzt schnell zu handeln:

<u>Durch gezielte Hilfe wollen wir den unschuldigen Opfern in Angola
das Überleben ermöglichen, und ihnen die Chance auf eine menschen-
würdige Zukunft geben.</u>

Die Hilfe der JOHANNITER ist, wie das Beispiel Namibia zeigt,
sehr erfolgreich. Helfen Sie jetzt, diese Hilfe auf Angola
auszuweiten.

<u>Tausende von behinderten Menschen in Angola brauchen
dringend Prothesen, ärztliche Versorgung und Medikamente.</u>

Wenn es darum geht, Mitmenschen zu helfen, ist Afrika gleich nebenan. Im Namen der JOHANNITER bitte ich Sie daher von Herzen:

<u>Helfen Sie den Menschen ganz persönlich. Mit Ihrer Spende.</u>

Ihre

Sabine Christiansen

Sabine Christiansen

Johanniter-Unfall-Hilfe E.V. • Bundesgeschäftsführung • Sträßchenweg 14 • 5300 Bonn 1 • Telefon (0228) 9 17 01 32
Spendenkonto: Nr. 43 43 43 43, bei allen Banken und Sparkassen

Abbildung 5.7: Spendenbrief der Johanniter-Unfall-Hilfe e.V.
Beispiel für die Integration prominenter Schirmherren
in die Spendenkommunikation

"If those people of whom the community thinks highly, themselves think highly of some nonprofit organization, then the community may think highly of that nonprofits as well."[1] Die Kooptation von prominenten Persönlichkeiten aus Wirtschaft und Gesellschaft in den Vorstand von spendenakquirierenden Organisationen übt inso-fern die Funktion eines Qualitätssignals aus, das einen wirksamen Beitrag zur Reduktion des wahrgenommenen Spendenrisikos leisten kann.

Neben dem personenbezogenen Reputationskapital von prominenten Schirmherren oder Managern der spendenakquirierenden Organisationen werden in der Literatur mit der Investition in organisationsspezifisches Kapital und der Verwendung von Leistungszertifikaten weitere, für die risikobezogene Spendenkommunikationspolitik relevante Qualitätssignale diskutiert. Mit Hilfe der Kommunikation von **Investitionen in organisationsspezifisches Kapital** (z. B. Gebäude oder Rettungshubschrauber im Falle einer Rettungsdienstorganisation) kann den potentiellen Spendern die Absicht zur Produktion hoher Qualität - search qualities - signalisiert werden.[2] In Leistungssegmenten, in denen der Markteintritt von spendenakquirierenden Organisationen a priori hohe Investitionskosten erfordert, kann u.U. bereits die bloße Existenz der Organisation als Qualitätssignal gewertet werden. Metzler (1990) stellt dazu fest, daß je höher die uneinbringlichen Kosten für den Markteintritt der spendenakquirierenden Organisation sind, desto größer ist die Perzeption ihrer langfristigen Leistungsabsicht durch die Spender. Im Zuge der Perzeption einer langfristigen Leistungsabsicht verringert sich das vom Spender perzipierte Risiko, einer kurzfristigen Ausbeutungs- bzw. Veruntreuungsstrategie der spendenakquirierenden Organisation bzw. ihrer Manager zum Opfer zu fallen. Damit erhöht sich die Wahrscheinlichkeit einer Spendenzuwendung.[3]

Leistungszertifikate, wie sie z. B. auf dem Arbeitsmarkt in Form von Bildungszertifikaten Verwendung finden, existieren auf dem deutschen Spendenmarkt erst seit Beginn der 90'er Jahre. Mit der Vergabe eines "Spendensiegels" versucht das "Deutsche Zentralinstitut für Soziale Fragen" (DZI) seit 1992 spendenakquirierenden Organisationen, die bestimmte Leistungskriterien erfüllen, die Möglichkeit zu geben, einen sichtbaren Ausweis über ihre Seriösität zu führen. Die Verleihung der Schutzmarke, die z. B. auf Spendenaufrufen und Einzahlungsscheinen angebracht werden

---

[1] Ebenda.
[2] Vgl. Metzler, W. 1990, S. 53.
[3] Vgl. ebenda, S. 55.

kann, bietet dem Spender die Gewähr für einen minimalen, von seiten des DZI kontrollierten Qualitätsstandard. Aus dem Spendensiegel des DZI lassen sich jedoch keine differenzierten, auf die individuellen Spenderziele von Unternehmen zugeschnittenen Qualitätsaussagen ableiten. Das Spendensiegel entspricht vielmehr einem groben, pauschalen Qualitätsausweis, der nur bedingtes Orientierungspotential besitzt. Dennoch wirkt sich aus Sicht der Entscheidungsträger in Unternehmen die kommunikative Verwertung eines Spendensiegels positiv auf die Glaubwürdigkeit einer spendenakquirierenden Organisation bzw. die Reduktion des wahrgenommenen Spendenrisikos aus. Die Spendenentscheidungsträger von Unternehmen sind sogar mehrheitlich der Meinung, daß ein Spendensiegel ihre generelle Bereitschaft zur Spende erhöht.[1]

Quelle: Esser, B. et.al. (1993), S. 42.

Abbildung 5.8:   Spendensiegel des Deutschen Zentralinstituts
                    für Soziale Fragen

---

[1] Vgl. Notheis, D. 1992, S. XLIII.

Gegen das vom DZI vergebene Spendensiegel werden in praxi ein Reihe von Kritikpunkten eingewendet. So weist Nawrath (1993) im einzelnen auf folgende Aspekte hin:

1. Die Satzungsmäßge Aufgabe des DZI bezieht sich nur auf das Gebiet der Wohlfahrtspflege. Institutionen mit ökologischem Anliegen, der Wissenschaft oder des Sports können deshalb das Spendensiegel nicht erhalten

2. Die Vergabe des Spendensiegels erfolgt nur auf Antrag. Der Spender erhält keinen Überblick darüber, ob eine Organisation das Spendensiegel nicht beantragt hat oder es aufgrund unlauterer Praktiken nicht erhalten hat. Eine Benennung der Organisationen, denen nach Prüfung das Spendensiegel nicht zuerkannt wurde, lehnt das DZI ab.

3. Das Spendensiegel wird nur an überregionale spendenakquirierende Organisationen vergeben, spendenakquirierende Organisationen mit regional begrenztem Wirkungskreis haben keine Chance mit dem Spendensiegel zu werben.

4. Die Kriterien zur Evaluation der Verwaltungs-, Mittelbeschaffungs- und Projekteffizienz im Rahmen der Vergabe des Spendensiegels sind nicht öffentlich zugänglich.

5. Das DZI kann bei international tätigen spendenakquirierenden Organisationen nicht feststellen, ob die Spendenmittel im Ausland entsprechend den definierten Kriterien effizient verwendet werden.[1]

Die auf das Spendensiegel des DZI bezogene Kritik stellt die grundsätzliche Tauglichkeit von Spendensiegeln als Qualitätssignale im Rahmen der Spendenkommunikation jedoch insgesamt nicht in Frage. Sie stuft im Gegenteil den risikobezogenen Wert von Spendensiegeln als hoch ein.

Über den Rahmen der bisher diskutierten Strategien, die sich auf den Abbau der Unsicherheitskomponente des wahrgenommenen Spendenrisikos beziehen, stehen aus der Sicht des Spendenentscheidungsträgers mit der Modulation des Wertes der Transferobjekte und seiner eigenen Erwartungshaltung weitere Handlungsoptionen zur Verringerung der nachteiligen Konsequenzen der Spende zur Verfügung. Das Risiko der Veruntreuung resp. des Verlustes des eingesetzten Kapitals läßt sich aus Sicht des Spenders durch eine Verringerung der Spendenhöhe reduzieren. Ist das perzipierte Spendenrisiko extrem hoch, kann die Wahrscheinlichkeit als groß eingestuft werden, daß die Reduktion des Wertes der Transferobjekte gegen unendlich strebt und der Spender sich - unter Berücksichtigung individueller Toleranzschwellen - damit gegen die Vergabe einer Spende entscheidet.

---

[1] Vgl. Nawrath, V., 1993, S. 10 ff.

Neben der Reduktion des materiellen Verlustrisikos verbleibt dem Spender darüber hinaus die Herabsetzung seines mit der Spende angestrebten Zielerreichungsgrades als Strategiealternative. Je geringer das Anspruchsniveau des Spenders bezüglich der Spendenwirkungen ist, desto geringer ist das von ihm - weil wirkungs- bzw. zielbezogen - perzipierte Spendenrisiko.[1] Mit sinkendem Anspruchsniveau sinken die vom Spender in Kauf genommenen Kontrollkosten und infolgedessen die Relevanz von risikoreduzierenden Strategien. Für das Spendenmarketing spendenakquirierender Organisationen ergibt sich daraus eine Relativierung der Bedeutung von risikoreduktions-unterstützenden Elementen im Rahmen der Spendenkommunikation. Insgesamt kommt Galaskiewicz (1985) aber zum Schluß, daß "the more centrist an organization, the more it has been verified by outside authorities, or the more it can demonstrate the quality of its services, the more corporate donors will come to appreciate its merits and the more corporate contributions it should then receive".[2] Die Erfolgsfaktoren, die im Sinne der Theorie des wahrgenommenen Spendenrisikos zu einer Reduktion der Risikoperzeption des potentiellen Spenders führen, gilt es für spendenakquirierende Organisationen im Rahmen der Entwicklung und Implementierung von Strategien zur Akquisition von Unternehmensspenden zu berücksichtigen.

---

[1] Vgl. Kuhlmann, E. 1980, S. 531.
[2] Galaskiewicz, J. 1985, S. 148.

5.7. Theorie der intertemporalen Spendenbeziehung

Im Rahmen der Bestimmung der Spende als Sonderfall des sozialen Tausches wurde festgestellt, daß es sich bei Spendentauschbeziehungen vornehmlich um extrinsische Tauschakte handelt. Nicht daß die Interakteure in Austausch miteinander treten, sondern was sie dabei austauschen, steht im Zentrum des Spendentausches. Die Beziehung zwischen den Austauschpartner an sich ist in den Augen der Spendenpartner keine zentrale Zielgröße. Der Austausch dient vielmehr der Befriedigung beziehungsexterner, extrinsischer Bedürfnisse. Die Spende wird vom Spender nicht als Mittel zum Zweck des Aufbaus einer Beziehung zum Spendenempfänger betrachtet, sondern als Mittel, um mit Hilfe des Transfers reziproke Gratifikationen zu erhalten, die außerhalb der direkten Beziehung - z. B. im Falle des indirekten Spendentausches über Dritte - fließen können und mit dem Übertragungsakt ausgelöst werden. Mit der Theorie der intertemporalen Spendenbeziehung wird die Spende dagegen als soziale Beziehung zwischen Spendern, spendenakquirierenden Organisationen und Spendenempfängern verstanden, die sich über einen einmaligen Akt der Übertragung von Spendenobjekten und reziproken Spendergratifikationen hinaus auf einer endlichen zeitlichen Achse erstreckt.[1]

Die Spendenbeziehung wird durch die erstmalig erfolgreiche Ansprache des Spenders ausgelöst und konkretisiert sich durch die Übertragung von Spendenobjekten im Rahmen weiterer einzelner Spendentransaktionssequenzen.[2] Sie ist in ihrem Verlauf vom Ausbau der Vertrauensbasis zwischen den Spendenpartnern gekennzeichnet. Das Vertrauen in die Leistungsfähigkeit und Leistungswilligkeit des jeweiligen Partners wirkt als Bindeglied der sozialen Spendentauschbeziehung. Der Spender erwartet - und wird mit zunehmender Dauer und Intensität der Beziehung i.d.R. in seiner

---

[1] Vgl. Notheis, D. 1992, S. 6 ff.
[2] Vgl. ebenda, S. 12. Vergleiche hierzu auch Homans (1972), der eine "Beziehung" als wiederholten Austausch derselben Belohnung zwischen zwei Akteuren charakterisiert. Hat ein Austausch bereits einmal stattgefunden, steigt gemäß der von Homans formulierten "Erfolgshypothese" - wonach sich die Wahrscheinlichkeit, daß eine Person eine Aktivität ausführen wird, mit der Häufigkeit, mit der diese Aktivität belohnt wird, erhöht - sowie der "Reizhypothese" - nach der eine Person umso eher eine oder eine ähnliche Aktivität ausführt, je ähnlicher die gegenwärtigen Reize den vergangenen sind, wenn ein bestimmter Reiz oder eine Menge von Reizen in der Vergangenheit eine Aktivität begleitet hat und belohnt worden ist - die Wahrscheinlichkeit, daß beide Parteien in der Zukunft erneut die gleichen Belohnungen austauschen, solange die begleitenden Umstände dies begünstigen. Vgl. Homans. G.C. 1972, S. 72.

Erwartung bestätigt - von der spendenakquirierenden Organisation die Gewährleistung der vereinbarungsgemäßen Leistungserstellung zu Gunsten des vereinbarten Spendenzwecks sowie die Gewährleistung des daraus resultierenden Transfers von reziproken Gratifikationen. Umgekehrt erwartet die spendenakquirierende Organisation mit zunehmender Dauer und Tiefe der Spendenbeziehung eine implizite langfristige Verpflichtung des Spenders gegenüber ihrem Anliegen und einen entsprechenden dauerhaften Fluß an Spendenobjekten.[1] Mit der Entwicklung der Spendenbeziehung rückt somit - entgegen der mit Rekurs auf die Theorie des sozialen Tausches erfolgten Einstufung des Spendentausches als extrinsischen Tausch - die Beziehung an sich zwischen dem Spender und der spendenakquirierenden Organisation stärker in der Vordergrund. Die vornehmlich extrinsische Orientierung der Partner wird um einen intrinsischen, auf die soziale Beziehung gerichteten Bezug ergänzt. Der extrinsische Charakter des Spendentausches bleibt aber weiterhin erhalten.[2]

Mit der Theorie der intertemporalen Spendenbeziehung wird die singuläre, transaktionsbezogene Sichtweise der Spende ergänzt und mit Blick auf die am Spendentausch beteiligten Akteure und ihre Potentiale, eine langfristige, evolutive Systemperspektive eingenommen. Die Theorie der intertemporalen Spendenbeziehung betrachtet den Spendentausch nicht mehr nur episoden-haft, d. h. mit Beschränkung auf eine einzelne Spendentransaktion, sondern geht zu einer **historisch-ganzheitlichen Betrachtung** der Beziehung zwischen Spender und spendenakquirierender Organisation über. Die Beziehung zwischen den Spendentauschpartnern wird dynamisiert und über ihren temporalen Erstreckungsbereich analysiert. Die Spende wird nicht als ein-maliges, diskretes Ereignis verstanden, sondern als eine Sequenz von Transaktionen im Rahmen einer kontinuierlichen, evolvierenden Beziehung zwischen dem Spender und einer spendenakquirierenden Organisation. Die Beziehung zwischen den Spendentauschpartnern beginnt dabei mit dem ersten Leistungsfluß des Spenders bzw. mit der ersten positiven Beant-wortung einer Spendenanfrage der spendenakquirierenden Organisation

---

[1] Der Ausbau einer Beziehung kann entweder dadurch erfolgen, daß dieselben Akteure miteinander mehr als eine Belohnungsart austauschen, oder sich aus der Häufigkeit der Wiederholung der Interaktionen zwischen den Austauschpartnern ergeben. Auf die Spendenbeziehung übertragen bedeutet dies, daß ein Ausbau des Kontaktes zwischen Spendern und spendenakquirierenden Organisationen entweder über eine stärkere "Variabilität der Interaktionsmuster", oder im Zuge einer "Multiplizität der Transaktions-sequenzen" erfolgt, bzw. aus einer Kombination aus beidem.

[2] Zur Unterscheidung zwischen extrinsischem und intrinsischem sozialem Tausch vgl. Thie, G.E. 1979, S. 88.

durch den Spender. Obwohl bereits vor dem ersten Spendentransfer Interaktionen zwischen den Spendentauschpartnern - im Rahmen der Spenderansprache - stattfinden, bekennt sich der Spender mit der Übertragung von Spendenobjekten zum ersten Mal eindeutig und konkret zu der Beziehung zur spendenakquirierenden Organisation. Die erste Übertragung von Spendenobjekten an die spendenakquirierende Organisation markiert deshalb den Auftakt der Spendenbeziehung.

Mit dem ersten Leistungstransfer des Spenders und der damit implizierten Erwartung des Rückflusses von Gratifikationen an den Spender wird der Einstieg in eine von Reziprozität gekennzeichnete intertemporale soziale Tauschbeziehung zwischen den Spendenakteuren vollzogen. Im Verlauf der Spendenbeziehung erfolgen dann im Zuge des durch den Transfer von Spendenobjekten ausgelösten Erfahrungsprozesses weitere Übertragungen von Spendenobjekten (Beitragsleistung zur Erstellung eines öffentlichen Gutes erster oder zweiter Ordnung)[1] und reziproken Gratifikationen (Realisierung von selektiven Anreizen). Diese können als Spendentransaktionssequenz zusammengefaßt und beschrieben werden, insoweit sie in unmittelbarem funktionalen Zusammenhang stehen bzw. einander unmittelbar zuzurechnen sind. Die Spendenbeziehung besteht also in ihrem Kern aus einer intertemporalen Folge von Spendentransaktionssequenzen, die in wechselseitiger Beziehung zueinander stehen. Beendet werden Spendenbeziehungen durch den Abbruch der Beziehung durch den Spender infolge seiner Weigerung, weitere Transfers an bisher von ihm bedachte spendenakquirierende Organisationen zu leisten.

Unter einer Unternehmensspendenbeziehung wird demnach im Sinne der Theorie der intertemporalen Spendenbeziehung jeder zielgeleitete Interaktionsprozeß zwischen einem Unternehmen und einer spendenakquirierenden Organisation bzw. zwischen Personen, die im Auftrag der Organisationen handeln, ab dem Zeitpunkt der ersten Übertragung von Spendenobjekten des Unternehmens an die spendenakquirierende Organisation verstanden. Interaktionen, die z. B. im Rahmen der erstmaligen Ansprache von potentiellen Unternehmensspendern nicht zu einer Übertragung von Spendenobjekten durch Unternehmen führen, werden nicht als Unternehmensspendenbeziehungen bzw. als Spendentransaktionssequenz definiert. Erst der Fluß von Spendenobjekten - mit der impliziten Erwartung von reziproken Gratifikationen - begründet den Einstieg in das soziale Netz der Unternehmensspendenbeziehung.

---

[1] Vgl. Ireland, T.R. 1973.

5.7.1. Modell des Spendenlebenszyklus

Je nach Wert und temporaler Folge der Spendentransaktionssequenzen läßt sich die Spendenbeziehung in unterschiedliche Phasen differenzieren. Notheis (1992) unterscheidet mit der Einführungs-, Wachstums-, Reife- und Degenerationsphase insgesamt vier eindeutig differenzierbare Phasen der Spendenbeziehung, die im Falle der Einbeziehung der Aktivitäten im Rahmen des Versuches der Ansprache von neuen Unternehmensspendern noch um die Phase der Anbahnung der Spendenbeziehung ergänzt werden können.[1]

Die Einführungsphase der Spendenbeziehung beginnt mit der ersten Übertragung von Spendenobjekten an die spendenakquirierende Organisation. Sie kann als Zeitabschnitt langsamen Wachstums charakterisiert werden. Der Spender ist noch vorsichtig. Er wartet die ersten Erfahrungen mit der spendenakquirierenden Organisation ab, ob sich seine "Investition" auch in Form des Rückflusses von Gratifikationen tatsächlich für ihn auszahlt. Nach einem langsamen Vortasten in der Spendenbeziehung wächst mit der Zunahme erfolgsbestätigender Informationen und der Perzeption des Transfers reziproker Gratifikationen durch den Spender das Vertrauen des Spenders zum Spendentauschpartner. Das Vertrauen trägt zu einer langsamen Beschleunigung der Identifikation mit der spendenakquirierenden Organisation und ihrem Anliegen bei. Die Folge davon sind kürzere zeitliche Intervalle zwischen den einzelnen Spendentransaktionssequenzen bzw. höhere Werte der einzelnen Spendentransfers.[2] Umgekehrt kennt auch die spendenakquirierende Organisation den Spender zu Beginn der Spendenbeziehung noch nicht genau genug. Im Rahmen der Einführungsphase gewinnt sie Informationen über sein spezifisches Spendenverhalten und infolge dessen steigt auch auf seiten der spendenakquirierenden

---

[1] Vgl. Notheis, D. 1992, S. 41 ff.

[2] Die Aussagen zur Theorie der intertemporalen Spendenbeziehung decken sich hier mit den Erkenntnissen der Theorie des sozialen Tausches. Wie Blau (1967) feststellt: "Typically exchange relations evolve in a slow process, starting with minor transactions in which little trust is required because little risk is involved." Vgl. Blau, P.M. 1967, S. 94. Thie (1979) verweist - unter Bezugnahme auf Blau - auf das Konstrukt der Anziehung, das für den Aufbau sozialer Beziehungen verantwortlich ist. Anziehung wird als Funktion der Erwartung, daß die einzugehende soziale Beziehung belohnenden Charakter haben wird, definiert. Die Anziehung erhöht sich, wenn im Laufe sozialer Beziehungen die Erwartungen der Tauschpartner bestätigt werden. Vgl. Thie, G.E. 1979, S. 90, Blau, P.M. 1967, S. 20. Auf die Beziehung zwischen Spender und spendenakquirierender Organisation übertragen, bedeutet dies eine funktionale Verknüpfung von positiven Gratifikationserfahrungen und dem Ausbau der Spendenbeziehung resp. der Erhöhung der Frequenz und Höhe der Spendentransaktionssequenzen.

Organisation die Identifikation mit dem Spender. Die spendenakquirierende Organisation erwirbt tiefere Kenntnisse über die Präferenzen und Entscheidungsprozesse des Spenders, was ihr ermöglicht, zunehmend spezifischer auf seine Bedürfnisse einzugehen und damit seine Bereitschaft zu häufigeren und höheren Transfers zu stimulieren.

Die Wachstumsphase ist von einer rasch zunehmenden Vertiefung der Spendenbeziehung gekennzeichnet. In der Wachstumsphase erhöht sich die Transaktionsdichte in Form eines starken Anstiegs der Frequenz der Transaktionssequenzen und der einzelnen Zuwendungshöhen. Die Spendenbeziehung wird intensiver. Das Vertrauen des Spenders gegenüber den Versprechen der spendenakquirierenden Organisation wächst stark. Die Identifikation des Spenders mit der spendenakquirierenden Organisation steigt infolge positiver Erfahrungswerte mit bisher im Rahmen der Spendenbeziehung geleisteten Transfers. Die spendenakquirierende Organisation erwirbt mit zunehmender Dauer der Spendenbeziehung spenderbezogenes Know-how, das sie zum Aufbau von Vertrauenskapital bzw. zur Ausschöpfung des Spendenpotentials verwenden kann.

Ab einem bestimmten Punkt marginalisiert sich der Vertrauenszuwachs innerhalb der Spendenbeziehung. Die Grenze des verhaltenswirksamen Vertrauensaufbaus zwischen Spender und spendenakquirierender Organisation ist erreicht. Neue, die bisher gewonnenen Erfahrungen bestätigende Informationen bzw. Gratifikationen, führen - die Frequenz und den Wert der Spendentransaktionen betreffend - nicht mehr zu erheblichen Steigerungen. Mit dem daraus resultierenden Abflachen der Spendenzuwachsraten geht die Spendenbeziehung zwischen dem Spender und der spendenakquirierenden Organisation in ihre Reifephase über. Die Spendenbeziehung zeigt Spuren von Routinisierung. Die Spendenpartner haben sich aneinander gewöhnt. Die Beziehung pendelt sich auf einem bestimmten Austauschniveau ein. Spender und spendenakquirierende Organisation kommen zu einer impliziten Übereinkunft über die Frequenz und Höhe ihres Leistungsaustausches.

Mit dem Eintritt in die Degenerationsphase sinkt das - auf eine Zeiteinheit bzw. Beziehungsperiode bezogene - Spendenvolumen. Die Spendenhöhen werden geringer und die Intervalle der Transaktionssequenzen vergrößern sich. Die Spendenbeziehung droht zu versiegen. Das Interesse des Spenders an den reziproken Gratifikationen verringert sich. Der Spender präferiert entweder andere, konkurrierende Verwendungszwecke oder hat aufgrund geringer werdender Handlungsspielräume weniger Mittel für die Spendenvergabe

zur Verfügung.

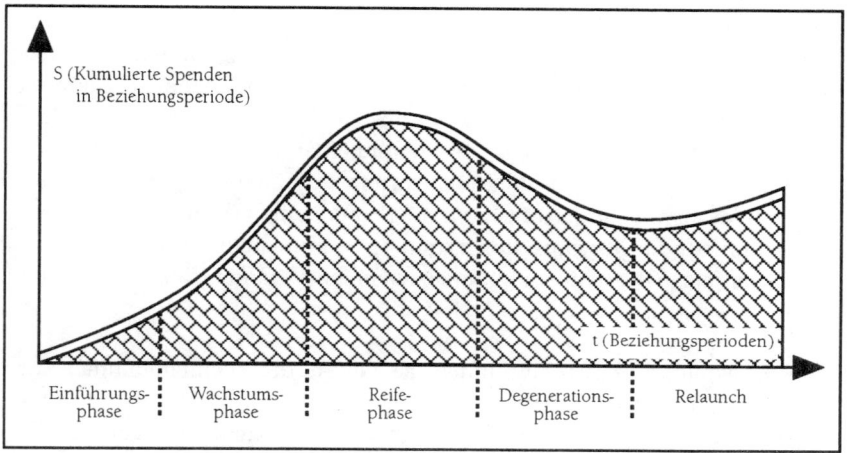

Abbildung 5.9: Lebenszyklusmodell einer Spendenbeziehung

Der Verlauf des Spendenlebenszyklus wird im Modell mit Hilfe von zwei Variablen beschrieben.[1] Auf der Abszisse wird die temporale Erstreckung der Spendenbeziehung erfaßt, wohingegen auf der Ordinate die Spendenzuwendungen abgetragen werden. Die abhängige Variable 'Spenden' beschreibt dabei die kumulativen Zuwendungen des Spenders in einer Beziehungsperiode. Die unabhängige Variable 'Zeit' wird in Beziehungsperioden gemessen und steht stellvertretend für eine Vielzahl von Faktoren, die die Gestalt des Beziehungsverlaufs, die Dauer der einzelnen Phasen der Spendenbeziehung sowie die Länge des gesamten Spendenlebenszyklus beeinflussen. Die Länge einer Beziehungsperiode kann individuell festgelegt werden. Notheis empfiehlt jedoch aus der Sicht von spendenakquirierenden Organisationen ein Geschäfts- bzw. Rechnungsjahr als Zeiteinheit zu wählen, um über die strukturelle Beziehungsbetrachtung hinaus, den zur Anbahnung und Pflege von Spendenbeziehungen anfallenden Aufwand mit dem Spendenertrag periodengenau erfassen und aufrechnen zu können.[2] Eine Gegenüberstellung von Spendenbeschaffungsaufwand und Spendenertrag ermöglicht danach, mit Blick auf die einzelne Spendenbeziehung, eine Form von Spendeninvestitionsrechnung, die aus der Sicht von spendenak-

---

[1] Vgl. Notheis, D. 1992, S. 42.
[2] Vgl. ebenda.

quirierenden Organisationen über das Kosten-Nutzen-Potenzial von Spendenbeziehungen Auskunft gibt.[1]

Die Abgrenzung der einzelnen Phasen der Spendenbeziehung erfolgt über das Konstrukt der **Spendenänderungsrate**. Die Spendenänderungsrate beschreibt die Entwicklung des Spendentransfervolumens durch den Vergleich der kumulierten Zuwendungen von zwei aufeinanderfolgenden Beziehungsperioden. Zur Phasenidentifikation werden in Anlehnung an Polli/Cook (1969) die Spendenänderungsraten aller Spendenbeziehungen einer spendenakquirierenden Organisation ermittelt. Nimmt man an, daß die Änderungsraten normalverteilt sind, können sie in eine Standardnormalverteilung überführt werden.

Der Bezugspunkt y beschreibt immer das Niveau des Spendenvolumens der vergangenen Beziehungsperiode. Der Änderungsfaktor ß kann individuell festgelegt werden. Er bestimmt die Skaleneinheit der prozentualen Veränderung im Verhältnis zum Wert der Spendenzuwendungen y der vergangenen Beziehungsperiode. Ist die Spendenänderungsrate kleiner als (y - 0.5 ß) befindet sich die betreffende Spendenbeziehung in der Degenerationsphase. Ist die Spendenänderungsrate größer als (y + 0.5 ß) befindet sich die Spendenbeziehung in der Wachstumsphase. Liegt der Wert der Spendenänderungsrate zwischen den beiden Schwellenwerten, wird die Spendenbeziehung der Reifephase zugeordnet. Die Änderung der Höhe der Spendenzuwendungen bei der betreffenden Spendenbeziehung ist dann im Vergleich zu den Veränderungen bei anderen Spendenbeziehungen der spendenakquirierenden Organisation gering. Die Einführungsphase setzt mit der ersten Übertragung von Spendenobjekten des Spenders an die spendenakquirierende Organisation ein. Solange sich das Spendenvolumen je Beziehungsperiode nicht verändert, d. h. auf dem Niveau der ersten Beziehungsperiode stagniert, bleibt die Spendenbeziehung in der Einführungsphase. Mit der ersten signifikanten Veränderung des Spendenverhaltens geht sie entweder in die Degenerationsoder in die Wachstumsphase über.

---

[1] Die Gewinnung und Pflege neuer Spender kann entweder mit Verlust, Gewinn oder am "break-even-point" erfolgen. Im Sinne der Theorie der intertemporalen Spendenbeziehung lohnt sich die Inkaufnahme von Verlusten bei der Gewinnung von Erstspendern bzw. der Pflege von Spendern in der Einführungsphase, wenn die späteren Desinvestitionen den Aufwand überkompensieren. Mehraufwand in frühen Stadien der Spendenbeziehung ist als Investition in die intertemporale Beziehung zwischen Spender und spendenakquirierender Organisation zu verstehen. Vgl. ebenda, ebenso McLeish, B. 1991, S. 111 ff.

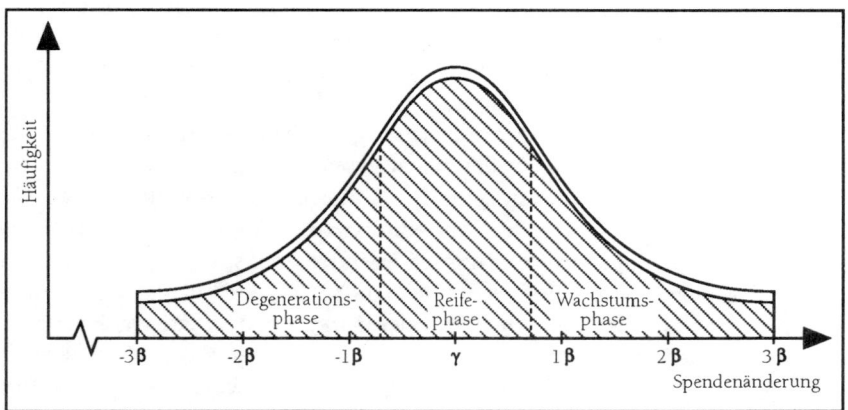

Abbildung 5.10: Standardnormalverteilung der Spendenänderungsraten zur
Identifikation der Phasen im Spendenlebenszyklus

Die im Modell vorgeschlagene idealtypische Abfolge der einzelnen Phasen des
Spendenlebenszyklus - auf die Einführungsphase folgen Wachstums-, Reife-
und Degenerationsphase - ist auf die Spendenpraxis nicht allgemeingültig
übertragbar. Das Spendenlebenszyklusmodell darf nicht als deterministisches
Abfolgemodell mißverstanden werden, sondern weist lediglich deskriptiven
Strukturierungs- bzw. Orientierungscharakter auf.[1] Mit dem, aus den drei
Komponenten der Veränderung der Spendenzuwendungen von Spendern im
Zeitablauf, der Identifikation der einzelnen Phasen der Spendenbeziehung
und dem daraus abgeleiteten phasenbezogenen Spendenverhalten bestehenden Modell des Spendenlebenszyklus, verbindet sich lediglich die
Erkenntnis, daß (1) die Spendenbeziehung eine endliche Lebensdauer hat,
(2) die Spendenbeziehung eindeutig differenzierbare Beziehungsphasen
durchläuft, (3) der Wert der übertragenen Spendenobjekte je Beziehungsperiode sich mit den verschiedenen Phasen der Spendenbeziehung verändert
und (4) für die einzelnen Phasen des Spendenlebenszyklus unterschiedliche,
auf das jeweilige Verhalten des Spenders abgestimmte Strategien vorteilhaft
erscheinen.

In praxi kann es zu einer Vielzahl unterschiedlicher Lebenszyklusverläufe
kommen. Auf eine starke Wachstumsphase kann ein abrupter Abbruch der

---

[1] Die Einschränkung in bezug auf die Abfolge der Modellphasen gilt auch für andere
Lebenszyklusmodelle aus dem Bereich des kommerziellen Marketing. Vgl. u. a. Hentschel,
B. 1991, S. 27, Kotler, P./Bliemel, F. 1992, S. 544 ff.

Spendenbeziehung folgen, wenn z. B. aufgrund eines Vertrauensbruchs der Spender seine Loyalität zur spendenakquirierenden Organisation aufkündigt. Genauso ist ein Rücksprung von der Reifephase in eine erneute Wachstumsphase denkbar, wenn sich neue, Spendentransaktionssequenzen stimulierende Impulse in der Spendenbeziehung ergeben. Die Spendenbeziehung kann sich so schubweise in der Form eines Treppenmusters entwickeln. Welche Beziehungsverlaufsformen bei Unternehmensspenden tatsächlich üblich sind, läßt sich aber nur auf empirischem Wege ermitteln. Für eine empirische Identifikation von gängigen Spendenlebenszyklusverlaufsmustern fehlen bislang jedoch entsprechende Studien. Weder für den US-amerikanischen, noch für den deutschen Spendenmarkt liegen empirische Ergebnisse über typische Verlaufsformen von Spendenbeziehungen vor. Hiermit ergibt sich folglich für die zukünftige Beschäftigung mit intertemporalen Spendenbeziehungen ein erheblicher Forschungsbedarf.

5.7.2. Strategische Implikationen

Murphy (1982) stellt im Rahmen einer Befragung von US-amerikanischen Spendentscheidungsträgern fest, daß Unternehmen eine Spendenvergabe an spendenakquirierende Organisationen präferieren, zu denen bereits Spendenkontakte bestehen. "Some 90 % of the survey respondents said that more than half of the charities they currently support received contributions from them at least once before during the past three years."[1] Unternehmen neigen dazu, keine dramatischen Änderungen bei den Empfängern ihrer Spendentransfers vorzunehmen. Sie vertrauen auf Bewährtes und suchen mit der Kontinuität in ihrer Spendenvergabepraxis die Transaktionskosten des Spendenentscheidungs- bzw. Spendenvergabeprozesses zu minimieren. Spendenakquirierende Organisationen, die noch nicht über Spendenbeziehungen zu einem bestimmten Unternehmen verfügen, haben deshalb geringere Chancen in das aktuelle Portefeuille von Spendenempfängern aufgenommen zu werden als solche, die bereits auf eine historische Entwicklung von Spendenkontakten zum Unternehmen zurückblicken können.[2] Eine bestehende Spendenbeziehung unterstützt die Bemühungen von spendenakquirierenden Organisationen weitere Spendenzuwendungen vom Spender zu erhalten. Die Spendenpartner können an gemeinsame Erfahrungen anknüpfen und auf wechselseitig vorhandenes, im Rahmen interaktiver Austauschprozesse generiertes Vertrauens-kapital rekurrieren. Der

---

[1] Murphy, D.J. 1982, S. 17.
[2] Vgl. ebenda.

Aufbau und Ausbau der Spendenbeziehung zu Unternehmen wird somit zu einem zentralen Erfolgsfaktor für das Spendenmarketing spendenakquirierender Organisationen.[1]

Für eine ertragsorientierte Entwicklung der Beziehungen zu Spenderunternehmen soll deshalb die Konzeptionierung und Implementierung eines systematischen, beziehungsorientierten Spendenmanagements vorgeschlagen werden. In Anknüpfung an beziehungstheoretische Ansätze aus dem Bereich des kommerziellen Marketing (Berry 1983, Peters 1988, Diller/Kusterer 1988, Mummalaneni/Wilson 1988, Plinke 1989, Hentschel 1991, u. a.) lassen sich - mutatis mutandis - Strategien und Programme für die Gestaltung von Spendenbeziehungen zwischen Unternehmen und spendenakquirierenden Organisationen enwickeln, die als Bausteine eines umfassenden beziehungsorientierten Spendenmarketings in die Aktivitäten spendenakquirierender Organisationen zur Akquisition von Unternehmensspenden integriert werden können.

Unter Bezugnahme auf die im Rahmen des Spendenlebenszyklusmodells identifizierten Phasen der Spendenbeziehung können je nach Zuordnung der Spendenbeziehung zu den einzelnen Phasen unterschiedliche Strategieempfehlungen gegeben werden. Das Spendenmarketing gegenüber Spendenbeziehungen, die sich in der Reifephase befinden, muß dabei eine andere Akzentuierung erfahren als etwa die Aktivitäten zum Aufbau der Spendenbeziehung in der Einführungsphase. In der Folge werden deshalb ausgewählte phasenorientierte Strategien diskutiert.[2]

---

[1] McLeish (1991) weist die Sichtweise der Spende als langfristig zu pflegende Beziehung zwischen Spendern und Spendenempfängern als zentralen Erfolgsfaktor für die Spendenakquisition aus. "The nonprofit must enter the bond with a donor with the intention of working together for a long period of time." (...) "The relationship you establish with donors will decide whether their participation in your program will continue. The way in which you manage the bond will help determine your organization's success in the decades ahead." McLeish, B. 1991, S. 125 ff.

[2] Neben der hier für das beziehungsorientierte Spendenmarketing vorgeschlagenen Segmentierung der Spender auf Basis der Beziehungsphase, in der sich die Spendenbeziehung aktuell befindet, führt McLeish (1991) eine Reihe weiterer Segmentierungskriterien aus der Praxis des Fund Raising an. So lassen sich Unternehmensspender etwa nach dem Zeitpunkt ihres letzten Spendentransfers (Recency), der Häufigkeit ihrer Zuwendungen (Frequency), dem Umfang ihres Spendenengagements (Monetary), ihrem saisonalen Vergabeschwerpunkt (Saisonality) oder nach der Spezifität der von ihnen erwarteten Gegenleistung (Offer) segmentieren. Vgl. McLeish, B.J. 1991, S. 104 ff. Weitere Segmentierungsansätze für Spender finden sich u. a. bei Octon, C.M. 1983, S. 38, Wolpert, J./Reiner, T. 1984, S. 200, Lant, J. 1989, S. 12 ff.

5.7.2.1. Strategien in der Einführungsphase

Die Einführungsphase der Spendenbeziehung setzt mit der ersten Übertragung von Spendenobjekten an die spendenakquirierende Organisation ein. Der Spender erwartet von der spendenakquirierenden Organisation die Sicherstellung des Flusses der von ihm erwarteten reziproken Gratifikationen. Die Bedürfnisbefriedigung des Spenders wird zum Prüfstein für die weitere Entwicklung der Spendenbeziehung. Gelingt es der spendenakquirierenden Organisation die vom Spender erwarteten reziproken Gratifikationen zu generieren bzw. ihre Perzeption durch den Spender zu unterstützen, wird es im Zuge der positiven Erfahrung des Spenders zu einem Aufbau von Vertrauenskapital und damit in der Regel auch zu weiteren Spendenübertragungen kommen. Befindet sich die spendenakquirierende Organisation dagegen nicht in der Lage den Spender von den gratifizierenden Aspekten seiner Handlung zu überzeugen, kann die Spendenbeziehung zum Abbruch kommen. Der Spender ist nicht bereit weitere Transfers zu leisten. Es bleibt bei der einmaligen Übertragung von Spendenobjekten zwischen dem Spender und der spendenakquirierenden Organisation.[1]

Das vornehmliche Ziel der Spendenmarketingaktivitäten in der Einführungsphase ist der rasche Aufbau von Identifikations- und Vertrauenspotentialen. Der Spender muß von der Sinnhaftigkeit einer langfristigen Spendenpartnerschaft mit der spendenakquirierenden Organisation überzeugt werden. Die spendenakquirierende Organisation muß dem Spender das Gefühl vermitteln, daß seine Unterstützung langfristig gebraucht wird und daß für ihn vor dem Hintergrund einer intertemporalen Austauschbeziehung reziproke Gratifikationen fließen.[2] Als Elemente einer strategischen, beziehungsorientierten Spendenkommunikation eignen sich dazu in der Einführungsphase laufende - schriftlich oder persönlich vorgetragene - Erfolgsmeldungen in kurzen Abständen über den mit Hilfe der Spende erreichten Stand des Projektes. McLeish (1991) empfiehlt die Herausgabe eines regelmäßig erscheinenden Spendermagazins. Das Spendermagazin kann neben spendenpro-

---

[1] Die Schätzung von Prochazka (1982), daß nur etwa 15-20 % der Erstspender erneut Spendentransfers an die selbe spendenakquirierende Organisation leisten, weist auf Defizite bei spendenakquirierenden Organisationen bezüglich dem Verständnis der Spende als intertemporale Beziehung hin. Eine langfristige, strategische, beziehungsorientierte Perspektive im Spendenmarketing ist nur bei wenigen spendenakquirierenden Organisationen vorhanden. Die Chancenpotentiale, die sich aus dem Aufbau und der Pflege der Beziehung zum Spender ergibt, werden in praxi nicht oder zumeist nur unzureichend ausgeschöpft. Vgl. Prochazka, K. 1982, S. 34, ebenso Notheis, D. 1992, S. 8.

[2] Vgl. Ashton, D. 1989, S. 18, Notheis, D. 1992, S. 8.

jektbezogenen Informationen auch als Plattform zur Veröffentlichung bzw. Vorstellung der Spender dienen. Das Konzept des Spendermagazins sollte spenderorientiert gestaltet sein. Die Ergebnisse regelmäßiger Befragungen der Spender über den Inhalt des Magazins und ihren projektbezogenen Wissensbedarf sollten in die Ausgestaltung des Spendermagazins einfließen.[1]

Zum Aufbau von Vertrauens- und Identifikationspotentialen können u. a. Strategien, die bereits im Rahmen der Erörterung der Issue-Congruence Theorie bzw. der Theorie des wahrgenommenen Spendenrisikos näher erläutert wurden, Verwendung finden. Die Integration von prominenten Schirmherren in Spendenkampagnen trägt zum Aufbau von Vertrauen und zur subjektiven Wahrnehmung eines hohen Stellenwertes des Anliegens der spendenakquirierenden Organisation beim Spender bei. Thematische Überlappungen bzw. Kongruenzen bei Zielgruppen erhöhen die wechselseitige Identifikation der Spendentauschpartner und verringern das Themenfeld betreffende sprachliche Verständigungsschwierigkeiten. Die Spendentauschpartner werden zu Issue Partnern und erreichen so eine spezifische Qualität der Spendenbeziehung. Darüber hinaus kann eine sorgfältige, unter dem Gesichtspunkt des langfristigen Beziehungsaufbaus zum Spender geführte Auswahl des Ansprechpartners bzw. Spendensammlers das Strategienprofil in der Einführungsphase ergänzen.

In der Einführungsphase gilt es für die spendenakquirierende Organisation der latenten Neigung von Unternehmen, ihre Spendentransfers möglichst breit zu streuen entgegenzuwirken. Bei dem in praxi verbreiteten "Gießkannenprinzip", bedienen Unternehmensentscheidungsträger mit einem bestimmten Spendenbudget nach der Maxime: "An Organisation X haben wir gespendet, daher können wir jetzt auch bei Organisation Y nicht nein sagen", möglichst viele anfragende spendenakquirierende Organisationen.[2] Die Unternehmen verfolgen mit der Streuung ihres Spendenengagements eine möglichst breite Dokumentation ihrer philanthropischen Orientierung und beabsichtigen, möglichst wenige um Spenden bittende Organisationen mit einer Absage zu enttäuschen. Der breite Aufbau von Goodwillpotentialen steht im Vordergrund.

---

[1] Vgl. McLeish, B.J. 1991, S. 59. Für den deutschen Spendenmarkt können bereits vorhandene Mitgliedermagazine der Wohlfahrtsverbände, wie z. B. das "Sozialprisma" der Arbeiterwohlfahrt, im Sinne eines spenderorientierten Spendermagazins modifiziert werden.
[2] Vgl. Sinclair, J.P 1982, S. 26.

Die Entwicklung der einzelnen Spendenbeziehung zur Reifephase wird dadurch jedoch erschwert. Die einzelnen Spendenhöhen bleiben auf einem geringen Niveau.[1] Die spendenakquirierende Organisation muß das Spenderunternehmen deshalb davon überzeugen, daß eine Konzentration der Spenden resp. eine Fokussierungsstrategie bei der Spendenvergabe weder unter ethischen Aspekten, noch unter dem Gesichtspunkt der Erzielung reziproker Gratifikationen einen Mangel besitzt. Die Kommunikation der Vorteilhaftigkeit einer langfristigen Spendenpartnerschaft auf hohem Niveau spielt dann im Rahmen des strategischen, beziehungsorientierten Spendenmarketing in der Einführungsphase eine zentrale Rolle. Sinclair (1982) hat hierzu eine Reihe von Argumenten entwickelt, die als Elemente der Spendenkommunikation in der Einführungsphase Verwendung finden können.

Special elements to enter in general purpose proposals:

- We want to create a partnership between us.
- We are launching a major corporate and foundation drive.
- The Federal government is giving us money. (An organization receiving a federal grant should trade up on this point as much as possible).
- We will give public recognition to your grant.
- We need your help for no more than two years.
- Your grant is for one-time only - just to help us bridge a gap for one year.
- Many other corporations (and these are their names) are joining in supporting us.
- Our programs are specifically available to your employees.
- Our programs help support the stability of the economy and the credit system.
- Demands for our services are growing. We have six week waiting list.
- The young people we train are your potential employees.
- Institutions like us are consumers of your product.
- Individuals we serve are customers of your product.

Quelle: Sinclair J.P. 1982, S. 27.

Abbildung 5.11: Argumente für die Spendenkommunikationspolitik in der Einführungsphase

---

[1] Vgl. ebenda.

Grundsätzlich stehen der spendenakquirierenden Organisation zwei strategische Stoßrichtungen in der Einführungsphase zur Auswahl. Zum einen kann das Spendenmarketing auf eine schnelle Penetration der Beziehung zum Spender und damit einem nahtlosen Übergang in die Wachstumsphase ausgerichtet werden, zum anderen kann die spendenakquirierende Organisation einen langsamen Beziehungsaufbau verfolgen. Die Penetrationsstrategie zielt auf die schnelle Erzielung hoher Spendenbeträge ab. Die spendenakquirierende Organisation versucht den Spender mit dem Verweis auf ihren spendenprojektbezogenen Mittelbedarf zu einem bestimmten Spendenvolumen zu bewegen. Sie zielt auf das "schnelle Geld" ab und geht dabei zugunsten des kurzfristigen Liquiditätsvorteils das Risiko ein, daß die Spendenbeziehung nach einer steilen Wachstums- bzw. hohen Einführungsphase in die Degenerationsphase übergeht. Unternehmen, die sich mit einem hohen Spendeneinsatz zu Beginn einer Spendenbeziehung engagieren, werden spätere Spendenanfragen - z. B. für andere Projekte - der spendenakquirierenden Organisation i.d.R. mit dem Verweis auf den bereits geleisteten Transfer ablehnen. Bei den Spendenentscheidungsträgern entsteht der subjektive Eindruck, "ihr Soll" erfüllt zu haben.

Die Strategie des langsamen Beziehungsaufbaus verfolgt dagegen ein behutsames Vortasten in die intertemporale Spendenbeziehung. Die Einführungsphase der Spendenbeziehung wird genützt, um systematische Informationen über das Spenderunternehmen, seine Spendenentscheidungsträger und den Ablauf der Entscheidungsprozesse im Unternehmen zu erhalten. Persönliche Kontakte zu den Entscheidungsträgern werden langsam und sorgfältig aufgebaut und Informationen über den Spender werden für die Entwicklung und den Transport von spenderorientierten Informationen fruchtbar gemacht. Die spendenakquirierende Organisation achtet darauf, daß der Spender nicht mit zu häufigen Spendenanfragen überfordert wird und daß keine subjektive Wahrnehmung eines starken Drucks auf den Spender entsteht, der zum Abbruch der Spendenbeziehung führen kann. Die Strategie des langsamen Beziehungsaufbaus präferiert die Politik der kleinen Schritte gegenüber der Politik des schnellen Erfolges.

5.7.2.2. Strategien in der Wachstumsphase

Mit dem raschen Anstieg des Spendenvolumens in aufeinanderfolgenden Beziehungsperioden tritt die Spendenbeziehung in die Wachstumsphase ein. Die Frequenz und der Wert der einzelnen Spendentransaktionssequenzen erhöhen sich. Das Vertrauenskapital und die Identifikation mit dem Spendenpartner wachsen stark. Für die spendenakquirierende Organisation ergibt sich daraus, mit Blick auf das übergeordnete Ziel der Maximierung des Spendenaufkommens, die Aufgabe, die Wachstumsphase solange wie möglich auszudehnen.

Zur Dehnung der Wachstumsphase der Spendenbeziehung stehen der spendenakquirierenden Organisation unterschiedliche Strategien zur Verfügung, die einzeln oder in Kombination zu einer Stimulation von Spendentransaktionssequenzen beitragen können. Mit Hilfe der Steigerung der Prozeßqualität kann eine Senkung der Transaktionskosten für den Spender erreicht werden und infolgedessen die Wahrscheinlichkeit erneuter Spendentransfers steigen. Unter die Prozeßqualität ist neben der Qualität (Inhalt und Medium) der an den Spender gerichteten Informationen das Ausmaß der subjektiv vom Spendenentscheidungsträger empfundenen Zuwendungsmühe zu subsumieren. Die Zuwendungsmühe beschreibt den vom Spender perzipierten Aufwand zur Spendenvergabe. Sie setzt sich zum einen aus den Transaktionskosten zur Übertragung der Spendenobjekte und zum anderen aus den Transaktionskosten, die im Rahmen der Spendenentscheidungsfindung entstehen, zusammen. Zur Minimierung der Transaktionskosten der Übertragung der Spendenobjekte kann die spendenakquirierende Organisation durch die Bereitstellung von verwendungsfertigen Überweisungsträgern bzw. im Falle von Sachspenden durch die Bereitstellung der Transportmittel beitragen. Ebenso ist an die Bereitstellung der Möglichkeit zur Übertragung von Spenden über Bildschirmtext (Btx) oder Kreditkarten als Option zur Verringerung der Zuwendungsmühe für den Spender zu denken. Die spendenakquirierende Organisation muß dazu die notwendigen technischen und - im Falle des Kreditkartentransfers - vertraglichen Voraussetzungen schaffen.

Eine Steigerung der Qualität der an den Spender gerichteten Informationen kann mit Hilfe der Informationen, die im Rahmen der Spendenbeziehung über den Spender bzw. sein individuelles Spendenverhalten gewonnen werden, erfolgen. Die spendenakquirierende Organisation gewinnt mit zunehmender Kontaktintensität zum Spender tieferen Einblick in seine Informationsbedürfnisse und -verarbeitungsprozesse. Je nach Präferenzen des

Spendenentscheidungsträgers können so optimale Informationsmedien aus- gewählt und bedarfsgerecht zugeschnittene Informationen transportiert wer- den. Neben der persönlichen Kommunikation stehen der spendenakquirie- renden Organisation dazu u. a. Spendenbriefe, Spendenwerbung oder Informationsplazierungen in redaktionellen Teilen von Medien als Handlungsoption zur Verfügung.[1] Mit Hilfe einer **spendenbeziehungszen- trierten Public Relations** können beziehungsfördernde Anreize in der bezie- hungsrelevanten Umwelt des Spendenentscheidungsträgers geschaffen wer- den.[2]

Mit einer Erweiterung des Angebotes an konkreten Spendenprojekten - **Strategie der Projektinnovation** - eröffnen spendenakquirierende Organisatio- nen neue Felder der Zusammenarbeit mit dem Spender. Neue Spendenpro- jekte generieren neue Anknüpfungspunkte zu den Erwartungen und Bedürfnissen des Spenderunternehmens und schaffen neue Chancen auf eine Ausweitung der Spendenbeziehung resp. auf eine Verlängerung ihrer Wachs- tumsphase. Die Strategie der Projektinnovation ermöglicht spendenakquirie- renden Organisationen auf aktuelle, in der Arena der öffentlichen Diskussion - und damit auch im Blickpunkt der spendenrelevanten Öffentlichkeit - stehende Themen einzugehen und somit das Interesse spendenbereiter Un- ternehmen auf sich zu lenken. Dem Aspekt der Spenderorientierung kommt damit auch im Rahmen der Produktpolitik entscheidende Bedeutung zu.

Bei der Implementierung der Strategie der Projektinnovation ist jedoch auf die langfristige Finanzierbarkeit der neuen Spendenprojekte zu achten. Treten bei der Projektinnovation hohe, unwiederbringliche Gründungskosten auf und stehen die Projekte nur vorübergehend in der Arena der Öffentlichkeit, ist die Strategie der Projektinnovation zur Verlängerung der Wachstumsphase u.U. finanziell nicht vorteilhaft. Das entsprechende Chancenpotential neuer Spendenprojekte muß deshalb vor der Implementierung von der spendenak- quirierenden Organisation sorgfältig geprüft werden.

McLeish (1991) empfiehlt in Anlehnung an Key-Account Konzepte aus dem kommerziellen Marketing ein **Key-Donor-Management**.[3] Die spendenakquirie- rende Organisation soll ihre Aktivitäten zur Spendenakquisition dabei auf die

---

1 Zur Zielgruppenansprache von Unternehmensentscheidungsträgern empfiehlt sich z. B. eine Schaltung von Spendenwerbung in Fachmagazinen, die vom Spendenentscheidungs- träger gelesen werden.
2 Zur beziehungszentrierten Public Relations, vgl. McLeish, B.J. 1991, S. 87 ff.
3 Vgl. McLeish, B.J. 1991, S. 118. Zum Key-Account-Management Vgl. u. a. Kemna, H. 1979.

großen Spender konzentrieren, die weiteren Zuwachs an Spendentransfers versprechen, d. h. in der Logik des Spendenlebenszyklus-Modells auf Spendenbeziehungen, die sich in der Wachstumsphase befinden.[1] Für jede Spendenbeziehung in der Wachstumsphase soll eine individuelle "mini fundraising campaign" entwickelt werden, "finding out why they give and to whom, and approaching them with causes that fit their interest."[2] Die Orientierung an den Wünschen und Präferenzen des Spenderunternehmens steht im Vordergrund. Für den persönlichen Kontakt zu den Spendenentscheidungsträgern wird eine eigene Person abgestellt. Sie fungiert als alleiniger Ansprechpartner für die Schlüsselspender ('key donor'). Die Spendenbeziehung wird nicht nur auf der organisationalen Ebene geführt, sondern parallel wird die Entwicklung einer persönlichen Beziehung des Mitarbeiters der spendenakquirierenden Organisation - in praxi meist der Geschäftsführer - zu den Spendenentscheidungsträgern der Unternehmen angestrebt. Gelingt der Aufbau der persönlichen Beziehung zum Spendenentscheidungsträger, lassen sich dadurch zusätzliche Spenderpotentiale ausschöpfen. Im Extremfall kann es dazu kommen, daß der Manager nur noch mit einem bestimmten "Betreuer" in Kontakt treten will. Scheidet die betreffende Person jedoch aus der spendenakquirierenden Organisation aus, ist in der Folge auch der Fortbestand der gesamten Spendenbeziehung gefährdet. "For many donors introducing a different solicitor or contact into the relationship is tantamount to destroying it."[3] Dieses Risiko muß bei der Einführung des Key-Donor-Managements bedacht werden.

5.7.2.3. Strategien in der Reifephase

In der Reifephase verlangsamt sich der Zuwachs des Spendenvolumens in den aufeinanderfolgenden Beziehungsperioden. Der Wert und die Frequenz der einzelnen Spendentransaktionssequenzen pendelt sich auf ein bestimmtes Niveau ein. Mit zunehmender Dauer der Reifephase können die Spendenvolumina dann wieder abnehmen. Deswegen kann die Reifephase auch in eine Reife mit Restwachstum, eine Reife mit Stabilität sowie eine Reife im

---

[1] McLeish geht davon aus, daß die begrenzten Ressourcen der spendenakquirierenden Organisationen keine identische Bearbeitungsintensität bei allen Spendern zuläßt. Die Ressourcenknappheit zwingt die spendenakquirierenden Organisationen zur Fokussierung ihres Spendenmarketing auf Spendenbeziehungen, die sich in der Wachstumsphase befinden. Vgl. McLeish, B.J. 1991, S. 120.

[2] Ebenda.

[3] Ebenda, S. 120.

Ausklang differenziert werden, bei der die im Rahmen der Spendenbeziehung transferierten Spenden langsam zurückgehen.[1] Als strategische Stoßrichtungen stehen für das Spendenmarketing in der Wachstumsphase zwei alternative Orientierungen zur Disposition. Die spendenakquirierende Organisation kann entweder weiterhin in die Beziehung zum Spender investieren, d. h. ihren auf die spezifische Spendenbeziehung bezogenen Spendenmarketingaufwand konstant halten, oder ihre Bemühungen um den Spender einstellen resp. ihre Spendenmarketingressourcen auf Spendenbeziehungen, die sich in anderen Lebenszyklusphasen befinden, verlagern.

Bei der grundsätzlichen Entscheidung über die Behandlung von Spendenbeziehungen in der Reifephase darf nicht außer Acht gelassen werden, daß auch in reifen Spendenbeziehungen in der Regel noch erhebliches Spendenpotential schlummert. Die Spendentauschpartner blicken in reifen Spendenbeziehungen auf eine längere gemeinsame Erfahrung zurück. Ein Grundstock an Vertrauenskapital besteht, der als Fundament für das Fortbestehen bzw. als Plattform für die Weiterentwicklung der Spendenbeziehung fungieren kann.

Spendenakquirierende Organisationen können in ihrer Spendenkommunikation auf dieses Erfahrungs- und Vertrauenskapital bezug nehmen. Zur Revitalisierung von reifen Spendenbeziehungen können sie z. B. Anknüpfungspunkte in der bisherigen Beziehungsgeschichte identifizieren und in die Spenderansprache integrieren. **Schlüsselerlebnisse**, die als Elemente des gemeinsamen Erfahrungsschatzes von Spender und spendenakquirierender Organisation positive Erinnerungen auf Seiten des Spenders wecken, können als Aufhänger für eine erneute Spenderansprache fruchtbar gemacht werden. Mit dem Verweis auf ein gelungenes Spendenprojekt, an dem der Spender maßgeblich beteiligt war, oder die Erinnerung an eine signifikante Begebenheit im persönlichen Kontakt zwischen dem Spendenentscheidungsträger und der Person des Spendensammlers, werden Impulse für neue Spendentransaktionssequenzen gegeben. Der Spendenbeziehung kann so zu einer neuen Blüte verholfen werden. Die Integration von Schlüsselerlebnissen aus der Beziehungsgeschichte in die Spendenkommunikation wird zum Brückenpfeiler für die Revitalisierung von reifen Spendenbeziehungen. Eine **Schlüsselerlebnis-Analyse**, die die Identifikation von signifikanten Ereignissen und Begebenheiten aus der Spendenbeziehungshistorie zum Ziel hat, wird zum zentralen Baustein eines Spendenmarketing in der Reifephase.

---

[1] Vgl. analog zu Kotler, P./Bliemel, F. 1992, S. 554.

McLeish (1991) empfiehlt als Strategie für Spendenbeziehungen in der Reifephase die Gründung von **Clubs**, die insbesondere von langjährigen Spendern als Gratifikationsquelle und Fortschreibung der Verpflichtung gegenüber der spendenakquirierenden Organisation ('long-term donor loyalty') zugleich verstanden werden können. "In some nonprofits the corporate fundraising goal is to graduate donors through a successive series of giving clubs and membership with each succeeding level getting the donor involved in new and more personal way."[1] Mit der Mitgliedschaft in einem Club wird der Spender zum einen für seine Treue gegenüber der spendenakquirierenden Organisation und ihren Anliegen ausgezeichnet. Aus der Mitgliedschaft resultieren Prestige- bzw. Imagegewinne für den Spender. Zum anderen erhöhen Clubmitgliedschaften das Involvement der Spender. Das erhöhte Involvement kann sich dabei nicht nur in Form einer Erhöhung der Spendentransfers des Spenders auswirken, sondern auch in "other intangible ways as well, such as being a spokesperson for the organization, praying for it, or telling others about it."[2] Entsprechend des unterschiedlichen Umfangs des Spendenengagements von Unternehmen kann die spendenakquirierende Organisation ein multiples System von Spendenclubs gründen. Je nach Höhe der Spendentransfers in einer Beziehungsperiode und der Historie der Spendenbeziehung können die Unternehmensspender unterschiedlichen Clubs zugewiesen werden, die ein abgestuftes Gratifikations- und Bearbeitungsniveau nach sich ziehen. So wird in den USA in praxi z. B. zwischen "President's Councils", "Founders Table" oder "Harvester Clubs" differenziert.[3] Die Abstufung der Clubs schafft zusätzlich Anreize für eine vertikale Mobilität des Spendenengagements. Für Unternehmen, die Mitglied eines Clubs mit geringerem Spendenniveau sind, kann es u.U. - wenn ein Konkurrenzunternehmen bereits Mitglied eines Clubs mit höherem Status ist - attraktiv sein, sich durch Ausweitung ihrer Spendentransfers an die spendenakquirierende Organisation, die Mitgliedschaft in einen prestigeträchtigeren Club zu erwerben.[4] Die Spen-

---

[1] McLeish, B.J. 1991, S. 122 ff. Zur Pflege von Beziehungen zu Mitgliedern bzw. zum Marketing von Clubs Vgl. die Ausführungen zum "Membership Marketing" bei Christian, J. 1992, S. 7 ff.

[2] Ebenda, S. 123.

[3] Vgl. ebenda.

[4] "Each giving level should be designated with unique giving goals and benefits. Some excellent giving clubs have had different figureheads at each level whose name appeared on the solicitation and who also was involved as a spokesperson. Those at each donor level could receive a framed letter or citation recognizing their contribution. Each level then has its own unique stationary, which is used to acknowledge givers at that level. As donors fulfill their annual contribution they are encouraged to move up to the next category. Typically, each category offers more insider types of activities and membership benefits with some of the upper-level-perks of larger nonprofits being quite elaborate and

denbeziehung entwickelt sich dann aus der Reifephase in eine erneute Wachstumsphase.

Lahn (1981) verweist auf die Gründung von sog. "5 %-Clubs".[1] Durch die vor allem in den USA weit verbreiteten Institutionen wie etwa den "Minneapolis/St.Paul Five-Percent Club", oder den "Five Percent Club of Greater Baltimore" wird die Konkurrenz- und Prestigeorientierung von Unternehmen als Stimulus für die Generierung von Spendentransaktionssequenzen genützt. Bei den "5%-Clubs" handelt es sich um eine von der lokalen Industrie- und Handelskammer organisierte Plattform, deren Mitgliedschaft an die Bedingung geknüpft ist, daß die Unternehmen mindestens fünf Prozent ihres ausgewiesenen Gewinns vor Steuern an karitative Zwecke spenden. Die Industrie- und Handelskammer sorgt neben der alljährlichen Überprüfung der Sollzahlen bei den Mitgliedern, für eine entsprechende Belohnung der Unternehmen, in dem sie den Clubmitgliedern in unterschiedlicher Form öffentliche Anerkennung für ihr Verhalten ausspricht. Neben öffentlichen Veranstaltungen, Meetings und Pressekonferenzen wird den Unternehmen das Recht zugesprochen, in ihrer Werbung aktiv auf ihre Mitgliedschaft im "5 %-Club" einzugehen. Durch das öffentliche Wirken des Clubs entsteht ein Konformitätsdruck auf Nichtmitglieder. Unternehmen mit Spendenvolumen unterhalb der 5%-Hürde, werden zu einer Erhöhung des Spendenbudgets und zur Aufnahme in den Club gebracht, um den Image- bzw. Wettbewerbsnachteil zu egalisieren. Sinkt das Spendenengagement eines Mitgliedes unter fünf Prozent seines Gewinns vor Steuern, verliert es automatisch seine Mitgliedschaft.

Insgesamt unterscheiden sich die "5%-Clubs" aber von den von McLeish beschriebenen Clubs, da sie nicht von einer einzelnen spendenakquirierenden Organisation als spezieller Spenderclub konzipiert bzw. initiiert werden, sondern von neutralen Institutionen wie der Industrie- und Handelskammer oder Organisationen wie etwa der "Aktion Gemeinsinn" ausgehen.[2] Die fünf Prozent Hürde bezieht sich nicht auf das Engagement zugunsten einer spezifischen spendenakquirierenden Organisation, sondern auf die Spendenvergabe des Unternehmens im Allgemeinen. Daher ist in praxi eine parallele Existenz von "5%-Clubs" und speziellen Spenderclubs von spendenakquirierenden Organisationen durchaus denkbar und unter dem Gesichts-

---

status-oriented. This system of giving clubs can often become the most important financial underpinning of a nonprofit." Ebenda, S. 124.
[1] Vgl. Lahn, S.M. 1981, S. 24, ebenso Gibson, B.E. 1982, S. 54, Bertsch, K.A. 1983, S. 46 ff, Knauft, E.B. 1986, S. 45 ff.
[2] Zur Idee der "Aktion Gemeinsinn" vgl. Canal, R. 1987, S. 367 ff.

punkt eines beziehungsorientierten Spendenmarketing in der Reifephase sogar wünschenswert.

5.7.2.4. Strategien in der Degenerationsphase

Geht in Spendenbeziehungen das Spendenvolumen je Beziehungsperiode trotz erheblicher Marketingaufwendungen zur Pflege der Beziehung zurück, tritt die Spendenbeziehung in die Degenerationsphase ein. Die Spendentransfers fallen entweder auf Null oder stabilisieren sich auf einem sehr geringen Niveau, das dann u.U. über viele Beziehungsperioden hinweg konstant bleibt.

Für einen Rückgang der Spendentransfers resp. einen Eintritt in die Degenerationsphase gibt es viele Gründe. In der Folge von Rezessionen kann die Leistungsfähigkeit und damit der Handlungsspielraum der Spenderunternehmen zur Spendenvergabe sinken. Das Anliegen von spendenakquirierenden Organisationen kann aus dem Fokus der Öffentlichkeit rücken. Skandale über die Veruntreuung von Spendengeldern können den Spender verunsichern, oder der durch das Spendenmarketing spendenakquirierender Organisationen erzeugte Druck auf den Spender kann zu Reaktanzreaktionen führen.[1] All diese Entwicklungen führen aus der Sicht des Spenders zu einer Bedeutungsreduktion der Spendenbeziehung bzw. zu einem sinkenden Interesse an der Vergabe neuer Spenden.

Zur Systematisierung der vielfältigen Ursachen, die für den Eintritt einer Spendenbeziehung in die Degenerationsphase verantwortlich sein können, wird in eine extern- und eine intern-induzierte Degeneration unterschieden. Im Falle von Gründen, die nicht unmittelbar von der spendenakquirierenden Organisation zu vertreten sind bzw. die nicht auf Fehler im Spendenmarketing der spendenakquirierenden Organisation zurückzuführen sind, soll von einer **extern induzierten Degeneration** der Spendenbeziehung gesprochen werden. Die Ursachen für die Degeneration der Spendenbeziehung liegen auf seiten des Spenders bzw. der situativen Umfeldfaktoren - z. B. der allgemeinen Konjunktur. Sind dagegen die Spendenmarketingaktivitäten der spendenakquirierenden Organisation ursächlich für den Verfall

---

[1]   Zur Reaktanzforschung vgl. u. a. Brehm, J.W. 1966, Wicklund, R.A./Brehm, J.W. 1968, Gniech, G./Grabitz, H.J. 1978, West, S.G./Wicklund, R.A. 1985 S. 251 ff, Kroeber-Riel, W. 1990, S. 213 ff. Für den Bereich des Spendenmarketing liegen bislang jedoch keine gesonderten Forschungsergebnisse der Reaktanzforschung vor.

der Spendenbeziehung - ist z. B. die Spendenbeziehung zu wenig gepflegt worden oder hat die spendenakquirierende Organsation den Spender zu aufdringlich um Hilfe gebeten -, soll von einer **intern induzierten Degeneration** der Spendenbeziehung gesprochen werden. Zur Identifikation von Fehlern im Spendenmarketing, die zu einer intern induzierten Degeneration geführt haben, kann ein systematisches Controlling der Spendenmarketingaktivitäten dienen.[1]

Als strategische Optionen stehen der spendenakquirierenden Organisation für die Bearbeitung von Spendenbeziehungen in der Degenerationsphase grundsätzlich drei Handlungsmodelle zur Auswahl. Die spendenakquirierende Organisation kann entweder (1) eine Strategie des Erntens verfolgen, (2) ihre Investitionen in die degenerierte Spendenbeziehung auf dem bisherigen Niveau beibehalten, oder (3) ihre Aktivitäten zur Reaktivierung der Spendenbeziehung noch erhöhen. Mit einer Aufstockung ihrer auf die degenerierte Spendenbeziehung bezogenen Marketinginvestitionen verfolgt die spendenakquirierende Organisation das Ziel, die Beziehung zum Spender wieder in eine neue Wachstumsphase zu bringen. Bei einer Aufrechterhaltung des bisherigen Niveaus der Beziehungspflege setzt die spendenakquirierende Organisation auf ein "Wiederanspringen" der Beziehung. Durch eine konstante Spenderansprache soll verhindert werden, daß das bisher geknüpfte Beziehungsnetz reißt und daß die Chance auf eine Revitalisierung der Beziehung zu einem späteren Zeitpunkt gewahrt bleibt. Dabei nimmt die spendenakquirierende Organisation in Kauf, daß sich in bezug auf die degenerierte Spendenbeziehung ein negativer Ertrag einstellt, d. h. daß die Aufwendungen für das Spendenmarketing die Einnahmen durch die Spendentransfers übersteigen.

Zur Strategie des Erntens gehört, die Aufwendungen zur Pflege der Spendenbeziehung schrittweise abzubauen und gleichzeitig zu versuchen, das Spendenvolumen der Beziehung auf möglichst hohem Niveau zu halten. Zuerst wird der Aufwand zur Informationsgewinnung über den Spender verringert. Danach wird die aufwendige persönliche Kommunikation mit dem Spender eingestellt. Man könnte auch den Umfang und die Frequenz der schriftlichen Spenderinformationen bzw. -ansprachen zurücknehmen oder das Spendermagazin nur noch auf direkte Anforderung des Spenders hin versenden. In jedem Fall wird die spendenakquirierende Organisation die kostensenkenden Maßnahmen im Rahmen der Strategie des Erntens so vornehmen, daß es dem Spender nicht bewußt wird, daß man die Spendenbeziehung

---

[1] Vgl. Notheis, D. 1992, S. 91 ff.

nicht mehr als ertragreich erachtet und sich langsam aus der Spendenbeziehung zurückziehen will. Wenn der Spendentauschpartner dies wüßte, würde er voraussichtlich keine Spendentransfers an die spendenak-quirierende Organisation mehr leisten. Wenn die Wettbewerber auf dem Spendenmarkt dies wüßten, würden sie den Spender darüber informieren.

Folglich bringt die Strategie des Erntens ethische Probleme mit sich und ist gleichzeitig auf eine ethisch und wirtschaftlich effektive Weise nur schwer durchführbar.[1] Unter dem Blickwinkel knapper Spendenmarketingbudgets ist sie jedoch für viele reife Spendenbeziehungen erforderlich. Die Strategie des Erntens bringt der spendenakquirierenden Organisation in bezug auf die Spendenbeziehung einen erhöhten Gewinn - vorausgesetzt, daß die Spenden-beziehung nicht zusammenbricht -, wenn die spendenakquirierende Organi-sation die Ausgaben zurückfahren kann, ohne den Rückgang des Spenden-volumens zu beschleunigen.

5.7.2.5. Phasenübergreifende Strategiemodule

Neben den Strategien, die sich auf einzelne Phasen des Spendenlebenszyklus beziehen, bedarf ein systematisches beziehungsorientiertes Spendenmarketing strategischer Module, die zur übergreifenden Pflege und Bearbeitung aller Spendenbeziehungen - ungeachtet ihrer aktuellen Phasenzugehörigkeit - herangezogen werden können. Hierzu zählt etwa die systematische Gewin-nung, Verarbeitung, Speicherung und Kommunikation von Informationen, die den Kern der Planungsaktivitäten in allen Phasen bildet. Als zentraler Baustein eines beziehungsorientierten Spendenmarketing bietet sich von daher die Installation eines phasenübergreifenden strategischen Spenden-marketing-Informationssystems an, in dem z. B. neben relevanten Spender-daten (Datenbank) auch einzelne Planungstechniken (Methoden- und Modellbank) sowie Theorien und Hypothesen (Theorien- und Hypothesen-bank) erfaßt sind.[2]

---

[1] Vgl. Kotler, P./Bliemel, F. 1992, S. 563. Kotler/Bliemel (1992) kommen für den Bereich des Produktmarketing zu diesem Befund. Für ein beziehungsorientiertes Spendenmar-keting gilt die Problematik der Vereinbarkeit von ethischen und wirtschaftlichen Effizienz-zielen bei der Beurteilung der Strategie des Erntens entsprechend.

[2] Vgl. Wiedmann, K.P./Kreuzer, R. 1989, S. 69. Zur Konzeption und Implementierung strategischer Marketing-Informationssysteme vgl. u.a. Bromann, P. 1984, S. 87 ff, Heinzel-becker, K. 1985, Zentes, J. 1987, Schaller, G. 1988, Shaw, B./Stone, M. 1988, S. 24 ff, Fahey, L. 1989, S. 26 ff, Calori, R. 1989, S. 69 ff, Krüger, W./Pfeiffer, P. 1991, S. 21 ff.

Unter Bezugnahme auf das "Nonprofit Software Package Directory" des "Fund Raising Management"-Journals lassen sich vier Ausbaustufen von Spendenmarketing-Informationssystemen differenzieren.[1] Neben **Berichtssystemen**, die sich auf eine periodische Bereitstellung von Ist-Daten über vorhandene Spender beschränken, geben **Abfragesysteme** mit Hilfe einer Ergänzung um allgemeine Abfragesprachen flexiblen und direkten Zugriff auf bedarfsorientierte Auskünfte über den aktuellen Stand von Spendenbeziehungen. Im Rahmen der nächst höheren Ausbaustufe von Spendenmarketing-Informationssystemen, der sog. **Signalsysteme**, werden laufende Soll-Ist-Vergleiche zwischen apriori definierten Planzahlen für die Entwicklung der Spendenbeziehungen und den aktuellen Daten über das Spendenvolumen des einzelnen Spenders durchgeführt. Kommt es zu Abweichungen vom Soll bzw. zum Über- oder Unterschreiten vorgegebener Schwellenwerte an Spendenbeträgen, werden automatisch Informationen darüber an den Systemnutzer ausgegeben und entsprechende Antwortstrategien vorgeschlagen.[2]

Entscheidungssysteme stellen die bislang höchste Entwicklungsstufe von marktgängigen Spendenmarketing-Informationssystemen dar.[3] Sie setzen sich im idealtypischen Fall aus einer Daten-, Methoden-, Modell- und Theorienbank sowie einem Kommunikationssystem zusammen, das den benutzerfreundlichen Zugriff auf die einzelnen Systemkomponenten mit Hilfe von Bildschirmen, Terminals, Hardcopygeräten oder Druckern erlaubt. In der Datenbank werden die relevanten Spender- und Umweltinformationen gesammelt. Die Theorienbank enthält abrufbereite Informationen über Theorieansätze, die Orientierungs- und Anregungspotential für das Spendenmarketing spendenakquirierender Organisationen besitzen. Die Methodenbank beinhaltet mathematisch-statistische Verfahren zur Aufbereitung und Weiterverarbeitung der Daten. In der Modellbank sind dagegen strategische und operative Spendenmarketingmodelle und Analyseinstrumente gespeichert, die mit den Daten aus der Datenbank gespeist bzw. auf diese angewendet werden können. Hier kann das Modell des Spendenlebenszyklus Eingang finden und im Zuge dessen eine Zuordnung der einzelnen

---

1   Vgl. Notheis, D. 1992, S. 79 ff. Zum "Nonprofit Software Package Directory" siehe Fund Raising Management, Nr. 10, October, 1988.
2   Wenn Signalsysteme feststellen, daß ein Spender seit längerem keinen Spendentransfer mehr geleistet hat, geben sie z. B. unter Angabe des betreffenden Spenders und der über ihn gespeicherten Informationen (Ansprechpartner, Eigenarten, Telefonnummer, etc.) die Empfehlung, den Spender anzurufen oder ein spezielles Mailing an ihn zu senden.
3   Die Aussagen beziehen sich ausschließlich auf den US-amerikanischen Spendenmarkt, da in der Bundesrepublik Deutschland der Markt für Spendenmarketing-Informationssysteme noch sehr klein ist und bislang noch keine systematische Übersicht über das Angebot an alternativen Systemen besteht.

Spendenbeziehungen zu den Beziehungsphasen geleistet werden. Das Entscheidungssystem gibt dann aktuelle Auskünfte darüber, in welcher Lebenszyklusphase sich eine Spendenbeziehung befindet und welche phasenbezogenen Strategiealternativen für die spendenakquirierende Organisation zur Verfügung stehen.

Eine Übersicht über die vornehmlich auf dem US-amerikanischen Markt erhältlichen Spendenmarketing-Informationssysteme und ihre jeweilige Klassifizierung verschafft die nachfolgende Tabelle, die sich auf die Daten des "Nonprofit Software Package Directory" stützt:[1]

Berichtssysteme	Abfragesysteme	Signalsysteme	Entscheidungssysteme

• ALUM
• ARTIS
• FUND ACCOUN-
  TING SYS
• IMS FUND RAI-
  SING SYSTEM
	• CAMPAIGN
	• DATAFLEX
	• DEV-MICRO
	• DONORPERFECT
	• DONOR$
	• FINANCE-DRIVE
	• FOCUS FUND
	  ACCOUNTING
	• FUND RAISING
	  TOOL BOX
	• FUND-WARE
	  SYSTEM
	• MATCHMAKER-PC
	• PC-FUND
	• RAMS
	• SCOTT DONOR
	  MANAGER
		• A1-FUNDRAISER
		• COMMTACT
		• DB DONOR
		• FUND AL
		• IDS SYSTEM ONE
		• SCI DONATION
		  MANAGEMENT
		  SYSTEM
		• STARMARK
			• ACCOUNTMATE
			• BENEFACTOR
			• DASCO II
			• CRUNCH
			• DONORBASE III
			• DONORMASTER
			• FRS-FUND RAI-
			  SING SYSTEM
			• FUNDMASTER
			• THE FUND DEVE-
			  LOPMENT SYSTEM
			• FUNDRAISER
			• PASS
			• RAISERS EDGE
			• TOTAL CAM-
			  PAIGN SYSTEM
			• ZDS

Quelle: Notheis, D. (1992), S. 80.

Abbildung 5.12: Aktuelle, PC-gestützte Spendenmarketinginformationssysteme aus den USA

Das zur phasenübergreifenden Informationsbereitstellung konzipierte Spendenmarketing-Informationssystem kann um ein systematisches Controlling der Spendenmarketingaktivitäten ergänzt werden.[2] Im Rahmen des **Spendenmarketing-Controlling** sollten alle Schritte und Strategien zur

---

1 Vgl. Notheis, D. 1992, S. 80. Für detailliertere Informationen über die einzelnen Programme siehe das Nonprofit Software Package Directory, in: Fundraising Management, October, 1988, S. 22-45.
2 Zum Spendenmarketing-Controlling bzw. zum Controlling bei Nonprofit-Organisationen Vgl. u. a. Albuschkat, U. 1992, S. 16 ff, Notheis, D. 1992, S. 91 ff.

phasenspezifischen Pflege der Spendenbeziehungen kontinuierlich einer kritischen Reflexion unterzogen werden, die sowohl den Prozeß der Strategieimplementierung, als auch die eigentliche Idee und das Ergebnis der Strategie erfassen. Mit einer funktionalen und organisatorischen Verankerung des auf die Spendenbeziehung und ihre Pflege bezogenen Controlling, wird der Prozeß der Ursachenanalyse für die Veränderungen von Spendenlebenszyklen systematisiert und mit der zu einer evolutorischen Fortentwicklung des Spendenmarketing erforderlichen Stringenz vorangetrieben. Infolgedessen werden interne Lernprozesse katalysiert, die zu einer langfristigen Qualifizierung des beziehungsorientierten Spendenmarketing bzw. der dafür zuständigen Marketer beitragen.[1]

Zur Erfüllung der Controlling-Funktion steht den spendenakquirierenden Organisationen eine reiche Instrumentenpalette zur Verfügung. Bei den Instrumenten des Spendenmarketing-Controlling kann vor allem auf die zahlreichen Verfahren aus dem Bereich des kommerziellen Marketing zurückgegriffen werden, die - mutatis mutandis - auf die speziellen Bedürfnisse und Fragestellungen von spendenakquirierenden Organisationen angepaßt werden können.[2]

Nach Wiedmann/Kreutzer (1989) ermöglichen Zielvorgaben die Durchführung von Soll-Ist-Analysen auf der Basis einer Kontrastierung von geplantem und realisiertem Entwicklungsverlauf - etwa im Hinblick auf die Spenden-, Lebenszyklusphasen-, oder Marktentwicklung. Auf den Ergebnis.sen dieser Planfortschrittskontrollen bzw. Parallelkontrollen aufbauend, können dann Abweichungs-Analysen - hinsichtlich der Abweichungsursachen und der Abweichungsrelevanz - durchgeführt werden, die in eine Prognose der Abweichungskonsequenzen einmünden.[3]

Durch eine permanente Überprüfung der Zielerreichung können bereits sehr früh innerhalb der Spendenbeziehungspflege Informationen gewonnen werden, die sich - bei Bedarf - unmittelbar für Steuerungseingriffe verwerten lassen. Voraussetzung dafür, daß eine solche Kontrolle überhaupt durchgeführt werden kann, ist das Setzen operationaler, d. h. meßbar definierter Ziele.[4] Diese sind dabei nicht nur bezogen auf das Ende des Planungszeitraums zu definieren, sondern auch für Fixpunkte innerhalb dieses Zeitraums - etwa auf

---

[1] Vgl. Notheis, D. 1992, S. 93.
[2] Vgl. u. a. Kiener, J. 1980, Köhler, R. 1982.
[3] Vgl. Wiedmann, K.P./Kreutzer, R. 1989, S. 121, ebenso Kiener, J. 1980, Köhler, R. 1982.
[4] Vgl. ebenda.

Quartalsbasis. Neben quantitativen Zielen bzw. Erfolgsindikatoren, wie etwa das auf einen bestimmten Zeitabschnitt bzw. eine Beziehungsperiode bezogene Zuwendungsvolumen des Spenders, führt Notheis (1992) als qualitative Indikatoren zur Messung des Spendenmarketingerfolges, das Image der spendenakquirierenden Organisation bei relevanten Zielgruppen oder die Beschwerden von Spendern - z. B. über eine zu spät bzw. gar nicht erfolgte Ausstellung von Spendenbescheinigungen - an.[1]

Die Strategie der Corporate Identity ermöglicht eine beziehungsphasenübergreifende Ausrichtung aller Marketingaktivitäten anhand des Selbstbildes resp. des Selbstverständnisses der spendenakquirierenden Organisation.[2] Die vordringlichste Aufgabe der **Corporate Identity** Strategie (CI) ist es, auf der Basis der Definition einer Identität der Organisation diese mit Hilfe graphischer, habitueller und kommunikativer Umsetzung den Spendern zu vermitteln und das gewünschte Soll-Image der spendenakquirierenden Organisation mit dem "Corporate Image" in den Augen der Spender zur Deckung zu bringen.[3] Unter der Identität der Organisation wird dabei die Summe an gemeinsam geteilten Werthaltungen, Erfahrungen und Einstellungen der Organisationsmitglieder verstanden.

Das Konstrukt "Corporate Identity" besteht aus drei Komponenten - Corporate Behaviour, Corporate Design und Corporate Communication. Die **Corporate Behaviour** beschreibt das Verhalten der Organisation bzw. ihrer Mitglieder. Sie wird mit Hilfe von Organisationsphilosophien und -grundsätzen normativ festgeschrieben und im täglichen Kontakt der Mitarbeiter mit den Spendern, Spendenempfängern, Arbeitskollegen oder der Öffentlichkeit "gelebt".

Das **Corporate Design** bezeichnet die visuelle Darstellung der spendenakquirierenden Organisation nach innen und außen.[4] Es dient der optischen Profilierung der Organisation bei der Durchsetzung ihrer Persönlichkeit im visuellen Wettstreit mit anderen Organisationen, Zeichen und Symbolen. Ein sinnvoll eingesetztes Corporate Design soll die ausgearbeitete. widerspruchsfreie Organisationsphilosophie und Kompetenz den verschiedenen Zielgruppen bekannt und einprägsam machen, quasi stellvertretend dastehen für

1 Vgl. Notheis, D. 1992, S. 92.
2 Vgl. u. a. Disch, W. 1978, Kneip, K. 1979, Antonoff, R. 1983, Schmidt, K. 1984, Birkigt, K./Stadler, M. 1985, Raffée, H./Wiedmann, K.P. 1985, Wiedmann, K.P. 1987.
3 Die Corporate Identity stellt das Selbstbild der Organisation dar, Corporate Image dessen Projektion im sozialen Feld der Umwelt. Vgl. Birkigt K./Stadler M. 1985, S. 26.
4 Vgl. Wiedmann, K.P. 1987, S. 188, Birkigt, K./Stadler, M. 1985, S. 26 ff.

die gesamte Organisation.[1] Das Corporate Design darf dabei nicht nur im Zeichen der Organisation (Logo) zum Ausdruck kommen, sondern muß sich konsequent durch alle Kommunikationsmedien wie etwa der Architektur, Personalanzeigen oder Geschäftsberichten ziehen.[2]

Unter **Corporate Communication** versteht man die "organisations- und umweltbezogene, integrierte, gezielte und geplante professionelle Kommunikation zum Zweck einer kommerziell und sozial wirksamen Information, Persuation und Entscheidungssteuerung".[3] Die Corporate Communication leistet eine Abstimmung aller kommunikationspolitischen Instrumente und Aktivitäten auf die Organisationsidentität hin.

Mit Hilfe der CI-Strategie sollen das Risiko einer negativen Beeinflussung des Organisationsimages bei Spendern minimiert, Glaubwürdigkeit und Vertrauen aufgebaut sowie Unterstützungspotentiale bei den Spendern mobilisiert werden.[4] Insbesondere vor dem Hintergrund einer zunehmend kritischen Öffentlichkeit im Zuge des Konsumerismus kann damit das Auftreten von kognitiven Dissonanzen bei Spendern vermindert und ihre Perzeption eines, der Organisationspersönlichkeit (CI) entsprechenden Images erreicht werden.[5] Als strategisches Dach eines beziehungsorientierten Spendenmarketing kann die Corporate Identity Strategie zur Realisierung positiver Synergien zwischen den einzelnen Aktivitäten zur Spendenbeziehungspflege beitragen.[6] Durch das einheitliche Auftreten der Organisation nach außen werden die Effekte der einzelnen - mit Hilfe des CI-Mix koordinierten - Marketingmaßnahmen nicht nur addiert, sondern potenzieren sich in ihrer Wirkung.

Die bislang in praxi vornehmlich von Unternehmen praktizierte Strategie der Corporate Identity, wird in den letzten Jahren zunehmend auch für die Lösung von Marketingproblemen bei Nonprofit-Organisationen und im speziellen für das Spendenmarketing spendenakquirierender Organisationen fruchtbar gemacht. Arbeiten von Hormuth/Trommsdorff (1990) oder etwa der Liga der freien Wohlfahrtspflege im Landkreis Karlsruhe (1994) geben praktische Beispiele für Ansätze zu einer systematischen Gestaltung und Kommunikation der Identitäten von Nonprofit-Organisationen. Mit der

---

[1] Vgl. Hormuth, S./Trommsdorff, V. 1990, S. 13.
[2] Vgl. Antonoff, R. 1975, S. 34 ff, ebenso Antonoff, R. 1992, S. 90 ff.
[3] Kneip, K. 1979, S. 570.
[4] Vgl. Hormuth, S./Trommsdorff, V. 1990, S. 15, ebenso Raffée, H./Wiedmann, K.P. 1985, S. 680, Birkigt, K./Stadler, M. 1985, S. 48.
[5] Vgl. Birkigt, K. 1978, S. 636 ff.
[6] Vgl. Hormuth, S./Trommsdorff, V. 1990, S. 17.

Identität der Organisation als zentraler Orientierung für das Spenden-marketing wird den einzelnen beziehungsphasenbezogenen Strategien und Aktivitäten dann ein übergeordneter Bezugsrahmen gegeben, der zu einem konsistenten Aufbau von Vertrauens- und Imagepotentialen über den gesamten Verlauf der Spendenbeziehung hinweg beiträgt. Die spenden-akquirierende Organisation bringt ihre Identität in die Spendenbeziehung aktiv ein und erhofft sich davon eine stärkere Bindung des Spenders bzw. - im Fall von Unternehmen - der Spendenentscheidungsträger. Empirische Ergebnisse über den Erfolg der Umsetzung von Corporate Identity Strategien bei spendenakquirierenden Organisationen liegen bislang jedoch - aufgrund der erst kurzen Erfahrung mit CI auf diesem Feld - nicht vor.[1]

---

[1] Zur Problematik der Erfolgsmessung bei Corporate Identity-Maßnahmen vgl. Florian, W. 1986, S. 5 ff, Wiedmann, K.P: 1987, S. 199 ff.

5.8. Unternehmenskulturansatz

5.8.1. Unternehmenskultur als Determinante der Spendenentscheidung

Mit dem Begriff der Unternehmenskultur verbindet sich die Erkenntnis, daß Unternehmen in ihrem organisationalen Agieren eine gewisse wert- und normbezogene Eigenständigkeit entwickeln, durch welche sie sich voneinander und bis zu einem gewissen Grade auch vom Wert- und Normgefüge der Gesamtgesellschaft abheben können.[1] "Unternehmenskultur äußert sich - insbesondere, wenn sie stark ausgeprägt ist - in einer gemeinsamen Geisteshaltung und Denkweise der Organisationsmitglieder."[2] Das gemeinsam geteilte System an Werten, Normen, Einstellungen, Überzeugungen und Idealen prägt die Entscheidungen und Handlungen auf allen Hierarchieebenen des Unternehmens. Es spiegelt sich in - für den externen Betrachter nur zum Teil zugänglichen - Symbolen, Kreationen und Artefakten wider, die als Indikatoren für die dahinterstehende organisationale Bewußtseinswelt verstanden werden können.[3] Unternehmenskultur ist somit als ein "Gerüst und Vorrat an Sinnstrukturen und Handlungsmustern" zu charakterisieren, "aus welchem heraus Situationen, Handlungen und Entscheidungen des Unternehmensalltags einer bewerteten Interpretation hinsichtlich ihrer Bedeutung für die Unternehmung als Ganzes zugänglich werden."[4]

Wenn die "Kultur" eines Unternehmens in diesem Sinne einen deterministischen Einfluß auf das Verhalten ihrer Organisationsmitglieder und damit auch auf die Handlungen und Entscheidungsprozesse ihrer Spendenentscheidungsträger ausübt, stellt sich für das Spendenmarketing spendenakquirie-

---

[1] Vgl. Heinen, E. 1987, S. 2. Zur Diskussion um den Unternehmenskulturansatz vgl. u. a. Pascale, R.T./Athos, A.G. 1981, Peters, T.G./Waterman, R.M. 1982, Bleicher, K. 1982, 1983, 1984, Pümpin, C. 1984, Ebers, M. 1985, Rüttinger, R. 1985, Heinen, E./Dill, P. 1986.

[2] Ebenda.

[3] Zu den Ebenen der Unternehmenskultur vgl. Schein E. 1984, S. 37 ff.

[4] Heinen, E. 1987, S. 25. Im Gegensatz zu der hier aufgegriffenen systemisch-funktionalen bzw. entscheidungstheoretischen Sichtweise der Unternehmenskultur ("Ein Unternehmen hat eine Kultur") existiert in der Literatur mit dem "individualistischen Kulturkonzept" noch ein weiterer grundlegender Ansatz zur Unternehmenskulturforschung. Die zur individualistischen Unternehmenskulturforschung zählenden Ansätze betrachten dabei das Unternehmen insgesamt als Kultur ("Ein Unternehmen ist eine Kultur"). Der Kulturbegriff wird als "root metaphor" verwandt, der im Sinne eines erkenntnisleitenden Grundbegriffs die subjektive Interpretation von Strukturen und Prozessen in Organisationen erlaubt. Vgl. Heinen, E. 1987, S. 17. Zur Sichtweise der Kultur als "root metaphor" vgl. Smircich, L. 1983, S. 339 ff, Jelenic, M./Smiercich, L./Hirsch, P. 1983.

319

render Organisationen die Frage nach der Suche von Anknüpfungspunkten für die Identifikation einer "spendenfreundlichen Unternehmenskultur".[1] Aus der Sicht spendenakquirierender Organisationen gilt es zu identifizieren, woran sich **"spendenfreundliche Unternehmenskulturen"** erkennen lassen bzw. welche Aspekte der UK hierfür einer expliziten analytischen Betrachtung unterzogen werden müssen? Auf der Basis bisheriger UK-Forschung muß ermittelt werden, welche Elemente der UK als Triebfedern spendenfreundlicher Unternehmenskulturen wirksam werden und welche Indikatoren im einzelnen darauf hinweisen. Dazu wird im folgenden auf den Definitionsansatz von Schwarz (1989) zurückgegriffen.

Schwarz wählt zur Beschreibung der UK eine systemische Sichtweise. Er differenziert insgesamt fünf Systemkomponenten (Unternehmenskultur-Basis, -Leitlinie, -Symbole, -Richtlinien, -Verhaltensmuster), die sich jeweils aus der systemlogischen Verknüpfung von einzelnen Elementen der UK zusammensetzen.[2] Die Systemkomponenten stehen in wechselseitiger Beziehung zueinander. Sie können wiederum zu drei Teilsystemen gebündelt werden. Das UK-Leitsystem umfaßt demnach die UK-Basis und die UK-Leitlinie, das UK-Symbolsystem die UK-Symbole und das UK-Einflußsystem die UK-Richtlinien und -Verhaltensmuster.[3] Der Aufbau der UK ist mit dem Prinzip der russischen Puppen vergleichbar. "Die Komponenten ummanteln einander und bauen aufeinander auf."[4] Den Kern bilden die Systemkomponenten UK-Basis und Leitlinie. Sie sind nicht direkt beobachtbar. Metaphorisch können sie mit dem unsichtbaren, aber dafür umso bedeutsameren Teil des organisatorischen Eisbergs verglichen werden.[5] Darauf aufbauend entwickeln sich die Komponenten des Symbol- und des Einflußsystems. Sie sind zum großen Teil beobachtbar und operationalisierbar und markieren die "äußere Schale" der UK, die sichtbare Spitze des Eisberges, die eine Verzahnung von UK und individuellem Verhalten der Organisationsmitglieder leistet.

---

1 Vgl. Knauft, E.B. 1986 b, S. 268: "The company's culture can have a significant effect on grant making".
2 Vgl. Schwarz, G. 1989, S. 5 ff.
3 Vgl. ebenda, S. 71.
4 Ebenda S. 73.
5 Vgl. ebenda, S. 73, zur Eisberg-Metapher vgl. ebenso Müri, P. 1985, S. 205, Krüger, W. 1986, S. 2, Trebesch, K. 1985, S. 54.

UNTERNEHMUNGSKULTUR					
Teilsysteme	UK-Leitsysteme		UK-Symbolsystem	UK-Einflußsysteme	
System-komponenten	UK-Basis	UK-Leitlinie	UK-Symbole	UK-Richtlinien	UK-Verhaltens-muster
Elemente Elementeklassen Indikatoren	• Grund-annahmen • Mission • Vision • Szenarien • generelle Ziele	• Werte • Leitbilder Leitideen • Unternehmungsziele • Unternehmungsphilosophie • Unternehmungsleitbilder	• Aktionssymbole • Stilsymbole • Bezugssymbole • Historische Symbole	• Verhaltens-normierung • Leistungs-normierung • Sanktions-mechanismen • Führungs-grundsätze • Handlungs-maximen	• Charakteristi-sche Verhaltens-weisen • Gewohnheiten Gebrauche • Vorgehenswei-sen/Verfahren • Verhaltenssteu-ernde Systeme • Führungsstil
Indikatoren	• Szenarien • generelle Ziele	• Unterneh-mungsziele • Unternehmungs--philosophie • Unternehmungs--leitbilder		• Führungs-grundsätze • Handlungs-maximen	• Verhaltens-steuernde Systeme • Führungsstil

Quelle: Schwarz, G. (1989), S. 72.

Abbildung 5.13: Aufbau, Inhalte und Indikatoren der Unternehmenskultur

Schwarz unterscheidet zwischen Elementen und Indikatoren der Unternehmenskultur. Elemente kennzeichnen tatsächliche Inhalte der UK, wohingegen Indikatoren lediglich "Hinweise auf mögliche Inhalte und deren Wirkungen" geben, ohne selbst Inhalt der UK zu sein.[1] Als Beispiel für UK-Indikatoren führt er u. a. Führungsgrundsätze oder Unternehmensleitbilder an, die z. B. das Vorhandensein bestimmter Leistungs- bzw. Verhaltensnormen indizieren, in ihrer schriftlich fixierten Form aber keine Elemente der UK darstellen. Indikatoren können vor allem wegen ihrer i.d.R. für externe Betrachter - hier die spendenakquirierende Organisation - gegebenen Beobachtbarkeit als Anknüpfungspunkte für die Identifikation einer "spendenfreundlichen Unternehmenskultur" genutzt werden.

Zu den Elementen der **UK-Basis** zählt Schwarz neben den Grundannahmen, die Vision und die Mission des Unternehmens. Die **Grundannahmen** eines Unternehmens stehen in enger Verbindung mit der gesellschaftlichen Ethik und der Kultur eines Landes und beziehen sich auf die interne

---

[1] Vgl. Schwarz, G. 1989, S. 69.

Zusammenarbeit der Organisationsmitglieder.[1] Im Falle eines kulturunbe-
wußten Managements variieren sie oft intersubjektiv bzw. zwischen einzelnen
Abteilungen des Unternehmens. Die Gemeinsamkeiten der UK beziehen sich
dann lediglich auf "Äußerlichkeiten", der eigentliche Kern des wechselseitigen
Verständnisses ist dagegen eher schwach ausgeprägt.[2]

Mission und **Vision** des Unternehmens beziehen sich im Gegensatz zu den
Grundannahmen auf Umwelt- bzw. Außenaspekte. Sie stecken die
Aufgabenfelder zur Sicherung der Überlebens- und Anpassungsfähigkeit des
Unternehmens ab.[3] Der Unterschied zwischen Mission und Vision ergibt
sich aus der Zeitperspektive bzw. der Differenzierung in Weg und Ziel. Die
Vision beschreibt einen angestrebten zukünftigen Zustand, der als implizite
Legitimation für den Fortbestand eines Unternehmens fungiert, wohingegen
die Mission diejenigen Aktivitäten beinhaltet, die zur Erreichung des visio-
nären Zustandes beachtet resp. priorisiert werden müssen. "Die Vision ist
demnach die langfristig gültige und geteilte Vorstellungswelt sowie gefühls-
mäßige Einstellung der Mitarbeiter in bezug auf längerfristig anzustrebende
Ziele, die Mission die implizite Vorstellung in bezug auf die Aufgabe und den
Auftrag, den sich eine Personengruppe selbst zuschreibt, also die Maßnahmen, die zur Erreichung der Visionen zu ergreifen sind."[4]

Die Operationalisierung der komplexen Vorstellungsmuster der UK-Basis gestaltet sich in praxi äußerst schwierig. Die einzelnen Elemente entziehen sich
einer direkten Beobachtung durch externe Interessengruppen. Als direkte
Indikatoren für die Ausprägung der Elemente der UK-Basis werden in der
Literatur im weitesten Sinne Szenarien und grundlegende Ziele genannt.[5] Als
indirekte Indikatoren können die Ausprägungen von Elementen anderer, auf
die UK-Basis aufbauender UK-Teilsysteme fungieren. Nicht das Vorhandensein von Zielen oder Szenarien, sondern der Diffusionsgrad bzw. die Einstellung der Entscheidungsträger zu diesen generellen Zielen ist für die Identifikation einer UK entscheidend.[6] Aus Sicht der spendenakquirierenden Organisation sind dabei vor allem die definierten Ziele gegenüber dem Feld der
Öffentlichkeit und der Gesellschaft von Bedeutung. Sie können als Anknüp-

---

[1] Vgl. ebenda, S. 77. Siehe auch praktische Beispiele auf S. 78 ff.
[2] Vgl. ebenda.
[3] Vgl. Schein, E. 1985, S. 52.
[4] Schwarz, G. 1989, S. 79, unter Bezugnahme auf Myerson, O./Hamilton III, R.D. 1986, S.
10.
[5] Vgl. Schwarz, G. 1989, S. 82 und die dort aufgeführten Verweise.
[6] Vgl. ebenda.

fungspunkte für die Einschätzung der Ausprägung einer "spendenfreundlichen Unternehmenskultur" fruchtbar gemacht werden.[1]

Zu den Elementen der **UK-Leitlinie** zählt Schwarz die von den Organisationsmitgliedern geteilten Werte, Leitbilder und Leitideen. **Werte** lassen sich in Anlehnung an Kluckhohn (1951) mit Bezug auf Raffée/Wiedmann (1989) als "grundlegende explizite oder implizite Konzeptionen des Wünschenswerten" charakterisieren, die "Kriterien zur Beurteilung von Zielen, Objekten und Handlungen" verkörpern und mithin die "Funktion von Orientierungsstandards, Leit- und Richtlinien" übernehmen.[2] Im Rahmen der UK drücken Werte "verhaltensbestimmende Präferenzen und Orientierungsmaßstäbe für Ziele und Zustände" aus.[3] Sie weisen im Gegensatz zu Normen, die sich durch einen "Vorgabecharakter" auszeichnen, einen "Auswahlcharakter" auf und können so von diesen eindeutig unterschieden werden. "Werte haben Anleitungsfunktionen, aber keine normativen Funktionen."[4] **Leitbilder** und **Leitideen** können inhaltlich mit Werten gleichgesetzt werden. "Sie beschreiben diejenige Teilmenge der Werte, die als wesentliche Anhaltspunkte für das Verhalten im Bewußtsein der Unternehmensmitglieder verankert sind."[5] Leitbilder und Leitideen erlauben eine Konzentration auf wenige, meist schlagwortartig oder vage formulierte Sachverhalte und eröffnen damit zumeist weite Interpretationsspielräume, die eine Operationalisierbarkeit einschränken. Schwarz teilt die Werte, Leitbilder und -ideen entsprechend ihrem inhaltlichen Bezugspunkt in drei Orientierungsklassen ein. Er unterscheidet als Orientierungen "interne Stabilität", "Leistungserbringung" und "externe Beziehungen". Die in einem Unternehmen vorgehaltenen Werte, Leitbilder und -ideen können sich auf jede der drei Orientierungsklassen beziehen. Eine trennscharfe Abgrenzung soll ein in der Tiefe dreistufiges Klassifikationsschema ermöglichen.[6]

---

[1] Schwarz (1989) verweist in einer empirischen Studie darauf, daß in den untersuchten Unternehmungen sowohl hinsichtlich einzelner Grundannahmen, als auch hinsichtlich des Vorhandenseins von Missionen und Visionen zumeist nur wenige zwischen den Organisationsmitgliedern übereinstimmende Ausprägungen zu entdecken sind. Er folgert daraus, daß sich in einigen Unternehmen das Zusammengehörigkeitsgefühl eher aus vordergründigen und oberflächlichen Gemeinsamkeiten, z. B. dem Verständnis von Symbolen, denn aus tief verwurzelten gemeinsamen Überzeugungen konstituiert. Schwarz spricht deshalb von häufig anzutreffenden "Schein-Identitäten", vgl. Schwarz, G. 1989, S. 83.

[2] Vgl. Raffée, H./Wiedmann, K.P. 1989a, S. 555, Kluckhohn, C. 1951, S. 395.

[3] Schwarz, G. S. 91. Schwarz setzt sich mit der elementaren resp. funktionalen Sichtweise der Werte z. B. von Peters/Waterman (1984) ab, die den Begriff der UK mit den Unternehmenswerten gleichsetzen.

[4] Vgl. ebenda.

[5] Ebenda, S. 93, bezugnehmend auf Berkel, K. 1978, S. 319.

[6] Vgl. den zu groben Klassifikationsansatz bei Schwarz, G. 1989, S. 89.

324

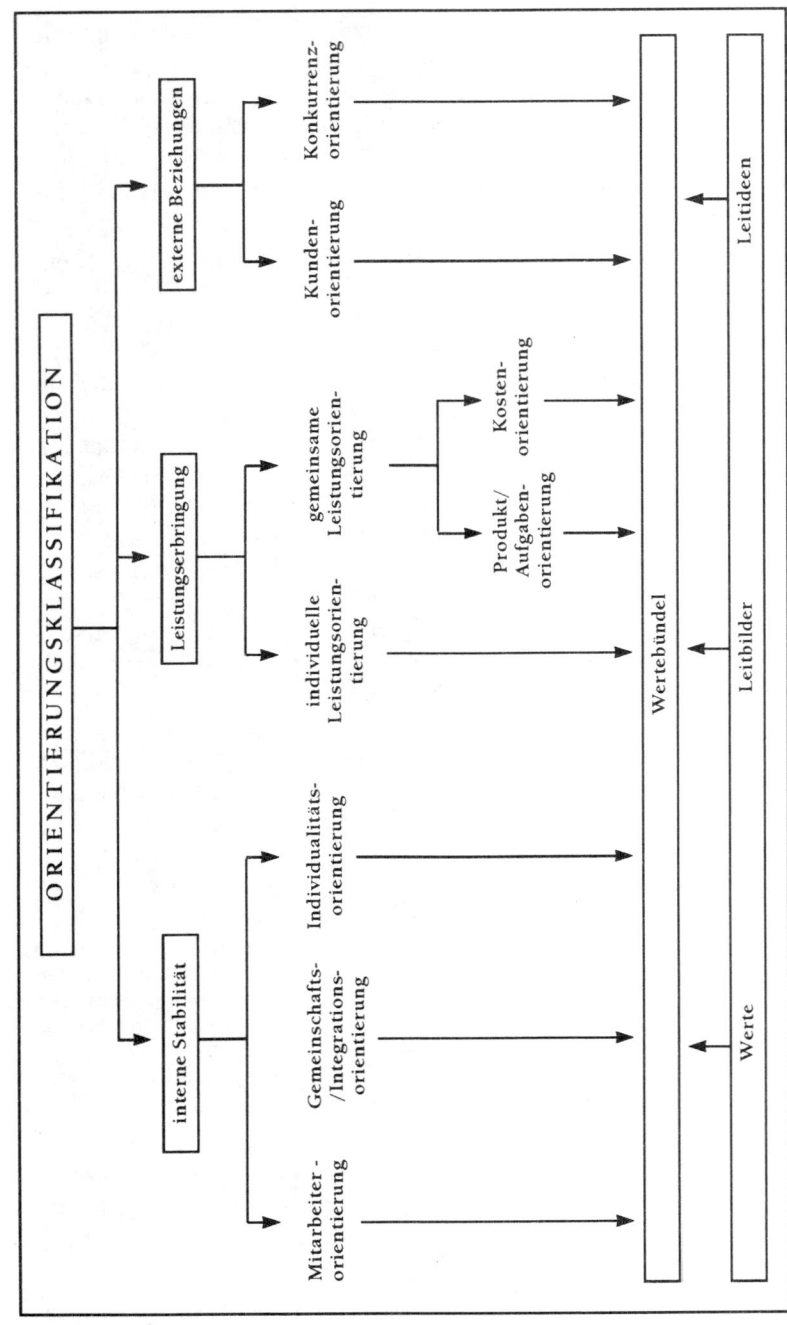

Quelle: Schwarz, G. (1989), S. 89.
Abbildung 5.14: Orientierungsklassen

Aus Sicht der Spendenakquisition greift die Klassifikation von Schwarz jedoch zu kurz. Externe Beziehungen werden von ihm nur in "Kunden-" und "Konkurrenzorientierung" aufgeschlüsselt. Eine explizite Bezugnahme auf die Gesellschaftsorientierung von Werten und Leitbildern erfolgt nicht.[1] Dabei können gerade gesellschaftsorientierte Werte für die Spendenentscheidungsprozesse unmittelbar verhaltenswirksam werden. Gesellschaftliche Verantwortung als Motiv für die Vergabe von Unternehmensspenden läßt sich nur aus einer zugrundeliegenden gesellschaftlichen Wertorientierung heraus erklären. Dem Orientierungsschema von Schwarz ist deshalb mit der "Gesellschaftsorientierung" eine weitere Differenzierungsvariable in der Klasse der "externen Beziehungen" hinzuzufügen. Das Motiv der Gewinnmaximierung, resp. die Vergabe von Unternehmensspenden aus wettbewerbsstrategischen Gründen kann hingegen im weitesten Sinne unter den Gesichtspunkt der Konkurrenzorientierung subsumiert werden.

Als Indikatoren für die Elemente der UK-Leitlinie können Unternehmensziele, die Unternehmensphilosophie oder Unternehmensleitbilder dienen. Sie ermöglichen Rückschlüsse auf die Existenz und die Ausprägung der kulturellen Elemente. Wesentliche Kriterien für ihren Informationswert sind, wie bei allen anderen Indikatoren, der Grad der externen Zugänglichkeit und die Akzeptanz bzw. Internalisierung der betreffenden Größen.[2] Unter die Unternehmensphilosophie werden die wichtigsten Vorstellungen der Unternehmensentscheidungsträger subsumiert, die den Rahmen zur Ableitung der Unternehmungspolitik stellen. Aus der Unternehmensphilosophie werden nicht nur die strategischen Ziele generiert, sondern auch die Festlegung der Art und Weise der Entscheidungsfindung und -durchführung abgeleitet.[3]

Schmidt (1985) bezeichnet die Unternehmensphilosophie deshalb als "instrumentiertes Wertsystem".[4] Sie wird i.d.R. in schriftlicher Form als "Unternehmungsleitbild" fixiert und ist gewöhnlich auch externen Interessenten zugänglich.[5] Zu zentralen Aussagenfeldern der Unternehmensphilosophie zählen nach einer Studie von Schwarz u. a. die soziale Verantwortung und die Verantwortung gegenüber der Öffentlichkeit.[6] Eine über Unternehmungsleitbilder kommunizierte Philosophie kann von spendenakquirierenden Orga-

---

[1] Zur "Gesellschaftsorientierung" bzw. zu "gesellschaftsorientiertem Marketing" vgl. u. a. Raffée, H./Wiedmann, K.P. 1989a, S. 579 ff.
[2] Vgl. Schwarz, G. S. 98.
[3] Vgl. Ullrich, K.V. 1977, S. 12, zitiert nach Schwarz, G. 1989, S. 99.
[4] Vgl. Schmidt, R.B. 1985, S. 403.
[5] Vgl. Hinterhuber, H.H. 1986, S. 41.
[6] Vgl. Schwarz, G. 1989, S. 100.

nisationen deshalb als Anknüpfungspunkt für die Spendenansprache des betreffenden Unternehmens genutzt werden. Die explizite Bezugnahme auf Aussagen der Unternehmensphilosophie in der Spenderansprache vermag dem angesprochenen Unternehmen den Eindruck einer intensiven Beschäftigung der spendenakquirierenden Organisation mit seiner Unternehmensidentität zu vermitteln.

Mit der kulturellen Auseinandersetzung kann ein nachhaltiges Interesses am potentiellen Austauschpartner dokumentiert werden, was im Sinne der Theorie des sozialen Tausches einen aktiven Beitrag zur Förderung der Begründung bzw. des Ausbaus einer Partnerschaft bedeuten kann. Die Integration von Elementen der Philosophie des Zielunternehmens in die Spendenkommunikationspolitik hat eine implizite Verstärkung des Verpflichtungscharakters der Spenderanprache zur Folge. Mit dem Verweis auf Aussagen im Unternehmungsleitbild appelliert die spendenakquirierende Organisation an die Glaubwürdigkeit des Unternehmens in bezug auf die praktische Einlösung der herausgestellten Maximen.

Aufgrund der Notwendigkeit der Konsistenz der organisationalen Wertvorstellungen, werden Werte und Leitvorstellungen mit internem Orientierungscharakter auch auf Sachverhalte und Austauschprozesse mit externem Bezugspunkt übertragen.[1] Auf diesem Wege können Werte, die sich auf die "interne Stabilität" oder die "Leistungserbringung" beziehen, auch auf den Bereich der "externen Beziehungen" ausstrahlen und für die Probleme der Spendenakquisition bzw. des Aufbaus und der Pflege von Spendenbeziehungen aus dem Blickwinkel der spendenakquirierenden Organisation Relevanz gewinnen. Eine starke kulturelle Verankerung des Leistungsprinzips kann so z. B. die entscheidungsbezogenen Beurteilungshintergründe von Spendengesuchen beeinflussen. Die nach innen gelebten Leistungsideale produzieren eine korrespondierende Leistungserwartung gegenüber externen Austauschpartnern - im Falle der Spendenbeziehung gegenüber der spendenakquirierenden Organisation.

---

[1] Die orientierungsklassenübergreifende Konsistenz der Unternehmenswerte rührt daher, daß sich die organisationalen Werte in einer ständigen Erprobungsphase befinden. Sie müssen ständig ihre Gültigkeit beweisen. Erst wenn sie ein definiertes Maß an Selbstverständlichkeit erreichen, werden sie als Grundannahmen akzeptiert. Im Rahmen dieser "kognitiven Transformation" kommt es zur sinnhaften Konvergenz bzw. zu einer Auslöschung konträrer Grundannahmen. Vgl. Schein, E. 1985, S. 16, Schwarz, G. 1989, S. 103.

Von der spendenakquirierenden Organisation wird ein kulturkonformes Leistungsniveau bei der Gestaltung der Austauschbeziehung mit dem Unternehmen erwartet. Sowohl die Spenderansprache, als auch die eigentliche Verwertung der zugeführten Spendenmittel müssen mit den unternehmenskulturellen Leistungsvorstellungen harmonieren.[1] Die spendenakquirierende Organisation ist im Rahmen ihrer Spendenkommunikationspolitik deshalb dazu angehalten, dem Spenderunternehmen ein kuluradäquates Leistungsniveau zu dokumentieren. Das Zielunternehmen muß entsprechend seiner kulturellen Leistungsvorstellungen von der Leistungsfähigkeit der karitativen Organisation überzeugt werden. Die adäquate Leistungsdokumentation bei der Spenderansprache darf sich dabei nicht nur auf die Kommunikationsmittel erstrecken, sondern muß vor allem auf die Kommunikationsinhalte bezogen werden. Die Betonung von leistungsbezogenen Informationen, die mit den kulturellen Leistungsvorstellungen des Zielunternehmens korrespondierenden, ist für den Erfolg der Spenderansprache von weitaus größerer Bedeutung, als die Verwendung von "Materialien, die dem Qualitätsstandard des "in der Wirtschaft üblichen" entsprechen.[2] Eine Präsentation von Leistungsinhalten resp. eines Leistungsniveaus der spendenakquirierenden Organisation, das mit unternehmenskulturellen Wert- bzw. Leitvorstellungen konfligiert, gefährdet dagegen den Aufbau und Erhalt von Spendenbeziehungen.

UK-Basis und Leitlinie lassen sich als **UK-Leitsystem** zusammenfassen, dem innerhalb der UK im Hinblick auf die Verhaltenssteuerung die wichtige Bedeutungs- und Interpretationsfunktion zukommt. Das UK-Leitsystem konstituiert ein dauerhaftes, unterbewußtes, gedankliches und gefühlsmäßiges Raster, das die Interpretation von Situationen sowie die Reaktionsvorräte hierauf langfristig prägt.[3] Werte, Ideen und Überzeugungen bauen einen gemeinsamen Wissens- und Problemlösungsspeicher auf, dessen Vorstellungswelt die kollektive Wahrnehmung steuert. Die Spendenentscheidungsträger in Unternehmen nehmen nicht die Welt, sondern ihre Welt durch den spezifischen unternehmenskulturellen Bezugsrahmen wahr. Die Bedeutungszuordnung erstreckt sich insbesondere auf das **UK-Symbolsystem** bzw. die im Rahmen der Unternehmenskultur Verwendung findenden Symbole. Als

---

1 Die Leistungsqualitäten der spendenakquirierenden Organisationrn müssen nicht zwingend mit den unternehmenskulturellen Vorstellungen von Leistungsqualität identisch sein, sie müssen aber mit den Vorstellungen der Unternehmensentscheidungträger korrespondieren.

2 Orlowski, P./Wimmer. G. 1992, S. 29. Die einseitige Bezugnahme von Orlowski/Wimmer auf die Kommunikationsmittel ist in dem o.a. Zusammenhang aber abzulehnen.

3 Vgl. Schwarz, G. 1987, S. 243.

UK-Symbole lassen sich "alle Handlungen und Zeichen verbaler und non-verbaler Art, die für die Mitglieder einer UK durch die Inhalte des Leitsystems eine Bedeutung erlangen und in eindeutiger Form Hinweise auf die Inhalte des Einflußsystems geben",[1] verstehen. Ihr Bedeutungsinhalt erschließt sich i.d.R. nur Organisationsinsidern. Für Außenstehende sind sie oft mißverständlich und können zu falschen Schlüssen über die kulturelle Wirklichkeit des Unternehmens führen. Als Indikatoren für die Identifikation einer "spendenfreundlichen Unternehmenskultur" sind sie deshalb nur bedingt tauglich. Dennoch sollten sie für eine kulturbezogene Spenderanalyse nicht außer Acht gelassen werden. So unterscheidet Schwarz zwischen Aktions-, Stil-, Bezugs- und historischen Symbolen.

Unter **Aktionssymbole** subsumiert er Elemente, die in der aktuellen Interaktion von Personen eine Bedeutung erlangen. Hierzu zählen Sprachmuster (Abkürzungen, Anglizismen etc.), Riten, Rituale, Zeremonien als traditionsgeprägte und geplante Handlungen mit Symbolcharakter, symbolische Handlungen, die direkt auf die Zusammenarbeit der Mitarbeiter bezogen sind (Namensschilder, Anrede) und vom betrieblichen Ablauf losgelöste gemeinschaftsbildende Handlungen wie Betriebsausflüge oder Firmenveranstaltungen. **Stilsymbole** sind hingegen auf das sichtbare äußere Erscheinungsbild des Unternehmens gerichtet. Als Stilsymbole werden u. a. das Design der Gebäude, Ausstattungen und Einrichtung, das Corporate Design auf Briefköpfen, Fahrzeugen oder Firmenschilder oder die im Unternehmen gebräuchlichen Statussymbole wie Titel und Firmenwagen zur Expression des Verständnisses von Rangordnung verstanden.

Bezugssymbole sind Anhaltspunkte, die die gesamte Symbolik der Organisation nachhaltig prägen und Ausrichtungspotential für aktuelle Handlungen besitzen.[2] Zu ihnen zählen sowohl bekannte und akzeptierte Vorbilder, als auch Produkte oder Aktionen, die einen besonderen Stellenwert aus der geschichtlichen Entwicklung heraus erlangen.[3] Für die Akquisition von Unternehmensspenden besitzen dabei vor allem Vorbilder und Leitfiguren mit ihren spezifischen Verhaltensweisen Bedeutung. So kann die bekannte mäzenatische Attitüde des Firmengründers Auftrag und Verpflichtung für folgende Unternehmergenerationen sein und damit zu einem fruchtbaren Anknüpfungspunkt für die Spendenkommunikation werden. Gerade unternehmerische Vorbilder prägen als Bezugssymbole oft nachhaltig die Moral

---

[1] Schwarz, G. 1989, S. 104.
[2] Vgl. ebenda, S. 114.
328 [3] Vgl. ebenda.

und die Prinzipien eines Unternehmens.[1] Für die spendenakquirierende Organisation gilt es, diese zu identifizieren und entsprechende Informationen über ihr Wirken zu beschaffen. Die vorbildbezogenen Informationen können dann als appellatives Element in die Spenderansprache integriert werden und damit den Verpflichtungscharakter des Spendenaktes unterstreichen. Als Bezugsgröße für die Auswahl von Zielunternehmen können sie einen Beitrag zur Abgrenzung von "spendenfreundlichen Unternehmenskulturen" leisten.

In enger Verbindung zu den Bezugssymbolen stehen die historischen Symbole. "**Historische Symbole** sind Überlieferungen, denen eine Bedeutung für heutige und zukünftige Handlungen des Unternehmens zugemessen wird. Elemente dieser Symbolklasse sind Mythen, Geschichten, Legenden und deren Synonyme, die zur Beschreibung von Überlieferungen herangezogen werden können."[2] Sie weisen einen Charakter der Unzerstörbarkeit und Personengebundenheit auf. Ihre Mystifikation verleiht ihnen immunisierende Kraft.[3] Die Bedeutung von historischen Symbolen hängt unmittelbar vom Grad des Geschichtsbewußtseins und der Intensität informaler Beziehungen in Unternehmen ab.[4] Historische Symbole besitzen, soweit sie als Orientierungspunkt die Beziehung zu externen Austauschpartnern bzw. zur Gesellschaft vorhalten, ebenso wie die Bezugssymbole ein Anregungspotential für die Identifikation "spendenfreundlicher Unternehmenskulturen". Die externe Zugänglichkeit von Mythen, Geschichten und Legenden kann dabei aufgrund einer, bis in das private Leben der Organisationsmitglieder reichenden Diffusion (Mythen werden z. B. am Stammtisch erzählt), als hoch eingestuft werden. Mythen sind in der Regel keine "Verschlußsachen". Sie dienen vielmehr oft der bewußten Darstellung und Imagepflege des Unternehmens nach außen. Insgesamt entfaltet das UK-Symbolsystem eine Verständigungs- und Verstärkungswirkung. Symbole sorgen für die eindeutige Darstellung des UK-Leitsystems. Sie fungieren als Bindeglied zwischen dem Leit- und dem Einflußsystem der Unternehmenskultur.

---

[1] Vgl. ebenda.
[2] Schwarz, S. 116.
[3] Zur Bedeutung von Mythen vgl. u. a. Cohen, P.S. 1969, S. 337 ff, Jánsson, J./Lundin, R. 1977, S. 157 ff, , Pettigrew, A.M. 1979, S. 576, Meyer, J.W./Rowan, B. 1983, S. 340 ff, Koprowski, E.J. 1983, S. 39 ff, S. 576, Smith, K.K./Simmons, V.M. 1983, S. 377 ff, Pondy, L.R./Frost, P.J./Morgan, G./Dandridge, T.C. 1983, S. 157 ff, Bolman, L.G./Deal, T.E. 1984, S. 153 ff, Trice, H.M./Beyer, J.M. 1984, S. 655 f, Schwartz, H.S. 1985, S. 31 ff, Trebesch, K. 1985, S. 52.
[4] Vgl. Schwarz, G. 1989, S. 116 ff. Schwarz verweist auf die "relative Geschichtslosigkeit von Projektkulturen".

329

Aufbauend auf den Maximen des UK-Leitsystems sowie durch das UK-Symbolsystem vermittelt und unterstützt, weist das **UK-Einflußsystem** die engste Verbindung zum aktuellen Verhalten der Organisationsmitglieder auf. Das UK-Einflußsystem setzt sich aus den Komponenten UK-Richtlinien und UK-Verhaltensmuster zusammen. "Die Komponenten des UK-Einflußsystems ergänzen schwerpunktmäßig die Präferenzen des Leitsystems durch konkrete Anforderungen und bringen diese zusammen im Verhalten zum Ausdruck."[1] Das System der UK-Richlinien definiert dabei den "in einem Unternehmen kulturell akzeptierten Vorrat an Verhaltensweisen, der nicht negativ sanktioniert wird" und "legt die unternehmensspezifische Vorgehensweise sowie z.T. auch die Inhalte der negativen Sanktionierung bei Abweichungen von diesen Vorgaben fest."[2] Im Gegensatz zu Werten geben die Richtlinien ganz konkretes Handeln vor und verlangen von ihren Bezugspersonen nicht nur Überzeugungen.[3]

Die **UK-Richtlinien** besitzen Soll-Charakter.[4] Schwarz identifiziert als Elemente der UK-Richtlinien Verhaltens- und Leistungsnormierungen sowie **Sanktionsmechanismen.** Sanktionsmechanismen besitzen den instrumentellen Charakter eines Anpassungs- und Stabilisierungsmechanismus. Die Ausprägung der Sanktionierung sagt viel über den Stil und die dominierenden Einstellungen in einem Unternehmen aus.[5] **Verhaltensnormierungen** sprechen Erwartungen über die Art des zwischenmenschlichen Umgangs aus und beziehen sich auf das Verhalten innerhalb des Unternehmens. Sie beinhalten interne Regeln, implizite Gesetze oder Tabus. Ebenso wie die **Leistungsnormierungen**, die Anforderungen, Ansprüche und Standards in bezug auf die konkret im Leistungserstellungsprozeß zu verrichtende Arbeit setzen, entfalten sie vornehmlich originäre Binnenwirkungen mit Bezug auf die Unternehmensträger, das Realisationspotential und die Organisationsstruktur.[6] Zu den für das Marketing spendenakquirierender Organisationen primär relevanten externen derivativen Wirkungen der Unternehmenskultur leisten sie nur einen mittelbaren Beitrag.[7] Wie bei binnenorientierten unternehmenskulturellen Wertvorstellungen (z. B. Leistungsphilosophie)

---

[1] Schwarz, G. 1989, S. 123.
[2] Ebenda.
[3] Vgl. Berkel, K. 1979, S. 318.
[4] Vgl. Heinen, E./Dill, P. 1986, S. 209.
[5] Vgl. Schwarz, G. 1989, S. 129.
[6] Vgl. ebenda, S. 145. Zu Leistungs- und Verhaltensnormierungen vgl. ebenda, S. 126 ff.
[7] Schwarz spricht von derivativen Wirkungen der Unternehmenskultur, wenn nicht der Einfluß der Unternehmenskultur auf das unmittelbare Verhalten von Organisationsmitgliedern gemeint ist, sondern die Folgen der Verhaltensbeeinflussung im Blickpunkt stehen. Vgl. ebenda, S. 146.

kann die Verhaltensprägung interner Richtlinien sich auch implizit auf die Erwartungshaltung gegenüber externen Austauschpartnern übertragen. Das für die Spendenentscheidung verantwortliche Organisationsmitglied beurteilt die spendenakquirierende Organisation als potentiellen Austauschpartner im Lichte der u. a. durch interne Richtlinien plastifizierten unternehmenskulturellen Wirklichkeit. Die Indikatoren der UK-Richtlinien - Führungsgrundsätze, -anweisungen, -richtlinien und Handlungsmaximen - besitzen deshalb für die strategische Fundierung der Spendenakquisition durchaus Anregungs- und Erkenntnispotential. Ihre Zugänglichkeit für ein externes Publikum ist i.d.R. aber gering, so daß sie als Anknüpfungspunkte für die Identifikation einer "spendenfreundlichen Unternehmenskultur" nur eingeschränkt Verwendung finden können.

Die "äußere Schale" der Unternehmenskultur wird durch die **UK-Verhaltensmuster** konstituiert. Sie besitzen die engste Beziehung zum konkreten Verhalten der Organisationsmitglieder. Sie beeinflussen das individuelle Verhalten und drücken sich in beobachtbarem Verhalten aus. Verhaltensmuster erschließen sich damit einer Analyse durch externe Beobachter. Die Identifizierung ihrer Elemente kann als "Mustererkennung" verstanden werden.[1] Als typische Prädispositionen des Verhaltens sind sie habituell und konativ, d. h. sie laufen gewohnheitsmäßig ab und haben als Vorstufe von Handlungen handlungsleitende Wirkung.[2] Schwarz charakterisiert die UK-Verhaltensmuster deshalb als "durch Normen und Sanktionen abgesicherte, durchgängige und längerfristig zu beobachtende Gleichförmigkeiten in der Auswahl der Handlungslinie der Systemmitglieder in definierten Situationen."[3]

Als Elemente können unter die UK-Verhaltensweisen **Gewohnheiten** und **Gebräuche, charakteristische Verhaltensweisen, Vorgehensweisen** und **Verfahren** subsumiert werden. Sowohl das unternehmenstypische Auftreten von Mitarbeitern (z. B. durch Amerikanismus geprägtes Verhalten), als auch die in der Organisation legitimierten und bewährten Verfahren zur Entscheidungsfindung oder der strategischen Planung signalisieren kulturelle Prägung und spiegeln den Geist des Leitsystems auch für den externen Beobachter wider. Zu den aggregierten Indikatoren der UK-Verhaltensmuster zählen verhaltenssteuernde Systeme wie Management by Objectives (MbO),

---

[1] Vgl. ebenda, S. 135.
[2] Vgl. ebenda, ebenso Sackmann, S. 1983, S. 398, Bourgeois, L.J./Jemison, D.B. 1984, S. 57, Kets de Vries, M.F.R./Miller, D. 1986, S. 13 ff, Hochreutener, P.E. 1985, S. 15, Müri, P. 1985, S. 205 ff, Scholz, C./Hofbauer, W. 1987, S. 426 ff.
[3] Schwarz, G. 1989, S. 135.

Personalauswahl- und Entwicklungssysteme oder Gewinnbeteiligungs-systeme.[1]

Steinle (1978) zählt auch den Führungsstil, als durchgehend im Führungs-prozeß beobachtbares Verhalten eines Vorgesetzten dazu.[2] Dieser besitzt gerade für das Problem der Spendenakquisition erhebliche Bedeutung. Die Identifikation des kulturell determinierten Führungsstils des oder der Spendenentscheidungsträger erlaubt der spendenakquirierenden Organisation eine Abgrenzung des spendenrelevanten Entscheidungsumfeldes. Pflegt der Entscheidungsträger ein partizipatives Führungsverhalten ist eine konsul-tative Spendenentscheidung zu vermuten. Personen im Umfeld des Managers beeinflussen dann die grundsätzliche Entscheidung über die Vergabe einer Spende und die Auswahl der Spendenempfänger. Diese Entscheidungs-promotoren gilt es aus Sicht der spendenakquirierenden Organisation zu identifizieren und als Zielpersonen in die Spendenkommunikationspolitik zu integrieren. Die Entscheidungspromotoren müssen im Rahmen der Spenden-kommunikation für die karitativen Ziele der spendenakquirierenden Organi-sation gewonnen und zur positiven Einflußnahme auf den Spendenen-tscheidungsträger bewegt werden. Mit Bezugnahme auf den kulturell determi-nierten Führungsstil bzw. der UK-Verhaltensmuster können so Anknüp-fungspunkte für ein systematisches Spendenmarketing deduziert werden.

In der Gesamtbetrachtung können der Unternehmenskultur spendenrelevan-te Wirkungen zugeschrieben werden. Die spendenrelevanten Wirkungsfelder erstrecken sich dabei in erster Linie auf die Wahrnehmungen, Motive und Einstellungen der Spendenentscheidungsträger sowie auf die Ableitung von Wettbewerbsstrategien und die Gestaltung der Umweltbeziehungen des Unternehmens. Das Orientierungspotential des UK-Leitsystems vermag ent-sprechend der Verankerung von gesellschaftsorientierten Prinzipien, spenden-bezogene Motive der Spendenentscheidungsträger zu aktivieren und Hand-lungsimpulse zur Spendenvergabe zu generieren.[3] Als Motive können so z. B. die Verpflichtung gegenüber dem mäzenatischen Geist des Unterneh-mensgründers oder die Notwendigkeit von gesellschaftlichem Goodwill für den langfristigen Fortbestand des Unternehmens praktische Bedeutung erfahren.

---

1 Vgl. ebenda, S. 141.
2 Vgl. Steinle, C. 1978, S. 163.
3 Zur motivationsaktivierenden Wirkung der Unternehmenskultur vgl. Rüttinger, B./Rosenstiel, L.v./Molt, W. 1974, S. 230 ff, Bleicher, K./Meyer, E. 1976, S. 71, Steinle, C. 1978, S. 61 ff, Schwarz, G. 1989, S. 149 ff.

Durch die Internalisierung der kulturellen Vorgaben werden insbesondere die Einstellungen zur Unternehmung als soziales System und zur Ausgestaltung der internen wie externen Beziehungen beeinflußt.[1] Die dominierenden Orientierungen der UK mit externem Bezug beeinflussen das individuelle Verhalten der Spendenentscheidungsträger. Die kulturbeeinflussten Verhaltensergebnisse weisen ihrerseits wiederum Rückwirkungen auf die Erwartungen, Einstellungen und Motive der Organisationsmitglieder auf. Je nach Ausprägung können sie die kulturinduzierten Verhaltenswirkungen verstärken oder vermindern.[2]

Positives Feedback relevanter Interessengruppen in Reaktion auf die Vergabe von Unternehmensspenden kann zu einer Verbesserung des Images des spendenden Unternehmens führen und somit als Bestätigung für das Erfolgspotential einer "spendenfreundlichen Unternehmenskultur" betrachtet werden. Die durch die "spendenfreundliche Unternehmenskultur" induzierte, positiv ausgezeichnete Verhaltenswirkung des Transfers von Spenden an die spendenakquirierende Organisation wird verstärkt und kann in Form eines

---

[1] Vgl. Schwarz, G. 1989, S. 154.
[2] Vgl. ebenda, S. 156.

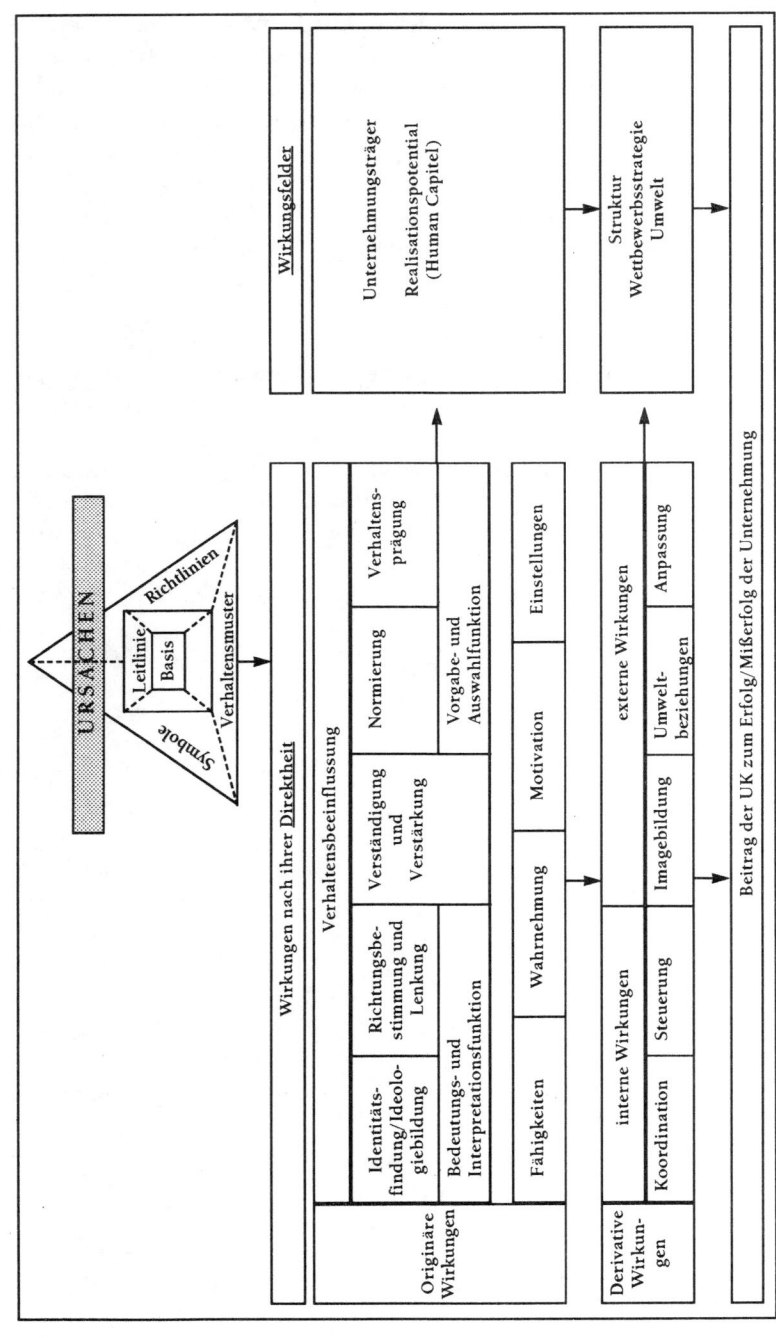

334

Quelle: Schwarz, G. (1989), S. 147.

Abbildung 5.15: Wirkungen der Unternehmenskultur

Impulses auf die Einstellung und Motivation des Spendenentscheidungs-trägers zu weiteren Spendentransfers führen.[1] Die Wirkung auf die Spenden-entscheidungsträger ist jedoch in jedem Fall vom individuellen Grad der Internalisierung der UK abhängig. Schwarz folgert, daß "je weniger die indivi-duelle Persönlichkeit im Kollektiv entfaltet werden kann, desto höher ist potentiell entweder der Grad der Resistenz gegenüber der UK oder die Ein-schränkung des Verhaltensspielraums."[2] Da es sich im Fall der Spendenent-scheidungsträger um Personen der Geschäftsleitungsebene bzw. des Vorstan-des handelt, die i. d. R. über relativ weite Handlungsspielräume und damit über eine relativ starke Internalisierung der UK verfügen , ist von einer signi-fikanten Bedeutung der UK für die Prädisposition des Unternehmens zur Spendenvergabe auszugehen.

In bezug auf die Wettbewerbsstrategie beeinflußt die UK durch die "Basisannahmen, die kulturgeprägte Perzeption der Unternehmensträger so-wie durch die Ausprägungen der Orientierungen und Verhaltensmuster die Formulierung und die Implementierung von Strategien."[3] Werden Spenden als "nonprice competition" bzw. nicht-pretiale Wettbewerbsstrategie verstan-den, gestaltet die Unternehmenskultur die Auswahl und Durchführung des Spendentransfers indirekt mit.[4] Die Wahrnehmung, Analyse und Bewertung der relevanten Spendengesuche wird durch die Grundannahmen und Orientierungen der UK beeinflußt. Der "kulturelle Wahrnehmungsfilter" steu-ert die strategische Erfassung der spendenbezogenen "Problemlandschaft".[5] Er speist sich u. a. aus den Ergebnissen der Umsetzung früherer Strategien bzw. Spendenvergaben. Im unternehmenskulturellen Erfahrungsschatz erfolgt eine Überprüfung der Gültigkeit der bestehenden kulturellen Spendenprinzipien, die im Falle langfristiger Mißerfolge zur Revision der Spendenstrategie führen kann. Die modifizierten kulturell determinierten Spendenpräferenzen fließen

---

[1] Im Fall eines Unternehmens, dessen Entscheidungsträger keine spendenbezogenen kulturellen Prädispositionen besitzen, kann die positive Auszeichnung einer erstmaligen Spendenvergabe den Anstoß zu einem Bewußtseinswandel geben, der langfristig in eine Extensivierung des Spendenengagement mündet. Diffundiert die positive Auszeichnung der Spende in das kulturelle Bewußtsein des Unternehmens resp. in das UK-Leitsystem, lassen sich langfristig Rückkopplungen zwischen Spendenvergabe und allgemeinem Unternehmensverhalten generieren. Infolge dessen vergrößert sich die analytische "Angriffsfläche" für eine Identifikation der Spendenfreundlichkeit der Unternehmenskultur. Entwickelt die Spendenvergabe einen "kulturellen Niederschlag", kann zudem mit einer höheren Stabilität im Spendenverhalten des Unternehmens gerechnet werden.

[2] Ebenda.

[3] Ebenda, S. 162.

[4] Zu Spenden als nicht-pretiale Wettbewerbsstrategie vgl. Johnson, O. 1966, S. 497, ebenso Schwartz, R.A. 1968, Whitehead, P. 1976, Levy, F.K./Shatto, G.M. 1978.

[5] Vgl. Bleicher, K. 1986, S. 778.

dann in die zukünftigen Prozesse der Spendenentscheidungsfindung und -implementierung ein. Die glaubwürdige, kulturbewußte Vermittlung von positiven Rückkopplungen bzw. spendenmotivbezogenen Erfolgsmeldungen gewinnt daher für die Ausprägung der Spendenprinzipien des Unternehmens erhebliche Bedeutung. Für das Spendenmarketing spendenakquirierender Organisationen erlangt sie den Charakter eines zentralen Erfolgsfaktors.

Die durch die Mission und Vision sowie implizite Richtlinien und Symbole geprägten umweltgerichteten Wirkungen der UK tragen zum externen Image des Unternehmens bei. Je nach "Spendenfreundlichkeit" der Unternehmenskultur entwickelt sich ein unternehmensspezifisches "Spenderimage", welche das Unternehmen entsprechend seiner Ausprägung aus Sicht der spendenakquirierenden Organisation attraktiv erscheinen läßt. Mit Bezug auf Heinen (1981) kann der UK deshalb eine "Selektionsfunktion" für den Markt von Unternehmensspendern zukommen. Aus Sicht der spendenakquirierenden Organisation sollten unternehmenskulturelle Eigenschaften bei der Auswahl und Ansprache von Zielunternehmen Berücksichtigung finden. Mit Hilfe unternehmenskultureller Aspekte kann eine Selektion im Hinblick auf die Erhöhung der Wahrscheinlichkeit von Spendenzusagen bzw. der Reduktion der Ablehnungsraten von Spendenanfragen unterstützt und damit ein Beitrag für die Steigerung der Effizienz des Spendenmarketing spendenakquirierender Organisationen insgesamt geleistet werden.

5.8.2. Strategische Implikationen

Für die Entwicklung von Strategien und kommunikationspolitischen Programmen zur Akquisition von Unternehmensspenden ergeben sich aus der Diskussion der unternehmenskulturellen Wirklichkeit von Zielunternehmen für spendenakquirierende Organisationen eine Reihe von Ansatzpunkten. Die Beurteilung der Spendenfreundlichkeit der UK kann im einzelnen Bezug nehmen auf:

- Die Gesellschaftsorientierung bzw. die Übernahme gesellschaftlicher Verantwortung als Elemente des schriftlich fixierten Unternehmensleitbildes.

- Die Leistungsphilosophie bzw. die leistungsbezogene Grundhaltung des Unternehmens als Reflektor der Erwartungen an das Leistungsniveau der spendenakquirierenden Organisation.

- Bezugssymbole und Vorbilder mit Spendenbezug, wie z. B. die mäzenatische Orientierung des Firmengründers.

- Historische Symbole mit spendenbezogener bzw. das Spendenverhalten tangierender Botschaft.

- Der Führungsstil der Spendenentscheidungsträger als Determinante zur Abgrenzung des relevanten Spendenentscheidungsumfeldes bzw. der Identifikation von Entscheidungspromotoren.

- Die Wettbewerbsstrategie des Unternehmens bzw. die kulturelle Verankerung von Spenden als Instrument eines nicht-pretialen Wettbewerbes.

Insgesamt bedarf es einer systematischen **"kulturbezogenen Spenderanalyse"** zur Identifikation von "spendenfreundlichen Unternehmenskulturen".[1] Die Unternehmenskultur muß eine zentrale Rolle bei der Auswahl von Zielunternehmen für die Spenderansprache spielen. Weiterer Forschungsbedarf besteht deshalb in bezug auf die Abgrenzung von Unternehmenskulturtypen mit charakteristischem Spendenverhalten. Die bislang in der Literatur vorhandenen **Typologisierungsversuche** von Unternehmenskulturen geben hierzu keinen Aufschluß. Weder Ansoff (1979), noch Ouchi (1980), Handy/Harrison (1978), Deal/Kennedy (1982), Kets de Vries/Miller (1986), Bosetzky/Heinrich (1986) oder Heinen (1987), berücksichtigen bei ihren Typologisierungsversuchen explizit den Aspekt der Gesellschaftsorientierung resp. den Einsatz von gesellschaftsorientierten Strategien, wie z. B. der Spendenvergabe.

Ansoff (1979) unterscheidet in bezug auf Tendenzen der Bewahrung und Veränderung von Systemen zwischen stabilen, reaktiven, antizipativen, explorativen und kreativen Kulturen. Stabile Kulturtypen zeichnen sich durch ihre Introvertiertheit, Vergangenheitsorientierung und Risikoaversität aus. Reaktive Kulturen sind ebenfalls introvertiert, jedoch mit einer Gegenwartsorientierung behaftet und besitzen den Leitspruch "Nur nicht negativ auffallen" ("Roll with the punches"). Antizipative Kulturen können je nach Situation sowohl

---

[1] Foerst (1982) empfiehlt dazu: "**Research your corporations!** Find out if they have roots in the community. The corporations' Community Affairs, Public Relations, or Public Affairs Departments will have materials on the companie's beginnings. The materials will provide a familiarity with the organizations and some knowledge of how they took root in the community. This in turn will give your the confidence that is necessary to talk knowledgeably to a high-level executive about his own business in order to spark his interest in your cause." Vgl. Foerst, J.G. 1982, S. 90.

introvertiert als auch extrovertiert sein, wohingegen explorative Kulturtypen ständig extrovertierte Züge tragen, die um eine vitale Zukunftsorientierung ergänzt werden. Die Zeitperspektive kreativer Kulturtypen erstreckt sich auf die "neuartige Zukunft". Sie präferieren neuartige Risiken und suchen nach Veränderungsperspektiven.[1] Ouchi (1981) unterscheidet zwischen einem bürokratischen Kulturtyp (Typ A), der im Management amerikanischer Unternehmen vorherrscht, einer organischen Unternehmenskultur (Typ J), die vornehmlich japanische Unternehmen auszeichnet und einer Mischkultur (Typ Z) mit organischen und bürokratischen Elementen. Unternehmenskulturen vom Typ A sind im Gegensatz zum Typ J durch die Verwurzelung expliziter Kontrollmechanismen, individueller Entscheidungsfindung, segmentierter Mitarbeiterorientierung, regelmäßiger Leistungsbewertung und schneller, spezialisierter Karrierewege gekennzeichnet. Z-Kulturen zeichnen sich durch eine stark verwurzelte und homogene Organisationskultur aus.[2] Ouchi vergleicht deren Struktur mit denen von "industriellen Clans".[3]

Handy (1978) differenziert mit Bezug auf Harrison (1972) Macht-, Rollen-, Aufgaben- und Personenkulturen. Machtkulturen versuchen ihre Umgebung sowie ihre Organisationsmitglieder unter Kontrolle zu bringen. Die Organisationskultur wird zum Machtinstrument einer zentralen Führung. Machtkulturen sind vornehmlich in Eigentümerunternehmen anzutreffen. Eine rollenorientierte Organisation bemüht sich dagegen so rational und geregelt wie möglich vorzugehen. Die Machtgrundlage der Organisationsmitglieder speist sich aus ihrer jeweiligen Position. Unternehmen mit einer ausgeprägten Aufgabenkultur sind stringent auf übergeordnete Ziele ausgerichtet. Der Einfluß der Mitglieder wird über Expertenmacht ausgeübt. Die Aufgabenkultur gewinnt in kleinen Organisationen oder Abteilungen der Forschung und Entwicklung empirische Relevanz. Bei Personenkulturen stehen die Bedürfnisse der Mitglieder im Vordergrund. Autoritäres Verhalten wird vermieden. Entscheidungen werden im Konsens getroffen. Bürokratische Führung und Kontrolle sind Personenkulturen fremd.[4]

---

[1] Vgl. Ansoff, H.I. 1979, S. 120 ff, ebenso Matenaar, D. 1983, S. 73, Neuberger, O. 1985, S. 16, Kasper, H. 1987, S. 87 ff.
[2] Vgl. Ouchi, W.G. 1981. Zur "Theorie Z" siehe ebenso Heinen, E. 1987, S. 7, Staehle, W.H. 1990, S. 472 ff.
[3] Zur Theorie der industriellen Clans, vgl. Durkheim, E. 1977.
[4] Vgl. Handy, C.B. 1978, S. 404 ff, Harrison, R. 1972, S. 119 ff, ebenso Kasper, H. 1987, S. 89 ff.

Die Unternehmenskulturtypologie von Deal/Kennedy (1982) basiert dagegen auf den Kriterien des Risikogrades, der mit der Tätigkeit eines Unternehmens verbunden ist und der Geschwindigkeit des Rückflusses von Informationen über den Erfolg von getroffenen Entscheidungen. Je nach Ausprägung der Kriterien (niedriges vs. hohes Risiko der Entscheidungen und schnelles vs. langsames Feedback) können vier typische Unternehmenskulturen unterschieden werden. In Verkaufskulturen ("work hard-play hard") ist das Feedback schnell und die Risiken sind relativ gering. Einzelne Transaktionen gefährden den Fortbestand des Unternehmens nicht. Bei Verkaufskulturen dominiert das kurzfristige Erfolgsdenken. Spekulationskulturen ("tough guy") sind dagegen in Geschäftsfeldern mit mittel bis hohem Risiko anzutreffen. Ihr organisationsspezifisches Entscheidungsfeedback ist schnell. Erfolge werden oft über Nacht "gemacht". Die Kommunikation ist kurz und knapp und interne Kooperation findet nur sehr bedingt statt. Die Verwaltungskultur ("process culture") weist ein langsames Feedback bei gleichzeitig geringem Risiko auf. Bürokratische Strukturen prägen die Organisation. Mit Investitionskulturen ("bet your company culture") hat sie das autoritäre Entscheidungsverhalten gemein. Entscheidungen werden in beiden Kulturen vorwiegend vom Topmanagement getroffen. Investitionskulturen sind jedoch zukunftsorientierter und das Geschäftsrisiko ist relativ hoch. Es werden nur verhältnismäßig wenige Transaktionen getätigt und die Feedbackzyklen sind sehr lange.[1]

---

[1]   Vgl. Deal, T.E./Kennedy, A.A. 1982, S. 108 ff, oder zusammenfassend Kasper, H. 1987, S. 94 ff, Staehle, W.H. 1990, S. 477 ff.

Typologie	Kulturtypen	Kriterien
Ansoff (1979)	Stabile Kultur Reaktive Kultur Antizipative Kultur Explorative Kultur Kreative Kultur	Zeitperspektive eines Systems Erstreckungsbereich der Alternativen Innovationsfähigkeit Risikobewußtsein Aufnahmebereitschaft
Ouchi (1981)	Typ A Typ J Typ Z	Art der Entscheidungsfindung Art der Mitarbeiterorientierung Art der Kontrollmechanismen Breite der Karrierewege Frequenz der Leistungsbewertung Dauer der Beschäftigung
Handy (1978)	Machtkultur Rollenkultur Aufgabenkultur Personenkultur	Risikoneigung Reaktion auf Meinungsdifferenzen/Konfliktverhalten Mitarbeitermotivation MItarbeiterorientierung Konkurrenzorientierung Führungspolitik Strukturelle Flexibilität
Deal/Kennedy (1982)	Verkaufskultur Spekulationskultur Verwaltungskultur Investitionskultur	Risikograd der Geschäftstätigkeit Feedbackgeschwindigkeit von Entscheidungen
Kets de Vries/Miller (1986)	Paranoide Kultur Depressive Kultur Charismatische Kultur Zwanghafte Kultur Politisierte Kultur	Neurotische Verhaltensmuster vonTop-Managern
Bosetzky/Heinrich (1986)	Nüchterne Bürokultur Lebensvolle Bürokultur	Gestaltung der Büroräume Orientierung der Kommunikation Rollenverhalten Auftreten der Akteure Formalisierungsgrad
Heinen (1987)	16 verschiedene Kulturtypen von „starke, system-gesteuerte Unter-nehmenskultur" bis „kultur- und führungslose Unter-nehmenskultur"	Verankerungsgrad Übereinstimmungsausmaß Systemvereinbarkeit Qualität der formalen Instrumente der Mitarbeiterführung

Abbildung 5.16: Unternehmenskulturtypologien

Kets de Vries/Miller (1986) gehen von einem dominanten Gestaltungs-
einfluß von Topmanagern auf die spezifische Unternehmenskultur aus. Der
sich auf das psychoanalytische Theoriengebäude stützende Ansatz grenzt
unterschiedliche Unternehmenskulturtypen auf Basis neurotischer Verhaltensmuster von Geschäftsführern und Vorständen ab.[1]

In **"paranoiden" Organisationskulturen** ist das Verhalten von Topmanagern
gekennzeichnet durch Hypochondrie, Mißtrauen, Vorsicht und Verschwie-
genheit, was sich auf das Verhalten der übrigen Organisationsmitglieder
überträgt resp. kulturell niederschlägt. Neid und Feindschaft, Tricks und
Betrug sowie die Interpretation der Wirklichkeit auf der Grundlage eines
simplen "Freund"-"Feind"-Schemas werden zu Elementen der Organisationskultur. Die Organisation ist durch stringente Kontrolle und intensive persönliche Überwachung gekennzeichnet. Informationen dienen den Organisationsmitgliedern als Machtquelle.

"Depressive" Organisationskulturen werden dagegen von Topmanagern mit
Mängeln an Orientierungs- bzw. Vorstellungskraft und Kompetenz geprägt.
Negativität, Lethargie und Entscheidungsangst bestimmen die kulturelle
Wirklichkeit. Depressive Unternehmenskulturen lassen sich aufgrund der
Engstirnigkeit, der Passivität und dem extremen Konservativismus ihrer
Führungskräfte identifizieren. Sie sind vor allem auf Märkten zu finden, die
seit vielen Jahren identische Technologie- und kartellisierte Wettbewerbs-
muster aufweisen.

In **"charismatischen" Organisationskulturen** steht das Geltungsbedürfnis des
Topmanagers im Mittelpunkt. Die Verhaltensstrukturen sind auf die Person
des Führers ausgerichtet, der ständig auf der Suche nach Begeisterung und
belohnenden Anreizen ist. Die Unternehmenskultur ist überaktiv, impulsiv,
emotional, instabil und hoch risikolastig. Die Macht ist auf die Unternehmensleitung konzentriert. Wenn die scheinbare Omnipotenz und Brillanz
der Manager von der Realität gestört wird, zeigen diese von Wut und Ärger
geprägte Reaktionsmuster.

"Zwanghafte" Unternehmenskulturen sind dagegen durch Ritualisierungen
und Standardisierungen gekennzeichnet. Ihre starren Reaktionsprofile ergeben
sich aus einem Formalisierungs- und Kontrolldrang, der durch fundamentales
Mißtrauen zwischen dem Topmanagement und den Mitarbeitern geprägt ist.

---

[1] Vgl. hier und im folgenden Kets de Vries, M.F.R./Miller, D. 1986, S. 266 ff, Kasper, H.
     1987, S. 98 ff.

Geführt wird durch Regeln. Organisationshandbücher und Ablaufmanuale begrenzen die Handlungsspielräume der Organisationsmitglieder. Die zwanghafte Unternehmenskultur resultiert dabei aus dem Habitus von Topmanagern, die von dem Wunsch nach Perfektion, resp. der Beherrschung dessen, was ihr Leben beeinflußen kann, getrieben werden. Spontaneität ist von diesen nicht zu erwarten.

"Politisierte" Unternehmenskulturen sind auf das Agieren eines zurückgezogenen, Verantwortung negierenden, introvertierten Managements zurückzuführen. Die Topmanager sehen hier keinen Bedarf für interne Kommunikation oder die Pflege enger personaler Bindungen. Die Kontakte werden oft von Managern der zweiten Führungsebene wahrgenommen. Im Schatten des Topmanagements entwickeln sich folglich Positionskämpfe und Machtspiele. Die Manager der zweiten Ebene bemühen sich, den unentschiedenen Führer zu beeinflussen und die Durchsetzung eigener Lieblingsprojekte und "Steckenpferde" zu betreiben. Ihre Initiativen werden häufig von Oppositionsgruppen im Management bekämpft. Informationen werden als Machtinstrument für politische Schlachten mißbraucht. Die politisierte Unternehmenskultur ist in diesem Sinne auf persönliche Ambitionen und die Pflege der privaten Wünsche der Topmanager konzentriert.

Bosetzky/Heinrich (1986) arbeiten im Rahmen ihrer "Bürokulturen-Typologie" zwei unterschiedliche Bürokratie- bzw. Unternehmenskulturen heraus. Mit Verweis auf die Gestaltung der individuellen und gruppenspezifischen Kommunikation, der Büroräume und des Rollenverhaltens unterscheiden sie "nüchterne" von "lebensvollen" Bürokulturen. Nüchterne Bürokulturen zeichnen sich im Gegensatz zu "lebensvollen" Kulturen durch karge Raumaustattung, arbeitsorientierte Kommunikation, Trennung von Arbeits- und allgemeiner Existenzrolle, "apollinisch-beherrschtes" Auftreten der Akteure sowie "bürokratisch-allgemeine" Sprache, Riten und Verhaltensmuster aus. In lebensvollen Bürokulturen wird das Büro vielmehr als Bühne für "dionysisch-extrovertierte" Akteure verstanden.[1]

Heinen (1987) typologisiert Unternehmenskulturen anhand der Dimensionen Verankerungsgrad, Übereinstimmungsausmaß und Systemvereinbarkeit. Mit dem Verankerungsgrad beschreibt er "das Ausmaß, in dem spezifische auf das Unternehmen bezogene Werte und Normen in die individuell bei den Organisationsmitgliedern vorhandenen Wert- und Normgefüge Eingang

---

[1] Vgl. Bosetzky, H./Heinrich, P. 1986, S. 37 ff.

gefunden haben."[1] Das Übereinstimmungsausmaß spiegelt den Grad der Internalisierung wider, in dem die Organisationsmitglieder "vergleichbare unternehmensbezogene Werte und Normen entwickelt" bzw. in ihre eigene Bewußtseinswelt übernommen haben. Im Extremfall liegt eine festgefügte "Einheitskultur" vor.[2] Die Systemvereinbarkeit mißt dagegen die Kompatibilität des geteilten Wert- und Normgefüges mit den vorhandenen formalen Instrumenten der Unternehmensführung. Die drei Dimensionen werden mit "hoch" und "gering" gewichtet und jeweils bezogen auf Unternehmen mit und ohne vergleichsweise geeigneten formalen Instrumenten der Mitarbeiter- und Unternehmensführung kombiniert. Daraus ergeben sich insgesamt 16 Unternehmenskulturtypen, von einer starken, systemgestützten Kultur bis zur Kultur- und führungslosen Unternehmung.[3]

Obgleich die verschiedenen Unternehmenskultur-Typologien reichliches Anregungspotential besitzen, lassen sich daraus keine direkten Handlungsorientierungen für ein auf Unternehmen ausgerichtetes Spendenmarketing ableiten. Die Verbindung zwischen der Ausprägung typologischer Elemente und dem Spendenverhalten kommt bei keinem der zitierten Typologisierungsansätze zum Ausdruck. Es bedarf dazu in Zukunft empirischer Befunde über das Verhalten von Unternehmen im Allgemeinen und das Spendenverhalten im Speziellen, um eine idealtypische Abgrenzung und Klassifikation von "spendenfreundlichen Unternehmenskulturen" zu ermöglichen bzw. den bisher in der Literatur rezipierten Organisationskulturtypen bestimmte Entscheidungsverhaltensweisen in bezug auf die Spendenvergabe zuzuweisen. Damit kann ein wesentlicher Schritt in Richtung einer systematischen und effizienzorientierten Berücksichtigung der Unternehmenskultur in spendenakquisitionspolitischen Aussagensystemen geleistet werden.

---

[1] Heinen, E. 1987, S. 27.
[2] Vgl ebenda.
[3] Vgl. Heinen, 1987, S. 31.

5.9. Assimilations-Kontrast-Theorie

5.9.1. Erwartungshaltung der spendenakquirierenden Organisation als Determinante der Spendenentscheidung

Die Spendenentscheidung eines Entscheidungsträgers wird in erheblichem Umfang von Art und Gestaltung der Spenderansprache determiniert. Die Spendenkommunikation der spendenakquirierenden Organisation nimmt dabei sowohl auf die grundsätzliche Entscheidung über die Vergabe oder Nichtvergabe einer Spende als auch auf die spezielle Ausgestaltung der Phasen des Spendenentscheidungsprozesses resp. auf die Auswahl der Adressaten und die Entscheidung über die Höhe der Zuwendung unmittelbaren Einfluß. Bei der Entscheidung über die Spendenhöhe orientieren sich die Spender an internen Standards, die sich aufgrund von individuellen Erfahrungen und der im Rahmen der Spenderansprache kommunizierten Erwartungshaltung der spendenakquirierenden Organisation bilden.[1] Die Erwartungshaltung bezüglich der Spendenhöhe kann bei der Spenderansprache implizit oder explizit zum Ausdruck kommen. Die spendenakquirierende Organisation kann entweder allgemein, d. h. ohne die direkte Äußerung einer erwünschten Spendenhöhe, z. B. durch den Verweis auf die bereits bestehende Spendenbeziehung, oder unter direkter Ansprache des intendierten Spendenbetrages um die Zuwendung bittten. Wird in der Spenderansprache keine konkrete Erwartungshaltung kommuniziert, orientiert sich der Spendenentscheidungsträger an der Höhe früherer Zuwendungen bzw. an der Höhe der Beträge, die er üblicherweise an vergleichbare spendenakquirierende Organisationen vergibt.[2] Gibt die spendenakquirierende Organisation ihre konkrete Vorstellung von einer akzeptablen Spendenhöhe bekannt, beeinflußt sie damit die Orientierung des Spenders in bezug auf seine Entscheidung über die konkrete Spendenhöhe.

Zur Erklärung des intrapersonalen Entscheidungsprozesses über die Spendenhöhe im Falle einer Bitte der spendenakquirierenden Organisation um einen konkreten Spendenbetrag, bietet sich die von Sherif/Taub/Hovland (1958) und (1961) entwickelte "Assimilations-Kontrast-Theorie" als theoretische Erkenntnisquelle an. In ihrem verhaltenswissenschaftlichen Konzept

---

[1] Vgl. Fraser, C./Hite, R./Sauer, P. 1988, S. 284. Ein großer Teil der Unternehmen richtet die Entscheidung über die konkrete Spendenhöhe an der bisherigen Vergabepraxis aus, d. h. anhand der bislang in vergleichbaren Fällen vergebenen Spendenhöhen. Vgl. Notheis, D. 1992, S. XLVII.

[2] Vgl. Fraser, C./Hite, R./Sauer, P. 1988, S. 284.

analysieren Sherif/Taub/Hovland das Zustandekommen von Entscheidungen, die durch externe Stimuli ausgelöst werden. Auf die Frage der Spendenentscheidung übertragen kann damit in bezug auf die Teilphase der Entscheidung über die Spendenhöhe mit Hilfe der "Assimilations-Kontrast-Theorie" die Auswirkung einer Äußerung des Wunsches nach einer konkreten Spendenhöhe durch die spendenakquirierende Organisation analysiert werden. Die im Rahmen der Spenderansprache angesprochenen Spendenentscheidungsträger werden auf die Nennung einer konkreten Summe entweder positiv oder negativ reagieren bzw. sich in Abhängigkeit von der jeweiligen Höhe der genannten - und von der spendenakquirierenden Organisation erwarteten - Spendensumme zustimmend oder ablehnend verhalten.[1]

Die "Assimilations-Kontrast-Theorie" geht dabei davon aus, daß sich der aus bisherigen Erfahrungen speisende Entscheidungsraum von Rezipienten in Zonen der Akzeptanz, Indifferenz und der Zurückweisung gliedert. Die Mitte des Akzeptanzbereiches wird durch den sog. "Ankerpunkt" bestimmt. Wird ein Stimulus - hier der konkret von der spendenakquirierenden Organisation angesprochene Spendenbetrag - als dem Akzeptanzbereich zugehörig wahrgenommen, wird er wahrnehmungsgemäß in Richtung des Ankers verändert, resp. assimiliert. Fällt der Stimulus hingegen in die Zurückweisungszone, tritt der gegenteilige Effekt ein, d. h. der Stimulus wird kontrastiert.[2] Die "Assimilations-Kontrast-Theorie" besagt weiterhin, daß moderate Stimuli (Anker) mit hoher Wahrscheinlichkeit von extremen Stimuli verdrängt bzw. kontrastiert werden.

Im Falle der Entscheidung über die Spendenhöhe ist zu erwarten, daß moderate Zuwendungsbeträge (z. B. die in der Vergangenheit vom Spender vergebenen Beträge) im Lichte eines großen Ankers vom Spender nunmehr als weniger sozial erwünscht betrachtet werden. Wenn der Spender durch die Existenz eines großen Ankers nicht von der Spendenvergabe Abstand nimmt, wird er sich, um dem Vorwurf der Kleinmütigkeit zu entgehen bzw. das Risiko mangelnder sozialer Akzeptanz der Entscheidung zu reduzieren, für einen höheren Spendenbetrag entscheiden. Der Ankerpunkt und das Akzeptanzintervall verschieben sich so auf ein höheres Niveau. "The introduction of a large anchorpoint alters the context in which a candidate contribution is judged, shifting focus and comparison away from the minimum anchorpoint generated by requestees (from their experience)

---

[1] Vgl. u. a. Schwarzwald, J./Bizzmann, A./Raz, M. 1983, Brockner, J./Guzzi, F./Kane, J./Levine, E./Shaplen, K. 1984, Fraser, C./Hite, R./Sauer, P. 1988.

[2] Vgl. Sherif, M./Hovland, C.J. 1961, S. 86 ff.

toward those upper, maximum boundary amounts, and thus altering judgements concerning the perceived generosity of a moderate contribution".[1]

5.9.2. Strategische Implikationen

Anknüpfend an die Hypothesen der "Assimilations-Kontrast-Theorie" vertreten Fraser/Hite/Sauer (1988) im Rahmen der von ihnen postulierten **"Anchor-point-Strategie"** die Vorteilhaftigkeit einer expliziten Kommunikation der auf die Spendenhöhe bezogenen Erwartungshaltung der spendenakquirierenden Organisation. Mit der direkten Ansprache eines bestimmten intendierten Zuwendungsbetrages, "we are asking people to contribute 20$ to the XY Society. Would you like to make a contribution?",[2] will die "Anchorpoint-Strategie" einen kognitiven Eckpfeiler für die Zuwendungsentscheidung des Spenders setzen. Durch die Kommunikation der Erwünschtheit einer bestimmten Spendenhöhe soll dem Spender eine Orientierungshilfe resp. ein Anker an Hand gegeben werden, um sein Schiff in den kognitiven Wogen der Entscheidungsfindung fest zu machen. "Amounts greater than that minimum anchor are regarded as generous, and amounts smaller than that minimum are regarded as unacceptable."[3]

Fraser/Hite/Sauer (1988) haben die "Anchorpoint-Strategie" in einer umfangreichen empirischen Studie getestet und festgestellt, daß unter ihrer Anwendung durchschnittlich bis zu dreifach höhere Spendenbeträge erzielt werden. Die durchschnittliche Zahl der Spendenzusagen verringert sich dadurch jedoch nicht.[4] Die Anchorpoint-Strategie verursacht demnach keine kontraproduktiven Effekte, wie vielleicht zunächst zu vermuten wäre. Die Spender werden durch die explizite Kommunikation eines erwünschten Spendenbetrages nicht abgeschreckt, sondern - immer vorausgesetzt, daß die gewünschte Spendenhöhe nicht utopisch ist - die Spendenentscheidungsträger verschaffen sich durch die Rezeption des Ankers neue Orientierung für ihre Entscheidung.

Allgemeine Aussagen über die optimale Höhe des Ankers lassen sich nicht treffen. Zur Bestimmung der optimalen Spendenhöhenerwartung muß jeweils

---

1   Vgl. Fraser, C./Hite, R./Sauer, P. 1988, S. 284, ebenso Helson, H. 1964, Sherif, M./Sherif, C.W. 1967, Burger, J.M. 1986, Dermer, M./Cohen, S.J./Jacobsen, E./Anderson, E.A. 1979, Sherman, S./Ahlm, K./Berman, L./Lynn, S. 1978.
2   Fraser, C./Hite, R./Sauer, P. 1988, S. 284.
3   Ebenda, S. 284.
346   4   Vgl. ebenda, S. 286.

der situative Kontext der Spendenentscheidung berücksichtigt werden. Neben der Höhe der bisherigen Spenden der Zielperson, also dem bisherigen Erfahrungswert, können deren momentane subjektive Leistungsfähigkeit sowie der benötigte Spendenbedarf als Gesichtspunkte in die Auswahlentscheidung der spendenakquirierenden Organisation über die Höhe des erwarteten Spendenbetrages einfließen. Schwarzwald/Bizzmann/Raz (1983) stellen hierzu fest, daß allgemein ein in Relation zur bisherigen Vergabepraxis des Spenders zu klein gewählter, d. h. nur geringfügig von der durchschnittlichen Spendenhöhe abweichender Ankerpunkt keine Veränderungen der Spendenhöhen bewirkt.[1]

Eine Vergrößerung des absoluten Spendenvolumens läßt sich neben der Vergrößerung der Einzelspendenbeträge auch durch die Erhöhung der Anzahl der Spendenzusagen erzielen. Die generelle Entscheidung über die Vergabe einer Spende ist dabei ebenso wie die Entscheidung über die Spendenhöhe von der explizit oder implizit im Rahmen der Spenderansprache zum Ausdruck kommenden Erwartungshaltung des Spendensuchenden abhängig. Aus der Assimilations-Kontrast-Theorie lassen sich deshalb auch Strategien zur Erhöhung der Spendenzusagewahrscheinlichkeit deduzieren. So postulieren Brockner/Guzzi et.al. (1984) mit der "even a penny will help"-Strategie die Integration tiefer Ankerpunkte in die Kommunikation erwünschter Spendenhöhen. Der Grundgedanke der "even a penny will help"-Strategie ist die Legitimation kleiner Spendenbeträge.[2]

Brockner/Guzzi et.al. gehen in ihrem Konzept davon aus, daß Spender, ihrer ökonomischen Rationalität folgend, keine Präferenz für große Spendenbeträge haben. Ebenso veranlassen Prestigeüberlegungen den Spender dazu, keine zu geringen Beträge zu spenden. Der Spender will gegenüber der spendenakquirierenden Organisation bzw. der Öffentlichkeit nicht den Eindruck von Geiz oder Kleinmut erwecken. Andererseits will der Spender nicht durch die Vergabe von ungewöhnlich großen Zuwendungen neue Begehrlichkeiten beim Spendenpartner bzw. anderen spendenakquirierenden Organisationen wecken. Mit der Vergabe von Spenden erwächst immer auch eine Erwartungshaltung auf weitere zukünftige Zuwendungen, die sich der Höhe nach an der ersten Zuwendung orientieren. Der Spender entwickelt so einen impliziten individuellen Akzeptanzkorridor, dessen obere Grenze der höchste vom Spender akzeptierte Spendenbetrag bildet und an dessen unterer Grenze der subjektive Mindestspendenbetrag steht. Dieser implizite Akzeptanzkor-

---

[1] Vgl. Schwarzwald, J./Bizzmann, A./Raz, M. 1983, S. 433.
[2] Vgl. Brockner, J./Guzzi, F./Kane, J./Levine, E./Shaplen, K. 1984, S. 611 ff.

ridor variiert intersubjektiv. Richtgrößen bezüglich der Ober- und Untergrenze lassen sich nur auf empirischem Wege bestimmen.

Für die Spendenakquisition ergibt sich im Rahmen der Spenderansprache mit der explizit oder implizit zum Ausdruck kommenden Erwartungshaltung das Problem, den Akzeptanzkorridor des Spenders zu verfehlen und infolgedessen vom Spender eine Ablehnung zu erfahren. Die Erwartungshaltung wird so zur Risikoquelle. Mit Hilfe der "even a penny will help"-Strategie läßt sich dieses Risiko reduzieren. Durch die direkte kommunikative Einbindung der Erwünschtheit kleiner Spenden in die Spenderansprache wird von der spendenakquirierenden Organisation der Versuch unternommen dem Spender den psychologischen "Exit" der sozialen Unerwünschtheit kleiner Spendenbeträge zu verwehren.[1] Dem Spender soll nach dem Motto "Kleinvieh macht auch Mist" bzw. "wer den Pfennig nicht ehrt, ist des Talers nicht wert" das Gefühl vermittelt werden, daß er sich Zuwendungen kleineren Umfangs nicht zu schämen braucht. Mit dem Hinweis "even a penny/dollar/etc. will help" oder "lassen sie den Pfennig/die Mark wieder zu Ehren kommen" kann im Rahmen der Spendenwerbung der Entscheidungskorridor des Spenders dahingehend erweitert werden. Praktische Beispiele belegen die erfolgreiche Umsetzung der "even a penny will help"-Strategie auf dem deutschen Spendenmarkt. So arbeitet die Missionszentrale der Franziskaner e.V. mit dem Motto: "Lassen Sie den Pfennig wieder zu Ehren kommen". Die Spender werden in Spendenbriefen und Werbeanzeigen mit dem Verweis auf die Wirksamkeit kleiner Spendenbeträge für Entwicklungshilfeprojekte um Unterstützung gebeten.

---

[1] Vgl. ebenda, S. 611.

Lassen Sie den Pfennig wieder zu Ehren kommen!

Stellen Sie den Pfennig in den Mittelpunkt Ihrer Hilfe.

Sagen Sie:
> Ich will 10 Pfennig am Tag gegen das Elend in der Dritten Welt opfern!

Sagen Sie nicht:
> Was richte ich schon mit 10 Pfennig aus!

Sagen Sie besser:
> Geben nur 15 wie ich 10 Pfennig am Tag, kann sich davon eine Familie in Asien, Lateinamerika oder Afrika eine Mahlzeit am Tag leisten!

Sagen Sie deshalb:
> Ich will einer von diesen Fünfzehn sein!

Wir werden Ihre Pfennige dreimal umdrehen, um sicherzugehen, daß durch Ihre ganz private Hilfs-aktion mehr Menschen mehr zu essen, mehr Kinder eine Zukunft, mehr Mütter weniger Last zu tragen haben und mehr Väter wieder Ernährer Ihrer Familien werden können.

Unsere Anschrift:

Missionszentrale der Franziskaner e.V.

Albertus-Magnus-Straße 39, 5300 Bonn2
Postfach 200953

Unsere Spendenkonten:
Postgiroamt Köln 1130-502 (BLZ 370 100 50)
Sparkasse Bonn 25 001 447 (BLZ 380 500 00)

Abbildung 5.17: Spendenwerbung der Missionszentrale der Franziskaner e.V.

In einer umfangreichen empirischen Studie belegen Brockner/Guzzi et.al. (1984), daß die "even a penny will help"-Strategie die Ablehnungsrate von Spendenanfragen in praxi deutlich reduziert. Getestet wurde dabei vor allem die Auswirkung der Legitimation unterschiedlicher Spendenhöhen auf die persönliche bzw. telefonische Spendenkommunikation. Sowohl das Telefonspendenmarketing, als auch der direkte Kontakt sind demnach unter Anwendung der "even a penny will help"-Strategie deutlich erfolgreicher. Die Legitimationsstrategie erhöht insgesamt die Spendenzusagewahrscheinlichkeit ohne die durchschnittliche Spendenhöhe zu beeinflussen.[1] Die Höhe des jeweils direkt angesprochenen resp. legitimierten Kleinspendenbetrages - getestet wurden Beträge im Intervall von 1-5 Dollar - übt dabei keinen signifikanten Einfluß auf das Spenderverhalten aus. Alleine das offensive Ansprechen der Erwünschtheit kleiner Spendenbeträge führt zu einer erhöhten Spendenbereitschaft. Die Ergebnisse von Brockner/Guzzi finden in weiteren Studien Bestätigung, so daß bezüglich der "even a penny will help"-Strategie eine Handlungsempfehlung an spendenakquirierende Organisationen gegeben werden kann.[2] Für den speziellen Fall der Akquisition von Unternehmensspenden liegen allerdings bislang keine empirischen Ergebnisse vor. Eine Übertragbarkeit der Erkenntnisse auf das Entscheidungsverhalten von Managern erscheint jedoch plausibel.

Geht man mit der Grundhypothese der Assimilations-Kontrast-Theorie davon aus, daß die Kommunikation eines hohen Ankerpunktes die durchschnittliche Spendenhöhe zu steigern vermag ohne einen nennenswerten Einfluß auf die Anzahl der Spendenzusagen auszuüben und folgt man gleichzeitig den Erkenntnissen von Brockner/Guzzi et.al., daß die Legitimation kleiner Spenden die Zuwendungsrate insgesamt erhöht, kann daraus geschlossen werden, daß eine Kombination von "Anchorpoint"- und "even a penny will help"-Strategie zu einer Maximierung des Spendenvolumens beiträgt. Die Assimilations-Kontrast-Theorie besagt jedoch, daß das gleichzeitige Auftreten von zwei extremen Vergleichsmaßstäben resp. Ankerpunkten zur wechselseitigen Neutralisation anstatt zur synergetischen Ergänzung führt. In Relation zum oberen Ankerpunkt erscheint die geringere Spendenhöhe als zu bescheiden und sozial nicht akzeptabel und aus der Sicht des unteren Ankers erscheint die kommunizierte Erwartungshaltung der spendenakquirierenden Organisation als überzogen und unakzeptabel. Fraser/Hite/Sauer konnten den Neutralisierungeffekt empirisch bestätigen. Ein kombinierter Einsatz von "Anchorpoint"- und "even a penny will help"-Strategie erbrachte weder bei der

---

1 Vgl. Brockner, J./Guzzi, F./Kane, J./Levine, E./Shaplen, K. 1984, S. 614.
2 Vgl. Cialdini, R.B./Schroeder, D.A. 1976, ebenso Reingen, P.H. 1978.

durchschnittlichen Spendenhöhe, noch bei der Anzahl der Spendenzusagen eine signifikante Veränderung gegenüber einer Spenderansprache ohne Verwendung der beiden Strategien. Die singuläre Anwendung der beiden Strategien ist deshalb einem Strategienmix aus "Anchorpoint"- und "even a penny will help"-Strategie vorzuziehen.

Für sich betrachtet kann die "even a penny will help"-Strategie unter dem Blickwinkel des Gedankens der intertemporalen Spendenbeziehung in Verbindung mit dem auf Freedman/Fraser (1966) zurückgehenden "foot in the door" Phänomen dagegen fundamentale Bedeutung für die langfristige Entwicklung der Austauschbeziehung zwischen Spender und spendenakquirierender Organisation erlangen. Mit dem "foot-in-the-door"-Paradigma fassen Fraser/Freedman die Beobachtung zusammen, daß Spender, die zu einem früheren Zeitpunkt eine geringe Spende zugunsten einer bestimmten spendenakquirierenden Organisation geleistet haben, eher bereit sind, eine größere Zuwendung an den selben Zweck zu vergeben als Personen, die bisher nicht als Spender aufgetreten sind bzw. vorangegangene Spendenanfragen negativ beschieden haben.[1] Durch die erhöhte Spendenzusagewahrscheinlichkeit infolge der Anwendung der "even a penny will help"-Strategie lassen sich somit Türen zu einer langfristigen und aus der Sicht der spendenakquirierenden Organisation ergiebigen Spendenpartnerschaft öffnen.

---

[1] Vgl. Freedman, J.L./Fraser, S.C. 1966, S. 195 ff.

5.10. Gewinnhypothesen

5.10.1. Gewinnhypothese I

Ausgehend von den steuerrechtlichen Bestimmungen, die Unternehmens-spenden als Form der Gewinnverwendung klassifizieren und ihnen in bedingtem Umfang mindernde Wirkung auf die steuerliche Bemessungs-grundlage einräumen, können Spenden in enger Verbindung zum Unterneh-mensgewinn gesehen werden. Unternehmensspenden werden aus den Gewinnen der Unternehmen bestritten.[1] Substanzmindernde Zuwendungen sind nicht üblich, je nach Wettbewerbssituation sogar ausgeschlossen.[2] Es ist davon auszugehen, daß Unternehmen mit negativer Ertragslage keine Spenden vergeben resp. daß die Wahrscheinlichkeit einer positiven Antwort auf die Spendenansprache einer spendenakquirierenden Organisation gering ist. Ausnahme bilden Situationen, in denen die Spendenpolitik von Unter-nehmen langfristig verbindlich und damit unabhängig von Schwankungen der betrieblichen Ertragslage angelegt ist, in denen Spenden über unterneh-menseigene Stiftungen vergeben werden, die ihre Zuwendungen unabhängig von der wirschaftichen Lage des Unternehmens aus den jährlichen Erträgen ihres Kapitalstocks leisten, oder in denen Spendenentscheidungsträger bzw. im speziellen Eigentümerunternehmer den subjektiven Wert der Spendenvergabe höher gewichten als den kurzfristigen Verlust von Kapital.

Selbst bei positiver Grundeinstellung der Spendenentscheidungsträger ist die Spendenvergabe in Zeiten, in denen das Unternehmen Verluste erwirtschaf-tet, unwahrscheinlich. Der goodwillproduzierende Effekt der Spende erodiert infolge des Gesamtkontextes. In Jahren betriebsbedingter Mitarbeiterent-lassungen wirken großzügige Spendenvergaben gegenüber den Betroffenen und der Öffentlichkeit eher als zynisch.[3] Die Gefahr der Provokation von Dissonanzen bei relevanten Interessengruppen (Gewerkschaften, Betriebsrat etc.) ist hoch. Daher sind in Verlustzeiten selbst individuell disponible "Reptilienfonds" der Geschäftsführer und Vorstände für Spendenanfragen zumeist verschlossen. Das Management scheut die Vergabe von Unterneh-

---

1 "Corporate income is the only legal source of funds from which contributions may be drawn." Nelson, R.L. 1970, S. 4.
2 In hoch kompetitiven Wettbewerbsstrukturen sind keine Handlungsspielräume für die Vergabe von Spenden vorhanden. Jeder zusätzliche, nicht unmittelbar betriebsnotwendige Kostenfaktor würde das Überleben des Unternehmens im Markt gefährden. Vgl. Lewis, B.W. 1961, S. 78.
3 Vgl. Knauft, E.B. 1986 b, S. 269.

mensspenden. In Ermangelung einer steuerlichen Bezugsgröße entfällt darüber hinaus in Verlustsituationen die für die Vergabe von Unternehmensspenden notwendige - aber nicht hinreichende - Bedingung des steuerlichen Vorteils.[1] Wo kein Gewinn vorhanden ist, kann auch nichts vergeben werden und lassen sich in Folge einer Spendenvergabe auch keine steuerlichen Vorteile geltend machen. Der Unternehmensgewinn wird zur conditio sine qua non für die Vergabe von Unternehemensspenden (Gewinnhypothese I).[2]

5.10.2. Gewinnhypothese II

Über die Funktion als conditio sine qua non für die Vergabe von Unternehmensspenden hinaus besteht eine elastische Beziehung zwischen der Höhe des Unternehmensgewinns und dem Spendenverhalten von Unternehmen. So stellen Levy/Shatto (1978) fest, daß Unternehmen mit höherem Gewinn tendenziell mehr Spenden vergeben.[3] Je höher der Unternehmensgewinn, desto größer ist tendenziell die Spendentätigkeit des Unternehmens (Gewinnhypothese II). Spenden können als Instrument zur Dokumentation des wirtschaftlichen Erfolges eingesetzt werden. "By making a gift, the donor makes a statement about his own capacity to give."[4] In einer empirischen Studie bestätigt Notheis (1992) diesen Befund. Für die Mehrheit der befragten Unternehmen besitzt die aktuelle Geschäfts- bzw. Gewinnentwicklung unmittelbare Relevanz für die Höhe der vergebenen Spenden. Wenn es Unternehmen schlecht geht, fallen die Spendenhöhen geringer aus, bei guter Ertragslage sind die Unternehmen großzügiger.[5] Hänecke (1989) kommt für die Schweiz im Rahmen einer Befragung der 1500 umsatzstärksten schweizer Unternehmen zum Sponsoring- und Spendenengagement zum selben Ergeb-

---

[1] Zur steuerlichen Anreizen als Determinante der Spendenvergabe von Unternehmen, siehe die Ausführungen zur Ökonomischen Theorie der Unternehmensspende im Rahmen der Erörterungen zu Motiven der Unternehmensspendenvergabe in Abschnitt 4.1.1.

[2] Nelson (1970) findet empirische Bestätigung für die Hypothese, daß Spenden in der Regel nur von Unternehmen mit Gewinnen vergeben werden. Vgl. Nelson, R.L. 1970, S. 4: "Corporations with positive net income accounted for 98,6% of total contributions over the period (1936-1964)." Galaskiewicz (1985) bestätigt eine signifikant positive Korrelation zwischen den Unternehmensgewinnen und der Spendentätigkeit von Unternehmen. Vgl. Galaskiewicz, J. 1985, S. 68.

[3] "(...) those with higher net incomes have a tendency to give more." Levy, F.K./Shatto, G.M. 1978, S. 22, ebenso Plinio, A./Brooks, W.E./Sax, E./ Louie, M. 1981, S. 8.

[4] Galaskiewicz, J. 1985, S. 58.

[5] Vgl. Notheis, D. 1992, S. XLVII.

nis.[1] Ebenso argumentiert Knauft (1989), der empirisch belegt, daß "there is a high positive relationship between a company's earnings and its level of contributions".[2] Das Volumen des jährlichen Spendenengagements orientiert sich am Gewinn des vorhergehenden und den Gewinnerwartungen für das laufende Geschäftsjahr.[3]

Clotfelter (1985) identifiziert in praxi drei auf den Unternehmensgewinn rekurrierende Entscheidungsregeln ('rules of thumb') für die Spendenvergabe von Unternehmen. Danach vergeben Unternehmen feste Budgets an Spenden, deren Höhe sich zum einen an fixen Prozentsätzen vom Gewinn des abgelaufenen Geschäftsjahres orientiert oder zum anderen am bisher praktizierten Vergabeverhalten (Ansatz aus dem Vorjahr) ausrichtet.[4] Als dritte Entscheidungsregel führt er die Orientierung der Unternehmen am Verhalten der Branchenmitglieder ('industry norms') an, welches wiederum unmittelbar von der aktuellen Ertragslage der Branche abhängig ist.[5]

Harris/Klepper (1976) können diese Befunde bestätigen. In einer empirischen Studie unter Einbeziehung der 1000 größten US-amerikanischen Unternehmen stellen sie fest, daß 52 % der Befragten die Höhe ihres Spendenbudgets am Ansatz des Vorjahres orientieren. Für den Vorjahresansatz ist wiederum der Gewinn vor Steuern der vergangenen Rechnungsperiode die überragende Orientierungsgröße. Bei 22 % der Unternehmen spielt der Intrabranchenvergleich eine Rolle bei der Bemessung des eigenen Spendenengagements. Die Spendenentscheidungsträger orientieren sich an Vergleichswerten der Konkurrenz.[6]

Nelson (1970) vermutet dagegen, daß kurzfristig keine Unterschiede zwischen gewinnreichen und gewinnarmen Unternehmen im Spendenverhalten bestehen. Mit einer Analyse von Zeitreihendaten aus der amtlichen

---

1 Vgl. Hänecke, F. 1989, S. 66 ff. Hänecke fokussiert dabei als unabhängige Variable aber den Umsatz der Spenderunternehmen. Er kommt zum Ergebnis, daß je höher die Firmenumsätze, desto häufiger werden die Sponsoringaktionen mit Spenden kombiniert. Je tiefer die Umsätze, desto seltener wird gesponsert oder gespendet. Vgl. ebenda.
2 Knauft, E.B. 1986 b, S. 262, 267.
3 Vgl. ebemda, S. 275. Knauft (1986) stellt jedoch einschränkend fest: "The five-year earnings growth rate of a company is not related to either the amount of contributions or to contributions as a percentage of pretax income. The fastest growing companies do not tend to have the larger or the "more generous" programs." Ebenda.
4 Vgl. Clotfelter, C.T. 1985, S. 192, ebenso Plinio, A./Brooks, W.E./Sax, E./Louie, M. 1981, S. 8.
5 Vgl. Clotfelter, C.T. 1985, S. 192.
6 Vgl. Harris, J.F./Klepper, A. 1976, S. 21.

Einkommensteuerstatistik belegt er eine eher geringe Empfindlichkeit des Spendenverhaltens in bezug auf die Variation von Unternehmensgewinnen. Er schließt daraus eine Orientierung der Spendenvergabe der Unternehmen an der langfristigen Gewinnentwicklung. "Corporations might regard periods of high or low profit rates as temporary, and might, therefore, relate giving to their longer-run profit rates."[1] Die aktuelle Ertragslage spielt demnach keine entscheidende Rolle für die Bemessung des Umfangs der Spendentätigkeit.

Whitehead (1976) sieht die Elastizität der Spendenvergabe in bezug auf den Unternehmensgewinn in Relation zu den der Spende zugrundeliegenden Motiven. Er geht davon aus, daß die Höhe des Gewinns mit der Größe des Unternehmens - gemessen am Umsatz - korrespondiert. Wenn Unternehmensspenden vom Motiv der "through-the-firm consumption" dominiert werden, ist die Skalenelastizität kleiner als eins. Kleinere Unternehmen mit geringerem Gewinn vergeben dann relativ mehr Spenden als große Unternehmen mit hohen Gewinnen.[2] Wenn Unternehmensspenden aus der Perzeption gesellschaftlicher Verantwortung heraus vergeben werden ist die Elastizität der Spendenvergabe in bezug auf den Unternehmensgewinn größer als eins, d. h. elastisch. Größere Unternehmen haben ein verhältnismäßig höheres Maß an Verantwortung für die Gesellschaft zu tragen. Um der größeren Verantwortung gerecht zu werden, vergeben sie relativ mehr Spenden als kleinere Unternehmen mit geringerem Gewinn.[3] Die Skalenelastizität bei Spendenentscheidungen, die am Ziel der Gewinnmaximierung orientiert sind, ist kleiner oder gleich eins. Ein Skalenwert von eins ist konform mit der Sicht von Nelson, daß Unternehmen mit höherem Gewinn weder mehr noch weniger Spenden vergeben als Unternehmen mit geringem Gewinn.

---

[1] Nelson, R.L. 1970, S. 72.
[2] Als Begründung für die Elastizität kleiner eins führt Whitehead zwei Faktoren an: "First, small, owner-controlled corporations tend to take greater advantage of the tax savings of corporate giving.. The influence of family controll and personal motives is less in larger firms. Second, decision-making costs of corporate giving increase as firm size increases. They must agree to, and be satisfied by, corporate giving in the large firm. Thus, the costs of pursuing a balanced giving program are proportionately greater for a large firm than for a small firm. Decision-making costs are minimal for the firm that is owned and operated by one person." Whitehead, P. 1976, S. 27, ebenso Brown, J.K. 1972, O'Conner, R. 1973.
[3] Vgl. ebenda, S. 27.

5.10.3. Strategische Implikationen

Für die Akquisition von Unternehmensspenden lassen sich aus den Gewinnhypothesen folgende Ansatzpunkte deduzieren:

1. Für die Auswahl von Zielunternehmen sollten Informationen über die jeweilige Ertragslage von Unternehmen eingeholt werden. Als Informationsquellen können Branchenindizes, Geschäftsberichte, Pressemeldungen oder persönliche Kontakte zum Umfeld der Unternehmen dienen.

2. Unternehmen, die Gewinne ausweisen bzw. Unternehmen, die über einen Zeitraum von mehr als einem Geschäftsjahr Gewinne erzielen, sollten bevorzugt angesprochen werden.

3. Zur Eingrenzung relevanter Zielunternehmen empfiehlt sich eine Identifikation boomender Geschäftsfelder bzw. erfolgreicher Branchen.

4. Unternehmen mit günstiger Ertragslage bzw. Unternehmen in boomenden Branchen sollten bevorzugt angesprochen werden.

Folgt man den Gewinnhypothesen, haben wirtschaftliche Rezessionsphasen erheblichen Einfluß auf das Spendenaufkommen von Unternehmen. Je weniger Gewinne von Unternehmen erwirtschaftet werden, desto weniger Unternehmensspenden werden vergeben. Unternehmen sparen in Zeiten von Umsatz- und Ertragsrückgängen in erster Linie an nicht betriebsnotwendigen Ausgaben, zu denen auch Spenden zu rechnen sind.[1] Wie Nelson (1970) am Beispiel des Rezessionsjahres 1958 belegt sinken mit geringeren Unternehmensgewinnen auch die Zuweisungen an spendenakquirierende Organisationen.

---

[1] "For corporations in strained financial conditions the need to make ordinary business outlays must certainly take priority over giving, and their tax incentive is blunted as well." Nelson, R.L. 1970, S. 23.

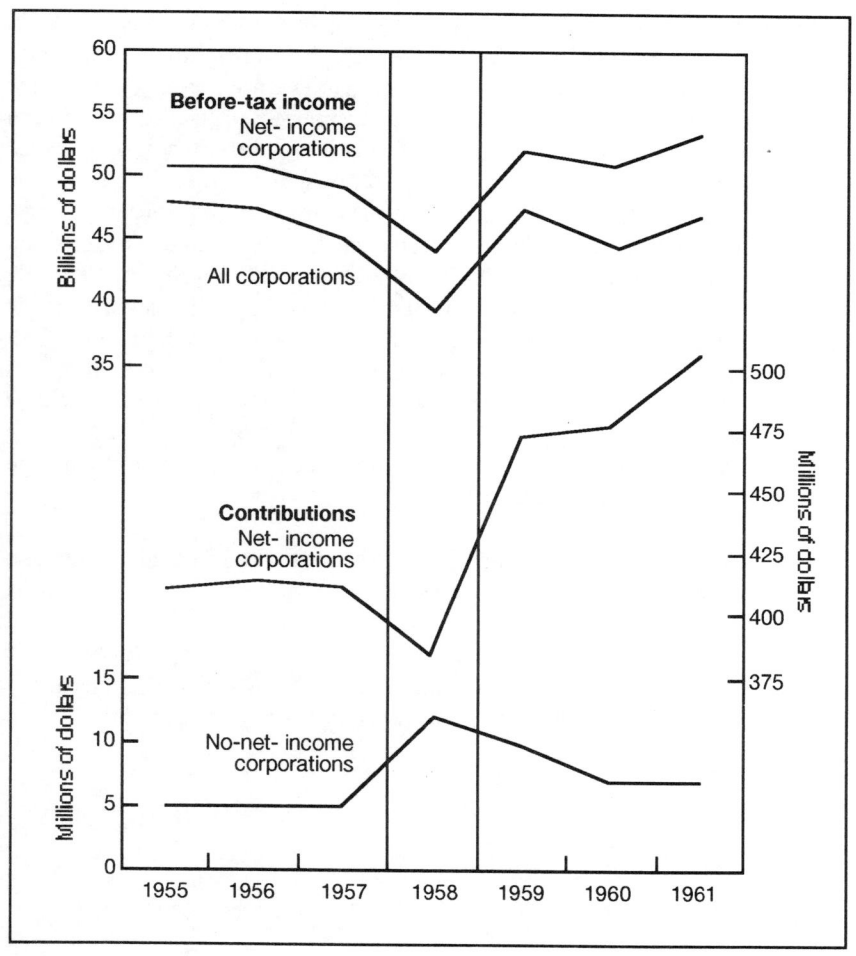

Quelle: Nelson, R.L. (1970), S. 28.

Abbildung 5.18: Entwicklung der Unternehmensgewinne und Unternehmensspenden im Rezessionsjahr 1958

Spendenakquirierende Organisationen sollten diesen Zusammenhang im
Rahmen ihrer langfristigen Spendenmarketingstrategie berücksichtigen und
entsprechende Reaktionsprofile entwickeln. Christensen (1991) hat hierzu
ein Strategieprofil entworfen, das als Eventualplan in wirtschaftlichen Rezessionsphasen aktiviert werden kann. Er verweist mit Blick auf Erfahrungen aus
den USA darauf, daß sich Rezessionsphasen als Herausforderung für das

357

Spendenmarketing spendenakquirirender Organisationen erweisen und ein hohes Maß an Sensibilität erfordern. Aggressive, aufwendige Spenderansprachen provozieren in Rezessionen auf seiten der Unternehmen schnell den Vorwurf der Mittelverschwendung gegenüber spendenakquirierenden Organisationen. In Zeiten, in denen Unternehmen selbst zu striktem Sparen gezwungen sind, wirken extensive Werbekampagnen von spendenakquirierenden Organisationen kontraproduktiv. Die spendenakquirierende Organisation erweckt damit den Eindruck eigener Prosperität und infolgedessen geringer Dringlichkeit des Spendenbedarfs. Um bereits bestehende Spendenbeziehungen nicht zu gefährden bzw. auch in Rezessionszeiten die Anknüpfung neuer Spendenpartnerschaften zu ermöglichen, empfiehlt Christensen deshalb ein "Lean-Marketing" zur Spendenakquisition.[1] Als zentrale Bausteine eines Spendenmarketing in Rezessionsphasen sollte eine verstärkte Spenderorientierung bzw. eine Fokussierung auf die Bedürfnisse der Unternehmen sowie die Intensivierung des persönlichen Kontaktes zu den Spendenentscheidungsträgern erfolgen.

Im einzelnen empfiehlt Christensen (1991) spendenakquirierenden Organisationen in Phasen wirtschaftlicher Rezession:

1. Die Identifikation von Wirtschaftszweigen, die nicht von der Rezession betroffen sind bzw. eine Identifikation und Ansprache von Vertretern dieser Branchen im regionalen Umfeld der spendenakquirierenden Organisationen.

2. Die systematische Suche nach Spendern in bislang vernachlässigten Spendersegmenten.

3. Die Reduzierung der von Großspendern erbetenen Spendenhöhen.[2]

4. Die Flexibilisierung des Spendenmodus (z. B. Spenden in Raten) gemäß den Wünschen der Spender.
5. Die Reaktivierung "eingeschlafener" Spendenbeziehungen.

---

[1] "Use low-cost/no-cost visibility-enhancing publicity techniques such as press releases, articles, speeches, booklets, seminars and newsletters. With publications, be tasteful. Avoid costly, image-building publications and reports. This isn't the time for expensive, glossy brochures." Vgl. Christensen, S.D. 1991, S. 48.

[2] Christensen empfiehlt die Reduktion der Erwartungshaltung, um insbesondere bei langfristigen Großspendern die aufgebauten Goodwillpotentiale nicht zu riskieren und eine glaubwürdige Spenderorientierung zu dokumentieren. Vgl. ebenda, S. 46.

6. Die verstärkte Partizipation von ehrenamtlichen Helfern bei der Formulierung der strategischen Ziele.[1]

7. Die verstärkte Einbindung ehrenamtlicher Helfer in die operativen Maßnahmen zur Spendenakquisition.

8. Die Substitution kostenträchtiger Spendenwerbung durch eine intensivere Public Relations.

9. Die Fokussierung der persönlichen Kommunikation mit den Spendern.

---

[1] Christensen empfiehlt die Intensivierung der Partizipation, um zusätzliche Potentiale an Engagement bei den ehrenamtlichen Helfern freizusetzen. "Involvement leads to investment." Vgl. ebenda, S. 48.

6. Theorien und Strategien zur Akquisition von Unternehmensspenden im Überblick

Der theoretische und praktische Erkenntnisstand bei der Akquisition von Unternehmensspenden läßt sich, aufbauend auf den vorangegangenen Erörterungen, insgesamt zu folgenden Thesen verdichten:

(1) Als Gegenstand wissenschaftlicher und praktischer Forschung führt in der Bundesrepublik sowohl das Spendenmarketing im allgemeinen, als auch im speziellen die Beschäftigung mit Problemen der Akquisition von Unternehmensspenden noch immer ein Schattendasein.

(2) Die entwickelten Ansätze zur Vergabe von Unternehmensspenden setzen zum einen an der Person des Spendenentscheidungsträgers, d. h. bei der Ergründung der Motive und personalen Determinanten der Spendenvergabeentscheidung an. Zum zweiten beziehen sie sich auf die organisationalen Strukturen und organisationsbedingten Restriktionen des Unternehmens, in welche die Spendenvergabeentscheidung eingebettet ist. Zum dritten knüpfen sie an den umweltbezogenen, situativen Bedingungsstrukturen von Unternehmensentscheidungen an.

(3) Die Unternehmensspende kann als rationale Entscheidung beschrieben werden, für deren Zustandekommen sowohl dem Prinzip der Gewinnmaximierung verpflichtete Motive, als auch - soweit die dafür notwendigen Handlungsspielräume vorhanden sind - egoistisches bzw. altruistisches Nutzenstreben von Spendenentscheidungsträgern verantwortlich zeichnet. Die Spendenvergabe ist also immer eigennützig. Steuerliche Anreize spielen als Motiv für die Spendenvergabe keine Rolle, besitzen aber als Determinante für die Spendenentscheidung u. U. erhebliche Relevanz.

(4) Spendenentscheidungen von Unternehmen vollziehen sich in der Regel in Form von ungeplanten, ad hoc gefällten Einzelentscheidungen. Sie sind nur selten das Ergebnis strategischer Planung. Eine zielorientierte Suche nach Spendenzwecken ist in praxi kaum anzutreffen. Der Entscheidungsprozeß erfolgt reaktiv, d. h. als Antwort auf ein an das Unternehmen gerichtetes Spendengesuch einer spendenakquirierenden Organisation. Der Entscheidungsprozeß wird dabei von organisationsexternen und -internen Spendeneinflußträgern beeinflußt. Die Spendenentscheidung selbst wird vom Geschäftsführer oder Vorstand getroffen. Wenige, vornehmlich große Unternehmen vergeben Spenden zusätzlich über eigene Unternehmensstiftungen.

Die Spendenvergabe orientiert sich dann an den definierten Stiftungszwecken, bzw. wird von den Verantwortlichen der Stiftung entschieden.

(5) Durch die Entscheidung zur Spendenvergabe wird ein sozialer Tauschprozeß initiiert, bei dem neben dem Spender, der Spendenempfänger sowie eine spendenakquirierende Organisation, die als Tauschpromotor fungiert, in Interaktion miteinander treten. Die Existenz der spendenakquirierenden Organisation ist essentiell für den Spendentausch. Ist keine spendenakquirierende Organisation in die Tauschbeziehung involviert, handelt es sich um eine dyadische Schenkungsbeziehung zwischen einem Schenkenden und einem Beschenkten. Erfolgt im Rahmen des Spendentausches eine Zuweisung von Sozialprestige an den Spender als Ausdruck der Wertschätzung für seine Spendenvergabe, werden über den eigentlichen Kreis der Spendenakteure hinaus auch Dritte in den sozialen Tausch involviert. Der Tausch wird über die vom Spender und den Dritten gemeinsam geteilten Normen vermittelt. Die Dritten weisen Anerkennung als Reaktion auf das normenkonforme Verhalten des Spenders zu. Es liegt dann ein indirekter sozialer Tausch vor.

(6) Im Gegensatz zur Unternehmensspendenvergabe handelt es sich beim Sponsoring aufgrund der - schriftlichen oder mündlichen - vertraglichen Fixierung von Leistung und Gegenleistung und der damit einhergehenden Aufhebung der Unsicherheit und Unspezifität der reziproken Gratifikationen um einen wirtschaftlichen Tausch. Sponsoring stellt aus der Sicht des Unternehmens eine Investition mit instrumentellem Charakter für die Unternehmenskommunikation dar. Das Werbemotiv bzw. die kommunikative Erreichung von Zielgruppen zum Aufbau von Bekanntheits-, Image- oder Goodwillpotentialen ist beim Sponsoring dominant. Die Gewinnung von Sponsoren erfordert deswegen von spendenakquirierenden Organisationen eine differenzierte konzeptionelle Vorgehensweise.

(7) Die theoretische und empirische Auseinandersetzung mit dem Problemfeld der Spendenvergabe von Unternehmen ermöglicht es bislang zwar nicht, eine umfassende Theorie zur Akquisition von Unternehmensspenden zu formulieren, jedoch hinterläßt sie ein vielgestaltiges Mosaik an theoriegeleiteten Strategien und Anregungen für das Spendenmarketing spendenakquirierender Organisationen. Die einzelnen Strategien lassen sich in der komprimierten Zusammenschau insgesamt zu einem abgerundeten Bild mit praxeologischem Wert verbinden (vgl. Abbildung 8.1).

1.) THEORIE DES SOZIALEN TAUSCHES

Die Spende wird als sozialer Tauschprozeß charakterisiert. Fundamentaler Baustein des Spendentausches ist das Prinzip der Reziprozität. Der Spender spendet mit der Motivation, reziproke Gratifikationen zu erhalten. Soziales Handeln, das sich im Rahmen sozialer Tauschprozesse vermittelt, besitzt seine durchgängige Struktur in der Eigennützigkeit und seiner sozialen Einbindung. Die Eigennützigkeit der sozialen Interakteure (Spender, spendenakquirierende Organisation und Spendenempfänger) wird als individuell orientierte Intentionalität verstanden, d. h. sie orientiert sich an den Präferenzen der Tauschhandelnden. Bei Spenden handelt es sich um einen vornehmlich extrinsischen Tausch. Nicht die Beziehung zwischen den Spendentauschpartnern an sich, sondern die Erreichung von Zielen, die außerhalb der singulären sozialen Beziehung liegen, dominieren den Spendentausch. Das Basisbeziehungssystem der Übertragung von Spendenobjekten an eine spendenakquirierende Organisation bzw. den vorgesehenen Spendenzweck vollzieht sich über eine Reihe von Paarbeziehungen. Die selektiven reziproken Gratifikationen für den Spender werden dagegen je nach verfolgtem Spendenmotiv auf direktem Weg, oder über indirekte, normenvermittelte Tauschmuster übertragen. Gesellschaftliche Normen nehmen die Funktion eines Transmissionsriemens für den Transfer indirekter Gratifikationen wahr. Der spendenakquirierenden Organisation kommt die Rolle eines Tauschpromotors zu. Sie ist elementarer Bestandteil der Spendentauschbeziehung. Ohne die Integration einer spendenakquirierenden Organisation liegt kein Spendentausch, sondern der Fall einer Schenkung, als dyadische Tauschbeziehung zwischen Schenkendem und Beschenktem vor.

Strategien:

- Systematische Identifikation der Spendenmotive potentieller Spender
- Dokumentation der Funktionen der spendenakquirierenden Organisation im Rahmen der Kommunikationspolitik
- Verweis auf die Normenkonformität des Verhaltens von Spendern im Rahmen der Kommunikationspolitik
- Systematische gesellschaftsgerichtete Kommunikationspolitik für die Stabilisierung bzw. Revitalisierung gesellschaftlicher Werte und Normen

2.) ÖKONOMISCHE THEORIE DER UNTERNEHMENSSPENDE

Die "Ökonomische Theorie der Unternehmensspende" identifiziert zwei pra-xeologisch relevante und empirisch begründete Motivquellen für die Vergabe von Unternehmensspenden. Neben dem Streben des Unternehmens bzw. seiner Entscheidungsträger nach Gewinnmaximierung resultieren Spendenvergaben vor allem aus dem egoistischen Streben der Spendenentscheidungsträger mit Hilfe individueller Handlungsspielräume eigenen Nutzen zu maximieren. Als derivate Triebkräfte, die sich aus der Motivquelle der Gewinnmaximierung ableiten, besitzen neben dem "Werbemotiv", das "Arbeitsmarktmotiv", das "Versicherungs-motiv" und das "Lobbyismusmotiv" empirische Relevanz. Seitens der nutzenmaxi-mierenden Manager stellt die Ökonomische Theorie der Unternehmensspende vor allem auf das Streben nach einer Stärkung des eigenen Sozialprestiges und die Erlangung von gesellschaftlichem Einfluß als Motivation für Spendenvergabe ab. Die Vergabe von Unternehmensspenden läßt sich in praxi aber nicht eindeutig einer der beiden Motivquellen zuweisen. Die tatsächliche Spendenentscheidung ist vielmehr ein komplexer, multimotivationaler Prozeß, dessen Handlungsleitung sich aus Elementen beider Motivquellen speist.

Strategien:
- Direkter Rekurs auf die Spendenmotive bei der Spenderansprache
- Kommunikation des Gratifikationspotentials der Spende
- Zuschnitt der Spenderansprache auf die Person des Spendenentscheidungsträgers bzw. seine persönlichen Präferenzen

3.) ISSUE-CONGRUENCE-THEORIE

Die Affinität zwischen den Aufgaben- bzw. Leistungsbereichen von Unternehmen und spendenakquirierenden Organisationen (Issue Congruence) erhöht das Gratifikationspotential für den Spender. Infolgedessen erhöht sich die Wahr-scheinlichkeit einer Spendenzusage.

Strategien:
- Verweis auf die gratifizierenden Wirkungen einer Spendenvergabe an Issue-Partner im Rahmen der Kommunikationspolitik
- Integration der Issue-Congruence Perspektive in die Auswahl der Ansprechpartner
- Issue-Congruence-Analyse zur systematischen Identifikation von Ansprechpartnern
- Verweis auf die Spende als Einstieg für zukünftige Kooperationen

363

4.) THEORIE DER LOKALEN PRÄFERENZ

Spenden an lokale Einrichtungen im Umfeld des Unternehmens erhöhen das Gratifikationspotential für den Spender, senken das wahrgenommene Spendenrisiko und kompensieren gesellschaftlichen Druck auf verstärktes Engagement von Unternehmen. Spezifische Gratifikationen aus einer Vergabe von Spenden an Organisationen und Einrichtungen im lokalen Umfeld des Unternehmensstandortes ergeben sich vor allem in bezug auf den Absatz- und den Arbeitsmarkt sowie bezüglich der gesellschaftlichen Stellung des Unternehmensspendenentscheidungsträgers.

Strategien:

- Verweis auf die gratifizierenden Wirkungen einer lokalen Spendenvergabe im Rahmen der Kommunikationspolitik
- Priorisierte Ansprache von Unternehmen im lokalen Umfeld
- Priorisierte Ansprache von großen Unternehmen im lokalen Umfeld
- Identifikation von Spendenentscheidungsträgern, die über eine tiefe Verwurzelung in das lokale gesellschaftliche Leben verfügen
- Priorisierte Ansprache von Spendenentscheidungsträgern, die sich kommunalpolitisch engagieren
- Bekanntmachung der Unternehmensspenden im lokalen Umfeld zur Hervorhebung des Spenders als "good citizen"
- Gründung eines weitverzweigten Netzes von lokalen Niederlassungen bzw. Projekten

5.) AGENCY-THEORIE

Die Handlungsspielräume der Entscheidungsträger zur Vergabe von Unternehmensspenden sind eine Funktion der Eigentumsverhältnisse im Unternehmen. Je größer der Kapitalanteil eines Prinzipalen (Eigentümer), desto größer ist seine Neigung zur Kontrolle der Agenten (Manager) und desto geringer sind die Handlungsspielräume von Agenten zur Spendenvergabe unter opportunistischen Gesichtspunkten.

Strategien:

- Integration einer systematischen Analyse der Eigentumsverhältnisse in die Informationsbeschaffungsaktivitäten zur Auswahl von Ansprechpartnern
- Identifikation von "Managerial Firms" (breit gestreutes Kapital), "Agency Firms" (Mehrheit in Besitz von Muttergesellschaft), "Entrepreneurial Firms" (Eigentümerunternehmen), "Partnership Firms" (Geschäftsführer und ein Kapitaleigner besitzen signifikante Anteile)
- Priorisierte Ansprache von "Managerial Firms"
- Identifikation der Mitglieder der "philanthropischen Elite"
- Gewinnung von Meinungsführern in der philanthropischen Elite als Promotoren
- Systematische Kontaktpflege zu Spendenentscheidungsträgern über gemeinsame Mitgliedschaften in Clubs oder Kuratorien
- Systematische Informationsansprache der Eigentümer auf Hauptversammlungen

6.) WETTBEWERBSTHEORIE

Unternehmen in extremen Wettbewerbssituationen können sich Spenden aufgrund des Kostenwettbewerbes in der Regel nicht leisten. Monopolisten verfügen aufgrund des fehlenden Wettbewerbsdrucks über weite Handlungsspielräume zur Vergabe von Spenden. Aus Imagegründen vergeben sie tendentiell mehr Spenden als Unternehmen in hoch kompetitiven Wettbewerbssituationen. Monopolisten präferieren Geld- gegenüber Sachspenden. Oligopolisten spenden, um sich einen komparativen Konkurrenzvorteil zu erarbeiten. Sie vergeben im Vergleich zu Unternehmen mit Monopolstellung und Unternehmen in atomistischen Konkurrenzsituationen tendentiell die meisten Spenden.

Strategien:
- Integration einer systematischen Analyse der Wettbewerbsverhältnisse in die Informationsbeschaffungsaktivitäten zur Auswahl von Ansprechpartnern
- Identifikation von spendenfreundlichen Wettbewerbsfeldern bzw. Unternehmenssektoren
- Priorisierte Ansprache von Oligopolisten

7.) KULTURHISTORISCHER ANSATZ

Spenden stellen kulturhistorisch Opferhandlungen dar. Sie sind institutionell vermittelt. Nicht nur der Spender erbringt ein Opfer, sondern auch der Spendensammler mit seinen Aktivitäten zur Spendenakquisition. Mit Hilfe von asketischem Auftreten wird der Eindruck der Bedürftigkeit erweckt, ohne dabei gleichzeitig den Eindruck der Unprofessionalität zu vermitteln. Die fehlende Präsenz der Bedürftigen - bzw. Spendenempfänger - in der Öffentlichkeit, wird durch die Aktivitäten der Spendensammler ersetzt. Es erfolgt eine implizite Integration der Spendenempfänger in die Spendenkommunikationspolitik.

Strategien:
- Berücksichtigung der Prinzipien des Opfers, der Askese und der Integration der Spendenempfänger bei der Gestaltung der Kommunikationspolitik
- Herausstellung des ehrenamtlichen Engagements bzw. der Eigenleistungen der spendenakquirierenden Organisation im Rahmen der Kommunikationspolitik
- Gleichgewichtige Verarbeitung der Askese, neben der Integrität und der Prosperität der spendenakquirierenden Organisation, als Elemente der Kommunikationspolitik
- Je nach Beschaffenheit der Empfängergruppe, entweder aktive Integration oder passive Involvierung der Spendenempfänger

8.) THEORIE DES WAHRGENOMMENEN SPENDENRISIKOS

Die Spendenvergabe wird als Risikoübernahme interpretiert. Das subjektiv empfundene Risiko bezüglich der Fähigkeit der spendenakquirierenden Organisation zur Erstellung der Leistungen für die Spendenempfänger bzw. der Gewährleistung des Transfers reziproker Gratifikationen (Primärquellen) sowie das Risiko der Veruntreuung, Zweckentfremdung und der Dringlichkeit des Spendenzwecks (Sekundärquellen) beeinflußt die Entscheidung über die Vergabe einer Spende. Bei Spenden herrscht wie bei Vertrauensgütern (credence goods) asymmetrische Informationsverteilung über die "Produktqualität" bzw. die Qualität der Leistungsäquivalente vor. Übersteigt das wahrgenommene Spendenrisiko eine individuelle Toleranzschwelle, sieht sich der Spendenentscheidungsträger veranlaßt, das Ausmaß des perzipierten Risikos zu reduzieren. Die Reduktion kann entweder durch Abbau der Unsicherheit über die Aufnahme von Informationen, oder über ein Abrücken von der Spendenvergabe erfolgen.

Strategien:

- Systematische risikobezogene Analyse des Informationsangebotes an die Spender
- Kommunikation von Spenderinformationen mit Risikoreduzierungskapazität in bezug auf den Informationsgehalt und die Informationsverständlichkeit
- Etablierung der spendenakquirierenden Organisation als "soziale Marke" und Aufbau eines konsequenten Markenimages
- Priorität persönlicher Kommunikation
- Integration von prominenten Schirmherren in die Kommunikationspolitik
- Kooptation von Unternehmensentscheidungsträgern in Vorstände und Kuratorien der spendenakquirierenden Organisation
- Investitionen in organisationsspezifisches Kapital
- Integration von Leistungszertifikaten - z. B. Spendensiegeln - in die Kommunikationspolitik

9.) THEORIE DER INTERTEMPORALEN SPENDENBEZIEHUNG

Die Spendenvergabe wird als intertemporale Beziehung zwischen dem Spender und der spendenakquirierenden Organisation interpretiert, in deren Verlauf sich Transfers von Spendenobjekten und reziproken Gratifikationen vollziehen. Die Spendenbeziehung beginnt mit der ersten Übertragung von Spendenobjekten und intensiviert sich mit zunehmendem Aufbau von Vertrauenskapital. Die extrinsische Spendentauschbeziehung wird so um einen intrinsischen Bezug ergänzt. Je nach Wert und temporaler Folge der Transaktionssequenzen befindet sich die Spendenbeziehung entweder in der Einführungs-, Wachstums-, Reife- oder in der Degenerationsphase.

Strategien:

- **Strategien in der Einführungsphase**
  Strategische Stoßrichtungen:
    schnelle Penetration
    langsamer Beziehungsaufbau
  Strategien zum Aufbau von Vertrauenspotentialen
    Kommunikation von spendenzweckbezogenen Erfolgen
    Herausgabe eines spenderorientierten Spendermagazins
    Integration prominenter Promotoren
    Spenderinformation im Hinblick auf Issue Congruence
- **Strategien in der Wachstumsphase**
    Steigerung der Qualität der spendergerichteten Informationen
    Verringerung der Zuwendungsmühe, z. B. Spenden über Btx
    Spendenbeziehungsorientierte Public Relations
    Projektinnovationen
    Key-Donor-Management
- **Strategien in der Reifephase**
  Strategische Stoßrichtungen
    weiterhin in die Spendenbeziehung investieren
    keine weiteren Investitionen in die Spendenbeziehung
  Strategien zur Revitalisierung von Spendenbeziehungen
    Integration von Schlüsselerlebnissen in die Kommunikationspolitik
    Gründung von Spenderclubs
- **Strategien in der Degenerationsphase**
  Strategische Stoßrichtungen
    Strategie des Erntens
    Investitionen auf bisherigem Niveau beibehalten
    Reaktivierung der Spendenbeziehung
- **Phasenübergreifende Strategiemodule**
    Spendenmarketing- Informationssysteme
    Spendenmarketing-Controlling
    Corporate Identity Strategie

10.) UNTERNEHMENSKULTURANSATZ

Die Unternehmenskultur fungiert als Determinante der Spendenentscheidung. Das gemeinsam von den Organisationsmitgliedern geteilte System an Werten, Normen, Einstellungen und Überzeugungen prägt die Wahrnehmung und Beurteilung der Spendenanfragen bzw. den gesamten Spendenentscheidungsprozeß.

- Identifikation von spendenfreundlichen Unternehmenskulturen mit Hilfe einer kulturbezogenen Spenderanalyse
- Rekurs auf die schriftlich im Unternehmensleitbild fixierte Gesellschaftsorientierung im Rahmen der Spenderansprache
- Rekurs auf Bezugssymbole und Vorbilder mit Spendenbezug
- Rekurs auf historische Symbole mit Spendenbezug

11.) ASSIMILATIONS-KONTRAST-THEORIE

Die explizit oder implizit kommunizierte Erwartungshaltung der spendenakquirierenden Organisation über die Höhe des Spendenbetrages beeinflußt die Spendenentscheidung von Spendenentscheidungsträgern. Kommuniziert die spendenakquirierende Organisation ihre konkrete Vorstellung von einer akzeptablen Spendenhöhe, trifft diese beim Rezipienten auf einen Entscheidungsraum, der sich in Zonen der Akzeptanz, der Indifferenz und der Zurückweisung gliedert. In der Mitte des Akzeptanzintervalls befindet sich der Ankerpunkt. Mit der Nennung einer konkreten Spendenhöhe kann die spendenakquirierende Organisation den Ankerpunkt verschieben und somit zur Erhöhung des durchschnittlichen Spendenbetrages beitragen.

Strategien:
- Anchorpoint-Strategie
- Even a penny will help-Strategie
- Vermeidung eines kombinierten Einsatzes der beiden Strategien

12.) GEWINNHYPOTHESEN

Unternehmensgewinne sind eine conditio sine qua non für die Spendenvergabe (Gewinnhypothese I). Es besteht eine elastische Beziehung zwischen der Höhe des Unternehmensgewinns und der Vergabe von Unternehmensspenden. Je höher der Gewinn eines Unternehmens, desto größer ist tendentiell die Spendentätigkeit des Unternehmens (Gewinnhypothese II).

Strategien:
- Integration der Gewinnsituation von Unternehmen in die Auswahl von Ansprechpartnern
- Priorisierte Ansprache von Unternehmen in boomenden Branchen
- Strategieprofil für Rezessionszeiten

Die im Rahmen dieser Arbeit durchgeführte Exploration der Unternehmens-spendenvergabe führt in der aggregierten Zusammenschau unter theoretischer Perspektive zu einer Reihe punktueller Erkenntnisgewinne. Neben der Vielfalt an theoriegeleiteten Strategien und Anregungen zur systematischen Anbahnung und Pflege von Unternehmensspendenbeziehungen bleibt vor allem festzuhalten, daß wie bereits für andere Fragenkomplexe der Betriebswirtschaftslehre erkennbar, auch für den Problemkreis der Beeinflussung von Unternehmensspendenentscheidungen nur ein pluralistisches Wissenschaftsverständnis - im Gegensatz zu einem monistischen Verhaften im theoretischen Horizont des ökonomischen Basiskonzepts - den angestrebten Erkenntnisfortschritt sicherstellt. Gerade die simultane Heranziehung von verhaltenswissenschaftlichen auf der einen und ökonomischen Theorien auf der anderen Seite eröffnet dem Spendenmarketer ein fruchtbares Anregungspotential für die Entwicklung von Handlungsempfehlungen und Konzeptionen zur Ansprache von aktuellen und potentiellen Unternehmensspendern. Die aus der pluralistisch-theoretischen Diskussion abgeleitete, auf die Handlungen des Spendenentscheidungsträgers ausgerichtete Perspektive bezieht die situativen Aspekte der Spendenentscheidungssituation und die subjektiven Merkmale der Entscheidungsperson mit ein und trägt somit der Vielfalt und Komplexität des realen Spendenvergabeprozesses in adäquater Weise Rechnung.

Mit der vorliegenden explorativen Studie werden erstmals weite Teile des wissenschaftlichen und praktischen US-amerikanischen Schrifttums zum Komplex der Unternehmensspendenvergabe in den deutschsprachigen Raum eingeführt. Damit soll die weitere Diskussion zur Spendenvergabe von Unternehmen bzw. die Erörterung von Fragen des Spendenmarketing angefacht und die Weichen in Richtung auf ein zukunftsträchtiges Feld interdisziplinärer Forschung gestellt werden. Im Gegensatz zum Diskussionsstand in den USA steckt das Spendenmarketing in der Bundesrepublik nämlich nach wie vor "in den Kinderschuhen". Insbesondere die wissenschaftliche Auseinandersetzung mit den Motiven und Prozessen der Spendenvergabe von Unternehmen trägt rudimentäre Züge. Angesichts der ständig wachsenden Zahl spendenakquirierender Organisationen und dem, infolge knapper öffentlicher Haushalte steigenden Druck zur Kompensation der reduziert fließenden staatlichen Mittel in den Bereichen des Sozialen, der Kunst und Kultur, stößt diese Erkenntnislücke auf eine erhebliche Nachfrage nach Wissen von seiten spendenakquirierender Organisationen. Die sich daraus ergebende "Angebotslücke" in bezug auf wissenschaftlich fundierte Handlungsempfehlungen zur Spendenakquisition gilt es in der Zukunft zu schließen. Die im Rahmen dieser Arbeit entwickelten Theorien sollten deshalb über entsprechende empirische Untersuchungen auf ihre praktische Relevanz für das Spendenmarketing in Deutschland überprüft werden. Mit einer Ausweitung der empirischen Datengrundlagen zum Fragenkomplex der Unternehmensspendenvergabe in der Bundesrepublik läßt sich dann auch aus praxeologischer Sicht das Fruchtbarkeitspotential der im Rahmen dieser Studie theoretisch deduzierten Strategien und Handlungsempfehlungen für die am Spendenmarkt beteiligten Akteure beurteilen.

LITERATURVERZEICHNIS

Abbott, W.F., Monsen, R. J. (1979): On the measurement of corporate social responsibility. Self-reported disclosure as a method of measuring corporate social involvement, in: AMJ, Vol. 22, 1979, S. 501-515.

Abel, B. (1979): Kritischer Rationalismus und das Wertfreiheitsprinzip, in: Raffée, H., Abel, B. (Hrsg.), Wissenschaftstheoretische Grundlagen der Wirtschaftswissenschaften, München 1979, S. 214-235.

Aberle, G. (1992): Wettbewerbstheorie und Wettbewerbspolitik, Stuttgart u.a. 1992.

Abrams, B.A., Schmitz, M.D. (1984): The crowding-out effect of governmental transfers on private charitable contributions. Cross-section evidende, in: NTJ, 1984, S. 563-568.

Ackerman, R.W. (1975): The social challenge to business, Harvard University Press, Cambridge, Mass., 1975.

Ackerman, R.W., Bauer R.A. (1976): Corporate Social Responsiveness. The modern Dilemma, Reston, VA., 1976.

Akerlof, G.A. (1970): The market for "lemons". Quality uncertainty and the market mechanism, in: QJE, Vol. 84, Nr. 1, 1970, S. 488-500.

Albrecht, K., Zemke, R. (1987): Service-Strategien, Hamburg 1987.

Albuschkat, U. (1992): Soziales Controlling, in: SI, 1. Jg., Nr. 2, 1992, S. 16-18.

Alchian, A.A. (1974): Corporate Management and Property Rights, in: Furubotn, E.G., Pejovich, S. (Hrsg.), The Economics of Property Rights, Cambridge/Mass. 1974, S. 133-151.

Alchian, A.A., Kessel, R.A. (1962): Competition, Monopoly and the pursuit of money, in: Aspects of Labor Economics, National Bureau of Economic Research, Princeton, NJ., Princeton University Press, 1962, S. 157-175.

Alchian, A.A., Demsetz, H. (1973): The Property Rights Paradigm, in: JEH, Vol. 23, 1973, S. 16-27.

Aldrich, H. (1976): Ressource dependence and interorganizational relations. Relations between local employment service offices and social sector organizations, in: A & S, Nr. 7, 1976, S. 419-454.

Alexander, G.J., Buchholz, R.A. (1978): Corporate Social Responsibility and stock market performance, in: AMJ, Vol. 21, 1978, S. 479-486.

Allen, M. (1978): The structure of interorganizational elite cooptation. Interlocking corporate directorates, in: ASR, Vol. 21, 1978, S. 479-486.

Amabile, T. (1983): The Social Psychology of Creativity, New York 1983.

American Association of Fundraising Counsel (Hrsg.): Giving USA, New York 1990.

Amos. O.M. Jr. (1982): Empirical analysis of motives underlying individual contributions to charity, in: AEJ, Vol. 10, Nr. 4, 1982, S. 45-52.

Andrews, E.F. (1952): Corporate Giving, New York 1952.

Angehrn, O. (1974): Markenpolitik, in: Tietz, B. (Hrsg.), Handwörterbuch der Absatzwirtschaft, Stuttgart 1974, Sp. 1227-1233.

Ansoff, I.H. (1979): Strategic Management, London 1979.

Antonoff, R. (1983): Corporate Identity, Frankfurt/Main 1983.

Antonoff, R. (1992): CI Report 92. Das Jahrbuch vorbildlicher Corporate Identity, Darmstadt 1992.

Arian, E. (1971): Bach, Beethoven and bureaucracy. The case of the Philadelphia Orchestra, University of Alabama Press, Alabama 1971.

Arlow, P., Gannon, M. (1982): Social rsponsiveness, corporate structure, and economic performance, in: AMR, Nr. 7, 1982, S. 235-241.

Arndt, J. (1967): Word of mouth advertising and informal communication, in: Cox, D.F. (Hrsg.), Risk Taking and Information Handling in Consumer Behaviour, Boston 1967, S. 188-239.

Arnold, U. (1982): Strategische Beschaffungspolitik. Steuerung und Kontrolle strategischer Beschaffungssysteme von Unternehmen, Frankfurt/Main, Bern 1982.

Arnold, U. (1993): Werkstätten für Behinderte als Lieferanten der öffentlichen Hand, Forschungsbericht, Bundesministerium für Arbeit und Sozialordnung, Bonn 1993.

Arnold, U., Hassemer, K. (1993): Eine Konzeption des Produktmanagements in Nonprofit-Organisationen, in: Arnold, U., Eierhoff, K. (Hrsg.), Marketingfocus: Produktmanagement, Stuttgart 1993, S. 55-86.

Arrow, K.J. (1985): The Economics of Agency, in: Pratt J.W., Zeckhauser, R. J. (Hrsg.), Principals and Agents. The structure of Business, Boston 1985, S. 37-51.

Ashton, D. (1989): Use your fundraising campaign to increase planned giving, in: NW, Nr. 1, 1989, S. 16-18.

Atkison, L., Galaskiewicz, J. (1988): Stock ownership and company contributions to charity, in: ASQ, Vol. 33, March, 1988, S. 82-100.

Aupperle, K.E., Carroll, A., Hatfield, J. (1985): An empirical examination of the relationship between corporate social responsibility and profitability, in: AMJ, Vol. 28, 1985, S. 446-463.

Badelt, C. (1987): Altruismus, Egoismus und Rationalität, in: KZfSS, Sonderheft Nr. 28, 1987, S. 54-72.

Bain, J.S. (1968): Industrial Organization, 2. Aufl., New York/London/Sydney 1968.

Bain, J.S. (1975): Industrielle Organisation. Funktionsfähiger Wettbewerb und strukturelle Bedingungen für funktionsfähigen Wettbewerb, in: Herdzina, K. (Hrsg.), Wettbewerbstheorie, Köln 1975, S. 179-194.

Bamberg, G., Spremann, K. (1987): Agency theory. Information and Incentives, Berlin 1987.

Barley, S.R. (1983): Semiotics and the study of occupational and organizational cultures, in: ASQ, Vol. 28, Nr. 4, 1983, S. 393-413.

Bauer, R. (1978): Wohlfahrtsverbände in der Bundesrepublik. Materialien und Analysen zu Organisation, Programmatik und Praxis, Weinheim/Basel 1978.

Baumol, W.J. (1970): Enlightened Self-Interest and Corporate Philanthropy, in: Baumol, W.J., Likert, R., Wallich, H.C., McGovan, J.J. (Hrsg.), A new rationale for corporate social policy, New York 1970, S. 3-20.

Becker, J. (1988): Marketing-Konzeption. Grundlagen des strategischen Marketing-Managements, 2. Aufl., München 1988.

Becker, G.S. (1982): Der ökonomische Ansatz zur Erklärung menschlichen Verhaltens, Tübingen 1982.

Belz, C. (1990): Suchfelder für Marketing-Erfolge. Bestandsaufnahme und Praxisbeispiele, in: JAVF, Nr. 2, 1990, S. 201-220.

Bennett, J.T., Johnson, M.H. (1980): Corporate contributions. Some additional considerations, in: PC, Vol. 35, June, 1980, S. 137-143.

Berkel, K. (1979): Konflikte und Konfliktverhalten, in: Meyer, A. (Hrsg.), Organisationspsychologie, Stuttgart 1979, S. 305-331.

Berkel, U., Neuhoff, K., Schindler, A., Steinsdörfer, E. (Hrsg.) (1989): Stiftungshandbuch, 3. Aufl., Baden-Baden 1989.

Berle, A.A., Means, G. (1932): The modern corporation and private property, New York 1932.

Berndt, R. (1992): Marketing 2. Marketing-Politik, 2. Aufl., Berlin u.a. 1992.

Berry, L.L. (1983): Relationship Marketing, in: Berry, L.L., Shostack, G.L., Upah, G.D. (Hrsg.), Emerging perspectives on Services Marketing. Proceedings Series, Chicago 1983, S. 25-28.

Berry, L.L. (1984): Services Marketing is different, in: Lovelock, C. (Hrsg.), Services Marketing, Englewood Cliffs, NJ., 1984, S. 29.37.

Bertsch, K.A. (1983): Corporate Philanthropy, Investor Responsibility Research Center, Washington, DC., 1983.

Bettmann, J.R. (1975): Information integration in consumer risk perception. A comparison of the two modells of component conceptualization, in: JAP, Vol. 60, 1975, S. 381-388.

Bierhoff, H.W. (1980): Hilfreiches Verhalten, Darmstadt 1980.

Birkigt, K., Stadler, M. (Hrsg.), Corporate Identity, 2. Aufl., München 1985.

Birkigt, K., Stadler, M. (Hrsg.), Corporate-Identity-Grundlagen, in: Birkigt, K., Stadler, M. (Hrsg.), Corporate Identity, 2. Aufl., München 1985, S. 17-61.

Blau, P.M. (1967): Exchange and Power in Social Life, 2. Aufl., New York/London/Sydney 1976.

Blau, P.M. (1968): Interaction. Social Exchange. in: Sills, D.L. (Hrsg.), International Encyclopedia of Social Sciences, Bd. 7, S. 452-457, New York 1968.

Bleicher, K., Meyer, E. (1976): Führung in der Unternehmung. Formen und Modelle, Reinbeck 1976.

Bleicher, K. (1986): Unternehmenskultur und strategische Unternehmensführung, in: Hahn, D., Taylor, B. (Hrsg.), Strategische Unternehmensführung. Stand und Entwicklungstendenzen, 4. Aufl., Heidelberg/New York 1986, S. 757-797.

Blohm, H. (1971): Besprechung des Werkes von Werner Kirsch. Entscheidungsprozesse, in: ZfB, Jg. 41, 1971, S. 893-895.

Blumberg, P.I. (1972): Corporate responsibility in an changing society. Essays on corporate social responsibility, Boston 1972.

Boch, R.H. (1980): Modern Values and Corporate Social Responsibility, in: MSU, Spring, 1980, S. 5-17.

Bodenbender, W. (1989): Staat und freie Wohlfahrtspflege, in: BdW, Nr. 3, 1989, S. 59-61.

Böbel, J. (1984): Wettbewerb und Industriestruktur. Industrial Organization-Forschung im Überblick, Berlin u.a. 1984.

Bolman, L.G., Deal, T.E. (1984): Modern approaches to understanding and managing organizations, San Francisco/London 1984.

Borgmann-Quade, R. (1982): Stichwort Spendenwesen, Berlin 1982.

Boris, E.T. (1989): Working in Philanthropic Foundations, in: Magat, R. (Hrsg.), Philanthropic Giving, New York/Oxford 1989, S. 200-219.

Boris, E.T., Hopper C. (1982): Compensation and Benefit Report, Council on Foundations, Washington, DC., 1982.

Boris, E.T., Hopper C. (1984): 1984 Foundation Management Report, Council on Foundations, Washington, DC., 1984.

Boris, E.T., Hopper C. (1986): 1986 Foundation Management Report, Coucil on Foundations, Washington, D.C., 1986.

Bosetzky, H., Heinrich, P. (1986): Bürokultur. Eindrücke aus dem Lebensraum Verwaltung, in: VR, 32. Jg., Nr. 2, 1986, S. 37-41.

Bothwell, R., Saasta, T. (1980): The philanthropic story. Consensus Philanthropy may simply lead to banalty, in: GCN, May-June, 1980, S. 88-89.

Bourgeois, L.J., Jemison, D.B. (1984): Die Analyse der Unternehmenskultur. Kulturelemente und ihre strategische Bedeutung, in: gdi-Impuls, 2. Jg., Nr. 1, 1984, S. 55-62.

Bowman, E.H., Haire, M. (1975): A strategic posture toward corporate social responsibility, in: CMR, Vol. 18, Nr. 2, 1975, S. 49-58.

Brehm, J.W. (1966): A theory of psychological reactance, New York/London 1966.

Bremmer, R.H. (1977): Private philanthropy and public needs. Historical perspective, in: Research Papers, Vol. I, Department of the Treasury, Washington, DC., 1977.

Brennan, G. (1973): Pareto desirable redistribution. The non-altruistic dimension, in: PC, Vol. 14, 1973, S. 43-67.

Brenner, S.N., Molander, E.A. (1977): Is the ethics of business changing?, in: HBR, Jan-Feb, 1977, S. 57-71.

Brockner, J., Guzzi, F., Kane, J., Levine, E., Shaplen, K. (1984): Organizational fundraising - further evidence on the effect of legitimazing small donations, in: JCR, Vol. 11, June, 1984, S. 611-614.

Bromann, P. (1984): Strategische Marketing-Informationssysteme, in: Töpfer, A., Wieselhuber, N. (Hrsg.), Strategisches Marketing, Landsberg/Lech 1984, S. 87-102.

Brown, J.K. (1972): Social Responsibility and the smaller company, The Conference Board, New York 1972.

Brown, J.K. (1979): This Business of Issues. Coping with the company's environment, The Conference Board, New York 1979.

Brown, J.K. (1981): Guidelines for managing corporate issues programms, The conference Board, New York 1981.

Brownrigg, W.G. (1978): Corporate Fundraising. A practical plan of action, American Council for the Arts, New York 1978.

Bruder-Mattson, R.J. (1993): Finding the right corporate dollars for your charity, New York/London 1993.

Bruder-Pasewald, R. (1989): Manipulierte Rechnung über Saunabesuch. Schwierige Wahrheitsfindung im Prozeß gegen Brüder Schwarz, in: BNN, 13. Dezember, 1989.

Bruhn, M. (1990a): Sozio- und Umweltsponsoring. Engagements von Unternehmen für soziale und ökologische Aufgaben, München 1990.

Bruhn, M. (1990b): Sponsoring als Instrument der Unternehmenskommunikation - Erscheinungsformen, Planungskonzepte und Integrationsaspekte, in: Meffert, H., Wagner, H. (Hrsg.), Sponsoring, Arbeitspapier Nr. 55, Wissenschaftliche Gesellschaft für Marketing und Unternehmensführung e.V., Münster 1990, S. 3-15.

Bruhn, M. (1990c): Sozio- und Umweltsponsoring in der Bundesrepublik. Ergebnisse einer Unternehmensbefragung, in: Arbeitspapier Nr. 11 des Institutes für Marketing an der European Business School, Schloß Reichartshausen (Rheingau) 1990.

Bruhn, M. (1991): Sponsoring. Unternehmen als Mäzene und Sponsoren, 2. Aufl., Frankfurt/Main 1991.

Bruhn, M., Dahlhoff, H.D. (Hrsg.) (1989): Kulturförderung. Kultursponsoring. Zukunftsperspektiven der Unternehmenskommunikation, Wiesbaden 1989.

Bruhn, M., Dahlhoff, H.D. (Hrsg.) (1990): Sponsoring für Umwelt und Gesellschaft. Neue Instrumente der Unternehmenskommunikation. Beiträge zum Sponsoring im sozialen und ökologischen Bereich, Bonn 1990.

Bruhn M., Wieland, T. (1988): Sponsoring in der Bundesrepublik. Ergebnisse einer Unternehmensbefragung, Arbeitspapier Nr. 10 des Institutes für Marketing an der European Business School, Schloß Reichartshausen (Rheingau) 1988.

Buchanan, R.P. (1982): Everything you allways wanted to know about corporate giving, in: Wertheimer, S., Dermer, J. (Hrsg.), The complete guide to corporate fund raising, Rockville/ Maryland 1982, S. 101-110.

Bundesarbeitsgemeinschaft der Freien Wohlfahrtspflege (1985): Die Spitzenverbände der Freien Wohlfahrtspflege - Aufgaben und Finanzierung, Freiburg 1985.

Bundesministerium für Wirtschaft (1993): Unternehmensgrößenstatistik 1992/1993. Daten und Fakten, Schriftenreihe des BMWI Nr. 80, Bonn 1993.

Burger, J.M. (1986): Increasing Compliance by improving the deal. The That's-not all technique, in: JPSP, Vol. 51, August, 1986, S. 277-283.

Burla, S. (1989): Rationales Management in Nonprofit-Organisationen, Bern/Stuttgart 1989.

Burt, R.S. (1982): Toward a structural theory of action. Network models of social structure, perception, and action, New York 1982.

Burt, R.S. (1983): Corporate philanthropy as a cooptive relationship, in: SF, Vol. 62, Nr. 2, 1983, S. 419-449.

Buttle, F. (1989): Services Marketing, in: Jones, P. (Hrsg.), Management in Services Industries, London 1989.

Calori, R. (1989): Designing a business scanning system, in: LRP, Vol. 22, Nr. 1., 1989, S. 69-82

Canal, R. von (1987): Die Aktion Gemeinsinn, in: Fischer, H.D. (Hrsg.), Positionen und Strukturen bei Druckmedien. Beiträge aus publizistischer Praxis und Wissenschaft, Festschrift für Dietrich Oppenberg, Düsseldorf u.a. 1987, S. 367-374.

Cary, W.L., Goldschmid, H.J. (1979): Foreword to the corporate social responsibility symposium. Reflections on Directions, in: HLJ, Vol. 30, May, 1979, S. 1247-1260.

Caves, R.E. (1964): American Industry. Structure, conduct, performance, Englewood Cliffs, NJ., 1964.

Caves, R.E., Williamson, P.J. (1985): What is product differentiation, really?, in: JIE, Vol. 34, December, 1985, S. 113-132.

Cheal, D.J. (1988): The Gift Economy, 1. Aufl., London/New York 1988.

Christensen, S. (1991): Recessionary Fund-Raising Strategies, in: FRM, Nr. 6, 1991, S. 46-49.

Christian, J. (1992): Marketing Designs for Nonprofit Organizations, Rockville/Maryland 1992.

Cialdini, R.B., Schroeder, D.A. (1976): Increasing compliance by legitimizing paltry contributions, in: JPSP, Vol. 34, Nr. 4, 1976, S. 599-604.

Clark, J.M. (1961): Competition as a dynamic process, Washington, DC., 1961.

Clausen, G. (1991): Schenken und Unterstützen in Primärbeziehungen, Frankfurt/Main u.a. 1991.

Clotfelter, C.T. (1985): Federal Tax Policy and charitable giving, Chicago/London 1985.

Cmiel, K., Levy, S. (1980): Corporate Giving in Chicago 1980. A Study of the giving programs of 51 major Chicago corporations, Library Research Report Series, The Donors Forum of Chicago, Chicago 1980.

Coase, R.H. (1974): The market for goods and the market for ideas, in: AER, Vol. 64, 1974, S. 384-391.

Cochran, P.L., Wood, R.A. (1984): Corporate social responsibility and financial performance, in: AMJ, Vol. 27, Nr. 1, 1984, S. 42-56.

Cohen, P.S. (1969): Theories of Myth, in: MAN, New Series, Nr. 3, September, 1969, S. 337-353.

Cohen, R. (1978): Altruism. Human, Cultural, or what?, in: Wispe, L. (Hrsg.), Altruism, Sympathy and Helping, New York/San Francisco/London 1978, S. 79-98.

Coleman, J. (1973): Loss of power, in: ASR, Vol. 38, Nr. 1, 1973, S. 1-15.

Coletta, C.C. (1990): Strategic Community Investment. Compassion is the consequence of action, in: VS, Vol. 56, Nr. 22, September, 1990, S. 682-684.

Collard, D. (1978): Altruism and economy. A study in non-selfish economics, Oxford 1978.

Cook, J. (1979): Is charity obsolete?, in: Forbes, February 5, 1979, S. 45-51.

Cooley, C.H. (1909): Social Organization. A study of the larger mind, New York 1909.

Corsten, H. (1986): Zur Diskussion der Dientsleistungsbesonderheiten und ihre ökonomischen Auswirkungen, in: JAVF, 32. Jg., 1986, S. 16-41.

Council on Foundations (Hrsg.) (1980), Annual Report, Washington, DC., 1980.

Cox, D.F. (Hrsg.) (1967): Risk Taking and Information Handling in consumer Behaviour, Boston 1967.

Cremer, S. (1991): Secondment. Chancen und Risiken, in: PR-Magazin, Nr. 4, 1991, S. 18-19.

380

Cunningham, S.M. (1967a): Perceived Risk as a factor in informal consumer communications, in: Cox, D.F. (Hrsg.), Risk Taking and Information Handling in Consumer Behaviour, Boston 1967, S. 265-288.

Cunningham, S.M. (1967b): Perceived Risk as a factor in informal consumer communications, in: Cox, D.F. (Hrsg.), Risk Taking and Information Handling in Consumer Behaviour, Boston 1967, S. 507-523.

Cunningham, S.M. (1967c): The majour dimensions of perceived risk, in: Cox, D.F. (Hrsg.), Risk Taking and Information Handling in Consumer Behaviour, Boston 1967, S. 82-108.

Davis, K. (1973); The case for and against business assumption of social responsibilies, in: AMJ, Vol. 16, 1973, S. 312-322.

Dahme, H.J., Rammstedt, O. (Hrsg.) (1983): Schrifttum zur Soziologie. Eine Auswertung. Georg Simmel, Frankfurt/Main 1983.

Dahme, H.J., Rammstedt, O. (Hrsg.) (1983): Georg Simmel und die Moderne, Frankfurt/Main 1984.

Danckwerts, D., Prestien, R. (1974): Die Bedeutung der karitativen Verbände. Die soziale Sicherheit und die sozialpolitische Umverteilung in der Bundesrepublik Deutschland. Forschungsbericht (1963-1965), Duisburg 1974.

Darby, M.R., Karni, E. (1973): Free Competition and the optimal amount of fraud, in: JLE, Vol. 16, April, 1973, S. 67-86.

Davies, K. (1973): The case for and against business assumption of social responsibilities, in: AMJ, Vol. 16, 1973, S. 312-322.

Dawson, L.M. (1969): The Human Concept. New Philosophy of Business, in: BH, Vol. 23, S. 29-38.

Deal, T.E., Kennedy, A.A. (1982): Corporate Cultures. The rites and rituals of corporate life, Reading/Mass. 1982.

Demsetz, H. (1968): The cost of transacting, in: QJE, Vol. 82, 1968, S. 33-53.

Derbaix, C. (1983): Perceived risk and risk relievers. An empirical investigation, in: JEP, Vol. 3, 1983, S. 19-38.

Dermer, M., Cohen, S.J., Jacobsen, E., Anderson, E.A. (1979): Evaluative Judgements of aspects of life as a function of vicarious exposure to hedonic extremes, in: JPSP, Vol. 37, February, 1979, S. 247-260.

Dichtl, E. (1978): Grundidee, Entwicklungsepochen und heutige wirtschaftliche Bedeutung des Markenartikels, in: MH, Wiesbaden 1978, S. 17-29.

Diller, H. (1978): Verbesserungsmöglichkeiten der Verbraucherinformation durch Berücksichtigung verhaltenstheoretischer Erkenntnisse, in: ZVP, Nr. 1, 1978, S. 24-41.

Diller, H., Kusterer, M. (1988): Beziehungsmanagement, Theoretische Grundlagen und empirische Befunde, in: MZFP, 10. Jg., Nr. 3, 1988, S. 211-220.

DiMaggio, P.J., Powell, W.W. (1983): The iron cage revisited. Institutional isomorphis and collective rationality in organizational fields, in: ASR, Vol. 48. 1983, S. 147-160.

d'Iribarne, P. (1989): La logique de l'honneur. Gestion des entreprises et traditions nationales, Paris 1989.

Disch, W. (1978): Corporate Identity, in: MJ, Nr. 6, 1978, S. 542-550.

Donaldson, G. (1963): Financial Goals. Management vs. Stockholders, in: HBR, Vol. 41, May-June, 1963, S. 116-129.

Donaldson, T. (1983): Constructing a social contract for business, in: Donaldson, T. Werhane, P. (Hrsg.), Ethical Issues in Business, Engelwood Cliffs, NJ., 1983, S. 153-165.

Dorfman, R., Steiner, P.O. (1954): Optimal advertising and optimal quality, in: AER, Vol. 44, December, 1954, S. 826-836.

Douglas, J. (1983): Why charity? The case for a third sector, Beverly Hills, CA., 1983.

Douty, C.M. (1972): Disasters and Charity. Some aspects of cooperative economic behaviour, in: AER, 1972, S. 580-590.

Drasdo, M. (1987): Die steuerliche Beurteilung von Geld- und Sachspenden zugunsten der caritativen Hilfsorganisationen als Ausgaben i.S. des § 10b EStG, in: DS, Nr. 10, 1987, S. 327-331.

Drees, N. (1988): Sponsoring. Eine Begriffsbestimmung, in: W & P, 33. Jg., Nr. 1, 1988, S. 23-24.

Drees, N. (1989): Sportsponsoring, Wiesbaden 1989.

Drees, N. (1991): Das Sponsoring-Barometer. Ergebnisse einer Unternehmensbefragung, in: W & P, 36. Jg., Nr. 1, 1991, S. 16-20.

Durkheim, E. (1976): Die Regeln der Soziologischen Methode, Neuwied/Berlin 1976.

Eells, R. (1956): Corporate Giving and free society, New York 1956.

Eells, R. (1977): A philanthropy for corporate giving, in: Greenwood, R. (Hrsg.), Issues in Business and Society, Boston 1977, S. 504-511.

Eells, R. (1979): International Business Philanthropy and the National Interest, in: Eells R. (Hrsg.), International Business Philanthropy, New York 1979, S. 1-29.

Eiser, D.R. (1978): Cooperation and Competition between individuals, in: Tajfel, H., Fraser, C. (Hrsg.), Introducing Social Psychology, Harmondsworth 1978, S. 151-175.

Elschen, R. (1991): Gegenstand und Anwendungsmöglichkeiten der Agency-Theorie, in: zfbf, Jg. 43, Nr. 11, 1991, S. 1002-1012.

Emenhiser, D. (1992): Power Funding. Gaining access to power, influence and money in your community, Rockville/Maryland 1992.

Epstein, E.M. (1979): Societal, Managerial and legal Perspectives on Corporate Social Responsibility. Product and Process, in: HLJ, Vol. 30, May, 1979, S. 1287-1321.

Esser, B. et.al. (1993): Kassieren nicht nur für Arme. 20000 Organisationen streiten sich in Deutschland jedes Jahr um den Vier-Milliarden-Spendenkuchen - längst nicht mehr nur zu Weihnachten, in: Focus, Jg. 1, Nr. 50, 1993, S. 40-46.

Esser, H. (1990): Verfällt die soziologische Methode, in: Zapf, W. (Hrsg.), Die Modernisierung moderner Gesellschaften, Frankfurt/Main u. New York 1990, S. 743-770.

Fässler, E. (1989): Gesellschaftsorientiertes Marketing. Marktorientierte Unternehmungspolitik im Wandel, Bern/Stuttgart 1989.

Fahey, L. (1989): MIS-Intelligence, in: AtB, Vol. 26, Nr. 4, 1989, S. 26-31.

Fama, E.F. (1980): Agency problems and the theory of the firm, in: JPE, Vol. 88, 1980, S. 288-307.

Fama, E.F., Jensen, M.C. (1983a): Agency Problems and Residual Claims, in: JLE, Vol. 26, 1983, S. 327-349.

Fama, E.F., Jensen, M.C. (1983b): Separation of ownership and control, in: JLE, Vol. 26, 1983, S. 301-325.

Farber, D.R. (1982): Corporate Philanthropy. An annotated Bibliography, Donors Forum of Chicago, Chicago 1982.

Farmer, R.N., Jogue, D.W. (1973): Corporate Social Responsibility, Chicago 1973.

Feldstein, M., Taylor, A. (1976): The income tax and charitable contributions, in: Econometrica, Vol. 44, Nr. 6, November, 1976, S. 1201-1222.

Festinger, L. (1957): Theorie der kognitiven Dissonanz, Bern 1978 - Deutsche Übersetzung des Originals "A theory of cognitive dissonance", Standford, C., 1957.

Filer Commission (Hrsg.) (1977): The Filer Commission Research Papers, Washington, DC., 1977.

Fischer, H.H., Bauske, F., Conzen, B., Scheuch, E.K. (1987): Die Wirtschaft als Kulturförderer. Ergebnisse einer Befragung bei den Mitgliedern der Vollversammlungen aller Industrie- und Handelskammern in der Bundesrepublik Deutschland, Zentralarchiv für empirische Sozialforschung, Universität zu Köln, Köln 1987.

Fischer, H.H., Bauske, F. (1988): Warum fördern Unternehmen Kunst und Kultur? Überlegungen zum gesellschaftlichen, insbesondere kulturellen Engagement der privaten Wirtschaft, in: ZA-Information, Zentralarchiv für empirische Sozialforschung, Universität zu Köln, Nr. 22, 1988, S. 63-72.

Fischer-Winkelmann, W.F. (1971): Methodologie der Betriebswirtschaftslehre, München 1971.

Florian, W. (1986): Gleichstimmung, nicht Gleichschaltung ist unser Ziel, in: ZfPF, Nr. 5, 1986, S. 4-10.

Foa, U.G. (1971): Interpersonal and economic ressources, in: Science, Vol. 172, 1971, S. 345-351.

Foerst, J.G. Jr. (1982): Corporations and the smaller institution, in: Wertheimer, S., Dermer, J. (Hrsg.), The complete guide to corporate fund raising, Rockville/Maryland 1982, S. 83-92.

Fogler, H.R., Nutt, F. (1975): A note on social responsibility and stock valuation, in: AMJ, Vol. 18, 1975, S. 155-160.

Foundation Center (Hrsg.) (1980): Corporate Foundation Profiles, New York 1980.

Foundation Center (Hrsg.) (1981): Foundation Directory, 8. Aufl., New York 1981.

Foundation Center (Hrsg.) (1982): National Data Book, 6. Aufl., New York 1982.

Fraser, C., Hite, R.E., Sauer, P.L. (1988): Increasing contributions in solicitation campaigns. The use of large and small anchorpoints, in: JCR, Vol. 15, September, 1988, S. 284-288.

Freedman, J.L., Fraser, S.C. (1966): Compliance without pressure. The foot-in-the-door-technique, in: JPSP, Vol. 4, Nr. 2, 1966, S. 195-202.

Freemann, H.L. (1992): Corporate Strategic Philanthropy, in: VS, Vol. 58, Nr. 8, February, 1992, S. 246-250.

Frey, B.S. (1981): Theorie demokratischer Wirtschaftspolitik, München 1981.

Frey, D. (Hrsg.) (1978): Kognitive Theorien der Sozialpsychologie, Bern/Stuttgart u.a. 1978.

Frohlich, N. (1974): Self-Interest or Altruism, what difference?, in: JOCR, Vol. 18, 1974, S. 55-74.

Frey, L.W., Keim, G., Meiners, R.E. (1982): Corporate Contributions. Altruism or for profit?, in: AMJ, Vol. 25., 1982, S. 94-106.

Furubotn, E.G. (1972): Property Rights and Economic Theory. A survey of recent literature, in: JEL, Vol. 10, 1972, S. 1137-1162.

Gabler Wirtschafts-Lexikon, 12. Aufl., Wiesbaden 1988.

Galaskiewicz, J. (1982): Networks of control and ressource allocation. Corporate contributions to nonprofit organizations, in: Marsden, P., Lin, N. (Hrsg.), Social structure and network analysis, Beverly Hills 1982.

Galaskiewicz, J. (1985): Social Organization of an urban grants economy. A study of business philanthropy and nonprofit organizations, Orlando (FL) u.a. 1985.

Galaskiewicz, J. (1989): Contributions to charity. Nothing more than a marketing strategy, in: Magat, R. (Hrsg.), Philanthropic Giving, New York 1989.

Galaskiewicz, J., Burt, R.S. (1991): Interorganization contagion in corporate philanthropy, in: ASQ, Vol. 36, March, 1991, S. 88-105.

Gaulhofer, M. (1989): Controlling und menschliches Verhalten, in: ZfB, Jg. 59, 1989, S. 141-154.

Gemünden, H.G. (1985): Perceived Risk and information search. A systematic meta-analysis of the empirical evidence, in: IJRM, Vol. 2, 1985, S. 79-100.

Geschka, H., Wiggert, H. (1969): Neue Ideen. Man kann auch mit Methode vorgehen, in: MJ, 2. Jg., Nr. 2, 1969, S. 102-105.

Geschka, H., Hammer, R. (1986): Die Szenario-Technik in der strategischen Unternehmensplanung, in: Hahn, D., Taylor, B. (Hrsg.), Strategische Unternehmensplanung. Stand und Entwicklungstendenzen, 4. Aufl., Heidelberg/Wien 1986, S. 238-263.

Gesterkamp, T. (1992): Secondment. Knowhow zu verschenken, in: SoMa, Nr. 7-8, 1992, S. 16-17.

Gibson, B.E. (1982): My guide for securing corporate gifts, in: Wertheimer, S., Dermer, J. (Hrsg.), The complete guide to corporate fund raising, Rockville/Maryland 1982, S. 46-55.

Giddens, A. (1976): New rules of sociological methodology. A positive critic of interpretative sociology, London 1976.

Gierl, H., Eichenseer, B. (1990): Aufgeschlossenheit für Werbung mit Soziosponsoring, in: JAVF, Nr. 2, 1990, S. 188-200.

Gniech, G., Grabitz, H.J. (1978): Freiheitseinengung und psychologische Reaktanz, in: Frey, D. (Hrsg.), Kognitive Theorien der Sozialpsychologie, Bern u.a. 1978, S. 48-73.

Goldberg, P. (1987): A dangerous trend in corporate giving, in: NYT, 29 march, 1987, F2.

Gonzalez, A.M., Tetlock, P. (1980): A literature review of altruism and helping behaviour, PONPO Working Paper 16, Yale University, New Haven, CT., 1980.

Gordon, T.P., Seiler, R.E. (1988): Ressource Allocation. The United Way, in: FA & M, Nr. 1, 1988, S. 69-77.

Gouldner, A.W. (1984): Reziprozität und Autonomie, Frankfurt/Main 1984.

Greenwood, R. (Hrsg.) (1977): Issues in Business and Society, Boston 1977.

Gruber, H. (1992): Milde Gabe, in: Capital, Nr. 12, 1992, S. 124-128.

Grüsser, B., Pfister, D. (1990): Kunst- und Kulturförderung durch Schweizer Klein- und Mittelbetriebe, Basel 1990.

Grunert, K.G., Saile, H. (1977): Der Risikoreduzierungsansatz bei der Ermittlung von Informationsbedarf und Informationsangebot, in: Biervert, B., Fischer-Winkelmann, W.F., Haarland, H.P., Köhler, G., Rock, R. (Hrsg.), Verbraucherpolitik, Bd. 1-2, Wuppertal 1977, S. 436-446.

Gümbel, R. (1971): Was heißt und zu welchem Ende studiert man Marketing?, in: zfbf, Jg. 23, 1971, S. 125-144.

Gussmann, B., Breit, C. (1987): Ansatzpunkte für eine Theorie der Unternehmenskultur, in: Heinen, E. (Hrsg.), Unternehmenskultur, München 1987, S. 107-140.

Haendle, R. (1989a): Aus Spendengeldern Auto für Ehefrau. Schwere Vorwürfe der Staatsanwaltschaft gegen Gebrüder Schwarz, in: BNN, 6. Dezember, 1989.

Haendle, R. (1989b): "Markenzeichen Schwarz" steht vor Gericht. Staatsanwaltschaft wirft Brüdern und ihrem Ex-Personalchef Veruntreuung vor, in: BNN, 9. Dezember, 1989.

Haendle, R. (1989c): Extra-Gehalt selbst bestimmt. Prozeß gegen Gründer von Behinderteneinrichtung, in: BNN, 28. Dezember, 1989.

Hänecke, F. (1989): Sponsoringaktivitäten schweizerischer Unternehmungen, in: Schoch, R.B., Zollinger, H. (Hrsg.), Sponsoring - Modetrend oder Wissenschaft, Zürich 1989, S. 51-81.

Haley, U.C.V., Stumpf, S.A. (1989): Cognitive trails in strategic decision making. Linking theories of personalities and cognitions, in: JMS, Vol. 26, Nr. 5, 1989, S. 477-497.

Haley, U.C.V. (1991): Corporate contributions as managerial masques. Reframing corporate contributions as strategies to influence society, in: JMS, Vol. 28, September, 1991, S. 485-509.

387

Hall, P.D. (1989): Business Giving and Social Investment in the United States, in: Magat, R. (Hrsg.), Philanthropic giving. Studies in varieties and goals, New York/Oxford 1989, S. 221-246.

Handy, C.B. (1978): Zur Entwicklung der Organisationskultur einer Unternehmung durch Management-Developmentmethoden, in: ZfO, Jg. 47, Nr. 7, 1978, S. 404-410.

Hansen, F. (1972): Consumer Choice behaviour, New York 1972.

Hansen, P. (1979): Der Markenartikel. Analyse seiner Entwicklung und Stellung im Rahmen des Markenwesens, Berlin 1970.

Harris, J.F., Klepper, A. (1976): Corporate Philanthropic public service activities, Research Report from the Conference Board's Division of Public Affairs Research, New York 1976.

Harrison, R. (1972): Understanding your organization's character, in: HBR, Vol. 50, May-June, 1972, S. 119-128.

Hartmann, V. (1966): Markentechnik in der Konsumgüterindustrie, Freiburg 1966.

Hartmann-Wendels, T. (1989): Principal-Agent-Theorie und asymmetrische Informationsverteilung, in: ZfB, Jg. 59, 1989, S. 714-734.

Harvey, J.W. (1990): The fundraising product. Implications für market positioning, in: JPSM, Nr. 2, 1990, S. 19-32.

Harvey, J.W., McCrohan, K.F. (1988): Fundraising Costs. Societal implications for philanthropies and their supporters, in: B & S, Vol. 27-1, Spring, 1988, S. 15-22.

Heald, M. (1970): The social responsibilities of business managers, in: AMJ, Vol. 17, 1970, S. 135-143.

Hederich, M. (1981): Spenden und Sammeln, Arbeitspapier des Fachbereich Werbung und PR im Gemeinschaftswerk Evangelischer Publizistik, Frankfurt/Main 1981.

Heidenreich, M., Schmidt, G. (Hrsg.): International vergleichende Organisationsforschung, Opladen 1991.

Heinen, E. (1968): Einführung in die Betriebswirtschaftslehre, Wiesbaden 1968.

Heinen, E. (1981): Identität. Ein bisher vernachlässigtes Element des Zielsystems der Unternehmung?, in: Mückl, J, Ott, A. (Hrsg.), Wirtschaftstheorie und Wirtschaftspolitik, Passau 1981, S. 125-143.

Heinen, E. (1987): Unternehmenskultur als Gegenstand der Betriebswirtschaftslehre, in: Heinen, E. (Hrsg.), Unternehmenskultur, München 1987, S. 1-49.

Heinen, E. (1987): Unternehmenskultur, München 1987.

Heinen, E., Dill, P. (1986): Unternehmenskultur - Überlegungen aus betriebswirtschaftlicher Sicht, in: ZfB, Jg. 56, Nr. 3, 1986, S. 202-218.

Heinemann, K. (1969): Grundzüge einer Soziologie des Geldes, Stuttgart 1969.

Heinrich, P., Bosetzky, H., Müller, G. (1983): Bürokultur. Erster Arbeitsbericht an die Deutsche Forschungsgemeinschaft, Berlin 1983.

Heinzelbecker, K. (1985): Marketing-Informationssysteme, Stuttgart u.a. 1985.

Helson, H. (1964): Adaption-Level Theory. An experimental and systematic approach to behaviour, New York 1964.

Hentschel, B. (1991): Beziehungsmarketing, in: WiSt, Jg. 20, Nr. 1, 1991, S. 25-28.

Herdzina, K. (Hrsg.) (1975): Wettbewerbstheorie, Köln 1975.

Hermanns, A. (1989): Sponsoring. Zukunftsorientiertes Instrument der Marktkommunikation, in: Hermanns, A. (Hrsg.), Sport- und Kultursponsoring, München 1989, S. 3-14.

Hermanns, A., Püttmann, M. (1992): Sozio-Sponsoring, in: Diller, H. (Hrsg.), Vahlens großes Marketing-Lexikon, München 1992, S. 182-183.

Hessen, R. (1979): A new concept of corporations. A contractual and private property model, in: HLJ, Vol. 30, May, 1979, S. 1327-1351.

Hilgard, E.R., Atkinson, R.L., Atkinson, R.C. (1983): Introduction to Psychology, 8. Aufl., New York/Chicago u.a. 1983.

Hillman, H., Chamberlin, M. (1980): The arts of winning corporate funds, New York 1980.

Hinterhuber, H.H. (1986): Struktur und Dynamik der strategischen Unternehmensführung, in: Hahn, D., Taylor, B. (Hrsg.), Strategische Unternehmensplanung. Stand und Entwicklungstendenzen, 4. Aufl., Heidelberg/Wien 1986, S. 31-52.

Hobhouse, L.T. (1951): Morals in Evolution. A study of comparative ethics, New York 1951.

Hochreutener, P.E. (1984): Unternehmungskultur. Leitbilder als Grundlage für ein zielorientiertes Management, St. Gallen 1984.

Hofstede, G. (1979): Hierarchical power distance in forty countries, in: Lammers, C.J., Hickson, D.J. (Hrsg.), Organizations alike and unlike, London 1979, S. 97-120.

Hofstede, G. (1980): Culture's Consequences. International differences in work-related values, Beverly Hills 1980.

Holscher, C. (1976): Sozio Marketing. Eine Untersuchung der außengerichteten Funktionen sozialwirtschaftlich tätiger Einzelwirtschaften, Diss. Universität Augsburg, Augsburg 1976.

Holscher, C. (1977): Sozio-Marketing, Essen 1977.

Holstrom, B. (1985): The provision of services in a market economy, in: Inman, R.P. (Hrsg.), Managing the services economy. Prospects and problems, Cambridge 1985, S. 183-213.

Homans, G.C. (1960): Theorie der sozialen Gruppe, Köln/Opladen 1960.

Homans, G.C. (1972a): Elementarformen sozialen Verhaltens, 2. Aufl., Opladen 1972.

Homans, G.C. (1972b): Grundlegende soziale Prozesse, in: Homans, G.C. (Hrsg.), Grundfragen soziologischer Theorie, Opladen 1972, S. 59-106.

Homans, G.C. (1972c): Wider den Soziologismus, in: Homans, G.C. (Hrsg.), Grundfragen soziologischer Theorie, Opladen 1972, S. 44-58.

Hoover, R.J., Green, R.T., Saegert, J. (1978): A cross-national study of perceived risk, in: JM, Vol. 42, Nr. 3, July, 1978, S. 102-108.

Hormuth, S., Trommsdorff, W. (1990): Corporate Identity von Non-Profit-Organisationen, Forschungsgruppe Konsum und Verhalten, Berlin 1990.

Inglehart, R. (1977): The silent revolution. Changing values and political styles among western publics, Princeton 1977.

Institut für Demoskopie Allensbach (1985): Die Stellung der Freien Wohlfahrtspflege. Kenntnisse, Erwartungen, Engagement der Bundesbürger. Ergebnisse repräsentativer Bevölkerungsumfragen 1962-1985, Allensbach 1985.

Ireland, T.R. (1973): The calculus of philanthropy, in: Alchian, A.A. (Hrsg.), The economics of charity. Essays on the comparative economics and ethics of giving and selling with application to blood, The Institute of Economic Affairs, Surrey (GB) 1973, S. 63-78.

Jacoby, N.H. (1973): Corporate power and social responsibility, New York 1973.

Jänsson, J., Lundin, R. (1977): Myths and wishful thinking as management tools, in: North Holland/TIMS Studies in the Management Sciences, Nr. 5, 1977, S. 157-167.

Jansen, R. (1990): Steuerrechtliche Änderungen nach dem Vereinsförderungsgesetz, in: DS, Nr. 3, 1990, S. 61-67.

Jelinek, M., Smircich, L., Hirsch, P. (1983): Introduction. A code of many colors, in: ASQ, Vol. 28, 1983, S. 331-338.

Jensen, M.C. (1986): Agency costs of free cash flow. Corporate finance and takeovers, in: AER, Vol. 76, 1986, S. 323-329.

Jensen, M.C., Meckling, W.H. (1976): Theory of the firm. Managerial behaviour, agency costs and ownership structure, in: JFA, Nr. 3, 1976, S. 305-360.

Johnson, D.B. (1973): The Charity Market. Theory and practice, in: Alchian, A.A. (Hrsg.), The economics of charity. Essays on the comparative economics and ethics of giving and selling with application to blood, The Institute of Economic Affairs, Surrey (GB) 1973, S. 79-106.

Johnson, O. (1966): Corporate philanthropy. An analysis of corporate contributions, in: JB, Vol. 39, October, 1966, S. 489-504.

Jung, P. (1991): Manager zu verleihen, in: PR-Magazin, Nr. 4, 1991, S. 14-19.

Karmann, A. (1992): Principal-Agent-Modelle und Risikoallokation. Einige Grundprinzipien, in: WiSt, Nr. 11, 1992, S. 557-562.

Kasper, H. (1987): Organisationskultur, Wien 1987.

Katz, J. (1972): Altruism and Sympathy, in: JSI, Vol. 28, 1972, S. 59-69.

Kaysen, C. (1957): The social significance of the modern corporation, in: AER, Vol. 47, 1957, S. 311-319.

Keating, B. (1981): United Way Contributions. Anomalous philanthropy, in: QREB, Vol. 21., Nr. 1, Spring, 1981, S. 114-119.

Keating, B., Pitts, R., Appel, D. (1981): United Way Contributions. Coercion, Charity or Economic Self-Interest?, in: SEJ, Vol. 47, Nr. 4, January, 1981, S. 816-823.

Kedia, B.L., Kuntz, K.C. (1981): The context of social performance. An empirical study of Texas banks, in: Preston, L.E. (Hrsg.), Research in corporate social performance and policy, 2. Aufl., Greenwich, CN., 1981, S. 133-154.

Kelley, B. (1991): Cause-related-marketing. Doing well while doing good, in: S & MM, Nr. 3, 1991, S. 60-65.

Kemna, H. (1979): Key Account-Management, München 1979.

Kets de Vries, M.F.R., Miller, D. (1986): Persönlichkeit, Kultur und Organisation, in Organisationsentwicklung, Jg. 5, Nr. 1, 1986, S. 13-36. Original: Personality, Culture and Organization, in: AMR, Vol. 11, Nr. 2, 1986, S. 266-279.

Kiener, J. (1980): Marketing-Controlling, Darmstadt 1980.

Kiener, S. (1990): Die Principal-Agent-Theorie aus informationsökonomischer Sicht, Heidelberg 1990.

Kirk, M. (1991): How to hire ethical fundraising counsel, in: NW, Nr. 1, 1991, S. 13-16.

Kirsch, W. (1979): Die Verhaltenswissenschaftliche Fundierung der Betriebswirtschaftslehre, in: Raffée, H., Abel, B. (Hrsg.), Wissenschaftstheoretische Grundlagen der Wirtschaftswissenschaften, München 1979, S. 105-121.

Kirsch, W., Kutschker, M. (1978): Das Marketing von Investitionsgütern. Theoretische und empirische Perspektiven eines Interaktionsansatzes, Wiesbaden 1978.

Kirsch, W., Bamberger, I., Gabele, E., Klein, H.K. (1973): Betriebswirtschaftliche Logistik. Systeme, Entscheidungen, Methoden, Wiesbaden 1973.

Klein, M. (1986): Ökonomische Probleme spendenfinanzierter, wohltätiger Organisationen, Bonn 1986.

Kluckhohn, C. (1951): Values and value-orientation in the theory of action, in: Parsons, T., Shils, E. (Hrsg.), Towards a general theory of action, Cambridge, Mass., 1951, S. 388-433.

Knauft, E.B. (1986): The management of corporate giving programs, PONPO Working Paper Nr. 114, Yale University, New Haven 1986, ebenso in: Magat, R. (Hrsg.), Philanthropic Giving, Oxford University Press, New York/Oxford 1989, S. 261-277.

Kneip, K. (1979a): Corporate Identity-Managementaufgaben, in: asw, Nr. 5, 1979, S. 68-70.

Kneip, K. (1979b): Identitätsorientierte Unternehmensführung, in: ZV & ZV, Nr. 9, 1979, S. 375-378.

Kneip, K. (1979c): Identitätsorientierte Unternehmensführung, in: ZV & ZV, Nr. 14, 1979, S. 570-572.

Kobi, J.M., Wüthrich, H.A. (1986): Unternehmenskultur verstehen, erfassen und gestalten, Landsberg/Lech 1986.

Köhler, R. (1982): Marketing-Controlling, in: DBW, Jg. 42, Nr. 2, 1982, S. 197-215.

Köhler, R.E. (1990): Schwarze Schafe auf Staatswiesen, Ettlingen 1990.

Kogan, N., Wallach, M.A. (1964): Risk Taking. A study in cognition and personality, New York 1964.

Koprowski, E.J. (1983): Cultural Myths. Clues to effective management, in: OD, Autumn, 1983, S. 39-51.

Koren, H. (1954): Die Spende. Eine volkskundliche Studie über die Beziehung "Arme Seele - arme Leute", Graz 1954.

Kotler, P. (1986): Megamarketing, in: HBR, Vol. 65, March-April, 1986, S. 117-124.

Kotler, P., Bliemel, F. (1992): Marketing-Management, 7. Aufl., Stuttgart 1992.

Kotler, P., Levy, S.J. (1969): Broadening the Concept of Marketing, in: JM, Nr. 1, 1969, S. 10-15, deutsche Übersetzung: Für eine Erweiterung des Marketingbegriffs, in: dm, 1969, S. 97-102.

393

Krashinsky, M. (1986): Transaction cost aand a theory of the nonprofit organization, in: Rose-Ackermann, S. (Hrsg.), The Economics of Nonprofit Institutions. Studies in Structure and Policy, New York/Oxford 1986, S. 114-132.

Kreikebaum, H. (1989): Strategische Unternehmensplanung, 3. Aufl., Stuttgart u.a. 1989.

Kristol, I. (1978a): The changing role of corporate philanthropy, in: National Chamber Foundation (Hrsg.), What direction? Corporate Philanthropy, Washingtion, DC, 1978, S. 8-13.

Kristol, I. (1978b): Two cheers for capitalism, New York u.a. 1978.

Kroeber-Riel, W. (1990): Konsumentenverhalten, 4 Aufl., München 1990.

Krüger, W. (1986): KOMPASS. Ein Konzept zur mehrdimensionalen Planung und Analyse strategischer Erfolgselemente, Arbeitspapier Nr.1/1986 der Professur für BWL II, Gießen 1986.

Krüger, W., Pfeiffer, P. (1991): Eine konzeptionelle und empirische Analyse der Informationsstrategien und der Aufgabe des Informationsmanagements, in: zfbf, Jg. 43, Nr. 1, 1991, S. 21-43.

Kuhlmann, E. (1980): Kaufrisiko, in: Hoyos, C. Graf, Kroeber-Riel, W., Rosenstiel, L.v., Strümpel, B. (Hrsg.), Grundbegriffe der Wirtschaftspsychologie, München 1980, S. 523-533.

Kuhn, A. (1963): The study of society, Homewood, Il., 1963.

Kupsch, P.W. (1973): Das Risiko im Entscheidungsprozeß, Wiesbaden 1973.

Labetzsch, B. (1992): Sponsoring heißt Leistung und Gegenleistung, in: SoMa, Nr. 7-8, 1992, S. 18-21.

Lahn, S.M. (1981): Corporate Philanthropy. Issues in the current literature, PONPO Working Paper Nr. 29, Yale University, New Haven 1981.

Lant, J. (1989): The 12 worst fundraising errors - how to avoid them, in: NW, Nr. 5, 1989, S. 12-15.

Lammers, C.J., Hickson, D.J. (Hrsg.) (1979): Organizations alike and unlike, London 1979.

Lau, T., Voß, A. (1988): Die Spende eine Odyssee im religiösen Kosmos, in: Soeffner, H.G. (Hrsg.), Kultur und Alltag, Göttingen 1988, S. 285-297.

Lawson, C.E. (1982): Corporate support and the capital campaign. Random observations and comments, in: Wertheimer, S., Dermer, J. (Hrsg.), The complete guide to corporate fund raising, Rockville/Maryland 1982, S. 55-71.

Leif, T., Galle, U. (1993): Social Sponsoring und Social Marketing. Praxisberichte über das "neue Produkt Mitgefühl", Köln 1993.

Levinthal, D. (1988): A survey of agency models of organizations, in: JEBO, Vol. 9, 1988, S. 153-188.

Levy, F.K., Shatto, G.M. (1978): The evaluation of corporate contributions, in: PC, Vol. 33, March, 1978, S. 19-28.

Lewis, B.W. (1961): Corporate conscience and economic choice, in: Harlan, H.C. (Hrsg.), Readings in Economics and Politics, New York 1961, S. 74-96.

Liga der freien Wohlfahrtspflege im Landkreis Karlsruhe (Hrsg.) (1994): Corporate Identity. Liga - Menschen helfen, Bruchsal 1994.

Likert, R. (1970): The influence of social research on corporate responsibility, in: Baumol, W.J., Likert, R., Wallich, H.C., McGowan, J.J. (Hrsg.), A new rationale für corporate social policy, New York 1970, S. 20-39.

Lindzey, G., Hall, C.S., Thompson, R.F. (1978): Psychology, 2. Aufl., New York 1978.

Locander, W.B., Hermann, P.W. (1979): The effect of self-confidence and anxiety on information seeking in consumer risk reduction, in: JMR, Vol. 16, 1979, S. 268-274.

Loges, F. (1988): Wohlfahrtsverbände zwischen Staat und Markt, Arbeitspapier der Universität Trier, Fachbereich IV, Dickertmann, D., Lehmann, M. (Hrsg.), Trier 1988.

Long, S.H. (1976): Social pressure and contributions to healt charities, in: PC, Vol. 28, Winter, 1976, S. 55-68.

Lovdal, M.L., Bauer, R.A., Treverton, N.H. (1977): Public responsibility committees of the board, in: HBR, May-June, 1977, S. 40-64, 178-181.

Luhmann, N. (1984): Soziale Systeme. Grundriß einer allgemeinen Theorie, Frankfurt/Main 1984.

Lundberg, C.C. (1965): Towards understanding behavioural science by administrators, in: Greenwood, W.T. (Hrsg.), Management and organizational behaviour theories, Cincinnati, O., 1965, S. 51-84.

Lutz, R.J., Reilly, P.J. (1974): An exploration of the effects of perceived social and performance risk on consumer information acquisition, in: Advances in Consumer Research, Vol. 1, 1974, S. 393-405.

Magat, R. (1979): The Ford Foundation at work. Philanthropic Choices, Methods and Styles, New York/London 1979.

Malik, F. (1986): Strategie des Managements komplexer Systeme, 2. Aufl., Bern/Stuttgart 1986.

Mandeville, B. de (1968): Die Bienenfabel, Frankfurt/Main 1968.

Mann, R., Bokatt, W. (1985): Spendenmarkt Deutschland - Parteien, Vereine, Stiftungen, Wohlfahrtsverbände, Hilfsorganisationen, Hamburg 1985.

Manne, H.G. (1962a): The 'higher criticism' of the business corporation, in: CLR, Vol. 62, March, 1962, S. 411-418.

Manne, H.G. (1962): Corporate Responsibility. Business Motivation and Reality, in: The Annals of the American Academy of Political and Social Science, Vol. 343, September, 1962, S. 55-64.

Manne, H.G. (1973): The limits and rationale of corporate altruism. An individualistic model, in: VLR, Vol. 59, 1973, S. 708-722.

Manne, H.G., Wallich, H.C. (1972): The modern corporation and social responsibility. Rational Debate Series of the the American Enterprise Institute, Washington, DC., 1972.

Margolis, H. (1982): Selfishness, Altruism and Rationality. A Theory of Social Choice, Cambridge 1982.

Markham, J.W. (1965): Market structure. Business conduct and innovation, in: AER, Vol. 55, Nr. 2, May, 1965, S. 324-332.

Marré, H. (1974): Handelsfunktionen, in: Tietz, B. (Hrsg.), Handwörterbuch der Absatzwirtschaft, Stuttgart 1974, Sp. 709-720.

Mason, E.S. (1939): Price and production policies of large-scale enterprise, in: The American Economic Review - Papers and Proceedings, 1939, S. 61-74.

Matenaar, D. (1983): Organisationskultur und organisatorische Gestaltung. Die Gestaltungsrelevanz der Kultur des Organisationssystems der Unternehmung, Berlin 1983.

Mauss, M. (1975): Die Gabe. Form und Funktion des Austausches in archaischen Gesellschaften, Frankfurt/Main 1975.

Mayntz, R. (1963): Soziologie der Organisation, Reinbek bei Hamburg 1963.

McGrath, P.S. (1980): Corporate Directorship Practices. The Public Policy Committee, The Conference Board, New York 1980.

McGuire, J.B., Sundgren, A., Schneeweis, T. (1988): Corporate social responsibility and firm financial performance, in: AMJ, Vol. 31, 1988, S. 854-872.

McLeish, B.J. (1991): The donor bond. How to nurture your donors using strategic marketing and management techniques, Rockville/Maryland 1991.

Meenaghan, J.A. (1984): Commercial Sponsorship, Bradford 1984.

Meenaghan, T. (1991): The role of sponsorship in the marketing communications mix, in: IJOA, Nr. 10, 1991, S. 35-47.

Meffert, H., Bruhn, M. (1984): Marketingstrategien im Wettbewerb, Wiesbaden 1984.

Merton, R.K. (1968): Social Theory and Social Structure, New York/London 1968.

Mescon, T.S., Tilson, D.J. (1987): Corporate philanthropy. A strategic approach to the bottom-line, in: CMR, Vol. 29, Nr. 2, Winter, 1987, S. 49-60.

Metzler, W. (1990): Eine ökonomische Theorie caritativer Organisationen, Bern/Stuttgart 1990.

Meyer, P.W. (1973): Die machbare Wirtschaft, Essen 1973.

Meyer, J.W., Rowan, B. (1977): Institutionalized organizations. Formal structure as myth and ceremony, in: AJS, Vol. 83, Nr. 2, 1977, S. 340-363.

Meyer-Arndt, L. (1986): Treu und Glauben bei Spenden, in: DS, Nr. 11, 1986, S. 353-355.

Michael, M. (1973): Produktideen und Ideenproduktion, Wiesbaden 1973.

Mizruchi, M.S. (1990): Cohesion, structural equivalence and similarity of behaviour. An approach to the study of corporate political power, in: ST, Nr. 8, 1990, S. 16-32.

Moch, M.K., Seashore, S.E. (1981): How norms affect behaviour in and of corporations, in: Nystrom, P.C., Starbuck, W.H. (Hrsg.), Handbook of organizational design, Bd. 1, New York 1981, S. 210-237.

Moore, B. (1978): Injustice, London 1978.

Morris, R.I., Biederman, D.A. (1986): Geld auf gescheite Weise verschenken, in: Hm, Nr. 2, 1986, S. 18-25.

Müller-Werthmann, G. (1985): Markt der offenen Herzen, Hamburg 1985.

Müri, P. (1985): Stehen wir am Beginn des Kulturzeitalters, in: IO Management-Zeitschrift, Jg. 54, Nr. 4, 1985, S. 205-209.

Mullins, L.H. (1990): Bank CEOs lend a helping hand. Many banks support philanthropic causes with contributions, but some CEOs take their investment to a bigger plateau, in: Bankers Monthly, February, 1990, S. 27-29.

Mummalaneni, V., Wilson, D.T. (1988): The influence of close personal relationships between a buyer and a seller on the continued stability of their role relationships, Working Paper, University Park: Pennsylvania State University, 1988.

Murphy, D.J. (1982): Corporate contributions. Understanding the decision making process, Research Paper of the United Way of America, Alexandria, VA., 1982.

Musgrave, R.A., Musgrave, P.B., Kullmer, L. (1990): Die öffentlichen Finanzen in Theorie und Praxis, Bd. 1-5, Tübingen 1990.

Myerson, O., Hamilton III, R.D. (1986): Matching corporate culture and technology, in: SAM, Winter, 1986, S. 8-13.

Nason, J.W. (1977): Trustees and the future of Foundations, Council on Foundations, New York 1977.

National Chamber Foundation (Hrsg.) (1978): What Direction? Corporate Giving, Washington, DC., 1978.

Navarro, P. (1988): Why do corporations give to charity?, in: JB, Vol. 61, Nr. 1, 1988, S. 65-93.

Nawrath, V.C. (1993): Deutscher Spendenrat. Mehr Licht, in: SM, Jg. 3, Nr. 3, 1993, S. 10-11.

Nelson, R.L. (1970): Economic Factors in the growth of corporation giving, New York 1970.

Neuberger, O. (1985): Unternehmenskultur und Führung, Augsburg 1985.

Neuberger, O., Kompa, A. (1986): Das Gesicht der Firma, in: PH, Juni, 1986, S. 61-68.

Neus, W. (1989): Die Aussagekraft von Agency-Costs, in: zfbf, Jg. 41, Nr. 6, 1989, S. 472-490.

Newton, M. (1980): United Fundraising for the Arts, Business Committee for the Arts, New York 1980.

Nichols, D. (1990): Promoting the cause, in: Incentive, Nr. 8, 1990, S. 28-31.

Nightingale, B. (1973): Charities, London 1973.

Notheis, D. (1992): Strategisches Spendenmarketing. Ein Phasenkonzept zur Beschaffungspolitik von Sozio-Institutionen, unveröffentlichte Diplomarbeit am Lehrstuhl für Allgemeine Betriebswirtschaftslehre und Marketing II, Professor Dr. Hans Raffée, im Anhang: Empirische Studie zum Spendenverhalten von Unternehmen, Universität Mannheim, 1992.

O'Conner, R. (1973): Corporate Contributions in Smaller Companies, The Conference Board, New York 1973.

Octon, C.M. (1983): A re-examination of marketing for British non-profit organizations, in: EJM, Vol. 17, Nr. 5, 1983, S. 33-43.

Odendahl, T. (1989): Independent foundations and wealthy donors, in: Magat, R. (Hrsg.), Philanthropic Giving, New York/Oxford 1989, S. 159-180.

Odendahl, T., Boris, E. (1983a): The Grantmaking Process, in: FN, Nr. 24, 1983, Washington, DC., Council on Foundations.

Odendahl, T., Boris, E. (1983b): A delicate balance: Foundation board-staff-relations, in: FN, Nr. 24, 1983, Washington, DC., Council on Foundations.

Odendahl, T., Boris, E., Daniels, A.K. (1985): Working in Foundations. Career paterns of women and men, The Foundation Center, New York 1985.

Oertel, K.H. (1990): Sponsoring als Werbeinstrument, in: Schwarz, M. (Hrsg.), Kunst Sponsoring. Wirschaft für Kunst, Wien 1990, S. 73-75.

Olson, M. (1965): The logic of collective action. Public goods and the theory of groups, Harvard University Press, Cambridge/Mass. 1965.

Orlowski, P., Wimmer, G. (1992): Zauberformel Social Sponsoring, in: SoMa, Nr. 7-8, 1992, S. 26-31.

Otte, R. (1994): Sponsoring entdeckt das Soziale, in: BddW, Jg. 37, Nr. 4, 6. Januar 1994, S. 1.

Ouchi, W.G. (1981): Theory Z. How American Business can meet the Japanese Challenge, Reading/Mass. 1981.

Owen, D. (1964): English Philanthropy. 1660-1960, Harvard University Press, Cambridge/Mass. 1964.

Parket, I.R., Eilbirt, H. (1975): Social responsibility. The underlying factors, in: BH, Vol. 18, Nr. 4, 1975, S. 5-10.

Parsons, T. (1951): The Social Systems, Glencoe, Il., 1951.

Parsons, T., Shils, E.A. (Hrsg.) (1973): Towards a general theory of action, Harvard University Press, Cambridge/Mass. 1951.

Parsons, T. (1962): Some fundamental cathegories of the theory of action. A general statement, in: Parsons, T., Shills, E.A. (Hrsg.), Towards a general theory of action, Cambridge 1962, S. 3-39.

Payton, R. (1983): Philanthropic Values, Working Paper for "Spring Research Forum: Since the Filer Commission", New York 1983.

Perrin, A.D. (1990): Das französische Mäzenatentum, in: Schwarz, M. (Hrsg.), Kunst Sponsoring. Wirtschaft für Kunst, Wien 1990, S. 39-45.

Perrow, C. (1961): Organizational prestige. Some functions and dysfunctions, in: AJS, Vol. 66, 1961, S. 335-341.

Peters, M.R. (1988): Dauerdialog mit der Zielgruppe Kundenclubs, in: Kongress-Dokumentation, 20. Direkt Marketing Kongress, Wiesbaden 1988, S. 497-504.

Peters, T.J., Waterman, R.H. (1984): Auf der Suche nach Spitzenleistungen. Was man von den bestgeführten US-Unternehmen lernen kann, 10. Aufl., Landsberg/Lech 1984.

Pettigrew, A.M. (1979): On studying organizational cultures, in: ASQ, Vol. 24, December, 1979, S. 570-581.

Pfeffer, J. (1973): Size, composition, and function of hospital board of directors. A study of organization-environment linkages, in: ASQ, Vol. 18, 1973, S. 349-364.

Pfeffer, J., Salancik, G. (1978): The external control of organizations. A ressource dependence perspective, New York 1978.

Picot, A. (1991): Ökonomische Theorien der Organisation. Ein Überblick über neuere Ansätze und deren betriebswirtschaftliches Anwendungspotential, in: Ordelheide, D., Rudolph, B., Büsselmann, E. (Hrsg.), Betriebswirtschaftslehre und ökonomische Theorie, Stuttgart 1991, S. 143-173.

Plinio, A. (1981): Corporate gift matching, in: FRM, March, 1981, S. 8-11.

Plinio, A., Brooks, W.E., Sax, E., Louie, M. (1981): How corporate giving works, in: PM, Vol. 14, April, 1981, S. 8-12.

Plinke, W. (1989): Die Geschäftsbeziehung als Investition, in: Specht, G., Silberer, G., Engelhardt, W.H. (Hrsg.), Marketing Schnittstellen. Herausforderungen für das Management, Stuttgart 1989, S. 305-321.

Podesta, A.C. (1982): Organizing a corporate campaign. From first principles to final thank yous, in: Wertheimer, S., Dermer, J. (Hrsg.), The complete guide to corporate fund raising, Rockville/Maryland 1982, S. 21-37.

Polanyi, K. (1979): Ökonomie und Gesellschaft, Frankfurt/Main 1979.

Poleshuck, W.S. (1982): Corporate Fund Raising. From the viewpoint of the Arts, in: Wertheimer, S., Dermer, J.C. (Hrsg.), The complete guide to corporate fund raising, Rockville/Maryland 1982, S. 93-100.

Pollak, R.A. (1988): Tied transfers and paternalistic preferences, in: AEA Papers and Proceedings, Vol. 78, Nr. 2, 1988, S. 240-244.

Polli, R., Cook, V. (1969): Validity of the product life cycle, in: JB, Vol. 42, Nr. 4, October, 1969, S. 385-400.

Pondy, L.R., Frost, P.J., Morgan, G., Dandridge, T.C. (1983): Organizational Symbolism. Monographs in organizational behaviour and industrial relations, Greenwich/London 1983.

Porter, M.W. (1983): Wettbewerbsstrategie, Frankfurt/Main 1983.

Posnett, J.,Sandler, T. (1989): Demand for charity donations in private non-profit markets, in: JOPE, Vol. 40, 1989, S. 187-200.

Powell, W.W. (1987): The Handbook of Non-Profit Organizations, Yale University Press, New Haven 1987.

Prakash Sethi, S. (1971): Up against the corporate wall, Englewood Cliffs, NJ., 1971.

Pratt, J.W., Zeckhauser, R.J. (Hrsg.) (1985): Principals and Agents. The structure of business, Boston 1985.

Prochazka, K. (1982): Spendenwerbung, in: Borgmann-Quade, R. (Hrsg.), Stichwort Spendenwesen, Berlin 1982, S. 32-42.

Prunty, B.S. (1960): Love and the business corporation, in: VLR, Vol. 46, April, 1960, S. 467-476.

Rabinowitz, H.S., Simmeth, B.R., Spero, J.R. (1979): The Future of the United Way, in: SSR, June, 1979, S. 275-284.

Raffée, H. (1974): Grundprobleme der Betriebswirtschaft, Göttingen 1974.

Raffée, H. (1979): Marketing und Umwelt, Stuttgart 1979.

Raffée, H. (1989): Gegenstand, Methoden und Konzepte der Betriebswirtschaftslehre, in: Vahlens Kompendium der Betriebswirtschaftslehre, Bd. I, 2. Aufl., München 1989, S. 2-45.

Raffée, H., Abel, B. (Hrsg.) (1979): Wissenschaftstheoretische Grundfragen der Wirtschaftswissenschaften, München 1979.

Raffée, H., Sauter, B., Silberer, G. (1971): Theorie der kognitiven Dissonanz und Konsumgütermarketing, Wiesbaden 1973.

Raffée, H., Schöler, M., Grabicke, K. (1975): Informationsbedarf und Informationsbedarfsbeschaffungsaktivitäten des privaten Haushalts, Bericht aus dem Sonderforschungsbereich 24 "Sozial- und Wirtschaftspsychologische Entscheidungsforschung", Universität Mannheim, Mannheim 1975.

Raffée, H., Wiedmann, K.P. (1983a): Das gesellschaftliche Bewußtsein in der Bundesrepublik und seine Bedeutung für das Marketing, Hamburg 1983.

Raffée, H., Wiedmann, K.P. (1983b): Nicht-kommerzielles Marketing. Ein Grenzbereich des Marketing?, in: BFuP, Nr. 3, 1983, S. 183-209.

Raffée, H., Wiedmann, K.P. (1984): Die Bewußtseinslage der Nation. Eine Herausforderung an das unternehmerische Marketing, in: MZFP, Nr. 2, 1984, S. 147-148.

Raffée, H., Wiedmann, K.P. (1989a): Wertewandel und gesellschaftsorientiertes Marketing. Die Bewährungsprobe strategischer Unternehmensführung, in: Raffée, H., Wiedmann, K.P. (Hrsg.), Strategisches Marketing, Stuttgart 1989, S. 552-611.

Raffée, H., Wiedmann, K.P. (1989b): Corporate Communication als Aktionsinstrumentarium des strategischen Marketing, in: Raffée, H., Wiedmann, K.P. (Hrsg.), Strategisches Marketing, Stuttgart 1989, S. 662-691.

Raffée, H., Wiedmann, K.P. (1992): Sozio-Marketing (Social Marketing), in: Diller, H. (Hrsg.), Vahlens großes Marketing-Lexikon, München 1992, S. 1080-1082.

Raffée, H., Wiedmann, K.P., Abel, B. (1983): Sozio-Marketing, in: Irle, M. (Hrsg.), Handbuch der Psychologie, Bd. 12, 2. Halbband: Methoden und Anwendung in der Marktpsychologie, Göttingen/Toronto/Zürich 1983, S. 675-768.

Rawls, J. (1979): Eine Theorie der Gerechtigkeit, Frankfurt/Main 1979.

Reece, W.S. (1979): Charitable contributions. New evidence on household behaviour, in: AER, Vol. 69, Nr. 1, 1979, S. 142-151.

Rees, R. (1985): The Theory of Principal and Agent. Part I, in: BER, Vol. 37, 1985, S. 3-26.

Reimann, H. (1968): Kommunikationssysteme. Umrisse einer Soziologie der Vermittlungs- und Mitteilungsprozesse, Tübingen 1968.

Reingen, P.H. (1978): Committment and the control of organizational behaviour and belief, in: JCR, Vol. 5, Nr. 2, September, 1978, S. 96-102.

Reuter, H.P. (1985): Spenden sind keine Geschenke, in: DS, Nr. 24, 1985, S. 752-754.

Reynes, R.A. (1984): Gift horses and hobby-horses, in: Barron's, 28. march, 1984, S. 38-40.

Rippe, W. (1981): Freiwillige Übertragungen als Problem der Transferökonomie, Baden-Baden 1981.

Roberts, R.D. (1984): A positive model of private charity and public transfer, in: JPE, Vol. 92, Nr. 1, 1984, S. 136-148.

Rorrie, C.C. Jr., Gallery, M.E. (1990): Getting corporations to give, in: Association Management, February, 1990, S. 91-95.

Rose-Ackerman, S. (1980): United Charities. An economic analysis, in: PP, Summer, 1980, S. 323-350.

Rosenstiel, L.v., Ewald, G. (1979): Marktpsychologie, Bd. I, Stuttgart/Berlin u.a. 1979.

Rüttinger, B., Rosenstiel, L.v., Molt, W. (1974): Motivation des wirtschaftlichen Verhaltens, Stuttgart u.a. 1974.

Sackmann, S. (1983): Organisationskultur. Die unsichtbare Einflußgröße, in: Gruppendynamik - Zeitschrift für angewandte Sozialwissenschaft, Jg. 14, Nr. 4, 1983, S. 393-406.

Salomon, L.M. (1992): Social Services, in: Clotfelter, C.T. (Hrsg.), Who benefits from the Nonprofit Sector?, Chicago 1992, S. 134-174.

Sample-Institut (1988): Sponsoring I. Untersuchung im Rahmen einer Mehrthemenumfrage, Berichtsband und Kommentar, Mölln 1988.

Sample-Institut (1989): Sponsoring II. Untersuchung im Rahmen einer Mehrthemenumfrage, Berichtsband und Kommentar, Mölln 1989.

Schaller, G. (1988): Markterfolge aus der Datenbank, Landsberg/Lech 1988.

Schanz, G. (1973): Wider das Selbstverständnis der Betriebswirtschaftslehre als "praktische-normative" Disziplin, in: ZfB, Jg. 43, 1973, S. 585-602.

Schanz, G. (1979): Die Betriebswirtschaftslehre und ihre sozialwissenschaftlichen Nachbardisziplinen: Das Informationsproblem, in: Raffée, H., Abel, B. (Hrsg.), Wissenschaftstheoretische Grundfragen der Wirtschafswissenschaften, München 1979, S. 121-138.

Schein, E. (1984): Soll und kann man eine Unternehmenskultur verändern?, in: gdi-Impuls, Nr. 2, 1984, S. 31-43.

Schein, E.H. (1985): Organizational culture and leadership, San Francisco/Washington 1985.

Scherer, F.M. (1985): Stand und Perspektiven der Industrieökonomik, in: Bombach, G., Gahlen, B., Ott, A.E. (Hrsg.), Industrieökonomik. Theorie und Empirie, Tübingen 1985, S. 3-19.

Scherer, F.M., Ross, D. (1990): Industrial market structure and economic performance, 3. Aufl., Boston u.a. 1990.

Scheuch, F. (1981): Dienstleistungsmarketing, Wien 1981.

Schlicksupp, H. (1977): Kreative Ideenfindung in der Unternehmung. Methoden und Modelle, Berlin/New York 1977.

Schmidt, I. (1987): Wettbewerbspolitik und Kartellrecht, 2. Aufl., Stuttgart/New York 1987.

Schmidt, K. (1984): Corporate Design, in: MJ, Nr. 1, 1984, S. 69-75.

Schmidt, R.B. (1985): Werte und Wertungen in der Unternehmung. Skizzen zur Unternehmensphilosophie, in: DBW, Jg. 45, Nr. 4, 1985, S. 395-404.

Schneider, D. (1981): Geschichte betriebswirtschaftlicher Theorie, München/ Wien 1981.

Schneider, D. (1983): Marketing als Wirtschaftswissenschaft oder Geburt einer Marketingwissenschaft aus dem Geiste des Unternehmensversagens?, in: zfbf, Nr. 2, 1983, S. 197-223.

Scholz, C., Hofbauer, W. (1987): Unternehmenskultur und Personalführung, in: MZFP, Jg. 1, Nr. 4, 1987, S. 461-482.

Schoor, H.W. (1988): Abzug von Spenden, in: Versicherungswirtschaft, Nr. 17, 1988, S. 1174-1178.

Schreyer, B.R. (1982): The five elements most essential in conducting a successful corporate campaign, in: Wertheimer, S., Dermer, J. (Hrsg.), The complete guide to corporate fund raising, Rockville/Maryland 1982, S. 38-46.

Schwartz, H.S. (1985): The usefullness of myth and the myth of usefulness. A dilemma for the applied organizational scientist, in: JM, Vol. 11, Nr. 1, 1985, S. 31-42.

Schwartz, R.A. (1968): Corporate philanthropic contributions, in: JF, Vol. 23, June, 1968, S. 479-497.

Schwarz, G. (1987): Kulturelle Einflußgrößen des Projektmanagements. Problemfelder und Gestaltungsansätze. Ergebnisse einer Befragung, in: ZfO, Jg. 56, Nr. 4, 1987, S. 241-248.

Schwarz, G. (1989): Unternehmungskultur als Element des strategischen Managements, Berlin 1989.

Schwarz, M. (Hrsg.) (1990): Kunst Sponsoring. Wirtschaft für Kunst, Bd. 1, Schriftreihe des Management Clubs, Wien 1990.

Schwarz, P. (1984): Kreditinstitute als Mäzene. Was meinen die Kunden dazu?, in: BuM, Nr. 6, Dezember, 1984, S. 26-29.

Schwarz, P. (1992): Management in Nonprofit-Organisationen, Bern 1992.

Schwarzwald, J., Bizman, A., Raz, M. (1983): The foot-in-the-door paradigm. Effects of second request size on donations probability and donor generosity, in: PSPB, Vol. 9, Nr. 3, 1983, S. 443-450.

Schweiger, G. (1976): Das Modell des erlebten Risikos. Perceived Risk. Struktur und Operationalisierungskonzepte, in: dm, Vol. 60, Nr. 4, 1976, S. 93-102.

Schweiger, G., Mazanec, J., Wiegele, O.J. (1977): Das erlebte Risiko als Determinante der Sparentscheidung privater Anleger. Empirische Befunde zur Nutzung höherer Sparformen in der österreichischen Bevölkerung, Arbeitspapier der Wirtschaftsuniversität Wien, H.9, Wien 1977.

Seibel, W. (1992a): Besondere Managementrisiken bei Wohlfahrtsverbänden, in: TPSA, Nr. 1, 1992, S. 10-19.

Seibel, W. (1992b): Funktionaler Dilettantismus. Erfolgreich scheiternde Organisationen im Dritten Sektor zwischen Markt und Staat, Baden-Baden 1992.

Seiler, P. (1982): Spendenmarkt und Spendenmarketing in der Bundesrepublik Deutschland, Augsburg 1982.

Seymour, H.J. (1990): Designs for Fund Raising, Rockville/Maryland 1990.

Shaw, B., Stone, M. (1988): Competitive superiority through data base marketing, in: LRP, Vol. 21, Nr. 5, 1988, S. 24-40.

Sherif, M., Hovland, C.J. (1961): Social Judgement, New Haven, CT., 1961.

Sherif, M., Sherif, C.W. (1967): Attitude as the Individual's own categories. The social judgement-involvement approach to attitude and attitude change, in: Sherif, M., Sherif, C.W. (Hrsg.), Attitude, Ego-Involvement, and Change, Westport, CT., 1967, S. 105-139.

Sherif, M., Taub, D., Hovland, C. (1958): Assimilation and contrast effects of anchoring stimuli on judgements, in: JOEP, Vol. 55, Nr. 2, 1958, S. 150-156.

Sherman, S., Ahlm, K., Berman, L., Lynn, S. (1978): Contrast effects of anchoring stimuli on judgements, in: JESP, Vol. 14, Nr. 3, 1978, S. 340-350.

Siegfried, J.J., McElroy, K.M. (1981): Corporate Philanthropy in the U.S., Working Paper Nr. 81-W 26, Department of Economics, Vanderbild University, Nashville, TN., 1981.

Siegfried, J.J., McElroy, K.M., Biernot-Fawkes, D. (1983): The management of corporate contributions, in: Preston, L.E. (Hrsg.), Research in corporate social performance and policy, 5. Aufl., 1983, S. 87-102.

Silberer, G. (1975): The cost-benefit model of the consumer search for informations, Mannheim 1975.

Simkins, J. (1980): Sponsorship 1980/81, The Economist Intelligence Unit, Special Report No. 86, London 1980.

Simmel, G. (1983): Soziologie. Untersuchungen über die Formen der Vergesellschaftung, 6. Aufl., Berlin 1983.

Sinclair, J.P. (1982): How to write successful corporate appeals with full examples, Rockville/Maryland 1982.

Skinner, B.F. (1973): Wissenschaft und menschliches Verhalten, München 1973.

Smircich, L. (1983): Concepts of culture and organizational analysis, in: ASQ, Vol. 28, Nr. 3, September, 1983, S. 339-358.

Smith, D.H. (1978): United Way is the name, monopoly ist the game, in: BSR, Vol. 25, 1978, S. 30-35.

Smith, K.K., Simmons, V.M. (1983): A Rumpelstiltskin Organization. Metaphors on Metaphors in Field Research, in: ASQ, Vol. 28, Nr. 3, September, 1983, S. 377-393.

Sosnick, S.H. (1958): A critic of concepts of workable competition, in: QJE, Vol. 72, 1958, S. 380-423.

Southern, H. (1990): Das Amerikanische System, in: Schwarz, M. (Hrsg.), Kunst Sponsoring. Wirtschaft für Kunst, Wien 1990, S. 45-51.

Specht, A.D.v. (1985): Sponsoring als Marketinginstrument, Arbeitspapier des Instituts für Marketing an der European Business School Nr.4, Schloß Reichartshausen/Rheingau 1985.

Staehle, W.H. (1990): Management. Eine verhaltenswissenschaftliche Perspektive, 5. Aufl., München 1990.

Staffelbach, B. (1988): Strategisches Marketing von Dienstleistungen, in: MZFP, Nr. 4, 1988, S. 277-285.

Staub, E. (1978): Positive Social Behaviour and Moralty, 2. Bd., New York 1978.

Staub, E. (1982): Entwicklung prosozialen Verhaltens. Zur Psychologie der Mitmenschlichkeit, München 1982.

Stauss, B. (1991): Gesellschaftsorientiertes Marketing. Zur Diskussion um die Erweiterung der Marketing-Konzeption, in: Corsten, H., Schuster, L., Stauss, B. (Hrsg.), Die soziale Dimension der Unternehmung, Berlin 1991, S. 118-141.

Stauss, B., Hentschel, B. (1991): Dienstleistungsqualität, in: WiSt, Nr. 5, 1991, S. 238-244.

Steiner, G. (1975): Business and Society, New York 1975.

Steinle, C. (1978): Führung. Grundlagen, Prozesse und Modelle der Führung von Unternehmen, Stuttgart 1978.

Steinmann, H., Braun, W. (1979): Zum Prinzip der Wertfreiheit der Betriebswirtschaftslehre, in: WiSt, Nr. 10, 1976, S. 463-468, ebenso in Raffée, H., Abel, B. (Hrsg.), Wissenschaftstheoretische Grundlagen der Wirtschaftswissenschaften, München 1979, S. 191-205.

Steinmann, H., Schreyögg, G. (1984): Zur Bedeutung des Arguments der Trennung von Eigentum und Verfügungsgewalt, in: ZfB, Jg. 54, Nr. 3, 1984, S. 273-283.

Strathmann, W., Quast, S. (1970): Wichtige Bestimmungen der neuen Sammlungsgesetze und erste Erfahrungen der Praxis, in: SA, Nr. 1, Januar, 1979,

Strauch, P. (1989): Informations- und Kommunikationssysteme als Wettbewerbsfaktor. Strategien und operative Umsetzung, Diss. Technische Universität Berlin, 1989.

Strebel, H. (1974): Relevanz-Baum-Analyse als Planungsinstrument, in: BFuP, Jg. 26, 1974, S. 34-52.

Strothmann, K.H. (1979): Investitionsgütermarketing, München 1979.

Sturdivant, F.D., Ginter, J.L. (1977): Corporate social responsiveness, management attitudes and economic performance, in: CMR, Vol. 19, Nr. 3, 1977, S. 30-39.

Sullivan, D.H. (1985): Simultaneous determination of church contributions and church attendance, in: EI, Vol. 23, April, 1985, S. 309-320.

Taft Group (Hrsg.) (1991a): Americas New Foundations. The sourcebook on recently created philanthropies 1992, 6. Aufl., Rockville/Maryland 1991.

Taft Group (Hrsg.) (1991b): The Directory of Corporate and Foundation Givers. A national listing of the 8000 major funding sources for nonprofits, 1. Aufl., Rockville/Maryland 1991.

Taft Group (Hrsg.) (1991c): Funding Decision Makers, 1. Aufl., Rockville/Maryland 1991.

Taft Group (Hrsg.) (1991d): Foundation Reporter, 23. Aufl., Rockville/Maryland 1991.

Taft Group (Hrsg.) (1991e): Corporate Giving Yellow Pages, 7. Aufl., Rockville/Maryland 1991.

Taft Group (Hrsg.) (1991f): Corporate Giving Directory, 13. Aufl., Rockville/Maryland 1991.

Taft Group (Hrsg.) (1991g): Directory of International Corporate Giving in America and Abroad, 1. Aufl., Rockville/Maryland 1991.

Taft Group (Hrsg.) (1991h): Inside Japanese Support, Rockville/Maryland 1991.

Taft Group (Hrsg.) (1992): The Directory of Corporate and Foundation Grants, 1. Aufl., Rockville /Maryland 1992.

Taylor, J.W. (1974): The role of risk in consumer behaviour, in: JM, Vol. 38, Nr. 2, April, 1974, S. 54-60.

Thiebaut, J.W., Kelley, H.H. (1959): The social psychology of groups, New York/London 1959.

Thie, G.E. (1979): Die theoretische und soziale Geltung der Eigennutz-Annahme, Bad Honnef 1979.

Thiede, W.E. (1990): Sponsoring-Erfahrungsbericht aus Unternehmenssicht, in: Meffert, H., Wagner, H. (Hrsg.), Sponsoring, Arbeitspapier Nr. 55, Wissenschaftliche Gesellschaft für Marketing und Unternehmensführung e.V., Münster 1990, S. 50-60.

Thompson, J.D. (1967): Organizations in action, New York u.a. 1967.

Thorndike, L. (1974): The historical background, in: Faris, E., Laune, F., Todd, J.A. (Hrsg.), Intelligent philanthropy, University of Chicago Press, Chicago 1974.

Tietzel, M. (1981): Die Ökonomie der Property Rights. Eine Übersicht, in: ZfW, Jg. 30, Nr. 3, 1981, S. 207-243.

Tocqueville, C.A. de (1840): De la démocratie en Amerique, 2. Bde., Paris 1840

Tödtmann, C. (1993): Bitterer Geschmack. Deutsche Unternehmen polieren mit Spenden für Attentatsopfer ihr Image auf, in: WiWo, Nr. 29, 16.07.1993, S. 43.

Trebesch, K. (1985): Organisationskultur. Zwischen dem Versuch totaler Verhaltensmodelle und der Funktion sozialer Abwehr von Angst in Organisationen, in: OE, Jg. 4, Nr. 4, 1985, S. 51-64.

Trice, H.M., Beyer, J.M. (1984): Studying organizational cultures through rites and ceremonials, in: AMR, Vol. 9, Nr. 4, October, 1984, S. 635-670.

Troy, K. (1980): Managing Corporate Contributions, Report No. 792, The Conference Board, New York 1980.

Troy, K. (1982): The Corporate Contributions Function, New York 1982.

Troy, K. (1988): Annual Survey of Corporate Contributions, The Conference Board, New York 1988.

Tweedy, C. (1990): Sponsoring in Großbritannien, in: Schwarz, M. (Hrsg.), Kunst Sponsoring. Wirtschaft für Kunst, Wien 1990, S. 51-59.

410

Ullmann, A. (1985): Data in search of a theory. A critical examination of the relationship among social performance, social disclosure and economic performance, in: AMR, Vol. 10, 1985, S. 540-577.

Ulrich, H. (1970): Die Unternehmung als produktives soziales System, 2. Aufl., Bern/Stuttgart 1970.

Ulrich, H. (1971): Der systemorientierte Ansatz in der Betriebswirtschaftslehre, in: Kortzfleisch, G.v. (Hrsg.), Wissenschaftsprogramm und Ausbildungsziele der Betriebwirtschaftslehre, Berlin 1971, S. 43-46.

Ulrich, P., Hill, W. (1979): Wissenschaftstheoretische Grundlagen der Betriebswirtschafstlehre, in: Raffée, H., Abel, B. (Hrsg.), Wissenschaftstheoretische Grundfragen der Wirtschaftswissenschaften, München 1979, S. 161-191.

Ullrich, K.V. (1977): Gesellschaftsbezogene Unternehmungs-Philosophie. Grundlagen, Funktionen und instrumenteller Einsatz, Köln 1977.

Useem, M. (1984): The inner circle. Large corporations and the rise of business political activity in the U.S. and U.K., New York 1984.

Useem, M. (1987): Corporate Philanthropy, in: Powell, W.W. (Hrsg.), The Handbook of Non-Profit Organizations, New Haven, CT., 1987, S. 341-359.

Useem, M., Kutner, S.I. (1986): Corporate contributions to culture and the arts. The organization of giving and the influence of chief executive officer and of other firms on company contributions in Massachusetts, in: DiMaggio, P.J. (Hrsg.), Nonprofit Enterprise in the arts. Studies in Mission and Constraint, New York 1986, S. 93-112.

Vanberg, V. (1975): Die zwei Soziologien. Individualismus und Kollektivismus in der Sozialtheorie, Die Einheit der Gesellschaftswissenschaften Bd. 17, Boettcher, E. Hrsg., Tübingen 1975.

Vance, S.C. (1975): Are socially responsible corporations good investment risk?, in: Management Review, Vol. 64, Nr. 8, 1975, S. 18-24.

Vershofen, W. (1930): Wirtschaft als Schicksal und Aufgabe, Darmstadt 1930.

Vorderwülbecke, M. (1989): Die Spendenkompetenz der Geschäftsführung, in: Betriebsberater. ZfRW, Nr. 8, 20. März, 1989, S. 505-510.

Voß, A. (1993): Betteln und Spenden. Eine soziologische Studie über Rituale freiwilliger Armenunterstützung, ihre historischen und aktuellen Formen sowie ihre sozialen Leistungen, Berlin/New York 1993.

Wallich, H.C., McGowan, J.J. (1970): Stockholders interest and the corporation's role in social policy, in: Baumol, W.J., Likert, R., Wallich, H.C., McGowan, J.J. (Hrsg.), A new rationale für corporate social policy, New York 1970, S. 39-61.

Walster, E., Walster, G., Bergscheid, E. (1978): Equity. Theory and Research, Boston 1978.

Wang, J., Coffey, B.S. (1992): Board composition and corporate philanthropy, in: JOBE, Vol. 11, 1992, S. 771-778.

Warner, I.R. (1992): The Art of Fund Raising, 3. Aufl., Rockville/Maryland 1992.

Warr, P.G. (1982): Pareto optimal redistribution and private charity, in: JOPE, Vol. 19, Nr. 1, 1982, S. 131-138.

Watson, J.H. (1973): The impact of the tax reform act of 1969 on company foundations, The Conference Board, New York 1973.

Weber, M. (1922): Wirtschaft und Gesellschaft. Grundriß der Sozialökonomik, 3. Halbband, Tübingen 1922.

Weber, M. (1964): Wirtschaft und Gesellschaft. Grundriß der verstehenden Soziologie, 1. Halbband, Köln/Berlin 1964.

Webster, F.E., Wind, Y. (1972): Organizational buying behaviour, Englewood Cliffs, NJ., 1972.

Weiand, G. (1994): Rechtliche Aspekte des Sponsoring, in: NJW, Jg. 47, Nr. 4, 1994, S. 227-233.

Weisbrod, B.A. (1975): Toward a theory of the voluntary non-profit sector in a tree-sector economy, in: Phelps, E. (Hrsg.), Altruism, moralty and economic theory, New York 1975, ebenso in: Weisbrod, B.A., The Voluntary Nonprofit Sector. An Economic Analysis, Lexington/Mass. 1977, S. 51-76.

Wertheimer, S. (1982): Corporate Giving in America. An Overview, in: Wertheimer, S., Dermer, J. (Hrsg.), The complete guide to corporate fund raising, Rockville/Maryland 1982, S. 7-20.

Wertheimer, S., Dermer, J. (Hrsg.) (1982): The complete guide to corporate fundraising, Rockville/Maryland 1982.

West, S.G., Wicklung, R.A. (1985): Einführung in das sozialpsychologische Denken, Weinheim/Basel 1985.

Wexler, N. (1980): Corporate Charity, in: TNR, April 5, 1980, S. 18-22.

White, A.H., Bartolomeo, J. (1982): Corporate Giving. The views of chief executive officers of major American corporations, Council on Foundations, Washingtion, DC., 1982.

Whitehead, P. (1976): Some economic aspects of corporate giving, Ph.D. dissertation, Virginia Polytechnic University, Virginia, VA., 1976.

Whyte, W.F. (1956): The organization man, Ney York 1956.

Wicklund, R.A., Brehm, J.W. (1986): Attitude change as a function of felt competence and threat to attitudinal freedom, in: JEP, Vol. 115, Nr. 4, 1986, S. 64-75.

Wiedmann, K.P. (1987): Corporate-Identity-Strategie, in: DU, Nr. 3, 1987, S. 186-204.

Wiedmann, K.P. (1988): Corporate Identity als Unternehmensstrategie, in: WiSt, Jg. 17, Nr. 5, 1988, S. 236-243.

Wiedmann, K.P. (1989): Gesellschaft und Marketing, Zur Neuorientierung der Marketingkonzeption im Zeichen des gesellschaftlichen Wertewandels, in: Specht, G., Silberer, G., Engelhardt, W.H. (Hrsg.), Marketing-Schnittstellen. Herausforderungen für das Management, Stuttgart 1989, S. 227-246.

Williamson, O.E. (1963): Managerial discretion and business behaviour, in: AER, Vol. 53, December, 1963, S. 1032-1057.

Williamson, O.E. (1964): The economics of discretionary behaviour. Managerial objectives in a theory of the firm, Englewood Cliffs, NJ., 1964.

Williamson, O.E. (1985): The economic institutions of capitalism. Firms, markets, relational contracting, New York 1985.

Wirz, J. (1988): Sponsoring. Eine skeptische Einstellung kann durchaus hilfreich sein, in: MJ, Nr. 4, 1988, S. 390-395.

Witte, E. (1973): Organisation für Innovationsentscheidungen. Das Promotoren-Modell, Göttingen 1973.

Wokutch, R.E., Spencer, B.A. (1987): Corporate saints and sinners. The effects of philanthropic and illegal activity on organizational performance, in: CMR, Vol. 29, Nr. 2, 1987, S. 62-77.

Wolff, C.H. (1950): The sociology of Georg Simmel, Glencoe, Il., 1950.

Zald, M. (1969): Power in Organizations, Vanderbild University Press, Nashville, TN., 1969.

Zentes, J. (1987): EDV-gestütztes Marketing, Berlin u.a. 1987.

Zerwas, H.J., Damm, D. (1992): Cash Coop. Vernetzungs- und Finanzierungswissen für selbstorganisierte Initiativen, Frankfurt/Main 1992.

Zetlin, M. (1990): Companies find profit in corporate giving, in: MR, Nr. 12, 1990, S. 10-15.

Zolberg, V. (1974): The art institute of chicago. The sociology of a cultural organization, Department of Sociology, University of Chicago, Chicago 1974.

Zorn, W. (1990): Entwicklungen im Bereich des Sozio- und Kultur-Sponsoring, in: Meffert, H., Wagner, H. (Hrsg.), Sponsoring, Arbeitspapier Nr. 55, Wissenschaftliche Gesellschaft für Marketing und Unternehmensführung e.V., Münster 1990, S. 37-50.

Zucker, L.G. (1987): Institutional theories of organization, in: ARS, Vol. 13, 1987, S. 443-464.

Zwicky, F. (1966): Entdecken, Erfinden, Forschen im morphologischen Weltbild, München u.a. 1966.